Schriftenreihe
der Juristischen Schulung

Geschäftsführender Herausgeber
Rechtsanwalt Prof. Dr. Hermann Weber

Heft 142

# Staatshaftungsrecht

von


Dr. Steffen Detterbeck

Universitätsprofessor an der Philipps-Universität Marburg

Dr. Kay Windthorst

Wissenschaftlicher Assistent
an der Heinrich-Heine-Universität Düsseldorf

und

Dr. Hans-Dieter Sproll

Rechtsanwalt in München



C. H. BECK'SCHE VERLAGSBUCHHANDLUNG
MÜNCHEN

Die Deutsche Bibliothek – CIP-Einheitsaufnahme

Staatshaftungsrecht / von Steffen Detterbeck,
Kay Windthorst u. Hans-Dieter Sproll
München : Beck, 2000
(Schriftenreihe der Juristischen Schulung ; H. 142)
ISBN 3 406 45837 8
NE: Detterbeck, Steffen; Windthorst, Kay;
Sproll, Hans-Dieter; GT

ISBN 3 406 45837 8


Wilhelmstraße 9, 80801 München

Druck und Bindung: Nomos Verlagsgesellschaft
In den Lissen 12, 76547 Sinzheim

Satz: Fotosatz H. Buck, Kumhausen

Gedruckt auf säurefreiem, alterungsbeständigem Papier
(hergestellt aus chlorfrei gebleichtem Zellstoff)

# Vorwort

Das Staatshaftungsrecht ist in der JuS-Schriftenreihe lange Jahre mit der Darstellung von Fritz Ossenbühl (Staatshaftungsrecht, zuletzt 3. Auflage 1983) vertreten gewesen. Dieser Band ist in der 4. Auflage stark erweitert und in die große Lehrbuchreihe des Verlages C. H. Beck übernommen worden. Mit dem vorliegenden Band wird in der JuS-Schriftenreihe jetzt – mehr als 20 Jahre nach dem erstmaligen Erscheinen des Bandes von Fritz Ossenbühl – eine neue systematische Darstellung des Staatshaftungsrechts vorgelegt. In der Zwischenzeit hat sich in der Staatshaftungsdogmatik wie auch in der praktischen Bedeutung dieses Rechtsgebiets ein grundlegender Wandel vollzogen.

Nachdem die Grundsätze und Konturen des Staatshaftungsrechts zunächst maßgeblich durch die zivilgerichtliche Judikatur geformt worden sind, ergeben sich in neuerer Zeit zunehmend wesentliche dogmatische Impulse aus der Rechtsprechung des BVerfG und des EuGH. Exemplarisch hierfür sind etwa der Naßauskiesungsbeschluß sowie die Entscheidungen in Sachen Francovich und Brasserie du Pêcheur. Sie signalisieren eine gewisse Abkehr von dem vornehmlich zivilrechtlich geprägten nationalen Verständnis der Staatshaftung und sorgen für eine verstärkte verfassungs- und gemeinschaftsrechtliche Durchdringung dieser Materie. So gerät z.B. das Verschuldenserfordernis bei Schadensersatzansprüchen ins Wanken, während bei Entschädigungsansprüchen einerseits der Blick für die Bedeutung des Eigentumsrechts gerade auch in haftungsrechtlicher Hinsicht geschärft worden ist, andererseits der einzelne Eigentümer zur Wahrung seiner grundrechtlich geschützten Rechtsposition in die Pflicht genommen wurde.

Viele der damit aufgeworfenen Fragen, insbesondere zur strukturellen Ordnung der Unrechtslastenbewältigung und zum Verhältnis zwischen gemeinschaftsrechtlicher Staatshaftung und Amtshaftung, sind noch in der Diskussion. Die vorliegende Schrift will zu ihrer Klärung beitragen, zugleich aber auch die gewachsenen Strukturen der Staatshaftung darstellen und Verbindungslinien aufzeigen. Der Band soll auf diese Weise in der Ausbildung wie in der Praxis Orientierungs- und Entscheidungshilfe sein. Die Verfasser sehen sich insoweit Fritz Ossenbühl verpflichtet, dem das deutsche Staatshaftungsrecht grundlegende Erkenntnisse verdankt.

Die Verfasser haben die gemeinschafts- und verfassungsrechtlich fundierte Konzeption des Bandes in fruchtbaren Diskussionen erarbeitet. Gleichwohl trägt jeder Verfasser die alleinige wissenschaftliche Verantwortung für die von ihm verfaßten Teile.

Die Verfasser haben vielfältige Hilfe erfahren. Herr Detterbeck dankt seiner Sekretärin Frau Annette Brecht und seiner wissenschaftlichen Mitarbeiterin Frau Cordula Esser, Herr Sproll dankt seiner Sekretärin Frau Carina Würdig für die tatkräftige Unterstützung. Herr Windthorst ist Frau Eva Reinking und Frau Katharina Schütt zu Dank verpflichtet, die ihm bei der Umsetzung des Manuskripts und bei der Erstellung der Register Hilfe geleistet haben.

Marburg, Düsseldorf, München
im September 1999

*Steffen Detterbeck*
*Kay Windthorst*
*Hans-Dieter Sproll*

# Inhaltsverzeichnis

## 6. Teil. Schadensersatzansprüche aus öffentlich-rechtlichen Schuldverhältnissen
(*Detterbeck*)

## 7. Teil. Öffentlich-rechtlicher Erstattungsanspruch (*Detterbeck*)



## 8. Teil. Plangewährleistung (*Detterbeck*)

# Abkürzungsverzeichnis

| | |
|---|---|
| a. A. | andere(r) Ansicht |
| abl. | ablehnend |
| ABl | Amtsblatt |
| ABlEG | Amtsblatt der Europäischen Gemeinschaften |
| Abs. | Absatz |
| abw. | abweichend |
| a. E. | am Ende |
| ÄndG | Änderungsgesetz |
| a. F. | alte Fassung |
| AG | Aktiengesellschaft; Amtsgericht; Ausführungsgesetz |
| AGBG | Gesetz zur Regelung des Rechts der Allgemeinen Geschäftsbedingungen |
| allg. | allgemein |
| ALR | Allgemeines Landrecht für die Preußischen Staaten |
| Alt. | Alternative |
| a. M. | andere(r) Meinung |
| amtl. | amtlich |
| Anh. | Anhang |
| AO | Abgabeordnung |
| AöR | Archiv des öffentlichen Rechts |
| Art. | Artikel |
| AT | Allgemeiner Teil |
| Aufl. | Auflage |
| AuslVG | Gesetz über dienstrechtliche Regelungen für besondere Verwendungen im Ausland (Auslandsverwendungsgesetz) |
| Az. | Aktenzeichen |
| BadWürtt., badwürtt. | Baden-Württemberg, baden-württembergisch(e) |
| BauGB | Baugesetzbuch |
| BauO | Bauordnung (der Länder) |
| BauR | Baurecht |
| Bay., bay. | Bayern, bayerisch(e) |
| BayObLG | Bayerisches Oberstes Landgericht |
| BayVBl | Bayerische Verwaltungsblätter |
| BayVerfGH | Bayerischer Verfassungsgerichtshof |
| BB | Betriebs-Berater |
| BBesG | Bundesbesoldungsgesetz |
| BBG | Bundesbeamtengesetz |
| Bbg., bbg. | Brandenburg, brandenburgisch(e) |
| Bd. | Band |
| BeamtVG | Beamtenversorgungsgesetz |
| Begr. | Begründung |
| Beil. | Beilage |
| Berl., berl. | Berlin, berliner |
| bes. | besonders |
| Beschl. | Beschluß |
| bestr. | bestritten |
| betr. | betreffend |

| | |
|---|---|
| BFH | Bundesfinanzhof |
| BFHE | Amtl. Slg. der Entscheidungen des BFH |
| BGB | Bürgerliches Gesetzbuch |
| BGBl | Bundesgesetzblatt |
| BGB-RGRK | Kommentar zum BGB, hrsg. von Reichsgerichtsräten und Bundesrichtern, s. auch RGRK |
| BGH | Bundesgerichtshof |
| BGHZ | Amtl. Slg. der Entscheidungen des BGH |
| BGSG | Gesetz über den Bundesgrenzschutz (Bundesgrenzschutzgesetz) |
| BHO | Bundeshaushaltsordnung |
| BImSchG | Bundes-Immissionsschutzgesetz |
| BImSchVO | Bundes-Immissionsschutzverordnung |
| BK | Bonner Kommentar |
| BKK | Die Betriebskrankenkasse |
| BMI | Bundesminister des Inneren |
| BMJ | Bundesminister der Justiz |
| BNatSchG | Bundesnaturschutzgesetz |
| BNotO | Bundesnotarordnung |
| BR | Bundesrat |
| BR-Dr | Bundesratsdrucksache |
| BReg. | Bundesregierung |
| Brem., brem. | Bremen, bremisch(e) |
| BRRG | Beamtenrechtsrahmengesetz |
| BRS | Baurechtssammlung |
| BSeuchG | Gesetz zur Verhütung und Bekämpfung übertragbarer Krankheiten beim Menschen (Bundesseuchengesetz) |
| BSG | Bundessozialgericht |
| BSGE | Amtl. Slg. der Entscheidungen des BSG |
| BSHG | Bundessozialhilfegesetz |
| BStG | Biersteuergesetz |
| BT | Besonderer Teil; Bundestag |
| BT-Dr | Bundestagsdrucksache |
| BVerfG | Bundesverfassungsgericht |
| BVerfGE | Amtl. Slg. der Entscheidungen des BVerfG |
| BVerfGG | Bundesverfassungsgerichtsgesetz |
| BVerwG | Bundesverwaltungsgericht |
| BVerwGE | Amtl. Slg. der Entscheidungen des BVerwG |
| BVG | Bundesversorgungsgesetz |
| bzw. | beziehungsweise |
| c.i.c. | culpa in contrahendo |
| DB | Der Betrieb |
| DDR | Deutsche Demokratische Republik |
| DenkmSchG | Denkmalschutzgesetz (der Länder) |
| ders. | derselbe |
| Die AG | Die Aktiengesellschaft (Zeitschrift) |
| dies. | dieselbe(n) |
| Diss. | Dissertation |
| DJT | Deutscher Juristentag |
| DNotZ | Deutsche Notar-Zeitschrift |
| DöD | Der öffentliche Dienst |
| DÖV | Die öffentliche Verwaltung |
| DRiZ | Deutsche Richter-Zeitung |

| | |
|---|---|
| dt. | deutsch |
| DV | Die Verwaltung |
| DVBl | Deutsches Verwaltungsblatt |
| DWiR (DZWir) | Deutsche Zeitschrift für Wirtschaftsrecht |
| E | Entscheidung; Entwurf |
| EAG | Europäische Atomgemeinschaft |
| EAGV | Vertrag zur Gründung der Europäischen Atomgemeinschaft |
| ebda. | ebenda |
| EG | Einführungsgesetz; Enteignungsgesetz; Europäische Gemeinschaft(en) |
| EGKS | Europäische Gemeinschaft für Kohle und Stahl |
| EGKSV | Vertrag über die Gründung der Europäischen Gemeinschaft für Kohle und Stahl |
| EGV | Vertrag zur Gründung der Europäischen Gemeinschaft |
| Einf. | Einführung |
| EinigungsV | Einigungsvertrag |
| Einl. | Einleitung |
| Erl. | Erläuterung |
| ErstG | Erstattungsgesetz |
| EU | Europäische Union |
| EuG | Europäisches Gericht erster Instanz |
| EuGH | Gerichtshof der Europäischen Gemeinschaften |
| EuGHE, EuGH Slg. | Amtl. Slg. der Entscheidungen des EuGH |
| EuGRZ | Europäische Grundrechte-Zeitschrift |
| EuR | Europarecht |
| EUV | Vertrag über die Europäische Union |
| EuZW | Europäische Zeitschrift für Wirtschaftsrecht |
| EWG | Europäische Wirtschaftsgemeinschaft |
| EWGV | Vertrag zur Gründung der Europäischen Wirtschaftsgemeinschaft |
| f. | folgende |
| Festg. | Festgabe |
| Festschr. | Festschrift |
| ff. | fortfolgende |
| FG | Finanzgericht |
| FStrG | Bundesfernstraßengesetz |
| Fußn. | Fußnote |
| FusV | Fusionsvertrag |
| G | Gericht; Gesetz |
| GASP | Gemeinsame Außen- und Sicherheitspolitik |
| GBl | Gesetzblatt |
| Gedächtnisschr. | Gedächtnisschrift |
| gem. | gemäß |
| GewArch | Gewerbearchiv |
| GewO | Gewerbeordnung |
| GG | Grundgesetz |
| ggfs. | gegebenenfalls |
| GmbH | Gesellschaft mit beschränkter Haftung |
| GmS-OGB | Gemeinsamer Senat der Obersten Gerichtshöfe des Bundes |
| GO | Gemeindeordnung |
| GoA | Geschäftsführung ohne Auftrag |
| grds. | grundsätzlich |

| | |
|---|---|
| GrdstVG | Grundstücksverkehrsgesetz |
| GVBl | Gesetz- und Verordnungsblatt |
| GVG | Gerichtsverfassungsgesetz |
| Halbs. | Halbsatz |
| Hbg., hbg. | Hamburg, hamburgisch(e) |
| HdbStR | Handbuch des Staatsrechts der Bundesrepublik Deutschland |
| HdbVerfR | Handbuch des Verfassungsrechts der Bundesrepublik Deutschland |
| Hess., hess. | Hessen, hessisch(e) |
| Hess.SOG, HSOG | Hessisches Gesetz über die öffentliche Sicherheit und Ordnung |
| HGB | Handelsgesetzbuch |
| HGO | Hessische Gemeindeordnung |
| HLPG | Hessisches Landesplanungsgesetz |
| h. M. | herrschende Meinung |
| Hrsg. | Herausgeber |
| i. d. F. | in der Fassung |
| i. d. R. | in der Regel |
| i. e. S. | im engeren Sinne |
| insb. | insbesondere |
| IPR | Internationales Privatrecht |
| i. S. des (von) | im Sinne des (von) |
| i. V. mit | in Verbindung mit |
| i. w. S. | im weiteren Sinne |
| JA | Juristische Arbeitsblätter |
| JöR | Jahrbuch für öffentliches Recht |
| JR | Juristische Rundschau |
| Jura | Juristische Ausbildung |
| JuS | Juristische Schulung |
| JW | Juristische Wochenschrift |
| JZ | Juristenzeitung |
| Komm. | Kommentar |
| krit. | kritisch |
| L | Land |
| l. | links |
| LBauO | Bauordnung (des Landes) |
| LBG | Landesbeamtengesetz |
| LdR | Ergänzbares Lexikon des Rechts |
| Lfg., Lfrg. | Lieferung |
| LG | Landgericht |
| lit. | litera (Buchstabe) |
| LKO | Landkreisordnung |
| LM | Lindenmaier-Möhring, Nachschlagewerk des BGH |
| LPlanG | Landesplanungsgesetz |
| LR | Landmann/Rohmer, Umweltrecht, Kommentar |
| LS | Leitsatz |
| LVwVfG | Landesverwaltungsverfahrensgesetz |
| m. | mit |
| MDR | Monatsschrift für Deutsches Recht |

| | |
|---|---|
| MünchKomm-BGB .. | Münchener Kommentar zum BGB |
| MV ................ | Mecklenburg-Vorpommern |
| m. w. Nachw. ........ | mit weiteren Nachweisen |
| Nachw. ............ | Nachweis(e) |
| Nds., nds. .......... | Niedersachsen, niedersächsisch(e) |
| n. F. ............... | neue Fassung; neue Folge |
| NJW ............... | Neue Juristische Wochenschrift |
| NJW-RR ........... | NJW-Rechtsprechungs-Report Zivilrecht |
| Nr. ................ | Nummer |
| NVwZ ............. | Neue Zeitschrift für Verwaltungsrecht |
| NVwZ-RR .......... | NVwZ-Rechtsprechungs-Report Verwaltungsrecht |
| NW, nw ............ | Nordrhein-Westfalen, nordrhein-westfälisch(e) |
| NWVBl ............ | Nordrhein-Westfälische Verwaltungsblätter |
| o. .................. | oben |
| OBG ............... | Gesetz über Aufbau und Befugnisse der Ordnungsbehörden (Ordnungsbehördengesetz) |
| OFD ............... | Oberfinanzdirektion |
| OHG .............. | offene Handelsgesellschaft |
| OLG ............... | Oberlandesgericht |
| OVG .............. | Oberverwaltungsgericht |
| OVGE ............. | Amtl. Slg. der Entscheidungen der OVGe Lüneburg und Münster |
| OWiG ............. | Ordnungswidrigkeitengesetz |
| PAG ............... | Polizeiaufgabengesetz |
| PBefG .............. | Personenbeförderungsgesetz |
| PolG ............... | Polizeigesetz |
| PrEntG ............. | Preußisches Enteignungsgesetz |
| PrGS ............... | Preußische Gesetzessammlung (Gesetz = Sammlung für die Königlichen Preußischen Staaten) |
| p.V.V. ............. | Positive Vertragsverletzung |
| r. .................. | rechts |
| RatsVO ............ | Verordnung des Rates der Europäischen Gemeinschaften |
| RBHG ............. | Gesetz über die Haftung des Reichs für seine Beamten (Reichsbeamtenhaftungsgesetz) |
| Rdnr(n). ............ | Randnummer(n) |
| RG ................ | Reichsgericht |
| RGBl .............. | Reichsgesetzblatt |
| RGRK ............. | Kommentar zum BGB, hrsg. von Reichsgerichtsräten und Bundesrichtern, s. auch BGB-RGRK |
| RGZ ............... | Amtl. Slg. der Entscheidungen des RG in Zivilsachen |
| RhPf., rhpf. ......... | Rheinland-Pfalz, rheinland-pfälzisch(e) |
| RiA ................ | Das Recht im Amt |
| RIW ............... | Recht der internationalen Wirtschaft |
| RL ................. | Richtlinie |
| Rs. ................ | Rechtssache |
| Rspr. .............. | Rechtsprechung |
| s. .................. | siehe |
| S. .................. | Satz (bei Rechtsnormen), Seite |
| Saarl., saarl. ......... | Saarland, saarländisch |
| Sachs., sächs. ........ | Sachsen, sächsisch(e) |

| | |
|---|---|
| SachsAnh | Sachsen-Anhalt |
| SchlH., schlh. | Schleswig-Holstein, schleswig-holsteinisch(e) |
| SG | Soldatengesetz s. auch SoldG; Sozialgericht |
| SGB | Sozialgesetzbuch |
| Slg. | Sammlung |
| SoldG | Soldatengesetz, s. auch SG |
| Sp. | Spalte |
| st. | ständig |
| StaatsR | Staatsrecht |
| StGB | Strafgesetzbuch |
| StHG | Staatshaftungsgesetz |
| StHG 1981 | Staatshaftungsgesetz vom 26.6.1981, BGBl I S. 553 |
| StPO | Strafprozeßordnung |
| str. | streitig |
| StrEG | Gesetz über die Entschädigung für Strafverfolgungsmaßnahmen (Strafverfolgungsentschädigungsgesetz) |
| StREG | Strafrechtsreform – Ergänzungsgesetz |
| st. Rspr. | ständige Rechtsprechung |
| StVG | Straßenverkehrsgesetz |
| StVO | Straßenverkehrsordnung |
| StWG | Gesetz zur Förderung der Stabilität und des Wachstums (Stabilitätsgesetz) |
| sub. | unter |
| SVG | Soldatenversorgungsgesetz |
| Thür., thür. | Thüringen, thüringisch(e) |
| Tz. | Textziffer |
| u. | unten; unter |
| u. a. | unter anderem |
| unstr. | unstreitig |
| UPR | Umwelt- und Planungsrecht |
| Urt. | Urteil |
| UWG | Gesetz gegen den unlauteren Wettbewerb |
| v. | vom |
| VA | Verwaltungsakt |
| Var. | Variante |
| VBlBW | Verwaltungsblätter für Baden-Württemberg |
| Verf. | Verfasser; Verfassung |
| VerfGH | Verfassungsgerichtshof |
| VersR | Zeitschrift für Versicherungsrecht |
| VerwArch | Verwaltungsarchiv |
| VG | Verwaltungsgericht |
| VGH | Verwaltungsgerichtshof |
| VGHE | Entscheidungen des VGH München und des BayVerfGH |
| vgl. | vergleiche |
| VO | Verordnung |
| Vorb. | Vorbemerkung |
| VR | Verwaltungsrundschau |
| VVDStRL | Veröffentlichungen der Vereinigung der Deutschen Staatsrechtslehrer |
| VwGO | Verwaltungsgerichtsordnung |
| VwVfG | Verwaltungsverfahrensgesetz des Bundes |

| | |
|---|---|
| WaStrG | Wasserstraßengesetz |
| WHG | Wasserhaushaltsgesetz |
| WiVw. | Wirtschaft und Verwaltung (Beil. zum GewArch) |
| WM | Wertpapier-Mitteilungen |
| WPflG | Wehrpflichtgesetz |
| WRV | Verfassung des Deutschen Reichs vom 11.8.1919 (Weimarer Reichsverfassung) |
| WuW | Wirtschaft und Wettbewerb |
| ZBJI | Zusammenarbeit in den Bereichen Justiz und Inneres |
| ZBR | Zeitschrift für Beamtenrecht |
| ZDG | Zivildienstgesetz |
| ZfBR | Zeitschrift für deutsches und internationales Baurecht |
| ZHR | Zeitschrift für das gesamte Handelsrecht und Wirtschaftsrecht |
| zit. | zitiert |
| ZPO | Zivilprozeßordnung |
| ZRP | Zeitschrift für Rechtspolitik |
| ZStaatsW | Zeitschrift für die gesamte Staatswissenschaft |
| zust. | zustimmend |

# Allgemeines Literaturverzeichnis


*Lehrbücher*

*Erichsen* (Hrsg.), Allgemeines Verwaltungsrecht, 11. Aufl. 1998
*Herdegen*, Europarecht, 2. Aufl. 1999
*Hesse*, Grundzüge des Verfassungsrechts der Bundesrepublik Deutschland, 20. Aufl. 1995
*Huber*, Recht der Europäischen Integration, 1996
*Koenig/Haratsch*, Europarecht, 2. Aufl. 1998
*Maurer*, Allgemeines Verwaltungsrecht, 11. Aufl. 1997
*Oppermann*, Europarecht, 2. Aufl. 1999
*Ossenbühl*, Staatshaftungsrecht, 5. Aufl. 1998
*Schweitzer/Hummer*, Europarecht, 5. Aufl. 1996
*Schwerdtfeger*, Öffentliches Recht in der Fallbearbeitung, 10. Aufl. 1997
*Stein*, Staatsrecht, 16. Aufl. 1998
*Stern*, Verwaltungsprozessuale Probleme in der öffentlich-rechtlichen Arbeit, 7. Aufl. 1995
*Streinz*, Europarecht, 4. Aufl. 1999
*Windthorst/Sproll*, Staatshaftungsrecht, 1994

*Kommentare, Handbücher*

*Büchs*, Handbuch des Eigentums- und Entschädigungsrechts, 3. Aufl. 1996
*Dagtoglou*, in: BK, Erl. zu Art. 34, Stand: 1970
*Dreier* (Hrsg.), Grundgesetz-Kommentar, Bd. 2, 1998
*Eyermann*, VwGO, 10. Aufl. 1998
*Geiger*, EG-Vertrag, 2. Aufl. 1995
*Jarass*, BImSchG, 4. Aufl. 1998
*Jarass/Pieroth*, Grundgesetz, 4. Aufl. 1997
*Klein*, in: *Soergel*, BGB, Bd. 5/2, 12. Aufl. 1998
*Kopp/Schenke*, VwGO, 11. Aufl. 1998
*Kreft*, in: BGB- RGRK, Bd. II, 6. Teil, 12. Aufl. 1989, Erl. zu § 839
*Landmann/Rohmer*, Umweltrecht, Loseblattsammlung, Stand: 30. Lieferung, 1998
*Lenz* (Hrsg.), EG-Kommentar, 1994
*Maunz/Dürig*, Grundgesetz, Loseblattsammlung, Stand: 34. Lieferung, 1998
*v. Münch/Kunig* (Hrsg.), Grundgesetz-Kommentar, Bd. 1, 4. Aufl. 1992, Bd. 2, 3. Aufl. 1995
*Palandt*, Bürgerliches Gesetzbuch, 58. Aufl. 1999
*Papier*, in: MünchKomm-BGB, Bd. V, 3. Aufl. 1997, Erl. zu § 839
*ders.*, Staatshaftung, in: *Isensee/Kirchhof* (Hrsg.), HdbStR, Bd. VI, 1989, § 157
*Pestalozza*, in: *v. Mangoldt/Klein/Pestalozza*, Das Bonner Grundgesetz, Bd. 8, 3. Aufl. 1996
*Sachs* (Hrsg.), Grundgesetz, 2. Aufl. 1999
*Schoch/Schmidt-Aßmann/Pietzner*, VwGO, Stand: 1998
*Stelkens/Bonk/Sachs*, VwVfG, 5. Aufl. 1998

*Monographien*

*Bender*, Staatshaftungsrecht, 3. Aufl. 1981
*Fetzer*, Die Haftung des Staates für legislatives Unrecht, 1994
*Hidien*, Die gemeinschaftsrechtliche Staatshaftung der EU-Mitgliedstaaten, 1999
*Kreft*, Öffentlich-rechtliche Ersatzleistungen, 2. Aufl. 1998
*Krohn*, Enteignung, Entschädigung, Staatshaftung, 1993
*Nüßgens/Boujong*, Eigentum, Sozialbindung, Enteignung, 1987
*Pfab*, Staatshaftung in Deutschland, 1997
*Rozek*, Die Unterscheidung von Eigentumsbindung und Enteignung, 1998
*Steinberg/Lubberger*, Aufopferung – Enteignung und Staatshaftung, 1991
*Zimmermann*, Die Auslegung und Anwendung des Art. 34 GG im Falle legislativen Unrechts unter Berücksichtigung des gemeinschaftsrechtlichen Staatshaftungsanspruchs und einschlägiger Regelungen der Europäischen Menschenrechtskonvention, Diss. Münster 1995

# 1. Teil. Grundlagen der Staatshaftung

**Literatur:** *Bettermann*, Rechtsgrund und Rechtsnatur der Staatshaftung, DÖV 1954, 299; *Heidenhain*, Amtshaftung und Entschädigung aus enteignungsgleichem Eingriff, 1965; *Kohl*, Die Lehre von der Unrechtsfähigkeit des Staates, 1977; *Lerche*, Amtshaftung und enteignungsgleicher Eingriff, JuS 1961, 237; *Schwennicke*, Die Entstehung der Einleitung des Preußischen Allgemeinen Landrechts von 1794, 1993.

## § 1. Begriff, Formen und Probleme der Staatshaftung

„Staatshaftung" – als Arbeitsbegriff vorläufig eingrenzbar als Verant- 1
wortlichkeit des Staates für Rechtseinbußen durch öffentlich-rechtliches Verhalten – gewinnt zunehmend an Bedeutung. Das liegt vor allem daran, daß der Geschädigte oftmals aus tatsächlichen oder rechtlichen Gründen keinen sog. Primärrechtsschutz erlangen kann, der den Eintritt oder die Weiterentwicklung des Schadens durch gerichtliche Überprüfung und ggfs. Kassation der rechtswidrigen staatlichen Beeinträchtigung verhindert. So verhält es sich beispielsweise, wenn er als Unbeteiligter bei der Verfolgung eines Straftäters durch den Schuß eines Polizisten verletzt wird oder wenn er als Anlieger einer rechtswidrig, aber bestandskräftig genehmigten öffentlichen Straße die von ihr ausgehenden Verkehrslärmimmissionen dulden muß. In diesen, aber auch in anderen Fällen, etwa bei Unzumutbarkeit der Folgenbeseitigung, stellt sich die Frage, ob ihm wenigstens ein sog. Sekundärrechtsschutz zuteil wird, aufgrund dessen er den Staat zur Wiederherstellung des rechtmäßigen Zustands bzw. zur Kompensation des dadurch entstandenen Schadens verpflichten kann, also – seitenverkehrt formuliert – dieser ihm gegenüber haftet.[1]

### I. Historische Grundlagen

Die aktuelle Relevanz darf nicht darüber hinwegtäuschen, daß Staats- 2
haftung kein neuartiges Phänomen, sondern ein seit langem anerkanntes Rechtsinstitut ist. Seine prinzipielle Akzeptanz fällt mit der Bejahung einer grundsätzlichen *Unrechtsfähigkeit des Staates* zusammen, die es erst erlaubt, haftungsrechtliche Konsequenzen aus einem ihm zuzurechnenden Fehlverhalten zu ziehen.[2] Dieser Gedanke hat nach eher zögerlichen

[1] Zu den Kategorien „Primärrecht" und „Sekundärrecht" *Morlok*, Die Verwaltung 25 (1992), 371 (376).

[2] Vgl. schon *Zachariä*, ZStaatsW 19 (1863), 582 (615 ff.); zuletzt *Pfab*, S. 4 m. w. Nachw.

frühen Ansätzen[3] erstmals im Preußischen Allgemeinen Landrecht eine allgemeine Kodifikation erfahren. Seine einschlägigen zentralen Bestimmungen[4] bilden die Wurzeln des geltenden Staatshaftungsrechts. Die Struktur seiner weitverzweigten Regelungen läßt noch die damaligen Ansätze einer subsidiären Haftung für Amtspflichtverletzungen einerseits, einer Entschädigung für gemeinwohlbedingte Sonderopfer andererseits, erkennen.[5] In der Gesetzesterminologie hat der Ausdruck „Staatshaftungsrecht" jedenfalls seit den Arbeiten am Staatshaftungsgesetz von 1981 seinen festen Platz.[6]

## II. Elemente der Begrifflichkeit

3 Im Gegensatz zum weitgehenden Konsens über die Verwendung des Begriffs „Staatshaftungsrecht" steht die Uneinigkeit über seinen Inhalt, zumal über die ihm zuzuordnenden Haftungsinstitute. Eine einhellige Meinung hat sich insoweit bislang nicht herausgebildet. Das ist vor allem darauf zurückzuführen, daß die Reichweite der Rechtsfigur „Staatshaftungsrecht" von dem jeweiligen Kontext, in dem sie gebraucht wird, und den dabei verfolgten Zielen abhängt. So wird der in Art. 74 I Nr. 25 GG verankerte Kompetenzbegriff einer Staatshaftung nach abzulehnender, wenngleich verbreiteter Meinung aus entstehungsgeschichtlichen Gründen auf eine öffentlich-rechtliche Staatsunrechtshaftung beschränkt,[7] während etwa die von *Ossenbühl* entwickelte Definition weiter gefaßt ist, um die entwicklungsgeschichtlichen Abhängigkeiten der verschiedenen Haftungsinstitute besser aufzeigen zu können.[8]

---

[3] Eingehend dazu *Kohl*, S. 7 ff.

[4] Zweyter Theil Zehnter Titel ALR, § 88: „Wer ein Amt übernimmt, muß auf die pflichtmäßige Führung desselben die genaueste Aufmerksamkeit wenden". § 89: „Jedes dabey begangene Versehen, welches bey gehöriger Aufmerksamkeit, und nach den Kenntnissen, die bey der Verwaltung des Amtes erfordert werden, hätte vermieden werden können und sollen, muß er vertreten." Zu §§ 74 und 75 Einl. ALR vgl. unten § 2 Rdnr. 3, § 16 Rdnr. 3; s. auch *Schwennicke*, S. 296 ff., 321 ff.; *Landau*, AöR 118 (1993), 447 (460 f.).

[5] Auf diese frühe Grundlegung geht etwa das Verweisungsprivileg des § 839 I 2 BGB und der auf den Aufopferungsgedanken gestützte Anspruch aus enteignungsgleichem Eingriff zurück, dazu unten § 10 Rdnrn. 6 ff., § 16 Rdnrn. 1 ff., ebda., auch zur diesbezüglichen geschichtlichen Entwicklung.

[6] S. nur die Referentenentwürfe des BMI/BMJ für ein Gesetz zur Änderung des Grundgesetzes und für ein Staatshaftungsgesetz vom September 1976, ebda., S. 60, zu den Reformanstößen aus Rechtswissenschaft und -praxis.

[7] Vgl. *Degenhart*, in: *Sachs*, GG, Art. 74 Rdnrn. 93 f.; *Schullan*, BayVBl 1990, 360 (361 f.); weitergehend *Pestalozza*, Rdnrn. 1813 ff., wonach auch privatrechtliches staatliches Verhalten Gegenstand der Staatshaftung i. S. dieser Vorschrift sein kann; zur hier vertretenen Auffassung unten § 3 Rdnrn. 12 ff.

[8] *Ossenbühl*, S. 2.

### 1. Das Merkmal „Staat"

Die Eckpfeiler der Begrifflichkeit, um die sich die verschiedenen Deutungen ranken, sind durch den Wortlaut vorgegeben. Das Merkmal „Haftung" umreißt die Verantwortlichkeit für ein bestimmtes Verhalten, während der Begriffsteil „Staat" für das Rechtssubjekt steht, das diese Einstandspflicht trifft. Was letzteres angeht, herrscht weitgehend Einigkeit darüber, daß *„Staat"* in diesem Sinne jeder Hoheitsträger ist. Dazu zählen neben Bund und Ländern auch sonstige juristische Personen des öffentlichen Rechts, etwa Gemeinden. Gewisse Einschränkungen bestehen bei Beliehenen; sie werden zwar auch insoweit als Hoheitsträger anerkannt, ihre Ersatzpflicht wird aber zum Schutze des Geschädigten vor einem zahlungsunfähigen Schuldner regelmäßig von der beleihenden staatlichen Stelle übernommen.[9] Andererseits erfährt das Begriffsmerkmal „Staat" dadurch eine Erweiterung, daß auch rechts- und handlungsfähige Völkerrechtssubjekte, insb. die EG, prinzipiell tauglicher Adressat staatshaftungsrechtlicher Ansprüche sind.[10] 4

### 2. Das Merkmal „Haftung"

Ursächlich für die unterschiedliche Konturierung des Begriffs der Staatshaftung ist die heterogene Interpretation des Merkmals *„Haftung"*. Die Meinungsverschiedenheiten betreffen Grund und Inhalt des damit angesprochenen Einstehenmüssens.[11] Umstritten ist vor allem, ob neben öffentlich-rechtlichem auch privatrechtliches staatliches Verhalten geeigneter Anknüpfungspunkt für eine Staatshaftung ist und ob diese sich auf eine Unrechtshaftung verengt oder auch Restitutions- und Kompensationspflichten für Rechtsnachteile umfaßt, die auf andere Art eingetreten sind. 5

## III. Unterschiedliche Begriffe der Staatshaftung

Infolge dieser Divergenzen haben sich unterschiedliche Begriffe der Staatshaftung und – daran anknüpfend – des Staatshaftungsrechts herausgebildet.[12] Hervorzuheben sind insb. folgende Erscheinungsformen: 6

---

[9] S. etwa bei der Amtshaftung unten § 11 Rdnr. 3.

[10] Vgl. unten § 4 Rdnr. 5, § 5 Rdnr. 1; Einzelheiten zur gemeinschaftsrechtlichen Staatshaftung unten § 5 Rdnr. 3 ff.

[11] Zu den unterschiedlichen Haftungsbegriffen *Palandt/Heinrichs*, BGB, Einl. vor § 241 Rdnr. 14.

[12] Vgl. *Bender*, Rdnrn. 1 ff.

### 1. Staatshaftung im engen Sinne

7 Staatshaftung wird hier verstanden als *Einstandspflicht* des Staates *für die Folgen rechtswidrigen, hoheitlichen Handelns.*[13] Staatshaftungsrecht umfaßt demnach nur die geschriebenen und ungeschriebenen Regeln über eine Wiedergutmachungspflicht für solches Verhalten. Ausgenommen bleiben die Bestimmungen über eine Ausgleichspflicht des Staates für rechtmäßiges und/oder privatrechtliches Handeln, etwa nach §§ 823, 31 BGB. Dieser eng ausgelegte Begriff lag dem Staatshaftungsgesetz vom 26.6.1981[14] zugrunde[15] und bleibt trotz seiner Nichtigerklärung[16] bis heute relevant, beispielsweise bei der Festlegung der Reichweite des Kompetenztitels „Staatshaftungsrecht" in Art. 74 I Nr. 25 GG.[17]

### 2. Staatshaftung im weiten Sinne

8 „Staatshaftung" beschreibt danach die Einstandspflicht für staatliches *Verhalten*, ohne daß es darauf ankommt, ob dieses *rechtswidrig oder rechtmäßig, öffentlich-rechtlich oder privatrechtlich* ist. Zum Staatshaftungsrecht im weiten Sinne gehört jeder Rechtssatz, der eine Ausgleichspflicht des Staates für solches Handeln oder Unterlassen zum Gegenstand hat.[18] Weder die Art und Ursache des Schadens noch die Form und Rechtsnatur des Verhaltens spielen eine Rolle. Ausgegrenzt bleibt lediglich die Erfüllung von Primärpflichten, etwa aufgrund eines öffentlich-rechtlichen Vertrages, da insoweit keine Haftung vorliegt. Vereinzelt wird für die Zugehörigkeit einer Norm zum so verstandenen Staatshaftungsrecht zusätzlich gefordert, daß sie als Sonderrecht für den Staat dem öffentlichen Recht zuzuordnen ist.[19]

### 3. Vorzugswürdiger Begriff der Staatshaftung

9 Der nachfolgend zugrunde gelegte Begriff der Staatshaftung bewegt sich zwischen diesen Polen. „Staatshaftung" wird als *Einstandspflicht* des Staates *für Rechtseinbußen infolge Ausübung öffentlicher Gewalt* begriffen, zum Staatshaftungsrecht gehören sämtliche kodifizierten und nicht

---

[13] S. etwa *Bettermann*, DÖV 1954, 299; *Dagtoglou*, in: BK, Art. 34 Rdnr. 7; *Papier*, in: MünchKomm-BGB, § 839 Rdnr. 2.

[14] BGBl 1981 I, S. 553.

[15] Begr. des StHG-E, BT-Dr 8/2079, S. 17, 34 ff.; s. auch *Bender*, Rdnr. 3

[16] *BVerfGE* 61, 149; dazu noch unten § 2 Rdnrn. 11, 13.

[17] S. nur *Degenhart*, in: *Sachs*, GG, Art. 74 Rdnr. 94 m. w. Nachw. sowie unten § 3 Rdnrn. 12 ff.

[18] Dazu *Bender*, Rdnr. 1.

[19] So *Pestalozza*, Rdnrn. 1815 ff.

kodifizierten Regeln, die sich mit dieser Verantwortlichkeit befassen, sei es, daß sie sie begründen oder begrenzen.[20] Diese Definition hält am Erfordernis der Ausübung öffentlicher Gewalt trotz gewisser Abgrenzungsschwierigkeiten[21] fest, weil der Staat insoweit besonderen öffentlich-rechtlichen Bindungen unterliegt, die auf das Haftungsregime durchschlagen (z. B. aus Art. 3 I GG), verzichtet aber auf die Forderung nach einem rechtswidrigen oder gar schuldhaften Verhalten. Dafür spricht der häufig entstehungsgeschichtlich bedingte enge Zusammenhang zwischen Schadensausgleichspflichten bei rechtswidrigem und rechtmäßigem Eingriff, der etwa bei Ansprüchen aus enteignungsgleichem und enteignendem Handeln offen zutage tritt.[22] Demgegenüber würde ein Festhalten am engen Begriff der Staatshaftung eine weitere Aufspaltung des Haftungssystems nach sich ziehen, wodurch solche Verbindungslinien ohne sachliche Notwendigkeit durchtrennt würden.[23] Der in Art. 74 I Nr. 25 GG neu aufgenommene Kompetenztitel für das Staatshaftungsrecht steht der hier vertretenen Begriffsformung nicht entgegen, sondern untermauert sie. Denn er ermächtigt den Bund zum Erlaß eines Staatshaftungsgesetzes, das jede Form hoheitlichen staatlichen Verhaltens sanktioniert.[24]

## IV. Erscheinungsformen der Staatshaftung

Die verschiedenen Ausprägungen einer Staatshaftung können anhand 10
bestimmter Merkmale klassifiziert werden, die auf die *causa* oder die *Art der Ersatzpflicht* abstellen;[25] sie werden nachfolgend – gleichsam vor die Klammer gezogen – dargestellt. Das erleichtert einerseits die Beurteilung der bestehenden staatshaftungsrechtlichen Institute, erlaubt andererseits eine Ausmessung des durch Art. 74 I Nr. 25, II GG eröffneten Gestaltungsspielraums für eine umfassende Neuordnung der Staatshaftung durch den Bund.

---

[20] S. auch *Pietzko*, Der materiell-rechtliche Folgenbeseitigungsanspruch, 1994, S. 43; *Ossenbühl*, S. 2; *Zimmermann*, S. 5.

[21] Dazu *Wagner*, JZ 1968, 245 (246 ff.); *Schullan*, BayVBl 1990, 360 (361 ff.) m. w. Nachw.

[22] Das gilt freilich nur unter der Prämisse, daß der enteignende Eingriff aufgrund der ein Sonderopfer des Betroffenen begründenden Folgen nicht ohnehin der Unrechtshaftung zugeordnet wird, s. dazu unten § 17 Rdnr. 54.

[23] So *Ossenbühl*, S. 2.

[24] Zur Begründung vgl. unten § 3 Rdnrn. 13 ff.

[25] Vgl. die Begr. des StHG-E, BT-Dr 8/2079, S. 25 ff.; daneben wird z. T. auch anhand der Anspruchsvoraussetzungen (z. B. nach der Verschuldensabhängigkeit, s. nur *Bender*, Rdnr. 9) oder des Anspruchsinhalts (z. B. Schadensersatz oder Entschädigung, dazu unten § 3 Rdnr. 2 m. Fußn. 3) differenziert.

### 1. Unmittelbare und mittelbare Staatshaftung

11 Diese Unterscheidung hebt auf den *Haftungsgrund* ab. Unmittelbare Staatshaftung, wie sie etwa der enteignungsgleiche Eingriff vorsieht, setzt die Verletzung einer (öffentlich-)rechtlichen Pflicht voraus. Anknüpfungspunkt ist allein das Außenverhältnis zwischen Staat und Geschädigten. Dagegen ist bei mittelbarer Staatshaftung zunächst die persönliche Eigenverantwortlichkeit des Handelnden ausschlaggebend, die dann vom Staat übernommen wird. Exemplarisch hierfür ist die Amtshaftung.

### 2. Ausschließliche und kumulative Staatshaftung

12 Differenzierungskriterium ist hier der potentielle *Anspruchsgegner*. Bei ausschließlicher Staatshaftung haftet nur der Staat, eine gleichzeitige primäre oder subsidiäre Inanspruchnahme des Amtswalters durch den Geschädigten (dazu unten 3) ist nicht möglich, da seine deliktische Eigenverantwortlichkeit beseitigt worden ist, während sie bei kumulativer Staatshaftung bestehen bleibt und ggfs. eine ergänzende Außenhaftung des Handelnden begründen kann. Beispiel für eine ausschließliche Staatshaftung ist der öffentlich-rechtliche Folgenbeseitigungsanspruch, eine kumulative Haftung des Staates kommt bei privatrechtlichem Tätigwerden seiner Bediensteten in Betracht (z. B. §§ 823, 831 BGB – § 839 I BGB).

### 3. Primäre und subsidiäre Staatshaftung

13 Diese Haftungsmodelle überschneiden sich mit den vorgenannten Kategorien. Bei primärer Staatshaftung haftet nur oder jedenfalls vorrangig der Staat, wohingegen er bei subsidiärer Staatshaftung an Stelle oder – im Rahmen einer Ausfallhaftung – neben dem Schädiger verantwortlich ist. Das läßt sich anhand des enteignungsgleichen Eingriffs (primäre Haftung) und der Amtshaftung (subsidiäre Haftung, vgl. § 839 I 2 BGB) exemplifizieren.

## V. Gegenwärtige Situation des Staatshaftungsrechts

14 Die Friktionen zwischen den staatshaftungsrechtlichen Instituten werden bei ihrer Darstellung im einzelnen aufgezeigt. An dieser Stelle sollen nur die anspruchsübergreifenden Mängel und Probleme des Staatshaftungsrechts erörtert werden.

## 1. Lückenhafte, unabgestimmte Regelung

Das bestehende Staatshaftungsrecht ist im Laufe der Zeit vornehmlich von der Rechtsprechung aus unterschiedlichen Rechtsquellen entwickelt worden (dazu unten § 2). Charakteristisch für das so entstandene Geflecht geschriebener und ungeschriebener Rechtssätze ist *seine Unübersichtlichkeit, mangelnde Abstimmung, Lückenhaftigkeit und Starrheit*, bedingt durch Verwurzelung in obrigkeitsstaatlicher Denkweise.[26] Ausdruck der beiden erstgenannten Defizite ist die wenig sachgerechte Rechtswegaufspaltung bei Amtshaftungsansprüchen (Art. 34 S. 3 GG: ordentlicher Rechtsweg) und öffentlich-rechtlichen Folgenbeseitigungsansprüchen (§ 40 I VwGO: Verwaltungsrechtsweg).[27] Dagegen konnten die beiden letztgenannten Mängel weitgehend durch richterliche Rechtsauslegung und -fortbildung beseitigt werden. Das belegen beispielsweise die Anpassung der Tatbestandsstruktur der Amtshaftung an rechtsstaatliche Erfordernisse und die verfassungsrechtlich gebotene Entwicklung des Rechtsinstituts einer öffentlich-rechtlichen Folgenbeseitigung.[28] 15

Gerade diese „Nachbesserungsmaßnahmen" legen die *Problematik* dieser Entwicklung offen: Die Gefahr eines Übergriffs der Judikative in den Aufgabenbereich der Legislative, der im Hinblick auf die durch die *Gewaltenteilung* geforderte materielle Funktionentrennung problematisch erscheint. Hinzu tritt die drohende Beeinträchtigung des rechtsstaatlichen Gebots der *Rechtsklarheit* angesichts dieser häufig dezisionistischen Vorgehensweise. Dieser Zustand kann allerdings nach Aufnahme der Staatshaftung in den Katalog konkurrierender Gesetzgebungskompetenzen des Bundes (Art. 74 I Nr. 25, II GG) de lege ferenda beseitigt werden, wenn der Gesetzgeber sich zu einer Kodifizierung der Staatshaftung auf der Grundlage eines einheitlichen Haftungskonzepts durchringt. Bislang sind jedoch keine dahingehenden Anhaltspunkte erkennbar. 16

## 2. Überlagerung durch Gemeinschafts- und Verfassungsrecht

Diese bereits seit längerem kritisierten Unzulänglichkeiten[29] werden durch *zwei neuere Entwicklungen* überlagert, die zu Modifikationen des geltenden Staatshaftungsrechts zwingen. 17

---

[26] Vgl. *Bender*, Rdnrn. 102ff.; s. auch *Windthorst/Sproll*, § 2 Rdnrn. 2f. Die ungenügende Abstimmung kommt auch in den verschiedenen Haftungsmodellen zum Ausdruck, die den einzelnen staatshaftungsrechtlichen Anspruchsgrundlagen zugrunde liegen, vgl. oben Rdnrn. 11ff.

[27] Näher dazu unten § 11 Rdnrn. 15ff.

[28] Einzelheiten unten § 9 Rdnrn. 5ff., 30ff., 89f., 105f., 156ff., § 10 Rdnrn. 16ff., 26ff. und § 12 Rdnrn. 23f.

[29] S. schon die Begr. des StHG-E, BT-Dr 8/2079, S. 17; vgl. auch *Schack*, Gutachten 41. DJT, 1955, S. 48ff., 56ff. sowie unten § 2 Rdnr. 12.

18 Der mitgliedstaatliche Vollzug von Gemeinschaftsrecht richtet sich zwar grds. nach den einschlägigen Bestimmungen des nationalen Rechts;[30] diese müssen aber bei Durchsetzung von gemeinschaftsrechtlich begründeten subjektiven Rechten den verbindlichen Vorgaben der EG, insb. dem Effizienzgebot und dem Diskriminierungsverbot genügen.[31] Insoweit treten gerade bei vorkonstitutionellen Vorschriften, die auf einem antiquierten Verständnis des Verhältnisses von Bürger und Staat beruhen und letzteren privilegieren, häufig Konflikte auf. Sie sind dadurch auszuräumen, daß entweder von einer Anwendung einzelner Bestimmungen des nationalen Rechts wegen des *Vorrangs des Gemeinschaftsrechts* abgesehen wird oder die Merkmale der einschlägigen Anspruchsgrundlage im Wege einer *gemeinschaftsrechtskonformen Auslegung* entsprechend angepaßt werden.[32] Augenfälliges Beispiel hierfür ist die Handhabung des Verweisungsprivilegs des § 839 I 2 BGB in Fällen mit Bezug zum Gemeinschaftsrecht.[33]

19 Ähnliche Konsequenzen ergeben sich aufgrund von Verfassungsrecht, wobei die im Rahmen der so genannten „neuen Formel" entwickelten verschärften Anforderungen des Gleichheitssatzes nach Art. 3 I GG eine zentrale Rolle spielen.[34] Sie verlangen eine Beseitigung sachlich nicht zu rechtfertigender Ungleichbehandlungen, die – soweit möglich – durch verfassungskonforme Auslegung des einfachen Gesetzesrechts erfolgt. Solche Verstöße gegen den Gleichheitssatz können sich etwa aus einer Haftungsprivilegierung des Staates oder aus einer Schlechterstellung des Geschädigten infolge der von der vollziehenden Gewalt gewählten Handlungsform ergeben. Als Beispiele sind einerseits erneut die Subsidiaritätsklausel, andererseits die Erfüllung öffentlicher Aufgaben mit privatrechtlichen Mitteln zu nennen.[35]

## § 2. Geschichtliche Entwicklung der Staatshaftung

1 Das bestehende Staatshaftungsrecht ist das Ergebnis einer über 200 Jahre zurückreichenden rechtlichen Entwicklung. Sie soll nicht in allen ihren Verästelungen, sondern nur insoweit nachgezeichnet werden, als sie für das geltende Recht bedeutsam ist, weil einzelne Bestimmungen und Probleme erst aus dem historischen Kontext heraus verständlich werden.

---

[30] Näher dazu unten § 8 Rdnrn. 23 ff.

[31] Zum Inhalt dieser gemeinschaftsrechtlichen Grundsätze unten § 8 Rdnr. 29 m. Fußn. 61, 62.

[32] Näher dazu, insb. zu Inhalt und Grenzen einer gemeinschaftsrechtskonformen Auslegung, unten § 8 Rdnrn. 26 f.

[33] Einzelheiten unten § 6 Rdnr. 65, § 10 Rdnrn. 12 ff.

[34] Allgemeiner dazu *Sachs*, JuS 1997, 124 (125 ff.); *Krugmann*, JuS 1998, 7 ff.; *Osterloh*, in: *Sachs*, GG, Art. 3 Rdnrn. 13 ff.

[35] Vgl. im einzelnen unten § 10 Rdnrn. 16 ff., § 9 Rdnrn. 30 ff.

## I. Grundlegung im Allgemeinen Preußischen Landrecht

2 Das Preußische Allgemeine Landrecht von 1794 (ALR) befaßte sich vornehmlich an zwei Stellen mit der Frage einer Verantwortlichkeit des Staates für Rechtseinbußen. Die beiden dort angesprochenen Haftungskonstellationen markieren zugleich die Gravitationszentren des geltenden Staatshaftungsrechts.

3 Die §§ 73–81 der Einleitung zum ALR gingen von einer grundsätzlichen Überordnung der staatlichen über die individuellen Interessen aus, verpflichteten aber zugleich den Staat zum Schutz seiner Einwohner und ihres Vermögens gegen Beeinträchtigungen von innen und von außen durch Errichtung von Gerichten, denen prinzipiell auch er selbst unterworfen war (§§ 73, 76, 81). Als Synthese dieser dialektisch anmutenden Grundsatzentscheidung mußte der Bürger staatliche Eingriffe in seine erworbenen Rechte aus Gründen des Gemeinwohls zwar hinnehmen, konnte für dieses Sonderopfer aber eine Entschädigung verlangen (§§ 74, 75).[1] Der darin zum Ausdruck kommende *Aufopferungsgedanke* ist bis heute bedeutsam, etwa als rechtsdogmatisches Fundament des enteignungsgleichen Eingriffs.[2] Außerdem wurden aus diesen frühen Bestimmungen Rechtsaussagen abgeleitet, die bis in neueste Zeit die Diskussion zu Entschädigungsansprüchen bei Eigentumsbeeinträchtigungen durchziehen; hervorzuheben sind der Grundsatz „Dulde und liquidiere“, der inzwischen allerdings überholt ist, und das bei ausgleichspflichtigen Inhalts- und Schrankenbestimmungen des Eigentums aktuelle Problem, ob die Gewährleistungen des Art. 14 I 1 GG auf eine bloße Wertgarantie anstelle einer Bestandsgarantie verkürzt werden dürfen.[3]

4 Den anderen Eckpfeiler im Haftungssystem des ALR bildeten die §§ 88, 89 und 91 des Zehnten Titels des Zweiten Teils. Sie befaßten sich mit den Folgen einer Amtspflichtverletzung,[4] die – obgleich subsidiär[5] – allein den Beamten trafen, nicht hingegen den Staat. Dahinter stand die römisch-rechtlichen Prinzipien entlehnte Vorstellung, die das Beamtenverhältnis als ein privatrechtliches Vertragsverhältnis – vorwiegend als *Mandatskontrakt* – zwischen Landesherr und Staatsdiener ansah. Allein rechtmäßiges Tätigwerden konnte dem Staat zugerechnet werden, nicht aber ein Handeln contra mandatum. Für die daraus resultierenden Kon-

---

[1] Eingehend dazu *Schwennicke*, S. 296 ff., 321 ff.

[2] Dazu unten § 16 Rdnrn. 47 f., 52 ff.

[3] Einzelheiten unten § 14 Rdnr. 3, § 15 Rdnr. 14.

[4] Zum Wortlaut der Bestimmungen oben § 1 Rdnr. 2 m. Fußn. 4.

[5] Vgl. II 10 ALR § 91: „Doch findet in beyden Fällen (§§ 88, 89) die Vertretung nur alsdann statt, wenn kein anderes gesetzmäßiges Mittel, wodurch den nachtheiligen Folgen eines solchen Versehens abgeholfen werden könnte, mehr übrig ist.“ Die Subsidiarität bezog sich also, anders als jetzt bei § 839 I 2 BGB (dazu unten § 10 Rdnr. 30), nicht auf Ansprüche gegen einen anderen Haftungsgegner.

sequenzen mußte der Beamte persönlich einstehen, unabhängig davon, ob er im hoheitlichen oder fiskalischen Funktionskreis gehandelt hatte.[6] Diese Konstruktion wird nicht erst aus heutiger Sicht als skandalös empfunden;[7] gleichwohl beinhaltet sie Elemente, die für das Institut der Amtshaftung trotz aller Kritik nach wie vor bedeutsam sind, etwa die persönliche Beamtenhaftung als Anknüpfungspunkt der Verantwortlichkeit oder den Gedanken der Subsidiarität.[8]

## II. Weitere Entwicklung bis zum Erlaß des Grundgesetzes

5 Die dichotomen *haftungsrechtlichen Ansätze des ALR* sind in der Folgezeit mit unterschiedlicher Geschwindigkeit und Akzentuierung *ausgebaut* worden. Die Entschädigungspflicht des Staates aus Aufopferung für das gemeine Wohl wurde auf rechtmäßiges Handeln beschränkt, Majestäts- und Hoheitsrechte, zu denen insb. das Gesetzes- und Verordnungsrecht gehörte, generell ausgenommen, sofern das Gesetz nicht etwas anderes bestimmte.[9] Eine solche abweichende Bestimmung enthielt etwa Art. 9 S. 2 der Preußischen Verfassung,[10] der als Sonderregelung gegenüber der allgemeinen Aufopferung eine Entschädigungspflicht für Enteignungen vorsah. Das *RG* beschränkte später den Tatbestand einer Enteignung auf hoheitliche Beschaffungsvorgänge und führte komplementär dazu den als aliud verstandenen Aufopferungstatbestand im wesentlichen auf Fälle des ungeregelten polizeilichen Notstands zurück.[11]

6 Ein Wandel trat angesichts zunehmender staatlicher Eingriffe nach dem Ersten Weltkrieg auf der Grundlage des Art. 153 WRV ein. Dieser Vorläufer des Art. 14 GG gewährleistete jedenfalls nach in der späten Weimarer Zeit überwiegender Auffassung das Eigentum verfassungskräftig[12] und stellte besondere Anforderungen an eine Enteignung. Bei seiner Interpretation knüpfte das *RG* einerseits an vorgefundene Traditionen an, was die Entschädigungsvoraussetzungen einer rechtmäßigen Enteignung und einer gesetzlichen Grundlage angeht, andererseits erweiterte es den

---

[6] „Si excessit, privatus est"; ausführlich dazu *Heidenhain*, S. 15 ff. m. w. Nachw.

[7] Vgl. *Zoepfl*, Grundsätze des allgemeinen und des constitutionell-monarchischen Staatsrechts, 1. Aufl. 1841, S. 252, ebda., 3. Aufl. 1846, S. 370 f. m. Fußn. 6.

[8] Einzelheiten unten § 8 Rdnrn. 3 ff., § 9 Rdnr. 9, § 10 Rdnrn. 8 ff.

[9] Preußische Allerhöchste Kabinettsorder vom 4.12.1831 (PrGS S. 255); dazu *Pfab*, S. 7 m. w. Nachw.

[10] Verfassungsurkunde für den Preussischen Staat vom 31.1.1850 (PrGS S. 17), wonach das Eigentum unverletzlich ist und nur aus Gründen des öffentlichen Wohles gegen vorgängige Entschädigung nach Maßgabe des Gesetzes entzogen oder beschränkt werden kann.

[11] Näher dazu *Kreft*, Rdnrn. 2 f.

[12] Dazu unter dem Aspekt des in der Weimarer Republik umstrittenen Geltungsanspruchs der Grundrechte *Häntzschel*, Zeitschrift für öffentliches Recht V (1926), 205 (222 ff.).

Eigentums- und den Enteignungsbegriff. Letzterer sollte nunmehr neben der Rechtsentziehung zur Güterbeschaffung jede durch das Gemeinwohl motivierte Rechtsbeschränkung umfassen (sog. *Aufopferungsenteignung*).[13] Der Raum für eine auf § 75 Einl. ALR gestützte *Aufopferungsentschädigung* wurde dadurch noch schmaler; praktische Relevanz erlangte dieses Institut erst wieder, nachdem das *RG* aus ihm Entschädigungsansprüche bei rechtswidrigen Eigentumsbeeinträchtigungen in Gestalt des enteignungsgleichen Eingriffs ableitete.[14] Dieser Rückblick zeigt, daß die fortdauernden Probleme bei Entschädigungen für Eigentumseingriffe, etwa die Festlegung des Enteignungsbegriffs oder die Grundlage und Reichweite einer Aufopferungsentschädigung,[15] nicht neuen Ursprungs sind, sondern auf eine lange Geschichte zurückblicken.

Ähnlich verhält es sich bei der Haftung für *Amtspflichtverletzungen.* 7
Der im ALR angelegte Gedanke einer persönlichen Beamtenhaftung, den späteres Landesrecht vereinzelt aufgegriffen hatte,[16] wurde zwar von Teilen des Schrifttums heftig kritisiert; die als Alternative vorgeschlagene unmittelbare Staatshaftung bei hoheitlichen Schädigungen konnte sich aber schon aus rechtspolitischen Erwägungen letztlich nicht durchsetzen.[17] Außerdem waren einer solchen reichseinheitlichen Regelung enge Grenzen gezogen, da die Länder grds. die Rechtssetzungsgewalt für diesen Bereich beanspruchten.[18]

Vor diesem *rechtspolitisch wie kompetenzrechtlich umstrittenen* Hin- 8
tergrund erhellen sich die einschlägigen Regelungen des am 1.1.1900 in Kraft getretenen BGB, die bis heute Geltung beanspruchen. § 839 BGB

---

[13] S. nur *Bender*, Rdnrn. 32 f. sowie unten § 16 Rdnrn. 12 ff.

[14] *RGZ* 140, 276 (282 ff.); zu den fortbestehenden Einschränkungen *RGZ* 156, 305 (309 ff.); später wurde dieser Anspruch aus Art. 14 GG abgeleitet, ehe der *BGH* wieder zur ursprünglichen rechtlichen Fundierung im Aufopferungsgedanken zurückkehrte, dazu unten § 16 Rdnrn. 23 ff., 35 ff., 49 ff., § 17 Rdnrn. 4 ff.

[15] Einzelheiten unten § 14 Rdnrn. 6 ff., § 15 Rdnrn. 6 ff., § 16 Rdnrn. 1 ff., insb. 17 ff. und Rdnrn. 52 ff., 78 ff.

[16] S. etwa Art. 125, 148 Hbg. Verf. von 1849; *Pfab*, S. 7 f., stellt auf Art. 89 Hbg. Verf. von 1860 ab.

[17] Unter den Vertretern einer nach hoheitlichem und privatem Bereich geteilten Haftung sprachen sich einige für eine primäre Staatshaftung bei hoheitlichem Handeln aus (z. B. *Pfeiffer*, Practische Ausführungen aus allen Theilen der Rechtswissenschaft, Bd. II, 1828, S. 361 ff., 369 f.), während andere eine subsidiäre Haftung befürworteten (z. B. *Zachariä*, ZStaatsW 19 [1863], 582 [618 ff., 633 ff.]); gegen Ende des 19. Jahrhunderts wurde allerdings erneut die alte Lehre vom Mandatskontrakt favorisiert und eine Staatshaftung insgesamt abgelehnt, s. etwa *Loening*, Die Haftung des Staats aus rechtswidrigen Handlungen seiner Beamten nach deutschem Privat- und Staatsrecht, 1879, S. 106 ff.

[18] Nach Art. 4 Nr. 13 der Verf. des Dt. Reichs vom 16.4.1871 (RGBl S. 63) in der Fassung durch Gesetz vom 20.12.1873 (RGBl S. 379) unterlagen der Beaufsichtigung seitens des Reichs und der Gesetzgebung desselben u. a. die gemeinsame Gesetzgebung über das gesamte bürgerliche Recht; zur Reichweite dieser Kompetenz in bezug auf staatshaftungsrechtliche Fragen *BVerfGE* 61, 149 (185).

begründete eine besondere deliktische Eigenhaftung des amtspflichtwidrig handelnden Beamten, tradierte insoweit Vorstellungen der Mandatstheorie. Eine unmittelbare (kumulative) Staatsunrechtshaftung war und ist nur für den privatrechtlichen Funktionsbereich der öffentlichen Hand vorgesehen (§§ 823, 31 89 BGB), während ihre Konstituierung für Pflichtverletzungen im hoheitlichen Tätigkeitskreis aus kompetenzrechtlichen Gründen gemäß Art. 3, 77 EGBGB den Ländern vorbehalten blieb.[19] Das führte zu einer unhaltbaren *Rechtszersplitterung*, da in einzelnen Ländern, etwa in Hessen, staatshaftungsrechtliche Regelungen galten, die auf unterschiedlichen Haftungsmodellen beruhten;[20] sie traten neben das bis heute in modifizierter Form fortgeltende Reichsbeamtenhaftungsgesetz.[21]

9 Abhilfe brachte erst der nach langer Diskussion erlassene *Art. 131 WRV*,[22] der Art. 34 GG als Vorbild diente. Danach traf die Verantwortlichkeit grds. den Staat, wenn ein Beamter in Ausübung der ihm anvertrauten öffentlichen Gewalt die ihm einem Dritten gegenüber obliegende Amtspflicht verletzte. Die persönliche Beamtenhaftung nach § 839 BGB wurde dadurch nicht außer Kraft gesetzt, sondern bei hoheitlichem Handeln durch Verfassungsrecht auf den Staat übertragen. Die dem BGB ursprünglich zugrunde gelegte Haftungskonzeption wurde auf diese Weise zwar unterlaufen,[23] im Gegenzug aber eine weitgehende Haftungsunitarisierung erreicht, da Art. 131 WRV vom *RG* als *reichseinheitlich unmittelbar anwendbares, aktuelles Recht* mit derogativer Wirkung qualifiziert worden ist.[24]

10 Nach seinem Regelungsgehalt begründete Art. 131 WRV nicht als Pendant zu §§ 31, 89 BGB für den hoheitlichen Funktionskreis eine unmittelbare, primäre Staatshaftung, sondern begnügte sich mit einer *befreienden Schuldübernahme*, die zu einer ausschließlichen mittelbaren Staatshaftung führte.[25] Diese historische Betrachtung legt aktuelle Probleme der Amtshaftung und ihre Ursachen offen, etwa die Haftungsprivilegierung durch § 839 I 2 BGB oder die Beschränkung des Anspruchsinhalts, die Lücken im kodifizierten Haftungsrecht nach sich zieht.[26]

---

[19] Vgl. *BVerfGE* 61, 159 (179 ff.); *Ossenbühl*, S. 8 f.

[20] Einzelheiten bei *Heidenhain*, S. 35 f.; s. auch *Pfab*, S. 10 m. w. Nachw.

[21] Gesetz über die Haftung des Reichs für seine Beamten vom 22.5.1910, RGBl S. 798. Sein § 1 I ordnete an, daß die in § 839 I BGB bestimmte Verantwortlichkeit anstelle des Reichsbeamten das Reich trifft.

[22] Zur Vorgeschichte, insb. zur Diskussion auf dem 28. DJT im Jahre 1906, *Heidenhain*, JZ 1968, 487 (489 f.); zur Genese des Art. 131 WRV *Pfab*, S. 11 ff., wo hervorgehoben wird, daß diese Verfassungsnorm sich ihrem Inhalt nach auch an frühen staatshaftungsrechtlichen Vorschriften einzelner Länder orientiert hat.

[23] Auf die konzeptionellen Unterschiede zwischen Staatshaftung und Amtshaftung hat *Heidenhain*, S. 36 ff., nachdrücklich hingewiesen.

[24] *RGZ* 102, 166 (168 f.); 105, 334 (335); das galt auch nach 1933, vgl. *RGZ* 160, 193 (195 f.).

[25] S. nur *BVerfGE* 61, 149 (192 ff.); *Pfab*, S. 13 ff.

[26] Einzelheiten unten § 10 Rdnrn. 8 ff., § 11 Rdnr. 10.

## III. Änderungen seit Erlaß des Grundgesetzes

Die Entwicklung des Staatshaftungsrechts seit Inkrafttreten des Grundgesetzes wird durch zwei Einschnitte geprägt: Den Erlaß und die Nichtigerklärung des StHG vom 26.6.1981[27] und die Einfügung des Art. 74 I Nr. 25, II in das Grundgesetz durch Gesetz vom 27.10.1994.[28] 11

### 1. Erlaß und Außerkrafttreten des StHG 1981

Den Anstoß für das *StHG 1981* gab der 47. DJT 1968, der die Mängel des geltenden Staatshaftungsrechts hervorhob und eine umfassende systematische Reform auf der Grundlage einer Staatsunrechtshaftung forderte. Das durch verschiedene Kommissions- und Referentenentwürfe vorbereitete StHG[29] sah dann auch eine *ausschließliche, primäre, unmittelbare Staatshaftung* bei Verletzung von Pflichten des öffentlichen Rechts durch die öffentliche Gewalt vor (§ 1), wobei dem Geschädigten ein grundsätzliches Wahlrecht zwischen Schadensausgleich in Geld und Folgenbeseitigung eingeräumt worden ist (§ 4). Außerdem enthielt das Gesetz eine explizite Abgrenzung gegenüber einer privatrechtlichen Haftung und anderen Ersatzansprüchen, z. B. wegen Enteignung oder Aufopferung für das gemeine Wohl (§§ 14 ff.). Neben diesen Neuerungen übernahm es aber auch einige Grundsätze des herkömmlichen Staatshaftungsrechts, etwa den § 839 III BGB nachgebildeten Anspruchsverlust bei versäumter Einlegung von Rechtsbehelfen (§ 6) oder das grundsätzliche Festhalten am Verschuldenserfordernis, welches freilich bei rechtswidrigen Grundrechtseingriffen und bei Versagen technischer Einrichtungen entfallen sollte (§ 2 I 2, II).[30] 12

Diese Umwälzungen kamen allerdings in praxi kaum zum Tragen, wurde doch das StHG bereits am 19.10.1982 *aus kompetenzrechtlichen Gründen* vom *BVerfG* für *nichtig erklärt*. Ausschlaggebend für diese sorgfältig begründete Entscheidung war die vor allem historisch belegte Erkenntnis, daß die konkurrierende Gesetzgebungskompetenz des Bundes für das bürgerliche Recht i. S. des Art. 74 Nr. 1 GG a. F. nicht die in diesem Gesetzeswerk geregelte Staatshaftung abdecken konnte, da die von ihm erfaßten Vorgänge in weitem Umfang dem öffentlichen Recht zuzuordnen waren, für das die Länder gem. Art. 70 I GG gesetzgebungsbefugt sind.[31] Ungeachtet seines frühen Scheiterns bleibt das StHG 1981 13

[27] BGBl I, S. 553; *BVerfGE* 61, 149.

[28] BGBl I, S. 3146.

[29] Zur Entstehungsgeschichte des StHG 1981 s. *Bender*, Rdnrn. 115 ff. m. w. Nachw.

[30] Zu den einzelnen Regelungen des StHG 1981 vgl. z. B. *Schmidt-Bleibtreu*, StHG, 1981, S. 29 ff.; *Bender*, Rdnrn. 153 ff.; zu seiner politischen und rechtlichen Bedeutung *Bender*, Rdnrn. 137 ff.

[31] *BVerfGE* 61, 149 (173 ff.), ebda., auch zum Fehlen einer anderweitigen Gesetzgebungskompetenz des Bundes für eine umfassende Regelung dieses Bereichs.

bedeutsam für die Beurteilung bestehender und den Erlaß künftiger staatshaftungsrechtlicher Regelungen.

### 2. Einfügung des Art. 74 I Nr. 25, II GG

14 Die Option einer umfassenden Neuordnung der Staatshaftung hat durch Aufnahme des Art. 74 I Nr. 25, II in das Grundgesetz neuen Auftrieb erhalten. Darin wird dem Bund die konkurrierende Gesetzgebungskompetenz für die Regelung der Staatshaftung eingeräumt.[32] Diese *Kompetenzerweiterung* geht auf einen gleichlautenden Vorschlag der Gemeinsamen Verfassungskommission zurück. Er spricht sich für die Schaffung einer eindeutigen Kompetenzgrundlage aus, um endlich eine bundeseinheitliche Reform der Staatshaftung zu ermöglichen, die für alle Bürger gleiche Rahmenbedingungen bereitstellt. Der Verfassungsgesetzgeber hat diese Überlegungen aufgegriffen, dabei zugleich die Notwendigkeit einer unmittelbaren Staatshaftung und einer Vereinheitlichung der Rechtswege betont.[33] Ob der Bund den ihm nunmehr zustehenden Regelungsspielraum nutzt und inwieweit er ggfs. hierbei auf die im StHG 1981 artikulierten Vorstellungen zurückgreift, ist derzeit nicht abzusehen.

## § 3. Rechtliche Vorgaben für die Staatshaftung

## I. Überblick zu den Rechtsquellen

1 Da eine umfassende, bundesweite Kodifikation der Staatshaftung noch aussteht, ist auf die bestehenden Rechtssätze zurückzugreifen; sie werden aus verschiedenen Rechtsquellen gespeist, ähneln daher unter systematischen Aspekten eher einem „Flickenteppich" als einem homogenen Rechtssystem. Einschlägige Anspruchsgrundlagen können sich aus dem gesamten *vor- und nachkonstitutionellen Bundes- und Landesrecht* ergeben.[1] Zu nennen sind etwa der Anspruch auf Enteignungsentschädigung nach Art. 14 III GG oder der Amtshaftungsanspruch gem. § 839 BGB i. V. mit Art. 34 S. 1 GG. Letztgenanntes Beispiel zeigt, daß auch Rechtssätze verschiedenen Ranges, die aus unterschiedlichen Rechtsgebieten stammen und zu unterschiedlichen Zeiten entstanden sind, miteinander kombiniert werden können. Taugliche Rechtsgrundlage staatshaftungsrechtlicher

---

[32] Zu Inhalt und Reichweite dieser Kompetenzzuweisung unten § 3 Rdnrn. 12 ff.

[33] Zur Entstehungsgeschichte des Art. 74 I Nr. 25, II GG vgl. *Pestalozza*, Rdnrn. 1803 ff., 1930 ff.; *E. Klein*, in: *Soergel*, BGB, Bd. 5/2, Anh § 839 Rdnrn. 51 ff., jeweils m. w. Nachw.

[1] Zu gemeinschaftsrechtlichen Anspruchsgrundlagen unten § 5 Rdnrn. 3 ff., 15 ff. sowie § 6 Rdnrn. 14 ff.

Ansprüche ist zudem Gewohnheitsrecht, was z. B. die Entschädigung aufgrund enteignungsgleichen Eingriffs belegt.[2]

2 Es fällt nicht leicht, sich in diesem Dickicht von Anspruchsgrundlagen zurechtzufinden. Eine erste *Orientierungshilfe* bietet das *Anspruchsziel*. Je nachdem, ob Schadensersatz oder Entschädigung in Geld,[3] Beseitigung der Folgen hoheitlichen Unrechts oder Unterlassung künftiger Rechtseingriffe begehrt wird, kommen unterschiedliche Rechtsgrundlagen in Betracht. Divergiert ihr *Anspruchsinhalt*, wie etwa beim Amtshaftungsanspruch und beim öffentlich-rechtlichen Folgenbeseitigungsanspruch, sind sie nebeneinander anwendbar. Andernfalls gilt die Regel, daß geschriebene Anspruchsgrundlagen im Rahmen ihres Geltungsbereichs ungeschriebene verdrängen. Sind beispielsweise die in § 2 StrEG normierten Voraussetzungen für einen Entschädigungsanspruch wegen rechtswidriger Strafverfolgungsmaßnahmen nicht gegeben, können die Gerichte keine Entschädigung unter Rückgriff auf sog. Aufopferungsgewohnheitsrecht zusprechen.

3 Im übrigen gilt der Grundsatz, daß auf dasselbe Anspruchsziel gerichtete Anspruchsgrundlagen *nebeneinander anwendbar* sind. Exemplarisch hierfür ist die staatshaftungsrechtliche Lage bei Verkehrsunfällen, die ein Amtswalter im Rahmen seiner hoheitlichen Aufgaben mit einem Dienstwagen schuldhaft verursacht hat. Hier stehen vielfach Schadensersatzansprüche des verletzten Dritten gegen den Staat aus § 839 BGB i. V. mit Art. 34 S. 1 GG einerseits und aus § 7 StVG andererseits in Idealkonkurrenz zu Verfügung.[4]

## II. Verfassungsrechtliche Grundlagen

4 Im Grundgesetz finden sich neben dem speziell auf Eigentumseingriffe zugeschnittenen Art. 14[5] vor allem in den Art. 34 S. 1 und Art. 74 I Nr. 25, II anspruchsübergreifende staatshaftungsrechtliche Aussagen.

### 1. Materielle Gewährleistungen einer Staatshaftung durch Art. 34 S. 1 GG

5 Art. 34 S. 1 GG bildet einerseits im Zusammenwirken mit § 839 BGB die rechtliche Grundlage der Amtshaftung, konstituiert und konturiert

---

[2] Einzelheiten unten § 17 Rdnrn. 4 ff.; zur Frage einer gewohnheitsrechtlichen Verankerung des öffentlich-rechtlichen Erstattungsanspruchs unten § 23 Rdnrn. 3 f.

[3] Schadensersatz- und Entschädigungsansprüche unterscheiden sich insb. in bezug auf den Anspruchsumfang, was bei der Ersatzfähigkeit eines entgangenen Gewinns i. S. des § 252 BGB deutlich wird; dazu und zu weiteren Unterschieden *Windthorst/Sproll*, § 2 Rdnrn. 9 f.

[4] Näher dazu unten § 11 Rdnr. 35.

[5] Eingehend dazu unten § 14 Rdnrn. 1 ff., § 15 Rdnrn. 10 ff., § 16 Rdnrn. 17 ff.

insoweit Tatbestandsmerkmale dieses Anspruchs,[6] enthält andererseits aber auch davon losgelöst allgemeine verfassungsrechtliche Gewährleistungen in bezug auf eine Staatshaftung. Was letztgenannten Aspekt angeht, bestand – anders als bei Art. 131 WRV – von Anfang an Einigkeit darüber, daß *Art. 34 S. 1 GG* unmittelbar geltendes, die *gesamte Staatsgewalt bindendes Recht* enthält.[7] Staatliche Stellen auf allen Ebenen sind danach grundsätzlich für Schädigungen durch amtspflichtwidriges hoheitliches Verhalten verantwortlich. Kehrseite dieser Inpflichtnahme ist ein besonderer Schutz des Geschädigten, der durch die Haftungsübernahme einen liquiden Schuldner erhält.

6 Dieser *sekundäre Rechtsschutz ergänzt* den durch Art. 19 IV GG abgesicherten *primären Rechtsschutz*, der sich bei Rechtsverletzungen in Ausübung öffentlicher Gewalt auf die Überprüfbarkeit und ggfs. Kassation der rechtswidrigen Hoheitsakte durch unabhängige Gerichte beschränkt.[8] Beide Verfassungsbestimmungen sind Ausprägungen des Rechtsstaatsprinzips, insb. des von ihm umfaßten Grundsatzes der Gesetzmäßigkeit der Verwaltung. Das rechtsstaatliche Gebot verlangt die Wahrung bzw. Wiederherstellung eines rechtmäßigen Zustandes und, so dies nicht möglich oder unzureichend ist, den Ausgleich staatlichen Unrechts durch Wiedergutmachung. Die Staatshaftung findet darin ihre innere Rechtfertigung.[9]

7 Bis heute nicht abschließend geklärt ist dagegen die Frage, welche objektiven und subjektiven Gewährleistungen Art. 34 S. 1 GG entfaltet; von der Antwort hängt nicht zuletzt seine rechtsdogmatische Klassifizierung ab. Aus Wortlaut, Entstehungsgeschichte, Stellung und Zweck des *Art. 34 S. 1 GG* folgt, daß diese Grundsatznorm[10] eine *Mindestgarantie der Staatshaftung* enthält, die der Gesetzgeber und andere Teile der staatlichen Gewalt über-, aber nicht unterschreiten dürfen.[11] Sie gewährleistet den (Fort)Bestand einer Staatshaftung für hoheitlich zugefügtes

---

[6] Zu Einzelheiten unten § 8 Rdnrn. 3 ff., § 9 Rdnrn. 3 ff.

[7] Das folgt schon aus der in Art. 20 III GG hervorgehobenen Verfassungsbindung; außerdem ergibt sich aus Text, Genese, Stellung und Funktion des Art. 34 S. 1 GG, daß er – ebenso wie letztlich sein Vorgänger Art. 131 WRV – nicht lediglich ein unverbindlicher Programmsatz oder eine bloße Staatszielbestimmung, sondern unmittelbar geltendes Recht ist, vgl. JöR n. F. 1 (1951), S. 324; s. auch *Pfab*, S. 89; *Bonk*, in: *Sachs*, GG, Art. 34 Rdnr. 2; zur Entstehung des Art. 34 GG vgl. *Wieland*, in: *Dreier*, GG, Bd. II, Art. 34 Rdnrn. 7 ff. m. w. Nachw.

[8] S. nur *Bonk*, in: *Sachs*, GG, Art. 34 Rdnr. 4.

[9] Vgl. die Begr. des GG-ÄndG-E vom 5.9.1978, BT-Dr 8/2080, S. 5; *Pfab*, S. 49; s. auch *Fetzer*, S. 32 f., die zugleich betont, daß auch das material verstandene Rechtsstaatsprinzip als alleinige Grundlage für einen Wiedergutmachungsanspruch ungeeignet ist; zu dessen verfassungsrechtlicher Fundierung unten Rdnrn. 7 ff.

[10] Zu dieser Qualifizierung *Pfab*, S. 66 m. w. Nachw.

[11] *BVerfGE* 61, 149 (199), im Anschluß an *Lerche*, JuS 1961, 237 (240 f.); s. auch *Zimmermann*, S. 9; *Wieland*, in: *Dreier*, GG, Bd. II, Art. 34 Rdnr. 23 m. w. Nachw. in Fußn. 100.

Unrecht, was als und durch eine *institutionelle Garantie* abgesichert wird,[12] nicht aber eine bestimmte – etwa mittelbare – Form der Staatshaftung.[13] Zur Ausformung dieses verfassungskräftig garantierten Mindestbestandes einer hoheitlichen Unrechtshaftung ist aufgrund des in Art. 34 S. 1 GG angelegten kompetenzneutralen Gesetzgebungsauftrags[14] die Legislative verpflichtet; sie wird dabei maßgeblich von den Merkmalen dieser Verfassungsnorm geleitet.

Dagegen verleiht Art. 34 S. 1 GG schon aufgrund seiner Genese und systematischen Stellung dem einzelnen *kein Grundrecht auf Staats(unrechts)haftung*; gleiches gilt aufgrund des formalen Einwands einer fehlenden Erwähnung in Art. 93 I Nr. 4 a GG für die Annahme eines grundrechtsgleichen Rechtes.[15] Allerdings kann der Bestimmung ein *grundrechtsähnliches Recht* entnommen werden, das eine grundsätzliche Einstandspflicht des Staates für rechtswidrige hoheitliche Schädigungen beinhaltet.[16] Seine Gewährleistungen gehen aber wohl nicht über das hinaus, was bereits durch die oben erwähnte Einrichtungsgarantie geboten ist. Denn die Haftungsübernahme durch den Staat hat sich nicht zu einem lückenlosen Prinzip verdichtet; eine Staatsunrechtshaftung ist daher lediglich als Grundsatz garantiert.[17] Ein verfassungsrechtlicher Wiedergutmachungsanspruch des Geschädigten gegen den Staat läßt sich nur bei Grundrechtsverletzungen als Ausprägung des status negativus begründen; Art. 34 S. 1 GG ist insoweit ergänzend heranzuziehen.[18] 8

Daneben besitzt der *Schädiger*, sofern er Beamter im statusrechtlichen Sinne ist,[19] gemäß Art. 33 V GG ein *grundrechtsähnliches Recht auf Haftungsfreistellung* im Außenverhältnis. Diese Verpflichtung gehört zwar nicht zum Kernbestand der Strukturprinzipien des Beamtenrechts, ist aber Bestandteil der Fürsorgepflicht des Dienstherrn, die zum Wesenskern der hergebrachten Grundsätze des Berufsbeamtentums zählt. Das 9

[12] Vgl. *Pfab*, S. 59 f. m. Nachw. zum Meinungsstand; zur u. a. auf die historischen Verbindungslinien zu Art. 131 WRV gestützten Begründung *dies.*, ebda., S. 64 ff.; anscheinend a. A. *Wieland*, in: *Dreier*, GG, Bd. II, Art. 34 Rdnr. 23.

[13] So schon *BVerfGE* 61, 149 (198 f.); s. auch noch unten Rdnr. 10.

[14] In der Wendung: „so trifft die Verantwortung ...“ ist ein Ausgestaltungsvorbehalt verankert, der einen Gesetzgebungsauftrag impliziert, vgl. *Windthorst*, JuS 1995, 791 (792).

[15] *BVerfGE* 2, 336 (338 f.); *BGHZ* 123, 268 (272); gegen einen Grundrechtscharakter schon *Bettermann*, Die Grundrechte III/2, 1959, S. 779 (853); auch *Zimmermann*, S. 12 f.

[16] Vgl. zur Begründung *Stern*, Staatsrecht III/1, 1988, S. 378 f.; a. A. *Pfab*, S. 55, vgl. aber auch ebda., S. 50.

[17] *BGHZ* 123, 268 (272).

[18] Eine ähnliche Argumentationsfigur wird z. T. dem öffentlich-rechtlichen Folgenbeseitigungsanspruch zugrunde gelegt, wo ergänzend zu den Freiheitsgrundrechten das Rechtsstaatsprinzip angeführt wird, s. dazu unten § 12 Rdnrn. 23 f.

[19] Zu diesem Beamtenbegriff unten § 9 Rdnrn. 3 f.

bei der Erfüllung dieser Pflicht grds. anerkannte Ermessen schrumpft auf Null, wenn die entgegen Art. 34 S. 1 GG ausnahmsweise eintretende Eigenhaftung des Amtswalters im Innenverhältnis zwischen diesem und dem Staat sachlich nicht zu rechtfertigen ist.[20]

10 Insbesondere mit Blick auf den Gestaltungsspielraum des Gesetzgebers bei der Ausformung des (künftigen) Staatshaftungsrechts bleibt zu klären, welche *Bindungen* sich insoweit *aus Art. 34 S. 1 GG* ergeben. Auf diese Weise werden zugleich die Konturen der in dieser Norm angelegten institutionellen Garantie freigelegt. Art. 34 S. 1 GG enthält die verfassungskräftige Vorgabe, daß die Schädigung rechtswidrig und dem hoheitlichen Funktionskreis zuzurechnen sein muß. Außerdem muß die verletzte Pflicht eine Drittbezogenheit aufweisen, an die aufgrund des aus rechtsstaatlichen und grundrechtlichen Gewährleistungen abgeleiteten Postulats kongruenter Maßstäbe beim Primär- und Sekundärrechtsschutz zunehmend ähnliche Anforderungen wie bei subjektiven öffentlichen Rechten gestellt werden. Unverrückbar festgelegt ist auch, daß die Verantwortlichkeit des Staates für solche Schädigungen die Regel darstellt;[21] Durchbrechungen werden zwar durch den in dem Begriff „grundsätzlich" verborgenen Gesetzesvorbehalt[22] zugelassen, aber wegen ihres Ausnahmecharakters engen formellen und materiellen Anforderungen unterworfen.[23]

11 *Ausgenommen von* der staatshaftungsrechtlichen *Garantiewirkung* des Art. 34 GG bleibt dagegen das *Verschuldenserfordernis*. In Satz 1 wird es nicht angesprochen, seine Erwähnung in Satz 2 drängt nicht zum Gegenschluß; daß ein Regreß nur bei bestimmten Schuldformen zugelassen wird, bedeutet nicht, daß jedes staatshaftungsbegründende Handeln schuldhaft erfolgen muß. Schwieriger gestaltet sich die Beurteilung, inwieweit oder genauer: in welchem Sinne das Merkmal *„Amtspflicht"* an den Gewährleistungen des Art. 34 S. 1 GG teilnimmt. Isoliert betrachtet legt der Wortlaut eine restriktive beamtenrechtliche Auslegung nahe, was die „Festzementierung" einer mittelbaren Staatshaftung zur Folge hätte. Einer solchen Verengung der verfassungsrechtlichen Garantie stehen indes Entstehungsgeschichte und Funktion des Art. 34 S. 1 GG sowie seine Verbindungslinien zum Rechtsstaatsprinzip entgegen, die eine offenere Auslegung nahelegen, soweit dies sachgerecht ist.[24] Der Normtext bildet

---

[20] *BGH*, NJW 1981, 518 (519); *BGHZ* 123, 268 (272 f.); *OVG Koblenz*, DVBl 1985, 1117 (1118); zur Eigenhaftung des Amtswalters unten § 8 Rdnrn. 12 ff.

[21] S. zuletzt *BGHZ* 123, 268 (272); *Pfab*, S. 66 ff.; *Bonk*, in: *Sachs*, GG, Art. 34 Rdnr. 5, jeweils m. w. Nachw.

[22] Zur Begründung *Windthorst*, JuS 1995, 992 (993); weitere Einzelheiten unten § 8 Rdnr. 17 m. Fußn. 31.

[23] Näher dazu unten § 8 Rdnrn. 17 ff.

[24] Vgl. *Pfab*, S. 73 ff. m. w. Nachw.; s. auch *Zimmermann*, S. 14 ff.; regelmäßig läßt sich aber schon mittels der Amtspflicht zu rechtmäßigem Verhalten ein den Anforderungen des Art. 34 S. 1 GG genügendes Ergebnis erzielen (dazu unten § 9 Rdnrn. 60 ff.,

keine unüberwindbare Hürde, sondern öffnet sich dieser Interpretation durch Einbettung der Amtspflicht in einen Drittbezug, der eine Anbindung an die Rechtspflichten des Außenverhältnisses impliziert.[25]

## 2. Kompetenzielle Absicherung des Staatshaftungsrecht durch Art. 74 I Nr. 25, II GG

Art. 72 II, 74 I Nr. 25, II GG gestehen dem Bund in Anerkennung der fortbestehenden Notwendigkeit einer systematischen Kodifizierung der Staatshaftung eine konkurrierende Gesetzgebungskompetenz für dieses Gebiet zu; dadurch sollte eine bundeseinheitliche Neuordnung des Staatshaftungsrechts kompetenzrechtlich abgesichert werden.[26] Gleichwohl bleiben Zweifel, ob dies (vollständig) geglückt ist, da die *Reichweite dieser Kompetenz* unklar geblieben ist. Zwar wird durch die scheinbar selbstverständliche Verwendung des Ausdrucks „Staatshaftung" an die überkommene Begrifflichkeit angeknüpft; dabei wird jedoch nicht ausreichend berücksichtigt, daß sich mit diesem Begriff unterschiedliche Vorstellungen verbinden. „Staatshaftungsrecht" ist kein auf Dauer feststehendes, homogenes Gebilde, sondern ein heteronomes Konglomerat aus im Laufe der Zeit zusammengewachsenen unterschiedlichen Rechtssätzen. Somit stellt sich die Frage nach dem Inhalt und Umfang dieses Kompetenztitels. Das gilt insb. mit Blick auf Rechtsinstitute wie die Folgenbeseitigung, die auch einen Bezug zum Verwaltungsverfahren haben, für dessen Regelung beim Handeln von Landesbehörden die Länder zuständig sind. 12

Einen ersten Anhaltspunkt liefert eine historische Betrachtung. Die Kompetenzerweiterung durch Art. 74 I Nr. 25 GG war vor allem eine *Reaktion auf* das *Scheitern des StHG 1981*. Diese geschichtlichen Verbindungslinien legen es zunächst nahe, unter „Staatshaftung" i. S. des Art. 74 I Nr. 25 GG nur die im damaligen Staatshaftungsgesetz geregelten Ansprüche zu verstehen, was einer Gleichsetzung mit einer Staatsunrechtshaftung gleichkäme. Allerdings enthalten weder der Wortlaut noch die Genese dieser Verfassungsnorm Hinweise auf eine solche Beschränkung. Vielmehr deutet der hinter der Grundgesetzergänzung stehende Wille des Verfassungsgesetzgebers nach einer umfassenden und einheitlichen Regelung der Staatshaftung auf ein Abrücken von der eng gefaßten Begrifflichkeit hin.[27] 13

65), so daß die Diskussion, ob Amtspflichten mit Rechtspflichten gleichzusetzen sind, häufig entbehrlich ist.

[25] Nach *Rupp*, Grundfragen der heutigen Verwaltungsrechtslehre, 2. Aufl. 1991, S. 300, gibt es Amtspflichten des Organwalters, die einem Dritten gegenüber obliegen, nicht, infolgedessen sei eine Verletzung solcher Pflichten denkunmöglich.

[26] Zur Entstehung dieser Kompetenznorm oben § 2 Rdnr. 14.

[27] Vgl. die Begr. zu Nr. 6 lit. a dd des 42. GG-ÄndG-E, BT-Dr 12/6633, S. 9

14 Für ein weites Verständnis spricht auch der besondere *Zustimmungsvorbehalt des Bundesrates* in Art. 74 II GG, der durch den gleichzeitig eingefügten Art. 93 I Nr. 2 a GG verfassungsprozessual bewehrt wurde; auf diese Weise sollte ein Gegengewicht zum Kompetenzverlust der Länder etabliert werden.[28] Diese Sicherungsfunktion läßt nach ihrer inneren Logik auf eine breit angelegte Interpretation des Kompetenzbegriffs „Staatshaftung" schließen; denn nur dann besteht die Gefahr, daß der Bund bei Ausschöpfung dieser Kompetenz Gegenstände regelt, für die die Länder die Zuständigkeit beanspruchen. Der so gerechtfertigten weiten Auslegung des Kompetenztitels „Staatshaftung" sind allerdings schon aus systematischen Erwägungen Grenzen gesetzt. Er umfaßt nicht die Regelung einer Haftung für privatrechtliches staatliches Verhalten, da der Bund insoweit schon über eine ausreichende Gesetzgebungskompetenz nach Art. 74 I Nr. 1 GG verfügt und Art. 34 S. 1 GG diesen Bereich nicht erfaßt.[29]

15 „Staatshaftung" i. S. des Art. 74 I Nr. 25 GG umfaßt somit jede geschriebene oder ungeschriebene *Einstandspflicht* des Staates *für Rechtseinbußen infolge Ausübung öffentlicher Gewalt*. Dazu gehören öffentlich-rechtliche Folgenbeseitigungs- und Unterlassungsansprüche, das gesamte Aufopferungsrecht, namentlich Entschädigungsansprüche aus enteignungsgleichem und enteignendem Eingriff, sowie ausgleichspflichtige Schrankenbestimmungen des Eigentums.[30] Thematisch unterfällt auch die Enteignungsentschädigung nach Art. 14 III GG der Staatshaftung; Art. 74 I Nr. 25 GG wird aber durch den insoweit spezielleren Art. 74 I Nr. 14 GG verdrängt. Die Amtshaftung nach § 839 BGB i. V. mit Art. 34 S. 1 GG findet wohl schon aufgrund ihrer Konstruktion als ursprünglich deliktische Haftung des Beamten in Art. 74 I Nr. 1 GG (bürgerliches Recht) eine ausreichende kompetenzrechtliche Grundlage, kann sich jetzt zudem auf Art. 74 I Nr. 25 GG berufen. Die Einführung einer unmittelbaren, primären Staatsunrechtshaftung müßte demgegenüber auf Art. 72 II, 74 I Nr. 25, II GG gestützt werden.

---

[28] Krit. zu Art. 74 II GG aus systematischen Erwägungen *Stettner*, in: *Dreier*, GG, Bd. II, Art. 74 Rdnrn. 112, 118.

[29] Zum Geltungsbereich des Art. 34 S. 1 GG schon oben Rdnrn. 5 f.

[30] Vgl. *Degenhart*, in: *Sachs*, GG, Art. 74 Rdnr. 94; s. auch *Pestalozza*, Rdnrn. 1841 ff., der aber ausgleichspflichtige Schrankenbestimmungen des Eigentums ausnimmt; dagegen spricht, daß es sich insoweit wie beim enteignenden Eingriff, freilich auf anderer rechtlicher Grundlage (Art. 14 I 2 GG – Gewohnheitsrecht), um eine Einstandspflicht des Staates für übermäßige Belastungen handelt, die keine Enteignung darstellen, somit nicht Art. 74 I Nr. 14 GG, sondern Art. 74 I Nr. 25 GG unterfallen.

# 2. Teil. Staatshaftung und Europäisches Gemeinschaftsrecht

**Literatur:** *Albers*, Die Haftung der Bundesrepublik Deutschland für die Nichtumsetzung von EG-Richtlinien, 1995; *Aubin*, Die Haftung der Europäischen Wirtschaftsgemeinschaft und ihrer Mitgliedstaaten bei gemeinschaftswidrigen nationalen Verwaltungsakten, 1982; *Binia*, Das Francovich-Urteil des Europäischen Gerichtshofes im Kontext des deutschen Staatshaftungsrechts, 1998; *Bleckmann*, Der Verwaltungsvertrag als Handlungsmittel der Europäischen Gemeinschaften, DVBl 1981, 889; *v. Bogdandy*, Europa 1992 – Die außervertragliche Haftung der Europäischen Gemeinschaften, JuS 1990, 872; *ders.*, Das deutsche Staatshaftungsrecht vor der Herausforderung der Internationalisierung: Zum Verhältnis von rechtlicher Gestaltungsmacht und Schadensverantwortung, AöR Bd. 122 (1997), S. 268; *ders.*, in: *Grabitz/Hilf* (Hrsg.), Kommentar zur Europäischen Union, 12. Ergänzungslieferung 1998, Art. 215 EGV; *Borchardt*, Richterrecht durch den Gerichtshof der Europäischen Gemeinschaften, in: Gedächtnisschr. f. Grabitz, 1995, S. 29; *ders.*, Schadensersatzklage, in: *Dauses* (Hrsg.), Handbuch des EG-Wirtschaftsrechts, Stand 1996, P 4; *Bröhmer*, Die Weiterentwicklung des europäischen Staatshaftungsrechts – EuGH, EuGRZ 1996, 144, JuS 1997, 117; *Buschhaus*, Das „Francovich-Urteil" des EuGH, JA 1992, 142; *Cornils*, Der gemeinschaftsrechtliche Staatshaftungsanspruch, 1995; *Czaja*, Die außervertragliche Haftung der EG für ihre Organe, 1996; *v. Danwitz*, Die gemeinschaftsrechtliche Staatshaftung der Mitgliedstaaten, DVBl 1997, 1; *Deckert*, Zur Haftung des Mitgliedstaates bei Verstößen seiner Organe gegen europäisches Gemeinschaftsrecht, EuR 1997, 203; *Detterbeck*, Staatshaftung für die Mißachtung von EG-Recht, VerwArch Bd. 85 (1994), S. 159; *Diehr*, Der Staatshaftungsanspruch des Bürgers wegen Verletzung des Gemeinschaftsrechts durch die deutsche öffentliche Gewalt, 1997; *Ehlers*, Die Weiterentwicklung des Staatshaftungsrechts durch das europäische Gemeinschaftsrecht, JZ 1996, 776; *Eilmansberger*, Rechtsfolgen und subjektives Recht im Gemeinschaftsrecht: Zugleich ein Beitrag zur Dogmatik der Staatshaftungsdoktrin des EuGH, 1997; *Fischer*, Staatshaftung nach Gemeinschaftsrecht, EuZW 1992, 41; *Furrer/Epiney*, Staatliche Haftung für quantifizierbare Wettbewerbsnachteile aus nicht umgesetzten Richtlinien, JZ 1995, 1025; *Geiger*, Die Entwicklung eines europäischen Staatshaftungsrechts, DVBl 1993, 465; *dies.*, Der gemeinschaftsrechtliche Grundsatz der Staatshaftung, 1997; *Gilsdorf/Oliver*, in: *Groeben v. d./Thiesing/Ehlermann* (Hrsg.), Kommentar zum EU-/EG-Vertrag, Bd. 5, 5. Aufl. 1997, Art. 215; *Grabitz*, Das Amtshaftungsrecht der Gemeinschaft, in: *Schweitzer* (Hrsg.), Europäisches Verwaltungsrecht, 1991, S. 167; *Haack*, Die außervertragliche Haftung der Europäischen Gemeinschaft für rechtmäßiges Verhalten ihrer Organe, 1995; *Hailbronner*, Staatshaftung bei säumiger Umsetzung von EG-Richtlinien, JZ 1992, 284; *Henrichs*, Haftung der EG-Mitgliedstaaten für Verletzung von Gemeinschaftsrecht, 1995; *Herdegen*, Die Haftung der Europäischen Wirtschaftsgemeinschaft für fehlerhafte Rechtsetzungsakte, 1983; *ders./Rensmann*, Die neuen Konturen der gemeinschaftsrechtlichen Staatshaftung, ZHR Bd. 161 (1997), S. 522; *Hermes*, Der Grundsatz der Staatshaftung für Gemeinschaftsrechtsverletzungen, DV Bd. 31 (1998), S. 371; *Hidien*, Die gemeinschaftsrechtliche Staatshaftung der EU-Mitgliedstaaten, 1999; *Ipsen*, Zur Haftung für normatives Unrecht nach Europäischem Gemeinschaftsrecht, in: Festschr. f. Jahrreiß, 1974, S. 85; *Jarass*, Grundfagen der innerstaatlichen Bedeutung des EG-Rechts, 1994; *ders.*, Haftung für die Verletzung von EU-Recht durch nationale Organe und Amtsträger, NJW 1994, 881; *Kadelbach*, Staatshaftung für Embargoschäden, JZ 1993, 1134; *Koenig/Sander*, Einführung in das EG-Prozeßrecht, 1997; *St. Kopp*, Staatshaftung wegen Verletzung von Gemeinschaftsrecht, DÖV 1994, 201; *Maurer*, Staatshaftung im europäischen Kontext, in: Festschr. f. Boujong, 1996, S. 591; *Mestmäcker/Engel*, Das Embargo gegen Irak und Kuweit. Entschädigungsansprüche gegen die Europäische Gemeinschaft und gegen die Bundesrepublik Deutschland – ein Rechtsgutachten, 1991; *Nettesheim*, Gemeinschaftsrechtliche Vorgaben für das deutsche Staatshaftungsrecht, DÖV 1992, 999; *Ossenbühl*, Der gemeinschaftsrechtliche Staatshaftungsanspruch, DVBl 1992, 993; *ders.*, Staatshaftung zwischen Europarecht und nationalem Recht, in: Festschr. f. Everling, Bd. II, 1995, S. 1031; *Pfab*, Staatshaftung in Deutschland, 1997; *Pieper*, Mitgliedstaatliche Haftung für die Nichtbeachtung von Gemeinschaftsrecht, NJW 1992, 2454; *Prieß*, Die Haftung der EG-Mitgliedstaaten bei Verstößen gegen das Gemeinschaftsrecht, NVwZ 1993, 118; *Saenger*, Staatshaftung wegen Verletzung europäischen Gemeinschaftsrechts, JuS 1997, 865; *Schlemmer-Schulte/Ukrow*, Haftung des Staates gegenüber dem Marktbürger für gemeinschaftsrechtswidriges Verhalten, EuR 1992, 82; *Seltenreich*, Die Francovich-Rechtsprechung des EuGH und ihre Auswirkungen auf das deutsche Staatshaftungsrecht, 1997; *Simma/Vedder*, in: *Grabitz/Hilf* (Hrsg.), Kommentar zur Europäischen Union, 12. Ergänzungslieferung 1998, Art. 210, 211 EGV; *Streinz*, Staatshaftung für Verletzungen primären Gemeinschaftsrechts durch die Bundesrepublik Deutschland, EuZW 1993, 599; *ders.*, Auswirkungen des vom EuGH „ausgelegten" Gemeinschaftsrechts auf das deutsche Recht, Jura 1995, 6; *ders.*, Anmerkungen zu dem EuGH-Urteil in der Rechtssache Brasserie du Pêcheur und Factortame, EuZW 1996, 201; *Tomuschat*, Das Francovich-Urteil des EuGH – Ein Lehrstück zum Europarecht, in: Festschr. f. Everling, Bd. II, 1995, S. 1585; *Triantafyllou*, Haftung der Mitgliedstaaten für Nichtumsetzung von EG-Recht, DÖV 1992, 564; *ders.*, Zur Europäisierung des subjektiven öffentlichen Rechts, DÖV 1997, 192; *Winkler/Trölitzsch*, Wende in der EuGH-Rechtsprechung für fehlerhafte EG-Rechtsetzungsakte und prozessuale Bewältigung der Prozeßflut, EuZW 1992, 663; *Wittkowski*, Der „MP Travel Line" – Konkurs im Lichte der „Francovich-Rechtsprechung" des EuGH, NVwZ 1994, 326; *Zenner*, Die Haftung der EG-Mitgliedstaaten für die Anwendung europarechtswidriger Rechtsnormen, 1995.

## § 4. Grundlagen

### I. Die Europäisierung des deutschen Staatshaftungsrechts[1]

1 Das deutsche Staatshaftungsrecht sieht sich ebenso wie das allgemeine Verwaltungsrecht, als dessen Bestandteil es herkömmlicherweise begriffen wird, zunehmenden Europäisierungstendenzen ausgesetzt. Hier gilt es aber genau zu unterscheiden. Zum einen geht es um die Haftung der Europäischen Gemeinschaft für Verstöße gegen das Gemeinschaftsrecht (§ 5). Sie bestimmt sich ausschließlich nach Europäischem Gemeinschaftsrecht. Insoweit steht deshalb ausschließlich europäisches Haf-

[1] *Hinweis*: Durch den Vertrag von Amsterdam vom 2.10.1997 (abgedruckt in: ABlEG 1997 Nr. C 340, S. 1 = BGBl 1998 II, S. 386) wurden der Vertrag über die Europäische Union (EUV) und die drei Gemeinschaftsverträge (EGV, EGKSV, EAGV) modifiziert. Er ist inzwischen von allen Mitgliedstaaten ratifiziert worden und damit in Kraft getreten. Die Artikel-Numerierungen der Neufassungen weichen von den bisherigen Numerierungen erheblich ab. Dies ist auch bei der Lektüre der in den Fußnoten angegebenen Rechtsprechung und Literatur zu beachten. Zur Orientierungshilfe werden die Vorschriften der alten Vertragsfassung den nunmehr geltenden Vorschriften als Klammerzusatz nachgestellt. Eine Gegenüberstellung der bisherigen und der neuen Numerierung des EUV und des EGV findet sich in der Sonderbeilage zur NJW (Heft Nr. 11), EuZW, NVwZ und JuS, jeweils Jahrgang 1998. Dort sind auch der neugefaßte EUV und EGV im Wortlaut abgedruckt.

tungsrecht in Rede. Zum anderen geht es um die Haftung der Mitgliedstaaten für Verstöße gegen das Europäische Gemeinschaftsrecht (§ 6). Nur in diesem Bereich besteht eine Gemengelage von deutschem und europäischem Haftungsrecht. Zunächst kommen Staatshaftungsansprüche nach Maßgabe ausschließlich des deutschen Rechts in Betracht (§ 6 II). Dann ist aber auch an Staatshaftungsansprüche zu denken, die zwar gemeinschaftsrechtlicher Natur sind, aber nur unter Zuhilfenahme der deutschen Haftungsinstitute durchgesetzt werden können (§ 6 III, IV).

## II. Die Eigenständigkeit der gemeinschaftsrechtlichen Rechtsordnung

Im Ausgangspunkt ist zwischen dem deutschen und europäischen Staatshaftungsrecht zu trennen. Das Gemeinschaftsrecht und das Recht der Mitgliedstaaten sind eigenständige Rechtsordnungen.[2] Obgleich hier nicht der Ort ist, Konstruktion und Zusammensetzung der gemeinschaftsrechtlichen Rechtsordnung in all seinen zum Teil sehr umstrittenen Einzelheiten darzustellen, ist zum Verständnis der haftungsrechtlichen Fragen ein kurzer Überblick unerläßlich. 2

### 1. Das institutionelle Fundament der gemeinschaftsrechtlichen Rechtsordnung

Die gemeinschaftsrechtliche Rechtsordnung setzt sich institutionell zusammen aus den *drei Europäischen Gemeinschaften*, den beiden besonderen Formen einer *Gemeinsamen Außen- und Sicherheitspolitik (GASP)* und einer *Zusammenarbeit in den Bereichen Justiz und Inneres (ZBJI)* sowie der *Europäischen Union*. 3

Die Europäischen Gemeinschaften bestehen aus den folgenden drei internationalen Organisationen: 4

1. Europäische Gemeinschaft (EG), die früher Europäische Wirtschaftsgemeinschaft (EWG) genannt wurde
2. Europäische Gemeinschaft für Kohle und Stahl (EGKS)
3. Europäische Atomgemeinschaft (EAG)

Gegründet wurden diese drei Europäischen Gemeinschaften durch völkerrechtliche Verträge[3] der vertragsschließenden europäischen Staaten. Die drei Europäischen Gemeinschaften sind auch im Verhältnis zu den vertragsschließenden Mitgliedstaaten und deren Bürgern (Völker-) 5

---

[2] Siehe nur *Herdegen*, Rdnr. 80.

[3] EG (früher EWG): EWGV vom 25.3.1957; EGKS: EGKSV vom 18.4.1951; EAG: EAGV vom 25.3.1957.

Rechtspersönlichkeiten (Art. 281 [Art. 210] EGV, Art. 184 EAGV, Art. 6 I EGKSV), die Träger eigener Rechte und Pflichten sind.[4]

6 Die oben genannten besonderen Formen der Zusammenarbeit der vertragsschließenden europäischen Staaten auf den Gebieten der Außen- und Sicherheitspolitik (GASP) und in den Bereichen Justiz und Inneres (ZBJI) sind zwar institutionalisiert[5] und werden als (intergouvernementale) „Unionsrechtssäulen" bezeichnet.[6] Von den drei Gemeinschaften unterscheiden sie sich aber dadurch, daß ihnen keine eigene (Völker-) Rechtspersönlichkeit zukommt.[7]

7 Die Europäische Union (EU) wurde durch den Maastrichter Vertrag über die Europäische Union vom 7.2.1992 – in Kraft getreten am 1.11.1993 – gegründet (EUV). Über eine eigene (Völker-)Rechtspersönlichkeit verfügt die EU jedoch nicht.[8] Der EU werden im EUV keine eigenen Kompetenzen eingeräumt. Die EU ist vielmehr eine bloße Rahmenkonstruktion, in der die drei Gemeinschaften EG, EGKS und EAG sowie die beiden besonderen Formen der Zusammenarbeit GASP und ZBJI zusammengefaßt sind. Art. 1 III (A III) EUV lautet: „Grundlage der Union sind die Europäischen Gemeinschaften, ergänzt durch die mit diesem Vertrag eingeführten Politiken und Formen der Zusammenarbeit." Die EU ist also nicht Nachfolgerin der EG oder gar identisch mit der EG. Das *BVerfG* hat die EU in seinem Maastricht-Urteil als Staatenverbund bezeichnet.[9] Als eigenständiges Rechtssubjekt begreift es sie jedoch gerade nicht.[10]

## 2. Die Rechtsquellen des Gemeinschaftsrechts

8 Materiell speist sich die gemeinschaftsrechtliche Rechtsordnung aus zwei großen Rechtsquellen, nämlich dem primären Gemeinschaftsrecht und dem sekundären Gemeinschaftsrecht.[11]

### *a) Primäres Gemeinschaftsrecht*

9 Das primäre Gemeinschaftsrecht wird vor allem im Zusammenwirken der einzelnen Mitgliedstaaten der Europäischen Union geschaffen. Zum

---

[4] *Herdegen*, Rdnrn. 64, 73; *Simma/Vedder*, Art. 210 EGV Rdnrn. 1–4.

[5] Zur GASP: Art. 11 bis 28 des Maastrichter Vertrages über die Europäische Union vom 7.2.1992 (EUV); dazu *Semrau*, Die Gemeinsame Außen- und Sicherheitspolitik der Europäischen Union, 1998; zur ZBJI: Art. 29 bis 42 EUV.

[6] *Koenig/Haratsch*, Rdnr. 17.

[7] *Herdegen*, Rdnr. 64; vgl. *Koenig/Haratsch*, Rdnrn. 7, 17, 590.

[8] *BVerfGE* 89, 155 (195); *Herdegen*, Rdnrn. 82 f.; *Pechstein/Koenig*, Die Europäische Union, 2. Aufl. 1998, Rdnr. 81; a.A. *Ress*, JuS 1992, 986.

[9] *BVerfGE* 89, 155 (188).

[10] *BVerfGE* 89, 155 (195).

[11] Dazu näher *Herdegen*, Rdnrn. 160 ff.; *Koenig/Haratsch*, Rdnrn. 203 ff.; *Streinz*, Rdnrn. 346 ff.

primären Gemeinschaftsrecht gehören insbesondere die Gründungsverträge der soeben genannten Institutionen (EGV, EGKSV, EAGV, EUV)[12] einschließlich der Anlagen, Protokolle und späteren Ergänzungen. Zum primären Gemeinschaftsrecht gehören aber auch gewohnheitsrechtliche Rechtssätze und die ungeschriebenen allgemeinen Rechtsgrundsätze des Gemeinschaftsrechts. Diese werden – vor allem vom *EuGH* – aus einem Vergleich und einer Zusammenschau der verschiedenen Rechtsordnungen der Mitgliedstaaten gewonnen. Zu nennen sind in diesem Zusammenhang die nicht kodifizierten Gemeinschaftsgrundrechte.

Sind die Rechtssätze des primären Gemeinschaftsrechts unbedingt und 10 inhaltlich hinreichend bestimmt, begründen sie sowohl für die Mitgliedstaaten als auch für die Bürger unmittelbar Rechte und Pflichten. Diese unmittelbare Geltung und Wirkung hat der *EuGH* bereits einer ganzen Reihe von Rechtssätzen des primären Gemeinschaftsrechts zuerkannt.[13]

### *b) Sekundäres Gemeinschaftsrecht*

Unter dem sekundären Gemeinschaftsrecht versteht man vor allem 11 diejenigen Rechtsvorschriften und Rechtsakte, die von den Organen der Europäischen Gemeinschaften[14] erlassen werden. Daneben gibt es auch gewohnheitsrechtlich oder durch allgemeine Rechtsgrundsätze begründetes Sekundärrecht.[15] Am wichtigsten sind die beiden folgenden, in Art. 249 II und III (Art. 189 II und III) EGV genannten Rechtsakte.

*Verordnungen* (Art. 249 II [Art. 189 II] EGV) haben allgemeine Gel- 12 tung. Sie sind in allen ihren Teilen verbindlich und gelten unmittelbar in jedem Mitgliedstaat. Dies bedeutet, daß Verordnungen von allen Behörden und Gerichten beachtet werden müssen. Auch die einzelnen Bürger müssen sie befolgen, können sich auf sie aber auch berufen.

*Richtlinien* (Art. 249 III [Art. 189 III] EGV) wenden sich grundsätzlich 13 nur an die Mitgliedstaaten. Richtlinien enthalten Zielvorgaben, die vollständig, genau und innerhalb der angegebenen Frist zu erfüllen sind, Art. 249 III i. V. mit Art. 5 I (Art. 189 III i. V. mit Art. 10 I) EGV. Die Richtlinien müssen also in das innerstaatliche (deutsche) Recht erst noch umgesetzt werden. Wie und in welcher Form dies geschieht, entscheiden die Mitgliedstaaten selbst;[16] hierbei ist auch das Grundgesetz zu beachten. In der Regel erfolgt die Umsetzung durch formelle Gesetze. Der kompetentiell zuständige Bundes- oder Landesgesetzgeber erläßt dann ein Gesetz, das inhaltlich den Vorgaben der Richtlinie entspricht.

---

[12] S. oben Rdnrn. 4 ff.
[13] Dazu näher *Herdegen*, Rdnrn. 167 ff.
[14] Dazu *Koenig/Haratsch*, Rdnrn. 208 ff.
[15] *Koenig/Haratsch*, Rdnrn. 209 f.
[16] Der alleinige Erlaß von Verwaltungsvorschriften genügt jedoch nicht, s. *EuGH* Slg. 1991, 2567 ff. – *TA Luft; Streinz*, Rdnrn. 391 f.

14 Wichtig ist folgender Grundsatz: Richtlinien gelten nur für die Mitgliedstaaten. Für die einzelnen Bürger wirken sie nicht unmittelbar. D. h., der einzelne Bürger wird durch eine Richtlinie nicht berechtigt oder verpflichtet. Dies geschieht erst durch den entsprechenden Umsetzungsakt.

Eine *Ausnahme von dieser fehlenden unmittelbaren Wirkung* der Richtlinien gilt unter folgenden drei Voraussetzungen, die kumulativ erfüllt sein müssen:

- Die Richtlinie muß inhaltlich unbedingt und hinreichend bestimmt sein.
- Ziel der Richtlinie muß es sein, den Bürgern Rechte einzuräumen.[17]
- Die in der Richtlinie vorgegebene Umsetzungsfrist muß abgelaufen sein.

15 Sind diese drei Voraussetzungen erfüllt, *wirkt die Richtlinie unmittelbar*. Der einzelne Bürger kann sich dann vor den staatlichen Behörden und Gerichten unmittelbar auf die Richtlinie berufen.

16 Eine unmittelbare Wirkung *zu Lasten* der Bürger gibt es dagegen nicht. D. h. zum einen, daß sich die Bürger im Verhältnis zueinander nicht unmittelbar auf Richtlinien berufen können; und zum anderen, daß den Bürgern auch keine unmittelbaren Pflichten im Verhältnis zum Staat auferlegt werden. Dies hat dann vor allem die weitere Konsequenz, daß der von einer solchen Richtlinie faktisch begünstigte Bürger keinen Anspruch gegen den Staat auf Umsetzung hat. Eine andere Frage ist es, ob der faktisch Begünstigte Staatshaftungsansprüche gegen den Staat hat, wenn dieser seiner im Verhältnis zu den Gemeinschaften bestehenden Umsetzungspflicht nicht nachkommt.[18]

17 Anlaß zu Diskussionen hat in diesem Zusammenhang eine neuere Entscheidung des *EuGH*[19] geboten. In dieser Entscheidung ging es um eine Richtlinie, die nicht nur drittbegünstigend war, sondern auch Belastungen für einzelne Bürger und Rechtssubjekte mit sich brachte. Dennoch erkannte der *EuGH* der Richtlinie unmittelbare Wirkung zu. Ob er damit die oben genannte zweite Voraussetzung aufgegeben hat, ist unklar und wird derzeit heftig diskutiert. Solange der *EuGH* nicht eindeutig Stellung bezogen hat, sollte an der zweiten Voraussetzung festgehalten werden.

18 Die in Art. 249 IV und V (Art. 189 IV und V) EGV genannten Entscheidungen, Empfehlungen und Stellungnahmen sowie die nicht normierten Rechtshandlungen sui generis spielen staatshaftungsrechtlich kaum eine Rolle.

---

[17] Siehe aber auch *EuGH*, NVwZ 1996, 369.
[18] Dazu unten § 6.
[19] *EuGH*, NVwZ 1996, 369.

### 3. Der Anwendungsvorrang des Gemeinschaftsrechts

19 Obgleich deutsches Recht und europäisches Gemeinschaftsrecht jeweils eigenständige Rechtsordnungen sind, stehen sie nicht unverbunden nebeneinander. Dies schon deshalb nicht, weil bestimmte Vorschriften und Rechtssätze des Gemeinschaftsrechts in den Mitgliedstaaten unmittelbar gelten und wirken und deshalb von den deutschen Verfassungsorganen, Behörden, Gerichten, Bürgern und sonstigen Rechtssubjekten zu beachten sind.

20 Besteht zwischen deutschen Rechtsvorschriften und EG-Recht ein Widerspruch, kommt dem EG-Recht der *Anwendungsvorrang* zu.[20] D. h., das deutsche Recht ist zwar nicht ungültig, es darf aber nicht angewendet werden. Dieser Anwendungsvorrang kommt sowohl dem primären als auch dem sekundären Gemeinschaftsrecht zu. Das Gemeinschaftsrecht geht nicht nur dem einfachen deutschen Gesetzesrecht, sondern auch dem Verfassungsrecht vor – freilich nicht uneingeschränkt. Der Anwendungsvorrang des EG-Rechts gilt nämlich nur unter drei Voraussetzungen, die teilweise miteinander zusammenhängen.

21 *Erstens* darf die fragliche EG-rechtliche Vorschrift, der im konkreten Fall das deutsche Recht widerspricht, ihrerseits nicht gegen höherrangiges EG-Recht verstoßen, weil sie dann nicht wirksam ist. Grundvoraussetzung für den Anwendungsvorrang des Gemeinschaftsrechts ist aber seine Wirksamkeit.[21] Primäres Gemeinschaftsrecht ist höherrangig gegenüber sekundärem Gemeinschaftsrecht. *Zweitens* muß die fragliche EG-Vorschrift jedenfalls den Anforderungen des Art. 23 I 3 GG (nach bestrittener Auffassung auch des Art. 23 I 1 GG) oder den Grundsätzen, die zu Art. 24 I GG entwickelt wurden, genügen.[22] *Drittens* muß es sich um unmittelbar geltendes und wirkendes EG-Recht handeln. Anderenfalls ist eine Kollision mit deutschem Recht nicht möglich.[23] Dies bedeutet, daß nicht unmittelbar wirkende Richtlinien dem deutschen Recht nicht vorgehen. Allerdings kommt bei nicht unmittelbar wirkenden Richtlinien eine richtlinienkonforme Auslegung und Anwendung des deutschen Rechts in Betracht.[24]

---

[20] *BVerfGE* 73, 339 (375); 85, 191 (204).

[21] *Jarass*, in: *Jarass/Pieroth*, GG, Art. 23 Rdnr. 29; vgl. auch *BVerfGE* 89, 155 (188).

[22] *BVerfGE* 89, 155 (188, 210); *Jarass*, in: *Jarass/Pieroth*, GG, Art. 23 Rdnrn. 27, 32; dazu zuletzt *Selmayer/Prowald*, DVBl 1999, 269 ff.

[23] *Jarass*, in: *Jarass/Pieroth*, GG, Art. 23 Rdnr. 29; vgl. auch *Streinz*, Jura 1995, 11.

[24] *EuGH*, EuZW 1998, 167 ff.; *BGH*, NJW 1998, 2208 (2211); *Brechmann*, Die richtlinienkonforme Auslegung, 1994; *Weiß*, DVBl 1998, 568 ff.; *Jarass*, EuR 1991, 211 ff.

## § 5. Die Haftung der Europäischen Gemeinschaft (EG)

1 Haftungsansprüche sind gegen alle drei Gemeinschaften möglich. Von weitaus größerer praktischer Bedeutung ist allerdings die Haftung der Europäischen Gemeinschaft (EG). Hierauf beschränken sich deshalb auch die nachfolgenden Ausführungen. Die Haftung der Europäischen Atomgemeinschaft bestimmt sich weitestgehend nach den für die EG geltenden Regeln.[1] Die Haftung der EGKS ist in den beiden maßgeblichen Vorschriften der Art. 34 und 40 EGKSV dagegen grundlegend anders geregelt als diejenige der EG.[2]

2 In der für die Haftung der EG maßgeblichen Vorschrift des Art. 288 (Art. 215) EGV wird zwischen der vertraglichen Haftung (Art. 288 I [Art. 215 I] EGV) und der außervertraglichen Haftung (Art. 288 II [Art. 215 II] EGV) unterschieden.

### I. Vertragliche Haftung, Art. 288 I (Art. 215 I) EGV

#### 1. Die Fähigkeit der EG zum Abschluß privatrechtlicher und öffentlich-rechtlicher Verträge

3 Nach Art. 288 I (Art. 215 I) EGV bestimmt sich die vertragliche Haftung der EG nach demjenigen Recht, das auf den betreffenden Vertrag anzuwenden ist. Diese Bestimmung regelt nicht die Fähigkeit und Befugnis der EG, Verträge abzuschließen. Sie stellt nur die Rechtsgrundlage dar für Schadensersatzansprüche gegen die EG, wenn sie Verträge abgeschlossen hat und ihren vertraglichen Pflichten nicht oder nicht ordnungsgemäß nachgekommen ist. Die Fähigkeit und die Befugnis zum Vertragsabschluß bestimmen sich dagegen nach anderen Vorschriften des EGV.

4 Gleiches gilt insoweit für Art. 238 (Art. 181) EGV. Hier ist zwar von öffentlich-rechtlichen oder privatrechtlichen Verträgen, die von der EG abgeschlossen werden, die Rede. Auch diese Vorschrift setzt aber ersichtlich eine anderweitig begründete Fähigkeit und Befugnis zum Vertragsabschluß voraus.[3]

5 Die Fähigkeit, auch Verträge abschließen zu können, folgt aus Art. 282 (Art. 211) EGV. Diese Vorschrift stellt die EG den juristischen Personen der Mitgliedstaaten gleich und räumt ihr im Verhältnis zu dem jeweiligen Mitgliedstaat die Rechts- und Geschäftsfähigkeit nach Maßgabe der ein-

---

[1] Art. 188 EAGV stimmt im Wortlaut mit der zentralen Haftungsvorschrift des Art. 288 (Art. 215) EGV überein.

[2] Dazu *Ossenbühl*, S. 614 ff.; *v. Bogdandy*, JuS 1990, 876; *Meinhold*, RIW 1989, 455 ff.

[3] A. A. zum öffentlich-rechtlichen Vertrag *Bleckmann*, DVBl 1981, 892 f.

schlägigen Rechtsvorschriften des betreffenden Mitgliedstaates ein. Abzustellen ist deshalb auf die nationalen Regelungen desjenigen Mitgliedstaates, zu dem die EG in Kontakt tritt. D. h., die Rechts- und Geschäftsfähigkeit der EG kann variieren – je nach Maßgabe des jeweils einschlägigen nationalen Rechts.[4]

Nach Maßgabe des deutschen Rechts ist die EG eine juristische Person des öffentlichen Rechts.[5] In dieser Eigenschaft kann sie auch privatrechtlich handeln und mit Subjekten des deutschen Rechtskreises privatrechtliche Verträge schließen.[6] Art. 282 S. 1 (Art. 211 S. 1) EGV nennt beispielhaft („insbesondere") die Fähigkeit der EG, bewegliches und unbewegliches Vermögen zu erwerben und zu veräußern. Auch die Fähigkeit zum Abschluß von Werk- oder Mietverträgen ist anerkannt. Diese grundsätzliche Fähigkeit zum Abschluß privatrechtlicher Verträge besteht auch nach Maßgabe der Rechtsordnungen der anderen Mitgliedstaaten. 6

Soweit ersichtlich ist inzwischen auch die Fähigkeit der EG zum Abschluß von öffentlich-rechtlichen Verträgen (Verwaltungsverträgen) allgemein anerkannt. Umstritten ist aber die Herleitung dieser Fähigkeit. Abzustellen ist auch hier wieder auf Art. 282 (Art. 211) EGV.[7] Sind juristische Personen (des öffentlichen Rechts) nach Maßgabe der Rechtsordnung des jeweiligen Mitgliedstaates fähig, öffentlich-rechtliche Verträge abzuschließen, gilt dies auch für die EG im Verhältnis zu diesem Mitgliedstaat. Ist das Institut des öffentlich-rechtlichen Vertrages dem Recht des Mitgliedstaates dagegen fremd – wie z. B. dem britischen[8] –, ist die Rechtsfähigkeit der EG im Verhältnis zu diesem Mitgliedstaat insoweit beschränkt. Die Unfähigkeit, mit diesem Mitgliedstaat öffentlich-rechtliche Verträge abzuschließen, ist jedoch kein großer Nachteil. Denn die Möglichkeit, auf die Handlungsform des privatrechtlichen Vertrages auszuweichen, bleibt unbenommen. 7

## 2. Das auf den Vertrag anwendbare Recht

Aus Art. 282 (Art. 211) EGV folgt, daß (jedenfalls) privatrechtliche Verträge dem Recht desjenigen Mitgliedstaates unterliegen, mit dem die EG vertragliche Beziehungen eingeht.[9] Nach diesem *innerstaatlichen Recht* bestimmt sich gem. Art. 288 I (Art. 215 I) EGV auch die Haftung der EG. 8

---

[4] *Röttinger*, in: *Lenz* (Hrsg.), EG-Vertrag, Art. 211 Rdnr. 2; *Simma/Vedder*, Art. 211 EGV Rdnrn. 1, 8.

[5] *Geiger*, Art. 211 Rdnr. 1; *Simma/Vedder*, Art. 211 EGV Rdnr. 2.

[6] *Simma/Vedder*, Art. 211 EGV Rdnr. 2.

[7] *Simma/Vedder*, Art. 211 EGV Rdnr. 13; a. A. *Bleckmann*, DVBl 1981, 892.

[8] *Bleckmann*, DVBl 1981, 892 mit Verweis in Fußn. 17 auf *Bullinger*, Vertrag und Verwaltungsakt, 1962, S. 114 ff.

[9] Insoweit auch *Bleckmann*, DVBl 1981, 893.

9 Für eine unmittelbare oder entsprechende Anwendung des (Deutschen) Internationalen Privatrechts, wie sie ganz überwiegend angenommen wird, ist grundsätzlich kein Raum.[10] Denn die EG ist keine ausländische juristische Person.[11] Obwohl sie auch keine inländische juristische Person ist, genießt sie nach Art. 282 (Art. 211) EGV Rechtsfähigkeit wie eine juristische Person des nationalen Rechts. Tritt die EG in Rechtsbeziehungen zu Rechtssubjekten des nationalen Rechts, unterliegt sie genau wie diese dem nationalen Recht des jeweiligen Mitgliedstaates.[12] Hinzu kommt, daß es kein gemeinschaftsrechtliches Vertragsrecht gibt, das zur Anwendung gelangen könnte. Auf allgemeine Rechtsgrundsätze abzustellen, die aus einem Vergleich der verschiedenen Rechtsordnungen der Mitgliedstaaten entwickelt werden müßten, ist unpraktikabel. Freilich ist die Frage des anwendbaren Rechts nur theoretischer Natur. Denn den vertragsschließenden Parteien steht es frei, das im Einzelfall anzuwendende Recht zu vereinbaren. Und in aller Regel wird das anzuwendende Recht im Vertrag selbst bestimmt.[13] Deshalb kann in einem Vertrag zwischen der EG, vertreten durch die Kommission – diese ist *nicht* Vertragspartner, sondern die EG –, und einem italienischen Unternehmen auch die Anwendung belgischen Rechts vereinbart werden.[14] IPR-Vorschriften gelangen nur dann zur Anwendung, wenn sich tatsächlich Berührungen mit Rechtsordnungen dritter Staaten ergeben, wenn etwa Vertragsgegenstand eine Immobilie ist, die nicht im Gebiet des Staates liegt, dem der Vertragspartner der EG angehört.

10 Nichts anderes gilt für öffentlich-rechtliche Verträge. Auch hier ist grundsätzlich das nationale Recht des jeweiligen Mitgliedstaates anzuwenden. Damit unterliegt die EG dem Verwaltungsrecht des Mitgliedstaates.[15] Allerdings sind gewisse gemeinschaftsrechtlich begründete Besonderheiten zu beachten.[16]

11 Zwar trifft es zu, daß die Rechtsordnungen der meisten Mitgliedstaaten das Institut des öffentlich-rechtlichen Vertrages nicht kennen; gleiches gilt für den Einwand, daß das nationale Verwaltungsrecht für öffentlich-rechtliche Verträge mit der EG in mancherlei Hinsicht nicht passe.[17] Das allein rechtfertigt es aber nicht, öffentlich-rechtliche Verträge im Unterschied zu den privatrechtlichen Verträgen dem Gemeinschaftsrecht zu unterstellen.[18] Denn ebensowenig wie es ein europäisches Vertragsrecht gibt,[19] lassen sich aus einem Vergleich der nationalen Rechtsordnungen der verschiedenen Mitgliedstaaten allgemeine Rechtsgrundsätze entwickeln, mit deren Hilfe sich die Probleme des öffentlich-rechtlichen Vertrages in den Griff bekommen ließen.[20] Etwas anderes folgt auch nicht aus einem möglichen Verweis auf die Existenz eines europäischen Verwal-

---

[10] *Simma/Vedder*, Art. 211 EGV Rdnrn. 3, 8; a. A. *v. Bogdandy*, Art. 215 EGV Rdnr. 23; *Gilsdorf/Oliver*, Art. 215 Rdnr. 8; *Geiger*, Art. 215 Rdnr. 3; *Ossenbühl*, S. 619; *Oppermann*, Rdnr. 165.

[11] *Simma/Vedder*, Art. 211 EGV Rdnr. 3.

[12] *Simma/Vedder*, Art. 211 EGV Rdnr. 3.

[13] Siehe *EuGH* Slg. 1995, 1417 – *Advies; Gilsdorf/Oliver*, Art. 215 Rdnr. 8; *Simma/Vedder*, Art. 211 EGV Rdnr. 12.

[14] Vgl. dazu *EuGH* Slg. 1985, 3693 ff. – *CO.DE.MI.SpA.*

[15] *Simma/Vedder*, Art. 211 EGV Rdnr. 17.

[16] Dazu *Simma/Vedder*, Art. 211 EGV Rdnr. 17; *Grunwald*, in: *v. d. Groeben/Thiesing/Ehlermann* (Hrsg.), Kommentar zum EU-/EG-Vertrag, Bd. 5, 5. Aufl. 1997, Art. 211 Rdnrn. 34 f.

[17] *Bleckmann*, DVBl 1981, 894.

[18] So aber *Ossenbühl*, S. 619; *Bleckmann*, DVBl 1981, 894; unentschieden *v. Bogdandy*, Art. 215 EGV Rdnr. 24.

[19] Vgl. *Gilsdorf/Oliver*, Art. 215 Rdnr. 4.

[20] Dafür aber *Bleckmann*, DVBl 1981, 897.

tungsrechts.[21] Denn zum einen folgt aus der bloßen Existenz eines Rechtsgebiets noch nicht, daß es im konkreten Fall maßgeblich ist, zumal wenn Art. 282 (Art. 211) i. V. mit Art. 288 I (215 I) EGV auf das Gegenteil schließen läßt. Zum anderen lassen sich im europäischen Verwaltungsrecht noch keine klaren Konturen eines öffentlich-rechtlichen Vertrages ausmachen.

### 3. Begriff der vertraglichen Haftung

Der Begriff der vertraglichen Haftung i. S. von Art. 288 I (Art. 215 I) EGV ist weit auszulegen. Hierunter fallen nicht nur Ansprüche gegen die EG aus der Verletzung von Vertragspflichten, sondern auch Ansprüche aus der Verletzung vertragsähnlicher Pflichten sowie vertragsähnliche Ansprüche. Zu nennen sind Ansprüche aus culpa in contrahendo, Geschäftsführung ohne Auftrag und Bereicherungsansprüche.[22] 12

Haftungsansprüche, die das Rechtsverhältnis zwischen der EG und ihren Bediensteten betreffen, fallen nicht unter Art. 288 I (Art. 215 I) EGV. Dieses Rechtsverhältnis ist im Europäischen Beamtenstatut und den Beschäftigungsbedingungen für die sonstigen Bediensteten der EG geregelt. Gestützt werden diese Regelungen auf Art. 24 I FusV.[23] Diese Bestimmung wurde im Amsterdamer Vertrag durch den gleichlautenden Art. 283 EGV ersetzt. 13

### 4. Gerichtszuständigkeit

Da für vertragliche Ansprüche gegen die EG im EGV keine Zuständigkeit des *EuGH* begründet ist, sind nach Art. 240 (Art. 183) EGV die Gerichte der Mitgliedstaaten zuständig. Gem. Art. 238 (Art. 181) EGV kann in einer Schiedsklausel aber auch die Zuständigkeit des *EuGH* vereinbart werden. 14

## II. Außervertragliche Haftung, Art. 288 II (Art. 215 II) EGV

### 1. Allgemeines

Art. 288 II (Art. 215 II) EGV bestimmt, daß die EG im Bereich der außervertraglichen Haftung die durch ihre Organe oder Bediensteten in 15

---

[21] Dazu *v. Danwitz*, Verwaltungsrechtliches System und Europäische Integration, 1996, S. 190 ff.; *Schweitzer* (Hrsg.), Europäisches Verwaltungsrecht, 1991; *Sommermann*, DVBl 1996, 889 ff. m. w. Nachw. in Fußn. 4; *Zuleeg*, VVDStRL 53 (1994), 154 ff.; *Rengeling*, VVDStRL 53 (1994), 201 ff.; *Schmidt-Aßmann*, DVBl 1993, 924 ff.

[22] *Gilsdorf/Oliver*, Art. 215 Rdnr. 4; siehe aber auch *v. Bogdandy*, Art. 215 EGV Rdnr. 20: engeres Verständnis.

[23] Dazu ausführlich *Rogalla*, in: *Grabitz/Hilf* (Hrsg.), Kommentar zur EU, 12. Ergänzungslieferung 1998, Art. 212 EGV.

Ausübung ihrer Amtstätigkeit verursachten Schäden nach den allgemeinen Rechtsgrundsätzen, die den Rechtsordnungen der Mitgliedstaaten gemein sind, ersetzt. Art. 288 II (Art. 215 II) EGV regelt die Tatbestandsvoraussetzungen jedoch nur sehr unvollständig. Ebenso wie große Partien des deutschen Staatshaftungsrechts ist auch der gemeinschaftsrechtliche Schadensersatzanspruch nach Art. 288 II (Art. 215 II) EGV entscheidend vom Richterrecht geprägt.[24] Die in dieser Vorschrift genannten allgemeinen Rechtsgrundsätze der Mitgliedstaaten hat der *EuGH* nicht als Auftrag zu umfangreichen rechtsvergleichenden Untersuchungen der verschiedenen Rechtsordnungen der Mitgliedstaaten verstanden. Vielmehr begreift er die allgemeinen Rechtsgrundsätze lediglich als (weitgefaßten) Rahmen seiner richterlichen Rechtsschöpfung im Bereich von Art. 288 II (Art. 215 II) EGV.

**16** Das prozessuale Pendant zu Art. 288 II (Art. 215 II) EGV ist Art. 235 (Art. 178) EGV. Gem. dieser Vorschrift entscheidet der *EuGH* über Schadensersatzansprüche nach Art. 288 II (Art. 215 II) EGV.[25]

## 2. Tatbestandsvoraussetzungen eines Schadensersatzanspruchs

### *a) Organe und Bedienstete der EG*

**17** Ersatzfähig sind nur Schäden, die von Organen und Bediensteten der EG verursacht worden sind. Die Organe der EG sind in Art. 4 I (Art. 7 I) EGV abschließend aufgezählt: Europäisches Parlament, Rat, Kommission, EuGH und Rechnungshof. Allerdings ist der in Art. 288 II (Art. 215 II) EGV verwendete Organbegriff weiter als derjenige des Art. 7 I (Art. 4 I) EGV.[26] Organe i. S. von Art. 288 II (Art. 215 II) EGV sind auch solche gemeinschaftsrechtlichen Einrichtungen, die zwar über eine eigene Rechtspersönlichkeit verfügen, aber im Namen und für Rechnung der EG handeln. So verhält es sich etwa bei der Europäischen Investitionsbank.[27] Für die Europäische Zentralbank wurde dies in Art. 288 III (Art. 215 III) EGV ausdrücklich geregelt.

**18** Bedienstete i. S. von Art. 288 II (Art. 215 II) EGV sind nicht nur die EG-Beamten, sondern auch die sonstigen Bediensteten der EG gem. Art. 283 EGV (Art. 24 FusV).[28]

**19** Schließlich haftet die EG auch für andere Personen oder Hilfsorgane, deren sie sich zur Erfüllung ihrer Aufgaben bedient. Hierunter fallen z. B.

---

[24] *Ossenbühl*, S. 414.

[25] Zur Funktion und den einzelnen Zulässigkeitsvoraussetzungen dieses auch als Amtshaftungsklage bezeichneten Rechtsbehelfs *Koenig/Sander*, Rdnrn. 382 ff. (mit Prüfungsschema in Rdnr. 448).

[26] *EuGH* Slg. 1992, 6211 (6248) – *Elroy*.

[27] *EuGH* Slg. 1992, 6211 (6248) – *Elroy; v. Bogdandy*, Art. 215 EGV Rdnr. 62; vgl. dazu *Gilsdorf/Oliver*, Art. 215 Rdnrn. 16 f.

[28] ABlEG Nr. L 56, S. 1.

auch nationale Behörden, die auf Weisung der Kommission Entscheidungen treffen, die die (Unions-)Bürger belasten.

### *b) In Ausübung einer Amtstätigkeit*

Unter den Begriff der Amtstätigkeit fällt nicht nur aktives Handeln, sondern auch Unterlassen.[29] Das in Rede stehende Verhalten darf aber nicht nur bei Gelegenheit der Amtstätigkeit erfolgen. Vielmehr muß *eine unmittelbare innere Beziehung zu den gemeinschaftsrechtlich bestimmten Aufgaben* bestehen.[30] Insoweit gilt Ähnliches wie im deutschen Amtshaftungsrecht. 20

*Beispiel*: Ein EAG-Beamter verursachte bei einer *Dienstreise* mit seinem *privaten* PKW einen Unfall. Hier hat der *EuGH* nicht, wie verschiedentlich verkürzt wiedergegeben, auf die Fahrt als solche abgestellt und dieser die Eigenschaft einer Amtstätigkeit abgesprochen.[31] Vielmehr hat der *EuGH* auf den Zusammenhang mit der später auszuübenden Amtstätigkeit abgestellt. Das Tatbestandsmerkmal „in Ausübung einer Amtstätigkeit" wurde deshalb verneint, weil „keine unmittelbare innere Beziehung zu den Aufgaben der Organe besteht".[32] Diese unmittelbare innere Beziehung zu einer gemeinschaftsrechtlich begründeten Aufgabe müßte konsequenterweise auch für Dienstfahrten mit Dienstfahrzeugen verneint werden. Vom *EuGH* wurde diese Frage bislang noch nicht entschieden. Letztlich treten ganz ähnliche Abgrenzungsschwierigkeiten auf, wie sie bei der rechtlichen Einordnung von Dienstfahrten nach deutschem Amtshaftungsrecht zu verzeichnen sind.[33]

Die außervertragliche Haftung der EG ist nicht auf den Bereich des hoheitlichen Handelns beschränkt.[34] Auch privatrechtliches Handeln fällt unter den Tatbestand des Art. 288 II (Art. 215 II) EGV, soweit nicht ausschließlich der vertragliche Bereich des Art. 288 I (Art. 215 I) EGV betroffen ist. Dies ist ein grundlegender Unterschied zum deutschen Amtshaftungstatbestand des § 839 BGB i. V. mit Art. 34 GG. Dort wird das Erfordernis öffentlich-rechtlichen Handelns aus dem in Art. 34 S. 1 GG verwendeten Begriff des öffentlichen Amtes abgeleitet. Demgegenüber verlangt Art. 288 II (Art. 215 II) EGV lediglich eine Amtstätigkeit. Diese kann aber auch in der Rechtsform des Privatrechts ausgeübt werden. Hinzukommt, daß Art. 288 (Art. 215) EGV nur die beiden Bereiche der vertraglichen (I) und der außervertraglichen Haftung (II) unterscheidet. Die Unterscheidung zwischen privatrechtlichem und öffentlich-rechtlichem Handeln liegt dem gemeinschaftsrechtlichen Haftungssystem nicht zugrunde. 21

[29] Vgl. *EuGH* Slg. 1987, 4333 (4352) – *Houyoux*; dazu näher *Gilsdorf/Oliver*, Art. 215 Rdnr. 30.

[30] *EuGH* Slg. 1969, 329 (336) – *Sayag*.

[31] So z. B. *Ossenbühl*, S. 588.

[32] *EuGH* Slg. 1969, 329 (336) – *Sayag*.

[33] Dazu *Ossenbühl*, S. 35 f. mit zahlreichen Beispielen.

[34] Ebenso *v. Bogdandy*, Art. 215 EGV Rdnr. 65; *Gilsdorf/Oliver*, Art. 215 Rdnr. 25; a. A. *Schweitzer/Hummer*, Rdnr. 597; offengelassen von *Ossenbühl*, S. 588 a. E.

22 Unter den Begriff der Amtstätigkeit fällt administratives, normsetzendes und judikatives Handeln.

23 *aa)* Administratives Handeln *sind alle* Einzelakte *der Organe, Bediensteten oder anderen Hilfspersonen* der EG. Neben den Rechtsakten werden aber auch Realakte und sonstiges faktisches Verhalten einschließlich Unterlassen erfaßt.

Beispiele:
- Nichteinleitung eines von der Kommission durchzuführenden Kartellaufsichtsverfahrens gegen wettbewerbswidrige Unternehmensabsprachen (Art. 85/89 EGV)
- Nichteinleitung eines Verfahrens gegen einen Mitgliedstaat wegen Gewährung gemeinschaftsrechtswidriger Beihilfen (Art. 88/93 EGV)
- Beurteilungen von Beamten durch Vorgesetzte[35]
- unzutreffende Zusage eines EG-Organs über Transportzuschüsse[36]
- Weisungen gegenüber nationalen Behörden zu einem bestimmten Verhalten[37]
- Weitergabe von Informationen (Verletzung der Verschwiegenheitspflicht)[38]

24 *bb)* Seit der Entscheidung in der Rechtssache *Schöppenstedt*[39] ist auch in der Rechtsprechung des *EuGH* die Haftung für *normatives Handeln* anerkannt. Normatives Handeln ist der Erlaß von Verordnungen, Richtlinien und sonstigen Rechtssetzungsakten mit generell-abstraktem Regelungsinhalt. Letzteres soll z. B. auch bei Entscheidungen der Fall sein, wenn ihnen ein normativer Charakter zukommt.[40] Dem normativen Bereich ist auch der (gemeinschaftsrechtswidrige) Nichterlaß von Rechtsvorschriften zuzurechnen.

25 Die Zuerkennung von Schadensersatzansprüchen auch für normatives Unrecht stellt einen gewissen Ausgleich dafür dar, daß Private Verordnungen und Richtlinien vor dem *EuGH* grundsätzlich nicht angreifen können. Eine Nichtigkeitsklage gem. Art. 230 IV (173 IV) EGV ist nämlich nur gegen Entscheidungen sowie gegen solche Verordnungen und – über den Wortlaut von Art. 230 IV (Art. 173 IV) EGV hinaus – Richtlinien möglich, die den Kläger unmittelbar und individuell betreffen. Letzteres ist nur ausnahmsweise und *nicht* schon dann der Fall, wenn sich die Rechtssubjekte, die von der in Rede stehenden Rechtsvorschrift betroffen sind, nach Zahl oder sogar Identität mit mehr oder weniger großer Genauigkeit bestimmen lassen.[41]

---

[35] *EuGH* Slg. 1987, 5367 (5387) – *Turner.*
[36] *EuGH* Slg. 1965, 1197 (1233) – *Société Anonyme de Laminoirs.*
[37] *EuGH* Slg. 1986, 753 (766 f.) – *Krohn.*
[38] *EuGH* Slg. 1985, 3539 (3587) – *Adams.*
[39] *EuGH* Slg. 1971, 975 (983 f.) – *Schöppenstedt.*
[40] *EuGH* Slg. 1963, 211 – *Plaumann*: Hier ging es um eine an die Bundesrepublik gerichtete Entscheidung, die ein Verbot aussprach, innerstaatliche Rechtsänderungen vorzunehmen, und insoweit generell-abstrakt wirkte.
[41] So zuletzt zu einer Richtlinie *EuGH*, EuZW 1996, 219.

*cc)* Unter den Begriff der Amtstätigkeit fällt auch *judikatives Handeln,* also die Rechtsprechung des *EuGH* und des *EuG*.[42] Freilich ist die rechtsprechende Tätigkeit des *EuGH* jedenfalls faktisch aus dem Anwendungsbereich von Art. 288 II (Art. 215 II) EGV ausgenommen. Denn es ist nicht anzunehmen, daß der *EuGH* in einem Schadensersatzprozeß eine eigene Entscheidung als rechtswidrig qualifizieren und deshalb einen Schadensersatzanspruch zuerkennen wird. Etwas anderes gilt für unterinstanzliche Entscheidungen des *EuG*. Allerdings sind hier ähnliche Restriktionen wie nach § 839 II BGB zu fordern, um der Gefahr einer Unterminierung der Rechtskraft der *EuG*-Entscheidungen zu begegnen.[43] 26

*c) Rechtswidrigkeit*

Der *EuGH* hat bislang nur für rechtswidrige Amtshandlungen Schadensersatzansprüche nach Art. 288 II (Art. 215 II) EGV zugesprochen. Andererseits hat der *EuGH* Schadensersatzansprüche für rechtmäßiges Handeln, das unzumutbare Belastungen nach sich zieht, auch nicht ausdrücklich verneint.[44] Mit dem Wortlaut des Art. 288 II (Art. 215 II) EGV ist die Zuerkennung von Schadensersatzansprüchen auch für rechtmäßiges Handeln vereinbar.[45] Insoweit besteht eine Parallele zu den freilich ungeschriebenen Ansprüchen aus Aufopferung und enteignendem Eingriff nach Maßgabe des deutschen Staatshaftungsrechts. Primär statuiert Art. 288 II (Art. 215 II) EGV allerdings eine Haftung für rechtswidriges Verhalten. 27

Rechtswidrig ist die Amtshandlung dann, wenn sie gegen eine höherrangige Rechtsnorm des Gemeinschaftsrechts verstößt. Hier gelten folgende Grundsätze: Das primäre Gemeinschaftsrecht geht dem sekundären Gemeinschaftsrecht vor. Innerhalb des sekundären Gemeinschaftsrechts gehen die generell-abstrakten Rechtssätze (Verordnungen, Richtlinien) den individuell-konkreten Rechtshandlungen (Entscheidungen) vor. Außerdem gehen vom Rat erlassene Verordnungen den von der Kommission erlassenen Durchführungsverordnungen und Durchführungsrichtlinien vor.[46] 28

Um die Haftung der EG nicht ausufern zu lassen, läßt der *EuGH* nicht jedwede Rechtswidrigkeit genügen. Erforderlich ist eine *qualifizierte* 29

---

[42] So zum *EuGH v. Bogdandy*, Art. 215 EGV Rdnr. 65.

[43] Vgl. dazu auch unten § 6 Rdnrn. 66 ff.

[44] *EuGH* Slg. 1972, 391 Rdnr. 46 – *Grands Moulins*; Slg. 1984, 4057 Rdnrn. 27 f. – *Bioviac*; Slg. 1987, 3677 Rdnr. 17 – *De Boer*; dazu *v. Bogdandy*, Art. 215 EGV Rdnr. 94.

[45] Dazu unten Rdnr. 59.

[46] Der Rat kann die Kommission gem. Art. 211 Spiegelstrich 4 (Art. 155 Spiegelstrich 4) EGV zum Erlaß von Durchführungsverordnungen und Durchführungsrichtlinien ermächtigen, dazu *Hummer*, in: *Grabitz/Hilf* (Hrsg.), Kommentar zur EU, 12. Ergänzungslieferung 1998, Art. 155 Rdnr. 46; s. auch Art. 86 Abs. 3 (Art. 90 Abs. 3) EGV. Allgemein zum Rangverhältnis *Grabitz*, in: *Grabitz/Hilf* (Hrsg.), Kommentar zur EU, 12. Ergänzungslieferung 1998, Art. 189 Rdnrn. 20 ff.; *Koenig/Haratsch*, Rdnrn. 207, 211.

*Rechtswidrigkeit.*[47] Insoweit wird eine bereichsspezifische Unterscheidung getroffen. Sowohl für administratives als auch für normatives Unrecht gilt das Erfordernis der *Schutznormverletzung* (aa). Speziell für normatives Unrecht gilt zusätzlich das Erfordernis der *hinreichend qualifizierten Verletzung einer höherrangigen Rechtsnorm* (bb).

30 *aa)* Ein Schadensersatzanspruch setzt voraus, daß die in Rede stehende Amtstätigkeit eine gemeinschaftsrechtliche Norm verletzt, die nicht ausschließlich im Interesse der Allgemeinheit besteht, sondern zumindest auch dem individuellen Interesse des Betroffenen dient *(Schutznormverletzung).*[48] Die Ähnlichkeit zur Schutznormtheorie des deutschen Verwaltungsprozeßrechts und zum Erfordernis der Verletzung einer drittgerichteten Amtspflicht im deutschen Amtshaftungsrecht ist offenkundig. Allerdings stellt das zu Art. 288 II (Art. 215 II) EGV entwickelte Tatbestandsmerkmal der Schutznormverletzung geringere Anforderungen. Der verletzten Norm des primären oder sekundären Gemeinschaftsrechts kann der vom *EuGH* geforderte Schutznormcharakter selbst dann zukommen, wenn sie zwar primär dem Allgemeininteresse dient (z. B. Funktionieren des Gemeinsamen Marktes), aber eben doch, wenn auch nur *reflexartig*, zugleich dem Individualinteresse dient.[49] Besonders zu beachten ist, daß nicht eine *Verletzung subjektiver öffentlicher Rechte* verlangt wird. Ausreichend ist, daß die verletzte Norm zumindest faktisch dem *individuellen Interesse* des Anspruchstellers dient.[50]

Diesen Schutznormcharakter hat der *EuGH* folgenden Normen zuerkannt:[51]

- den *Grundfreiheiten* des EGV wie die Freiheit des Warenverkehrs (Art. 23–31/ 9–37 EGV), die Freiheit des Personenverkehrs (Art. 39–42/48–51 EGV), die Freiheit des Dienstleistungsverkehrs (Art. 49–55/59–66 EGV) und die Freiheit des Kapital- und Zahlungsverkehrs (Art. 56–60/67–73h EGV)
- den gemeinschaftsrechtlichen *Grundrechten*, die als allgemeine Rechtsgrundsätze des Gemeinschaftsrechts gelten, wie das Eigentumsrecht, das Recht am eingerichteten und ausgeübten Gewerbebetrieb oder der allgemeine Gleichheitssatz
- weiteren *allgemeinen Rechtsgrundsätzen* des Gemeinschaftsrechts wie das Verhältnismäßigkeitsprinzip, die Gebote der Rücksichtnahme und des Vertrauensschutzes
- dem *allgemeinen Diskriminierungsverbot* (Art. 12/6 EGV) und den *besonderen Diskriminierungsverboten* (z. B. Art. 34 III/40 III EGV)
- einzelnen *Schutzklauseln des sekundären Gemeinschaftsrechts*
- Zielvorgaben für eine gemeinsame Agrarpolitik nach Art. 33/39 EGV

31 *bb)* Anders als im deutschen Amtshaftungsrecht, in dem nach ständiger Rechtsprechung des *BGH* von Ausnahmen abgesehen deshalb keine Schadensersatzansprüche für den Erlaß rechtswidriger Normen zuer-

---

[47] *Ossenbühl*, S. 590f.

[48] *EuGH* Slg. 1961, 435 (469) – *Vloeberghs*; Slg. 1967, 332 (341) – *Kampffmeyer*; EuZW 1996, 124.

[49] *EuGH* Slg. 1967, 332 (354) – *Kampffmeyer*.

[50] *Koenig/Sander*, Rdnr. 430; vgl. auch *Jarass*, S. 119; St. *Kopp*, DÖV 1994, 204.

[51] *Gilsdorf/Oliver*, Art. 215 Rdnrn. 39 ff.; *Ossenbühl*, S. 592 ff.

kannt werden, weil es an der Verletzung einer drittgerichteten Amtspflicht fehle,[52] sind Schadensersatzansprüche nach Art. 288 II (Art. 215 II) EGV auch für normatives Unrecht möglich. Allerdings hat der *EuGH* die Haftung stark eingeschränkt. Seit dem *Schöppenstedt-Urteil* gilt folgende Einschränkung:

Bei einem Rechtssetzungsakt, der wirtschaftspolitische Entscheidungen einschließt, kann die außervertragliche Haftung der Gemeinschaft für den Einzelpersonen durch diesen Akt entstandenen Schaden nach den Vorschriften des Art. 288 II (215 II) EWGV nur durch eine hinreichend qualifizierte Verletzung einer höherrangigen, dem Schutz des einzelnen dienenden Rechtsnorm ausgelöst werden.[53]

Folgende miteinander zusammenhängende Gründe nennt der *EuGH* **32**
für diese zusätzliche Haftungsbegrenzung: Den Gemeinschaftsorganen steht ein weiter Beurteilungs- und Ermessensspielraum zu, wie sie die im primären Gemeinschaftsrecht enthaltenen wirtschaftspolitischen Zielvorgaben erfüllen wollen.[54] Dieser weite Gestaltungsspielraum darf durch drohende Schadensersatzansprüche nicht über Gebühr eingeengt werden.[55]

Das Erfordernis *der hinreichend qualifizierten Verletzung einer höher-* **33**
*rangigen Rechtsnorm* ist nicht auf den Bereich der wirtschaftspolitischen Entscheidungen i. e. S. beschränkt. Vielmehr gilt es für alle von den Gemeinschaftsorganen erlassenen Rechtsnormen, die auf politischen und damit abwägenden und wertenden Entscheidungen beruhen.[56]

Vorschlägen von Teilen der Literatur, die in Anlehnung an das deutsche **34**
Staatshaftungsrecht empfehlen, auf die Grundsätze der Sonderopfer- und Schweretheorie abzustellen[57] oder die Haftung auf Einzelfall- oder Maßnahmevorschriften zu beschränken,[58] ist der *EuGH* nicht gefolgt. Diese bereits im deutschen Staatshaftungsrecht umstrittenen Kriterien auf den gemeinschaftsrechtlichen Schadensersatzanspruch des Art. 288 II (Art. 215 II) EGV zu übertragen, erscheint nicht sehr glücklich.

Im konkreten Einzelfall ist – wie nicht anders zu erwarten – zumeist umstritten, ob die fragliche Rechtsvorschrift des sekundären Gemeinschaftsrechts eine höherrangige Rechtsnorm in hinreichend qualifizierter Weise verletzt. Immerhin liegen der einschlägigen Rechtsprechung des *EuGH* einige weithin anerkannte Kriterien zugrunde. Zunächst muß die für alle Schadensersatzansprüche geltende Grundvoraussetzung der Verletzung einer Norm, die zumindest auch dem individuellen Interesse dient (Schutznormverletzung), erfüllt sein. Die zusätzlich erforderliche

[52] Dazu im einzelnen unten § 9 Rdnrn. 152 ff.
[53] Nahezu wörtlich *EuGH* Slg. 1971, 975 (984 f.) – *Schöppenstedt*.
[54] *EuGH* Slg. 1981, 3211 (3251) – *Walzmühle Erling*.
[55] *EuGH* Slg. 1972, 391 (408) – *Grands Moulins*; Slg. 1975, 533 (547) – *CNTA*.
[56] *Fuß*, in: Festschr. f. v.d. Heydte, 1977, S. 176; *Ossenbühl*, S. 596.
[57] *Gilsdorf*, EuR 1975, 104.
[58] *H.P. Ipsen*, in: Festschr. f. Jahrreiß, 1975, S. 96.

hinreichend qualifizierte Verletzung einer höherrangigen Rechtsnorm[59] ist dann unter folgenden Voraussetzungen, die kumulativ erfüllt sein müssen, anzunehmen:

(1) *Schwerwiegender Rechtsverstoß*. Dies ist vor allem bei einem Verstoß gegen eine Norm, der eine besondere Bedeutung zukommt, der Fall (z. B. Diskriminierungsverbot).
(2) *Schädigung einer klar abgrenzbaren Gruppe* von Unionsbürgern oder Marktteilnehmern. Zu beachten ist, daß der *EuGH* in einer neueren Entscheidung nur noch von einer „klar abgrenzbaren"[60] Gruppe spricht und nicht mehr wie früher eine zahlenmäßig begrenzte – also „offenbar sehr kleine"[61] – Gruppe verlangt.[62]
(3) *Überschreiten der Opfergrenze*. Der Schaden muß „über die Grenze der wirtschaftlichen Risiken hinausgehen, die eine Betätigung in dem betroffenen Wirtschaftszweig mit sich bringt".[63]

*d) Schaden*

35 Der von Art. 288 II (Art. 215 II) EGV vorausgesetzte Schaden umfaßt „jede Einbuße, die der Betroffene durch ein bestimmtes Ereignis an seinem Vermögen oder an seinen sonstigen Rechtsgütern erleidet".[64] Unter diesen Schadensbegriff fallen sowohl materielle (Vermögensschäden) als auch immaterielle Schäden.[65]

36 Auch der *entgangene Gewinn* ist ersatzfähig.[66] Insoweit werden aber an die Substantiierung des Schadens erhöhte Anforderungen gestellt: Der Anspruchsteller muß substantiiert darlegen, daß die Voraussetzungen für den zu erwartenden Gewinn bereits vor der Verletzungshandlung erfüllt waren (etwa Abschluß des Kaufvertrages vor der Vereitelung der Möglichkeit, derartige Geschäfte zu tätigen).[67]

*e) Kausalität*

37 Der Schaden muß durch die Amtstätigkeit verursacht worden sein. Der *EuGH* verlangt, daß *zwischen dem Schaden und dem rechtswidrigen Ver-*

---

[59] Man könnte auch von einer *qualifizierten Schutznormverletzung* sprechen.
[60] *EuGH* Slg. 1992, 3061 (3132 Rdnr. 16) – *Mulder*.
[61] *EuGH* Slg. 1979, 2955 (2973) – *Ireks-Arkady*.
[62] Dazu *Winkler-Trölitzsch*, EuZW 1992, 663 ff.
[63] *EuGH* Slg. 1979, 2955 (2973) – *Ireks-Arkady*; siehe auch *EuGH* Slg. 1978, 1209 (1224) – *Bayerische HNL*. Man könnte auch von einem Sonderopfer sprechen.
[64] *EuGH* Slg. 1973, 1229 (1245) – *Hansamühle*.
[65] *EuGH* Slg. 1957, 83 (134 f.) – *Alegra*: Anspruch wegen Aufregung, Verwirrung und Ungewißheit, die durch das unrechtmäßige Verhalten eines Organs verursacht worden waren (allerdings zu Art. 40 EGKS); Slg. 1985, 3539 (3585 f.) – *Adams*; Slg. 1986, 2801 (2827) – *Leussink*.
[66] *EuGH* Slg. 1967, 332 (357) – *Kampffmeyer*; Slg. 1992, 3061 (3135 ff.) – *Mulder*.
[67] *Koenig/Sander*, Rdnr. 439.

*halten ein unmittelbarer und ursächlicher Zusammenhang* besteht.[68] Abgestellt wird auf die objektive Vorhersehbarkeit des Schadenseintritts. Das entspricht im Ergebnis der *Adäquanztheorie*, wonach nur diejenigen Amtstätigkeiten kausal für den Schaden sind, die bei einem gewöhnlichen Verlauf nach allgemeiner Lebenserfahrung geeignet sind, den Schaden herbeizuführen.[69] Die rechtswidrige Amtshandlung ist nicht schadensursächlich, wenn der gleiche Erfolg auch ohne diese Amtshandlung eingetreten wäre. Positiv verlangt der *EuGH*, daß der Schaden mit *hinreichender Sicherheit* auf der rechtswidrigen Amtshandlung beruht.[70] Damit berücksichtigt der *EuGH* den *Rechtswidrigkeitszusammenhang*,[71] der im deutschen Haftungsrecht von der Kausalität unterschieden wird, im Rahmen der Kausalität.[72]

### 3. Art und Umfang des Schadensersatzes

Der Schadensersatzanspruch nach Art. 288 II (Art. 215 II) EGV ist in 38
aller Regel auf die Zahlung von Geld gerichtet. Ein Anspruch auf Naturalrestitution ist aber nicht ausgeschlossen;[73] in Betracht kommt etwa ein Anspruch auf Widerruf von Tatsachenbehauptungen.[74] Insoweit besteht ein wesentlicher Unterschied zum deutschen Amtshaftungstatbestand des § 839 BGB i. V. mit Art. 34 GG. Weil die ursprünglich nur private Haftung des Beamten auf den Staat übergeleitet wurde, kann dieser nur auf die Zahlung von Geld in Anspruch genommen werden.[75] Demgegenüber haftet die EG nach Art. 288 II (Art. 215 II) EGV unmittelbar.

Einen Anspruch auf Nichtigerklärung oder Aufhebung des rechtswid- 39
rigen Gemeinschaftsakts räumt Art. 288 II (Art. 215 II) EGV dagegen nicht ein.[76] Denn Art. 288 II (Art. 215 II) i. V. mit Art. 235 (Art. 178) EGV ist auf die Gewährung sekundären Rechtsschutzes gerichtet. *Primärer*

---

[68] *EuGH* Slg. 1979, 3091 (3117) – *Dumortier*; Slg. 1991, 279 (401 ff.) – *Ronx*.

[69] *Ossenbühl*, S. 604; einige Generalanwälte haben in ihren Schlußanträgen ausdrücklich auf die Adäquanztheorie abgestellt: GA *Roemer*, Slg. 1973, 1229 (1275) – *Hansamühle*; GA *Trabucchi*, Slg. 1975, 117 (149 f.) – *Continentale*; GA *de Lamotke*, Slg. 1971, 325 (347) – *Lütticke*.

[70] *EuGH* Slg. 1979, 3091 (3117) – *Dumortier*.

[71] Dazu auch unten § 6 Rdnrn. 46; vgl. auch § 7 Rdnrn. 4 ff.

[72] *Ossenbühl*, S. 606 f.; *Koenig/Sander*, Rdnr. 444.

[73] *v. Bogdandy*, Art. 215 EGV Rdnr. 112; *Gilsdorf/Oliver*, Art. 215 Rdnr. 51; *Ossenbühl*, S. 613; a. A. *Rengeling/Middeke/Gellermann*, Rechtsschutz in der Europäischen Union, 1994, Rdnr. 277.

[74] *Koenig/Sander*, Rdnr. 442; allerdings entschied der *EuGH*, daß der Schadensersatzanspruch gem. Art. 288 II (Art. 215 II) EGV nicht auf die Abgabe einer Erklärung durch die Gemeinschaftsorgane gerichtet sei, *EuGH* Slg. 1985, 3595 (3601 Rdnr. 18) – *Adams./. Kommission*; zu weiteren Möglichkeiten *Gilsdorf/Oliver*, Art. 215 Rdnr. 51; *Ossenbühl*, S. 614 Fn. 58.

[75] Dazu näher unten § 11 Rdnr. 10.

[76] *v. Bogdandy*, Art. 215 EGV Rdnr. 112; *Koenig/Sander*, Rdnr. 442.

Rechtsschutz, der sich gegen die Schadensquelle unmittelbar wendet,[77] wird nach diesen Vorschriften dagegen nicht gewährt.

40 Die Höhe des zu ersetzenden Schadens wird nach der Differenzhypothese ermittelt: Verglichen wird der Ist-Zustand mit demjenigen Zustand, der bestünde, wenn sich die EG rechtmäßig verhalten hätte.[78]

41 Anspruchsmindernd wirken sich mitwirkendes Verschulden des Geschädigten aus.[79] Den Geschädigten trifft sowohl eine Schadensverhinderungspflicht als auch eine Schadensminderungspflicht. Danach ist der Geschädigte auch gehalten, den Schadenseintritt durch geeignete gemeinschaftsrechtliche[80] (Art. 230/173 EGV) und auch nationale Rechtsbehelfe[81] zu verhindern. Weiterhin trifft ihn die Obliegenheit, die Beseitigung eines eingetretenen Schadens durch geeignete Rechtsbehelfe zu erreichen. Die Ergreifung entsprechender Rechtsbehelfe muß aber zumutbar sein.

42 Anspruchsmindernd wirkt sich auch ein etwaiger aus dem schädigenden Ereignis gezogener Vorteil des Geschädigten aus (Vorteilsausgleich).[82] Geht es um den Ersatz von entgangenem Gewinn, wird der Schadensersatzanspruch im Falle einer außerordentlich spekulativen Natur des in Rede stehenden Geschäftes gemindert.[83]

43 Der Schadensersatzanspruch ist zu verzinsen. Der *EuGH* spricht nunmehr Zinsen in Höhe von 6 % oder 8 % zu, teils ab Urteilsverkündung, teils ab Klageerhebung oder Eintritt des schädigenden Verhaltens.[84]

### 4. Anspruchsberechtigte und Anspruchsverpflichtete

44 Anspruchsberechtigt können alle natürlichen und juristischen Personen sowie auch teilrechtsfähige Verbände in den Mitgliedstaaten und in Drittstaaten[85] sein. Dies gilt auch für juristische Personen des öffentlichen Rechts wie Bundesländer oder Gemeinden.[86] Klagen von Mitgliedstaaten hat der *EuGH* bislang noch nicht zugelassen.[87] Jedenfalls insoweit sind die Art. 230, 232 (Art. 173, 175) EGV vorrangig.[88]

---

[77] Dazu *Ossenbühl*, S. 564 f.

[78] *EuGH* Slg. 1965, 1197 (1234 f.) – *Société Anonyme de Laminoirs.*

[79] *EuGH* Slg. 1982, 3057 (3078 f.) – *Oleifici*; dazu *Gilsdorf/Oliver*, Art. 215 Rdnr. 57; *v. Bogdandy*, Art. 215 EGV Rdnrn. 42 ff., 46.

[80] Dazu unten Rdnrn. 51 ff.

[81] Dazu im einzelnen unten Rdnrn. 54 ff.

[82] *EuGH* Slg. 1979, 2955 (2974) – *Ireks-Arkady*; dazu *Ossenbühl*, S. 612 f.

[83] *EuGH* Slg. 1967, 332 (357) – *Kampffmeyer.*

[84] *EuGH* Slg. 1990, 2477 – *Sofrimport./.Kommission*; dazu *Gilsdorf/Oliver*, Art. 215 Rdnrn. 62 f.; *Ossenbühl*, S. 609.

[85] *Gilsdorf/Oliver*, Art. 215 Rdnr. 22 mit Fußn. 56.

[86] *Gilsdorf/Oliver*, Art. 215 Rdnr. 21.

[87] Siehe *EuGH* Slg. 1982, 1855 – *Deutschland./.Kommission, „Sozialfonds – Kontenabschluß"*. Diese Möglichkeit grundsätzlich bejahend *v. Bogdandy*, Art. 215 EGV Rdnr. 36; *Borchardt*, in: *Lenz* (Hrsg.), EG-Vertrag, Art. 178 Rdnr. 5.

[88] *Gilsdorf/Oliver*, Art. 215 Rdnr. 21.

Passivlegitimiert im Prozeß ist die EG, vertreten durch das Gemeinschaftsorgan, dem das haftungsbegründende Verhalten zuzurechnen ist.[89] Für die sowohl materiell-rechtliche als auch prozessuale Arabeske einer Passivlegitimation der handelnden Gemeinschaftsorgane[90] besteht in Anbetracht des eindeutigen Wortlauts von Art. 288 II (Art. 215 II) EGV kein Bedürfnis. Etwas ganz anderes ist es, daß es der *EuGH* nicht beanstandet, wenn die Schadensersatzklage gleichwohl gegen das handelnde Gemeinschaftsorgan gerichtet wird.[91] Ein solcher Antrag ist auszulegen. Insoweit besteht eine Parallele zu § 78 I Nr. 1 Halbs. 2 VwGO. **45**

Anspruchsverpflichtet ist die EG als solche, und zwar unmittelbar.[92] Es handelt sich nicht um eine nur übergeleitete Haftung wie im Falle von § 839 BGB i. V. mit Art. 34 GG. **46**

### 5. Verjährung

Schadensersatzansprüche nach Art. 288 II (Art. 215 II) EGV verjähren gem. Art. 43 EWG-Satzung innerhalb von fünf Jahren nach Eintritt des schadensstiftenden Ereignisses. Allerdings beginnt die Verjährungsfrist erst zu laufen, wenn alle haftungsbegründenden Voraussetzungen erfüllt sind und sich der zu ersetzende Schaden konkretisiert hat.[93] Voraussetzung für den Beginn des Laufs der Verjährungsfrist ist auch, daß der Geschädigte vom schadensstiftenden Ereignis Kenntnis hatte oder hätte haben müssen.[94] **47**

### 6. Beweislast

Die deutsche Literatur[95] verweist auf die zivilprozessualen Beweislastregeln. Der Kläger müsse die Rechtsverletzung, den Schaden und die Kausalität darlegen und beweisen. Die Beweislast für Einreden und Einwendungen trage der Beklagte. Demgegenüber geht der *EuGH* von der **48**

---

[89] *EuGH* Slg. 1990, 2477 (2512) – *Sofrimport*; Slg. 1973, 1229 Rdnrn. 6 ff. – *Hansamühle*; *Borchardt*, in: *Lenz* (Hrsg.), EG-Vertrag, Art. 178 Rdnr. 6; *Geiger*, Art. 178 Rdnr. 2; *Rengeling/Middeke/Gellermann*, Rechtsschutz in der Europäischen Union, 1994, Rdnr. 247.

[90] Dafür *v. Bogdandy*, Art. 215 EGV Rdnr. 39 unter Hinweis auf *EuGH* Slg. 1992, 3061 – *Mulder*; Slg. 1994, 4199 – *KYDEP*; *EuG* Slg. 1995, II – 2025 Rdnr. 22 – *Odigitria*; zu den für sich sprechenden prozessualen Weiterungen einer solchen Konstruktion *v. Bogdandy*, Art. 215 EGV Rdnr. 40.

[91] *EuGH* Slg. 1977, 393 (406) – *Milchkontor*.

[92] *Gilsdorf/Oliver*, Art. 215 Rdnr. 13.

[93] *EuGH* Slg. 1982, 85 (106) – *Birra*; Slg. 1982, 117 Rdnrn. 9 f. – *De Franceschi*.

[94] *EuGH* Slg. 1985, 3539 (3591) – *Adams*./.Kommission.

[95] *Everling*, WuW 1989, 886; *Rengeling/Middeke/Gellermann*, Rechtsschutz in der Europäischen Union, 1994, Rdnr. 704.

Geltung des Untersuchungsgrundsatzes aus und ermittelt ggfs. von Amts wegen.[96]

### 7. Besonderheiten

#### *a) Verschuldensunabhängigkeit der Haftung*

49 Seit dem *Lütticke-Urteil* von 1971[97] hat der *EuGH* das anfänglich geforderte Verschulden nicht mehr verlangt und geprüft. Hieraus ist zu folgern, daß der Schadensersatzanspruch nach Art. 288 II (Art. 215 II) EGV verschuldensunabhängig ist.[98]

#### *b) Feststellung künftiger Schäden*

50 Obwohl Art. 288 II (Art. 215 II) EGV einen bereits entstandenen Schaden voraussetzt und Art. 235 (Art. 178) EGV ausdrücklich auf diese Vorschrift verweist, sind auch Schadensersatzklagen zur Feststellung künftiger Schäden zulässig. Voraussetzung ist, daß der künftige Schaden unmittelbar bevorsteht und mit hinreichender Sicherheit vorausgesehen werden kann.[99]

#### *c) Verhältnis zum EG-rechtlichen Primärrechtsschutz*

51 Das Verhältnis zwischen notwendig sekundärem Schadensersatz und der Möglichkeit des primären Rechtsschutzes, der ja nur die prozessuale Konsequenz der sog. materiellen primären (Staats-)Haftung ist, wirkt sich nicht nur prozessual,[100] sondern auch materiell-rechtlich aus. So ist im deutschen Staatshaftungsrecht ein Amtshaftungsanspruch gem. § 839 III BGB ausgeschlossen, wenn der Verletzte die Möglichkeit primären Rechtsschutzes vorsätzlich oder fahrlässig nicht in Anspruch genommen hat. Auch für Ansprüche aus enteignungsgleichem Eingriff gilt der Vorrang des Primärrechtsschutzes.[101]

---

[96] *EuGH* Slg. 1955/56, 379 (390) – *Mirossevich*; Slg. 1964, 937 (979) – *Collotti*; Slg. 1965, 1 (12) – *Merlini*; zum Ganzen *Koenig/Sander*, Rdnr. 445.

[97] *EuGH* Slg. 1971, 325 – *Lütticke*.

[98] Ebenso *v. Bogdandy*, Art. 215 EGV Rdnr. 110; *ders.*, JuS 1990, 875; *Grabitz*, in: *Schweitzer* (Hrsg.), Europäisches Verwaltungsrecht, 1991, S. 185; *Koenig/Sander*, Rdnr. 438; *Ossenbühl*, S. 605 f.; z. T. a. A. *Gilsdorf/Oliver*, Art. 215 Rdnrn. 44 ff.; *Schwarze*, Europäisches Verwaltungsrecht, Bd. I, 1988, S. 499 f.; dazu ausführlich *Burianek*, Das Verschuldenselement – ein den Rechtsordnungen der Mitgliedstaaten gemeinsamer allgemeiner Rechtsgrundsatz i. S. von Art. 215 II EWGV, 1991.

[99] *EuGH* Slg. 1967, 332 (359) – *Kampffmeyer*.

[100] Dazu *Ossenbühl*, S. 611 f.

[101] Dazu unten § 17 Rdnrn. 35 ff.

Art. 288 (Art. 215) EGV enthält keine Bestimmung, die derjenigen des § 839 III BGB entspricht. Gleichwohl gilt auch hier der Vorrang des Primärrechtsschutzes. Er ist unmittelbare Folge des Grundsatzes, daß Mitverschulden des Geschädigten bei der Schadensentstehung und bei der Schadensentwicklung anspruchsmindernd zu berücksichtigen ist.[102] Hat der Geschädigte von der Möglichkeit primären Rechtsschutzes, der zumutbar war und den Schaden hätte abwehren oder verringern können, in vorwerfbarer Weise keinen Gebrauch gemacht, mindert sich sein Schadensersatzanspruch nach Art. 288 II (Art. 215 II) EGV oder entfällt sogar vollständig.[103] **52**

Im Bereich des *normativen* Unrechts wirkt sich dieser Grundsatz aber nur auf etwaige Schadensersatzansprüche von Mitgliedstaaten aus, soweit man diese überhaupt zu den potentiellen Anspruchsberechtigten zählt.[104] Diesen steht die Möglichkeit der Nichtigkeitsklage nach Art. 230 II (Art. 173 II) EGV offen. Natürlichen und sonstigen juristischen Personen ist dieser Weg aber – abgesehen von Ausnahmen – versperrt, Art. 230 IV (Art. 173 IV) EGV. Für sie kommt nur die Nichtigkeitsklage nach Art. 230 IV (Art. 173 IV) EGV im *administrativen* Bereich in Betracht. Entsprechendes gilt für die Untätigkeitsklage nach Art. 232 (Art. 175) EGV.[105] **53**

*d) Verhältnis zum mitgliedstaatlichen Primärrechtsschutz*

Schadensersatzansprüche nach Art. 288 II (Art. 215 II) EGV kommen auch dann in Betracht, wenn ein rechtswidriger Gemeinschaftsakt – z. B. eine Verordnung oder Richtlinie – durch deutsche Rechtsakte vollzogen und umgesetzt wird. Zu bejahen ist insbesondere die Kausalität des rechtswidrigen Gemeinschaftsakts für den eingetretenen Schaden. Denn derartige Gemeinschaftsakte bezwecken gerade die Umsetzung in innerstaatliches Recht, das dann zwangsläufig rechtswidrig sein muß, wenn es den Vorgaben des Gemeinschaftsakts voll entspricht. **54**

Einem Schadensersatzanspruch nach Art. 288 II (Art. 215 II) EGV kann jedoch der Grundsatz entgegenstehen, daß mitwirkendes Verschulden des Geschädigten bei der Schadensentstehung sowie die ihm obliegende Schadensminderungspflicht zu berücksichtigen sind.[106] Stehen dem Geschädigten Rechtsbehelfe *unmittelbar* gegen den deutschen Vollzugsakt zur Verfügung (z. B. Anfechtungsklage gegen einen Verwaltungsakt) oder hat er einen Anspruch auf Naturalrestitution des status quo ante (z. B. Folgenbeseitigungsanspruch auf Rückzahlung rechtswidrig erlang- **55**

---

[102] Oben Rdnr. 41.
[103] *Gilsdorf/Oliver*, Art. 215 Rdnr. 59; vgl. dazu auch *Ossenbühl*, S. 611 f.
[104] Dazu oben Rdnr. 44.
[105] Dazu ausführlich *Koenig/Sander*, Rdnrn. 330 ff.
[106] Oben Rdnr. 41.

ter Gelder[107]), muß er zunächst von diesen Möglichkeiten Gebrauch machen.[108]

56 Unter dem Gesichtspunkt der Schadensverhinderungs- und Schadensminderungspflicht kommt auch die Obliegenheit des Geschädigten in Betracht, Rechtssatzverfassungsbeschwerde gegen ein formelles deutsches Gesetz, das z. B. eine Richtlinie umsetzt, zu erheben. Hierbei ist dann aber die bundesverfassungsgerichtliche Subsidiaritätsrechtsprechung zu beachten.[109]

Danach ist die Verfassungsbeschwerde nach Art. 93 I Nr. 4a GG grundsätzlich erst dann zulässig, wenn fachgerichtliche Rechtsbehelfe des Beschwerdeführers erfolglos geblieben sind. Diese Vorrangigkeit des fachgerichtlichen Rechtsschutzes ist gerade bei formellen Gesetzen zu beachten, obwohl sie unmittelbar und direkt mit fachgerichtlichen Rechtsbehelfen nicht angegriffen werden können. Hier ist an die Erhebung von verwaltungsgerichtlichen Feststellungsklagen zu denken. Möchte ein deutsches Gericht seine Entscheidung auf die Rechtswidrigkeit und damit auf die Ungültigkeit des vollzogenen Gemeinschaftsakts stützen, muß die Frage der Gültigkeit des Gemeinschaftsakts zunächst dem *EuGH* vorgelegt werden. Diese Vorlagepflicht besteht über den Wortlaut des Art. 234 III (Art. 177 III) EGV hinaus.[110]

57 Auch der Vorrang des mitgliedstaatlichen Primärrechtsschutzes steht aber unter einem *Effektivitäts- und Zumutbarkeitsvorbehalt.*[111] D. h., wenn der durch die deutschen Gerichte zu erreichende Rechtsschutz von vornherein unzureichend ist oder wenn die Erfolgsaussichten eines entsprechenden Rechtsbehelfs aus der Sicht eines objektiven Beobachters nur gering sind, ist – bei aller Vagheit dieser Kriterien – die Verweisung auf Ansprüche gegen die deutsche öffentliche Gewalt und die Inanspruchnahme der deutschen Gerichte unzumutbar. Es kann dann sofort Schadensersatzklage nach Art. 288 II i. V. mit Art. 235 (Art. 215 II i. V mit Art. 178) EGV erhoben werden. Vor allem aber kann auf diesem Wege auch der Schaden geltend gemacht werden, dessen Eintritt mitgliedstaatlicher Primärrechtsschutz nicht verhindern konnte oder nicht hätte verhindern können.

---

[107] Für primäre Staatshaftung in derartigen Fällen auch *Windthorst*, JuS 1995, 997.

[108] Ebenso *Gilsdorf/Oliver*, Art. 215 Rdnrn. 77 ff. (83) m. w. Nachw.

[109] Dazu umfassend *Warmke*, Die Subsidiarität der Verfassungsbeschwerde, 1993; *Posser*, Die Subsidiarität der Verfassungsbeschwerde, 1993; *Gersdorf*, Jura 1994, 398 (495 f.); *Detterbeck*, DÖV 1990, 558 ff.

[110] Unstr., siehe nur *Geiger*, Art. 177 Rdnr. 17.

[111] Insoweit ebenso *EuGH* Slg. 1973, 1055 (1070) – *Merkur*; Slg. 1981, 3211 (3244) – *Walzmühle Erling*; Slg. 1986, 3663 (3692) – *Kommission./.Frankreich, „Freier Dienstleistungsverkehr – Mitversicherung“*; Slg. 1989, 1553 (1586) – *Roquette*; dazu auch *Ossenbühl*, S. 612 f.; *v. Bogdandy*, Art. 215 EGV Rdnr. 52.

## III. Ungeschriebene Haftungsinstitute

### 1. Haftung für rechtswidrige schuldlose Rechtseingriffe

Verschiedentlich wird eine außerhalb von Art. 288 II (Art. 215 II) EGV begründete Haftung der EG für rechtswidrige schuldlose Rechtseingriffe diskutiert.[112] Für eine solche Haftung besteht jedoch kein Bedürfnis mehr. Denn richtiger Auffassung nach begründet bereits Art. 288 II (Art. 215 II) EGV eine verschuldensunabhängige Haftung der EG.[113] 58

### 2. Haftung für rechtmäßige Rechtseingriffe

Ähnlich wie ein Anspruch aus enteignendem Eingriff wird z. T. auch eine Haftung der EG für solche Eingriffe bejaht, die zwar rechtmäßig sind, aber in Einzelfällen zu außergewöhnlichen und unzumutbaren Belastungen führen.[114] Der *EuGH* hat noch keine klare Stellung bezogen. Auch hier ist wiederum die Notwendigkeit eines solchen ungeschriebenen Haftungsinstituts zu bezweifeln.[115] Denn die Verursachung außergewöhnlicher und unzumutbarer Belastungen mag zwar schuldlos sein, ohne Zuerkennung von Entschädigungs- oder Ausgleichsansprüchen ist sie aber in aller Regel rechtswidrig.[116] Etwas anderes gilt freilich bei echten Zufallsschäden. Einer unmittelbaren Anwendung von Art. 288 II (Art. 215 II) EGV auch auf derartige Fälle rechtmäßigen Handelns der EG steht aber nichts im Wege. Denn rechtswidriges Handeln setzt diese Vorschrift ihrem Wortlaut nach nicht voraus.[117] 59

### 3. Gefährdungshaftung

Verzichtet man bei einer Gefährdungshaftung auf jedwede Rechtswidrigkeit des gefährlichen Verhaltens oder des Verhaltenserfolges,[118] besteht 60

---

[112] Dazu etwa *Ossenbühl*, S. 617; *Schwarze*, Europäisches Verwaltungsrecht, Bd. I, 1988, S. 518.

[113] Ebenso *Ossenbühl*, S. 617 f.

[114] GA *Trabucchi*, Schlußanträge, *EuGH* Slg. 1975, 117 (141) – *Continentale*; in bestimmten Fällen auch *Gilsdorf/Oliver*, Art. 215 Rdnr. 89.

[115] Ablehnend auch die überwiegende Literatur: *Grabitz*, in: *Schweitzer* (Hrsg.), Europäisches Verwaltungsrecht, 1991, S. 192 f.; *Schwarze*, Europäisches Verwaltungsrecht, Bd. I, 1988, S. 518; *Gilsdorf*, EuR 1975, 108 f.

[116] Vgl. *EuGH* Slg. 1975, 533 (549 Rdnr. 43) – *CNTA;* Slg. 1987, 3677 (3694 Rdnr. 17) – *De Boer*; dazu *v. Bogdandy*, AöR 122 (1997), 284 Fußn. 73; *ders.*, Art. 215 EGV Rdnr. 95.

[117] Ebenso *v. Bogdandy*, Art. 215 EGV Rdnr. 96; siehe auch *Kadelbach*, JZ 1993, 1141.

[118] *Ossenbühl*, S. 367; *Deutsch*, JuS 1981, 318; a. A. *Olivet*, Erfolgsunrechtslehre und Handlungsunrechtslehre aus der Sicht des öffentlichen Rechts, 1989, S. 56 ff.

in der Tat eine von Art. 288 II (Art. 215 II) EGV offengelassene Haftungslücke. Der *EuGH* hat diese Haftungslücke bislang weder durch eine entsprechende Auslegung des primären Gemeinschaftsrechts noch durch eine Entwicklung eines entsprechenden allgemeinen Grundsatzes des Gemeinschaftsrechts geschlossen. Gesicherte Aussagen zu einem ungeschriebenen Institut einer gemeinschaftsrechtlichen Gefährdungshaftung sind nicht möglich. Bereits zur Frage der Existenz einer allgemeinen Gefährdungshaftung im deutschen öffentlichen Recht[119] bestehen tiefgreifende Meinungsverschiedenheiten.[120]

## § 6. Mitgliedstaatliche Haftung

### I. Fallkonstellationen und Fallbeispiele

1 Eine mitgliedstaatliche Haftung, bei der auch Fragen des Gemeinschaftsrechts eine, und nicht selten sogar die entscheidende Rolle spielen, kommt in mehrfacher Hinsicht in Betracht: Rechtsakte der Gemeinschaft sind häufig auf Vollzug durch die Mitgliedstaaten angewiesen. Dies ist vor allem bei Richtlinien der Fall. Hier kann der deutsche Vollzugsakt gegen deutsches Recht, gegen Gemeinschaftsrecht oder gegen Bestimmungen oder Rechtsgrundsätze beider Rechtsordnungen verstoßen. Gleiches gilt für den Nichtvollzug von Gemeinschaftsrecht (Unterlassen). Schließlich kann auch staatliches Tun oder Unterlassen, das nicht im Vollzug oder Nichtvollzug von Gemeinschaftsrecht besteht, gegen Gemeinschaftsrecht verstoßen. In sämtlichen Fallkonstellationen kommen Staatshaftungsansprüche gegen die deutsche öffentliche Hand in Betracht. Anspruchsgrundlage können zum einen die geläufigen Haftungsinstitute des deutschen Staatshaftungsrechts sein. Denkbar sind zum anderen aber auch spezifische EG-rechtliche Haftungsinstitute.

*Fallbeispiele*:

2 **Fall 1:** Kampffmeyer (*EuGH* Slg. 1967, 332 ff.; *BGHZ* 63, 119 ff.)

Mehreren deutschen Getreideimportfirmen war von der zuständigen deutschen Behörde die Einfuhr von Mais aus Frankreich nach Deutschland untersagt worden. Die deutsche Behörde stützte sich dabei auf eine von der Bundesregierung getroffene Schutzmaßnahme (Anordnung), wonach die Erteilung von Einfuhrgenehmigungen auszusetzen sei. Die Bundesregierung wiederum stützte ihre Schutzmaßnahme auf eine Verordnung der Kommission. Die Kommission ermächtigte die Bundesregierung nachträglich durch eine Entscheidung zur Aufrechterhaltung der Schutzmaßnahme. Auch die Kommission stützte sich bei dieser Entscheidung auf die erwähnte Verordnung. Durch die Verweigerung der Einfuhrgenehmigungen waren die deutschen Fir-

---

[119] Dazu *v. Bogdandy*, Art. 215 EGV Rdnrn. 98 f.
[120] Dazu *Ossenbühl*, S. 368; *Maurer*, § 28 Rdnrn. 15 ff.

men gezwungen, die Einfuhren später als beantragt durchzuführen. Dafür mußten sie dann – gemeinschaftsrechtlich bedingt – Abschöpfungsabgaben an die Bundesrepublik Deutschland bezahlen. Sowohl die Schutzmaßnahme der Bundesregierung als auch die Verweigerung der Einfuhrgenehmigungen waren von der Verordnung nicht gedeckt und verstießen aus anderen Gründen auch gegen deutsches Recht.[1] Die deutschen Firmen erstritten ein entsprechendes rechtskräftiges verwaltungsgerichtliches Feststellungsurteil. Der *EuGH* erklärte die oben genannte Entscheidung der Kommission wegen Verstoßes gegen die Verordnung für rechtswidrig und hob sie auf. Daraufhin verklagten die deutschen Firmen sowohl die Bundesrepublik Deutschland als auch die EWG auf Zahlung von Schadensersatz.

**Fall 2:** Francovich (*EuGH* Slg. 1991, 5357ff. = NJW 1992, 165ff. = EuZW 1991, 758ff.) 3

Nach einer EG-Richtlinie über den Schutz der Arbeitnehmer bei Zahlungsunfähigkeit des Arbeitgebers[2] waren die Mitgliedstaaten verpflichtet, bis zum 23.10.1983 nationale Rechts- und Verwaltungsvorschriften zur Einrichtung von Garantiefonds zu erlassen, aus denen im Falle von Unternehmerkonkursen nicht erfüllte Arbeitsentgeltansprüche der Arbeitnehmer beglichen werden sollten. Die Italienische Republik kam diesem Umsetzungsbefehl nicht nach. Auf Klage der Kommission nach Art. 226 (Art. 169) EGV stellte der *EuGH* mit Urteil vom 2.2.1989 einen Verstoß Italiens gegen die Verpflichtung zur Richtlinienumsetzung nach Art. 249 III (Art. 189 III) EGV und zur Gemeinschaftstreue nach Art. 10 (Art. 5) EGV fest.[3] Verschiedene italienische Arbeitnehmer, unter ihnen Andrea Francovich, deren rückständige Lohnansprüche wegen Arbeitgeberkonkurses nicht mehr realisierbar waren, verklagten die Italienische Republik vor den nationalen Gerichten auf Zahlung des rückständigen Lohns nach Maßgabe der nicht umgesetzten Richtlinie, hilfsweise auf entsprechenden Schadensersatz.

**Fall 3:** Brasserie du Pêcheur (*EuGH* Slg. 1996, 1029ff. = NJW 1996, 1267ff. = EuZW 1996, 205ff.) 4

Nach den inzwischen geänderten §§ 9, 10 des deutschen Biersteuergesetzes (BStG)[4] war es zum einen untersagt, Bier, das in anderen Mitgliedstaaten zwar rechtmäßig hergestellt worden war, aber nicht dem Reinheitsgebot entsprach, in Deutschland unter der Bezeichnung „Bier" in den Verkehr zu bringen; unter anderer Bezeichnung durfte es in den Verkehr gebracht werden. Zum anderen war die Einfuhr von Bier mit Zusatzstoffen nach Deutschland generell untersagt. Auf Klage der Kommission nach Art. 226 (Art. 169) EGV stellte der *EuGH* mit Urteil vom 12.3.1987 fest, daß die Anwendung der §§ 9, 10 BStG auf Bier, das in den anderen Mitgliedstaaten rechtmäßig hergestellt worden war, gegen Art. 28 (Art. 30) EGV verstieß.[5]

Die französische Brauerei Brasserie du Pêcheur verklagte vor den deutschen Gerichten die Bundesrepublik Deutschland auf Ersatz derjenigen Schäden, die ihr aufgrund der von deutschen Behörden in den Jahren von 1981 bis 1987 verhängten Einfuhrbeschränkungen entstanden waren.

**Fall 4:** Lomas (*EuGH* Slg. 1996, 2553ff. = EuZW 1996, 435ff.) 5

In der Zeit von April 1990 bis zum 1. Januar 1993 verweigerte das Ministerium für Landwirtschaft, Fischerei und Ernährung von England und Wales systematisch die Genehmigungen für die Ausfuhr lebender Schlachttiere nach Spanien mit der Begründung, daß die Tiere in den dortigen Schlachtbetrieben auf eine Weise behandelt würden, die

---

[1] *BGHZ* 63, 319 (323).

[2] RL v. 20.10.1980, 80/987/EWG, ABlEG Nr. L 283 v. 28.10.1980, S. 23, geändert durch RL v. 2.3.1987, 87/164/EWG, ABlEG Nr. L 66 v. 11.3.1987, S. 11.

[3] *EuGH* Slg. 1989, 143 – *Kommission./.Italien, „Schutz des Arbeitnehmers bei Zahlungsunfähigkeit des Arbeitgebers"*.

[4] Biersteuergesetz v. 14.3.1952, BGBl I, S. 149, i. d. F. v. 14.12.1976, BGBl I, S. 3341, 3357.

[5] *EuGH* Slg. 1987, 1133 – *Kommission./.Deutschland, „Reinheitsgebot für Bier"*.

der Richtlinie 74/577/EWG des Rates vom 18.11.1974 über die Betäubung von Tieren vor dem Schlachten[6] zuwiderlaufe. Die Richtlinie wurde in Spanien durch das Königliche Dekret vom 18.12.1987[7] umgesetzt. Das Dekret gab die maßgeblichen Bestimmungen der Richtlinie wieder und nannte die zulässigen Betäubungsverfahren. Aufgrund von Auskünften des spanischen Tierschutzverbandes gelangte das Ministerium für Landwirtschaft, Fischerei und Ernährung von England und Wales zur Überzeugung, daß sich mehrere spanische Schlachtbetriebe nicht an die Vorschriften der Richtlinie hielten. Im Juli 1992 teilte die Kommission den britischen Behörden mit, daß sie das vom Vereinigten Königreich verhängte allgemeine Verbot der Ausfuhr lebender Tiere nach Spanien als Verstoß gegen Art. 29 (Art. 34) EGV betrachte, der nicht nach Art. 30 (Art. 36) EGV gerechtfertigt sei. Klage nach Art. 226 (Art. 169) EGV wurde nicht erhoben. Die Hedley Lomas (Ireland) Ltd. erhob daraufhin beim High Court of Justice Klage auf Feststellung, daß die Ablehnung des Antrages vom 7.10.1992 auf Erteilung einer Genehmigung zur Ausfuhr von Schlachttieren nach Spanien gegen Art. 29 (Art. 34) EGV verstoßen habe; außerdem wurde auf Zahlung von Schadensersatz geklagt.

Die weiteren in diesem Zusammenhang interessierenden Entscheidungen deutscher Gerichte sowie des *EuGH* werden im folgenden Text mitbehandelt.

## II. Haftung ausschließlich nach Maßgabe des deutschen Staatshaftungsrechts

6 In sämtlichen vom *EuGH* entschiedenen Fällen stellte sich zunächst – freilich nicht für den *EuGH*, sondern für das nach Art. 234 (Art. 177) EGV vorlegende Gericht – die Frage der Haftung des jeweiligen Mitgliedstaates nach nationalem Recht.

7 Stellt man auf das deutsche Staatshaftungsrecht ab, kommen vor allem Amtshaftungsansprüche und Ansprüche aus enteignungsgleichem Eingriff in Betracht.[8] Einzelheiten dieser beiden Anspruchsgrundlagen werden erst weiter unten behandelt.[9] An dieser Stelle geht es nur um die Frage, inwieweit die deutschen Staatshaftungsinstitute generell zur Anwendung auf Fälle mit gemeinschaftsrechtlichen Bezügen geeignet sind.

### 1. Amtshaftungsansprüche nach § 839 BGB i. V. mit Art. 34 GG

8 Amtshaftungsansprüche setzen ein Tun oder Unterlassen eines *deutschen* Beamten im haftungsrechtlichen Sinne voraus. Diese Voraussetzung ist unproblematisch dann erfüllt, wenn eine deutsche Behörde einen Gemeinschaftsakt (z. B. Verordnung oder Richtlinie) anwendet und deutsche Ausführungsakte erläßt (*Fall 1*) oder ein gemeinschaftsrechtswidri-

---

[6] ABlEG Nr. L 316, S. 10.
[7] Boletin Oficial del Estado Nr. 312 vom 30.12.1987.
[8] Dazu ausführlich – und auch zu weiteren eher nur theoretischen Ansprüchen – *Seltenreich*, S. 204 ff.; siehe auch *Detterbeck*, VerwArch 85 (1994), 162 ff.
[9] Unten §§ 8 ff. und § 17.

ges deutsches Gesetz ausführt (*Fall 3*). Gleiches gilt aber auch dann, wenn der deutsche formelle Gesetzgeber die Umsetzung von Gemeinschaftsrecht unterläßt, also kein formelles deutsches Ausführungsgesetz erläßt (vgl. *Fall 2*, wo Italien untätig geblieben ist), oder die Anpassung eines bestehenden formellen deutschen Gesetzes an Gemeinschaftsrecht unterläßt (*Fall 3*).

*Drittgerichtete Amtspflichten*, gegen die verstoßen worden sein muß, 9
können nicht nur durch deutsches Recht, sondern auch durch EG-rechtliche Vorschriften und Rechtsgrundsätze begründet werden. Der rechtswidrige Vollzug rechtmäßigen Gemeinschaftsrechts kann dann sowohl gegen EG-rechtlich begründete als auch gegen nationalrechtlich begründete drittgerichtete Amtspflichten verstoßen (vgl. *Fall 1*). Gleiches gilt (erst recht) für den (dann zwangsläufig) rechtswidrigen Vollzug rechtswidrigen Gemeinschaftsrechts.

Folgt man der ständigen Rechtsprechung des *BGH*, stellen der Erlaß 10
und Nichterlaß von deutschen formellen Gesetzen, Rechtsverordnungen und Satzungen aber grundsätzlich keine Verletzung *drittgerichteter* Amtspflichten dar. Dies deshalb nicht, weil der Erlaß von generell-abstrakten Vorschriften nur im allgemeinen und nicht im individuellen Interesse bestehe.[10] Aus diesem Grunde scheiden Amtshaftungsansprüche für die Nichtumsetzung sekundären Gemeinschaftsrechts in deutsches Recht – die ordnungsgemäße Umsetzung erfordert in der Regel den Erlaß eines formellen deutschen Gesetzes – aus (vgl. *Fall 2*).[11] Gleiches gilt für die Nichtanpassung deutscher Gesetze an EG-rechtliche Bestimmungen (*Fall 3*)[12] sowie auch für den Erlaß generell-abstrakter Vorschriften, die gegen Gemeinschaftsrecht verstoßen. Ein Verstoß gegen drittgerichtete Amtspflichten kommt deshalb nur dann in Betracht, wenn eine deutsche Behörde Gemeinschaftsrecht oder deutsches Gesetzesrecht im Einzelfall (insbesondere durch Verwaltungsakt) umsetzt (*Fall 3*).[13]

Auch das Verschuldenserfordernis stünde Amtshaftungsansprüchen 11
häufig entgegen. Werden rechtswidrige Gemeinschaftsakte gemäß ihren Vorgaben umgesetzt, kann der umsetzenden Stelle – etwa den gesetzgebenden Körperschaften, aber auch den deutschen Vollzugsbeamten – aufgrund ihrer prinzipiellen Umsetzungspflicht in der Regel kein Schuldvorwurf gemacht werden; außerdem ist ein Schaden, der auf rechtswidrigem Gemeinschaftsrecht beruht, der deutschen öffentlichen Hand nicht zure-

---

[10] Dazu näher unten § 9 Rdnr. 152.

[11] Dazu *Detterbeck*, VerwArch 85 (1994), 163 (166); a. A. *Streinz*, Jura 1995, 11.

[12] So ausdrücklich *BGH*, NVwZ 1993, 601.

[13] Im Fall 3 (Brasserie du Pêcheur) zog der *BGH* eine Haftung Deutschlands wegen der einzelnen, aufgrund der gemeinschaftsrechtswidrigen §§ 9, 10 BStG ergriffenen behördlichen Einzelmaßnahmen deshalb nicht näher in Betracht, weil nicht die Klägerin, sondern nur ihre Vertragspartner Adressaten dieser Maßnahmen waren: *BGHZ* 134, 30 (31 f.). Der *BGH* stellte deshalb allein auf die Nichtanpassung der §§ 9, 10 BStG an das Gemeinschaftsrecht ab.

chenbar.[14] Ohne Verschulden handeln deutsche Beamte auch dann, wenn sie gemeinschaftsrechtswidriges deutsches Gesetzesrecht im Einzelfall umsetzen. Denn zur Ausführung der deutschen Gesetze sind sie grundsätzlich verpflichtet. Ein Schuldvorwurf kann ihnen nur dann gemacht werden, wenn sie ein evident gemeinschaftsrechtswidriges deutsches Gesetz anwenden oder wenn sie ein deutsches Gesetz anwenden, nachdem der *EuGH* seine Gemeinschaftsrechtswidrigkeit festgestellt hat.

12 Hinzuweisen ist auch auf § 839 III BGB. Danach wäre der Geschädigte gehalten, sich zunächst gegen den deutschen Umsetzungsakt zu wehren. Am Verweisungsprivileg des § 839 I 2 BGB – Verweisung auf einen Anspruch gegen die EG nach Art. 288 II (Art. 215 II) EGV – würde ein Amtshaftungsanspruch dagegen nicht scheitern. Schadensersatzansprüche gegen die EG gehören nicht zu den anderweitigen Ersatzmöglichkeiten im Sinne des § 839 I 2 BGB.[15]

### 2. Ansprüche aus enteignungsgleichem Eingriff

13 Bei Ansprüchen aus enteignungsgleichem Eingriff wäre auf den Vorrang des Primärrechtsschutzes gegen den deutschen Vollzugsakt hinzuweisen. Vor allem aber wären Entschädigungsansprüche in aller Regel aus folgendem Grund ausgeschlossen: Bestünden die deutschen Ausführungsakte in formellen Gesetzen oder hierauf gestützten weiteren Vollzugsmaßnahmen, stünde legislatives Unrecht in Rede, für das unter dem Gesichtspunkt des enteignungsgleichen Eingriffs nicht gehaftet wird.[16] Diesen Grundsatz des Haftungsausschlusses für legislatives Unrecht überträgt der *BGH* aber auch auf den nationalen Vollzug von Vorschriften des sekundären Gemeinschaftsrechts (Verordnungen, Richtlinien).[17]

## III. Gemeinschaftsrechtlicher Staatshaftungsanspruch

### 1. Grundstruktur

14 Eine Ersatzpflicht der Mitgliedstaaten für Verstöße gegen Gemeinschaftsrecht ist im EGV oder sonstigen Gemeinschaftsrecht nicht ausdrücklich geregelt. Nach ständiger Rechtsprechung des *EuGH* ist es aber *ein (allgemeiner) Grundsatz des Gemeinschaftsrechts, daß die Mitgliedstaaten zum Ersatz der Schäden verpflichtet sind, die dem einzelnen durch Verstöße gegen das Gemeinschaftsrecht entstehen, die diesen Staa-*

---

[14] Dazu näher § 7 Rdnrn. 2 ff., 13 f.

[15] *BGHZ* 63, 319 (327); *OLG Köln*, NJW 1968, 1578; a. A. *LG Bonn*, EuR 1969, 57 m. zust. Anm. *H. P. Ipsen*.

[16] Dazu im einzelnen unten § 17 Rdnr. 13.

[17] *BGHZ* 125, 27 (38); DVBl 1993, 717 (718).

*ten zurechenbar sind.*[18] Die weiteren Voraussetzungen, unter denen ein Entschädigungsanspruch besteht, hängen von der Art des Verstoßes gegen das Gemeinschaftsrecht ab (dazu unten Rdnrn. 24 ff.).[19] Im übrigen gelangt das nationale Staatshaftungsrecht zur Anwendung. Die Folgen des verursachten Schadens sind im Rahmen des nationalen Haftungsrechts zu beheben (dazu unten Rdnrn. 48 ff., 58 ff.). Mangels einer gemeinschaftsrechtlichen Regelung ist es Sache der nationalen Rechtsordnungen, die zuständigen Gerichte zu bestimmen und das Verfahren für die Klagen auszugestalten.[20]

Zu dieser Judikatur sah sich der *EuGH* letztlich deshalb veranlaßt, weil das nationale Haftungsrecht, so auch das deutsche, für bestimmte Verstöße gegen das Gemeinschaftsrecht und dadurch verursachte Schäden keinen Ausgleich gewährt. Gemeint ist vor allem die nur defizitär entwickelte Staatshaftung für normatives Unrecht.[21] **15**

Die Rechtsnatur des vom *EuGH* entwickelten Staatshaftungsanspruchs war und ist heftig umstritten. Vereinfachend und zusammenfassend stehen sich zwei Positionen gegenüber. Nach der einen Auffassung ist der vom *EuGH* entwickelte Staatshaftungsanspruch kein gemeinschaftsrechtliches Institut. Seiner Rechtsnatur nach handele es sich um einen *nationalen Anspruch.*[22] Das Gemeinschaftsrecht verlange nur, daß das nationale Haftungsrecht auch Staatshaftungsansprüche für die Verletzung von Gemeinschaftsrecht gewähre. Nach der anderen Auffassung handelt es sich dagegen *um ein gemeinschaftsrechtliches, also EG-rechtliches Haftungsinstitut.*[23] **16**

---

[18] So erstmals im Fall *Francovich* (Fall 2), *EuGH* Slg. 1991, 5357 (5415 Rdnr. 37); ebenso *EuGH* Slg. 1996, 1029 (1141 Rdnr. 17) – *Brasserie du Pêcheur*; von der Existenz dieses allgemeinen Grundsatzes gehen auch alle übrigen Entscheidungen aus, die sich mit der Frage der mitgliedstaatlichen Haftung befassen, s. nur *EuGH* Slg. 1996, 1631 (1667 Rdnr. 38) – *British Telecommunications*; Slg. 1996, 2553 (2612 Rdnr. 24) – *Lomas*; EuZW 1997, 340 Rdnr. 31; EuZW 1997, 532 Rdnr. 34; EuZW 1997, 539 Rdnr. 24.

[19] Siehe nur *EuGH* Slg. 1991, 5357 (5415 Rdnr. 38) – *Francovich*; Slg. 1996, 1029 (1146 Rdnr. 38) – *Brasserie du Pêcheur*; Slg. 1996, 4845 (4879 Rdnr. 24) – *Dillenkofer*.

[20] *EuGH* Slg. 1991, 5357 (5415 Rdnr. 42) – *Francovich*; Slg. 1996, 1029 (1153 Rdnr. 67) – *Brasserie du Pêcheur*; Slg. 1996, 2553 (2614 Rdnr. 31) – *Lomas*; EuZW 1997, 539 Rdnr. 27; EuZW 1997, 532 Rdnr. 36; EuZW 1997, 340 Rdnr. 33.

[21] Dazu im einzelnen unten § 9 Rdnrn. 150 ff.; § 17 Rdnr. 13.

[22] *Henrichs*, S. 140; *Pfab*, S. 194; *Diehr*, S. 74; *Herdegen/Rensmann*, ZHR 161 (1997), 551; *Deckert*, EuR 1997, 214; *Maurer*, in: Festschr. f. Boujong, 1996, S. 597 (599); *Everling*, EuZW 1995, 33; *Wittkowski*, NVwZ 1994, 329; *Streinz*, Jura 1995, 10; *ders.*, EuZW 1993, 599; *St. Kopp*, DÖV 1994, 205; *Nettesheim*, DÖV 1992, 999; offenbar auch *Ehlers*, JZ 1996, 777 f.; *J. Geiger*, DVBl 1993, 471 (a. A. nunmehr *dies.*, Der gemeinschaftsrechtliche Grundsatz der Staatshaftung, 1997, S. 86).

[23] *Binia*, S. 35, 82; *Ossenbühl*, S. 494, 526 f.; *Hidien*, S. 37 f., 56; *Seltenreich*, S. 81; *J. Geiger*, S. 86; *Cornils*, S. 109; *Tomuschat*, in: Festschr. f. Everling, Bd. II, 1995, S. 1598; *Ossenbühl*, in: Festschr. f. Everling, Bd. II, 1995, S. 1037; *ders.*, DVBl 1992, 998 a. E.; *Detterbeck*, VerwArch 85 (1994), 184, 186; *Prieß*, NVwZ 1993, 120 f.; *Hailbronner*, JZ 1992, 284; *Fischer*, EuZW 1992, 42; *Häde*, BayVBl 1992, 454; *Schlemmer-Schulte/Ukrow*, EuR 1992, 83; *Buschhaus*, JA 1992, 145; *Bahlmann*, DWiR 1992, 63.

17 Nur die zuletzt genannte Auffassung entspricht der Rechtsprechung des *EuGH*. Deutlicher als der *EuGH* kann man es fast nicht mehr sagen: Entschädigungsanspruch, der „seine Grundlage unmittelbar im Gemeinschaftsrecht findet".[24] Ebenso eindeutig ist auch die Rechtsprechung des *BGH*: „Die unmittelbare Herleitung des Staatshaftungsanspruchs aus dem Gemeinschaftsrecht".[25] Man mag dem *EuGH* die Kompetenz zur Entwicklung eines derartigen Haftungsinstituts absprechen (dazu unten 2). Gut vertretbar ist auch die Auffassung, das Gemeinschaftsrecht gewähre keine Ansprüche gegen die Mitgliedstaaten für Verstöße gegen das Gemeinschaftsrecht, sondern verlange nur die Anerkennung und Gewährung nationaler Ansprüche. Daß sich der *EuGH* – und ihm folgend der *BGH* – aber nun einmal anders entschieden hat und einen genuin gemeinschaftsrechtlichen Staatshaftungsanspruch kreiert hat, läßt sich ernsthaft nicht mehr leugnen.

## 2. Rechtsgrundlagen des Anspruchs und Rechtsfortbildungskompetenz des EuGH

18 Umstritten ist, wo die gemeinschaftsrechtlichen Wurzeln des EG-rechtlichen Staatshaftungsanspruchs nun genau liegen. Noch viel heftiger umstritten ist die Frage, ob der *EuGH* überhaupt eine Kompetenz zur Entwicklung dieses Haftungsinstituts besitzt. Beides hängt eng miteinander zusammen. Der *EuGH* verweist hinsichtlich der Rechtsgrundlagen inzwischen stereotyp auf das „Wesen der mit dem EG-Vertrag geschaffenen Rechtsordnung".[26] Das allein ist freilich keine ausreichende Begründung. In der *Francovich*-Entscheidung (*Fall 2*) hatte der *EuGH* vor allem auf die in Art. 10 (Art. 5) EGV zum Ausdruck gekommenen Grundsätze des effet utile und der Gemeinschaftstreue abgestellt.[27]

19 Nach dem Grundsatz des effet utile ist die volle Wirksamkeit des Gemeinschaftsrechts sicherzustellen. Die volle Wirksamkeit des Gemeinschaftsrechts – hier speziell die in Art. 249 III (Art. 189 III) EGV statuierte Umsetzungspflicht[28] – wäre aber nicht gewährleistet, so der *EuGH*, wenn die Mitgliedsstaaten den Geschädigten für Verstöße gegen Gemeinschaftsrecht nicht haften würden.[29] Art. 10 (Art. 5) EGV verpflichte die

---

[24] *EuGH* Slg. 1996, 2553 (2614 Rdnr. 31) – *Lomas*; Slg. 1996, 1029 (1153 Rdnr. 67) – *Brasserie du Pêcheur*; EuZW 1997, 340 Rdnr. 33; ebenso schon *EuGH* Slg. 1991, 5357 (5415 Rdnr. 41) – *Francovich*.

[25] *BGHZ* 134, 30 (36).

[26] Siehe nur jeweils m. w. Nachw. *EuGH*, EuZW 1997, 539 Rdnr. 24; Slg. 1996, 4845 (4878 Rdnr. 20) – *Dillenkofer*; Slg. 1991, 5357 (5414 Rdnr. 35) – *Francovich*.

[27] *EuGH* Slg. 1991, 5357 (5414 Rdnrn. 32–36) – *Francovich*; zusammenfassend *EuGH* Slg. 1996, 1029 (1146 Rdnr. 39) – *Brasserie du Pêcheur*.

[28] *EuGH* Slg. 1991, 5357 (5415 Rdnr. 39) – *Francovich*.

[29] *EuGH* Slg. 1991, 5357 (5414 Rdnrn. 32 f.) – *Francovich*.

Mitgliedstaaten auch, die rechtswidrigen Folgen eines Verstoßes gegen das Gemeinschaftsrecht zu beheben.[30] Mittlerweile greift der *EuGH* auch auf Art. 288 II (Art. 215 II) EGV zurück und wendet die zur außervertraglichen Haftung der EG entwickelten Grundsätze entsprechend an.[31]

20 Überzeugender ist es jedoch, auf die den Geschädigten begünstigende Vorschrift des Gemeinschaftsrechts abzustellen. Verstößt ein Mitgliedstaat gegen eine derartige Bestimmung – z. B. Art. 28 (Art. 30) EGV – und verursacht er dadurch einen Schaden, wandelt sich der aus dieser Bestimmung folgende Primäranspruch in einen sekundären Ersatzanspruch um.[32] Im Falle der Nicht- oder Schlechtumsetzung nicht unmittelbar wirkender Richtlinien wäre auf Art. 249 III (Art. 189 III) EGV i. V. mit der betreffenden drittbegünstigenden Richtlinie abzustellen.[33]

21 Sämtliche Begründungs- und Rechtfertigungsversuche einer gemeinschaftsrechtlich nicht ausdrücklich geregelten Staatshaftung sehen sich schwerwiegenden Einwänden ausgesetzt.[34] Hält man sie für berechtigt, hilft auch die Berufung auf eine Gesamtschau der verschiedenen Argumente für eine gemeinschaftsrechtliche Staatshaftung nicht weiter. Ist jedes Argument für sich genommen nicht geeignet, eine derartige Staatshaftung zu rechtfertigen, gilt dies auch für die Summe der Einzelargumente.

Mit dem Einwand der fehlenden Absicherung des gemeinschaftsrechtlichen Staatshaftungsanspruchs im geltenden Gemeinschaftsrecht hängt ein weiterer Vorwurf eng zusammen: Der *EuGH* habe keine Kompetenz zur Schaffung eines derartigen Haftungsinstituts. Er habe ultra-vires gehandelt[35] und in unzulässiger Weise in die Regelungskompetenz der Mitgliedstaaten eingegriffen.[36]

22 Der *EuGH* selbst verweist auf Art. 220 (Art. 164) EGV und seine dort genannte Aufgabe und Kompetenz zur Wahrung des Rechts bei der Auslegung und Anwendung des EG-Vertrages. Soweit der EG-Vertrag selbst keine Vorschriften über eine gemeinschaftsrechtliche Haftung der Mitgliedstaaten für Verstöße gegen das Gemeinschaftsrecht enthalte, dürfe der *EuGH* über diese Frage nach den allgemein anerkannten Auslegungsmethoden entscheiden, insbesondere unter Rückgriff auf die Grundprin-

---

[30] *EuGH* Slg. 1991, 5357 (5414 Rdnr. 36) – *Francovich*, ohne ausdrückliche Benennung des Grundsatzes der Gemeinschaftstreue.

[31] *EuGH* Slg. 1996, 1029 (1144 Rdnrn. 28 f., 1146 Rdnrn. 40 ff.) – *Brasserie du Pêcheur*.

[32] So zu Verstößen gegen unmittelbar wirkendes Gemeinschaftsrecht *EuGH* Slg. 1996, 1029 (1143 Rdnr. 22) – *Brasserie du Pêcheur*; vgl. auch *Ehlers*, JZ 1996, 777.

[33] *Detterbeck*, VerwArch 85 (1994), 179 f.; *Prieß*, NVwZ 1993, 122; dazu kritisch *Cornils*, S. 227 ff. (241); der *EuGH* stellte im Francovich-Urteil auf Art. 189 III (nunmehr Art. 249 III) EGV und die volle Wirksamkeit dieser Regelung ab, Slg. 1991, 5357 (5415 Rdnr. 39); siehe auch *EuGH* Slg. 1996, 1029 (1142 Rdnr. 21) – *Brasserie du Pêcheur*.

[34] Ausführlich *Cornils*, S. 139 ff.; *Eilmansberger*, S. 35 ff. (215 f.).

[35] *Cornils*, S. 318.

[36] *Ossenbühl*, DVBl 1992, 995.

zipien der Gemeinschaftsrechtsordnung und auf allgemeine, den Rechtsordnungen der Mitgliedstaaten gemeinsame Grundsätze.[37]

23 Die Zuerkennung eines gemeinschaftsrechtlichen Staatshaftungsanspruchs gegen die Mitgliedstaaten ist mehr als eine unstreitig von Art. 220 (Art. 164) EGV gedeckte Konkretisierung eines Sanktionsgefüges, das durch den EG-Vertrag vorgegeben ist. Hier handelt es sich um ein „Stück Rechtsfortbildung durch den Gerichtshof".[38] Allerdings fügt sich auch diese neugeschaffene Sanktionskategorie in die rechtsstaatliche Struktur der Gemeinschaft ein.[39] Die Entwicklung eines gemeinschaftsrechtlichen Staatshaftungsanspruchs verfolgt ebenso das Ziel, dem Unionsbürger möglichst weitreichenden Rechtsschutz zu verschaffen und der unstreitigen Verpflichtung der Mitgliedstaaten, das Gemeinschaftsrecht zu befolgen, Nachdruck zu verleihen, wie die vom *BVerfG* gebilligte Statuierung einer unmittelbaren Wirkung von Richtlinien.[40]

### 3. Gemeinschaftsrechtliche Tatbestandsvoraussetzungen

#### *a) Homogenität des Anspruchs*

24 Erster Fixpunkt in der Rechtsprechung des *EuGH* zur gemeinschaftsrechtlichen Staatshaftung der Mitgliedstaaten ist das *Francovich*-Urteil (*Fall 2*). In dieser Entscheidung hat der *EuGH* zum ersten Mal die Voraussetzungen einer gemeinschaftsrechtlichen Staatshaftung genannt. Weil es um die Nichtumsetzung einer ganz bestimmten Richtlinie ging, hat der *EuGH* rechtskräftig nur über die Haftung für die Nichtumsetzung dieser Richtlinie entschieden.[41] Auch die Urteilsgründe betreffen nur die gemeinschaftsrechtliche Staatshaftung für die Nichtumsetzung von Richtlinien. Allerdings waren sie so formuliert, daß entgegen einigen anderslautenden Stimmen von Anfang an klar war, daß der *EuGH* die Staatshaftung auch auf sonstige Verstöße gegen das Gemeinschaftsrecht erstrecken wollte.

25 In nachfolgenden Entscheidungen hat der *EuGH* seine Rechtsprechung fortentwickelt und präzisiert. Unter anderem wurde ausdrücklich eine gemeinschaftsrechtliche Staatshaftung der Mitgliedstaaten bejaht für die unzureichende (schlechte) Umsetzung von Richtlinien,[42] die Nichtan-

---

[37] *EuGH* Slg. 1996, 1029 (1144 Rdnr. 27) – *Brasserie du Pêcheur*; zustimmend *Diehr*, S. 23 (56 f.); *Seltenreich*, S. 67 ff.; *Borchardt*, in: Gedächtnisschr. f. Grabitz, 1995, S. 36; im Ergebnis auch *Streinz*, EuZW 1996, 202.

[38] *BVerfGE* 75, 223 (241) unter Hinweis auf *Börner*, in: Festschr. f. Kegel, 1987, S. 57 ff.; ebenso *Seltenreich*, S. 71 (zulässige Rechtsschöpfung), S. 74; für zulässige Rechtsschöpfung auch *Borchardt*, in: Gedächtnisschr. f. Grabitz, 1995, S. 36.

[39] So *BVerfGE* 75, 223 (242) zur Anerkennung einer unmittelbaren Wirkung von Richtlinien; siehe auch *Detterbeck*, VerwArch 85 (1994), 183.

[40] Dazu *BVerfGE* 75, 223 (240 ff.).

[41] Dazu *Detterbeck*, VerwArch 85 (1994), 197 f.

[42] *EuGH* Slg. 1996, 1631 (1668 Rdnr. 40) – *British Telecommunications*.

passung von formellen nationalen Gesetzen an das primäre Gemeinschaftsrecht[43] (*Fall 3*) sowie für administrative (behördliche) Verstöße gegen primäres Gemeinschaftsrecht (*Fall 4*).[44]

In der *Brasserie-du-Pêcheur*-Entscheidung hat der *EuGH* unmißverständlich klargestellt, daß der Grundsatz der gemeinschaftsrechtlichen Staatshaftung „für jeden Fall des Verstoßes eines Mitgliedstaats gegen das Gemeinschaftsrecht unabhängig davon gilt, welches mitgliedstaatliche Organ durch sein Handeln oder Unterlassen den Verstoß begangen hat".[45] D. h., auch judikative Verstöße gegen das Gemeinschaftsrecht können die mitgliedstaatliche Staatshaftung auslösen. 26

Der *EuGH* hat bereits mehrfach betont, die Tatbestandsvoraussetzungen eines gemeinschaftsrechtlichen Staatshaftungsanspruchs gegen die Mitgliedsstaaten hingen von der Art des Verstoßes gegen das Gemeinschaftsrecht ab.[46] Das bedeutet nun aber nicht, daß es etwa einen Anspruch für die Nicht- oder Schlechtumsetzung von Richtlinien gäbe, der sich strukturell von einem Anspruch für Verstöße gegen das primäre Gemeinschaftsrecht unterscheiden würde. Vielmehr gibt es nur einen einheitlichen gemeinschaftsrechtlichen Staatshaftungsanspruch gegen die Mitgliedstaaten.[47] Die Tatbestandsvoraussetzungen sind jeweils identisch. Lediglich ihre Handhabung hängt von der Art des Verstoßes gegen das Gemeinschaftsrecht und damit vom Einzelfall ab. 27

Auch diese Auffassung kann sich auf die Rechtsprechung des *EuGH* berufen. In der *Brasserie-du-Pêcheur*-Entscheidung hat der *EuGH* die Tatbestandsvoraussetzungen eines gemeinschaftsrechtlichen Staatshaftungsanspruchs für einen legislativen Verstoß gegen primäres Gemeinschaftsrecht genannt.[48] Eben diese (drei) Voraussetzungen hat er auch in zwei nachfolgenden Entscheidungen für maßgeblich und anwendbar erklärt.[49] Diese Entscheidungen betrafen zum einen die Schlechtumsetzung einer Richtlinie und zum anderen einen administrativen Verstoß gegen primäres Gemeinschaftsrecht. 28

Diese beiden auf den ersten Blick scheinbar gegenläufigen Tendenzen der *EuGH*-Rechtsprechung – Abhängigkeit der Tatbestandsvoraussetzungen von der Art des Verstoßes gegen das Gemeinschaftsrecht einerseits und identische Tatbestandsvoraussetzungen andererseits – lassen 29

---

43 *EuGH* Slg. 1996, 1029 (1145 Rdnr. 36) – *Brasserie du Pêcheur.*

44 *EuGH* Slg. 1996, 2553 (2613 Rdnr. 27) – *Lomas*; siehe auch *Hidien*, S. 34.

45 *EuGH* Slg. 1996, 1029 (1145 Rdnr. 32; siehe auch Rdnr. 34) – *Brasserie du Pêcheur.*

46 *EuGH* Slg. 1991, 5357 (5415 Rdnr. 38) – *Francovich*; Slg. 1996, 1029 (1146 Rdnr. 38) – *Brasserie du Pêcheur*; Slg. 1996, 4845 (4878 Rdnr. 20) – *Dillenkofer*; Slg. 1996, 2552 (2612 Rdnr. 24) – *Lomas.*

47 Ebenso *Hidien*, S. 38, 40: „Einheitstatbestand"; *Ossenbühl*, S. 505; *Herdegen/Rensmann*, ZHR 161 (1997), 538.

48 *EuGH* Slg. 1996, 1029 (1149 Rdnr. 51) – *Brasserie du Pêcheur.*

49 *EuGH* Slg. 1996, 1631 (1668 Rdnr. 40) – *British Telecommunications*; Slg. 1996, 2553 (2613 Rdnr. 26) – *Lomas.*

sich wie folgt in Einklang bringen: „Mit seiner Feststellung, daß die Voraussetzungen, unter denen ein Entschädigungsanspruch besteht, von der Art des Verstoßes gegen das Gemeinschaftsrecht abhängen...., geht der Gerichtshof in der Sache davon aus, daß diese Voraussetzungen je nach Fallgestaltung zu beurteilen sind.“[50] Damit geht der *EuGH* ersichtlich von der Geltung jeweils identischer Tatbestandsvoraussetzungen aus, deren Handhabung aber vom Einzelfall abhängt.

*b) Die Tatbestandsvoraussetzungen im einzelnen*

30 Folgende drei Tatbestandsvoraussetzungen leitet der *EuGH* unmittelbar aus dem Gemeinschaftsrecht ab:

*aa)* Verstoß gegen eine Rechtsnorm des Gemeinschaftsrechts, die bezweckt, dem einzelnen Rechte zu verleihen. Oder anders gewendet: *Schutznormverletzung.*

31 Die Parallele zu Art. 288 II (Art. 215 II) EGV ist offenkundig. Auch ein Schadensersatzanspruch gegen die EG setzt eine Schutznormverletzung voraus. Auf die entsprechenden Ausführungen kann deshalb verwiesen werden.[51] Allerdings setzt sich das Tatbestandsmerkmal der Schutznormverletzung, soweit es um den gemeinschaftsrechtlichen Staatshaftungsanspruch geht, genaugenommen aus mehreren Tatbestandsmerkmalen zusammen.

32 *(1)* Der Begriff des Verstoßes setzt ein *Tun oder Unterlassen* eines *Mitgliedstaates* voraus bzw. ein Verhalten eines Rechtsträgers, das dem Mitgliedstaat zurechenbar ist. In Betracht kommt Verhalten aller drei Staatsgewalten, insbesondere auch legislatives Tun (Erlaß eines formellen Gesetzes) oder Unterlassen (Nichterlaß eines formellen Gesetzes).

33 *(2)* Weiterhin setzt der Begriff des Verstoßes voraus, daß das mitgliedstaatliche Verhalten *rechtswidrig* ist. Rechtswidrig ist das Verhalten, wenn es gegen Gemeinschaftsrecht, das im konkreten Fall zu beachten ist, verstößt. Hier kommt sowohl geschriebenes als auch ungeschriebenes, primäres wie auch sekundäres Gemeinschaftsrecht in Betracht. Geht es um die Nicht- oder Schlechtumsetzung von Richtlinien, ist sowohl auf Art. 249 III (Art. 189 III) EGV,[52] der die allgemeine Umsetzungspflicht primärrechtlich statuiert, als auch auf die in Rede stehende Richtlinie,[53] die das Umsetzungsziel vorgibt sowie die allgemeine Umsetzungspflicht konkretisiert, abzustellen. In Betracht kommen auch unmittelbar wirkende Richtlinien. Das Schwergewicht

---

[50] *EuGH* Slg. 1996, 4845 (4879 Rdnr. 24) – *Dillenkofer.*
[51] Oben § 5 Rdnr. 30.
[52] So *EuGH* Slg. 1996, 4845 (4880 Rdnr. 26) – *Dillenkofer.*
[53] So *EuGH* Slg. 1996, 1631 (1669 Rdnrn. 42 f.) – *British Telecommunications.*

liegt allerdings auf nicht unmittelbar wirkenden Richtlinien. Denn bei ihnen hatte der Geschädigte nicht die Möglichkeit, den Schaden durch Inanspruchnahme primären Rechtsschutzes abzuwehren. Allgemein ist bei Richtlinien zu beachten, daß eine Nichtumsetzung vor Ablauf der Umsetzungspflicht nicht rechtswidrig ist.

*(3)* Im Vordergrund steht das *Schutznormerfordernis*. Insoweit gelten zunächst die Grundsätze, die bei der Anwendung von Art. 288 II (Art. 215 II) EGV zu beachten sind. Bei der Nicht- oder Schlechtumsetzung von Richtlinien bietet es sich an, auf Art. 249 III (Art. 189 III) EGV i. V. mit der umzusetzenden Richtlinie abzustellen.[54] Art. 249 III (Art. 189 III) EGV ist für sich genommen nicht drittschützend. Diese Voraussetzung erfüllen aber solche Richtlinien, deren Ziel es ist, dem einzelnen Rechte zu verleihen. Richtlinien wirken allerdings in der Regel nicht unmittelbar, d. h., sie begünstigen die einzelnen nur mittelbar. Das allein schließt den Schutznormcharakter einer Richtlinie freilich nicht aus. Denn sie sind weit mehr als lediglich unverbindliche Programmsätze. Art. 249 III (Art. 189 III) EGV statuiert eine strikte Umsetzungspflicht. 34

*bb) Hinreichend qualifizierter Rechtsverstoß.* Auch dieses Kriterium ist dem Bereich der außervertraglichen Haftung nach Art. 288 II (Art. 215 II) EGV entlehnt.[55] Anders als dort, wo es nur für normatives Unrecht der EG gilt, ist sein Anwendungsbereich bei der gemeinschaftsrechtlichen Staatshaftung der Mitgliedstaaten unbeschränkt. Der Vorwurf der Systemwidrigkeit wäre allerdings nicht gerechtfertigt. Denn Art. 288 II (Art. 215 II) EGV gilt hier eben nicht unmittelbar. Der *EuGH* wendet die zu dieser Vorschrift entwickelten Grundsätze nur entsprechend an und hält sich so die Möglichkeit offen, sie speziell den Erfordernissen einer mitgliedstaatlichen Haftung anzugleichen. 35

Gerade das Tatbestandsmerkmal des hinreichend qualifizierten Verstoßes (gegen die in Rede stehende Schutznorm) dient der Begrenzung einer ansonsten ausufernden Staatshaftung. Weil es sich um ein normatives Tatbestandsmerkmal handelt – die Beantwortung der Frage, wann ein Verstoß „hinreichend qualifiziert" ist, setzt eine entsprechende Bewertung und Einschätzung voraus –, ist es zugleich das Einfallstor für Erwägungen, die bei solchen Tatbestandsmerkmalen anzustellen sind, die nicht für den gemeinschaftsrechtlichen Staatshaftungsanspruch, sondern nur für andere Ersatzansprüche gelten. Zu nennen sind etwa Verschuldenserwägungen. 36

Ein Verstoß gegen Gemeinschaftsrecht ist dann hinreichend qualifiziert, wenn das Organ, dessen Verhalten dem Mitgliedstaat zugerechnet wird, *offenkundig und in schwerwiegender Weise* gegen Gemeinschafts- 37

---

[54] Dazu bereits oben Rdnrn. 18 ff.

[55] Oben § 5 Rdnrn. 31 ff.

recht verstoßen hat.[56] Zu den Gesichtspunkten, die hierbei zu berücksichtigen sind, gehören:[57]

- das Maß an Klarheit und Genauigkeit der verletzten Vorschrift
- der Umfang des Ermessensspielraums, den die verletzte Vorschrift beläßt
- die Frage, ob der Verstoß vorsätzlich oder nicht vorsätzlich begangen wurde
- die Frage, ob der Schaden vorsätzlich oder nicht vorsätzlich zugefügt wurde
- die Entschuldbarkeit oder Unentschuldbarkeit eines etwaigen Rechtsirrtums
- etwaige Mitverursachung des Rechtsverstoßes durch ein Verhalten eines Gemeinschaftsorgans

38 In diesem Zusammenhang ist auf folgendes hinzuweisen: Das Tatbestandsmerkmal der inhaltlichen Bestimmtheit der Richtlinie, das der *EuGH* speziell für den Fall der Nichtumsetzung einer Richtlinie gefordert hatte,[58] ist nicht obsolet. Allerdings ist es im weitergefaßten Tatbestandsmerkmal des hinreichend qualifizierten Rechtsverstoßes aufgegangen. In diesem Zusammenhang ist es zu prüfen und nicht mehr isoliert.[59]

39 Grundvoraussetzung einer Staatshaftung sowohl für *die Nichtumsetzung als auch für die Schlechtumsetzung einer Richtlinie* ist, daß der Inhalt der Rechte, deren Verleihung die Richtlinie bezweckt, auf der Grundlage der Richtlinie bestimmt werden kann. Ist dies nicht möglich, ist die Richtlinie inhaltlich zu unbestimmt. Selbst die völlige Untätigkeit eines säumigen Mitgliedstaates begründet dann keinen Staatshaftungsanspruch. Die Nichtumsetzung ist dann zwar ein Rechtsverstoß. Er ist aber nicht hinreichend qualifiziert.[60] Klare und eindeutige Kriterien für die Beantwortung der Frage, ob der Inhalt des fraglichen Rechts allein auf der Grundlage der Richtlinie mit hinreichender Genauigkeit bestimmt werden kann, gibt es jedoch nicht.[61]

40 Läßt sich der Inhalt der zu verleihenden Rechte dagegen auf der Grundlage der Richtlinie bestimmen, ist weiter zu differenzieren. Werden

---

[56] *EuGH* Slg. 1996, 1029 (1150 Rdnr. 55) – *Brasserie du Pêcheur*; Slg. 1996, 1631 (1668 f. Rdnr. 42) – *British Telecommunications*; Slg. 1996, 4845 (4879 Rdnr. 25) – *Dillenkofer*.

[57] *EuGH* Slg. 1996, 1029 (1150 Rdnr. 56) – *Brasserie du Pêcheur*; dazu etwa *Diehr*, S. 108 ff.

[58] *EuGH* Slg. 1991, 5357 (5415 Rdnr. 40) – *Francovich*.

[59] Vgl. *EuGH* Slg. 1996, 1631 (1668 f. Rdnrn. 42 f.) – *British Telecommunications*; unklar *EuGH* Slg. 1996, 4845 (4880 Rdnr. 26 einerseits und Rdnr. 29 andererseits) – *Dillenkofer*.

[60] *EuGH* Slg. 1996, 4845 (4880 Rdnr. 29) – *Dillenkofer*.

[61] Siehe dazu die Ausführungen des *EuGH* im Reiserichtlinienfall, *EuGH* Slg. 1996, 4845 (4883 Rdnrn. 43 ff.) – *Dillenkofer*.

überhaupt keine Umsetzungsmaßnahmen getroffen, ist der Rechtsverstoß offenkundig und schwerwiegend, wenn nicht andere Umstände ausnahmsweise eine andere Einschätzung gebieten; zu denken wäre etwa an ein mitursächliches Verhalten eines Gemeinschaftsorgans. Ansonsten ist der Rechtsverstoß hinreichend qualifiziert. Wurden dagegen immerhin unzureichende Umsetzungsmaßnahmen getroffen, ist zu prüfen, ob die Richtlinie so (ungenau) formuliert ist, daß die entsprechende Auslegung der Richtlinie durch den schlechtumsetzenden Mitgliedstaat als noch vertretbar erscheint.[62] Kann dies bejaht werden, stellt die Schlechtumsetzung keinen hinreichend qualifizierten Rechtsverstoß dar.[63]

Ganz ähnliche Fragen stellen sich, wenn es um sonstige Verstöße gegen primäres Gemeinschaftsrecht geht, etwa die Nichtanpassung nationaler formeller Gesetze an das Gemeinschaftsrecht (*Brasserie du Pêcheur, Fall 3*) oder administrative Verstöße gegen Gemeinschaftsrecht (*Lomas, Fall 4*). Hier muß im Rahmen des Tatbestandsmerkmals „hinreichend qualifizierter Rechtsverstoß" berücksichtigt werden, wie klar und genau die verletzte Vorschrift des Gemeinschaftsrechts ist, ob sie mehrere vertretbare Deutungsmöglichkeiten zuläßt und ob ein Rechtsverstoß entschuldbar erscheint. 41

Sämtliche genannte Aspekte hängen freilich miteinander zusammen. Maßgeblich ist auch, ob es bereits einschlägige Judikatur des *EuGH* zur Bedeutung und Auslegung der fraglichen Gemeinschaftsnorm gibt.[64] Keine zwingende Voraussetzung ist es, daß das in Rede stehende Verhalten des Mitgliedstaates vom *EuGH* in einem vorangegangenen Vertragsverletzungsverfahren nach Art. 226 (Art. 169) EGV bereits als gemeinschaftsrechtswidrig bezeichnet wurde.[65] Offenkundig qualifiziert ist der Verstoß gegen das Gemeinschaftsrecht aber dann, wenn sich die Gemeinschaftsrechtswidrigkeit des betreffenden mitgliedstaatlichen Verhaltens aus einer gefestigten Rechtsprechung des *EuGH* ergibt oder wenn dieses Verhalten fortgesetzt wird, obwohl seine Gemeinschaftsrechtswidrigkeit vorher vom *EuGH* festgestellt worden war.[66] 42

Unter Berücksichtigung dieser Umstände gelangte der *BGH* im Fall *Brasserie du Pêcheur* (*Fall 3*) zu folgendem Ergebnis: Das gesetzliche Verbot, Bier, das in anderen Mitgliedstaaten rechtmäßig hergestellt wurde, aber nicht den §§ 9, 10 BStG entsprechende Zusatzstoffe enthält, nach Deutschland einzuführen, verstößt zwar gegen Art. 28 (Art. 30) EGV. Mangels einschlägiger Rechtsprechung des *EuGH* zur Handhabung der Art. 28, 30 (Art. 30, 36) EGV im Zeitpunkt der Schadensverursachung habe der Bundesgesetzgeber die gemeinschaftsrechtlichen Grenzen der Art. 28, 30 (Art. 30, 36) EGV aber nicht offenkundig und erheblich überschritten. Der Gemeinschafts- 43

---

[62] Dieser Gesichtspunkt kann an verschiedenen der oben genannten Hilfskriterien festgemacht werden.

[63] *EuGH* Slg. 1996, 1613 (1669 Rdnrn. 42–45) – *British Telecommunications.*

[64] *EuGH* Slg. 1996, 1029 (1150 Rdnr. 57) – *Brasserie du Pêcheur.*

[65] *EuGH* Slg. 1996, 1029 (1159 Rdnrn. 93, 96) – *Brasserie du Pêcheur.*

[66] *EuGH* Slg. 1996, 1029 (1150 Rdnr. 57) – *Brasserie du Pêcheur.*

rechtsverstoß sei deshalb nicht hinreichend qualifiziert.[67] Hinsichtlich des die Bezeichnung „Bier“ betreffenden Vertragsverstoßes wurde zwar ein hinreichend qualifizierter Vertragsverstoß bejaht. Dieser Vertragsverstoß – so der *BGH* – sei aber nicht ursächlich für den Schaden gewesen.[68]

44 Besonders strenge Anforderungen an die Bejahung eines qualifizierten Rechtsverstoßes sind im Falle judikativen Unrechts zu stellen.[69] Obwohl sich der *EuGH* mit einem derartigen Fall noch nicht befassen mußte, sind auch hier Ersatzansprüche denkbar.[70] Die Zuerkennung von Ersatzansprüchen auch für judikative Verstöße gegen das Gemeinschaftsrecht steht letztlich in einem Spannungsverhältnis zur (materiellen) Rechtskraft gerichtlicher Entscheidungen. Die Rechtskraft ist nicht nur ein Institut der nationalen Rechtsordnungen, sondern auch des Gemeinschaftsrechts.[71] Einen so weitgehenden Ausschluß von Ersatzansprüchen, wie ihn § 839 II 1 BGB anordnet,[72] gebieten Sinn und Zweck des Instituts der Rechtskraft allerdings nicht. Ein grundsätzlicher Ausschluß der Haftung für judikatives Unrecht ist aber auch in den Rechtsordnungen der anderen Mitgliedstaaten vorgesehen. Deshalb handelt es sich insoweit um einen allgemeinen Grundsatz des Gemeinschaftsrechts.

45 *cc) Unmittelbare Kausalität.* Dritte und letzte direkt aus dem EG-Recht abgeleitete Tatbestandsvoraussetzung eines gemeinschaftsrechtlichen Staatshaftungsanspruchs gegen die Mitgliedstaaten ist ein unmittelbarer Kausalzusammenhang zwischen dem Gemeinschaftsrechtsverstoß und dem entstandenen Schaden.[73] Im *Francovich*-Urteil hatte der *EuGH* noch einen (schlichten) Kausalzusammenhang genügen lassen.[74] Die Hinzufügung des Adjektivs „unmittelbar“ erklärt sich dadurch, daß der *EuGH* anders als noch in der *Francovich*-Entscheidung nunmehr auf die zu Art. 288 II (Art. 215 II) EGV entwickelten Grundsätze abstellt. Dort wird aber unmittelbare Kausalität verlangt.[75]

---

[67] *BGHZ* 134, 30 (40 f.); so der Sache nach bereits *Detterbeck*, VerwArch 85 (1994), 201; in der Sache bestehen zwischen dem vom *EuGH* verneinten Verschuldenserfordernis und dem an dessen Stelle getretenen Tatbestandsmerkmal des hinreichend qualifizierten Rechtsverstoßes kaum Unterschiede, ähnlich *Streinz*, EuZW 1996, 203.

[68] *BGHZ* 134, 30 (39 f.).

[69] Für eine Beschränkung der Haftung auf vorsätzliche Verstöße *Nettesheim*, DÖV 1992, 1003.

[70] Vgl. *EuGH* Slg. 1996, 1029 (1145 Rdnrn. 32, 34) – *Brasserie du Pêcheur*; dazu (bejahend) auch *Henrichs*, S. 114 ff.

[71] Vgl. dazu *Koenig/Sander*, Rdnrn. 498 f.

[72] Zur grundsätzlichen Anwendbarkeit von § 839 II BGB auf den gemeinschaftsrechtlichen Staatshaftungsanspruch im Rahmen des nationalen Haftungsrechts unten Rdnrn. 66 ff.

[73] *EuGH* Slg. 1996, 1029 (1149 Rdnr. 51) – *Brasserie du Pêcheur*; Slg. 1996, 1631 (1668 Rdnr. 39) – *British Telecommunications*; Slg. 1996, 2552 (2613 Rdnr. 25) – *Lomas*; Slg. 1996, 4845 (4878 Rdnr. 21) – *Dillenkofer*.

[74] *EuGH* Slg. 1991, 5357 (5415 Rdnr. 40) – *Francovich*.

[75] Oben § 5 Rdnr. 37.

46 Damit setzt ein gemeinschaftsrechtlicher Haftungsanspruch gegen die Mitgliedstaaten ebenso wie ein Schadensersatzanspruch nach Art. 288 II (Art. 215 II) EGV eine wertende, auf den Haftungstatbestand bezogene Zurechnung der Haftungsfolgen voraus; insoweit gilt Entsprechendes wie nach der im deutschen Recht geläufigen Adäquanztheorie.[76] Schließlich ist auch die vom *BGH* gestellte, aber offengelassene Frage, ob das Merkmal der Unmittelbarkeit eine engere, an Schutzzweckerwägungen orientierte Betrachtungsweise ermöglicht,[77] zu bejahen. Denn der Sache nach berücksichtigt der *EuGH* auch bei der Prüfung von Art. 288 II (Art. 215 II) EGV den Rechtswidrigkeitszusammenhang, der im deutschen Haftungsrecht von der Kausalität freilich unterschieden wird.[78]

47 Weitere Tatbestandsvoraussetzungen des gemeinschaftsrechtlichen Staatshaftungsanspruchs als die drei genannten verlangt der *EuGH* (noch) nicht.

## 4. Funktion des nationalen Rechts

48 Schon von Anbeginn der Staatshaftungsrechtsprechung des *EuGH* findet sich dort die Aussage, der Mitgliedstaat habe „die Folgen des verursachten Schadens im Rahmen des nationalen Haftungsrechts zu beheben, wobei die dort festgelegten Voraussetzungen nicht ungünstiger sein dürfen als bei entsprechenden innerstaatlichen Ansprüchen; auch dürfen diese Voraussetzungen nicht so ausgestaltet sein, daß die Erlangung der Entschädigung praktisch unmöglich oder übermäßig erschwert ist".[79]

49 Dieser Verweis des *EuGH* auf den „Rahmen des nationalen Haftungsrechts" hat bislang die größten Irritationen verursacht. Inzwischen ist geklärt, daß der vom *EuGH* entwickelte Staatshaftungsanspruch trotz der Geltung des nationalen Haftungsrahmens kein nationalrechtlicher, sondern ein gemeinschaftsrechtlicher Anspruch ist.[80] Schwierigkeiten bereitet aber nach wie vor die Einpassung dieses gemeinschaftsrechtlichen Anspruchs in den nationalen Haftungsrahmen.

50 Folgt man der Konzeption des *EuGH*, wonach der gemeinschaftsrechtliche Staatshaftungsanspruch unmittelbar im Gemeinschaftsrecht wurzelt, also gemeinschaftsrechtlicher Natur ist, die Schadensfolgen aber im Rahmen des nationalen Haftungsrechts zu beheben sind, führt an der Doppel-

---

[76] *BGHZ* 134, 30 (40); *Ossenbühl*, S. 508; *Hidien*, S. 54 f.; *Detterbeck*, VerwArch 85 (1994), 189.

[77] *BGHZ* 134, 30 (40).

[78] Dazu oben § 5 Rdnr. 37 m. w. Nachw.; vgl. auch § 7 Rdnrn. 4 ff.

[79] *EuGH* Slg. 1996, 1029 (1153 Rdnr. 67) – *Brasserie du Pêcheur*; Slg. 1996, 2553 (2614 Rdnr. 31) – *Lomas*; Slg. 1991, 5357 (5415 f. Rdnrn. 42 f.) – *Francovich*; EuZW 1997, 340 Rdnr. 33; EuZW 1997, 532 Rdnr. 37; EuZW 1997, 539 Rdnr. 27.

[80] Dazu genauer oben Rdnrn. 16 f.

spurigkeit dieses Haftungsinstituts kein Weg vorbei.[81] Das gilt auch für diejenige, übrigens der hier vertretenen insoweit voll und ganz entsprechende Konzeption, wonach der gemeinschaftsrechtliche Staatshaftungsanspruch neben den nationalrechtlichen Haftungsinstituten steht und mit ihnen idealiter konkurrieren kann.[82] Denn dieser eigenständige gemeinschaftsrechtliche Staatshaftungsanspruch bedarf der Ergänzung und Konturierung durch die nationalrechtlichen Haftungsinstitute. Die den nationalrechtlichen Haftungsinstituten auf diesem Wege entlehnten Tatbestandsmerkmale sind und bleiben aber nationalrechtlicher Provenienz und mutieren nicht zu gemeinschaftsrechtlichen Geschöpfen. Die Parallele zum deutschen Staatshaftungsrecht ist offenkundig. Auch hier sind verschiedene Haftungsinstitute, etwa der Amtshaftungs- und Folgenbeseitigungsanspruch, auf zwei Ebenen angesiedelt, nämlich zum einen auf der Ebene des Verfassungsrechts und zum anderen auf der Ebene des einfachen Rechts.[83]

**51** Ob der Einwand, dieser Vergleich sei deshalb ungeeignet oder gar falsch, weil das Gemeinschaftsrecht im Verhältnis zum nationalen Recht der Mitgliedstaaten eine eigene Rechtsordnung bilde,[84] zutreffend ist oder ob dieser Aspekt nicht überbetont wird, kann letztlich auf sich beruhen. Denn Gemeinschaftsrecht und nationales Recht stehen sich bekanntlich nicht wie zwei erratische Blöcke gegenüber.[85] Vielmehr handelt es sich beim Gemeinschaftsrecht um Recht, das in den Mitgliedstaaten grundsätzlich unmittelbar gilt, wirkt (anders bei Richtlinien) und anwendbar ist.

**52** Der Meinungsstreit, ob der gemeinschaftsrechtliche Staatshaftungsanspruch sowohl gemeinschaftsrechtliche als auch nationalrechtliche Tatbestandsmerkmale aufweist, und wenn ja, welche, ist mittlerweile zum Teil entschärft. Denn allzuviel ist vom nationalen Haftungsrecht nicht übriggeblieben.[86] Durch die der *Francovich*-Entscheidung nachfolgende Präzisierung des gemeinschaftsrechtlichen Staatshaftungsanspruchs wurde das materielle[87] nationale Haftungsrecht immer weiter zurückgedrängt. So hat der *EuGH* etwa der Auffassung, wonach auch das Verschulden Anspruchsvoraussetzung sein könne,[88] eine Absage erteilt. Danach darf das Verschulden nur noch als Hilfskriterium beim Tatbestandsmerkmal des

---

[81] Überzeugend *Binia*, S. 35 f., 82 f.; zutreffend auch *Ossenbühl*, DVBl 1992, 998 a. E.: „Der gemeinschaftsrechtliche Staatshaftungsanspruch ist ein Zwitter"; *v. Danwitz*, DVBl 1997, 6: zweite Tatbestandsebene; beide stehen der Rspr. des *EuGH* freilich kritisch gegenüber; vgl. auch *v. Bogdandy*, Art. 215 EGV Rdnr. 169, der die Möglichkeit bejaht, „die Tatbestandsmerkmale des gemeinschaftsrechtlichen Instituts in das nationale Recht aufzunehmen"; vgl. auch *Seltenreich*, S. 81; strikt ablehnend *Hidien*, S. 76.

[82] *Ossenbühl*, S. 525 f.; *Hidien*, S. 76.

[83] Dazu *Ossenbühl*, in: Festschr. f. Everling, Bd. II, 1995, S. 1037 ff.; *Detterbeck*, VerwArch 85 (1994), 184 ff.

[84] *Albers*, S. 120 f.; *Ossenbühl*, Festschr. f. Everling, Bd. II, 1995, S. 1039.

[85] Vgl. *BVerfGE* 73, 339 (368).

[86] Ähnlich *v. Danwitz*, DVBl 1997, 7.

[87] Vgl. dazu *EuGH* Slg. 1991, 5357 (5416 Rdnr. 43) – *Francovich*.

[88] *Detterbeck*, VerwArch 85 (1994), 189, 200 f.

hinreichend qualifizierten Gemeinschaftsrechtsverstoßes berücksichtigt werden.[89] Der Sache nach läuft dies freilich auf eine – gemeinschaftsrechtlich neu modifizierte – Verschuldenshaftung hinaus.[90]

Die Prognose ist nicht allzu gewagt, daß der *EuGH* im Rahmen seiner zukünftigen rechtsschöpferischen Konturierung des gemeinschaftsrechtlichen Staatshaftungsanspruchs die gemeinschaftsrechtlichen Tatbestandsvoraussetzungen qualitativ und quantitativ auf Kosten des nationalen Rechts ausbauen wird. Das freilich ist die Konsequenz der Verankerung dieses Haftungsinstituts im Gemeinschaftsrecht. Nach nationalem Recht wird sich letztlich vor allem das gerichtliche Verfahren zur Durchsetzung des Staatshaftungsanspruchs richten. Außerdem soll sich – so (noch) der *EuGH* – der Umfang der Entschädigung nach Maßgabe der nationalen Rechtsordnung bestimmen.[91] Es ist deshalb in der Tat zu befürchten, daß dem nationalen (Haftungs-)Recht eine bloße Ergänzungs-[92] oder Krückenfunktion[93] verbleibt. Die Frage der Kompetenz des *EuGH* wird zum Dauerthema. 53

Damit stellt sich die Frage, was vom deutschen Staatshaftungsrecht nun tatsächlich bleibt. Umstritten ist insbesondere, wie ein gemeinschaftsrechtlicher Staatshaftungsanspruch in concreto zu prüfen ist. An kritischen Stellungnahmen, wie man es nicht machen dürfe, herrscht kein Mangel. Nur wie es richtig gemacht wird, das sagt niemand. 54

Der klausur- und schulmäßige Prüfungsaufbau bereitet vor allem deshalb so große Schwierigkeiten, weil eben nicht einfach die deutschen Haftungsinstitute in modifizierter Form geprüft werden dürfen. Vielmehr handelt es sich um einen gemeinschaftsrechtlichen Staatshaftungsanspruch, zu dem einzelne Elemente des deutschen Haftungsrechts nur ergänzend hinzutreten. Andererseits ist es nicht ohne weiteres möglich, die vom *EuGH* genannten Tatbestandsmerkmale vorab zu prüfen und dann auf das deutsche Staatshaftungsrecht zurückzugreifen.[94] Denn auf welche Haftungsinstitute soll man zurückgreifen? Es bestehen zum Teil beträchtliche Unterschiede: Das Institut des enteignungsgleichen Eingriffs setzt einen Eigentumseingriff voraus, der Amtshaftungstatbestand ist insoweit weiter. Die Vorschrift des § 839 I 2 BGB findet beim Institut des enteignungsgleichen Eingriffs kein Pendant. Zu unterscheiden ist zwischen Schadensersatz und Entschädigung. Schließlich gelten unterschied- 55

---

[89] *EuGH* Slg. 1996, 1029 (1156 Rdnr. 79) – *Brasserie du Pêcheur*; dazu bereits oben Rdnrn. 36 f.

[90] Ebenso *Herdegen/Rensmann*, ZHR 161 (1997), 542 f.; zutreffend und der Sache nach wie hier auch *Diehr*, S. 190 ff. (194 f.); vgl. auch *Ossenbühl*, S. 509; *Deckert*, EuR 1997, 520.

[91] *EuGH* Slg. 1996, 1029 (1157 Rdnr. 83) – *Brasserie du Pêcheur*.

[92] *Ossenbühl*, Festschr. f. Everling, Bd. II, 1995, S. 1042; *Hidien*, S. 57 f.

[93] *Tomuschat*, Festschr. f. Everling, Bd. II, 1995, S. 1598.

[94] So verfährt *Wittkowski*, NVwZ 1994, 329 ff.

liche Verjährungsfristen: Drei Jahre im Amtshaftungsrecht, § 852 BGB, dreißig Jahre beim enteignungsgleichen Eingriff. Der *BGH* hat die Frage der Anspruchsstruktur nur angesprochen. In weiser pragmatischer Selbstbescheidung hat er sie dann aber offengelassen und einen Anspruch deshalb abgelehnt, weil schon ein vom *EuGH* gefordertes Tatbestandsmerkmal nicht erfüllt war.[95]

**56** Auch dann, wenn man *EuGH* und *BGH* folgt und den gemeinschaftsrechtlichen Staatshaftungsanspruch als selbständigen, neben den nationalen Ansprüchen stehenden Anspruch begreift, führt letztlich kein Weg daran vorbei, auf die verschiedenen deutschen Haftungsinstitute zurückzugreifen. Der enteignungsgleiche Eingriff[96] und der Aufopferungstatbestand[97] sind zwar nicht von vornherein ausgeschlossen. Wie unten (sub V) zu zeigen, kommen sie als Haftungsrahmen grundsätzlich in Betracht. Auf den Folgenbeseitigungsanspruch – Eingriff in eine gemeinschaftsrechtliche Schutznorm (Schutznormverletzung) durch eine deutsche Behörde und Schaffung eines gemeinschaftsrechtswidrigen Zustandes – wurde in diesem Zusammenhang soweit ersichtlich noch nicht eingegangen. Konsequenterweise müßte aber auch in derartigen Fällen von einem *gemeinschaftsrechtlichen* (Folgenbeseitigungs-)Anspruch ausgegangen werden. Ganz im Vordergrund steht jedoch der Amtshaftungstatbestand des § 839 BGB i. V. mit Art. 34 GG.

**57** Wird auf den Haftungsrahmen des § 839 BGB, Art. 34 GG abgestellt, liegt es nahe, sich auch am geläufigen Prüfungsduktus zu orientieren.[98] Ob man den gemeinschaftsrechtlichen Staatshaftungsanspruch dann auch als gemeinschaftsrechtlichen Amtshaftungsanspruch bezeichnet,[99] ist Geschmacksache. Unzutreffend ist jedenfalls der Vorwurf der Unklarheit oder Inkonsequenz.[100] Denn auch ein an § 839 BGB, Art. 34 GG (oder an anderen deutschen Staatshaftungsinstituten) orientierter Prüfungsaufbau ändert nichts daran, daß es sich um ein gemeinschaftsrechtliches Haftungsinstitut und um einen gemeinschaftsrechtlichen Staatshaftungsanspruch handelt.[101]

---

[95] *BGHZ* 134, 30 (36 f.).

[96] *Binia*, S. 88 ff., 165 f., 270 ff.; *Diehr*, S. 247 ff.; *Triantafyllou*, DÖV 1992, 570.

[97] Dazu *Binia*, S. 93 ff., 166, 274 f.; *Diehr*, S. 272 ff.; *Detterbeck*, VerwArch 85 (1994), 195, 207.

[98] Vgl. auch *Seltenreich*, S. 153 ff.; kritisch *Hidien*, S. 76.

[99] *Detterbeck*, VerwArch 85 (1994), 187; zustimmend *Binia*, S. 83 mit Fußn. 120.

[100] So aber *Henrichs*, S. 136 Fußn. 7; siehe auch *Maurer*, Festschr. f. Boujong, 1996, S. 605 Fußn. 49.

[101] *Detterbeck*, VerwArch 85 (1994), 187 f.

## IV. Prüfungsaufbau eines gemeinschaftsrechtlichen Staatshaftungsanspruchs in den Strukturen des Amtshaftungstatbestandes (gemeinschaftsrechtlicher Amtshaftungsanspruch)

### 1. Handeln für einen Träger öffentlicher Gewalt

Es genügt, wenn irgend jemand in Ausübung seines Amtes für einen Träger öffentlicher Gewalt gehandelt hat (sog. Beamter im haftungsrechtlichen Sinne – im Gegensatz zum Beamten im statusrechtlichen Sinne[102]). Auch ein Unterlassen kommt in Betracht. 58

Vieles spricht dafür, daß auf das Erfordernis eines öffentlich-rechtlichen Verhaltens verzichtet wird.[103] Das wäre ein ganz wesentlicher Unterschied zum deutschen Amtshaftungsrecht. Er folgte daraus, daß für den gemeinschaftsrechtlichen Staatshaftungsanspruch vor allem die Grundsätze des Art. 288 II (Art. 215 II) EGV (entsprechend) gelten. Diese Vorschrift deckt aber auch privatrechtliches Handeln im außervertraglichen Bereich ab.[104] 59

Wollte man beim gemeinschaftsrechtlichen Staatshaftungsanspruch dann, wenn sich die öffentliche Hand des privatrechtlichen Handlungsinstrumentariums bedient, nicht auf den Rahmen des § 839 BGB i. V. mit Art. 34 GG abstellen, müßte man auf den Rahmen der §§ 823, 31, 89 BGB bzw. § 831 BGB rekurrieren. Wegen der Exkulpationsmöglichkeit, die § 831 BGB bietet, wäre eine Inanspruchnahme des Staates aber häufig ausgeschlossen. Das wiederum wäre unvereinbar mit der Vorgabe des *EuGH*, daß die dem nationalen Haftungsrecht entnommenen materiellen und formellen Voraussetzungen nicht so ausgestaltet sein dürfen, daß die Erlangung einer Entschädigung übermäßig erschwert ist.[105] Außerdem stünde eine Anwendung der §§ 31, 89 BGB dann der überwiegend vertretenen Garantiehaftung des *Bundes* (dazu Rdnrn. 73 ff.) entgegen, wenn kein verfassungsmäßig berufener Vertreter des Bundes, sondern einer anderen Körperschaft gehandelt hat. 60

### 2. Verstoß gegen eine Rechtsnorm des Gemeinschaftsrechts, die bezweckt, dem einzelnen Rechte zu verleihen (Schutznormverletzung)[106]

Hier ist insbesondere zu beachten, daß das Erfordernis der Verletzung einer *drittgerichteten* Amtspflicht nicht gilt. Damit sind – anders als nach 61

[102] Dazu im einzelnen unten § 9 Rdnrn. 3 ff.
[103] Differenzierend *Hidien*, S. 42; siehe auch unten § 9 Rdnr. 34.
[104] Dazu oben § 5 Rdnr. 21.
[105] *EuGH* Slg. 1991, 5357 (5416 Rdnr. 43) – *Francovich*; siehe auch *EuGH* Slg. 1996, 1029 (1153 f. Rdnr. 70) – *Brasserie du Pêcheur*.
[106] Dazu im einzelnen oben Rdnrn. 30 ff.

deutschem Amtshaftungsrecht – Schadensersatzansprüche für den Erlaß oder den Nichterlaß von Rechtsvorschriften nicht grundsätzlich ausgeschlossen. Eben dies ist eine ganz entscheidende Feststellung des *EuGH* im Urteil *Brasserie du Pêcheur*.[107] Die Ausführungen des *BGH* zur Frage einer dementsprechenden europarechtskonformen Auslegung des Amtshaftungstatbestandes betreffen expressis verbis „den Bereich der innerstaatlichen deutschen Rechtsordnung",[108] nicht dagegen das Haftungsinstitut des gemeinschaftsrechtlichen Staatshaftungsanspruchs. Hier ist die Preisgabe des Tatbestandsmerkmals der Drittgerichtetheit, jedenfalls in der rigiden Handhabung des *BGH*, unabweisbar.

### 3. Hinreichend qualifizierter Rechtsverstoß

62 Dieses spezifisch gemeinschaftsrechtliche Tatbestandsmerkmal wurde bereits oben erläutert.[109]

### 4. Schaden

63 Der gemeinschaftsrechtliche Staatshaftungsanspruch ist ein Institut des Gemeinschaftsrechts, das der *EuGH* in enger Anlehnung an den Haftungstatbestand des Art. 288 II (Art. 215 II) EGV entwickelt hat. Deshalb bietet es sich an, hinsichtlich des Schadensbegriffs ebenfalls auf die zu Art. 288 II (Art. 215 II) EGV geltenden Grundsätze abzustellen,[110] wenn die Frage, ob ein ersatzfähiger Schaden geltend gemacht wird, tatsächlich einmal problematisch sein sollte.

### 5. Unmittelbare Kausalität zwischen Rechtsverstoß und Schadenseintritt

64 Auch bezüglich dieses vom *EuGH* genannten Tatbestandsmerkmals kann auf die obigen Ausführungen verwiesen werden.[111]

### 6. Haftungsausschluß

#### *a) Unanwendbarkeit von § 839 I 2 BGB*

65 § 839 I 2 BGB gelangt nicht zur Anwendung.[112] Der gemeinschaftsrechtliche Staatshaftungsanspruch ist anders als der deutsche Amtshaf-

---

[107] *EuGH* Slg. 1996, 1029 (1154 Rdnrn. 71–74) – *Brasserie du Pêcheur*.
[108] *BGHZ* 134, 30 (36 f.).
[109] Dazu im einzelnen oben Rdnrn. 35 ff.
[110] Dazu oben § 5 Rdnrn. 35 f.
[111] Dazu im einzelnen oben Rdnrn. 45 f.
[112] Ebenso *Ossenbühl*, S. 518 (i. V. mit S. 525 f.); *Binia*, S. 99; *Seltenreich*, S. 194; *Zenner*, S. 81; *Streinz*, Jura 1995, 13; a. A. *Maurer*, Festschr. f. Boujong, 1996, S. 605, der

tungsanspruch kein Anspruch, der vom ursprünglich persönlich haftenden Beamten auf den Staat übergeleitet wurde. Die gemeinschaftsrechtliche Staatshaftung begründet vielmehr eine unmittelbare Haftung der Mitgliedstaaten.[113]

*b) Anwendbarkeit von § 839 II BGB*

Die Haftung für judikatives Unrecht ist nach § 839 II 1 BGB nahezu ausgeschlossen. Dies scheint mit den Vorgaben des *EuGH* für einen gemeinschaftsrechtlichen Staatshaftungsanspruch unvereinbar zu sein. Nach ihnen dürfen die Voraussetzungen des nationalen Haftungsrechts, in deren Rahmen der Schaden zu beheben ist, die Erlangung einer Entschädigung nicht praktisch unmöglich machen oder übermäßig erschweren.[114] Gleichwohl ist § 839 II BGB anwendbar und schließt einen gemeinschaftsrechtlichen Staatshaftungsanspruch für Verstöße der rechtsprechenden Gewalt gegen Gemeinschaftsrecht in der Regel aus.[115] **66**

Es ist nämlich zu berücksichtigen, daß die Rechtsordnungen der Mitgliedstaaten eine Haftung für judikatives Unrecht nur für seltene Ausnahmefälle – ähnlich wie § 839 II 1 BGB – vorsehen.[116] Diese weitgehende Haftungsfreistellung für judikatives Unrecht ist damit ein allgemeiner Grundsatz des Gemeinschaftsrechts. Deshalb darf § 839 II 1 BGB nicht mit dem Hinweis auf den Grundsatz der Effektivität des gemeinschaftsrechtlichen Staatshaftungsanspruchs beiseite geschoben werden. Das gilt auch für denjenigen Fall, daß (letztinstanzliche) innerstaatliche Gerichte in einem Rechtsstreit nationale Normen anwenden, die gegen (primäres) Gemeinschaftsrecht verstoßen.[117] **67**

Die Nichtanwendung von § 839 II 1 BGB kommt allenfalls dann in Betracht, wenn ein Gericht seiner Vorlagepflicht nach Art. 234 III (Art. 177 III) EGV nicht nachkommt und dadurch einen Schaden verursacht.[118] In diesem Zusammenhang ist aber darauf hinzuweisen, daß die Frage, ob ei- **68**

---

aber einen spezifisch gemeinschaftsrechtlichen Staatshaftungsanspruch ablehnt (nicht berechtigt deshalb der Vorwurf in Fußn. 49); a. A. auch *Diehr*, S. 205 f.; *Pfab*, S. 148; *Herdegen/Rensmann*, ZHR 161 (1997), 553; *Wittkowski*, NVwZ 1994, 332; *Taupitz*, BB 1993, 2171. S. auch § 10 Rdnr. 12.

[113] Ebenso *Hidien*, S. 41 f., 56, 65.

[114] St. Rspr., s. nur *EuGH* Slg. 1996, 1029 (1154 ff. Rdnrn. 74, 83, 90, 99) – *Brasserie du Pêcheur*; vgl. zur Stellung der Judikative auch *EuGH* Slg. 1996, 1029 (1145 Rdnr. 34) – *Brasserie du Pêcheur*.

[115] Ebenso *Ossenbühl*, S. 514; a. A. *Diehr*, S. 237 ff. (244 f.); *Deckert*, EuR 1997, 226.

[116] Dazu *Zenner*, S. 229 ff.; *Bayer*, in: *Mosler*, Haftung des Staates für rechtswidriges Verhalten seiner Organe, 1967, S. 773 ff. Im deutschen Staatshaftungsrecht scheiden bei judikativem Unrecht grundsätzlich auch Ansprüche aus enteignungsgleichem Eingriff – *Ossenbühl*, S. 237 – und aufopferungsgleiche Ansprüche – *BGHZ* 50, 14 (19 ff.) – aus.

[117] So aber *Seltenreich*, S. 141, 231 f.; *Zenner*, S. 236 ff. (241 f.); vgl. auch *Henrichs*, S. 119 f.

[118] Ablehnend auch insoweit *Ossenbühl*, S. 514.

ne Vorschrift des nationalen Rechts oder deren Auslegung mit Gemeinschaftsrecht vereinbar ist, nicht Vorlagegegenstand im Verfahren nach Art. 234 (Art. 177) EGV sein kann.[119] Vorlagegegenstand kann nur die Frage der Auslegung und Gültigkeit von Gemeinschaftsrecht sein.

*c) Anwendbarkeit von § 839 III BGB*

69 § 839 III BGB ist nicht ausgeschlossen. „Nach einem allgemeinen, den Rechtsordnungen der Mitgliedstaaten gemeinsamen Grundsatz muß sich nämlich der Geschädigte in angemessener Form um die Begrenzung des Schadensumfangs bemühen, wenn er nicht Gefahr laufen will, den Schaden selbst tragen zu müssen …“[120] Danach entfällt etwa ein Ersatzanspruch insoweit, wie der Schaden durch eine Berufung auf eine unmittelbar wirkende Richtlinie hätte verhindert werden können. § 839 III BGB schließt einen Ersatzanspruch aber dann nicht aus, wenn das Ergreifen eines Rechtsbehelfs unzumutbar war oder wenn der Schaden auch im Falle der Inanspruchnahme von Primärrechtsschutz eingetreten wäre (z. B. Verzugsschaden).

### 7. Berücksichtigung von Mitverschulden, § 254 BGB

70 Die Schadensersatzpflicht des Mitgliedstaates kann durch Mitverschulden des geschädigten Anspruchstellers gem. § 254 BGB gemindert oder ausgeschlossen sein.[121] Daß der gemeinschaftsrechtliche Staatshaftungsanspruch verschuldensunabhängig ist, steht der Anwendbarkeit von § 254 BGB nicht entgegen. § 254 BGB gilt für alle Schadensersatzansprüche, auch für verschuldensunabhängige.[122] Durch EG-rechtliche Vorgaben für den gemeinschaftsrechtlichen Staatshaftungsanspruch, insbesondere das Effizienzgebot, ist die Anwendbarkeit von § 254 BGB nicht ausgeschlossen.[123]

### 8. Art und Umfang des Ersatzes

71 Es ist voller Schadensersatz und nicht nur Entschädigung zu leisten. Das ist kein Widerspruch zur Rechtsprechung des *EuGH*, der von Entschädigung spricht. Denn damit ist nur das unabdingbare Minimum ge-

---

[119] So aber *Seltenreich*, S. 143; *Zenner*, S. 241; siehe dagegen nur *EuGH* Slg. 1964, 1251 (1262) – *Costa./. ENEL; Koenig/Sander*, Rdnr. 460; *Geiger*, Art. 177 Rdnrn. 4 f.; *Borchardt*, in: *Lenz* (Hrsg.), EG-Vertrag, Art. 177 Rdnr. 13 m. w. Nachw. (mit Rdnr. 15 zur Umdeutung unzulässiger Vorlagefragen).

[120] *EuGH* Slg. 1996, 1029 (1157 Rdnr. 85) – *Brasserie du Pêcheur*; Slg. 1996, 4845 (4890 Rdnr. 72) – *Dillenkofer*; dazu auch *Binia*, S. 100 ff.; *Jarass*, S. 128 f.; *Streinz*, Jura 1995, 12.

[121] *Streinz*, Jura 1995, 12; *Wittkowski*, NVwZ 1994, 331; dazu *Hidien*, S. 60 ff.

[122] *Palandt/Heinrichs*, § 254 Rdnr. 5.

[123] *Streinz*, Jura 1995, 12.

meint. Die Gewährung von Ansprüchen, die darüber hinausgehen, ist nicht ausgeschlossen.[124]

Weil es sich um einen unmittelbar gegen die öffentliche Gewalt gerichteten Anspruch handelt, ist die dem deutschen Amtshaftungsrecht eigentümliche Beschränkung des Anspruchs auf Schadensersatz in Geld[125] ausgeschlossen.[126] Deshalb kann, ebenso wie im Falle eines Schadensersatzanspruches nach Art. 288 II (Art. 215 II) EGV,[127] auch Naturalrestitution verlangt werden. Schließlich ist auch der entgangene Gewinn ersatzfähig.[128] 72

## 9. Anspruchsgegner

Der *EuGH* spricht stets von der Haftung der Mitgliedstaaten. Gehe es um die Nichteinhaltung der in einer Richtlinie festgesetzten Verpflichtungen und Fristen, könne sich ein Mitgliedstaat zur Rechtfertigung nicht auf Bestimmungen, Übungen oder Umstände seiner internen Rechtsordnung berufen.[129] Das wird ganz überwiegend dahingehend gedeutet, daß der Bund auch dann haftet, wenn der Verstoß gegen das Gemeinschaftsrecht auf der Untätigkeit eines Landes, das allein nach der grundgesetzlichen Kompetenzverteilung zum Handeln berechtigt ist, beruht.[130] Konsequenterweise könnte der Bund auch für aktive Gemeinschaftsrechtsverstöße eines Bundeslandes haftbar gemacht werden, wenn die weiteren Anspruchsvoraussetzungen erfüllt sind. 73

Eine absolute Garantiehaftung des Bundes ist jedoch abzulehnen. Schon das nicht selten für die Annahme einer solchen Garantiehaftung des Bundes ins Feld geführte Argument, die gemeinschaftsrechtliche Staatshaftung sei verschuldensunabhängig, steht auf tönernen Füßen. Denn die verschiedenen Verschuldenselemente wurden nur in das Tatbestandsmerkmal des hinreichend qualifizierten Rechtsverstoßes verschoben.[131] 74

Ganz abgesehen davon ist aber folgendes zu beachten: Hat der Bund nach der grundgesetzlichen Kompetenzverteilung der Art. 30, 70 ff. GG keine Möglichkeit zum Handeln – etwa wenn es um die Umsetzung einer Richtlinie in deutsches Gesetzesrecht geht und der Bund keinerlei Gesetzgebungskompetenz besitzt –, würde die Annahme einer gleichwohl 75

---

[124] Vgl. *EuGH* Slg. 1996, 1029 (1156 f. Rdnrn. 82 f.) – *Brasserie du Pêcheur.*

[125] Dazu näher unten § 11 Rdnr. 10.

[126] Ebenso *Hidien*, S. 65; *Binia*, S. 108 f.; *Prieß*, NVwZ 1993, 123; *Streinz*, EuZW 1993, 604; a. A. *Diehr*, S. 201 f.; *Seltenreich*, S. 187; *Zenner*, S. 82; *Jarass*, S. 121 f.

[127] Dazu oben § 5 Rdnr. 38.

[128] *EuGH* Slg. 1996, 1029 (1157 Rdnr. 87) – *Brasserie du Pêcheur.*

[129] *EuGH* Slg. 1996, 4845 (4885 Rdnr. 53) – *Dillenkofer.*

[130] *Hidien*, S. 72 f.; *Seltenreich*, S. 188 m. w. Nachw.; *Jarass*, S. 122; ebenso *Ossenbühl*, S. 520 f.

[131] Dazu oben Rdnrn. 36 f., 52.

bestehenden Schadensersatzpflicht des Bundes bedeuten, daß er zur Vornahme einer rechtlich unmöglichen Handlung verpflichtet ist. Eine derartige (mittelbare) Verpflichtung kann aber auch das Gemeinschaftsrecht nicht begründen. Der Grundsatz des ultra posse nemo obligatur gilt sogar im Gemeinschaftsrecht, jedenfalls als sämtlichen Rechtsordnungen der Mitgliedstaaten gemeinsamer Rechtsgrundsatz.

**76** In diesen Fällen eine Haftung gerade des Bundes anzunehmen, ist aber auch gar nicht erforderlich. Denn zur Beachtung und ggf. Umsetzung des Gemeinschaftsrechts sind nicht nur der Bund, sondern auch die Länder und sonstigen Verwaltungsrechtsträger verpflichtet. Auch gegen sie kann sich der gemeinschaftsrechtliche Staatshaftungsanspruch richten.[132] Ein Verweis auf die nach der grundgesetzlichen Kompetenzverteilung verantwortlichen Rechtsträger (in der Regel die Bundesländer) bedeutet auch keine übermäßige Erschwerung, eine angemessene Entschädigung zu erlangen.

**77** Eine Schadensersatzpflicht des Bundes besteht nur dann, wenn er es unterlassen hat, geeignete Maßnahmen gegen den Gemeinschaftsrechtsverstoß der unmittelbar Verantwortlichen zu ergreifen. Zu denken ist vor allem an ein Bund-Länder-Streitverfahren nach Art. 93 I Nr. 3 GG. Auch an das Mittel des Bundeszwangs nach Art. 37 GG kann gedacht werden. Eine daneben in jedem Fall bestehende subsidiäre (Garantie-)Haftung des Bundes ist abzulehnen.[133]

**78** Verstoßen sowohl der Bund als auch ein Land gegen Gemeinschaftsrecht, haften sie gesamtschuldnerisch.[134] Freilich bestehen im Innenverhältnis zwischen Bund und Land Ausgleichsansprüche. Sie bestimmen sich nach dem Ausmaß und dem Gewicht des Gemeinschaftsrechtsverstoßes der Gesamtschuldner. In Betracht kommen auch unmittelbar auf Art. 104a V 1 Halbs. 2 GG gestützte Ausgleichsansprüche. Diese Vorschrift ist nach Auffassung des *BVerwG* trotz Art. 104a V 2 GG eine unmittelbar geltende Anspruchsgrundlage.[135]

### 10. Verjährung

**79** Umstritten ist, ob die Dreijahresfrist des § 852 BGB gilt oder die Fünfjahresfrist des Art. 43 EuGH-Satzung. Gerade der Rückgriff auf Art. 288 II (Art. 215 II) EGV zur Begründung eines gemeinschaftsrechtlichen

---

[132] *Seltenreich*, S. 189 f.; *Zenner*, S. 73; *Binia*, S. 120 ff.; *Diehr*, S. 146 ff. (153 f.); *Herdegen/Rensmann*, ZHR 161 (1997), 553; *Schockweiler*, EuR 1993, 117; *Detterbeck*, VerwArch 85 (1994), 191; unter bestimmten Voraussetzungen auch *Jarass*, S. 122.

[133] So aber *Diehr*, S. 154 f.; *Zenner*, S. 74; *Herdegen/Rensmann*, ZHR 161 (1997), 553; *Schockweiler*, EuR 1993, 117; siehe auch *Binia*, S. 122 f.

[134] *Binia*, S. 122; *Seltenreich*, S. 190; *Jarass*, NJW 1994, 884.

[135] *BVerwGE* 96, 45 (50 f.); 100, 56 (60); DVBl 1997, 717 (718); ebenso *Siekmann*, in: *Sachs* (Hrsg.), GG, Art. 104a Rdnr. 64 m. w. Nachw.

Staatshaftungsanspruchs spricht dafür, auch die entsprechende Fristbestimmung des Art. 43 EuGH-Satzung anzuwenden.[136]

### 11. Rechtsweg und Gerichtszuständigkeit

Der gemeinschaftsrechtliche Staatshaftungsanspruch ist im Zivilrechts- 80
weg geltend zu machen. Entweder man stellt auf Art. 34 S. 3 GG ab oder auf § 40 II 1 VwGO (Verletzung öffentlich-rechtlicher Pflichten). Sachlich zuständig sind nach § 71 II Nr. 2 GVG die Landgerichte.

## V. Sonstige Konkretisierungen des gemeinschaftsrechtlichen Staatshaftungsanspruchs

Ein praktisches Bedürfnis, auch den Haftungsrahmen des Instituts des 81
enteignungsgleichen Eingriffs zu nutzen, besteht kaum noch.[137] Jedenfalls bei einer strikten Ablehnung sowohl des Verschuldenserfordernisses als auch der Geltung des Verweisungsprivilegs des § 839 I 2 BGB bleibt für den Haftungsrahmen des enteignungsgleichen Eingriffs kein Anwendungsfall mehr übrig, der nicht in den viel weitergefaßten Haftungsrahmen des Amtshaftungstatbestandes fiele. Etwas anderes gilt nur, wenn die Geltung der Fünfjahresfrist des Art. 43 EuGH-Satzung abgelehnt wird. Dann müßte konsequenterweise für den Haftungsrahmen des enteignungsgleichen Eingriffs die Geltung der dreißigjährigen Verjährungsfrist befürwortet werden.[138]

Demgegenüber könnte die Berücksichtigung von Verschuldenselemen- 82
ten beim Tatbestandsmerkmal des hinreichend qualifizierten Rechtsverstoßes einen Rückgriff auf verschuldensunabhängige Haftungsinstitute der deutschen Rechtsordnung zur Konkretisierung des gemeinschaftsrechtlichen Staatshaftungsanspruchs wieder nahelegen. Zu denken ist in diesem Zusammenhang nicht nur an den enteignungsgleichen Eingriff, sondern auch an den aufopferungsgleichen Anspruch, den Folgenbeseitigungsanspruch[139] und den öffentlich-rechtlichen Erstattungsanspruch. Die vom *EuGH* genannten spezifisch gemeinschaftsrechtlichen Tatbestandsvoraussetzungen, zu denen auch das Erfordernis des hinreichend qualifizierten Verstoßes gegen Gemeinschaftsrecht gehört, werden näm-

[136] Ebenso *St. Kopp*, DÖV 1994, 206; *Prieß*, NVwZ 1993, 124; vgl. auch *Ossenbühl*, S. 520; *Hidien*, S. 68, 71; für § 852 BGB z. B. *Streinz*, Jura 1995, 12; *J. Geiger*, DVBl 1993, 474; *Seltenreich*, S. 203 f. (entgegen der dort getroffenen Aussage hat der *EuGH* in der Brasserie-Entscheidung freilich nicht zusätzlich festgestellt, daß die Verjährung des Staatshaftungsanspruchs sich nach den innerstaatlichen Vorschriften bestimme).

[137] Ebenso *Zenner*, S. 82 ff.

[138] Dazu ablehnend *Zenner*, S. 84; *Hidien*, S. 71.

[139] Vgl. *Hidien*, S. 74.

lich weithin als Mindestvoraussetzungen verstanden. Die Gewährung weitergehender Ansprüche für Verstöße gegen Gemeinschaftsrecht sei aber nicht ausgeschlossen.

83 An dieser Sichtweise ist soviel richtig, daß nach Maßgabe ausschließlich des nationalen Haftungsrechts für Verstöße gegen Gemeinschaftsrecht mehr gewährt werden darf, als der vom *EuGH* entwickelte gemeinschaftsrechtliche Staatshaftungsanspruch als Minimum gebietet. Insoweit handelt es sich dann aber um ausschließlich nationalrechtliche Ansprüche, nicht um den gemeinschaftsrechtlichen Staatshaftungsanspruch.

84 Neben diesen rein nationalrechtlichen Ansprüchen kommt aber auch der gemeinschaftsrechtliche Staatshaftungsanspruch in Betracht. Wird zu seiner Komplementierung und Konkretisierung nicht auf den Amtshaftungstatbestand des § 839 BGB, Art. 34 GG, sondern auf andere Institute des deutschen Staatshaftungsrechts zurückgegriffen, muß folgendes beachtet werden. Die vom *EuGH* genannten drei Tatbestandsvoraussetzungen gelten für jeden gemeinschaftsrechtlichen Staatshaftungsanspruch, egal welches nationalrechtliche Haftungsinstitut zu seiner Konkretisierung nutzbar gemacht wird. D. h., das Erfordernis des hinreichend qualifizierten Verstoßes gegen Gemeinschaftsrecht samt den dabei zu berücksichtigenden Verschuldenselementen gilt auch dann, wenn im Einzelfall zum Zweck der Ergänzung und Konkretisierung verschuldensunabhängige nationalrechtliche Haftungsinstitute herangezogen werden.

85 Interessant ist in diesem Zusammenhang eine neuere Entscheidung des *EuGH*.[140] Danach hat ein Unionsbürger gegen seinen Mitgliedstaat einen Anspruch auf Erstattung von Abgaben, die dieser Mitgliedstaat unter Verstoß gegen Vorschriften des Gemeinschaftsrechts erhoben hat. Diesen Erstattungsanspruch qualifiziert der *EuGH* als „Folge und Ergänzung der Rechte, die den einzelnen aus den gemeinschaftsrechtlichen Vorschriften zustehen, die solche Abgaben verbieten".[141] Sodann fährt der *EuGH* fort: „Diese Erstattung kann jedoch mangels einer einschlägigen gemeinschaftsrechtlichen Regelung nur unter Beachtung der in den verschiedenen nationalen Rechtsordnungen festgelegten materiellen und formellen Voraussetzungen verlangt werden ..."[142]

86 Eine genaue rechtliche Einordnung dieses Erstattungsanspruchs hat der *EuGH* vermieden. Handelt es sich um einen gemeinschaftsrechtlichen Staatshaftungsanspruch, der unter Rückgriff auf das nationale (Erstattungs-)Recht effektuiert werden muß, oder hat der *EuGH* einen hiervon zu unterscheidenden eigenständigen gemeinschaftsrechtlichen Erstattungsanspruch kreiert, oder hat der *EuGH* lediglich eine gemeinschaftsrechtliche Verpflichtung der Mitgliedstaaten zur Gewährung eines

[140] *EuGH*, NJW 1999, 201 – *Ministero delle Finanze./. IN.CO.GE.'90 Srl.*
[141] *EuGH*, NJW 1999, 202 (Rdnr. 24) – *Ministero delle Finanze./. IN.CO.GE.'90 Srl.*
[142] *EuGH*, NJW 1999, 202 (Rdnr. 25) – *Ministero delle Finanze./. IN.CO.GE.'90 Srl.*

Erstattungsanspruchs nach Maßgabe des nationalen Rechts festgestellt? Der Streit um die dogmatische, aber auch rechtspraktische Einordnung der gemeinschaftsrechtlichen Haftung der Mitgliedstaaten für Verstöße gegen EG-Recht hat durch diese Entscheidung neue Nahrung erhalten.

Folgt man der hier vertretenen Auffassung, wonach der gemeinschafts- 87
rechtliche Staatshaftungsanspruch in den Strukturen des deutschen Amtshaftungstatbestandes – anders als der deutsche Amtshaftungsanspruch – nicht nur auf Geldersatz gerichtet ist, besteht jedenfalls kein Bedürfnis, den gemeinschaftsrechtlichen Staatshaftungsanspruch durch andere deutsche Haftungsinstitute als den Amtshaftungstatbestand zu konturieren, um auf diesem Wege einen Anspruch auf Naturalrestitution gewähren zu können.

## § 7. Das Verhältnis zwischen der Haftung der EG und der Haftung der deutschen öffentlichen Hand

Schwierige Fragen stellen sich, wenn rechtswidrige Akte der EG, ins- 1
besondere Verordnungen und Richtlinien, durch deutsche Rechtsakte wie formelle Gesetze, Rechtsverordnungen, Satzungen oder Verwaltungsakte ausgeführt werden. Hier kommt zum einen ein Schadensersatzanspruch nach Art. 288 II (Art. 215 II) EGV gegen die EG in Betracht. Zum anderen sind aber auch Haftungsansprüche gegen die deutsche öffentliche Hand nach Maßgabe des deutschen Staatshaftungsrechts denkbar.

### I. Staatshaftungsansprüche gegen die deutsche öffentliche Hand

Ist der deutsche Vollzugsakt nur deshalb rechtswidrig, weil er auf ei- 2
nem rechtswidrigen Gemeinschaftsakt beruht, scheiden Staatshaftungsansprüche gegen die deutsche öffentliche Hand aus. Der *BGH* hat dies in seiner Irak-Embargo-Entscheidung vor allem damit begründet, der deutsche Vollzugsakt sei für den eingetretenen Schaden nicht kausal gewesen.[1]

Diese Argumentation mag für den vom *BGH* entschiedenen Fall zu- 3
treffend sein.[2] Es sind aber auch andere Fälle denkbar. So kann einem deutschen Ausführungsakt, der eine nicht unmittelbar wirkende Richtlinie[3] in deutsches Recht umsetzt, nicht die Kausalität für den Schaden eines hiervon nachteilig Betroffenen abgesprochen werden. Entsprechendes gilt für das weitere Argument des *BGH* im Irak-Embargo-Fall, der

[1] *BGHZ* 125, 27 (30 ff.); dazu zustimmend *Laubereau*, Zur Rechtmäßigkeit von Embargoverordnungen, 1996, S. 184 ff. (188 f.).

[2] Kritisch auch insoweit *v. Bogdandy*, AöR 122 (1997), 281.

[3] Zu den Voraussetzungen einer ausnahmsweise unmittelbaren Wirkung oben § 4 Rdnr. 14.

Geschädigte habe auch deshalb keinen Ersatzanspruch nach Maßgabe des deutschen Rechts, weil es um einen Eingriff in eine Rechtsposition gehe, die rechtlich nicht mehr geschützt sei. Das Recht, in das nach dem Vortrag des Anspruchstellers durch den deutschen Vollzugsakt eingegriffen worden sei, habe wegen des entgegenstehenden Gemeinschaftsrechts, das vollzogen worden sei, in Wahrheit gar nicht mehr bestanden. Auch dieses Argument ist jedenfalls dann nicht mehr stichhaltig,[4] wenn es sich um eine zu vollziehende Richtlinie handelt. Denn Richtlinien bewirken keine unmittelbaren Rechtseinbußen der Unionsbürger.

4 Entscheidend für die Nichtanwendbarkeit der Institute des deutschen Staatshaftungsrechts auf die deutschen Vollzugsakte ist ein anderer Gesichtspunkt. Das Tatbestandsmerkmal der Kausalität, das allen geläufigen deutschen Staatshaftungsinstituten eignet, erschöpft sich nicht in den Kategorien der Äquivalenz- und Adäquanztheorie. Schon seit jeher war es das Einfallstor auch wertender, normativer Zurechnungskriterien. Man mag derartigen, zumeist haftungseinschränkenden Kriterien, wie z. B. der Unmittelbarkeit, skeptisch gegenüberstehen.

5 Im Verhältnis zur Haftung der EG ist eine grundsätzliche, normative Einschränkung der deutschen Staatshaftung aufgrund der Eigenart der beiden Haftungsordnungen aber unabweisbar. Sinn und Zweck des deutschen Staatshaftungsrechts bestehen ausschließlich darin, Ersatzansprüche für solche Schäden zu gewähren, die der deutschen öffentlichen Hand zurechenbar sind. Für Schäden, die von Rechtssubjekten einer nichtdeutschen Rechtsordnung zu verantworten sind, kann die deutsche öffentliche Hand nach Maßgabe des deutschen Staatshaftungsrechts nicht haftbar gemacht werden. Etwas anderes würde den Rahmen des deutschen Staatshaftungssystems sprengen. Dies gilt nicht nur für normatives Unrecht der EG,[5] sondern auch für sonstige rechtswidrige Akte der EG.

6 Setzt sich im deutschen Vollzugsakt nur die Rechtswidrigkeit des vollzogenen Gemeinschaftsakts fort, ist ein hierdurch entstandener Schaden ausschließlich der EG zuzurechnen. Dies gilt jedenfalls dann, wenn das deutsche ausführende Organ bei der Vollziehung des Gemeinschaftsrechts keinen Umsetzungsspielraum hat und der deutsche Umsetzungsakt inhaltlich determiniert ist.[6] Gleiches gilt aber auch für denjenigen Fall, daß dem zur Ausführung verpflichteten deutschen Organ zwar ein Umsetzungsspielraum eingeräumt ist, aber die Rechtswidrigkeit des deutschen Ausführungsakts *zwangsläufige Folge* der Rechtswidrigkeit des Gemeinschaftsakts ist.

7 Für eine Haftung der deutschen öffentlichen Hand nach Maßgabe des deutschen Staatshaftungsrechts ist deshalb nur dann noch Raum, wenn

---

[4] Kritisch auch im übrigen *v. Bogdandy*, AöR 122 (1997), 281 f.

[5] Siehe *BGH*, DVBl 1993, 717 (718).

[6] *v. Bogdandy*, AöR 122 (1997), 283.

zwischen dem Gemeinschaftsrecht und dem deutschen Ausführungsakt keine *Fehleridentität* besteht; mit anderen Worten: Wenn die Rechtswidrigkeit des deutschen Ausführungsakts nicht gerade auf der Rechtswidrigkeit des Gemeinschaftsrechts beruht.[7]

Mit dieser wertenden Einschränkung der Haftung der deutschen öffentlichen Hand ist es vereinbar, daß der Geschädigte gleichwohl gehalten sein kann, sich gegen den deutschen Ausführungsakt (gerichtlich) zu wehren.[8] Denn die unmittelbare gerichtliche Kontrolle deutscher Rechtsakte obliegt nicht dem *EuGH*, sondern allein den deutschen Gerichten.[9] Nur diese können deutsche Rechtsakte für rechtswidrig erklären, aufheben und die Folgenbeseitigung anordnen. Insoweit ist zwischen der sekundären Haftung und der primären Haftung, die vor allem die Verpflichtung zur Aufhebung rechtswidriger Rechtsakte begründet, zu unterscheiden.[10] 8

Eine im geltenden deutschen Recht begründete Haftung der deutschen öffentlichen Hand unmittelbar für rechtswidrige Gemeinschaftsakte,[11] also nicht erst für die deutschen Vollzugsakte, kommt nach dem oben Gesagten erst recht nicht in Betracht. 9

Ganz auf der Linie der *BGH*-Rechtsprechung liegen auch neuere Entscheidungen des *EuGH*. Nach ihnen ist die Haftung der EG gem. Art. 288 II (Art. 215 II) EGV nicht subsidiär gegenüber der *sekundären* Haftung der Mitgliedstaaten nach nationalem Recht.[12] Das hat der *EuGH* früher anders gesehen.[13] 10

Nur am Rande sei darauf hingewiesen, daß Amtshaftungsansprüche nach § 839 BGB, Art. 34 GG sowie Ansprüche aus enteignungsgleichem Eingriff in der Regel selbst dann nicht bestünden, wenn Art. 288 II (Art. 215 II) EGV nicht vorrangig wäre.[14] 11

Der Vorrang der EG-Haftung nach Art. 288 II (Art. 215 II) EGV gilt auch gegenüber einer gemeinschaftsrechtlichen Haftung der Mitgliedstaaten nach den oben dargestellten Grundsätzen.[15] Insoweit handelt es sich zwar nicht um konkurrierende Ansprüche verschiedener Rechtsord- 12

[7] Vgl. *BGHZ* 125, 27 (41); ebenso *Kadelbach*, JZ 1993, 1137; a. A. und für eine darüber hinausgehende Haftung Deutschlands *Mestmäcker/Engel*, S. 73 ff.

[8] Dazu bereits oben § 5 Rdnrn. 54 ff.

[9] *EuGH* Slg. 1972, 1005 (1015) – *Haegeman*; Slg. 1976, 65 (76) – *Bestiame*; Slg. 1979, 3657 (3671) – *Wagner*; Slg. 1982, 2233 (2248) – *Interagra*; Slg. 1987, 3005 (3026 f.) – *CNTA; v. Bogdandy*, Art. 215 EGV Rdnr. 49.

[10] Vgl. *v. Bogdandy*, AöR 122 (1997), 283 f.

[11] Dazu *v. Bogdandy*, AöR 122 (1997), 276 ff.

[12] Zuletzt *EuGH* Slg. 1992, 1301 (1306) – *Mita Industriel.*

[13] *EuGH* Slg. 1972, 1005 (1016) – *Haegeman*; Slg. 1976, 677 (686) – *Roquette*; so grundsätzlich auch noch *Hidien*, S. 29 f.; dazu auch *Koenig/Sander*, Rdnrn. 414 ff.; ebenso *Grabitz*, in: *Schweitzer* (Hrsg.), Europäisches Verwaltungsrecht, 1991, S. 196.

[14] Dazu oben § 6 Rdnrn. 6 ff.

[15] § 6 Rdnrn. 14 ff.

nungen. Der Schadensersatzanspruch nach Art. 288 II (Art. 215 II) EGV und der gemeinschaftsrechtliche Ersatzanspruch sind jeweils EG-rechtliche Ansprüche. Aber auch soweit das Verhältnis dieser beiden Ansprüche zueinander in Rede steht, ist der Schaden dem Mitgliedstaat aufgrund normativ wertender Erwägungen nicht zurechenbar.[16] Es handelt sich um dieselben Gründe, aus denen der Schadensersatzanspruch nach Art. 288 II (Art. 215 II) EGV gegenüber etwaigen Ersatzansprüchen nach Maßgabe des deutschen Staatshaftungsrechts vorrangig ist. Bei der Prüfung eines gemeinschaftsrechtlichen Staatshaftungsanspruchs kann aus eben diesen Gründen das Tatbestandsmerkmal der unmittelbaren Kausalität verneint werden. Oder es kann sogar schon vorher das Tatbestandsmerkmal einer hinreichend qualifizierten Verletzung von Gemeinschaftsrecht abgelehnt werden. Denn wegen der grundsätzlichen Pflicht der Mitgliedstaaten zur Befolgung und Umsetzung des Gemeinschaftsrechts bedeutet die Ausführung rechtswidrigen Gemeinschaftsrechts prinzipiell keine offenkundige und schwerwiegende Verletzung von höherrangigem Gemeinschaftsrecht.

## II. Scheinbare Konkurrenz

**13** Eine Haftung der deutschen öffentlichen Hand für den Vollzug rechtswidriger Gemeinschaftsakte kommt wie bereits oben ausgeführt[17] nur dann in Betracht, wenn die Rechtswidrigkeit des deutschen Ausführungsakts nicht nur auf der Rechtswidrigkeit des Gemeinschaftsakts beruht. So verhielt es sich im Fall *Kampffmeyer*.[18] Soweit nur diese selbständige oder auch isolierte Rechtswidrigkeit des deutschen Ausführungsakts und der dadurch verursachte Schaden in Rede stehen, kommt nur eine Haftung der deutschen öffentlichen Gewalt in Betracht. Ein Schadensersatzanspruch gegen die EG nach Art. 288 II (Art. 215 II) EGV scheidet insoweit aus. Denn der Erlaß des rechtswidrigen Gemeinschaftsakts war nicht kausal für den eingetretenen Schaden, bzw. es fehlt der Rechtswidrigkeitszusammenhang.[19] Wird daneben auch Ersatz desjenigen Schadens geltend gemacht, der nicht ausschließlich Folge der isolierten Rechtswidrigkeit des deutschen Vollzugsakts ist, haftet nur die EG.

**14** Beide Haftungssubjekte können gleichzeitig in Anspruch genommen werden. Eine echte Haftungskonkurrenz besteht jedoch nicht. Infolgedessen haften die deutsche öffentliche Hand und die EG auch nicht gesamtschuldnerisch. Eine gesamtschuldnerische Haftung[20] kann nur dann

---

[16] Ebenso im Ergebnis *Jarass*, S. 130; *Schockweiler*, EuR 1993, 128 f.

[17] Oben Rdnrn. 2 ff.

[18] *EuGH* Slg. 1967, 331 ff. – *Kampffmeyer*.

[19] Dazu oben Rdnrn. 2 ff.

[20] Dazu *Gilsdorf/Oliver*, Art. 215 Rdnr. 82; siehe auch *Borchardt*, in: *Lenz* (Hrsg.), EG-Vertrag, Art. 178 Rdnr. 12

in Erwägung gezogen werden, wenn eine klare Trennung zwischen den verschiedenen Rechtsverstößen und den daraus resultierenden Schadensfolgen nicht möglich ist.[21]

## III. Keine Haftung der deutschen öffentlichen Gewalt für den Vollzug rechtmäßigen Gemeinschaftsrechts

Wird rechtmäßiges Gemeinschaftsrecht durch deutsche Ausführungs- 15
akte vollzogen, sind letztere rechtmäßig, wenn die inhaltlichen Vorgaben des Gemeinschaftsakts strikt beachtet werden. Das gilt selbst dann, wenn der Vollzug im Einzelfall schwerwiegende Schäden (Sonderopfer) verursacht.[22] Die Zuerkennung von Entschädigungsansprüchen gegen die deutsche öffentliche Hand nach Maßgabe des deutschen Staatshaftungsrechts[23] – zu denken wäre an Ansprüche aus enteignendem Eingriff oder an Aufopferungsansprüche – scheidet auch in solchen Fällen aus. Denn auch hier würde die deutsche öffentliche Hand für Schäden haften, die nicht ihr, sondern der EG zurechenbar sind. Dafür ist das deutsche Staatshaftungsrecht aber nicht gemacht. Hinzu kommt, daß hier nur richterrechtlich geprägte Haftungsinstitute in Betracht kommen. Eine Haftung für rechtmäßiges Gemeinschaftsrecht und/oder dessen Vollzug läge jedoch weit außerhalb des Haftungsrahmens dieser Rechtsinstitute.

Hieran ändert sich auch nichts dadurch, daß derzeit eine gemein- 16
schaftsrechtlich begründete Haftung der EG für Sonderopfer, die durch rechtmäßiges Gemeinschaftsrecht bedingt sind, noch nicht anerkannt ist und insoweit eine Haftungslücke besteht. Die Nichthaftung der deutschen öffentlichen Hand für den Vollzug *rechtswidrigen* Gemeinschaftsrechts beruht auf dogmatischen und systematischen Erwägungen. Die Tatsache, daß wegen der Haftung der EG nach Art. 288 II (Art. 215 II) EGV keine Haftungslücke besteht, ist nicht entscheidend.[24] Gleiches gilt aber auch für den Ausschluß der Haftung der deutschen öffentlichen Hand für den Vollzug *rechtmäßigen* Gemeinschaftsrechts.

---

[21] Dazu *v. Bogdandy*, Art. 215 EGV Rdnrn. 58 f.
[22] Überzeugend *v. Bogdandy*, AöR 122 (1997), 287 f.
[23] Dafür *v. Bogdandy*, AöR 122 (1997), 288 ff.
[24] A. A. *v. Bogdandy*, AöR 122 (1997), 286.

# 3. Teil. Amtshaftung

## § 8. Grundlagen

**Literatur:** *Bettermann*, Rechtsgrund und Rechtsnatur der Staatshaftung, DÖV 1954, 299; *Heidenhain*, Amtshaftung und Entschädigung aus enteignungsgleichem Eingriff, 1965; *Jellinek*, Schadensersatz aus Amtshaftung und Enteignungsentschädigung, JZ 1955, 147; *Kaiser*, Die Staatshaftung gegenüber Ausländern, 1996; *Weber*, Das Verwaltungsverfahren, in: *Schweitzer* (Hrsg), Europäisches Verwaltungsrecht, 1991, S. 55.

### I. Begriffliches

1 Der historisch gewachsene Ausdruck „Amtshaftung“ bezeichnet die vermögensrechtliche Verantwortlichkeit der öffentlichen Gewalt für Schädigungen Dritter infolge schuldhaften, rechtswidrigen öffentlich-rechtlichen Verhaltens.[1] Dabei wird der Begriffsbaustein „Amt“ nicht institutionell, sondern funktionell verstanden. Entscheidend sind die öffentlich-rechtliche Natur und der deliktische Charakter der Handlung. Amtshaftung ist wesensmäßig *Amtshandlungshaftung*.[2] Das Begriffselement „Haftung“ setzt die Einstandspflicht eines Hoheitsträgers für das schädigende Verhalten voraus,[3] impliziert also dessen Zurechnung. Fehlt es hieran, spricht man – je nach Status des Handelnden – von Beamtenhaftung nach § 839 BGB oder von sonstiger *deliktischer Eigenhaftung* des Amtswalters nach § 823 BGB. Diese Verpflichtungen fallen *nicht* unter den Begriff der *Amtshaftung* im nachfolgend gebrauchten Sinne. Denn die hierzu entwickelten Grundsätze, z. B. zur restriktiven Handhabung der Subsidiaritätsklausel des § 839 I 2 BGB, finden auf sie nicht oder nur eingeschränkt Anwendung, weil die bei hoheitlichem Handeln verfassungsrechtlich geforderten besonderen Bindungen (Art. 20 III GG) nicht greifen. Sie verlangen ein besonderes Haftungsregime, das in Form der Amtshaftung bereitgestellt wird. Diese bildet den Mittelpunkt der hoheitlichen Staatsunrechtshaftung.

---

[1] Zu den geschichtlichen Wurzeln der Amtshaftung oben § 2 Rdnrn. 4, 7 ff.
[2] *Bettermann*, DÖV 1954, 299; *Dagtoglou*, in: BK, Art. 34 Rdnr. 7.
[3] Allgemeiner schon oben § 1 Rdnr. 5.

## II. Rechtliche Grundlage

### 1. Bedeutungsgehalt von § 839 BGB und Art. 34 S. 1 GG

Die Amtshaftung ist in § 839 BGB i. V. mit Art. 34 S. 1 GG geregelt. 2
Schon auf den ersten Blick fallen die ungewöhnlichen, nur entstehungsgeschichtlich zu erklärenden Unterschiede zwischen diesen Bestimmungen in bezug auf ihren Entstehungszeitpunkt (1.1.1900 – 23.5.1949), ihren Rang innerhalb der Normenhierarchie (förmliches Bundesgesetz – Verfassungsnorm) und ihre Rechtsnatur (bürgerliches Recht – öffentliches Recht) ins Auge. Sie haben eine kontroverse Diskussion hinsichtlich der rechtlichen Konstruktion und Struktur der Amtshaftung ausgelöst, die insb. die Anspruchsvoraussetzungen, den Anspruchsinhalt und die Passivlegitimation beeinflußt. Weitgehende Einigkeit besteht darüber, daß beide Vorschriften *gemeinsam* die *unmittelbar verbindliche Rechtsgrundlage* der Amtshaftung bilden.[4] Sie begründen eine objektiv-rechtliche Haftungsverpflichtung der staatlichen Gewalt, der ein gerichtlich durchsetzbarer Schadensersatzanspruch des einzelnen korrespondiert.

### 2. Zusammenwirken von § 839 BGB und Art. 34 S. 1 GG

*a) Überblick zum Meinungsstand*

Umstritten ist dagegen die Art und Weise des Zusammenwirkens dieser 3
Regelungen.[5] Es stehen sich im wesentlichen zwei Standpunkte gegenüber: Die vor allem historisch begründete, wohl noch herrschende Rechtsauffassung qualifiziert § 839 BGB als *deliktische Anspruchsnorm*, während Art. 34 S. 1 GG als *verfassungsrechtliche Zurechnungsnorm* angesehen wird. Die dort angesprochene Verantwortlichkeit werde durch die Merkmale des § 839 BGB ausgefüllt, die so begründete persönliche Haftung bei hoheitlichem Handeln verfassungskräftig schuldbefreiend vom Staat übernommen, die Passivlegitimation gleichsam nur verschoben.[6] Demgegenüber versteht eine im Vordringen befindliche Meinung den *Art. 34 S. 1 GG* als Ausdruck einer unmittelbaren Staatsverbandshaftung und somit als *eigentliche Anspruchsgrundlage*, die durch § 839 BGB nur konkretisiert werde. Zur Rechtfertigung wurde zunächst vor allem

---

[4] § 839 BGB gilt gem. Art. 123 I GG fort; zur unmittelbaren Verbindlichkeit des Art. 34 S. 1 GG schon oben § 3 Rdnr. 5.

[5] Einen Überblick zum Meinungsstand geben *Wieland*, in: *Dreier*, GG, Bd. II, Art. 34 Rdnr. 25 und *Bonk*, in: *Sachs*, GG, Art. 34 Rdnrn. 53 f.

[6] S. aus der Rspr. nur *BVerfGE* 61, 149 (198); *BVerfG*, NVwZ 1998, 271 (272); *BGHZ* 1, 388 (391); 13, 88 (92); 34, 99 (105); *BVerwGE* 13, 17 (23); aus dem Schrifttum *Heidenhain*, S. 43 f.; *Papier*, in: MünchKomm-BGB, § 839 Rdnrn. 117 ff.; *Ossenbühl*, S. 10 f., jeweils m. w. Nachw.

auf die „offene“ Formulierung dieser Verfassungsnorm abgestellt; in neuerer Zeit treten rechtsstaatliche Erwägungen in den Vordergrund.[7]

*b) Vorzugswürdige Auffassung*

4 Beide Ansichten geben aufgrund ihrer Eindimensionalität keine vollständig befriedigende Antwort. Die Interdependenzen zwischen § 839 BGB und Art. 34 S. 1 GG können weder auf die Schlagworte „Haftungsbegründung“ – „Haftungsverlagerung“ verkürzt noch durch weitgehende Zurückdrängung der zivilrechtlichen Vorschrift unter Berufung auf vermeintliche Bedeutungsgehalte der Verfassungsnorm geklärt werden.[8] Sie sind vielmehr durch eine ebenso komplexe wie komplizierte *Wechselwirkung* gekennzeichnet, wobei *Art. 34 S. 1 GG* eine *Doppelfunktion* zukommt. Er wiederholt einerseits Tatbestandsmerkmale des § 839 BGB, etwa die Drittbezogenheit der verletzten Amtspflicht, beauftragt den Gesetzgeber zu ihrer Ausgestaltung und sichert zugleich den Kerngehalt dieser Merkmale verfassungsrechtlich ab. Hierin spiegelt sich die Qualität des Art. 34 S. 1 GG als Verfassungsauftrag und Einrichtungsgarantie wider.[9] Andererseits entfaltet Art. 34 S. 1 GG eigenständige konturierende Wirkung hinsichtlich einzelner Haftungsvoraussetzungen, etwa der Person des Amtswalters,[10] sofern er sie abweichend von § 839 BGB regelt. Er modifiziert insoweit aufgrund seines aus der Verfassungsbindung der Gesetzgebung (Art. 20 III Halbs. 1 GG) abgeleiteten Vorrangs gegenüber formellem Bundesrecht die Tatbestandsmerkmale dieser Zivilrechtsnorm.[11] Rechtsmethodisch geschieht dies im Wege einer verfassungskonformen Auslegung, § 839 BGB wird also nicht ganz oder teilweise außer Kraft gesetzt; Art. 34 S. 1 GG „überlagert“, aber „bricht“ nicht.[12]

5 Umgekehrt öffnet sich dem Gesetzgeber ein *Spielraum für ergänzende Regelungen*, soweit Art. 34 S. 1 GG bestimmte Fragen offengelassen hat.[13] Exemplarisch hierfür ist das Verschuldenserfordernis, aber auch das Verweisungsprivileg; sie sind ausschließlich in § 839 BGB verankert, werden

---

[7] Vgl. schon *Bettermann*, JZ 1954, 299 (300); zuletzt *Jarass*, in: *Jarass/Pieroth*, GG, Art. 34 Rdnr. 1; in diese Richtung auch *Wieland*, in: *Dreier*, GG, Bd. II, Art. 34 Rdnr. 25.

[8] Krit. einerseits zu einem Wandel hin zu einer direkten Staatshaftung auf der Grundlage des Art. 34 GG schon *Wertenbruch*, JuS 1963, 180 (182); andererseits konstatiert *Jellinek*, JZ 1955, 147 (149), eine gewisse Loslösung des Art. 34 GG von seiner privatrechtlichen Grundlage.

[9] Einzelheiten oben § 3 Rdnrn. 7, 10 f.

[10] Dazu und zu weiteren Unterschieden zwischen den nicht deckungsgleichen § 839 BGB und Art. 34 S. 1 GG *Papier*, in: MünchKomm-BGB, § 839 Rdnrn. 125 f.

[11] Gegen eine spezifische Wirkkraft als Verfassungsnorm insoweit *Papier*, in: HdbStR VI, § 157 Rdnr. 14.

[12] Näher dazu oben § 3 Rdnrn. 10 f.; s. auch unten § 9 Rdnrn. 7, 61 ff.

[13] So müssen etwa bei einer (künftigen) Ausgestaltung der Amtshaftung die verfassungsrechtlichen Bindungen beachtet werden; das gilt insb. für die rechtsstaatlichen Wertentscheidungen des Art. 34 S. 1 GG und die grundrechtlichen Gewährleistungen.

durch die Haftungsüberleitung nicht derogiert, sondern bilden zusammen mit den in Art. 34 S. 1 GG hervorgehobenen Merkmalen die einheitliche rechtliche Grundlage des Amtshaftungsanspruchs. Die überschießenden Teile des § 839 BGB reichern den Regelungsgehalt der Amtshaftung an, ohne freilich verfassungskräftig abgesichert zu sein. Nur insoweit ist Art. 34 GG an § 839 BGB „angeseilt".[14]

## III. Rechtliche Einordnung

### 1. Merkmale der Amtshaftung

Geht man von der so interpretierten Rechtsgrundlage aus, kann die Amtshaftung in das vor die Klammer gezogene Raster staatshaftungsrechtlicher Klassifizierungsmerkmale[15] „eingepaßt" werden. § 839 BGB i. V. mit Art. 34 S. 1 GG begründen danach eine *ausschließliche, subsidiäre, mittelbare, verschuldensabhängige Unrechtshaftung des Staates* im hoheitlichen Funktionskreis. Anhand dieser Qualifizierung werden die aus der rechtlichen Konstruktion resultierenden Defizite des Amtshaftungsanspruchs sichtbar: Die primäre Ausrichtung auf das Innenverhältnis zwischen Amtswalter und Dienstherr, die vor allem bei einer Einschaltung von Privatpersonen und bei Verstößen gegen Innenrecht Zurechnungsprobleme bereitet; die Privilegierung des Staates durch Schutzklauseln (z. B. § 839 I 2 BGB), die ursprünglich auf den handelnden Beamten zugeschnitten waren und infolge der Haftungsübernahme sachlich kaum mehr zu rechtfertigen sind; das Festhalten am Verschuldensprinzip, was bei hoheitlich zugefügtem Staatsunrecht schon aus rechtsstaatlichen Gründen fragwürdig erscheint; schließlich die Aufspaltung des Rechtswegs bei primärem und sekundärem Rechtsschutz, die angesichts der Angleichung der jeweils anzulegenden Kontrollmaßstäbe zumindest unzweckmäßig ist.[16] 6

### 2. Rechtsnatur der Amtshaftung

Der Amtshaftungsanspruch ist ein *deliktischer Schadensersatzanspruch*, da er an die Schädigung durch eine unerlaubte Handlung des Amtswalters anknüpft, die dem Staat zugerechnet wird. Daran ändert Art. 34 S. 1 GG nichts, der ebenfalls von einem Unrechtstatbestand ausgeht. Schwieriger beurteilt sich die Frage nach der Rechtsnatur der Amts- 7

---

[14] Die in diesem Zusammenhang häufig gebrauchte Bezeichnung „anseilen" geht auf *Jellinek*, JZ 1955, 147 (149), zurück.

[15] Dazu oben § 1 Rdnrn. 10 ff.

[16] Vgl. an dieser Stelle nur die Begr. des StHG-E, BT-Dr 8/2079, S. 17 ff.; s. auch *Bender*, Rdnrn. 102 ff.

haftung; sie kann etwa bei einer Aufrechnung mit einem Amtshaftungsanspruch relevant werden.[17] Die Antwort muß wegen der Verzahnung von § 839 BGB und Art. 34 S. 1 GG notwendigerweise einheitlich ausfallen. Obgleich § 839 BGB isoliert betrachtet privatrechtlicher Natur ist, sieht die überwiegende Meinung den Amtshaftungsanspruch als *öffentlich-rechtlichen Anspruch* an.[18] Denn Art. 34 S. 1 GG bewirkt einen Austausch des Anspruchsgegners, eine Veränderung der Anspruchsvoraussetzungen und ihre rechtsstaatliche Unterfütterung; Amtshaftungsrecht wird dadurch zu Sonderrecht.

### 3. Systematische Stellung der Amtshaftung

#### *a) Verhältnis zur privatrechtlichen Deliktshaftung*

8 Die Amtshaftung und die Haftung des Staates aufgrund privatrechtlicher deliktischer Vorschriften stehen einander trennscharf in einem *Ausschließlichkeitsverhältnis* gegenüber. Die Grenzlinie markiert die Rechtsnatur des rechtswidrigen Handelns. Im privatrechtlichen Funktionskreis kommt nur eine Verantwortlichkeit des Staates aufgrund allgemeinen Deliktsrechts in Betracht. Die insoweit einschlägigen §§ 31, 89, 823 ff. BGB begründen im Gegensatz zur Amtshaftung eine unmittelbare, primäre, kumulative, gesamtschuldnerische Haftung, bei der die Eigenhaftung des Handelnden bestehen bleibt.[19] Dazu kann es ausnahmsweise auch bei öffentlich-rechtlichem Tätigwerden kommen, wenn die Überleitung der Haftung auf den Staat ausgeschlossen ist und die persönliche Verantwortlichkeit des Amtswalters aufrechterhalten werden soll. Letzteres ist durch Auslegung der jeweiligen Begrenzungsregelung zu ermitteln.[20]

---

[17] Die Problematik kann z. B. unter dem Gesichtspunkt der Gleichartigkeit der Forderungen anzusprechen sein, die aber bei übereinstimmendem Anspruchsgegenstand, also einer Schadensersatzleistung in Geld, zu bejahen ist; die öffentlich-rechtliche oder privatrechtliche Natur des Anspruchs spielt insoweit keine Rolle. Anders verhält es sich bei einer Aufspaltung des Rechtswegs; dabei hat die Problematik einer Aufrechnung mit einer rechtswegfremden Forderung inzwischen in § 17 II GVG eine ausdrückliche Regelung erfahren, die in Satz 2 den verfassungsrechtlichen Vorgaben der Art. 34 S. 3 und Art. 14 III 4 GG Rechnung trägt; dazu *Schenke/Ruthig*, NJW 1992, 2505 (2513 f.); *Gaa*, NJW 1997, 3343 (3345 f.).

[18] So etwa *Dagtoglou*, in: BK, Art. 34 Rdnr. 32 m. w. Nachw.; zweifelnd *Heidenhain*, S. 43 m. Fußn. 54; ihm folgend *Ossenbühl*, S. 11.

[19] Vgl. *Papier*, in: *Maunz/Dürig*, GG, Art. 34 Rdnr. 32; *ders.*, in: HdbStR VI, § 157 Rdnr. 10; zur Kritik an dieser Haftungsaufspaltung angesichts der grundsätzlichen Freiheit der Verwaltung hinsichtlich der Organisations- und Handlungsform unten § 9 Rdnrn. 30 ff.; zu ihren geschichtlichen Wurzeln oben § 2 Rdnrn. 7 ff.

[20] Einzelheiten unten Rdnrn. 13 ff.

*b) Verhältnis zum öffentlich-rechtlichen Primärrechtsschutz*

Der sekundäre Rechtsschutz in Form von Schadensersatz aufgrund Amtshaftung gemäß § 839 BGB i. V. mit Art. 34 S. 1 GG ergänzt den in Art. 19 IV GG i. V. mit den einschlägigen Grundrechten verankerten primären Rechtsschutz. *Komplementär*, aber funktional-temporal nicht neben-, sondern *nacheinander*, erfüllen sie rechtsstaatliche und grundrechtliche *Schutzfunktionen*. Bei rechtswidriger hoheitlicher Beeinträchtigung in subjektiven Rechten ist zunächst die Verhinderung eines (weiteren) Schadens und die Wiederherstellung des rechtmäßigen Zustandes durch Beseitigung des Eingriffsaktes aufgrund verwaltungsgerichtlichen Primärrechtsschutzes gewährleistet.[21] Ist dies nicht (vollständig) möglich, muß ein zivilgerichtlicher Sekundärrechtsschutz bereitstehen, der dem Geschädigten einen angemessenen und effektiven Schadensausgleich zubilligt.[22] Seine Nachrangigkeit kommt auch in § 839 III BGB zum Ausdruck; sie betrifft indes nur die zeitliche Reihenfolge, nicht aber die Wertigkeit dieses Verteidigungsmittels. 9

Diese Form des Zusammenwirkens ist vor allem auf die Verwurzelung beider Rechtsschutzformen im Rechtsstaatsprinzip und in den Grundrechten zurückzuführen. Die *gemeinsame verfassungsrechtliche Fundierung* führt außerdem zu einer gewissen Angleichung der Anspruchsvoraussetzungen. Das wird bei der Drittbezogenheit der Amtspflicht deutlich; sie ist an Kriterien geknüpft, die den Anforderungen für die Annahme eines subjektiven öffentlichen Rechts im Rahmen der öffentlich-rechtlichen Folgenbeseitigung weitgehend entsprechen.[23] Der Eingriff in diese Rechte wird so auf verschiedenen Ebenen in unterschiedlicher Weise sanktioniert. 10

## IV. Anwendungsbereich

### 1. Voraussetzung öffentlich-rechtlichen Handelns

Die Amtshaftung greift ausschließlich bei öffentlich-rechtlichem Verhalten ein, das dem Staat zuzurechnen ist; nur insoweit ist eine Haftungsüberleitung gerechtfertigt. Das kommt in der Wendung des Art. 34 S. 1 11

[21] Zur unter § 839 III BGB anzusprechenden Problematik, ob auch die Beseitigung der Eingriffsfolgen im Rahmen des öffentlich-rechtlichen Folgenbeseitigungsanspruchs zum in diesem Zusammenhang relevanten Primärrechtsschutz gehört, dessen vorwerfbare Nichtinanspruchnahme den Amtshaftungsanspruch ausschließt, unten § 10 Rdnrn. 58 ff.

[22] S. nur *H.-J. Vogel*, DVBl 1978, 657 (661); *Bonk*, in: *Sachs*, GG, Art. 34 Rdnrn. 4 f. m. w. Nachw.; dagegen will *Fetzer*, S. 33, in Ausnahmefällen eine völlige Sanktionslosigkeit zulassen.

[23] Das wird u. a. durch die Bezugnahme auf die Klagebefugnis nach § 42 II VwGO bei der Ermittlung der Drittbezogenheit der Amtspflicht deutlich, s. etwa *BGHZ* 125, 258 (259, 268); näher dazu unten § 9 Rdnrn. 108, 114 ff.

GG „in Ausübung eines ihm anvertrauten öffentlichen Amtes" zum Ausdruck. *Anwendungsbereich und Voraussetzungen* des Amtshaftungsanspruchs *überschneiden sich* an dieser Stelle. Zur Vermeidung eines „kopflastigen" Prüfungsaufbaus sollte die öffentlich-rechtliche Natur des (Amtswalter)Handelns erst bei den anspruchsbegründenden Tatbestandsmerkmalen geklärt werden, dort allerdings zwingend am Anfang, weil das einschlägige Haftungsregime und damit der weitere Fortgang der Untersuchung davon abhängen.

### 2. Vorrang spezieller amtshaftungsverdrängender Regelungen

12 Trotz hoheitlichem Tätigwerden scheidet eine Amtshaftung nach § 839 BGB i. V. mit Art. 34 S. 1 GG von vornherein aus, wenn spezielle Regelungen bestehen, die diese Anspruchsgrundlage verdrängen; in die Tatbestandsprüfung darf dann nicht eingetreten werden.

#### *a) Überblick zu den einschlägigen Bestimmungen*

13 Eine derartige *Ausschlußwirkung* entfalten nur solche sog. amtshaftungsverdrängenden Vorschriften, die entweder anstelle der Amtshaftung ein eigenes, spezielles, geschlossenes deliktisches Haftungssystem vorsehen oder die Haftungsüberleitung für bestimmte Personengruppen allgemein ausschließen; nicht ausreichend ist dagegen, wenn sie bloß den Tatbestand der Amtshaftung modifizieren. Beispiel hiefür ist etwa eine Beschränkung des Verschuldensmaßstabs durch kommunale Satzung; sie ist im Rahmen der Anspruchsbegrenzungen zu würdigen.[24]

14 Unter den so eingegrenzten amtshaftungsverdrängenden Sonderregelungen sind mit der erstgenannten Variante nach Wegfall der besonderen Posthaftung gem. §§ 11 ff. PostG a. F. infolge Privatisierung der Deutschen Bundespost[25] vor allem die *spezielle Haftung* des Bundes *gegenüber Soldaten* nach dem SVG für Wehrdienstbeschädigungen anzusprechen. Beispiel hierfür ist etwa die auf Weisung eines Bundeswehrarztes durchgeführte fehlerhafte Heilbehandlung eines Soldaten.[26] § 91 a I 1 SVG verweist insoweit auf die auf diesem Gesetz beruhenden Ansprüche. Weitergehende Leistungen nach allgemeinen gesetzlichen Regelungen, zu denen die Amtshaftung gem. § 839 BGB i. V. mit Art. 34 S. 1 GG und die privatrechtliche Deliktshaftung des Staates gem. §§ 31, 89, 823 ff. BGB zählen, können nach § 91 a I 2 SVG nur bei Schädigung durch vorsätzliche unerlaubte Handlung verlangt werden und sind im übrigen generell ausgeschlossen.

---

[24] Einzelheiten unten § 10 Rdnrn. 2 ff.

[25] Zu den Konsequenzen für die Amtshaftung *Windthorst*, JuS 1995, 791 (793); zur früheren Rechtslage nur *Loh*, Die Haftung im Postbetrieb, 1972, passim.

[26] *BVerfG*, NJW 1996, 2431 f.

Diese (Amts)Haftungsexklusion kann nicht schon mit dem Bestehen eines besonderen Gewaltverhältnisses gerechtfertigt werden, da die Grundrechte auch insoweit Geltung beanspruchen. Die (auch) im Hinblick auf Art. 34 S. 1 GG notwendige *Legitimation des Amtshaftungsausschlusses* durch § 91 a I SVG ist darin zu sehen, daß der Geschädigte im Gegenzug einen sicheren, schnellen, pauschalierten, grds. verschuldensunabhängigen Ausgleich erhält.[27] Dieser Grund bildet zugleich die Grenze dieser Haftungsbeschränkung. Bei Schäden, für die im SVG kein Ausgleich vorgesehen ist, bleiben die allgemeinen Anspruchsgrundlagen, zumal die Amtshaftung, anwendbar. § 91 a I SVG ist insoweit wegen der Gewährleistungen des Art. 34 S. 1 GG und der betroffenen Grundrechte verfassungskonform restriktiv zu interpretieren. 15

Erörterungsbedürftig bleibt die zweite Variante amtshaftungsverdrängender Sonderregelungen, die lediglich die *Haftungsübernahme des Staates* für bestimmte Personengruppen *ausschließen*. Sie finden sich vor allem in vorkonstitutionellen Gesetzen, etwa in § 5 RBHG, der einen Ausschluß der Staatshaftung für Gebührenbeamte (Nr. 1) und für Angehörige des auswärtigen Dienstes vorsieht (Nr. 2).[28] Weitere Beispiele sind die Notarhaftung nach § 19 I BNotO[29] und die besonders umstrittene, mittlerweile modifizierte Haftungsbegrenzung bei Schädigung von Ausländern durch Angehörige der Bundesverwaltung nach § 7 RBHG.[30] 16

### *b) Anforderungen an eine Haftungsbegrenzung*

Diese und andere Regelungen können nur dann eine Amtshaftung wirksam ausschließen, wenn sie den verfassungsrechtlichen Anforderungen genügen; diese ergeben sich vor allem aus *Art. 34 S. 1 GG* und *Art. 3 I GG*. Als „Einfallstor" für eine Beschränkung der Amtshaftung fungiert der Begriff „grundsätzlich" in Art. 34 S. 1 GG. Dahinter verbirgt sich ein 17

---

[27] *BVerfGE* 31, 212 (219).

[28] Gebührenbeamte sind im Unterschied zu besoldeten Beamten abgesehen von einer Entschädigung für den Dienstaufwand auf den Bezug von Gebühren angewiesen, wie etwa der Bezirksschornsteinfeger bei der Bauabnahme und der Feuerstättenbeschau, dazu *Ossenbühl*, S. 97 m. w. Nachw.; sie haften – anders als die Angehörigen des auswärtigen Dienstes (dazu unten Rdnr. 20) – persönlich, vgl. *Papier*, in: MünchKomm-BGB, § 839 Rdnrn. 337ff.; s. auch *BGHZ* 113, 71 (76), wonach die Mitglieder der Ortsgerichte in Hessen keine Gebührenbeamte sind, somit nicht persönlich haften.

[29] Für diese besondere Gruppe von Gebührenbeamten besteht eine in §§ 19, 46, 61 und 114f. BNotO speziell geregelte Eigenhaftung; eine Haftungsüberleitung auf den Staat ist gemäß § 19 I 4 BNotO ausgeschlossen; s. zuletzt *BGHZ* 135, 354 m. Anm. *Ossenbühl*, JZ 1998, 41 ff.; zum Ganzen auch *Haug*, Die Amtshaftung des Notars, 1989, Rdnrn. 6ff., ebda. i.V. mit Rdnrn. 374ff. auch zu Ausnahmen.

[30] Zur Änderung des § 7 RBHG durch Art. 6 AuslVG (BGBl 1993 I, S. 1394), der insb. eine Gleichstellung von Ausländern mit Wohnsitz in Deutschland und von Angehörigen der Mitgliedstaaten der EG vorsieht, *Ossenbühl*, S. 98ff.; zur neuen Rechtslage auch *Kaiser*, S. 41ff., 121ff.; zur alten Rechtslage *BVerfG*, NVwZ 1991, 661 f.; *Frowein*, JZ 1964, 358ff.; *Windthorst*, JuS 1995, 791 (793) m. Fußn. 1.

einfacher *Gesetzesvorbehalt*.[31] Er zielt nicht nur auf die Festlegung des passivlegitimierten Hoheitsträgers, sondern ermöglicht auch einen partiellen Ausschluß der Haftungsübernahme des Staates, der grds. die Eigenhaftung des Beamten im statusrechtlichen Sinne nach § 839 BGB wieder aufleben läßt.[32] Die grundsätzliche Anerkennung solcher Haftungsbegrenzungen ist nicht unumstritten geblieben. Sie stützt sich vor allem auf die Entstehungsgeschichte des Art. 34 S. 1 GG, der von dem durch Art. 131 WRV und die reichsgerichtliche Judikatur geprägten Rechtsverständnis nicht abweichen wollte, das in noch anzusprechenden Grenzen einen Ausschluß der Staatshaftung zuließ.[33] Der Annahme eines Gesetzesvorbehalts steht das Fehlen einer entsprechenden ausdrücklichen Ermächtigung nicht entgegen, da dies keine unerläßliche Voraussetzung dieser Form einer Begrenzung von Rechtsgewährleistungen ist.[34] Die prinzipielle Zulassung von Amtshaftungsbegrenzungen wird durch die Qualifizierung des Art. 34 S. 1 GG als institutionelle Garantie untermauert, die einzelne Durchbrechungen der Haftungsüberleitung auf den Staat erlaubt, sofern sie sachlich gerechtfertigt sind.[35]

**18** Begrenzungen der Staatshaftung nach § 839 BGB i. V. mit Art. 34 S. 1 GG sind aber (auch) aufgrund ihres Ausnahmecharakters strengen *Anforderungen* unterworfen. In *formeller Hinsicht* bedarf es eines vor- oder nachkonstitutionellen kompetenzkonformen Bundes- oder Landesgesetzes. Die erforderliche Rechtsqualität der Norm ist einerseits durch die Auswirkungen der Haftungsbegrenzung auf grundrechtliche und rechtsstaatliche Gewährleistungen, andererseits durch die allgemeinen Anforderungen an Rechtsbeschränkungen im Rahmen von Gesetzesvorbehalten bedingt. Danach ist grds. ein *förmliches Gesetz* erforderlich. Verordnungs- und satzungsrechtliche Beschränkungsregelungen werden dadurch aber nicht ausgeschlossen, sofern sie durch eine hinreichend bestimmte formelle Rechtsgrundlage gedeckt sind.[36]

**19** Die *Kompetenzverteilung* richtet sich nach den allgemeinen Zuständigkeitsregeln des Grundgesetzes (Art. 70 ff.), da Art. 34 S. 1 GG weder aus-

---

[31] *Sachs*, in: *Stern*, Staatsrecht III/2, 1994, S. 470 m. Fußn. 390; tendenziell ablehnend *Kaiser*, S. 127 ff. m. w. Nachw. zum Meinungsstand.

[32] Vgl. *BGHZ* 61, 7 (14); etwas anderes gilt in den seltenen Fällen, in denen die gesetzliche Regelung auch die Eigenhaftung ausschließen will, was eine entsprechende Gesetzgebungskompetenz voraussetzt (dazu unten Rdnr. 19) und beispielsweise bei der früheren Fassung der Posthaftung (oben Rdnr. 14) angenommen worden ist, dazu *Richter*, Der Ausschluß der Staatshaftung nach Art. 34 GG, Diss. München 1968, S. 89, 225.

[33] Die Fortführung der unter der WRV geltenden Rechtslage durch Art. 34 S. 1 GG wird auch durch die Übernahme der Formulierung des Art. 131 WRV belegt, der ebenfalls den Ausdruck „grundsätzlich" verwendete.

[34] So allgemeiner *Sachs*, in: *Stern*, Staatsrecht III/2, 1994, S. 370.

[35] S. schon oben § 3 Rdnrn. 7 f., unten § 10 Rdnrn. 3 f.; zu weiteren Rechtswirkungen der institutionellen Garantie unten Rdnr. 20.

[36] Näher zu den verfassungsrechtlichen Anforderungen an Beschränkungsregelungen in der Form von materiellen Gesetzen unten § 10 Rdnr. 5, § 21 Rdnr. 13.

drücklich noch verdeckt eine Gesetzgebungsbefugnis begründet, vielmehr ihr Bestehen voraussetzt.[37] Die Zuständigkeitsverteilung knüpft grds. an den durch das Innenverhältnis bestimmten Status des Amtswalters als Bediensteter des Bundes oder eines Landes an; bei Privatpersonen entscheidet das Zurechnungssubjekt. Wird auch die deliktische Eigenhaftung des Amtswalters ausgeschlossen, kann die gesetzliche Regelung nur vom Bund getroffen werden. Ein Landesgesetz würde kompetenzwidrig in den durch Art. 74 I Nr. 1 GG (Bürgerliches Recht) eröffneten und vom Bund grds. abschließend ausgeschöpften Kompetenzbereich (vgl. Art. 55, 77 EGBGB) hineinragen.

In *materieller Hinsicht* ist eine Beschränkung der Staatshaftung für 20
Amtswalterhandeln, die alle oder wesentliche Bereiche hoheitlicher Aufgaben erfaßt, durch die institutionelle Garantie des Art. 34 S. 1 GG ausgeschlossen. Im übrigen muß die Begrenzung auf Ausnahmefälle beschränkt, durch *gewichtige sachliche Gründe* des Gemeinwohls legitimiert und mit dem *Übermaßverbot* vereinbar sein.[38] So scheitert etwa der generelle Haftungsausschluß für Angehörige des auswärtigen Dienstes nach § 5 Nr. 2 RBHG schon an einem tragfähigen Rechtfertigungsgrund.[39] Im Einzelfall hängt die Zulässigkeit einer Beschränkungsregelung insb. von Art und Ausmaß der hiervon erfaßten Schäden sowie von etwaigen ersatzweise eingeräumten Kompensationsansprüchen ab.[40]

## V. Amtshaftung und Europäisches Gemeinschaftsrecht

Das Verhältnis zwischen deutschem Staatshaftungsrecht und Europäi- 21
schem Gemeinschaftsrecht ist allgemeiner schon – gleichsam vor die Klammer gezogen – ausführlich behandelt worden.[41] An dieser Stelle ist lediglich der speziellen Frage nachzugehen, in welchem Umfang und in welcher Weise der Amtshaftungsanspruch gemäß § 839 BGB i. V. mit Art. 34 S. 1 GG bei Sachverhalten mit Bezügen zum Europarecht Anwendung findet. Dieses Problem stellt sich stets dann, wenn Bedienstete des deutschen Staates oder der EG in Ausübung öffentlicher Gewalt auf der Grundlage von Gemeinschaftsrecht Dritten rechtswidrig Schaden zugefügt haben. Die Antwort hängt zunächst davon ab, welchem Hoheitsträger die *Unrechtshandlung zuzurechnen* ist. Die Weichen werden insoweit durch die *Art der Vollzugstätigkeit* gestellt.

---

[37] *BVerfGE* 61, 149 (191 ff.).

[38] Vgl. *BGHZ* 25, 231 (237 f.); 61, 7 (14); 62, 372 (377 f.).

[39] Zu Einzelheiten *Papier*, in: MünchKomm-BGB, § 839 Rdnrn. 338 f.

[40] Näher dazu anhand des Beispiels einer Haftungsbeschränkung durch kommunale Satzung unten § 10 Rdnr. 4.

[41] Vgl. oben § 6 Rdnrn. 48 ff., § 7 Rdnrn. 1 ff.; s. allgemeiner auch *v. Bogdandy*, AöR 122 (1997), 268 (271 ff.).

22 Bei *gemeinschaftseigenem Vollzug*[42] wird Gemeinschaftsrecht von Gemeinschaftsorganen ausgeführt. Diese Vollzugsform ist nur in den Ausnahmefällen zulässig, in denen das primäre Gemeinschaftsrecht dies ausdrücklich vorsieht, etwa bei der Entscheidung der Kommission über die Vergabe der Mittel aus dem Europäischen Sozialfonds nach Art. 147 (Art. 124) EGV oder beim Erlaß von Richtlinien gem. Art. 249 I (Art. 189 I) EGV. Das Verwaltungshandeln ist insoweit im Gemeinschaftsrecht geregelt oder findet jedenfalls dort seine rechtliche Grundlage.[43] Von den Gemeinschaftsorganen begangenes Unrecht ist allein der Gemeinschaft zuzurechnen; ihre Haftung beurteilt sich ausschließlich aufgrund von Gemeinschaftsrecht, insb. nach Art. 288 II (Art. 215 II) EGV.[44] Ein alternativer oder kumulativer Ersatzanspruch aus Amtshaftung oder enteignungsgleichem Eingriff ist ausgeschlossen.[45]

23 Beim Regelfall des *mitgliedstaatlichen Vollzugs*[46] wird Gemeinschaftsrecht dagegen von deutschen staatlichen Stellen vollzogen. Dies geschieht in der Weise, daß bindendes Gemeinschaftsrecht, also unmittelbar anwendbares Primärrecht, EG-Verordnungen oder EG-Richtlinien, in nationales Recht umgesetzt oder in sonstiger Weise ausgeführt werden oder daß beim Vollzug von deutschem Ausführungsrecht, etwa deutschen Gesetzen zur Umsetzung von EG-Richtlinien oder zur Ergänzung von EG-Verordnungen, gemeinschaftsrechtliche Vorgaben von den nationalen Behörden beachtet werden müssen. In den beiden erstgenannten Fällen kann man von unmittelbarer, im letztgenannten Fall von mittelbarer mitgliedstaatlicher Vollziehung sprechen.[47] Kommt es dabei zu rechtswidrigen Schädigungen Dritter, beurteilt sich die Zurechnung des Verhaltens und damit die Person des Haftenden nach dem *Grund des Fehlverhaltens*. Beim Vollzug von rechtmäßigem Gemeinschaftsrecht ist allein der Mitgliedstaat für das Handeln verantwortlich, beim Vollzug von rechtswidrigem Gemeinschaftsrecht hängt die Zurechnung davon ab, ob die Rechtswidrigkeit des deutschen Ausführungsaktes durch die Rechtswidrigkeit des Gemeinschaftsrechtsaktes bedingt ist. Bei Fehleridentität trifft die Einstandspflicht die EG, andernfalls den Mitgliedstaat.[48]

---

[42] S. zu dieser Vollzugsform nur *Huber*, § 23 Rdnrn. 1 ff.; z. T. ist gleichbedeutend auch von direktem Vollzug (etwa *Weber*, S. 55 [60]) oder von gemeinschaftsunmittelbarem Vollzug die Rede (etwa *Streinz*, Rdnrn. 464 ff., der weitergehend zwischen dem gemeinschaftsinternen Bereich und dem externen gemeinschaftsunmittelbaren Vollzug unterscheidet).

[43] Vgl. etwa *Streinz*, Rdnrn. 477 f.

[44] Einzelheiten oben § 5 Rdnrn. 17 ff., § 7 Rdnr. 5.

[45] Vgl. *Papier*, in: MünchKomm-BGB, § 839 Rdnr. 96 m. w. Nachw. unter Fußn. 286.

[46] Diese Vollzugsform wird häufig auch als indirekter Vollzug bezeichnet, s. etwa *Weber*, S. 55 (59 f.).

[47] So *Streinz*, Rdnr. 467.

[48] Näher dazu oben § 7 Rdnrn. 6 ff.; s. auch *Kadelbach,* JZ 1993, 1134 (1136 f.).

24 Ist das Verhalten anhand dieser Kriterien dem deutschen Staat zuzurechnen, *verlangt* das *Gemeinschaftsrecht*, daß es zu einer *Staatshaftung* kommt. Denn es ist nach Ansicht des *EuGH* ein (allgemeiner) Grundsatz des Staatshaftungsrechts, daß die Mitgliedstaaten zum Ersatz der Schäden verpflichtet sind, die dem einzelnen durch Verstöße gegen das Gemeinschaftsrecht entstehen, die diesen Staaten zurechenbar sind;[49] dieses Gebot erfüllt insoweit die Funktion, die in Fällen ohne Gemeinschaftsrechtsbezug allein vom Rechtsstaatsprinzip i.V. mit grundrechtlichen Gewährleistungen übernommen wird. Aus dem Gemeinschaftsrecht ergeben sich in obiger Konstellation zudem die *Mindestvoraussetzungen* für eine Haftung der Mitgliedstaaten.[50] Das gilt unabhängig davon, welches mitgliedstaatliche Organ durch sein Handeln oder Unterlassen den Verstoß gegen Gemeinschaftsrecht begangen hat.[51]

25 Unter Berücksichtigung dieser gemeinschaftsrechtlichen Vorgaben öffnet sich *Raum für* eine Anwendung des deutschen Staatshaftungsrechts, zumal der *Amtshaftung*. Denn bei mitgliedstaatlicher Vollziehung von Gemeinschaftsrecht richtet sich das Handeln gem. Art. 10 (Art. 50) EGV grds. nach nationalem Recht.[52] *Einschränkungen* können sich bei unmittelbarem mitgliedstaatlichen Vollzug ergeben, wenn dieser ausnahmsweise für einzelne Materien gemeinschaftsrechtlich geregelt worden ist, wie etwa für das Zollrecht durch den Zollkodex.[53] Solche Verfahrensvorschriften der EG gehen nationalem Recht vor, eine Amtshaftung des deutschen Staates nach § 839 BGB i.V. mit Art. 34 S. 1 GG dürfte jedenfalls insoweit ausgeschlossen sein, wie ihr Regelungsgehalt reicht. Im übrigen stellt sich die Frage, in welchem Umfang Merkmale des Amtshaftungsanspruchs bei der Um- und Durchsetzung der gemeinschaftsrechtlich gebotenen Staatshaftung einfließen.

26 Insoweit stehen sich *zwei Grundpositionen* gegenüber. Entweder man hält am *Amtshaftungsanspruch* als eigentlicher *Anspruchsgrundlage* fest und modifiziert seine Merkmale gemeinschaftsrechtskonform, um den vom *EuGH* entwickelten Anforderungen zu entsprechen.[54] So wird zwar dem Postulat nach einer grundsätzlichen Geltung des nationalen Rechts genügt, seine Regelungen müssen aber angesichts der zugrunde liegenden unterschiedlichen Haftungskonzeptionen in erheblichem Umfang durch

---

[49] S. nur *EuGH* Slg. 1991, 5357 (5414 f.) – *Francovich*; Slg. 1996, 1029 (1141) – *Brasserie du Pêcheur*; s. auch oben § 6 Rdnrn. 14 ff.

[50] Vgl. etwa *EuGH* Slg. 1996, 1029 (1149) – *Brasserie du Pêcheur*; Slg. 1996, 2553 (2612 ff.) – *Lomas*; s. auch oben § 6 Rdnrn. 30 ff., 52 ff.

[51] So ausdrücklich *EuGH* Slg. 1996, 1029 (1145) – *Brasserie du Pêcheur*; Einzelheiten unten § 9 Rdnr. 145.

[52] Vgl. nur *EuGH* Slg. 1983, 2633 (2665) – *Deutsche Milchkontor*; aus dem Schrifttum etwa *Streinz*, Rdnr. 479.

[53] Dazu *Witte*, in: *ders.* (Hrsg.), Zollkodex, 1994, Vor Art. 1 Rdnrn. 11 ff.

[54] Nachw. zu dieser Auffassung bei *Ossenbühl*, S. 525.

richterliche Rechtsfortbildung „zurechtgebogen" werden, was im Hinblick auf die auch bei dieser Auslegungsmethode zu beachtenden Grenzen, die etwa der Wortlaut zieht, nicht unbedenklich erscheint. Oder man formt mit der oben vertretenen Auffassung wegen der gemeinschaftsrechtlichen Verwurzelung und Natur dieses Anspruchs einen *eigenständigen gemeinschaftsrechtlichen Staatshaftungsanspruch*, bei dem Merkmale des nationalen (Amts)Haftungsrechts lediglich ergänzend herangezogen werden; sie entfalten insoweit allein bei der Behebung der Schadensfolgen, etwa der Bemessung des Umfangs des Ersatzes, und bei der gerichtlichen Durchsetzung des Anspruchs eigenständige Bedeutung, bieten im übrigen nur eine Orientierungshilfe für den Prüfungsaufbau.[55] Daneben bleibt der Amtshaftungsanspruch als eigenständiges Haftungsinstitut bestehen.[56]

**27** Allerdings ist bei diesem Ansatz bislang nicht abschließend geklärt, ob die *Merkmale des* parallel anwendbaren *Amtshaftungsanspruchs* einer *gemeinschaftsrechtskonformen Auslegung* unterliegen, d. h., ob er streng oder nur eingeschränkt dualistisch zu verstehen ist. Letzteres erscheint naheliegend.[57] Andernfalls könnten die gemeinschaftsrechtlich gebotenen Voraussetzungen durch ein Ausweichen auf das nationale Haftungsrecht unterlaufen werden. Das widerspräche der Forderung des *EuGH*, wonach sich die Voraussetzungen für die Begründung der Haftung des Staates für Schäden, die dem einzelnen wegen Verstoßes gegen das Gemeinschaftsrecht entstehen, nicht ohne Grund von den Voraussetzungen unterscheiden dürfen, die für die Haftung der Gemeinschaft unter vergleichbaren Umständen gelten.[58] Der *BGH* hat diese Frage zwar in einer neueren Entscheidung zum gemeinschaftsrechtswidrigen Handeln der Legislative ausdrücklich offen gelassen, dabei aber ebenfalls die *Kongruenz der Tatbestandsvoraussetzungen* für eine Haftung der Mitgliedstaaten und eine Haftung der Gemeinschaft betont.[59] Trotz dieser Angleichung muß der nationale Haftungsanspruch in diesen Fällen nicht zwangsläufig leerlaufen. Denn es bleibt den Mitgliedstaaten unbenommen, eine erweiterte und damit für den Betroffenen gegenüber dem gemeinschaftsrechtlichen Staatshaftungsanspruch günstigere Haftungsregelung zu treffen, sofern die vom *EuGH* aufgestellten Mindestanforderungen nicht unterschritten werden.

**28** Geringere Beachtung hat demgegenüber die Konstellation gefunden, daß bei mitgliedstaatlichem Vollzug von Gemeinschaftsrecht gegen *natio-*

---

[55] Einzelheiten oben § 6 Rdnrn. 48 ff. m. w. Nachw.; s. auch *Hidien*, S. 16 ff., 56 ff.
[56] Vgl. oben § 6 Rdnrn. 50, 56.
[57] Anders *Ossenbühl*, S. 525, der von einer Idealkonkurrenz ausgeht, bei der die Gestalt des nationalen Haftungsinstituts nicht berührt wird; s. auch oben § 6 Rdnrn. 8 ff., 50, 56.
[58] *EuGH* Slg. 1996, 1029 (1147) – *Brasserie du Pêcheur.*
[59] *BGHZ* 134, 30 (36 f.).

*nale Vorschriften* verstoßen und der Betroffene dadurch geschädigt wird; sie kann vor allem bei mittelbarer Vollzugstätigkeit relevant werden. Insoweit kommt allein der *Amtshaftungsanspruch* gem. § 839 BGB i. V. mit Art. 34 S. 1 GG zur Anwendung. Der gemeinschaftsrechtliche Staatshaftungsanspruch scheidet als Haftungsgrundlage aus, weil kein Zuwiderhandeln gegen Gemeinschaftsrecht vorliegt. Allerdings ist – jedenfalls soweit gemeinschaftsrechtlich begründete subjektive Rechte bestehen – sicherzustellen, daß deren Verwirklichung durch die Anwendung des nationalen Haftungsrechts weder praktisch unmöglich gemacht noch übermäßig erschwert wird; es bedarf daher eines vergleichbaren Schutzes.[60] Die Effektuierung dieses Grundsatzes verlangt die (Ein)Bindung und ggfs. *gemeinschaftsrechtskonforme Modifizierung* der in diesem Bereich geltenden Regeln des Mitgliedstaates, nicht aber ihre generelle Substitution und Derogation.

Bindungswirkung entfalten insoweit vor allem das *Effizienzgebot*[61] 29
und das *Diskriminierungsverbot*,[62] die als fundamentale Grundsätze des Gemeinschaftsrechts umfassend zur Anwendung gelangen. Sie können zur Unanwendbarkeit einzelner Regelungen und Tatbestandsmerkmale des deutschen Staatshaftungsrechts, zumal des Amtshaftungsanspruchs, führen oder zu ihrer gemeinschaftsrechtskonformen Auslegung zwingen.[63] Neuralgische Punkte sind vor allem das Verweisungsprivileg, das Verschuldenserfordernis und die Drittbezogenheit der Amtspflicht angesichts der abweichenden Konzeption des Gemeinschaftsrechts für die Annahme subjektiver (öffentlicher) Rechte. Einzelheiten werden bei der Darstellung des jeweiligen Tatbestandsmerkmals anzusprechen sein.[64]

[60] Vgl. *EuGH* Slg. 1996, 1029 (1147, 1153) – *Brasserie du Pêcheur* m. w. Nachw.; Slg. 1996, 2553 (2614) – *Lomas.*

[61] Das Effizienzgebot verlangt zur Sicherung der praktischen Wirksamkeit des Gemeinschaftsrechts, daß die Ausgestaltung oder Auslegung des nationalen Rechts nicht darauf hinauslaufen darf, daß die Verwirklichung des Gemeinschaftsrechts praktisch unmöglich gemacht oder behindert wird oder sein Inhalt und seine Tragweite beeinträchtigt werden, vgl. *Stelkens*, in: *Stelkens/Bonk/Sachs*, VwVfG, Einl. Rdnr. 133 m. w. Nachw.

[62] Das Diskriminierungsverbot soll eine gewisse Sorgfalt und Einheitlichkeit bei mitgliedstaatlichem Gemeinschaftsrechtsvollzug gewährleisten; das dabei angewendete nationale Recht darf nicht zu Lasten der Durchsetzung des Gemeinschaftsrechts ohne sachlichen Grund strenger ausgelegt werden, als wenn es um die Durchsetzung des materiellen deutschen Rechts ginge, vgl. *Stelkens*, a. a. O.

[63] Zur Geltung des Diskriminierungsverbots und des Effizienzgebots für die Haftung der Mitgliedstaaten bei mittelbarem Vollzug von Gemeinschaftsrecht *EuGH* Slg. 1996, 1029 (1146 ff.) – *Brasserie du Pêcheur.*

[64] Vgl. unten § 9 Rdnrn. 143 ff., 174, § 10 Rdnrn. 12 ff.

## § 9. Voraussetzungen der Amtshaftung

**Literatur:** *Bömer*, Amtshaftung und Vertrauensschutz, NVwZ 1996, 749; *Boujong*, Staatshaftung für legislatives und normatives Unrecht in der neueren Rechtsprechung des Bundesgerichtshofes, in: Festschr. f. Geiger, 1989, S. 430; *Burmeister*, Die Ersatzvornahme im Polizei- und Verwaltungsvollstreckungsrecht, JuS 1989, 256; *Czybulka/Jeand'Heur*, Das Amtshaftungsrecht in der Fallbearbeitung, JuS 1992, 396; *Deppert*, Die Rechtsstellung des Dritten im Baugenehmigungsverfahren, in: Festschr. f. Boujong, 1996, S. 533; *de Witt/Burmeister*, Amtshaftung für rechtswidrig erteilte Genehmigungen, NVwZ 1992, 1039; *v. Einem*, Amtshaftungsansprüche zwischen Hoheitsträgern, BayVBl 1994, 486; *Frenz*, Die Staatshaftung in den Beleihungstatbeständen, 1992; *Kreissl*, Die Haftung des Staates für den Einsatz privater Unternehmer – am Beispiel der polizeilich angeordneten Bergung eines Kraftfahrzeugs durch einen privaten Abschleppunternehmer, NVwZ 1994, 349; *Krohn*, Haftungsrechtlicher Vertrauensschutz bei rechtswidrigen baurechtlichen Genehmigungen, in: Festschr. f. Boujong, 1996, S. 573; *Meysen*, Der haftungsrechtliche Beamtenbegriff am Ziel? – BGH, NJW 1996, 2431, JuS 1998, 404; *Notthoff*, Die Haftung von Trägern öffentlicher Gewalt für durch Handlungen Privater verursachte Schäden, NVwZ 1994, 771; *B. Schmidt*, Der Irrtum des Kollegialgerichts als Entschuldigungsgrund?, NJW 1993, 1630; *Schoch*, Amtshaftung, Jura 1988, 585; *Tremml/Karger*, Der Amtshaftungsprozeß, 1998; *Windthorst*, Staatshaftungsrecht: 1. Teil. Die Amtshaftung, JuS 1995, 791, 892; *Wurm*, Drittgerichtetheit und Schutzzweck der Amtspflicht als Voraussetzung für die Amtshaftung, JA 1992, 1.

1 Die nachfolgend zugrunde gelegte Aufspaltung des Tatbestands der Amtshaftung in anspruchsbegründende und anspruchsbegrenzende Merkmale orientiert sich an den Rechtsfolgen, die an ihre Erfüllung geknüpft werden. In prozessualer Hinsicht spiegelt sich diese Unterteilung in der Verteilung der *Behauptungs- und Beweislast* wider. Für die Voraussetzungen der Amtshaftung ist der Kläger darlegungs- und ggfs. beweispflichtig, für die Begrenzungen der Beklagte. Einziger „Fremdkörper" in diesem System ist das Verweisungsprivileg (§ 839 I 2 BGB), das als negative Anspruchsvoraussetzung qualifiziert wird.[1] Seine Behandlung im Rahmen der Begrenzung der Amtshaftung rechtfertigt sich allein aufgrund seiner anspruchsausschließenden Wirkung. Eine abweichende Einteilung anhand der Kategorien „Anspruchsbegründung" – „Anspruchsüberleitung", die die rechtliche Verankerung der Amtshaftung in § 839 BGB und Art. 34 S. 1 GG auf den ersten Blick nahelegen könnte, scheidet wegen des vielschichtigen Zusammenwirkens dieser Bestimmungen aus.[2]

### I. Handeln in Ausübung eines anvertrauten öffentlichen Amtes

2 Diese Anspruchsvoraussetzung zerfällt in drei Bestandteile; sie umreißen die Person des Handelnden („Amtswalter"), die Rechtsnatur des

[1] Zur Verteilung der Behauptungs- und Beweislast in bezug auf das Verweisungsprivileg unten § 10 Rdnr. 7.
[2] Ausführlich dazu oben § 3 Rdnrn. 5 ff., § 8 Rdnrn. 2 ff.

Handelns („öffentliches Amt") und den Zurechnungszusammenhang („Handeln in Ausübung").

### 1. Amtswalter

#### *a) Begriff*

Der Terminus „Amtswalter" taucht im Text der rechtlichen Grundlage der Amtshaftung nicht auf. § 839 I und II BGB sprechen von „ein Beamter", Art. 34 S. 1 GG von „jemand". Die Bezeichnung „Amtswalter" dient als Kunst(be)griff zur Überbrückung der Divergenzen zwischen diesen Formulierungen. Dahinter verbirgt sich der haftungsrechtliche Beamtenbegriff. 3

#### *b) Inhalt*

Der *haftungsrechtliche Beamtenbegriff* hebt nicht auf die Stellung des Handelnden, sondern auf die Rechtsnatur der von ihm wahrgenommenen Aufgabe ab. Amtshaftung ist danach keine Statushaftung, sondern eine Funktionshaftung.[3] Maßgeblich ist nach der hier vertretenen, nicht unumstrittenen Auffassung[4] allein das Außenverhältnis zwischen Dienstherrn und Geschädigten, in das der Amtswalter mit Wissen und Wollen des Dienstherrn einbezogen worden ist. Dagegen spielt die rechtliche Ausgestaltung des Innenverhältnisses zwischen Amtswalter und Dienstherrn insoweit keine Rolle;[5] ihm kommt lediglich im Hinblick auf die Anforderungen für die Einbeziehung des Handelns in den öffentlich-rechtlichen Funktionskreis eine gewisse Bedeutung zu.[6] Beamter im haftungsrechtlichen Sinne[7] und somit Amtswalter ist daher jede natürliche Person, deren Tätigkeit dem hoheitlichen Funktionskreis zuzuordnen ist.[8] Amtshaftung ist nicht als Beamtenhaftung, sondern als Haftung für hoheitliche Schädigung Dritter durch einen Amtswalter zu begreifen. 4

#### *c) Rechtsdogmatischer Hintergrund*

Allein dieses Verständnis, dem sich auch die Rechtsprechung zunehmend annähert,[9] trägt den verfassungsrechtlichen Gewährleistungen 5

---

[3] *Ossenbühl*, S. 12.

[4] Anders etwa *Kreissl*, NVwZ 1994, 349 (350 ff.), der eine abweichende Haftungskonzeption zugrunde legt.

[5] Zumindest mißverständlich *BGHZ* 118, 304 (308), wonach der öffentlich-rechtlichen Ausgestaltung des Innenverhältnisses der Charakter des Außenverhältnisses entspricht.

[6] Dazu unten Rdnr. 9.

[7] Zum statusrechtlichen Beamtenbegriff *Ossenbühl*, S. 14 sowie unten Rdnr. 7.

[8] Vgl. *BGHZ* 118, 304 (305); dagegen genügen Personenvereinigungen des Privatrechts wohl nicht den Anforderungen des Amtswalterbegriffs, vgl. *Frenz*, S. 108 ff.; zum Sonderfall bei Beliehenen unten Rdnr. 14.

[9] Etwa *BGH*, NJW 1996, 2431 f.; zu älteren Auffassungen unten Rdnrn. 16 f.

Rechnung, die sich vor allem aus Art. 34 S. 1 GG ergeben. Er verlangt für Schädigungen im hoheitlichen Funktionskreis aus oben aufgezeigten Gründen, zumal zum Schutz des Geschädigten,[10] prinzipiell eine Haftung(sübernahme) des Staates. Soweit das Handeln diesem Aufgabenbereich zuzurechnen ist, kann die *Einstandspflicht* des Hoheitsträgers – auch im Hinblick auf die Grundrechtsbindung gem. Art. 1 III GG und den Gleichheitssatz nach Art. 3 I GG – *nicht vom Status* des Handelnden *abhängen*. Denn aus Sicht des Geschädigten ist es irrelevant, auf welcher rechtlichen Grundlage der Schädiger in den hoheitlichen Funktionskreis einbezogen worden ist. Entscheidend ist allein, daß er in diesem Bereich mit Einverständnis der öffentlichen Gewalt tätig wird.[11]

6 Diese Erkenntnis wird durch folgende allgemeineren Überlegungen unterstrichen: Nach einhelliger Ansicht berührt die rechtliche Stellung des Handelnden nicht die öffentlich-rechtliche Natur der Aufgabe.[12] Aus ihr ergeben sich besondere *Gemeinwohlbindungen des Staates*, die bei Zuwiderhandlung auf der Ebene des Sekundärrechtsschutzes – mediatisiert durch Art. 34 S. 1 GG – eine Staatsunrechtshaftung fordern. Sie bleiben solange bestehen, wie der Staat Träger dieser Aufgabe ist. Er kann diese Bindungen nur durch eine Entstaatlichung der Aufgabe im Wege einer materiellen Privatisierung abstreifen. Sie ist allerdings verfassungsrechtlich nur in beschränktem Umfang zulässig und verlangt zudem i. d. R. zumindest übergangsweise die Übernahme einer hoheitlichen Gewährleistungsverantwortung, die ihrerseits Anknüpfungspunkt für eine Staatshaftung sein kann.[13] Überträgt der Staat dagegen lediglich die Wahrnehmung der Aufgabe im Einzelfall oder auf Dauer auf Privatpersonen[14] oder bedient er sich ihrer Hilfe, bleibt er in der *Erfüllungsverantwortung*, die in eine *Haftungsverantwortung* umschlägt, soweit Dritte bei Ausführung der Aufgabe geschädigt werden. Im Rahmen des haftungsrechtlichen Beamtenbegriffs entfalten sich somit auf der Ebene des Sekundärrechtsschutzes die besonderen Bindungen, denen der Staat im hoheitlichen Funktionskreis unterliegt. Sie verhindern eine „Flucht ins Privatrecht“.[15]

7 Rechtsdogmatisch betrachtet entsteht der so verstandene Beamtenbegriff dadurch, daß der statusrechtliche Beamtenbegriff des § 839 BGB, der auf das Bestehen eines öffentlich-rechtlichen Dienst- und Treueverhält-

---

[10] Einzelheiten oben § 3 Rdnr. 5, § 8 Rdnr. 9.

[11] S. jetzt auch *BGH*, NJW 1996, 2431 f.; *Meysen*, JuS 1998, 404 (406).

[12] Vgl. nur *Burmeister*, JuS 1989, 256 (259) m. w. Nachw.

[13] So am Beispiel der Privatisierung des Fernmeldewesens *Windthorst*, Der Universaldienst im Bereich der Telekommunikation, Diss. München 1997, S. 181 f., 186 ff.

[14] Die Betrauung eines Privatrechtssubjekts mit der Durchführung einer öffentlichen Aufgabe bezeichnet man als formelle Privatisierung; dazu nur *Schoch*, DVBl 1994, 962; *Osterloh*, VVDStRL 54 (1995), 165 (166 ff.).

[15] S. nur *Burmeister*, JuS 1989, 256 (259) sowie unten Rdnr. 31.

nisses zum Staat oder einem anderen Hoheitsträger abstellt (§ 2 I BRRG), bei hoheitlichem Tätigwerden durch Art. 34 S. 1 GG im Wege einer *verfassungskonformen Auslegung* überlagert und erweitert wird. Der Wortlaut des § 839 BGB, der dieser Auslegungsmethode Grenzen zieht,[16] steht nicht entgegen, da er nicht zwingend an einen bestimmten Beamtenbegriff gekoppelt ist. Der Gesetzgeber ging zwar bei Erlaß des BGB vom statusrechtlichen Beamtenbegriff aus; dies geschah aber vor allem aus kompetenzrechtlichen Gründen. Bereits nach Inkrafttreten des Art. 131 WRV, der die Haftung auf den Staat überleitete, wurde § 839 BGB bei Zusammenwirken mit dieser Verfassungsnorm auch auf Nichtbeamte angewendet.[17] Der auf diese Weise „aufgeweichte" Beamtenbegriff des § 839 BGB wird durch die Gewährleistungen des Art. 34 S. 1 GG konturiert, ohne daß es einer formalen Anpassung des Normtextes bedarf.

Allerdings bildet der Art. 34 S. 1 GG zugrunde liegende Zweck, die 8
verfassungsrechtlichen Bindungen bei hoheitlichem Handeln auch im haftungsrechtlichen Bereich zu effektuieren, Grund und Grenze für die Ausdehnung des Beamtenbegriffs. Im privaten Tätigkeitskreis bleibt die rechtliche Stellung des Schädigers maßgeblich. Eine *Eigenhaftung nach § 839 BGB* kommt nur bei Beamten im statusrechtlichen Sinn in Betracht, etwa wenn ein verbeamteter Chefarzt bei der Behandlung von Privatpatienten seine Amtspflichten verletzt.[18] Ebenso verhält es sich, wenn bei hoheitlichem Handeln die Haftungsüberleitung auf den Staat ausnahmsweise ausgeschlossen ist.[19] Eine Erweiterung des Beamtenbegriffs des § 839 BGB ist insoweit unzulässig, da sie nur und erst durch die Übernahme der Haftung durch den Staat ihre Legitimation bezieht. Eine Aufspaltung dieses Junktims verbietet schon die konditionale Formulierung des Art. 34 S. 1 GG.[20]

### *d) Kriterien*

*aa) Ausgangspunkt.* Die grundsätzliche Ablösung des Amtswalterbe- 9
griffs vom Status des Handelnden bedeutet – wie bereits angesprochen – nicht, daß dieser Aspekt jegliche Relevanz für die Amtshaftung einbüßt;[21] er spielt vielmehr nach wie vor eine Rolle für die Anforderungen an die Zurechnung einer Schädigung zum hoheitlichen Aufgabenbereich. Nicht abschließend geklärt ist bislang, welche Zurechnungskriterien anzulegen

---

[16] So allgemeiner etwa *BVerfGE* 8, 28 (34); zuletzt etwa *BVerfGE* 85, 337 (352); 90, 263 (275); 95, 64 (93); w. Nachw. bei *Sachs*, in: *ders.*, GG, Einf. Rdnr. 54 m. Fußn. 96.

[17] Vgl. *RGZ* 105, 334 (335); 118, 325 (327 f.); 140, 423 (427 ff.).

[18] *BGHZ* 120, 376 (380 ff.).

[19] Dazu schon oben § 8 Rdnrn. 16 ff.

[20] A. A. *Papier*, in: MünchKomm-BGB, § 839 Rdnr. 128 m. w. Nachw. unter Fußn. 362.

[21] Anders *Ossenbühl*, JuS 1973, 421; *Frenz*, S. 101.

sind.[22] Das hängt maßgeblich vom jeweiligen *Ansatzpunkt* ab. Die Rechtsprechung stellt nach wie vor entscheidend auf die im *Innenverhältnis* eröffneten Einflußnahmemöglichkeiten des Staates auf das Tätigwerden des Amtswalters ab,[23] während es nach hier zugrunde gelegtem Verständnis auf seine erkennbare Einbeziehung in das *Außenverhältnis* ankommt. Der Ansatz des *BGH* legt eine weitergehende Unterscheidung anhand der Eingliederung des Handelnden in die Organisation eines Hoheitsträgers nahe. Denn sie weist auf ein Näheverhältnis zum Staat hin, von dem mit Blick auf das Innenverhältnis der Umfang der Einwirkungsbefugnisse abhängt. Nach dem abweichenden Ansatz (unten Rdnrn. 21 f.) ist diese Unterscheidung zwar nicht zwingend geboten, aber hinnehmbar, da sie mit Blick auf das Außenverhältnis indizielle Bedeutung für die Annahme einer Einbeziehung des Handelnden in die hoheitliche Aufgabenerfüllung entfaltet, die ihrerseits dem Staat zuzurechnen ist.

10 *bb) Angehörige der öffentlichen Gewalt als Amtswalter.* Unter den Sammelbegriff „Angehörige der öffentlichen Gewalt" fallen alle natürlichen Personen, die nicht nur vorübergehend der organisierten Staatlichkeit in ihren Erscheinungsformen als Exekutive, Judikative oder Legislative eingegliedert sind. Soweit sie Aufgaben ihres Hoheitsträgers mit öffentlich-rechtlichen Mitteln wahrnehmen, handeln sie in Ausübung eines anvertrauten öffentlichen Amtes. Dahinter steht wohl der Gedanke, daß die nach außen erkennbare Einbeziehung in den Organisationsbereich eines Hoheitsträgers einen *Zurechnungstatbestand* setzt, der im Normtext in der Formulierung „anvertraut" zum Ausdruck kommt. Eventuell notwendige Korrekturen, etwa bei vorsätzlicher Befugnisüberschreitung (sog. Exzeß), können im Rahmen des Kriteriums des Zusammenhangs vorgenommen werden.[24]

11 Auf die rechtliche Qualität des *Eingliederungsaktes* (z.B. Ernennung, Vertrag, Amtsübergabe) und die *Rechtsnatur des Innenverhältnisses* kommt es nicht an, da es aus Sicht des Geschädigten bedeutungslos ist, ob der hoheitlich handelnde Schädiger Beamter im statusrechtlichen Sinne ist, in einem sonstigen öffentlich-rechtlichen Dienstverhältnis (z.B. Zivildienstleistende, Wehrpflichtige) oder einem privatrechtlichen Dienstvertragsverhältnis (Angestellte und Arbeiter des öffentlichen Dienstes) zu einem Hoheitsträger (Bund, Länder, sonstige juristische Personen des öf-

[22] Nachw. zum Meinungsstand etwa bei *Frenz*, S. 98 ff., und bei *Ossenbühl*, S. 17 ff.

[23] So auf der Grundlage der sog. Werkzeugtheorie *BGHZ* 48, 98 (103); *BGH*, NJW 1971, 2220 (2221); NJW 1980, 1679; mit verändertem Ansatz, der eine gewisse Bewegung in der Rechtsprechung erkennen läßt, aber immer noch zu sehr auf das Innenverhältnis fokussiert, *BGHZ* 121, 161 (165 f.) m. insoweit krit. Anm. *Lüdemann/Windthorst*, DVBl 1993, 1084 f.; s. auch *BGHZ* 118, 304 (306 f.), wonach das Außenverhältnis bei öffentlich-rechtlicher Ausgestaltung des Innenverhältnisses ebenfalls öffentlich-rechtlicher Natur ist.

[24] Dazu unten Rdnrn. 53 f.

fentlichen Rechts) steht, oder ob er sich in einem öffentlich-rechtlichen Amtsverhältnis befindet (z. B. Mitglieder der Bundesregierung, einer Landesregierung oder eines Kreistags oder Gemeinderats).[25]

Zu letztgenanntem Personenkreis gehören auch *Parlamentsabgeordnete*. Sie befinden sich gem. Art. 48 II 1 GG in einem öffentlich-rechtlichen Mandatsverhältnis, das als sonstiges öffentlich-rechtliches Amtsverhältnis anzuerkennen ist. Die dagegen unter Berufung auf den Wortlaut, die Entstehungsgeschichte und die systematische Stellung des Art. 34 GG (und seines Vorgängers, des Art. 131 WRV) gestützten Bedenken[26] verkennen die rechtsstaatlichen Gewährleistungen dieser Verfassungsnorm, die eine generelle Haftungsfreistellung dieser Amtsträger nicht zulassen. Ihre Qualifizierung als Amtswalter i. S. der Amtshaftung verstößt zudem nicht gegen den Grundsatz der Indemnität (Art. 46 I GG). Dieses Verfassungsgebot schützt zwar auch vor Schadensersatzforderungen,[27] bietet aber keinen umfassenden Schutz, gilt etwa nicht bei Äußerungen der Abgeordneten außerhalb des Parlaments.[28] Außerdem erfolgt bei Schädigungen im hoheitlichen Funktionsbereich, in dem eine Amtswalterqualität dieses Personenkreises allein diskutiert wird, eine befreiende Schuldübernahme durch den Staat, so daß ihnen ohnehin keine Sanktionen drohen;[29] eine Verfolgung i. S. des Art. 46 I GG ist daher nicht gegeben. Ihre fehlende Einbindung in ein (hierarchisches) Dienstverhältnis (Art. 34 S. 1 GG: „in deren Dienst er steht“) und die Garantien des Art. 38 I GG lassen, ebenso wie bei anderen Amtsverhältnissen, die Verantwortung des Staates im Außenverhältnis unberührt. Vielmehr fordert der Grundsatz der haftungsrechtlichen Gleichbehandlung (Art. 3 I GG) i. V. mit Art. 34 S. 1 GG, daß Parlamentarier bei hoheitlichem Handeln, etwa der Verabschiedung von Gesetzen, als Amtswalter i. S. der Amtshaftung angesehen werden. 12

*cc) Privatpersonen als Amtswalter.* Personen, die nicht zum Kreis der Angehörigen der öffentlichen Gewalt gehören, werden nachfolgend als Privatpersonen bezeichnet. Anders als bei diesen wird bei ihnen aufgrund 13

---

[25] Weitere Einzelheiten bei *Papier*, in: MünchKomm-BGB, § 839 Rdnr. 129; zur Amtswaltereigenschaft der Angehörigen der Finanzverwaltung *Nissen*, Amtshaftung der Finanzverwaltung, 1997, S. 15 f., 54.

[26] So insb. *Bettermann*, Die Grundrechte III/2, 1959, S. 779 (836); a. A. *Scheuing*, in: Festschr. f. Bachof, 1984, S. 343 (356 f.).

[27] Vgl. *Schulze-Fielitz*, in: *Dreier*, GG, Bd. II, Art. 46 Rdnr. 18 mit Fußn. 68.

[28] S. etwa *Magiera*, in: *Sachs*, GG, Art. 46 Rdnr. 5 m. w. Nachw.

[29] Eine durch Art. 34 S. 2 GG ohnehin nur begrenzt zugelassene Regreßpflichtigkeit besteht bei Parlamentsabgeordneten wegen Art. 46 I GG nicht, vgl. *Ruland*, Der Staat 14 (1975), 457 ff.; *Schenke*, DVBl 1975, 121 (125 f.); anders verhält es sich bei Organwaltern kommunaler Gebietskörperschaften, etwa (Gemeinde)Ratsmitgliedern, sofern ein Kommunalgesetz, etwa § 39 IV Nds.GO, ihre Ersatzpflicht vorsieht. Art. 46 GG steht insoweit nicht entgegen, da diese Organwalter nicht der Legislative zugerechnet werden; s. auch *Teschner*, Die Amtshaftung der Gemeinden nach rechtswidrigen Beschlüssen ihrer Kollegialorgane, 1990, S. 6 ff.

ihrer Stellung nicht hoheitliches, sondern privates Tätigwerden widerlegbar vermutet. Die Einbeziehung des Handelns von Privatpersonen in den öffentlich-rechtlichen Funktionsbereich erfordert daher einen *besonderen Zurechnungstatbestand.*[30]

14 Die erforderliche Zurechnung bereitet kaum Schwierigkeiten, wenn die Privatperson als sog. *Beliehener* tätig geworden ist. Darunter versteht man natürliche oder juristische Personen des Privatrechts, denen durch oder aufgrund Gesetz bestimmte hoheitliche Aufgaben und Befugnisse zur selbständigen Wahrnehmung im eigenen Namen übertragen worden sind.[31] Beliehene üben im Rahmen ihrer Beleihung Hoheitsgewalt aus, sie oder ihre Bediensteten werden dadurch zu Amtswaltern, die in Ausübung eines öffentlichen Amtes handeln.[32] Typisches Beispiel hierfür ist die Gutachter- und Prüfungstätigkeit der amtlich anerkannten Sachverständigen (vgl. z. B. §§ 19 II, 20 II, 21 S. 3 StVZO) eines privatrechtlich organisierten Technischen Überwachungsvereins (TÜV).[33] Die Beleihung stellt sich haftungsrechtlich als gegenständlich beschränkter, antizipierter Zurechnungstatbestand dar, der die Einbeziehung des Verhaltens in den hoheitlichen Funktionsbereich rechtfertigt.

15 In sonstigen Fällen, zumal bei fehlender oder fehlerhafter (faktischer) Beleihung oder bei *selbständigen Privatunternehmern*, ist bis heute nicht abschließend geklärt, unter welchen Voraussetzungen ihr Handeln dem hoheitlichen Funktionskreis zugerechnet werden kann und sie damit als Amtswalter anzusehen sind. An dieser Stelle werden die Konsequenzen der unterschiedlichen konstruktiven Ansätze der Rechtsprechung und der hier vertretenen Lösung sichtbar; beide Wege werden deshalb nachfolgend gesondert dargestellt.

16 *(1) Zurechnungskriterien der Rechtsprechung.* Der *BGH* ließ zunächst die Einbeziehung des Verhaltens von Privatpersonen in den hoheitlichen Aufgabenbereich nur unter äußerst restriktiven Voraussetzungen zu. Er verlangte, daß der Private als „verlängerter Arm" der öffentlichen Hand

[30] Insoweit spielt es keine Rolle, ob sie selbst als Amtswalter anzusehen sind oder ob ihr Verhalten einem Amtswalter und damit dem Staat zuzurechnen ist. Die Rechtsprechung erkennt wohl nur Beliehenen eigene Amtswalterqualität zu und begnügt sich bei (sonstigen) Privaten mit einer Zurechnung. Versteht man mit der hier vertretenen Auffassung den Amtswalterbegriff als reinen Funktionsbegriff, löst ihn damit vom Innenverhältnis, erscheint eine Qualifizierung dieser Personen als Amtswalter naheliegend; zur Amtswaltereigenschaft juristischer Personen oben Fußn. 8.

[31] Vgl. nur *Frenz*, S. 21 ff. m. w. Nachw.

[32] Anders verhält es sich bei Trägern eines privaten Amtes, beispielsweise einem Vormund (anders beim Amtsvormund) und bei einem vom Gericht beauftragten Sachverständigen; ihr Handeln wird nicht in den hoheitlichen Funktionskreis einbezogen, da es an dem dafür erforderlichen engen sachlichen Zusammenhang zu diesem Bereich fehlt, vgl. *BGHZ* 59, 310 (312 ff.); 100, 313 (315); weitere Beispiele bei *Papier*, in: MünchKomm-BGB, § 839 Rdnr. 132.

[33] *BGHZ* 49, 108 (111 ff.); 122, 85 (87 f.); weitere Beispiele bei *Ossenbühl*, S. 15 ff.

auftrat und durch Weisungen „wie ein Werkzeug“ gelenkt werden konnte.[34] Auf der Grundlage dieser sog. „*Werkzeugtheorie*“ kreierte die Rechtsprechung die Rechtsfigur des (unselbständigen) *Verwaltungshelfers*. Hinter diesem Zurechnungstopos verbergen sich Privatrechtssubjekte, die einen Hoheitsträger bei der Erfüllung öffentlicher Aufgaben in weisungsabhängiger, unselbständiger Stellung unterstützen. Beispiele hierfür sind der Schülerlotse oder ein Schüler, der auf Anweisung des Lehrers Hilfestellung beim Turnunterricht leistet.[35]

Diese Konstruktion ging unverkennbar vom antiquierten Verständnis 17 einer Inpflichtnahme im Rahmen einer obrigkeits-hoheitlichen Beziehung zwischen Staat und Bürger aus. Eine Zurechnung war nur in den seltenen, eng umgrenzten Fällen möglich, in denen Privatpersonen dem Staat bei der Wahrnehmung hoheitlicher Aufgaben als „Werkzeug“ dienten. Insbesondere die mit dem Ausbau der Leistungsverwaltung zunehmende Einschaltung selbständiger Privatunternehmer mit eigenem Entscheidungsspielraum, etwa einer privaten Elektrofirma, die von der Verkehrsbehörde mit der Herstellung einer Ampelanlage betraut worden ist, ließ sich mit diesem *restriktiven, starren Zurechnungskriterium* nicht erfassen.[36] Das führte zur verfassungsrechtlich bedenklichen Konsequenz, daß Hoheitsträger sich einer Amtshaftung bei Erfüllung öffentlicher Aufgaben durch deren Delegation auf nicht-weisungsgebundene Privatpersonen entziehen konnten. Nicht der von der Rechtsordnung vorgegebene Charakter des Außenverhältnisses, sondern die Gestaltung des Innenverhältnisses durch die staatliche Gewalt bestimmte Art und Gegner der Haftung. Das ermöglichte eine „*Flucht ins Privatrecht*“, mittels derer die öffentliche Hand sich ihrer grundrechtlichen und rechtsstaatlichen Bindungen teilweise entledigen konnte.[37]

Dieser Kritik hat die Rechtsprechung inzwischen teilweise Rechnung 18 getragen. Im Bereich der Eingriffsverwaltung, z. B. beim polizeilich angeordneten Abschleppen eines Fahrzeugs durch einen privaten Abschleppunternehmer, ist die Werkzeugtheorie durch einen *Katalog flexibler, wertender Zurechnungskriterien* ersetzt worden, die die Nähe des Handelns zum öffentlich-rechtlichen Funktionsbereich beschreiben. Sie richtet sich vor allem nach dem Charakter der wahrgenommenen Aufgabe, der Sachnähe der übertragenen Tätigkeit zu dieser Aufgabe und dem Ausmaß der Einbindung des Privaten in den behördlichen Pflichtenkreis. Je stärker die hoheitliche Rechtsnatur der Aufgabe in den Vordergrund tritt, je enger die Verbindung zwischen dieser vom Hoheitsträger zu erfüllenden

---

[34] *BGHZ* 48, 98 (103); *BGH*, NJW 1971, 2220 (2221); NJW 1980, 1679.
[35] *BGH*, VersR 1958, 705; *OLG Köln*, NJW 1968, 655; weitere Beispiele bei *Papier*, in: MünchKomm-BGB, § 839 Rdnr. 134.
[36] Vgl. *BGH*, NJW 1971, 2220 (2221).
[37] Kritisch etwa *Burmeister*, JuS 1989, 256 (259 ff.); *Notthoff*, NVwZ 1994, 771 (773); Nachw. zum Meinungsstand bei *Würtenberger*, JZ 1993, 1003.

Aufgabe und dem Verhalten des Privaten ist und je begrenzter sein Entscheidungsspielraum ist, desto näher liegt es, ihn als Beamten im haftungsrechtlichen Sinne zu qualifizieren.[38]

19 Dieser neue Zurechnungstopos *berücksichtigt* nunmehr neben dem Innenverhältnis auch das *Außenverhältnis*. Er tradiert einerseits Elemente der Werkzeugtheorie, wie die Entscheidungsgebundenheit des Unternehmers, hebt andererseits verstärkt auf den hoheitlichen Charakter der Aufgabe ab. Die öffentliche Hand soll sich jedenfalls bei Eingriffsverwaltung der Amtshaftung für fehlerhaftes Verhalten ihrer Bediensteten grundsätzlich nicht dadurch entziehen können, daß sie die Durchführung einer von ihr angeordneten Maßnahme durch privatrechtlichen Vertrag oder auf sonstige Weise auf eine Privatperson überträgt.[39]

20 Das ist ein Schritt in die richtige Richtung, weil insoweit der schon erwähnten Gefahr einer Haftungsaushöhlung durch Flucht ins Privatrecht begegnet wird. An die Stelle des Verwaltungshelfers ist die an § 831 BGB angelehnte Figur des „*Verrichtungsgehilfen im Bereich der Eingriffsverwaltung*" getreten. Eine wichtige Frage harrt freilich noch der höchstrichterlichen Klärung: Gelten diese oder evtl. sogar noch enger am Außenverhältnis orientierte Kriterien auch bei Einschaltung Privater im Bereich der Leistungsverwaltung? Der *BGH* hat dies zuletzt nicht mehr wie früher generell abgelehnt, sondern ausdrücklich offen gelassen.[40]

21 *(2) Abweichender Lösungsansatz.* Stellt man aus genannten Gründen[41] bei der Einbeziehung des Verhaltens von Privatpersonen in den öffentlich-rechtlichen Aufgabenbereich allein auf das Außenverhältnis ab, läßt sich die aufgeworfene Frage ohne dogmatische Brüche bewältigen. Eine Zurechnung ist unter *drei Voraussetzungen* geboten: Die Aufgabe muß dem hoheitlichen Funktionskreis zuzuordnen sein, der Private muß bei ihrer Wahrnehmung mit Wissen und Wollen der Behörde mitwirken[42] und darf dabei die ihm zugestandenen Befugnisse nicht vorsätzlich überschreiten (sog. Exzeß).[43] Dieser Maßstab für die Anerkennung als Amts-

---

[38] *BGHZ* 121, 161 (165 f.) m. Anm. von *Lüdemann/Windthorst*, DVBl 1993, 1084 f. und von *Würtenberger*, JZ 1993, 1003 ff.

[39] Vgl. *BGHZ* 121, 161 (166).

[40] Vgl. *BGHZ* 121, 161 (166), wonach der vorliegende Fall den Senat nicht nötigt, zur Kritik des Schrifttums an der Werkzeugtheorie abschließend Stellung zu nehmen; zur älteren ablehnenden Auffassung etwa *BGH*, NJW 1971, 2220 (2221).

[41] Einzelheiten oben Rdnrn. 5 ff.

[42] Dahinter steht der § 278 BGB zugrunde liegende allgemeine Rechtsgedanke, daß derjenige, der zur Erfüllung seiner Pflichten Hilfspersonen einschaltet, dem Geschädigten gegenüber für Schäden einstehen muß, die durch diese Personen in diesem Zusammenhang verursacht werden; dabei spielt es keine Rolle, ob sich diese Pflichten aus einem privatrechtlichen oder einem öffentlich-rechtlichen Rechtsverhältnis ergeben.

[43] Dieser Gesichtspunkt hat durch das Merkmal des Art. 34 S. 1 GG: „in Ausübung" eine normative Fundierung erfahren, vgl. oben Rdnr. 2; weitere Einzelheiten unten Rdnrn. 47 ff.

walter gilt bei Eingriffs- wie bei Leistungsverwaltung. Er beruht auf der auch in der Entscheidung des *BGH*[44] anklingenden Erkenntnis, daß es wegen der durch den hoheitlichen Charakter der Aufgabe ausgelösten rechtlichen Bindungen keinen Unterschied machen darf, ob die vollziehende Gewalt mit eigenen Kräften tätig wird oder Dritte einschaltet; zur Sicherung dieser Bindungen greift in beiden Fällen das Amtshaftungsregime ein.[45] Der ohnehin in die Kritik geratene Grundsatz von der Wahlfreiheit der Verwaltung hinsichtlich der Organisations- und Handlungsform[46] wird zwar als solcher nicht eingeschränkt, wohl aber verhindert, daß es dadurch zu einer Schlechterstellung des Geschädigten kommt.

Letztlich verfolgt diese Konstruktion eines „*Erfüllungsgehilfen im Hoheitsbereich*" auf der Ebene des Sekundärrechtsschutzes die gleichen Ziele wie das sog. Verwaltungsprivatrecht auf der Ebene des Primärrechtsschutzes. *Öffentlich-rechtliche Bindungen* werden auf das Verhalten Privater bzw. auf privatrechtliches Handeln *erstreckt,* um zu verhindern, daß sie leerlaufen, weil die Verwaltung ihren Gestaltungsspielraum entsprechend (aus)nutzt. Demzufolge kann das Tätigwerden Privater bei unzulässiger Aufgabenübertragung i. d. R. bereits durch Inanspruchnahme verwaltungsgerichtlichen Rechtsschutzes verhindert werden. Die den Schutz der Betroffenen effektuierenden Rechtsbindungen werden hier auf Primärrechtsschutzebene durch Begrenzung der organisatorischen Gestaltungsfreiheit der Exekutive sichergestellt, Verstöße durch gerichtliche Kassation sanktioniert. Dagegen sind Schädigungen, die im Rahmen einer zulässigen Aufgabendelegation auf Private erfolgen, dem Hoheitsträger grds. zuzurechnen und, soweit ihre Abwehr unmöglich oder unzumutbar ist (§ 839 III BGB), auf Sekundärrechtsschutzebene durch Amtshaftung auszugleichen. 22

## 2. Öffentliches Amt

### *a) Begriff*

Die Amtshaftung setzt als Sonderrecht der öffentlichen Gewalt voraus, daß der Amtswalter bei (Amts)Pflichtverstoß ein öffentliches Amt wahrgenommen hat. Dieses Erfordernis taucht zwar nicht in § 839 BGB, wohl aber in Art. 34 S. 1 GG auf, ist somit verfassungskräftig festgelegter Bestandteil dieses Haftungsregimes.[47] Es bildet eine unerläßliche Voraussetzung der dort angeordneten grundsätzlichen Haftungsübernahme und ist 23

[44] *BGHZ* 121, 161.
[45] S. auch *Notthoff*, NVwZ 1994, 771 (773); *Meysen*, JuS 1998, 404 (407 f.); a. A. *Kreissl*, NVwZ 1994, 349 (350 f.).
[46] Vgl. etwa *Erbguth/Stollmann*, DÖV 1993, 798 (799 ff.); *v. Danwitz*, JuS 1995, 1 (4 ff.), jeweils m. w. Nachw.
[47] Dazu schon oben § 3 Rdnr. 10.

untrennbar mit der Anerkennung als Amtswalter verbunden. Ebenso wie dieser Begriff ist auch das Merkmal „öffentliches Amt“ nicht organisatorisch-institutionell, sondern funktionell im Sinne von „*hoheitliches Handeln*“ zu verstehen.[48]

### *b) Inhalt*

24 Ein das Tatbestandsmerkmal „Ausübung eines öffentlichen Amtes“ ausfüllendes hoheitliches Handeln ist gegeben, wenn öffentliche Aufgaben in den Formen des öffentlichen Rechts wahrgenommen werden.[49] Typische Beispiele sind der Erlaß eines Verwaltungsakts, etwa einer Baugenehmigung, oder einer Rechtsnorm, etwa eines Bebauungsplans. *Öffentliche Aufgaben* sind sämtliche Angelegenheiten, deren Erfüllung im öffentlichen Interesse liegt.[50] Dabei fixiert das Gemeinwohl einerseits Grund und Ziel des Handelns, grenzt andererseits das Tätigkeitsgebiet ein. Öffentliche Aufgaben sind z. B. die Wahrung der öffentlichen Sicherheit oder die Gewährung von Sozialhilfe. Diese Beispiele belegen, daß sich hinter dem Merkmal „öffentliche Aufgabe“ ein weiter Bereich öffnet, der an seinen Rändern erhebliche Unschärfen aufweist. Denn sieht man einmal vom Kernbereich privater Persönlichkeitsentfaltung ab, besitzt jede Angelegenheit, die diesen Wirkungskreis überschreitet, einen irgendwie gearteten Gemeinwohlbezug.

25 Es bedarf daher einer näheren *Eingrenzung* der amtshaftungsrelevanten öffentlichen Aufgaben. Grundlage hierfür ist die Einordnung der Amtshaftung als spezifische Haftung für staatliches Unrecht, die den besonderen Rechtsbindungen in diesem Bereich Rechnung trägt. Das impliziert eine Zuständigkeit des Staates zum Tätigwerden. Öffentliche Aufgaben i. S. des § 839 BGB i. V. mit Art. 34 S. 1 GG sind daher nur solche Angelegenheiten, deren Wahrnehmung im öffentlichen Interesse liegt und dem Staat überantwortet ist.[51] Sie werden auch als *staatliche Aufgaben* bezeichnet.[52] Die hierfür notwendige Zuordnungsentscheidung ist bei einigen essentiellen öffentlichen Aufgaben, die ausschließlich und zwingend dem Staat vorbehalten sind, etwa der militärischen Verteidigung (Art. 87 a und b GG), bereits in der Verfassung selbst getroffen. Man spricht inso-

---

[48] Vgl. nur *BGHZ* 118, 304 (305); *Kreft*, in: BGB-RGRK, § 839 Rdnr. 74. „Handeln“ in diesem Sinne umfaßt neben positivem Tätigwerden auch ein Unterlassen.

[49] S. etwa *BGHZ* 116, 312 (314); 129, 23 (24) m. w. Nachw.

[50] Grundlegend *Peters*, in: Festschr. für Nipperdey, Bd. 2, 1965, S. 877 (878 ff.); s. auch *Isensee*, in: HdbStR III, § 57 Rdnr. 136.

[51] Das schließt jedenfalls außerhalb des Bereichs genuiner Staatsaufgaben (dazu sogleich) die Einschaltung von Privatrechtssubjekten in die Aufgabenerfüllung nicht aus, so daß die oben zum Amtswalterbegriff entwickelten Grundsätze (Rdnrn. 16 ff., insb. 21 f.) nicht ins Wanken geraten.

[52] Vgl. etwa *Isensee*, in: HdbStR III, § 57 Rdnr. 137; allgemein für eine Gleichsetzung von öffentlichen und staatlichen Aufgaben *Zeidler*, AöR 86 (1961), 361 (397 f.).

weit von originären oder genuinen Staatsaufgaben.[53] Im übrigen hängt eine Anerkennung als staatliche Aufgabe regelmäßig davon ab, ob ihre Erfüllung durch Gesetz oder sonstigen Rechtsakt (einem Teil) der staatlichen Gewalt zugewiesen worden ist, wie dies etwa beim Rettungsdienst in einigen Bundesländern der Fall ist.[54] Schließlich kann es auch genügen, daß sich der Staat einer öffentlichen Aufgabe annimmt, soweit verfassungsrechtliche, zumal grundrechtliche Gewährleistungen nicht entgegenstehen.

Geht man somit im Rahmen der Amtshaftung von einer Identität öffentlicher und staatlicher Aufgaben aus, fallen darunter vor allem Verwaltungsaufgaben, insb. der gesamte Bereich der *Eingriffsverwaltung*, aber auch Aufgaben der Legislative und Judikative, etwa der Erlaß von Gesetzen und gerichtlichen Entscheidungen.[55] Andererseits darf nicht jedes dem Staat zuzurechnende Verhalten in diesem Bereich als Ausübung eines öffentlichen Amtes angesehen werden; sonst würde das Amtshaftungsregime übermäßig aufgebläht und auf Sachverhalte erstreckt, bei denen die Anwendung dieses Sonderrechts sachlich *nicht* gerechtfertigt ist. Das gilt vor allem für *fiskalisches Handeln*, etwa den Kauf von Büromaterial durch eine Behörde, der mittelbar ebenfalls öffentlichen Interessen dient. 26

Um ein solches „Ausfransen“ der Amtshaftung zu verhindern, hat vor allem die frühe Rechtsprechung eine *negative Begriffsbestimmung* vorgenommen. Ausübung eines öffentlichen Amtes ist danach jede dienstliche Betätigung eines Amtsträgers einer mit der Wahrnehmung von Hoheitsrechten betrauten öffentlich-rechtlichen Körperschaft, die sich nicht als Wahrnehmung bürgerlich-rechtlicher (fiskalischer) Belange dieses Hoheitsträgers darstellt.[56] Mit diesem Ansatz kann freilich die spezielle Problematik einer unmittelbaren Erfüllung öffentlicher Aufgaben mit privatrechtlichen Mitteln nur unzureichend erfaßt werden, die auf der Ebene des Primärrechtsschutzes unter dem Aspekt des Verwaltungsprivatrechts diskutiert wird. 27

Die neuere Rechtsprechung stellt daher zusätzlich darauf ab, ob die öffentlichen Aufgaben in *Formen des öffentlichen Rechts* wahrgenommen werden.[57] Das ist unzweifelhaft dann anzunehmen, wenn sich der Staat der besonderen, vom öffentlichen Recht bereitgestellten Handlungsformen, z. B. in Gestalt eines Verwaltungsaktes i. S. des § 35 VwVfG, bedient. 28

---

[53] S. unter dem Aspekt einer Begrenzung der Privatisierungsmöglichkeit *Hengstschläger*, VVDStRL 54 (1995), 165 (174 f.).

[54] *BGHZ* 120, 184 (187) m. w. Nachw.

[55] Vgl. *BGHZ* 102, 350 (367); 109, 163 (166).

[56] *RGZ* 126, 28 (32); 147, 275 (278); aus neuerer Zeit etwa *BGHZ* 110, 253 (254), im Anschluß an *Kreft*, in: BGB-RGRK, § 839 Rdnr. 73.

[57] Explizit etwa *BGHZ* 116, 312 (314); 129, 23 (24); s. aus dem Schrifttum nur *Papier*, in: MünchKomm-BGB, § 839 Rdnr. 142.

Erfaßt werden aber auch Verhaltensweisen, die aus sonstigen Gründen dem öffentlichen Recht zuzuordnen sind, etwa weil sie auf öffentlich-rechtlicher Grundlage erfolgen[58] oder in einen öffentlich-rechtlichen Funktionszusammenhang eingebettet sind.[59]

29 Diese kumulativen Anforderungen an das Tatbestandsmerkmal „Ausübung eines öffentlichen Amtes" führen zu einer *Aufspaltung des Haftungsregimes*, die vor allem bei Aufgaben der Daseinsvorsorge sichtbar wird. Erleidet beispielsweise ein Benutzer bei der Inanspruchnahme des stadteigenen Schlachthofs infolge des Fehlverhaltens eines städtischen Bediensteten einen Schaden, kann er von der Stadt einen Ersatz aufgrund Amtshaftung nur verlangen, wenn sie die Einrichtung im Rahmen schlicht-hoheitlicher Leistungsverwaltung betrieben hat. Bei privatrechtlicher Ausgestaltung des Benutzungsverhältnisses soll dagegen nach h. M. nur eine Verantwortlichkeit des Hoheitsträgers aufgrund von Privatrecht in Betracht kommen.[60]

### c) Rechtsdogmatischer Hintergrund

30 Zur Rechtfertigung dieser generellen Ausgrenzung des Verwaltungsprivatrechts werden zwei miteinander verwobene Argumente herangezogen: Zum einen der schon erwähnte Grundsatz, daß die öffentliche Hand im Regelfall, soweit die Eigenart der betreffenden öffentlichen Aufgabe nicht entgegensteht, die *Wahlfreiheit* hat, ob sie diese mit Mitteln des Privatrechts oder hoheitsrechtlich erledigt;[61] demzufolge soll sie es in der Hand haben, durch entsprechende Ausgestaltung der Rechtsbeziehungen auch das Haftungsregime zu bestimmen. Zum anderen nehme der Staat nur beim Einsatz öffentlich-rechtlicher Mittel bzw. bei öffentlich-rechtlicher Ausgestaltung des Rechtsverhältnisses eine durch die Inanspruchnahme oder Anmaßung *rechtlicher Überlegenheit* begründete Sonderstellung ein, die die Anwendung eines besonderen Haftungsrechts rechtfertige, da der Bürger dann besonders schutzbedürftig sei.[62]

31 Die Tragfähigkeit dieser *Argumentation* ist schon aus den bei der Erörterung des Amtswalterbegriffs geltend gemachten Gründen *zweifelhaft*.[63] Denn die öffentlich-rechtliche Natur der Aufgabe und die damit einhergehenden rechtlichen Bindungen bleiben auch bei verwaltungspri-

---

[58] So z. B. *BGHZ* 49, 108 (112).

[59] Einzelheiten unten Rdnr. 44.

[60] S. nur *BGHZ* 60, 54 (56); *Papier*, in: MünchKomm-BGB, § 839 Rdnr. 148; im umgekehrten Fall einer öffentlich-rechtlichen Ausgestaltung kommt dagegen die Amtshaftung zum Zuge, vgl. *BGHZ* 61, 7 (10, 14).

[61] Vgl. *BGH*, MDR 1971, 994; *BGHZ* 60, 54 (59); *Menger/Erichsen*, VerwArch 61 (1970), 381 (375 m. Fußn. 21), jeweils m. w. Nachw.; s. auch oben Rdnr. 21 m. Fußn. 46; krit. *Ehlers*, in: *Erichsen*, Allg. Verwaltungsrecht, § 2 Rdnrn. 42 ff.

[62] So *Papier*, in: MünchKomm-BGB, § 839 Rdnr. 143.

[63] Näher dazu oben Rdnrn. 5 ff.; krit. auch *Ossenbühl*, S. 28.

vatrechtlichem Handeln bestehen; ihnen kann sich der Staat nicht durch eine „Flucht ins Privatrecht" entziehen, die die Amtshaftung ins Leere laufen läßt. Außerdem darf die Gestaltungsfreiheit der öffentlichen Gewalt jedenfalls dann nicht zu einer Schlechterstellung des Geschädigten führen, wenn er außerhalb des Verwaltungsrechtsverhältnisses steht, etwa als unbeteiligter Dritter in oben genanntem Schlachthof-Fall geschädigt wird, oder unfreiwillig in dieses einbezogen worden ist, etwa aufgrund eines durch Satzung festgelegten Zwangs zur Benutzung einer öffentlichen Einrichtung. Zu einer Schlechterstellung kann es in diesen Fällen vor allem dann kommen, wenn der Staat nach allgemeinem Deliktsrecht nicht verantwortlich ist, z. B. weil er sich nach § 831 I 2 BGB exkulpieren kann, der Verletzte somit einen leistungsfähigen Schuldner verliert.

Angesichts dieser rechtlichen Bedenken sollte die generelle *Ausgrenzung verwaltungsprivatrechtlicher Schädigungen* aus dem Geltungsbereich der Amtshaftung *aufgegeben* werden. Sieht man hiervon mit der h. M. ab, erscheint zumindest Zurückhaltung bei der Annahme dieser Exklusion geboten. So scheidet die von ihr vorausgesetzte Wahlfreiheit der vollziehenden Gewalt im Bereich der Eingriffsverwaltung ohnehin von vornherein aus mit der Folge, daß hier stets die Amtshaftung zum Zuge kommt.[64] Für den somit allein relevanten Bereich der Leistungsverwaltung ist bei Schädigung Dritter, die grds. durch Realakt erfolgt, eine Wahlfreiheit ebenfalls abzulehnen, da diesen gegenüber keine öffentlich-rechtlichen Mittel eingesetzt werden[65] bzw. mit ihnen kein Verwaltungsrechtsverhältnis besteht. Befindet sich der Verletzte in einem Rechtsverhältnis mit einem Hoheitsträger, ist eine privatrechtliche Ausgestaltung zudem bei unfreiwilliger Inpflichtnahme regelmäßig ausgeschlossen, da sie grds. den Einsatz hoheitlicher Mittel erfordert.[66] In den verbleibenden Fällen kann der Geschädigte etwaige Nachteile schon dadurch vermeiden, daß er keine rechtliche Beziehung mit der öffentlichen Gewalt eingeht. Begibt er sich gleichwohl „sehenden Auges" in eine erkennbar privatrechtliche Beziehung mit ihr, zeigt er sich damit konkludent mit der Geltung eines zivilrechtlichen Haftungsregimes einverstanden, daß ihn zudem nicht gänzlich rechtlos stellt (vgl. nur §§ 31, 89, 823 ff. BGB). Insoweit ist die Ablehnung einer Amtshaftung nicht zu beanstanden. 32

[64] So ausdrücklich *BGHZ* 121, 161 (165).

[65] Realakte sind als solche rechtlich neutral, können daher erst aufgrund des Funktionszusammenhangs dem öffentlichen Recht oder dem Privatrecht zugeordnet werden, vgl. unten Rdnr. 44.

[66] Vgl. *Kreft*, in: BGB-RGRK, § 839 Rdnr. 75.

### d) Vereinbarkeit mit Gemeinschaftsrecht

33 Fraglich ist, ob das Merkmal „Handeln in Ausübung eines öffentlichen Amtes“ bei mitgliedstaatlichem Vollzug von Gemeinschaftsrecht Geltung beansprucht. Dabei ist nach *Art der Verstoßes* zu unterscheiden:

34 *Verletzen* deutsche Stellen bei ihrer Vollzugstätigkeit *Regeln des Gemeinschaftsrechts*, können sie aufgrund des gemeinschaftsrechtlichen Staatshaftungsanspruchs zum Ersatz daraus resultierender Schäden verpflichtet werden. Das Tatbestandsmerkmal eines Handelns in Ausübung eines öffentlichen Amtes spielt bei diesem Anspruch (auch) wegen seiner Ableitung aus Art. 288 II (Art. 215 II) EGV keine Rolle.[67] Läßt man daneben den nationalen Amtshaftungsanspruch zur Anwendung kommen,[68] ergeben sich in bezug auf dieses Merkmal grds. schon deshalb keine Probleme, weil die insoweit relevanten Fälle i. d. R. bei unmittelbarem mitgliedstaatlichen Vollzug, etwa der Umsetzung von EG-Richtlinien, auftreten.[69] Hier bedarf es der Normsetzung durch die Mitgliedstaaten, so daß etwaige Schädigungen stets im Rahmen hoheitlicher Tätigkeit erfolgen. Im übrigen legt das Postulat kongruenter Haftungsvoraussetzungen bei Verletzung gemeinschaftsrechtlich verliehener subjektiver Rechte[70] es nahe, dem Erfordernis öffentlich-rechtlichen Verhaltens im Rahmen einer Amtshaftung jedenfalls dann keine Bedeutung beizumessen, wenn öffentliche Aufgaben mit privatrechtlichen Mitteln erfüllt werden, also – nach deutschem Sprachgebrauch – verwaltungsprivatrechtliches Handeln vorliegt.

35 Anders verhält es sich, wenn bei mitgliedstaatlichem Vollzug von Gemeinschaftsrecht *gegen Vorschriften des deutschen Rechts verstoßen* wird; hier könnte nach dem insoweit maßgeblichen deutschen (Amtshaftungs)Recht die Handlungsform auf das Haftungsregime durchschlagen. Das kann nicht durch eine entsprechende Anwendung des Art. 288 II (Art. 215 II) EGV verhindert werden, da die Amtshaftung hierfür keinen Raum läßt und zudem zweifelhaft ist, ob der dieser Vorschrift zugrunde liegende Gedanke einer Staatshaftung auch für privatrechtliches Handeln[71] in bezug auf das nationale Recht verallgemeinerungsfähig ist.

36 Eine Modifizierung des Merkmals „Handeln in Ausübung eines öffentlichen Amtes“ ist somit nur dann vorzunehmen, wenn das Erfordernis einer *gemeinschaftsrechtskonformen Auslegung* dies verlangt. Sie scheitert nicht schon an seiner Verankerung in Art. 34 S. 1 GG, da auch Verfassungsrecht Gegenstand dieser Auslegungsmethode sein kann.[72]

---

[67] Dazu und zu weiteren Gründen oben § 6 Rdnrn. 59 f.

[68] Dazu oben § 6 Rdnrn. 50, 56 f., § 8 Rdnr. 27.

[69] Zu dieser Vollzugsform oben § 8 Rdnr. 23.

[70] Vgl. *EuGH* Slg. 1996, 1029 (1147) – *Brasserie du Pêcheur*.

[71] Dazu oben § 5 Rdnr. 21.

[72] Vgl. nur *di Fabio*, NJW 1990, 947 (950); *Jarass*, EuR 1991, 211 (213, 220); *Scherzberg*, Jura 1993, 225 (232).

Allerdings setzt eine gemeinschaftsrechtskonforme Interpretation eine Kollision zwischen nationalem Recht und verbindlichen Regeln des Gemeinschaftsrechts voraus. Sie könnte vorliegend nur mit einem Verstoß gegen das Effizienzgebot[73] begründet werden, wenn der Geschädigte bei privatrechtlicher Vollzugstätigkeit durch die dann einschlägigen §§ 31, 89, 823 ff. BGB schlechter gestellt wird als durch § 839 BGB i. V. mit Art. 34 S. 1 GG bei öffentlich-rechtlicher Vollzugstätigkeit, die Durchsetzung eines gemeinschaftsrechtlichen subjektiven Rechts aus diesem Grund wesentlich erschwert werden würde. Das ist nach der geltenden Rechtsprechung des *BGH* wohl nicht anzunehmen.[74] Denn das Amtshaftungsrecht enthält im Gegensatz zu § 831 BGB keine ausdrückliche Exkulpationsmöglichkeit. Der *BGH* hat zwar beim Handeln von Privatpersonen im hoheitlichen Funktionskreis vergleichbare Grundsätze entwickelt,[75] diese führen aber allenfalls zu einer Gleich(„Schlecht")stellung, nicht aber zu einer Benachteiligung des Geschädigten.

Anders könnte die Beurteilung freilich dann ausfallen, wenn man sich mit der hier vertretenen Auffassung von der Figur des „Verrichtungsgehilfen bei Eingriffsverwaltung" löst und die Konstruktion eines „Erfüllungsgehilfen im Hoheitsbereich" zugrunde legt. Sie stellt nicht primär auf die internen Einflußnahmemöglichkeiten des Staates auf den Handelnden, sondern auf die objektive Einbettung des Verhaltens in den hoheitlichen Funktionskreis ab.[76] Eine Exkulpation scheidet dann aus, der *Geschädigte* würde somit bei privatrechtlicher Haftung *schlechter stehen*, was in der aufgezeigten Konstellation (oben Rdnr. 36) durch eine gemeinschaftsrechtskonforme Ausdehnung des Merkmals „Handeln in Ausübung eines öffentlichen Amtes" auf verwaltungsprivatrechtliches Tätigwerden verhindert werden müßte. **37**

### e) Ermittlung

Neben der inhaltlichen Festlegung bereitet auch die Ermittlung des hoheitlichen Charakters des Handelns Schwierigkeiten. Sie betreffen insbesondere das Verhältnis zwischen der Rechtsnatur der Aufgabe und der Rechtsform ihrer Durchführung. Die Rechtsprechung geht überwiegend dezisionistisch vor, läßt jedenfalls kaum verallgemeinerungsfähige dogmatische Ansätze erkennen. Aus der Flut von Entscheidungen können folgende Kriterien „herausgefiltert" werden, die einen übergreifenden Geltungsanspruch entfalten und in einem Stufenverhältnis zueinander stehen: **38**

---

[73] Zum Inhalt dieses gemeinschaftsrechtlichen Grundsatzes oben § 8 Rdnr. 29 m. Fußn. 61.

[74] Anders in bezug auf den gemeinschaftsrechtlichen Staatshaftungsanspruch oben § 6 Rdnr. 60.

[75] Einzelheiten oben Rdnrn. 18 f.

[76] Näher dazu oben Rdnrn. 21 f.

39 *aa) Kriterium der Handlungsform.* Erfolgt die Schädigung durch ein Verhalten, das in eine typisch öffentlich-rechtliche Handlungsform gekleidet ist, etwa einen Verwaltungsakt i. S. des § 35 VwVfG, ist das Merkmal „Ausübung eines öffentlichen Amtes" problemlos erfüllt. Die hoheitliche Natur des Tätigwerdens ergibt sich schon aufgrund der dabei benutzten öffentlich-rechtlichen Handlungsform, deren Einsatz der Erfüllung öffentlicher Aufgaben vorbehalten ist. Der Staat gibt durch die Wahlsolcher Mittel zu erkennen, daß er dem einzelnen in einer Position rechtlicher Überlegenheit gegenübertritt, die sich in der Verpflichtung zurBefolgung der in der Rechtshandlung enthaltenen Anordnung widerspiegelt. Die berechtigte oder angemaßte *Inanspruchnahme öffentlich-rechtlicher Mittel*, also von Sonderrecht, verlangt zum Schutz des Betroffenen als Ausgleich eine Sonderhaftung in Form der Amtshaftung.[77] Der Einsatz öffentlich-rechtlicher Handlungsformen erlaubt somit den *Rückschluß* auf den hoheitlichen Charakter der dabei verfolgten Aufgabe. Beispiele für solche öffentlich-rechtlichen Handlungsformen sind der Erlaß von förmlichen Gesetzen,[78] von Satzungen[79] und von gerichtlichen Entscheidungen.[80] Das breiteste Anwendungsfeld bieten freilich die schon erwähnten Verwaltungsakte, sei es in Form von Genehmigungen, sei es in Form hoheitlicher Ge- oder Verbote.[81]

40 Allerdings hilft die aus der Form des Tätigwerdens abgeleitete unwiderlegbare Vermutung nicht in allen Fällen weiter. Denn sie ist zum einen im Bereich des Leistungsverwaltung wegen der dort angenommenen Handlungsformenfreiheit nicht umkehrbar, läßt also nicht den Schluß zu, daß hoheitliche Aufgaben stets mit öffentlich-rechtlichen Mitteln zu erfüllen sind, wie die Amtshaftung dies verlangt.[82] Zum anderen versagt das Kriterium der Handlungsform beim Einsatz privatrechtlicher Mittel. Maßnahmen, die isoliert betrachtet durchaus privatrechtstypische Züge aufweisen, etwa der Abschluß eines Vertrages, können aufgrund des Funktionszusammenhangs als öffentlich-rechtlich zu qualifizieren sein.

---

[77] Vgl. auch *Papier*, in: HdbStR VI, § 157 Rdnr. 25; *ders.*, in: MünchKomm-BGB, § 839 Rdnrn. 142 f.; explizit auf die öffentlich-rechtliche Handlungsform stellt auch *BGHZ* 129, 23 (24) ab, obgleich die dort angesprochene Handlung (Hagelwarnung) nicht typischerweise der Erfüllung öffentlicher Aufgaben vorbehalten ist; *Frenz*, S. 100 f., hebt allein auf die öffentlich-rechtliche Handlungsform ab.

[78] *BGHZ* 102, 350 (367 f.).

[79] Beispielsweise die Aufstellung oder Änderung eines Bebauungsplans, der gem. § 10 BauGB als Satzung ergeht, vgl. *BGHZ* 106, 323 (325).

[80] Das gilt nicht nur für prozeßbeendigende gerichtliche Entscheidungen, wie z. B. Endurteile, sondern für alle nach außen wirkende Entscheidungen der Judikative, etwa die Zurückweisung des Klägers als Nebenklägervertreter durch den Richter einer Schwurgerichtskammer, *BGHZ* 109, 163 (166). In personeller Hinsicht sind Amtswalter i. d. S. neben Richtern auch Rechtspfleger, vgl. *BGHZ* 97, 184 (186).

[81] Z. B. eine atomrechtliche Teilgenehmigung, *BGHZ* 134, 268 (273), eine Baugenehmigung, *BGHZ* 123, 191 (195), oder ein Gebührenbescheid, *BGHZ* 113, 17 (18 f.).

[82] *BGHZ* 121, 161 (164); s. auch oben Rdnrn. 28 f.

*bb) Kriterium des Handlungszusammenhangs.* In diesen und sonstigen Fällen, in denen das Kriterium der Handlungsform nicht greift, ist auf den Zusammenhang abzustellen, in dem die schädigende Handlung steht. Entscheidend ist nach der in ständiger Rechtsprechung verwendeten Formel des *BGH*, ob die eigentliche Zielsetzung, in deren Sinn die Person tätig wurde, hoheitlicher Tätigkeit zuzurechnen ist und ob bejahendenfalls zwischen dieser Zielsetzung und der schädigenden Handlung ein so enger äußerer und innerer Zusammenhang besteht, daß die Handlung ebenfalls noch als dem Bereich hoheitlicher Betätigung angehörend angesehen werden muß.[83] Es kommt somit auf die *funktionale Zuordnung* des Verhaltens an.[84] Bei der Beurteilung dieses Erfordernisses kann weitergehend danach unterschieden werden, ob eine öffentlich-rechtliche Sonderverbindung vorliegt, in deren Rahmen die schädigende Handlung erfolgt ist. 41

*(1) Zuordnung im Rahmen einer öffentlich-rechtlichen Sonderverbindung.* Besteht zwischen Staat und Geschädigten eine öffentlich-rechtliche Sonderverbindung, etwa in Form eines Anstaltsbenutzungsverhältnisses, eines öffentlich-rechtlichen Dienstverhältnisses,[85] oder eines sonstigen öffentlich-rechtlichen Schuldverhältnisses[86] und steht das schädigende Verhalten mit diesem Rechtsverhältnis in dem geforderten funktionalen Zusammenhang,[87] ist ein Handeln in Ausübung eines öffentlichen Amtes anzunehmen. Dahinter steht der Gedanke, daß die Rechtsbeziehungen zwischen Staat und Bürger in diesen Fällen erkennbar dem öffentlichen Recht unterstellt worden sind. Diese Zuordnung kann (mittelbar) schon durch die Rechtsordnung vorgezeichnet sein, beispielsweise bei öffentlich-rechtlichen Verträgen, deren Abgrenzung gegenüber privatrechtlichen Verträgen von der (objektiven) Rechtsnatur des Vertragsgegenstandes abhängt.[88] Im übrigen ist maßgeblich, ob sich die vollziehende Gewalt für eine öffentlich-rechtliche Ausgestaltung entschieden hat, was vor allem bei schlichthoheitlicher Leistungsverwaltung in Betracht kommt. Anhaltspunkte für eine öffentlich-rechtliche Ausgestaltung sind die Regelung der Benutzung einer öffentlichen Einrichtung, etwa des Stadtparks, durch Satzung und die Erhebung einer Benutzungsgebühr. 42

---

[83] Vgl. etwa *BGHZ* 29, 38 (40 f.); 118, 304 (305) m. w. Nachw.; s. auch *BGHZ* 42, 176 (178), wo eine Aufspaltung in einen öffentlich-rechtlich und einen privatrechtlich zu beurteilenden Vorgang explizit abgelehnt wird.

[84] S. nur *BGHZ* 120, 84 (88).

[85] Entscheidend ist insoweit, daß ein solches Dienstverhältnis zwischen Staat und Geschädigten besteht, dieser also z. B. ein Beamter im statusrechtlichen Sinne ist, vgl. *BGHZ* 108, 230 (234 f.).

[86] Zu diesen Kategorien *Windthorst*, JuS 1996, 605 ff.; s. auch noch unten § 19 Rdnrn. 15 ff., § 21 Rdnrn. 2 ff.

[87] Näher dazu unten Rdnrn. 47 ff.

[88] S. nur *Bonk*, in: *Stelkens/Bonk/Sachs*, VwVfG, § 54 Rdnr. 76 m. w. Nachw.

43 Die für die Haftungszurechnung relevanten öffentlich-rechtlichen Sonderverbindungen können nicht nur durch Rechtsakte des Staates,[89] sondern auch durch Privatpersonen begründet werden, indem sie etwa die Erteilung einer hoheitlichen Genehmigung beantragen.[90] Wird im Rahmen eines solchen öffentlich-rechtlichen *Verfahrensrechtsverhältnisses*[91] der andere Beteiligte durch ein Verhalten verletzt, das dem Staat zuzurechnen ist, muß dieses ebenfalls als öffentlich-rechtlich qualifiziert werden. Das hat eine Amtshaftung zur Folge, das Haftungsregime teilt somit die Rechtsnatur der Sonderverbindung. Dieser Zugriff erleichtert vor allem die Einordnung von Realakten, etwa von Immissionen einer schlicht-hoheitlich betriebenen Kläranlage, die sonst einige Schwierigkeiten bereiten kann.[92] Denn das Kriterium der Handlungsform scheitert hier an der Realaktnatur der Schädigung, ein Rückgriff auf den hoheitlichen Charakter der Aufgabe, der die Einrichtung dient, birgt die Gefahr, daß die Freiheit der Verwaltung bezüglich der Wahl der Organisations- und Handlungsform nicht ausreichend beachtet wird. Allerdings ist neben der schon angesprochenen Einschränkung dieses Gestaltungsspielraums[93] zu bedenken, daß das Kriterium der öffentlich-rechtlichen Ausgestaltung der Sonderverbindung nur gegenüber dem(n) anderen Beteiligten der Sonderverbindung, etwa dem Benutzer einer kommunalen Einrichtung, Geltung beanspruchen kann, nicht aber gegenüber Dritten.[94] Werden letztere geschädigt oder fehlt es insgesamt an einer Sonderverbindung, sind andere Kriterien heranzuziehen.

44 *(2) Zuordnung aufgrund eines öffentlich-rechtlichen Funktionszusammenhangs.* Dieses Kriterium gelangt vor allem bei Schädigungen durch Realakt außerhalb öffentlich-rechtlicher Sonderverbindungen zur Anwendung. Erfaßt werden hauptsächlich Konstellationen, die im privatrechtlichen Funktionsbereich als *Verletzung absoluter Pflichten* ange-

---

[89] Beispiel hierfür ist neben der schon erwähnten satzungsrechtlichen Ausgestaltung der Benutzung öffentlicher Einrichtungen vor allem der Erlaß von Verwaltungsakten, die solche Sonderverbindungen begründen, etwa die polizeiliche Anordnung, ein Fahrzeug sicherzustellen, s. dazu *BGHZ* 121, 161 (164 ff.).

[90] Exemplarisch hierfür ist der Bauantrag als Voraussetzung des bauaufsichtlichen Genehmigungsverfahrens, vgl. *BGHZ* 39, 358 (360); zur Sonderverbindung zwischen Staat und Schulbuchverlagen aufgrund der Zulassung von Schulbüchern als Lernmittel und damit zusammenhängenden Amtshaftungsansprüchen wegen der Rechtschreibreform *Wagner*, NJW 1998, 1184 (1187).

[91] Zu diesem Begriff und zur Abgrenzung gegenüber dem eigentlichen Verwaltungsverfahren *Stelkens/Schmitz*, in: *Stelkens/Bonk/Sachs*, VwVfG, § 22 Rdnrn. 55 ff.

[92] Vgl. zu dieser Problematik nur *BGHZ* 97, 97 (102 ff.), wo das öffentlich-rechtliche Nachbarverhältnis wohl als öffentlich-rechtliche Sonderverbindung angesehen wird.

[93] Dazu oben Rdnr. 32.

[94] Das zeigt sich etwa bei Überschwemmungsschäden, die beim Betrieb der städtischen Kanalisation dem angeschlossenen Grundstückseigentümer (Benutzer) oder Anliegern (Dritte) entstehen, vgl. *BGHZ* 88, 85 (90 f.) = NJW 1984, 615 (617); *BGHZ* 109, 8 (9); 115, 141 (147 ff.); 125, 19 (24 f.).

sehen werden und einen deliktischen Schadensersatzanspruch nach § 823 I BGB begründen können. Als Anschauungsbeispiel dient die Schädigung Dritter infolge eines Verkehrsunfalls, der bei einer Dienstfahrt verursacht wird. Ein Handeln in Ausübung eines öffentlichen Amtes ist gegeben, wenn die Fahrt einer hoheitlichen Aufgabe diente und in dem gebotenen äußeren und inneren Zusammenhang mit ihrer Erfüllung stand;[95] die Inanspruchnahme von Sonderrechten nach § 35 StVO ist hierfür nicht erforderlich.[96] Die Nutzung eines privaten Pkw steht einer Zurechnung nicht entgegen, sofern sein Gebrauch zur sinnvollen Verwirklichung des hoheitlichen Zieles geboten gewesen ist.[97] Beispiele hoheitlicher Dienstfahrten sind etwa die Streifenfahrt eines Polizisten[98] oder die Fahrt einer Lehrerin zu einer Schulwanderung.[99] Eine weitere wichtige Fallgruppe, bei der auf den *Zweck* und den *Funktionszusammenhang des Handelns* abzustellen ist, bilden Schädigungen Dritter durch Immissionen, die beim Betrieb und bei der Nutzung öffentlicher Einrichtungen entstehen.[100] Zu nennen sind neben den schon angesprochenen Geruchsbelästigungen durch Kläranlagen vor allem Verkehrslärmimmissionen, die bei der Benutzung öffentlicher Straßen entstehen und i. d. R. dem Träger der Straßenbaulast oder der Straßenverkehrsbehörde zuzurechnen sind.[101]

*(3) Zuordnung aufgrund von Vermutungsregeln.* Erlauben die genannten Kriterien keine eindeutige Zuordnung des Verhaltens zum öffentlich-rechtlichen oder privatrechtlichen Funktionskreis, wird bei Hoheitsträgern der *öffentlich-rechtliche Charakter* ihres Handelns, soweit es im Zusammenhang mit den ihnen aufgrund öffentlichen Rechts zugewiesenen Aufgaben steht, solange *vermutet*, wie der entgegenstehende Wille, nach Maßgabe des Privatrechts zu Handeln, nicht deutlich in Erscheinung tritt.[102] **45**

Das gilt indes *nicht für* die Wahrnehmung von *Verkehrssicherungspflichten*, bei denen sich die Vermutung aus Gründen und in den Grenzen der haftungsrechtlichen Gleichbehandlung öffentlich-rechtlicher und privatrechtlicher Verkehrssicherungspflichten (Art. 3 I GG) umkehrt und **46**

---

[95] St. Rspr., vgl. nur *BGHZ* 29, 38 (40 f.); aus dem Schrifttum etwa *Papier*, in: MünchKomm-BGB, § 839 Rdnr. 172 m. w. Nachw. unter Fußn. 527.

[96] *BGH*, NJW 1992, 1227 (1228); zur Kritik s. *Papier*, in: MünchKomm-BGB, § 839 Rdnr. 173.

[97] *RGZ* 165, 365 (372); *BGHZ* 29, 38 (41); *BGH*, DÖV 1979, 865 f.; NJW 1992, 1227 (1228) m. w. Nachw.

[98] So schon *RGZ* 140, 415 (417).

[99] *BGH*, NJW 1992, 1227 (1228); weitere Beispiele bei *Ossenbühl*, S. 34 f.

[100] Dazu *Papier*, in: MünchKomm-BGB, § 839 Rdnrn. 168 f. m. w. Nachw.

[101] Vgl. *BGHZ* 64, 220 (222); zu den Zurechnungskriterien in diesen Fällen im Zusammenhang mit einem Anspruch auf Folgenbeseitigung *BVerwGE* 94, 100 (104); s. auch Rdnr. 43.

[102] Vgl. *Papier*, in: MünchKomm-BGB, § 839 Rdnrn. 146; *Ehlers*, in: *Erichsen*, Allg. Verwaltungsrecht, § 2 Rdnr. 35, jeweils m. w. Nachw.

bei Fehlen anderweitiger Zuordnungskriterien auf ein privatrechtliches Verhalten hindeutet. Daher ist insoweit grds. die Ausübung eines öffentliches Amtes abzulehnen, außer die Verkehrssicherungspflicht ist durch Rechtssatz öffentlich-rechtlich qualifiziert worden, was etwa bei öffentlichen Straßen durch einige Landesstraßengesetze geschehen ist.[103]

### 3. Handeln in Ausübung

47 Dieser letzte Baustein des Tatbestandsmerkmals „Handeln in Ausübung eines öffentlichen Amtes" zielt auf die Verbindung zwischen der hoheitlichen Aufgabe und der schädigenden Handlung.

#### *a) Begriff*

48 Der Amtswalter handelt *in Ausübung* eines öffentlichen Amtes, wenn zwischen der hoheitlichen Zielsetzung und dem Fehlverhalten ein so enger äußerer und innerer Zusammenhang besteht, daß die schädigende Handlung als dem hoheitlichen Aufgabenbereich zugehörig anzusehen ist. Das Verhalten muß in einer solchen Beziehung zu der unmittelbaren Verwirklichung des staatshoheitlichen Zieles stehen, daß es mit diesem einen einheitlichen Lebensvorgang bildet.[104] Das wurde etwa für die Gutachter- und Prüfungstätigkeit des TÜV-Sachverständigen angenommen, da sie mit der Erteilung der Erlaubnis durch die Straßenverkehrsbehörde aufs engste zusammenhängt und geradezu einen Bestandteil der von dieser Verwaltungsbehörde ausgeübten hoheitlichen Tätigkeit darstellt.[105]

#### *b) Funktion*

49 Das hinter dem Merkmal „in Ausübung" stehende Erfordernis eines Konnexes zwischen Schädigung und hoheitlicher Aufgabe spielte vor allem in der späten Rechtsprechung des *RG* eine Rolle.[106] Es wurde als Zurechnungskriterium in den Fällen herangezogen, in denen die schädigende Handlung einerseits nicht selbst unmittelbar die Verwirklichung des hoheitlichen Zieles erstrebte, andererseits aber auch nicht bereits aufgrund ihres äußeren Erscheinungsbildes zweifelsfrei dem privaten Rechtsverkehr angehörte.[107] Exemplarisch für diesen „Zwischenbereich"

---

[103] S. etwa § 7 V 1 BerlStrG; dazu *BGHZ* 123, 102 (103).

[104] So schon *RGZ* 165, 365 (370 ff.); 166, 1 (5 ff.); vgl. auch *BGHZ* 29, 38 (40 f.); 42, 176 (179); 100, 313 (314); *BGH*, NJW 1992, 1227 (1228).

[105] *BGHZ* 122, 85 (88).

[106] S. etwa *RGZ* 156, 401 (402 f.); 158, 83 (89 ff.); 161, 145 (150 ff.); 166, 1 (5 ff.).

[107] Entscheidend war insoweit nach Auffassung des *RG* die Ausgestaltung der Aufgabenwahrnehmung durch den Staat. Ein privater Rechtsverkehr wurde schon dann angenommen, wenn sich die Körperschaft zur Erreichung öffentlich-rechtlicher Ziele mit einem bestimmten Geschäft auf den Boden des bürgerlichen Geschäftsverkehrs be-

waren sog. Dienstfahrten. Hier sollte *verhindert* werden, daß ein *einheitlicher Lebensvorgang* für die rechtliche Wertung *auseinandergerissen* oder verschieden behandelt wird. Das gelang dadurch, daß solche und andere Handlungen, die nur mittelbar der hoheitlichen Aufgabenerfüllung dienten, diesem Funktionskreis zugeordnet wurden, sofern kein Fall des noch anzusprechenden Exzesses vorlag.[108]

Dieser ursprüngliche Anwendungsbereich des Kriteriums des Zusammenhangs ist mittlerweile schmäler geworden. Zum einen bedient sich die vollziehende Gewalt zunehmend der von der Rechtsordnung bereitgestellten öffentlich-rechtlichen Handlungsformen, etwa des Verwaltungsaktes, bei denen der notwendige Zusammenhang durch die rechtliche Ausgestaltung des eingesetzten Mittels impliziert ist. Zum anderen werden Handlungen, die bei isolierter Betrachtung privater Natur sind, etwa (Hilfs)Tätigkeiten von Privatpersonen, aufgrund eines breiter gefaßten Katalogs flexibler Zurechnungskriterien, in dem das Erfordernis eines engen Zusammenhangs aufgeht, verstärkt dem hoheitlichen Funktionskreis zugeordnet. Das Merkmal „in Ausübung" ist hier bereits bei der Qualifizierung des Handelns als Wahrnehmung eines öffentlichen Amtes zu erörtern.[109] Es dient insoweit als (ein) *wertendes Zurechnungskriterium*, tritt dabei an die Stelle der haftungsbegründenden Kausalität, die bei der Amtshaftung nicht gesondert zu prüfen ist, und ergänzt das funktionsbezogene Merkmal „öffentliches Amt". Eigenständige Bedeutung entfaltet es wohl nur noch in den erwähnten Mißbrauchsfällen, die allerdings in praxi selten auftreten, sowie bei Schädigungen durch Realakt. 50

*c) Inhalt*

Die durch das Merkmal „(Handeln) in Ausübung" geforderte Verbindung zwischen der hoheitlichen Zielsetzung und dem schädigenden Verhalten setzt kumulativ das Bestehen eines hinreichend engen äußeren und inneren Zusammenhangs voraus. Erstgenanntes Kriterium stellt auf den äußeren objektiven *Geschehensablauf* ab, letztgenanntes auf die innere subjektive *Motivationslage*. Ähnlich wie bei § 831 BGB ist zu prüfen, ob die Pflichtverletzung nur „bei Gelegenheit" erfolgt ist.[110] 51

*aa) Äußerer Zusammenhang.* Dieses Erfordernis begnügt sich mit einer räumlich-zeitlichen Einbettung der schädigenden Handlung in den hoheitlichen Funktionskreis. Es fehlt nur in den raren Fällen, in denen le- 52

---

geben hatte, vgl. *RGZ* 166, 1 (8) m. w. Nachw.; zur Bedeutung dieses Vorgangs für den für eine Amtshaftung erforderlichen äußeren Zusammenhang zwischen Schädigung und Aufgabenerfüllung unten Rdnr. 52 m. Fußn. 111.

[108] *RGZ* 158, 83 (93); 166, 1 (6); später auch *BGHZ* 16, 111 (112 f.); 42, 176 (179); zur Exzeßproblematik unten Rdnrn. 53 f.

[109] Näher dazu oben Rdnrn. 18 ff.

[110] So ausdrücklich *BGH*, NJW 1992, 1227 (1228) m. w. Nachw.

diglich eine lose, gelegenheitsmäßige Verbindung zum hoheitlichen Aufgabenbereich besteht, beispielsweise, wenn sich ein nicht im Dienst befindlicher Beamter mit seiner Ehefrau im Dienstgebäude trifft und dabei einen Dritten verletzt.[111] Dagegen berührt eine Überschreitung der Befugnisse durch den Amtswalter nicht den äußeren Zusammenhang, selbst wenn sie vorsätzlich erfolgt.[112]

53 *bb) Innerer Zusammenhang.* Dieses Zurechnungsmerkmal verlangt, daß sich aus der Natur des Amtsgeschäftes zwischen der hoheitlichen Zielsetzung und der pflichtwidrigen Handlung eine innere Beziehung dergestalt ergibt, daß Schädigung und Aufgabenerfüllung als einheitlicher Lebenssachverhalt erscheinen, der vom hoheitlichen Aufgabencharakter geprägt wird.[113] Der innere Zusammenhang bleibt angesichts der von der Amtshaftung vorausgesetzten Amtspflichtverletzung bei rechtswidrigem, zumal zuständigkeitswidrigem Tätigwerden bestehen. Er wird aus rechtsstaatlichen Erwägungen auch bei bewußter Befugnisüberschreitung grds. nicht unterbrochen, da es ein böswilliger, vermögensloser Schädiger sonst in der Hand hätte, dem Geschädigten durch sein Verhalten den Staat als leistungsfähigen Haftungsgegner zu entziehen.[114]

54 Etwas anderes gilt nur bei ausschließlich oder überwiegend durch sachfremde persönliche Gründe motiviertem Handeln. Als Beispiel ist die Tötung eines Einbrechers durch einen Polizisten zu nennen, der zwar im Dienst, aber allein aus Rache handelt.[115] In solchen *Mißbrauchsfällen* kann das Verhalten nicht dem Staat zugerechnet werden, eine Amtshaftung scheidet aus, es bleibt bei der persönlichen Verantwortlichkeit des Handelnden. Dagegen verlangt Art. 34 S. 1 GG zum Schutz des Geschädigten bei sonstigen (grob) fahrlässigen oder vorsätzlichen Amtspflichtverletzungen eine Haftungsübernahme durch die öffentliche Gewalt. Die daraus erwachsenden finanziellen Belastungen des Staates werden durch den Rückgriffsvorbehalt in Art. 34 S. 2 GG gemildert.

---

[111] Auf das Kriterium „im Dienst“ stellt insoweit auch der *BGH* ab (*BGHZ* 11, 181 [185 f.]); demgegenüber rückte das *RG* die Handlungsformenfreiheit in den Vordergrund und nahm einen fehlenden äußeren Zusammenhang schon dann an, wenn die öffentliche Gewalt hoheitliche Aufgaben erkennbar mit privatrechtlichen Mitteln erfüllen wollte, vgl. etwa *RGZ* 166, 1 (8) m. w. Nachw.; s. auch oben Rdnr. 49 m. Fußn. 107. Hieraus erklärt sich die Bedeutung, die das Kriterium des äußeren Zusammenhangs in der Rechtsprechung des *RG* genoß; zur gegenwärtigen Situation oben Rdnr. 50.

[112] Vgl. *BGHZ* 11, 181 (185 ff.); 69, 128 (132 ff.).

[113] *BGH*, NJW 1992, 1227 (1228) m. w. Nachw.; NJW 1992, 1310; s. auch *OLG Braunschweig*, NJW 1990, 2629 f.

[114] Vgl. dazu im Zusammenhang mit einem rechtswidrigen Fluglotsenstreik *BGHZ* 69, 128 (132 f.); s. auch noch unten Rdnr. 54.

[115] *BGHZ* 11, 181 (186 ff.) m. w. Nachw. zur Rspr. des *RG*.

## II. Amtspflichtverletzung

Der Amtshaftungsanspruch setzt nach dem Wortlaut des § 839 BGB i. V. mit Art. 34 S. 1 GG und der überwiegend zugrunde gelegten Konstruktion der Amtshaftung als übergeleitete Haftung die Verletzung einer Amtspflicht voraus.[116] 55

### 1. Begriff

Unter „*Amtspflichten*" versteht man die persönlichen Verhaltenspflichten des Beamten im haftungsrechtlichen Sinne in bezug auf seine Amtsführung. Sie entstehen und bestehen im Innenverhältnis zwischen Amtswalter und Dienstherr (Hoheitsträger), nicht im Außenverhältnis zwischen Hoheitsträger und Geschädigten. Zuordnungssubjekt von Amtspflichten ist die Person des Amtswalters; er wird bei der Ausübung eines öffentlichen Amtes durch sie gebunden, nicht hingegen der Dienstherr. Als „*Verletzung*" kommt in diesem Zusammenhang jedes Handeln oder Unterlassen in Betracht, das dieser Bindung zuwiderläuft. Beispiele einer Amtspflichtverletzung sind die Erteilung einer unrichtigen Auskunft[117] oder die Nichtentscheidung über einen ordnungsgemäß eingereichten Bauantrag.[118] 56

### 2. Entstehung

Amtspflichten ergeben sich aus dem gesamten Recht, das für den Amtswalter maßgeblich, d. h. bei der Ausübung eines öffentlichen Amtes von ihm zu beachten ist. Dazu gehört zunächst das Recht, das auf das Innenverhältnis bezogen ist und ihn insoweit bindet. Es kann prinzipiell in *Außenrechtssätzen* (Normen), etwa des einschlägigen Beamtenrechts, oder in *Innenrechtssätzen*, etwa in Verwaltungsvorschriften in Form von allgemeinen Dienstanweisungen enthalten sein;[119] Weisungen im Einzelfall sind in diesem Zusammenhang ebenfalls als bindendes Innenrecht zu behandeln. Daneben – in praxi: vor allem – ergeben sich Amtspflichten aber aus dem Recht, das den Staat im Außenverhältnis bindet. Dazu gehören alle geschriebenen und ungeschriebenen Normen des Bundes-, 57

---

[116] Zu den dagegen geltend gemachten rechtlichen Bedenken unten Rdnrn. 61 ff.; allgemeiner auch oben § 8 Rdnrn. 3 f.

[117] Vgl. im Zusammenhang mit mündlichen Erklärungen im Bauvoranfrageverfahren *BGHZ* 117, 83 (87 f.); s. auch unten Rdnrn. 80 ff.

[118] Dazu noch unten Rdnrn. 76 f.

[119] Zu diesen Kategorien *Wolff/Bachof/Stober*, Verwaltungsrecht I, § 24 Rdnrn. 7 ff., 21 ff.; *Maurer*, § 4 Rdnrn. 1 ff., 30, § 24 Rdnrn. 1 ff. Zu den zusätzlichen Anforderungen, unter denen ein Verstoß gegen Innenrecht als Amtspflichtverletzung anzuerkennen ist, unten Rdnrn. 89 f.

Landes- oder Gemeinschaftsrechts. Dabei spielt es keine Rolle, ob diese Regelungen dem öffentlichen oder dem privaten Recht zuzuordnen sind, sofern sie vom Staat befolgt oder beachtet werden müssen.[120]

**58** Als amtshaftungsrelevantes Außenrecht ist außerdem *Gewohnheitsrecht*, ggfs. auch *Richterrecht* anzusehen, sofern es eine Bindung der staatlichen Gewalt erzeugt, die der Gesetzesbindung nach Art. 20 III Halbs. 2 GG vergleichbar ist. *Ausgegrenzt* bleiben dagegen *Pflichten*, die sich *aufgrund* von *öffentlich-rechtlichen Verträgen* ergeben. Der *BGH* begründet die Nichtanwendung der Grundsätze der Amtshaftung beim Scheitern oder bei Nicht- oder Schlechterfüllung eines öffentlichen Vertrages u. a. damit, daß andernfalls die besonderen Regeln umgangen werden könnten, die für die gegenseitigen Leistungen aus dem öffentlich-rechtlichen Leistungsverhältnis gelten.[121] Dem ist im Ergebnis zuzustimmen,[122] wobei die Ablehnung entscheidend darauf gestützt werden sollte, daß Vertragspflichten keine gesetzesähnliche Rechtsbindung entfalten.

**59** Die prinzipielle Berücksichtigung von Rechtspflichten bei der Beurteilung einer Amtspflichtverletzung führt zu einer erheblichen Öffnung und Ausdehnung dieses Tatbestandsmerkmals, dem Amtshaftungsrecht wird dadurch erst „Leben eingehaucht". Hinter diesem Vorgehen steht die Überlegung, daß Hoheitsträger ihre öffentlichen Aufgaben durch Amtswalter erfüllen lassen können und müssen, da sie selbst handlungsunfähig sind, dadurch aber nicht von den Bindungen der Rechtsordnung freigestellt werden. Diese sind vielmehr auf die stellvertretend handelnden Personen zu erstrecken, deren Verhalten dem Hoheitsträger zuzurechnen ist. Jeder Verstoß gegen Recht, das vom Staat befolgt bzw. beachtet werden muß, stellt sich somit als Verstoß gegen Amtspflichten dar, d. h., verkürzt ausgedrückt, jede *Rechtspflichtverletzung* im Außenverhältnis *begründet* eine *Amtspflichtverletzung* im Innenverhältnis.[123] Konstruktiv betrachtet geschieht dies mittels der Amtspflicht zu rechtmäßigem Verhalten. Sie bildet die Schleuse, durch die rechtliche Vorgaben, die das Außenverhältnis betreffen, in das Innenverhältnis fluten.[124]

### 3. Abgrenzung

**60** Amtspflichten können anhand ihres Entstehungsgrundes, ihres Geltungsbereichs und ihres Adressatenkreises von *Rechtspflichten* unterschieden werden. Diese können nur aufgrund von Normen entstehen, be-

---

[120] Vgl. *Papier*, in: MünchKomm-BGB, § 839 Rdnr. 191.

[121] *BGHZ* 87, 9 (18 f.) m. w. Nachw.; *BGHZ* 120, 184 (188).

[122] A. A. *Papier*, in: MünchKomm-BGB, § 839 Rdnr. 194, der für seine gegenteilige Auffassung vor allem die Gleichsetzung von Rechts- und Amtspflichten anführt.

[123] Dieser Satz läßt sich aber nicht umkehren, was bei Verstößen gegen Innenrecht im einzelnen aufgezeigt wird, vgl. unten Rdnrn. 89 f.

[124] Einzelheiten unten Rdnrn. 65 ff.

treffen das Außenverhältnis und richten sich an den Staat. Die Divergenzen und ihre Folgen werden bei Innenrechtssätzen deutlich. Sie binden den Amtswalter im Innenverhältnis unmittelbar, den Hoheitsträger im Außenverhältnis dagegen nur mittelbar. Ein Verstoß führt zu einer Amtspflichtverletzung, die nicht automatisch eine Rechtspflichtverletzung beinhaltet und somit nicht zwangsläufig eine Amtshaftung auslöst.[125]

Um diese Kluft zu schließen, wird im Schrifttum teilweise die *Gleichsetzung von Amts- und Rechtspflichten* gefordert. Das wird zum einen mit der Formulierung in § 839 I 1 BGB, Art. 34 S. 1 GG „einem Dritten gegenüber obliegende Amtspflicht" begründet, die eine Beurteilung der Amtspflichtverletzung aus Sicht des Außenverhältnisses verlange. Zum anderen werden die rechtsstaatlichen Gewährleistungen des Art. 34 S. 1 GG hervorgehoben, die auf eine Staatsunrechtshaftung, nicht aber auf eine Beamtenunrechtshaftung abzielen würden.[126] Gegen diese Auffassung wird zunächst ebenfalls der Wortlaut der § 839 I 1 BGB, Art. 34 S. 1 GG ins Felde geführt, die ausdrücklich von „Amtspflicht" sprechen. Außerdem wird eingewendet, daß Art. 34 S. 1 GG von einer mittelbaren Staatsunrechtshaftung ausgehe, was seine Genese und die historischen Verbindungslinien zu Art. 131 WRV belegen würden.[127] Eine Gleichsetzung von Amtspflichten und Rechtspflichten würde die Amtshaftung in eine unmittelbare Staatsunrechtshaftung „uminterpretieren".[128] **61**

Letztgenanntem Argument ist entgegenzuhalten, daß Art. 34 S. 1 GG diese Form der Haftung zwar nicht verlangt, wohl aber zuläßt.[129] Der in dieser Verfassungsnorm verwendete Begriff der *Amtspflichten* ist nicht zwingend und dauerhaft an das Innenverhältnis gekoppelt, sondern aufgrund der zugrunde liegenden rechtsstaatlichen Gewährleistungsdimension einer *offeneren Interpretation* zugänglich, die das Außenverhältnis einbezieht und im Kollisionsfall als ausschlaggebend erachtet.[130] Die Rechtsprechung hat sich inzwischen dieser Ansicht angenähert; sie hält zwar vom rechtsdogmatischen Ansatz her an einer grundsätzlichen Unterscheidung zwischen Amtspflichten und Rechtspflichten fest,[131] mißt jedoch im Falle einer Divergenz letztlich der Rechtswidrigkeit des Verhaltens, also dem Vorliegen eines Rechts(pflicht)verletzung, die entscheidende Bedeutung zu.[132] **62**

---

[125] Näher dazu unten Rdnrn. 89 f.
[126] Vgl. zum Ganzen *Papier*, in: MünchKomm-BGB, § 839 Rdnr. 190; a. A. *Schoch*, Jura 1988, 588 (589), jeweils m. w. Nachw.
[127] Dazu oben § 8 Rdnrn. 3 f., 6.
[128] So der Vorwurf von *Schoch*, Jura 1988, 588 (589).
[129] Vgl. schon oben § 3 Rdnrn. 7, 11.
[130] So im Ergebnis auch *Littbarski*, JuS 1979, 537 (540 f.).
[131] Vgl. nur *BGHZ* 113, 17 (20 f.).
[132] *BGHZ* 34, 375 (380 f.); *OLG Düsseldorf*, NVwZ-RR 1992, 225.

63 Dieses Vorgehen verdient aufgrund der rechtsstaatlichen Verwurzelung und Ausrichtung der Amtshaftung Anerkennung. Ob darüber hinaus allgemein eine *Identität von Amts- und Rechtspflichten* anzunehmen ist, kann *dahingestellt* bleiben. Denn in den meisten Fällen ist es von vornherein nicht erforderlich, Amtspflichten im Sinne von Rechtspflichten zu verstehen, so daß die ursprüngliche Begriffsdeutung beibehalten werden kann.[133] Eine *Angleichung* von Amts- und Rechtspflichten ergibt sich regelmäßig schon aufgrund der Amtspflicht zu rechtmäßigem Verhalten, von der grundsätzlich auszugehen ist.[134] Sie bewirkt durch ihre Anbindung an den Grundsatz der Gesetzmäßigkeit der Verwaltung (Art. 20 III GG) eine rechtsstaatliche Färbung der Amtspflichten. Die Unterschiede gegenüber Rechtspflichten betreffen insoweit allein die konstruktive Begründung der Haftung, nicht aber ihren Erfolg. Daher bedarf es nur bei Nichteingreifen dieser Amtspflicht, also bei amtspflichtwidrigem, aber rechtspflichtgemäßen Verhalten, einer restriktiven Interpretation, wonach eine für die Amtshaftung des Staates nach § 839 BGB i. V. mit Art. 34 S. 1 GG relevante Amtspflichtverletzung nur bei gleichzeitiger Rechtspflichtverletzung gegeben ist.[135] Eine vollständige Unitarisierung dieser Merkmale sollte der Entscheidungsprärogative des Gesetzgebers überlassen bleiben.

### 4. Erscheinungsformen

64 Die bisherige Betrachtung hat gezeigt, daß Unterschiede zwischen Amtspflichten und Rechtspflichten, die das Haftungsergebnis berühren, nur bei einem Verstoß gegen Innenrecht auftreten können. Die danach gebotene Differenzierung anhand der Art des verletzten Rechts(satzes) bildet somit die Grundlage der weiteren Darstellung.

#### *a) Amtspflichtverletzung bei Verstoß gegen Außenrecht*

65 *aa) Ausgangspunkt* ist insoweit die schon angesprochene *Amtspflicht zu rechtmäßigem Verhalten*. Sie verlangt, daß der Amtswalter die Aufgaben und Befugnisse des Hoheitsträgers, in dessen Namen und Funktionskreis er tätig wird, im Einklang mit Gesetz und Recht (Art. 20 III GG) wahrnimmt und unterwirft ihn den daraus resultierenden Rechtsbindungen. Jeder Verstoß gegen Rechtsnormen oder ungeschriebene Rechts(grund)sätze, die den Hoheitsträger im Außenverhältnis binden, beinhaltet zugleich eine Amtspflichtverletzung im Innenverhältnis.[136]

---

[133] Dazu oben Rdnr. 56.

[134] S. etwa *Schoch*, Jura 1988, 585 (589); *Czybulka/Jeand'Heur*, JuS 1992, 396 (397).

[135] Zu Beispielen für diese Konstellation und zu ihrer näheren Begründung unten Rdnrn. 89 f.

[136] Zur im Hinblick auf die vorausgesetzte Bindungswirkung im Außenverhältnis besonderen Problematik einer Amtspflicht zur Beachtung der höchstrichterlichen Rechtsprechung unten Rdnrn. 85 f.

*bb)* Die *Amtspflicht* zu rechtmäßigem Verhalten ist wegen ihrer weiten, generalklauselartigen Fassung anhand verschiedener *Ausprägungen* konkretisiert worden, die im Laufe der Zeit von der Rechtsprechung entwickelt worden sind. Eine Systematik ist insoweit nicht erkennbar, verbindendes Element ist allein der Verstoß gegen einen Rechtssatz, der für den Hoheitsträger Rechtsbindungen entfaltet. Im einzelnen sind folgende *Fallgruppen* hervorzuheben: 66

*Amtspflicht zu gemeinschaftsrechtskonformen Verhalten.* Aus Art. 10 (Art. 5) EGV i.V. mit Art. 23 I GG folgt die rechtliche Verpflichtung staatlicher Stellen zur Beachtung von Gemeinschaftsrecht. Aus verbindlichem primären und sekundären Europarecht, etwa aus Verordnungen oder Richtlinien der EG, können sich Rechtspflichten ergeben, deren fehlende oder fehlerhafte Erfüllung isoliert betrachtet prinzipiell als Amtspflichtverletzung angesehen werden kann, sofern das gemeinschaftsrechtswidrige Verhalten dem Mitgliedstaat zuzurechnen ist.[137] Gleichwohl entfaltet das Amtshaftungsregime in diesen Fällen regelmäßig keine praktische Bedeutung. Denn wenn es bei unmittelbarer mitgliedstaatlicher Vollzugstätigkeit zu einem Verstoß gegen Gemeinschaftsrecht kommt, etwa wegen Nichtanpassung eines Gesetzes an Vorgaben des EGV oder aufgrund fehlender oder unzureichender Umsetzung einer EG-Richtlinie, greift bereits der gemeinschaftsrechtliche Staatshaftungsanspruch ein. Er stellt als unmittelbare, primäre, aus der Gemeinschaftsrechtsordnung abgeleitete Haftung nicht auf die Verletzung von Amtspflichten ab, sondern auf den Verstoß gegen eine Schutznorm des Gemeinschaftsrechts. 67

Angesichts der damit gewährleisteten Einstandspflicht des Staates kann die Amtspflicht zu gemeinschaftsrechtskonformem Verhalten nur dann eine Rolle spielen, wenn man daneben den Amtshaftungsanspruch zur Anwendung gelangen läßt.[138] In diesem Fall beinhaltet das Zuwiderhandeln deutscher Stellen gegen bindende Vorgaben der Gemeinschaft eine Verletzung der Amtspflicht zu gemeinschaftsrechtskonformem Verhalten, so daß auch ein Schadensersatzanspruch aufgrund von Amtshaftung gegeben ist, sofern die sonstigen Voraussetzungen erfüllt sind. Die so begründete Verantwortlichkeit gewährt indes keinen weitergehenden Ersatz als der gemeinschaftsrechtliche Staatshaftungsanspruch; die Kumulation der Haftungsgrundlage bewirkt keine Extension des Haftungsumfangs. 68

*Amtspflicht, keine rechtswidrigen Rechtsakte zu erlassen.* Diese Amtspflicht konkretisiert die allgemeine Amtspflicht zu rechtmäßigem Verhalten in bezug auf den Handlungsgegenstand. Unter „Rechtsakte" sind sowohl Verwaltungsakte zu verstehen, z. B. in Form eines rechtswidrigen 69

[137] Zu den für die Zurechnung maßgeblichen Grundsätzen oben § 7 Rdnrn. 2 ff., § 8 Rdnrn. 21 ff.

[138] Einzelheiten oben § 6 Rdnrn. 50, 56 f., § 8 Rdnrn. 26 f.

Gebührenbescheids,[139] als auch formelle und materielle Gesetze, etwa ein rechtswidriger Bebauungsplan.[140] Letztgenannte Variante wird unter dem Oberbegriff des *normativen Unrechts* angesprochen, wobei neben der Drittbezogenheit der Amtspflicht vor allem die Frage einer Verletzung durch Unterlassen umstritten ist.[141] Seine Qualifizierung als Amtspflichtverletzung setzt eine entsprechende Handlungspflicht des Normgebers voraus. Sie ist auch bei Anerkennung grundrechtlicher Schutzpflichten wegen des Gestaltungsspielraums, die der Legislative bei ihrer Ausfüllung grds. zusteht, nur in Ausnahmefällen, z. B. bei verfassungswidrigen Einzelfall- oder Maßnahmegesetzen,[142] anzunehmen, wurde etwa bei unterlassener Verschärfung immissionsschutzrechtlicher Regelungen zum Schutz vor sog. Waldschäden abgelehnt.[143]

70 Anders verhält es sich bei Aufstellung oder Änderung von *Bebauungsplänen*. Hier läßt der *BGH* wegen ihres räumlich-gegenständlich begrenzten Adressatenkreises[144] eine Amtshaftung für normatives Unrecht unter erleichterten Voraussetzungen zu und hat diesbezüglich spezielle Amtspflichten geformt. Hervorzuheben sind bei sog. Gemengelagen die (auch) aus § 50 BImSchG gewonnene Amtspflicht zur Trennung unverträglicher Nutzungen[145] und bei Überplanung sog. Altlasten die aus § 1 V 2 Nr. 1 BauGB abgeleitete Amtspflicht zur Beachtung der Anforderungen an gesunde Wohn- und Arbeitsverhältnisse. Letztere verlangt, daß Gesundheitsgefährdungen, die aufgrund der Bodenbeschaffenheit des Plangebiets den (künftigen) Bewohnern drohen, verhindert werden.[146]

71 *Amtspflicht zu fehlerfreier Ermessensausübung.* Diese Amtspflicht setzt zunächst voraus, daß dem Hoheitsträger bei Wahrnehmung der öffentlichen Aufgabe ein Ermessen zusteht.[147] Eine Verletzung dieser Pflicht nahm der *BGH* zunächst nur dann an, wenn das Verhalten des

---

[139] Vgl. nur *BGHZ* 113, 17 (18). Weitere Beispiele sind rechtswidrige Genehmigungen, etwa in Form einer Baugenehmigung; dazu im Hinblick auf spezielle Problematik eines Drittbezugs unten Rdnrn. 111, 121 ff.

[140] S. etwa *BGHZ* 116, 315 (316 f.); vgl. in diesem Zusammenhang auch die sog. Altlastenrechtsprechung des *BGH*, grundlegend *BGHZ* 106, 323 (325 ff.); weitere Einzelheiten unten Rdnr. 70 m. Fußn. 146.

[141] Dazu aus dem Schrifttum beispielsweise *Haverkate*, NJW 1973, 441 (442); *Schenke*, DVBl 1975, 121 (124 ff.); *Scheuing*, in: Festschr. f. Bachof, 1984, S. 343 (357); *Boujong*, in: Festschr. f. Geiger, 1989, S. 430 (431 f.); *Fetzer*, S. 59 f., 77 ff.; s. auch noch unten Rdnr. 161.

[142] Dazu *Tremml/Karger*, Rdnrn. 145 f.

[143] *BGHZ* 102, 350 (368); s. auch *BGH*, NJW 1989, 101 f.

[144] *BGHZ* 106, 323 (331).

[145] *BGHZ* 106, 323 (325 f.); 110, 1 (6 ff.).

[146] *BGHZ* 106, 323 (326 ff.); 108, 224 (225 f.); 109, 380 (385 ff.); 113, 367 (369 f.); s. aus dem Schrifttum etwa *Wurm*, UPR 1990, 201 f.; *Krohn*, in: Festschr. f. Gelzer, 1991, S. 281 ff.; *Kühn*, Die Amtshaftung der Gemeinden wegen der Überplanung von Altlasten, 1997, S. 37 ff., 52 ff.

[147] Zu Begriff und Begründung eines Ermessens *Sachs*, in: *Stelkens/Bonk/Sachs*, VwVfG, § 40 Rdnrn. 13 ff.

Amtswalters den an eine ordnungsgemäße Verwaltung zu stellenden Anforderungen schlechterdings nicht genügte.[148] Diese restriktive Handhabung ist jedenfalls seit gesetzlicher Einbindung der Ermessensausübung durch § 40 VwVfG überholt.[149] Ermessensfehler, etwa ein Ermessensausfall, -defizit, -fehlgebrauch, -mißbrauch oder eine Ermessensüberschreitung[150] sind Rechtsfehler, die der gerichtlichen Kontrolle unterliegen (§ 114 VwGO) und eine Amtspflichtverletzung begründen.[151]

Entsprechend verhält es sich bei fehlerhafter Ausfüllung eines (unbe- 72
stimmten Rechtsbegriffs mit) *Beurteilungsspielraum(s)* durch die Verwaltung, soweit dabei auftretende Fehler justitiabel sind.[152] So ist beispielsweise eine Amtspflichtverletzung des Bundesministers der Verteidigung bei der Entscheidung über Tiefflugzeiten mit der Begründung abgelehnt worden, daß sich die Festlegung noch innerhalb des ihm dabei zustehenden Beurteilungsspielraums gehalten habe.[153]

*Amtspflicht, gegen ordnungswidrige Zustände einzuschreiten.* Diese 73
Amtspflicht spielt vor allem im Sicherheitsrecht i. w. S. eine Rolle; sie hängt wegen des dort herrschenden Opportunitätsprinzips eng mit der Amtspflicht zu fehlerfreier Ermessensausübung zusammen. Beispielsfälle sind etwa das Nichteinschreiten der Bauaufsichtsbehörde gegen baurechtswidrige Zustände oder das Unterlassen der Einweisungsbehörde, die fremde Wohnung nach Ablauf der Einweisungsfrist freizumachen, wenn der Obdachlose sich weigert auszuziehen.[154] Eine Amtspflicht zum Einschreiten gegen den ordnungswidrigen Zustand setzt regelmäßig eine Ermessensschrumpfung voraus. Sie kann sich gerade in letzterwähntem Fall, in dem die Entstehung des rechtswidrigen Zustands der Behörde zuzurechnen ist,[155] aufgrund der Unrechtsfolgenbeseitigungslast[156] ergeben,

[148] Vgl. *BGHZ* 45, 143 (146) m. w. Nachw.

[149] Die bisherige Rechtsprechung wurde daher in *BGHZ* 74, 144 (156) aufgegeben.

[150] Da sich die gesetzlichen Grenzen des Ermessens auch aufgrund von Verfassungsrecht ergeben, begründet etwa ein Verstoß gegen den Verhältnismäßigkeitsgrundsatz einen Ermessensfehler; dazu allgemeiner *Sachs*, in: *Stelkens/Bonk/Sachs*, VwVfG, § 40 Rdnrn. 62ff., 75ff. Die Amtspflicht zu fehlerfreier Ermessensausübung überschneidet sich insoweit mit der allgemein geltenden Amtspflicht zu verhältnismäßigen Verhalten; dazu *Papier*, in: MünchKomm-BGB, § 839 Rdnrn. 210f. m. w. Nachw.

[151] S. etwa *BGHZ* 75, 129 (134); *BGH*, NVwZ 1985, 682 (683); *BGHZ* 110, 253 (257); vgl. zudem *BGHZ* 74, 144 (155ff.); 118, 263 (271), dort auch zur Frage einer Amtspflichtverletzung bei einer Ermessensreduzierung auf Null.

[152] Dazu allgemeiner *Sachs*, in: *Stelkens/Bonk/Sachs*, VwVfG, § 40 Rdnrn. 178ff., 222ff.

[153] *BGHZ* 122, 363 (370); Anknüpfungspunkt für eine Amtshaftung war in diesem Fall aber das Nichteinschreiten der zuständigen deutschen Stellen gegen erhebliche Überschreitungen dieser zeitlichen Grenzen, vgl. ebda., S. 371f. Allgemeiner zu Amtspflichtverletzungen bei einem Beurteilungs- oder Ermessensspielraum der Verwaltung *Czybulka/Jeand'Heur*, JuS 1992, 396 (397f.).

[154] Vgl. hierzu etwa *BGHZ* 130, 332.

[155] S. dazu *BVerwGE* 82, 76 (95).

[156] Kritisch zu diesem Institut unten § 12 Rdnrn. 56ff.

wobei eine abzulehnende Ansicht[157] nicht lediglich auf deren ermessensreduzierende Wirkung abhebt,[158] sondern den Anspruch auf hoheitliches Einschreiten insgesamt allein auf den öffentlich-rechtlichen Folgenbeseitigungsanspruch stützt.[159] In diesem Falle, mittelbar aber wohl auch bei Annahme einer Ermessensreduzierung, können sich aus diesem gewohnheitsrechtlich verfestigten Rechtsinstitut Rechtspflichten ergeben, deren Verletzung eine Amtshaftung nach sich zieht. Metaphorisch ausgedrückt stehen Folgenbeseitigung und Amtshaftung insoweit nicht „nebeneinander", sondern „hintereinander".[160]

74 *Amtspflicht zu zuständigkeits- und verfahrensgemäßem Verhalten.* Diese Amtspflicht konkretisiert die allgemeine Amtspflicht zu rechtmäßigem Verhalten in verfahrensrechtlicher Hinsicht.[161] Das veranschaulichen folgende Fälle: ein unzuständiger Amtswalter sperrt einen Entwässerungsgraben ab, was einen Überschwemmungsschaden zur Folge hat;[162] ein Rechtspfleger unterläßt es verfahrenswidrig, eine beantragte und bewilligte Eintragung ins Grundbuch vorzunehmen, wodurch ein gutgläubiger Erwerb verhindert wird;[163] ein Organ des Dienstherrn verletzt die aus Art. 33 II i. V. mit Art. 19 IV GG abgeleitete Pflicht, einem unterlegenen Bewerber innerhalb einer für seine Rechtsschutzentscheidung ausreichenden Zeitspanne vor der Ernennung des Mitbewerbers den Ausgang des Auswahlverfahrens mitzuteilen.[164] Diese Beispiele zeigen, daß amtshaftungsrelevante verfahrensbezogene Vorgaben dann anzunehmen sind, wenn sie unmittelbar dem Schutz materieller Rechtspositionen dienen. Ähnlich verhält es sich bei *Zuständigkeitsregelungen*, wenn sie u. a. eine sachlich richtige Entscheidung gewährleisten wollen, damit regelmäßig auch dem Schutz des Betroffenen dienen.[165] Aus Sicht der Amtshaftung kommt es für die Annahme einer zumal unter dem Aspekt der Drittbezogenheit relevanten Amtspflicht entscheidend auf diesen materiellrechtlichen Bezug an.

75 Eine *Heilung* des Zuständigkeits- oder Verfahrensverstoßes durch (entsprechende) Anwendung des § 45 VwVfG ist insoweit grds. ausge-

---

[157] Fraglich erscheint vor allem bei einem repressiven hoheitlichen Einschreiten gegenüber Dritten, ob der öffentlich-rechtliche Folgenbeseitigungsanspruch den Anforderungen des Vorbehalts des Gesetzes genügt, was auch bei seiner Anerkennung als Gewohnheitsrechtssatz zumal mit Blick auf seine grundrechtliche Fundierung angesichts der Einwirkung auf Grundrechte anderer auf Bedenken stößt, so daß auf eine gesetzliche Grundlage wohl letztlich nicht verzichtet werden kann; dazu auch noch unten § 12 Rdnr. 46.

[158] So beispielsweise *BGHZ* 130, 332 (335 f.) m. w. Nachw.

[159] Vgl. dazu *Schoch*, Vorläufiger Rechtsschutz und Risikoverteilung im Verwaltungsrecht, 1988, S. 345 ff. m. w. Nachw. zum Meinungsstand.

[160] Zur Konkurrenzproblematik unten § 11 Rdnrn. 31 f.

[161] S. zuletzt *BGHZ* 134, 268 (275).

[162] *BGHZ* 117, 240.

[163] *BGHZ* 97, 184.

[164] *BGHZ* 129, 226.

[165] So *BGHZ* 117, 240 (244).

schlossen, ihre Zulassung beurteilt sich vielmehr nach dem jeweiligen Fachrecht.[166] So hat etwa der *BGH* in Übereinstimmung mit der ständigen Rechtsprechung des *BVerwG*[167] die Möglichkeit einer im gerichtlichen Verfahren zu berücksichtigenden Heilung rechtswidriger Beitragsbescheide anerkannt, wenn der Mangel bis zur abschließenden mündlichen Verhandlung der letzten Tatsacheninstanz beseitigt worden ist, z. B. durch (rückwirkenden) Erlaß einer ordnungsgemäßen Satzung. In diesen Fällen soll nicht nur der Primärrechtsschutz, d. h. der Anspruch auf gerichtliche Aufhebung des Bescheids, sondern auch ein Sekundärrechtsschutz in Form eines Amtshaftungsanspruchs entfallen.[168] Diese Nivellierung der Entscheidungsmaßstäbe ist wegen der komplementären Funktion von Art. 19 IV und Art. 34 S. 1 GG zu begrüßen.[169] Darin liegt zudem eine systemkonforme Angleichung an die Struktur des öffentlich-rechtlichen Folgenbeseitigungsanspruchs, der ebenfalls von einem Anspruchsausschluß bei nachträglicher Legalisierungsmöglichkeit ausgeht.[170] Inwieweit dieser Ansatz verallgemeinerungsfähig ist, bleibt abzuwarten.

*Amtspflicht zu unverzüglicher Sachentscheidung.* Im Rechtsstaat ist jede Behörde verpflichtet, Anträge mit der gebotenen Beschleunigung zu bearbeiten und, sobald ihre Prüfung abgeschlossen ist, unverzüglich zu bescheiden.[171] Diese Rechts- und Amtspflicht ist für einzelne Sachgebiete gesetzlich festgelegt,[172] ergibt sich im übrigen als ungeschriebener Grundsatz aus dem Gebot der Gesetzmäßigkeit der Verwaltung. Sie steht in engem Zusammenhang mit der verwaltungsprozessualen Untätigkeitsklage,[173] was unter dem Aspekt der Anspruchsbegrenzung im Rahmen des § 839 III BGB deutlich wird.[174] Dagegen bildet die in § 75 S. 2 VwGO vorgesehene Dreimonatsfrist in materiellrechtlicher Hinsicht nur ein Indiz für die Annahme einer Verletzung der Amtspflicht zu unverzüglicher Sachentscheidung. Der Amtswalter kann sein Untätigbleiben insb. nicht mit der Begründung rechtfertigen, er hätte zuwarten dürfen, bis der Antragssteller diesen Rechtsbehelf einlegt; vielmehr kann die angemessene Prüfungs- und Entscheidungsfrist je nach den Umständen des Einzelfalls kürzer oder länger sein.[175] 76

[166] Anders *Papier*, in: MünchKomm-BGB, § 839 Rdnr. 201.
[167] Vgl. etwa *BVerwGE* 64, 218 (221 f.) m. w. Nachw.
[168] *BGHZ* 127, 223 (228 f.).
[169] Zur Begründung s. oben § 3 Rdnr. 6, § 8 Rdnrn. 9 f.
[170] Vgl. etwa *BVerwGE* 80, 178 (179 f.); weiter Einzelheiten unten § 12 Rdnr. 48.
[171] *BGHZ* 30, 19 (26). Das umfaßt die Pflicht, die zuständige Stelle rasch in den Stand zu setzen, eine Sachentscheidung zu treffen, vgl. *BGHZ* 15, 305 (309).
[172] So etwa für das bauaufsichtliche Verfahren, vgl. z. B. die in § 54 badwürtt. BauO aufgestellten Fristen für die Behandlung des Bauantrags.
[173] *BGHZ* 30, 15 (26), bezeichnet diese Klage als Ausdruck und Folgerung dieser Amtspflicht.
[174] Einzelheiten unten § 10 Rdnr. 62.
[175] Vgl. etwa *BGHZ* 30, 19 (26 ff.); *BGH*, NVwZ 1993, 299.

77 Die Amtspflicht zu unverzüglicher Sachentscheidung ist vor allem im *Baurecht* und im *Strafprozeßrecht* praktisch bedeutsam. So kann etwa die schuldhaft verspätete positive Bescheidung einer Bauvoranfrage eine Amtshaftung auslösen.[176] Ähnliche Konsequenzen ergeben sich im strafrechtlichen Ermittlungsverfahren. Hier obliegt der Staatsanwaltschaft gegenüber dem Beschuldigten die Amtspflicht, die Ermittlungen zügig durchzuführen und nach ihrem Abschluß entweder Anklage zu erheben oder das Verfahren einzustellen.[177]

78 *Amtspflicht zu konsequentem Verhalten und ihre Ausprägungen.* Die ungeschriebene Amtspflicht zu konsequentem Verhalten verbietet widersprüchliches Handeln. Sie wird aus dem Rechtsstaatsprinzip insb. unter dem Aspekt des Vertrauensschutzes abgeleitet[178] und verpflichtet staatliche Stellen, eine in bestimmter Weise geplante und begonnene Maßnahme auch entsprechend durchzuführen. Die öffentliche Gewalt darf sich nicht zu ihrem früheren Verhalten in Widerspruch setzen. Das gilt vor allem dann, wenn sie in zurechenbarer Weise einen Vertrauenstatbestand gesetzt hat und der Bürger im schutzwürdigen Vertrauen hierauf Vermögensdispositionen getroffen hat.[179] So darf beispielsweise eine Behörde die Verhandlungen über den Abschluß eines Erschließungsvertrags, von dem die Erteilung der Baugenehmigung allein noch abhing und dessen Zustandekommen nach dem bisherigen Verhalten vom Betroffenen als sicher angenommen werden durfte, nicht ohne triftigen Grund, gar aus sachfremden Erwägungen, abbrechen.[180]

79 Der *BGH* spricht die Problematik wirtschaftlicher Nachteile infolge enttäuschten Vertrauens, das durch staatliches Verhalten begründet worden ist, neuerdings unter der speziellen *Amtspflicht* an, *keine ungesicherten Vertrauenstatbestände* zu schaffen;[181] sie ist letztlich nur eine Ausprägung der allgemeineren Amtspflicht zu konsequentem Verhalten. Entscheidend ist insoweit, ob der Staat eine Verläßlichkeitsgrundlage geschaffen hat, etwa durch Erteilung einer Baugenehmigung[182] oder einer atomrechtlichen Genehmigung,[183] auf die der Geschädigte vertrauen durfte und, so dieses Vertrauen bestand und betätigt wurde, wie weit dieser Vertrauensschutz reicht, d. h., anders ausgedrückt, welche Schadens-

---

176 *BGH*, NVwZ 1993, 299.
177 *BGHZ* 20, 178 (179 ff.); *BGH*, VersR 1983, 754.
178 S. auch *Papier*, in: MünchKomm-BGB, § 839 Rdnr. 217; dagegen ist *Kreft*, in: BGB-RGRK, § 839 Rdnr. 197, noch stärker einer zivilrechtlichen Denkweise verhaftet, die diese Amtspflicht im Gebot von Treu und Glauben ansiedelt.
179 *BGHZ* 87, 9 (18); zuletzt *BGHZ* 137, 344 (345 f.).
180 Vgl. *BGHZ* 76, 343 (350 f.) m. w. Nachw., wo diese Problematik insb. unter dem Aspekt einer Haftung aus c.i.c. angesprochen worden ist.
181 *BGHZ* 134, 268 (277 ff.).
182 Vgl. etwa *BGHZ* 60, 112 (116 f.); aus dem Schrifttum *de Witt/Burmeister*, NVwZ 1992, 1039 (1040 ff.); *Deppert*, in: Festschr. f. Boujong, S. 533 (535 ff.).
183 *BGHZ* 134, 268 (277 ff.).

positionen darunter fallen. Die Rechtsprechung prüft die objektive Reichweite des dem Verletzten durch das Amtshaftungsrecht gewährten Vermögensschutzes nunmehr bereits im Rahmen der Drittbezogenheit der verletzten Amtspflicht, befaßt sich mit diesem Aspekt nicht erst bei der Bewertung der einzelnen Schadenspositionen oder bei der Würdigung eines Mitverschuldens nach § 254 BGB.[184] Darauf wird an anderer Stelle näher einzugehen sein.[185]

Enge Verbindungslinien zur Amtspflicht zu konsequentem Verhalten 80
bestehen auch bei der *Amtspflicht* zur Erteilung *ordnungsgemäßer Auskünfte und Belehrungen*. Danach hat jeder Amtsträger die Pflicht, Auskünfte und Belehrungen richtig, klar, unmißverständlich, eindeutig und vollständig zu erteilen, so daß der um sie nachsuchende Bürger als Empfänger der Auskunft entsprechend disponieren kann. Die Amtspflicht hat auch den Schutzzweck, ihn vor nachteiligen Vermögensdispositionen zu bewahren, die im Vertrauen auf die Richtigkeit der Auskunft vorgenommen werden. Das wird etwa deutlich anhand des Kaufs eines Grundstücks aufgrund der (unrichtigen) mündlichen Mitteilung des zuständigen Amtsträgers, daß es von größeren Müllablagerungen frei sei.[186]

Gegenstand dieser Amtspflicht kann auch eine *Zusage* sein. Sie enthält 81
die Verpflichtung für ein künftiges Verhalten, während eine Auskunft sich auf Tatsachen, also auf gegenwärtige Gegebenheiten bezieht, die nicht von einer Willensentschließung abhängen. Diese Grenze ist freilich oft fließend, weil die Erklärung, man werde (künftig) etwas Bestimmtes tun, vielfach die Mitteilung beinhaltet, man habe (gegenwärtig) eine solche Absicht.[187] So kann sich beispielsweise eine Amtspflichtverletzung aus der Zusage über die Art und Weise der bevorstehenden Bauleitplanung oder über die Gewährung einer Leistung ergeben, wenn sie nicht in Übereinstimmung mit der Gesetzeslage erfüllt werden kann. Die fehlende Bindungswirkung soll insoweit irrelevant sein, sofern der Empfänger in schutzwürdiger Weise auf die Verbindlichkeit der Zusage vertraut hat.[188]

Eine *Aufklärungs- oder Belehrungspflicht*, die ebenfalls geeigneter An- 82
knüpfungspunkt für eine Amtspflichtverletzung sein kann, besteht regelmäßig in den Fällen, in denen der Amtswalter bei Wahrnehmung seiner dienstlichen Aufgaben erkennt oder erkennen muß, daß der Antragssteller Maßnahmen beabsichtigt, die für ihn nachteilige Folgen haben oder

---

[184] So zuerst *BGHZ* 117, 83 (90) m. w. Nachw.; noch deutlicher *BGHZ* 134, 268 (283 ff.); zur Kritik an diesem Vorgehen *Bömer*, NVwZ 1996, 749 (752 ff.), sowie unten Rdnrn. 130 ff.

[185] Einzelheiten unten Rdnrn. 121 ff.

[186] *BGHZ* 117, 83 (87 f.); 121, 65 (69), jeweils m. w. Nachw.

[187] Vgl. *BGHZ* 71, 386 (394); zur Abgrenzung zwischen Auskunft und Zusicherung s. *BGHZ* 117, 83 (88 f.).

[188] *BGHZ* 76, 16 (29 f.); *BGH*, NVwZ 1994, 91.

zumindest mit der Gefahr des Eintritts solcher Folgen behaftet sind.[189] Etwas anderes gilt allerdings dann, wenn der Geschädigte das Risiko hierfür trägt, weil er es bewußt in Kauf genommen hat oder die Rechtsordnung eine solche Risikoverteilung vorsieht.[190] Umgekehrt begründen staatliche Maßnahmen, die nicht ganz unerhebliche Gefahren für ein wichtiges Rechtsgut bergen, eine Aufklärungspflicht, die im Gegensatz zur Amtspflicht zu ordnungsgemäßer Auskunftserteilung unabhängig von einer entsprechenden Anfrage des Bürgers zu beachten ist. Beispiel hierfür ist die Durchführung einer staatlichen Schutzimpfung gegen Kinderlähmung mit Lebendviren, bei der die Impfärztin die Amtspflicht trifft, den Geimpften bzw. die für ihn Sorgeberechtigten auf das erhöhte Ansteckungsrisiko für besonders gefährdete Kontaktpersonen hinzuweisen.[191]

83 *Amtspflicht zur Unterlassung unerlaubter Handlungen.* Charakteristisch für diese Amtspflicht ist, daß sie außerhalb einer öffentlich-rechtlichen Sonderverbindung zwischen Hoheitsträger und Geschädigtem entsteht. Insoweit unterliegt der Amtswalter zwar keinen besonderen Pflichten, ist aber wie jedermann gehalten, keine unerlaubten Handlungen i. S. der §§ 823 ff. BGB zu begehen. Denn diese von § 839 BGB erfaßten Deliktstatbestände konstituieren Eingriffsverbote, die auch bei hoheitlichem Verhalten ungeachtet der Haftungsüberleitung auf den Staat nach Art. 34 S. 1 GG vom Handelnden zu beachten sind. Ein Beamter, der in Ausübung eines öffentlichen Amtes eine unerlaubte Handlung begeht, verletzt dadurch zugleich eine ihm dem Träger des Rechts oder Rechtsguts gegenüber obliegende Amtspflicht.[192] Exemplarisch hierfür ist etwa eine Verletzung des durch § 823 I BGB als sonstiges Recht geschützten eingerichteten und ausgeübten Gewerbebetriebs durch einen rechtswidrigen Fluglotsenstreik.[193] Als weiteres Beispiel ist im Hinblick auf das allgemeine Persönlichkeitsrecht der Fall zu erwähnen, daß die Staatsanwaltschaft der Presse von einem Ermittlungsverfahren gegen eine bestimmte Person unter Nennung seines Namens und Berufs Mitteilung macht.[194] In Anlehnung an die privatrechtliche Terminologie kann man insoweit von „absoluten" Amtspflichten sprechen.[195]

84 Unter die Kategorie deliktischer Amtspflichten fallen auch *öffentlich-rechtliche Verkehrssicherungspflichten*, etwa an öffentlichen Straßen. Sie werden beispielsweise verletzt, wenn der zuständige Hoheitsträger es un-

---

[189] *BGHZ* 45, 16 (29).
[190] Vgl. *BGHZ* 45, 16 (29); 137, 344 (349 f.).
[191] *BGHZ* 126, 386 (388 ff.).
[192] Vgl. *BGHZ* 16, 111 (113 f.); 69, 128 (138 f.).
[193] *BGHZ* 69, 128 (138 f.).
[194] *BGH*, NJW 1994, 1950; s. auch *BGHZ* 78, 274 (279 f.).
[195] Diese Einteilung spielt auch bei der Ermittlung der Drittbezogenheit der verletzten Amtspflicht eine Rolle, vgl. *Ossenbühl*, S. 60 ff.

terläßt, solche Straßen bei Schnee- und Eisglätte durch Räumdienste in einem verkehrssicheren Zustand zu halten.[196] Entsprechend verhält es sich bei *Verkehrsregelungspflichten*, die stets hoheitlich wahrzunehmen sind und somit Amtspflichten begründen. Die zuständigen Straßenverkehrsbehörden müssen in den Grenzen der Erforderlichkeit und Zumutbarkeit für die Sicherheit und Leichtigkeit des Verkehrs sorgen und die Einrichtungen für die Regelung des Verkehrs (z. B. Ampeln) so gestalten, daß sie diesem Zweck genügen.[197]

*Amtspflicht zur Beachtung der höchstrichterlichen Rechtsprechung.* **85**
Existenz, Inhalt und Reichweite dieser Amtspflicht sind umstritten. Die Meinungsverschiedenheiten gehen auf die grundsätzliche Frage zurück, ob und ggfs. unter welchen Voraussetzungen gerichtliche Entscheidungen losgelöst vom konkreten Verfahren gegenüber der vollziehenden Gewalt Bindungswirkung entfalten, der eine Rechtspflicht zur Beachtung der Rechtsprechung korrespondiert, die ihrerseits eine Amtspflicht begründet. Die Antwort ist im Dreiecksverhältnis zwischen Gesetzesbindung der vollziehenden Gewalt (Art. 20 III Halbs. 2 GG), Bindungswirkung richterlicher Rechtsauslegung bzw. -fortbildung und materieller Funktionentrennung aufgrund Gewaltenteilung (Art. 20 II 2 Halbs. 2 GG) angesiedelt. Danach besteht eine solche ungeschriebene Amtspflicht zur Beachtung der höchstrichterlichen Rechtsprechung nur in den Ausnahmefällen, in denen ihr eine *gesetzesgleiche Bindungswirkung* zukommt. Das kann unschwer bei einer richterlichen Rechtsfortbildung bejaht werden, die zu Gewohnheitsrecht erstarkt ist und damit als „Recht" i. S. des Art. 20 III Halbs. 2 GG anzusehen ist.[198] Sie erfolgt grds. durch die obersten Gerichte, so daß hier von einer Amtspflicht zur Beachtung der höchstrichterlichen Rechtsprechung gesprochen werden kann.

Dagegen scheint in den sonstige Fällen *Zurückhaltung geboten.* Denn **86**
insoweit entfalten richterliche Gesetzesauslegung oder zu Richterrecht verdichtete ständige Rechtsprechung wegen des Gewaltenteilungsgrundsatzes (Art. 20 II 2 Halbs. 2 GG) und der prinzipiellen Gleichrangigkeit von rechtsprechender und vollziehender Gewalt in Art. 20 III Halbs. 2 GG grds. keine gesetzesgleiche Bindungswirkung gegenüber der vollziehenden Gewalt, die für die Anerkennung einer Amtspflicht zur Beachtung der höchstrichterlichen Rechtsprechung unerläßlich ist.[199] Ohnehin ist insoweit ein Rückgriff auf diese Amtspflicht vielfach entbehrlich, da i. d. R. eine unrichtige Gesetzesanwendung vorliegt, die im Rahmen der

---

[196] Dazu *BGHZ* 118, 368 (369); zur Frage, unter welchen Voraussetzungen solche Verkehrssicherungspflichten in „non liquet"-Fällen als öffentlich-rechtlich qualifiziert werden können, oben Rdnr. 46.

[197] Vgl. *BGH*, NVwZ 1990, 898; *Papier*, in: MünchKomm-BGB, § 839 Rdnr. 200.

[198] *BVerfGE* 34, 269 (291); im Ergebnis ebenso, in der Zuordnung abweichend („Gesetz"), *Stern*, Staatsrecht II, 1980, S. 586.

[199] Anders wohl *BGHZ* 84, 285 (288 f.).

Amtspflicht zu rechtmäßigem Verhalten angemessen gewürdigt werden kann. Legt man diesen Ansatz zugrunde, kann die Bedeutung der höchstrichterlichen Rechtsprechung für den Normvollzug durch die Verwaltung und die amtshaftungsrechtlichen Konsequenzen eines Abweichens von der Rechtsprechungspraxis beim Verschulden unter dem subjektbezogenen Gesichtspunkt der Vorwerfbarkeit angemessen gewürdigt werden.[200]

*b) Amtspflichtverletzung bei Verstoß gegen Innenrecht*

87 Der durch die Unterschiede hinsichtlich der Anknüpfungspunkte (Innenverhältnis – Außenverhältnis) und der Wirkungsweise (unmittelbar – mittelbar) der Rechtsbindung hervorgerufene dogmatische Bruch zwischen Amts- und Rechtspflichten[201] wird bei einem Verstoß gegen Innenrecht (Verwaltungsvorschriften, Geschäftsordnungen, Einzelweisungen) sichtbar. Dabei ist zwischen *drei Fallgruppen* zu differenzierenen:

88 *aa) Amtspflichtwidriges und rechtswidriges Verhalten.* Keine Probleme bestehen bei (gleichzeitiger) Verletzung von Innen- und Außenrecht, z. B. bei weisungs- und rechtswidriger Genehmigungsversagung. Der Amtswalter handelt amts- und rechts(pflicht)widrig. Letzteres ermöglicht einen Zugriff auf die Amtspflicht zu rechtmäßigem Verhalten, der einen Rückgriff auf rein innenrechtsbezogene Amtspflichten überflüssig macht, der bei der gebotenen rechtsstaatlichen Interpretation der Amtshaftung ohnehin auf Bedenken stößt.

89 *bb) Amtspflichtwidriges, aber rechtmäßiges Verhalten.* Diese Situation tritt ein, wenn der Amtswalter zwar (ihn) bindendes Innenrecht verletzt, aber in Übereinstimmung mit der Rechtsordnung handelt. Dazu kommt es beispielsweise dann, wenn der zuständige Amtsträger der Bundeswehr es versäumt, den Wehrpflichtigen auf die durch Ministerialerlaß (Verwaltungsvorschrift) angeordnete, aber gesetzeswidrige Möglichkeit einer Befreiung vom Wehrdienst[202] hinzuweisen, wodurch diesem ein Schaden in Form eines Verdienstausfalls entsteht.[203] Die Beurteilung dieser Rechtslage bereitet einige Schwierigkeiten. Denn einerseits greift der bei Zuwiderhandeln gegen Innenrecht regelmäßig schon im Vorfeld eintretende Ausschluß der Amtshaftung wegen fehlender Drittbezogenheit von Verwaltungsvorschriften oder fehlendem Schaden hier nicht durch; andererseits verlangt die Kluft zwischen Amtspflichten und Rechtspflichten eine eindeutige Entscheidung, die keine Kompromisse oder Kunstgriffe, etwa durch Überbrückung der Divergenzen mittels der Amtspflicht zu rechtmäßigem Handeln, zuläßt.

---

[200] S. nur *BGHZ* 30, 19 (22); 119, 365 (369 f.); *BGH*, NJW 1994, 3158 (3159).
[201] Einzelheiten oben Rdnrn. 60 ff.
[202] Vgl. §§ 5 I, 21 I WPflG, § 13 MusterungsVO.
[203] *OLG Düsseldorf*, NVwZ-RR 1992, 225 f.

Ausgangspunkt für eine Befreiung aus diesem „Bett des Prokrustes" ist der Charakter der Amtshaftung als deliktische, rechtsstaatlich gebotene Staatsunrechtshaftung. Demnach ist ein intern dienstpflichtwidriges Verhalten erst dann als eine amtshaftungsbegründende, unerlaubte, rechtswidrige Handlung anzusehen, wenn damit ein Eingriff in den Rechtskreis eines anderen verbunden ist, der im Widerspruch zur Rechtsordnung steht. Die *objektive Widerrechtlichkeit* ist nicht nur das gemeinsame Merkmal aller unerlaubten Handlungen einschließlich der Amtspflichtverletzung, die diese rechtliche Klassifizierung rechtfertigt,[204] sondern stellt auch aus verfassungsrechtlicher Sicht das entscheidende Kriterium für die Annahme einer durch Art. 34 S. 1 GG gewährleisteten Staatsunrechtshaftung dar. Daran scheitert im Beispielsfall ein Amtshaftungsanspruch. 90

*cc) Amtspflichtgemäßes, aber rechtswidriges Verhalten.* Der Eintritt dieser Konstellation ist nach dem konstruktiven Ansatz der Amtshaftung als übergeleiteter Haftung denkbar, da dann auch der Rechtsordnung widersprechendes Innenrecht im Innenverhältnis Bindungswirkung gegenüber dem Amtswalter entfaltet, die er nur durch Remonstration (§ 38 II BRRG) abschütteln kann. Exemplarisch hierfür ist eine von einem städtischen Beamten aufgrund innerdienstlicher Weisung der staatlichen Aufsichtsbehörde erlassene gesetzeswidrige Genehmigung.[205] Das Auseinanderfallen von Amts- und Rechtspflichten führt hier dazu, daß das Verhalten zwar rechtswidrig ist, aber in Einklang mit den Amtspflichten des Innenverhältnisses steht. 91

Der Umstand, daß der angewiesene Amtswalter gegenüber seinem Dienstherrn amtspflichtgemäß handelt, bewirkt freilich *keinen Haftungsausschluß* im Außenverhältnis, sondern allenfalls eine Haftungsverschiebung innerhalb der öffentlichen Hand; die Amtshaftung als solche bleibt bestehen. Andernfalls könnte die vollziehende Gewalt entgegen dem Vorrang des förmlichen Gesetzes (Art. 20 III GG) und ihrer Gesetzesbindung einer Verantwortlichkeit im Außenverhältnis durch entsprechende rechtswidrige Formung des Innenrechts entgehen. Die durch Art. 34 S. 1 GG garantierte Staatsunrechtshaftung läßt eine solche rechtsmißbräuchliche Schaffung eines sanktionsfreien Raumes nicht zu. Der angewiesene Amtswalter verhält sich zwar – isoliert betrachtet – amtspflichtgemäß; sein weisungsgemäßes Verhalten nach außen ist aber dem anweisenden Amtswalter zuzurechnen. Dieser handelt wegen des Erlaßes einer rechtswidrigen Weisung amtspflichtwidrig und infolge der Zurechnung des Verhaltens des Weisungsempfängers auch rechtswidrig. 92

Gehören angewiesener und anweisender Amtswalter dem gleichen Rechtsträger an, bleibt die Inkongruenz von Amts- und Rechtspflichten 93

---

[204] *BGHZ* 34, 375 (380); *OLG Düsseldorf*, NVwZ-RR 1992, 225.
[205] *BGH*, NJW 1959, 1629 f.; s. auch *BGHZ* 63, 319 ff.

ohne haftungsrechtliche Auswirkungen. Bei unterschiedlichen Rechtsträgern *verlagert* sich die *Verantwortlichkeit* auf die anweisende Stelle.[206] Im Außenverhältnis kann der angewiesene Hoheitsträger, z.B. eine Gemeinde, eine auf den (Außen)Rechtsverstoß abstellende Amtshaftung durch Weigerung, Untätigbleiben oder Anfechtung der Weisung vermeiden. Das hat in praxi i.d.R. eine Ersatzvornahme zur Konsequenz, bei der der anweisende Hoheitsträger auch im Außenverhältnis die Verantwortung übernimmt. Diese Beispiele belegen, daß letztlich der Rechts(pflicht)verstoß entscheidend für eine Amtshaftung ist. Rechtspflichten begründen stets Amtspflichten, wohingegen diese Folgerung in umgekehrter Richtung nicht durchgängig gilt. Das unterstreicht die Notwendigkeit, die Amtshaftung zumindest de lege ferenda an die Verletzung von Rechtspflichten zu knüpfen.

## III. Drittbezogenheit der verletzten Amtspflicht

94 Sowohl § 839 I 1 BGB als auch Art. 34 S. 1 GG verlangen, daß die Amtspflicht einem Dritten gegenüber obliegt. Die so umrissene Drittbezogenheit der verletzten Amtspflicht bildet in rechtsdogmatischer und rechtstatsächlicher Hinsicht die Achillesferse der Amtshaftung.[207] Das liegt zum einen an der Weite und Unbestimmtheit ihres Inhalts, ein Mangel, der durch die Flut einschlägiger Entscheidungen nicht beseitigt worden ist, da die stark verästelte Kasuistik der Rechtsprechung kaum verallgemeinerungsfähige Grundsätze und Strukturen erkennen läßt.[208] Zum anderen wird eine systematische Durchdringung der Drittbezogenheit dadurch erschwert, daß die vom *BGH* entwickelte Konzeption unzureichend mit der gleichgelagerten Problematik bei Ansprüchen auf Primärrechtsschutz abgestimmt ist, die dort unter dem Aspekt des subjektiven öffentlichen Rechts diskutiert wird.[209]

### 1. Begriff

95 Die Rechtsprechung zeigt sich von diesen Anfechtungen weitgehend unbeeindruckt und stellt an die Drittbezogenheit die gebetsmühlenhaft

---

[206] Vgl. unten § 11 Rdnr. 8.

[207] Kritik an der Konstruktion der Drittbezogenheit wird vom ganz überwiegenden Teil des Schrifttums geäußert, s. etwa *Blankenagel*, DVBl 1981, 15; *Schoch*, Jura 1988, 585 (590); *Ossenbühl*, S. 57; *Tremml/Karger*, Rdnr. 108.

[208] Vgl. *Blankenagel*, DVBl 1981, 15; *Ossenbühl*, S. 57, spricht von einer „crux des Amtshaftungsanspruchs".

[209] Diese Verbindungslinien werden insb. anhand des § 42 II VwGO sichtbar, der vom *BGH* in bestimmten Fällen zur Bestimmung der Drittbezogenheit herangezogen wird, vgl. unten Rdnrn. 114 ff.

wiederholte Forderung, daß die verletzte Amtspflicht – wenn auch nicht notwendig allein, so doch *zumindest auch* - den *Schutz des Betroffenen* vor den infrage stehenden Rechts(-gut)verletzungen *bezweckt*.[210] So ist etwa ein Drittbezug der Amtspflicht zur Aufklärung bei staatlich angeordneten Schutzimpfungen gegenüber dem Impfling und seinen Angehörigen angenommen worden, da sie einem erhöhten Infektions- und Ansteckungsrisiko ausgesetzt sind.[211] Negativ formuliert genügt es zur Begründung des Amtshaftungsanspruchs nicht, wenn jemand durch die Amtspflichtverletzung nachteilig betroffen worden ist, ohne daß eine Drittbezogenheit festgestellt werden kann.

## 2. Funktion

Das Erfordernis der Drittbezogenheit ist zwar nach seiner Stellung im 96
Tatbestand der Amtshaftung ein anspruchsbegründendes Merkmal,[212] zielt aber trotz der gegenläufigen Tendenz in der Rechtsprechung zu seiner Ausdehnung[213] nach seinem Inhalt und seiner Funktion auf eine *Begrenzung der Haftung*.[214] Diese Vorkehrung gegen ein Ausufern der Einstandspflicht ist keine Besonderheit des Amtshaftungsregimes, sondern fester Bestandteil sämtlicher staatshaftungsrechtlicher Ansprüche,[215] der an unterschiedlichen Stellen im Tatbestand der jeweiligen Anspruchsgrundlage verankert worden ist und auch in das StHG 1981 Eingang gefunden hatte.[216] Die begrenzende Wirkung betrifft die Entstehung und den sachlichen Umfang der Haftung. Außerdem ergibt sich aus ihr die *Aktivlegitimation*, da nur ein „Dritter" i. S. der § 839 I 1 BGB, Art. 34 S. 1 GG Gläubiger des Amtshaftungsanspruchs sein kann. In dieser funktionalen Ausrichtung spiegeln sich das personale und das sachliche Element der Drittbezogenheit wider, deren Zusammenwirken dieses Tatbestandsmerkmal prägt.[217]

[210] St. Rspr., vgl. nur *BGHZ* 56, 40 (45); 63, 35 (38 f.); 74, 144 (146); 89, 1 (5); 100, 313 (317); 106, 323 (331); 110, 1 (8 f.); 129, 23 (25); 134, 268 (276).

[211] *BGHZ* 126, 386 (394 f.).

[212] Daher trägt der Anspruchssteller (Kläger) die Darlegungs- und Beweislast, vgl. im einzelnen *Tremml/Karger*, Rdnrn. 965 ff., ebda., auch zu Erleichterungen.

[213] Die Erweiterung betrifft sowohl die Person des Dritten als auch seine sachlich geschützten Interessen, vgl. *Blankenagel*, DVBl 1981, 15 (17); *de Witt/Burmeister*, NVwZ 1992, 1039 (1040); *Ossenbühl*, S. 59; s. auch unten Rdnrn. 101 ff., 117 ff.

[214] So ausdrücklich etwa *BGHZ* 129, 17 (19).

[215] Vgl. für den öffentlich-rechtlichen Folgenbeseitigungsanspruch unten § 12 Rdnrn. 37, 54; für den Anspruch aus enteignungsgleichem Eingriff unten § 17 Rdnrn. 31 f.

[216] § 1 I StHG 1981; dazu *Bender*, Rdnrn. 167 ff.

[217] Einzelheiten unten Rdnrn. 101 ff., 117 ff.

### 3. Voraussetzungen

#### a) Überblick

97 Der *BGH* unterscheidet zwischen dem *personalen* und dem *sachlichen Element der Drittbezogenheit.* Dahinter verbergen sich der geschützte Personenkreis einerseits, das geschützte Rechtsgut oder Interesse andererseits.[218] Diesem Ansatz ist prinzipiell zuzustimmen, da bei der für die Annahme einer Drittbezogenheit unerläßlichen personenbezogenen Individualisierung und rechtsgutbezogenen Qualifizierung je spezielle Fragen auftreten können. Diese beiden Bestandteile einer drittbezogenen Amtspflicht sind daher vielfach nicht deckungsgleich; die Anerkennung einer Person als Dritter bedeutet nicht, daß sie in allen ihren Belangen drittgeschützt ist; vielmehr bedarf es einer gesonderten Feststellung der ersatzfähigen Schadenspositionen, für die nach der Judikatur, ebenso wie bei der personalen Drittbezogenheit, der Schutzzweck der Amtspflicht entscheidend ist.[219]

98 Das führt zu einer Aufspaltung der Drittbezogenheit, die z. T. auch als *Relativierung* bezeichnet wird,[220] und vor allem im Baurecht einige Schwierigkeiten bereitet.[221] So ist etwa der Schutzzweck der Amtspflicht zur Wahrung gesunder Wohn- und Arbeitsverhältnisse[222] auf solche Schäden beschränkt, bei denen eine unmittelbare Gesundheitsgefährdung besteht, die also – anders ausgedrückt – dadurch verursacht werden, daß die vom kontaminierten Boden ausgehende Gefahr zum völligen Ausschluß der Nutzungsmöglichkeit der errichteten oder noch zu errichtenden Wohnungen führt. Das bloße Vermögensinteresse, welches darin besteht,

---

[218] S. nur *BGHZ* 90, 310 (312); 110, 1 (9).

[219] Vgl. *BGHZ* 60, 112 (117); 90, 310 (312); 110, 1 (9); 117, 83 (90); 134, 268 (276 f.).

[220] Vgl. etwa *Papier*, in: MünchKomm-BGB, § 839 Rdnr. 232; *ders.*, DZWir 1997, 221 (222); *Ossenbühl*, S. 68 f.; diese Relativierung darf nicht mit den sog. relativen Amtspflichten verwechselt werden, dazu unten Rdnrn. 111 f.

[221] Dazu *Boujong*, WiVerw 1991, 59 (66 ff., 75, 84 ff.); *Wurm*, JA 1992, 1 (5 ff.); speziell zur Amtshaftung bei Altlasten *BGHZ* 106, 323 ff.; 108, 224 ff.; 109, 380 ff.; 113, 367 ff.; 117, 363 ff.; 121, 65 ff.; 123, 363 ff.; zu dieser sog. Altlasten-Rechtsprechung *Wurm*, UPR 1990, 201 ff.; *Krohn*, in: Festschr. f. Gelzer, 1991, S. 281 ff.; *Kühn*, Die Amtshaftung der Gemeinden wegen der Überplanung von Altlasten, 1997, S. 60 ff., 106 ff., 196 ff.; zur Amtshaftung wegen rechtswidriger Erteilung oder Versagung bauaufsichtlicher Genehmigungen s. etwa *BGHZ* 39, 358 ff. sowie zuletzt *BGHZ* 105, 52 ff.; 117, 83 ff.; 119, 365 ff.; 122, 317 ff.; 125, 258 ff.; dazu *Prior*, BauR 1987, 157 ff.; *de Witt/Burmeister*, NVwZ 1992, 1039 ff.; *Deppert*, in: Festschr. f. Boujong, S. 533 ff.; s. auch noch unter dem Gesichtspunkt des Vertrauensschutzes unten Rdnrn. 119 ff. Weitere Beispiele zur Relativität der Drittbezogenheit bei *Ossenbühl*, S. 69, wobei die dort genannte Fälle nicht immer ein geeigneter Beleg für dieses Phänomen sind; zur (relativen) Drittbezogenheit fehlerhafter Bankenaufsicht vgl. etwa *Habscheid*, Staatshaftung für fehlsame Bankenaufsicht?, 1988, S. 35 ff., 85 ff., die auch nach Einfügung des § 6 III KWG Probleme bereitet; dazu *Papier*, in: MünchKomm-BGB, § 839 Rdnrn. 248 ff.; zur Drittbezogenheit der Amtspflichten der Finanzverwaltung *Nissen,* Amtshaftung der Finanzverwaltung, 1997, S. 55 ff.

[222] Einzelheiten unten Rdnrn. 119 f.

daß ein unbelastetes Grundstück einen höheren Marktwert hat als ein belastetes, wird durch diese Amtspflicht nicht geschützt.[223]

Das Vorgehen der Rechtsprechung erscheint indes aus zwei Gründen problematisch: Zum einen wird das Kriterium des Schutzzwecks zu stark in den Vordergrund gestellt, andere relevante Faktoren, z. B. die Betroffenheit in subjektiven öffentlichen Rechten, dadurch vernachlässigt. Das Merkmal der Drittbezogenheit wird so auf eine *bloße Drittgerichtetheit* verkürzt.[224] Zum anderen geht die Judikative bei der Ermittlung des Schutzzwecks der Amtspflicht nach wie vor vom Innenverhältnis aus; die Rechtspflichten im Außenverhältnis finden zwar im Rahmen der Amtspflicht zu rechtmäßigem Verhalten Eingang in die Prüfung,[225] die Betroffenheit in individuellen Rechten bleibt aber weitgehend unbeachtet. Dies führt zur *Inkongruenz von Primär- und Sekundärrechtsschutz*. Denn der verwaltungsgerichtliche Abwehranspruch knüpft an die Beeinträchtigung des Betroffenen in subjektiven öffentlichen Rechten an, während der amtshaftungsrechtliche Schadensersatzanspruch nach dem Verständnis des *BGH* allein auf Drittgerichtetheit der dem Amtswalter obliegenden Amtspflicht abhebt. 99

Dieser Bruch in der Tatbestandsstruktur kommt auch auf terminologischer Ebene zum Ausdruck. So ist beispielsweise bei rechtswidriger Versagung einer Baugenehmigung der Bauherr *Adressat* einer belastenden hoheitlichen Maßnahme, aber *Dritter* i. S. der Amtshaftung.[226] Die Folgen dieser Friktion werden insb. bei Grundrechtsbeeinträchtigungen deutlich, z. B. durch ein später für verfassungswidrig erklärtes Gesetz; sie werden bei rein schutzzweckbezogener Auslegung der Drittbezogenheit der Amtspflicht nicht erfaßt.[227] Eine inhaltlich konsistente Lösung setzt daher voraus, daß bei der Feststellung der Drittbezogenheit der verletzten Amtspflicht die Kriterien „Innenverhältnis" – „Außenverhältnis", „Amtspflicht" – „Rechtspflicht", „Schutzzweck" – „Betroffenheit" einander so zugeordnet werden, daß den verfassungsrechtlichen Gewährleistungen, die sich insb. aus Art. 34 S. 1 GG und den berührten Grundrechten ergeben, genügt wird. 100

### *b) Geschützter Personenkreis*

*aa) Überkommener Ansatz der Rechtsprechung.* Nach Ansicht des *BGH* ist „der Geschädigte nur Dritter, wenn sich aus den die Amtspflicht begründenden und sie umreißenden Bestimmungen sowie aus der Natur 101

[223] *BGHZ* 121, 65 (67 f.); 123, 363 (365 f.).
[224] Für die vorrangige Berücksichtigung einer Verletzung in subjektiven öffentlichen Rechten auch *Papier*, in: MünchKomm-BGB, § 839 Rdnrn. 225, 231.
[225] Näher dazu oben Rdnrn. 65 ff.
[226] Vgl. *BGH*, NJW 1994, 2091 (2092) m. w. Nachw.; s. auch *Prior*, BauR 1987, 157 (161); *Boujong*, WiVerw 1991, 59 (100); *Papier*, DZWir 1997, 221 (222).
[227] *BGH*, NJW 1989, 101 f.; dazu *Wurm*, JA 1992, 1 (4).

des Amtsgeschäftes ergibt, daß der Geschädigte zu dem Personenkreis gehört, dessen Belange nach dem Zweck und der rechtlichen Bestimmung des Amtsgeschäftes geschützt und gefördert werden sollen. Hingegen ist anderen Personen gegenüber, selbst wenn die Amtspflichtverletzung sich für sie mehr oder weniger nachteilig ausgewirkt hat, eine Ersatzpflicht nicht begründet. Es muß mithin eine *besondere Beziehung* zwischen der verletzten Amtspflicht und dem geschädigten ‚Dritten' bestehen".[228] Dritter ist demnach etwa der unterlegene Mitbewerber um eine Beamtenstelle bei Verletzung der hierbei zu wahrenden Mitteilungspflicht[229] oder bei Grundbuchangelegenheiten der Antragssteller sowie jede Person, die im Vertrauen auf die richtige Handhabung der Grundbuchgeschäfte am Rechtsverkehr teilnimmt.[230] Dagegen wurde bei einer Verletzung der Warnpflichten des Deutschen Wetterdienstes ein personaler Drittbezug dieser Amtspflicht gegenüber den Eigentümern der betroffenen Flugzeuge verneint.[231]

102 *bb) Neue Deutung der Rechtsprechung.* Die vom *III. Senat des BGH* in ständiger Rechtsprechung als Ausgangspunkt herangezogene, etwas redundant klingende Standardformel läßt *zwei* parallel laufende *Argumentationslinien* erkennen, die nachfolgend freigelegt und weiterentwickelt werden sollen:

103 *(1) Vom Schutzzweck der Amtspflicht zur Schutznorm.* Auch wenn man aus entstehungsgeschichtlichen Gründen an einer Fokussierung auf die Amtspflichten des Innenverhältnisses festhält,[232] sind die sie ausfüllenden Rechtspflichten des Außenverhältnisses maßgeblich für Inhalt und Reichweite des Schutzzwecks. Diese Deutung findet ihre Grundlage in der Formulierung „die die Amtspflicht begründenden und sie umreißenden Bestimmungen", die fester Bestandteil der vom *BGH* zur Fixierung des Drittbezugs gebrauchten Wendung ist. Konstruktiv erfolgt dieser Zugriff auf die einschlägigen Rechtsnormen über die Amtspflicht zu rechtmäßigem Verhalten.[233] Die als Ausgangspunkt für die Ermittlung der Drittgerichtetheit zugrunde gelegte amtshaftungsrechtliche *Schutzzwecktheorie* mündet so in die verwaltungsrechtliche *Schutznormtheorie*, die auf die Begründung subjektiver öffentlicher Rechte gerichtet ist. Demzufolge ist eine Norm des öffentlichen Rechts drittschützend und

[228] St. Rspr., vgl. etwa *BGHZ* 56, 40 (45 f.); 106, 323 (331); 109, 163 (167 f.); 122, 317 (320 f.); 129, 23 (25); 134, 268 (276).

[229] Vgl. *BGHZ* 129, 226 (232), wo darauf hingewiesen wird, daß diese Pflicht dem unmittelbaren Individualinteresse des Klägers dient.

[230] *BGHZ* 124, 100 (108).

[231] *BGHZ* 129, 17 (19 f.); ebenso bei Verletzung der Aufsichtspflicht über Bergbahnen gegenüber dem Eigentümer der betroffenen Bahn *BGH*, NJW 1965, 200; allgemeiner zum drittschützenden Charakter von Aufsichtspflichten *Ladeur*, DÖV 1994, 665 ff.

[232] Dazu oben Rdnrn. 61 ff. sowie § 3 Rdnr. 11.

[233] Einzelheiten oben Rdnrn. 65 ff.

somit rechtsbegründend, wenn sie dem Hoheitsträger eine Verhaltenspflicht auferlegt und zumindest auch den Zweck hat, Interessen einzelner zu schützen und es ihnen ermöglichen soll, sich auf diese Begünstigung zu berufen.[234] Anhand dieser Definition und Konstruktion wird deutlich, daß die Kriterien für die Annahme eines Individualschutzes (Drittschutzes) auf verwaltungsrechtlicher und amtshaftungsrechtlicher Ebene sich insoweit entsprechen. Hier wie dort kommt es darauf an, ob nach Wortlaut und Zweck der Regelung eingrenzbare Interessen eines abgrenzbaren Personenkreises geschützt werden sollen, zu dem der Geschädigte gehört.

*(2) Von der Drittgerichtetheit zur Drittbetroffenheit.* Der *BGH* konnte 104
sich bislang nicht dazu durchringen, eine Drittbezogenheit im Falle einer nachhaltigen Betroffenheit des Geschädigten in seinen Rechten anzuerkennen.[235] Das erscheint zwar angesichts des auf das Innenverhältnis ausgerichteten Verständnisses der Drittbezogenheit konsequent, kann aber zu einer Inkongruenz der verwaltungsrechtlichen und amtshaftungsrechtlichen Prüfungsparameter führen. Insoweit sind zwei Konstellationen zu unterscheiden:

Verletzt die hoheitliche Maßnahme ein *subjektives öffentliches Recht,* 105
das sich *aus* einer *drittschützenden Norm* ergibt, entstehen keine Friktionen. Die Schutznormtheorie begründet auf der Ebene des Primärrechtsschutzes einen Individualschutz, dem auf der Ebene des Sekundärrechtsschutzes aufgrund Amtshaftung ein Drittschutz korrespondiert, ohne daß es eines Rückgriffs auf die Rechtsbetroffenheit bedarf.

Schwieriger gestaltet sich die Beurteilung, wenn staatliches Handeln 106
*Grundrechte beeinträchtigt,* jedoch keine oder zumindest *keine drittschützende Regelung* besteht. Hier stellt sich zunächst insbesondere bei mittelbarer, aber intensiver Beeinträchtigung des grundrechtlichen Schutzgegenstandes die allgemeine Frage, ob ein subjektives öffentliches Recht unmittelbar aus dem betroffenen Grundrecht abgeleitet werden kann.[236] Bei dieser Annahme scheint Zurückhaltung geboten, weil der Ausgleich konfligierender Interessen, hinter denen oftmals der objektivrechtliche Gehalt einzelner Grundrechte steht, einschließlich der Anerkennung drittgeschützter Positionen vorrangig dem Gesetzgeber obliegt.[237] Einen unmittelbaren Zugriff auf grundrechtliche Gewährlei-

---

[234] Vgl. schon *Haverkate,* NJW 1973, 441 (442); in bezug auf subjektive öffentliche Rechte *Sachs,* in: *Stelkens/Bonk/Sachs,* VwVfG, § 40 Rdnr. 134 m. w. Nachw.; s. auch *Wiegand,* BayVBl 1994, 609 (610); *Erichsen,* in: *ders.,* Allg. Verwaltungsrecht, § 11 Rdnr. 31.

[235] Vgl. etwa *BGHZ* 56, 40 (45); 90, 310 (311) m. w. Nachw.; *BGHZ* 110, 1 (9); 134, 268 (276); explizit dafür *Haverkate,* NJW 1973, 441 (444 f.).

[236] Dazu *Erichsen,* in: *ders.,* Allg. Verwaltungsrecht, § 11 Rdnrn. 35 ff. m. w. Nachw.; grds. ablehnend für das allgemeine Verwaltungsrecht *Wahl,* in: *Schoch/Schmidt-Aßmann/Pietzner,* VwGO, Vorb § 42 Abs. 2 Rdnrn. 75 ff., 83.

[237] Vgl. *Wiegand,* BayVBl 1994, 609 (614 f.) m. w. Nachw.

stungen wird man nur ausnahmsweise zulassen, sofern eine gesetzliche Regelung fehlt und die Maßnahme die erforderliche Beeinträchtigungsintensität aufweist, die sie als Grundrechtseingriff qualifiziert.[238] Regelmäßig wird sich ein subjektives öffentliches Recht aber schon daraus ergeben, daß die objektive, verbindliche Norm wegen der konkreten Gefährdung oder Beeinträchtigung eines Grundrechts im Einzelfall grundrechtskonform als individualschützende Regelung auszulegen ist.[239] Das betrifft insbesondere die Fälle, in denen der Gesetzgeber wegen der Komplexität des zu ordnenden Lebensbereichs Drittschutz nicht auf normativer Ebene durch entsprechende Tatbestandsmerkmale, wie etwa in § 5 I Nr. 1 BImSchG, antizipierend festgeschrieben, sondern durch Verwendung unbestimmter Rechtsbegriffe der Konkretisierung im Einzelfall auf der Vollzugsebene der zweiten und dritten Gewalt überlassen hat, wie dies z. B. beim Erfordernis einer konkreten Gefahr für die öffentliche Sicherheit gem. § 8 I nwPolG zu beobachten ist.

107 Erkennt man an, daß auf der Ebene des Primärrechtsschutzes in der aufgezeigten Weise ein subjektives öffentliches Recht auch im Rahmen einer an sich nicht individualschützenden Bestimmung aufgrund der Betroffenheit in Grundrechten entstehen kann, gelangt man zur „Schlüsselfrage“, ob in diesen Fällen auch eine Drittbezogenheit der einschlägigen Amtspflicht anzunehmen ist. Das ist ausgehend vom Grundsatz der Konnexität von Primär- und Sekundärrechtsschutz[240] jedenfalls dann zu fordern, wenn dem amtshaftungsrechtlichen Merkmal des Drittschutzes – wie vorliegend – keine weitergehende (haftungs)begrenzende Wirkung zugebilligt wird als dem verwaltungsrechtlichen Merkmal des Individualschutzes.[241] Daher sollte bei der Amtshaftung eine *Drittbezogenheit* immer dann bejaht werden, *wenn* der Amtspflichtverstoß zugleich eine *Verletzung subjektiver öffentlicher Rechte* des Geschädigten beinhaltet.[242] Andernfalls bliebe die Rechtsverletzung entgegen den Gewährleistungen des Art. 34 S. 1 GG und der betroffenen Grundrechte auf der Ebene des Sekundärrechtsschutzes sanktionslos. Eine allgemein nicht drittgerichtete Amtspflicht kann so im Einzelfall aufgrund der Drittbetroffenheit drittschützende Wirkung entfalten. Bleibt beispielsweise die Polizei aus sach-

---

[238] S. auch *Erichsen*, in: *ders.*, Allg. Verwaltungsrecht, § 11 Rdnr. 36, der ebenfalls auch auf die erhöhte Betroffenheitsintensität abstellt.

[239] Weitergehend *Wahl*, in: *Schoch/Schmidt-Aßmann/Pietzner*, VwGO, Vorb § 42 Abs. 2 Rdnrn. 83, 85, der subjektive öffentliche Rechte streng rechtssatzabhängig versteht und aus den Grundrechten einen Subjektivierungsauftrag an den Richter ableitet.

[240] Dazu oben § 3 Rdnr. 6, § 8 Rdnrn. 9 f.

[241] Zur ähnlichen Problematik beim öffentlich-rechtlichen Folgenbeseitigungsanspruch unten § 12 Rdnr. 37.

[242] So schon *Papier*, in: MünchKomm-BGB, § 839 Rdnrn. 225, 231, der diesem Kriterium sogar Vorrang gegenüber dem Kriterium des Schutzzwecks einräumt; s. auch *Schoch*, Jura 1988, 585 (590), der zwischen absoluten und relativen subjektiven öffentlichen Rechten unterscheidet.

fremden Motiven trotz erkennbarer Lebensgefährdung untätig, wandelt sich die polizeirechtliche Generalklausel aufgrund der Gefährdung der Schutzgüter des Art. 2 II 1 GG von einer gemeinwohlbezogenen zu einer individualschützenden Norm, aus der sich dann im Rahmen der Amtspflicht zu rechtmäßigem Handeln eine Drittbezogenheit ergibt.

Die neuere Rechtsprechung scheint sich diesem Ansatz jedenfalls nicht mehr gänzlich zu verschließen. Darauf deutet die *Bezugnahme auf § 42 II VwGO* bei der Ermittlung der Drittbezogenheit bestimmter Amtspflichten hin,[243] der für die verwaltungsprozessuale Klagebefugnis auf eine mögliche Verletzung in subjektiven öffentlichen Rechten abstellt. Außerdem eröffnet die Passage in der Drittbezogenheitsformel des *BGH*, wonach es u. a. auf die *Natur des Amtsgeschäftes* ankommt,[244] Spielraum für eine Auslegung, wonach bei Beeinträchtigung subjektiver öffentlicher Rechte drittbezogene Amtspflichten enstehen können. **108**

Die oben entwickelten Grundsätze können in einer „Alternativformel" zusammengefaßt werden, die der „Standardformel" des *BGH* gegenüber gestellt wird. Danach ist eine Amtspflicht in personaler Hinsicht *drittbezogen*, wenn die sie ausfüllende Rechtspflicht nach ihrem Schutzzweck *drittgerichtet* ist oder ein vergleichbarer Drittschutz aus der *Betroffenheit* in subjektiven öffentlichen Rechten resultiert. **109**

*cc) Ermittlung des personalen Drittbezugs*

Die Fortentwicklung dieses dichotomen Grundansatzes führt zu folgenden Kriterien,[245] die die Feststellung einer Drittbezogenheit der verletzten Amtspflicht erleichtern: **110**

*(1) Relative Amtspflichten.* Darunter sind Amtspflichten zu verstehen, die aufgrund und im Rahmen einer öffentlich-rechtlichen Sonderverbindung[246] bestehen. Zu nennen sind etwa ein verwaltungsrechtliches Schuldverhältnis,[247] ein besonderes Gewaltverhältnis oder ein öffentlich-rechtliches Verfahrensrechtsverhältnis.[248] Gemeinsames Merkmal dieser *Sonderverbindung* ist ein *besonderes Näheverhältnis* des einzelnen zur öffentlichen Gewalt, das u. a. in den erweiterten Einwirkungsmöglichkeiten auf die Rechtsgüter des anderen und in den (auch) dadurch bedingten **111**

---

[243] Vgl. *BGHZ* 125, 258 (268); s. auch *Wurm*, JA 1992, 1 (2); weitere Einzelheiten unten Rdnrn. 114 ff.

[244] Zum Wortlaut im einzelnen oben Rdnr. 101.

[245] Zu weiteren Kriterien, etwa dem Ausgeliefertsein des Geschädigten gegenüber dem Verwaltungshandeln, s. *Ossenbühl*, S. 59 m. w. Nachw.; *Tremml/Karger*, Rdnr. 112; von einer gesonderten Erörterung wird abgesehen, weil diese Kriterien, soweit sie anerkennenswert sind, bei der Darstellung der vorliegend zugrunde gelegten Kriterien behandelt werden.

[246] Vgl. zu diesem Begriff etwa *Windthorst*, JuS 1996, 605 m. w. Nachw.

[247] Näher dazu unten § 19 Rdnr. 16.

[248] Zu diesem Rechtsverhältnis schon oben Rdnr. 43 m. Fußn. 91.

erhöhten (Neben)Pflichten der Beteiligten zum Ausdruck kommt.[249] Sie begründen aus haftungsrechtlicher Sicht grds. die für einen personalen Drittbezug erforderliche *besondere Beziehung* zwischen der verletzten Amtspflicht und dem geschädigten Dritten,[250] so daß die Amtshaftung zum Zuge kommt, die häufig durch einen Schadensersatzanspruch wegen der Verletzung von Pflichten eines öffentlich-rechtlichen Schuldverhältnisses ergänzt wird.[251]

112 Solche *drittbezogenen relativen Amtspflichten* können etwa in einem beamtenrechtlichen Konkurrenzverhältnis aufgrund der schon angesprochenen Mitteilungspflicht gegenüber dem unterlegenen Mitbewerber entstehen.[252] Weiteres Beispiel sind Amtspflichten bei bauaufsichtlichen Genehmigungen. Die Reichweite der personalen Drittbezogenheit hängt hier davon ab, ob die Genehmigung erteilt oder versagt worden ist.[253] Außerdem kommt eine Einbeziehung weiterer Personen in die Schutzwirkung einer relativen Amtspflicht in Betracht, wobei die im Zivilrecht zu Verträgen zugunsten Dritter bzw. mit Schutzwirkung zugunsten Dritter aufgestellten Grundsätze entsprechende Anwendung finden sollen.[254]

113 *(2) Absolute Amtspflichten.* In Anlehnung an die im Zivilrecht übliche Unterscheidung zwischen absoluten und relativen Pflichten werden damit Amtspflichten bezeichnet, die gegenüber jedem Betroffenen drittbezogen sind, weil sie den Zweck haben, Eingriffe in seinen Rechtskreis zu verhindern.[255] Exemplarisch hierfür sind die deliktischen Pflichten nach §§ 823 ff. BGB, insb. die aus § 823 I BGB abgeleitete Amtspflicht, die dort umrissenen unerlaubten Handlungen zu unterlassen. Geschützte Dritte sind hier die Inhaber der in dieser Vorschrift genannten Rechte und Rechtsgüter, die durch das hoheitliche Handeln unmittelbar verletzt werden.[256] Die Drittbezogenheit wird hier durch die Betroffenheit in diesen Rechtspositionen aktualisiert und konkretisiert.

114 *(3) Verwaltungsprozessuale Klagebefugnis.* Ergänzend zieht der *BGH* zur Ermittlung der Drittbezogenheit die in *§ 42 II VwGO* ausgeformte Klagebefugnis heran.[257] Dahinter steht die zutreffende Überlegung, daß derjenige, dem ein Rechtsmittel gegen den hoheitlichen Eingriff zusteht, weil er geltend machen kann, dadurch in seinen Rechten verletzt zu sein,

---

[249] Vgl. *Windthorst*, JuS 1996, 605.

[250] S. nur *Ossenbühl*, S. 60 f. m. w. Nachw.; oben Rdnr. 101.

[251] Zu Einzelheiten unten § 20 Rdnrn. 4 ff., 10 ff.

[252] *BGHZ* 129, 226 (232).; oben Rdnr. 101.

[253] S. nur *BGH*, NJW 1994, 2087 (2088); NJW 1994, 2091 (2092), jeweils m. w. Nachw.; aus dem Schrifttum etwa *Deppert*, in: Festschr. f. Boujong, S. 533 (535 ff.); auch oben Rdnr. 98 m. Fußn. 221; unten Rdnr. 135 m. Fußn. 320.

[254] Vgl. dazu *Papier*, in: MünchKomm-BGB, § 839 Rdnr. 228.

[255] Dazu *Ossenbühl*, S. 62; *Papier*, in: MünchKomm-BGB, § 839 Rdnr. 229.

[256] *BGHZ* 56, 40 (45); 69, 128 (138); 97, 97 (102).

[257] Grundlegend *BGHZ* 125, 258 (268) m. w. Nachw.

grds. auch zu dem Personenkreis gehört, dessen vermögensrechtliche Interessen nach dem Zweck und der rechtlichen Bestimmung des Amtsgeschäfts geschützt und gefördert werden sollen.[258] Die Drittbezogenheit der Amtspflicht fällt insoweit i. d. R. mit der Klagebefugnis zusammen.

In diesem Leitsatz kommen einige Wesenszüge des Amtshaftungsrechts zum Ausdruck, namentlich die Angleichung der Voraussetzungen des Primär- und des Sekundärrechtsschutzes, die Anbindung der Drittbezogenheit der Amtspflicht an die drittschützende Wirkung der sie ausfüllenden Rechtspflicht sowie die in diesem Zusammenhang konstatierte Abhängigkeit von einer Verletzung in subjektiven öffentlichen Rechten.[259] Allerdings *beschränkt* der *BGH* seinen *Geltungsbereich* auf Amtspflichtverletzungen, die auf den Erlaß eines rechtswidrigen belastenden Verwaltungsakts oder die rechtswidrige Ablehnung oder Unterlassung eines begünstigenden Verwaltungsakts gestützt werden.[260] Diese Restriktion erklärt sich aus der Bezugnahme auf § 42 II VwGO, der seinerseits auf derartige Fälle zugeschnitten ist, wäre aber angesichts der oben angesprochenen übergreifenden Bedeutung der Prinzipien, die dieser Regel zugrunde liegen, an sich nicht zwingend erforderlich gewesen. **115**

Gleichwohl sollte von einer Ausdehnung des Anwendungsbereichs dieses Leitsatzes abgesehen werden. Denn gerade in Zweifelsfällen hilft er kaum weiter, da die Feststellung des drittschützenden Charakters der Vorschrift ähnliche Schwierigkeiten bereitet, wie die Ermittlung der Drittbezogenheit der Amtspflicht.[261] § 42 II VwGO ist daher eher geeignet, ein bereits gefundenes Ergebnis zu bekräftigen, als den Weg dorthin zu weisen, entfaltet somit im wesentlichen *indizielle Bedeutung*. Zudem kommt diese Wirkung dann nicht zum Tragen, wenn die Amtspflichtverletzung im Erlaß eines *rechtswidrigen begünstigenden Verwaltungsakts* liegt, etwa einer antragsgemäß erteilten, aber rechtswidrigen Baugenehmigung. Hier *versagt* diese *Faustregel*, da der Antragssteller infolge dieses Hoheitsakts zwar einen Schaden, z. B. in Form von nutzlosen Aufwendungen, erleiden kann,[262] aber in verwaltungsprozessualer Hinsicht nicht beschwert ist, so daß keine Klagebefugnis gegeben ist.[263] Primär- und Sekundärrechtsschutz fallen insoweit auseinander. Die grundsätzliche Annahme einer Kongruenz dieser Rechtsschutzebenen wird dadurch nicht in Frage gestellt, weil die Divergenz auf die Besonderheit zurückgeht, daß **116**

---

[258] Vgl. auch *Deppert*, in: Festschr. f. Boujong, S. 533 (534 f.).
[259] Dazu schon oben Rdnrn. 99, 103 ff.
[260] *BGHZ* 125, 258 (268).
[261] So schon *Papier*, in: MünchKomm-BGB, § 839 Rdnr. 231.
[262] S. nur *BGH*, NJW 1969, 234 (235); *BGHZ* 60, 112 (115 ff.).
[263] Vgl. *Wurm*, JA 1992, 1 (2 f.); *de Witt/Burmeister*, NVwZ 1992, 1039 (1040); *Papier*, DZWir 1997, 221 (222).

die Drittbezogenheit der Amtspflicht aus Gründen des Vertrauensschutzes erweitert worden ist.[264]

### c) Geschütztes Rechtsgut

117 Gehört der Geschädigte zum Kreis der geschützten Dritten, muß zusätzlich geprüft werden, ob der geltend gemachte Schaden in den sachlichen Schutzbereich der verletzten Amtspflicht fällt. Diese sog. *sachliche Drittbezogenheit* bildet ein zusätzliches haftungsbegrenzendes Regulativ, das neben das Merkmal der personalen Drittbezogenheit tritt. Konsequenz hiervon ist, daß der beim Amtshaftungsanspruch vorausgesetzte Schaden kein gesondertes Tatbestandsmerkmal darstellt, sondern seine Ersatzfähigkeit schon an dieser Stelle erörtert werden muß. Die Prüfung der Anspruchsfolgen beschränkt sich dann auf die Feststellung des konkreten Wertes der einzelnen Schadenspositionen.[265] Die sachliche Drittbezogenheit ist anhand von zwei Kriterien zu ermitteln, wobei das Kriterium des Schutzzwecks immer, das des Vertrauensschutzes dagegen nur in besonderen Konstellationen Anwendung findet.

118 *aa) Kriterium des Schutzzwecks.* Ausgangspunkt ist die grundsätzliche Erkenntnis, daß Personen, denen gegenüber eine Amtspflicht besteht, nicht in allen ihren Belangen als Dritte anzusehen sind. Vielmehr ist jeweils zu prüfen, ob gerade das im Einzelfall *berührte Interesse* nach dem Zweck und der rechtlichen Bestimmung des Amtsgeschäfts *geschützt werden soll.* Hierfür kommt es entscheidend auf den Schutzzweck der Amtspflicht an, der seinerseits durch die dahinter stehende Rechtspflicht konturiert wird. Ein Schaden ist somit nur dann ersatzfähig, wenn die Rechtsnorm, welche die einschlägige Amtspflicht ausgestaltet, zumindest auch den Schutz des Betroffenen vor solchen Rechts(gut)beeinträchtigungen bezweckt.[266] Wird etwa bei der Musterung eine Nierenerkrankung übersehen, die zur Untauglichkeit des Untersuchten geführt hätte, kann er als Dritter i. S. der Amtshaftung zwar Ersatz für Gesundheitsschäden, nicht aber Verdienstausfall wegen verzögerten Eintritts in das Erwerbsleben verlangen. Denn die aus § 17 V WPflG a. F. i. V. mit § 7 I MusterungsVO a. F. abgeleitete Amtspflicht soll Wehrpflichtige nicht vor (allgemeinen) Vermögensschäden, sondern vor körperlichen Nachteilen bewahren, die durch Heranziehung zum Wehrdienst trotz Dienstuntauglichkeit entstehen.[267]

---

[264] Einzelheiten unten Rdnrn. 119 ff.

[265] Näher dazu unten § 11 Rdnrn. 11 ff.

[266] Entsprechende frühe Ansätze finden sich schon in *BGHZ* 39, 358 (364 f.); gerade die neuere Rechtsprechung stellt maßgeblich auf den Schutzzweck der verletzten Amtspflicht für die inhaltliche Bestimmung und sachliche Begrenzung der Haftung ab, s. etwa *BGHZ* 109, 380 (389 ff.); 110, 1 (9 f.); 113, 367 (372); 117, 83 (90); 125, 258 (269); 134, 268 (276).

[267] *BGHZ* 65, 196 (199).

*bb) Kriterium des Vertrauensschutzes.* Einen ersten wichtigen Anhaltspunkt für eine verstärkte Berücksichtigung des Vertrauensschutzes im Rahmen der sachlichen Drittbezogenheit der verletzten Amtspflicht liefert die sog. *Altlasten-Rechtsprechung des BGH.* Sie betrifft Schäden, die infolge Überplanung kontaminierter Flächen unter Verstoß gegen die durch § 1 V 2 Nr. 1 BauGB begründete Amtspflicht zur Wahrung gesunder Wohn- und Arbeitsverhältnisse entstanden sind.[268] Diese werden nur insoweit vom Schutzzweck dieser Amtspflicht erfaßt, als sie einen unmittelbaren Bezug zur Gefährdung der Gesundheit der betroffenen Dritten[269] aufweisen. Darunter fallen nicht nur Gesundheitsschäden, sondern auch *Vermögensschäden*, die beispielsweise Grundstückseigentümer, Erwerber oder Bauherrn dadurch erleiden, daß sie im *Vertrauen* auf eine ordnungsgemäße gemeindliche Planungsentscheidung Wohnungen errichten oder kaufen, die nicht bewohnbar sind. Die geforderte unmittelbare Beziehung zu Gesundheitsgefahren ergibt sich aufgrund des vollständigen Ausschlusses dieser Nutzungsmöglichkeit, der durch die vom Boden ausgehende Gefahr verursacht wird. Dieses Risiko ist von den geschädigten Dritten weder vorhersehbar noch beherrschbar; seine Abwendung fällt daher nicht in ihren Verantwortungsbereich, sondern in den der planenden Gemeinde.[270] 119

Diese Ausformung der sachlichen Drittbezogenheit erscheint vor allem deshalb gerechtfertigt, weil der *Bebauungsplan* insoweit die *alleinige Verläßlichkeitsgrundlage* für finanzielle Dispositionen, etwa für den Erwerb und die Errichtung von Wohnungen, bildet. Mit der planerischen Ausweisung von Baugrund erzeugt die Gemeinde zwar grds. nicht das Vertrauen, daß dieser für eine Bebauung geologisch geeignet ist, wohl aber das Vertrauen, daß der Boden nicht übermäßig mit Schadstoffen belastet ist.[271] Dementsprechend umfaßt der zu ersetzende Schaden z. B. die fehlgeschlagenen Aufwendungen für den Grundstückserwerb und den Bau des Wohngebäudes[272] sowie den Nutzungsausfall für den Zeitraum zwischen Räumung und Veräußerung desselben.[273] Dagegen findet die Wertminderung, die benachbarte Grundstücke aufgrund der Nähe zu den kontaminierten Flächen wegen der dadurch hervorgerufenen Beeinträchtigung der Wohnqualität erleiden, keine Berücksichtigung.[274] 120

---

[268] Nachw. zur Altlasten-Rechtsprechung des *BGH* oben Rdnr. 70 m. Fußn. 146, Rdnr. 98 m. Fußn. 221.

[269] Zur Ermittlung der personalen Drittbezogenheit in diesen Fällen unten Rdnr. 154.

[270] Vgl. nur *BGHZ* 106, 323 (334 f.); 109, 380 (389 ff.); 113, 367 (372 f.).

[271] Vgl. *BGHZ* 106, 323 (334 f.); 117, 363 (171 f.); 121, 65 (66).

[272] Allerdings ist aufgrund des Gedankens des Vorteilsausgleichs ein etwa auf dem Grundstücksmarkt erzielbarer Preis in Abzug zu bringen, vgl. *BGHZ* 106, 323 (335) sowie unten § 11 Rdnr. 12.

[273] Die (Gesamt)Höhe des Nutzungsausfalls bestimmt sich nach den (fiktiven) Mieteinnahmen für die einzelnen Wohnungen, vgl. *BGHZ* 106, 323 (335).

[274] *BGHZ* 109, 380 (390).

121 Nach anfänglicher Zurückhaltung[275] hat der *BGH* diese Grundsätze auf bauaufsichtliche Genehmigungen ausgedehnt und (dort) weiterentwickelt.[276] Der Gedanke des Vertrauensschutzes wurde aus seiner Einbettung in den Schutzzweck der Amtspflicht herausgelöst und in den Rang eines eigenständigen Merkmals erhoben, das die Drittbezogenheit erweitert.[277] Auslöser dieser Entwicklung war die schon früh gewonnene Einsicht, daß mit einer *Baugenehmigung* für den Bauherrn ein *Vertrauenstatbestand* entsteht, aufgrund dessen er nunmehr davon ausgehen darf, daß einer der Genehmigung entsprechenden Durchführung seines Bauvorhabens (öffentlich-)rechtliche Hindernisse nicht entgegenstehen.[278]

122 Bauaufsichtliche Genehmigungen dienen somit auch dem Zweck, für den Bauwilligen eine Vertrauensgrundlage zu schaffen, aufgrund derer er entsprechende wirtschaftliche Dispositionen vornehmen kann.[279] Insoweit besteht eine vergleichbare Ausgangssituation wie beim oben angesprochenen Fall des Bebauungsplans.[280] Hier wie dort hat die Verwaltung in zurechenbarer Weise einen *Vertrauenstatbestand gesetzt* und insoweit das *Risiko* für fehlgeschlagene Planungs- und Investitionskosten *übernommen.*

123 Allerdings hängt die Verteilung der Verantwortungssphären zwischen Staat und Bauherrn noch von einem weiteren Kriterium ab: der *Schutzwürdigkeit des Vertrauens.* Der *BGH* hat diesen Aspekt zunächst allein im Rahmen des Mitverschuldens nach § 254 BGB berücksichtigt und ist so im Rahmen der Abwägung der beiderseitigen Verschuldensanteile zu einer Anspruchsminderung, bei besonders schwerwiegendem Mitverschulden sogar zu einem Anspruchsverlust gelangt.[281] Letzteres wurde etwa für den Fall angenommen, daß der Bauherr sein Bauvorhaben durch weitere Investitionen vorantreibt, obwohl er weiß, daß Nachbarn gegen die ihm erteilte Baugenehmigung Widersprüche eingelegt haben, die nach der Sachlage nicht aussichtslos erscheinen. Hier nehme er das Risiko eines Schadens infolge Aufhebung der Baugenehmigung aufgrund der anhängigen Rechtsbehelfe bewußt auf sich.[282] Das enttäuschte Ver-

---

[275] Vgl. nur *BGHZ* 39, 358 (363 ff.).

[276] S. *BGHZ* 92, 302 (305 f.): Teilungsgenehmigung; *BGHZ* 105, 52 (54 f.); 122, 317 (322 f.): Bauvorbescheid; *BGHZ* 117, 83 (90): Auskunft im Bauvoranfrageverfahren; zur Erstreckung dieser Grundsätze auf behördliche (Präventiv)Kontrollen in nichtbaurechtlichen Genehmigungsverfahren unten Rdnr. 135.

[277] Grundlegend *BGHZ* 117, 83 ff.; s. auch *de Witt/Burmeister*, NVwZ 1992, 1039 f., ebda., S. 1040 ff., auch zur haftungsbegrenzenden Funktion des Merkmals der Vertrauensgrundlage.

[278] Vgl. *BGHZ* 60, 112 (116 f.).

[279] *BGHZ* 60, 112 (117); bestätigt durch *BGHZ* 105, 52 (54 f.); 122, 317 (322 f.).

[280] Vgl. oben Rdnrn. 119 f.

[281] *BGH*, NJW 1969, 234 (235 f.); NJW 1975, 1968 (1969); NJW 1985, 265 f.; *BGHZ* 105, 52 (59); aus dem Schrifttum etwa *Boujong*, WiVerw 1991, 59 (96 f.).

[282] *BGH*, NJW 1985, 265 f.; s. zur Gewichtung unterschiedlicher Varianten eines Mitverschuldens *BGH*, NJW 1975, 1968 (1969).

trauen fand somit an zwei verschiedenen Stellen Eingang in die Prüfung: Das zurechenbare Setzen eines Vertrauenstatbestandes wurde beim objektiven anspruchsbegründenden Merkmal der Drittbezogenheit gewürdigt, seine Schutzwürdigkeit beim subjektiven anspruchsbegrenzenden Merkmal des Mitverschuldens.[283]

Einen Wendepunkt markiert insoweit die Entscheidung des *BGH* vom 16.1.1992.[284] Sie befaßte sich mit einer Amtshaftung wegen einer für den Bauwilligen (Kläger) günstigen, aber unrichtigen Auskunft, die ihm im laufenden Bauvoranfrageverfahren mündlich erteilt worden ist. Das Gericht stellt in den Urteilsgründen fest, daß die Frage, ob der Kläger auf die Richtigkeit und Verbindlichkeit der Erklärung *vertrauen* und diese zur Grundlage seiner Vermögensdispositionen machen durfte, nicht (erst) eine Frage des mitwirkenden Verschuldens des Klägers i. S. des § 254 BGB sei, sondern bereits eine solche der *objektiven Reichweite* des ihm durch das Amtshaftungsrechts gewährten *Vermögensschutzes*. Im Anschluß daran verneinte der *BGH* die so umschriebene Drittbezogenheit der verletzten Amtspflicht zur Erteilung richtiger Auskünfte[285] mit der Begründung, daß der Kläger wegen der eindeutig erkennbaren Vorläufigkeit und Unverbindlichkeit der Auskunft nicht schutzwürdig sei.[286] **124**

Diesen Ansatz hat der *BGH* in der *Mülheim-Kärlich*-Entscheidung in bezug auf eine Amtshaftung wegen einer rechtswidrigen atomrechtlichen Teilgenehmigung aufgegriffen und die maßgeblichen Kriterien mit übergreifendem Geltungsanspruch dahingehend präzisiert, daß der *amtshaftungsrechtliche Vertrauensschutz* schon im Vorfeld des § 254 BGB generell dort seine *Grenze* finde, *wo* bereits *nach allgemeinem Verwaltungsrecht* grds. jeder *Vertrauensschutz* für den Adressaten des Verwaltungsakts *ausscheidet*. Der Bürger dürfe zwar grundsätzlich von der „Rechtmäßigkeit der Verwaltung" ausgehen und demgemäß darauf vertrauen, daß die Behörden das ihnen Obliegende richtig und sachgemäß tun. Solches Vertrauen sei aber in dem Maße nicht schutzwürdig, in dem der Bürger selbst erkennt oder es sich ihm aufdrängen muß, daß der erteilte Verwaltungsakt geltendes Recht verletzt.[287] **125**

Diese neue Linie der Rechtsprechung hat weitreichende *Konsequenzen*. Sie betreffen zum einen den *Umfang der Ersatzpflicht*. Siedelt man die Schutzwürdigkeit des Vertrauens ausschließlich bei der Drittbezogenheit an, ist ein Schadensersatz aufgrund Amtshaftung trotz der Amts- **126**

---

[283] *Bömer*, NVwZ 1996, 749 (750), spricht insoweit von „zwei Ebenen".

[284] *BGHZ* 117, 83 ff.; bestätigt durch *BGHZ* 116, 215 (218 ff.) = JZ 1992, 1072 m. krit. Anm. von *Ossenbühl*; *BGHZ* 117, 363 (372); *BGH*, NJW 1994, 2087 (2088); *BGHZ* 122, 317 (322); 134, 268 (283 ff.).

[285] Dazu allgemeiner oben Rdnr. 119 m. Fußn. 276 f.; s. auch schon oben Rdnrn. 79 ff.

[286] *BGHZ* 117, 83 (90 f.).

[287] *BGHZ* 134, 268 (283); ebenso schon vorher *Papier*, in: MünchKomm-BGB, 2. Aufl. (1986), § 839 Rdnr. 210.

pflichtverletzung seitens der öffentlichen Hand ausgeschlossen, wenn das Vertrauen des Geschädigten nicht hinreichend schutzwürdig ist, wohingegen seine Berücksichtigung im Rahmen des Mitverschuldens nach § 254 BGB neben dieser „Alles-oder-Nichts"-Entscheidung auch eine Anspruchskürzung zuläßt.[288] Zum anderen kommt es in prozessualer Hinsicht zu einer *Verlagerung der Darlegungs- und Beweislast.* Sie liegt hinsichtlich eines Mitverschuldens beim Beklagten, hinsichtlich der Drittbezogenheit der Amtspflichtverletzung dagegen beim Kläger.[289]

127 Schließlich wirkt sich der veränderte Ansatz auch auf die *Kriterien für* die Ermittlung der *Schutzwürdigkeit des Vertrauens* im Rahmen des Merkmals der Drittbezogenheit aus. Während die ältere Rechtsprechung darauf abstellte, ob das rechtswidrige Verhalten des Amtswalters objektiv geeignet ist, bei einem Durchschnittsbürger fälschliches Vertrauen in die Richtigkeit und Beständigkeit der geschaffenen Lage zu wecken, stellt die neuere Auffassung darauf ab, ob der geschädigte Bürger selbst in seinem konkret betätigten Vertrauen schutzwürdig war.[290] Insoweit sind etwa besondere Sach- und Fachkenntnisse des Geschädigten sowie (auch nachträglich eintretende) besondere Umstände, insb. aufgrund von Rechtsbehelfen Dritter, zu berücksichtigen. Das führt zu einer subjektiven (Ein)Färbung dieses Tatbestandselements, die zusammen mit der kritisierten mangelnden Flexibilität ein wesentlicher Einwand gegen die nunmehr vom *BGH* vertretene Rechtsansicht ist.[291]

128 Gleichwohl verdient die *neue Rechtsprechung* zur Drittbezogenheit des enttäuschten Vertrauens prinzipiell *Zustimmung.*[292] Ausgangspunkt dieser Billigung ist die Überlegung, daß insoweit sowohl das allgemein anerkannte Kriterium des Schutzzwecks[293] als auch das umstrittene Kriterium der Betroffenheit[294] versagen, weil dem Anspruchssteller weder etwas genommen noch in bestehende Rechte eingegriffen wird.[295] Vielmehr geht es darum festzustellen, inwieweit reine Vermögensinteressen in den Schutzbereich der verletzten Amtspflicht einzubeziehen sind, also – anders ausgedrückt – um die Zuordnungsentscheidung, welche Vermögenseinbußen dem hoheitlichen Verhalten zuzurechnen sind und für welche Nachteile der Betroffene selbst die Verantwortung trägt. Das verlangt eine Abgrenzung der Risikosphären aufgrund wertender Kriterien.

---

[288] Vgl. *Bömer*, NVwZ 1996, 749 (751 f.) m. w. Nachw.

[289] Dazu *Tremml/Karger*, Rdnrn. 865 ff., 950.

[290] Vgl. *Bömer*, NVwZ 1996, 749 (751) m. w. Nachw.

[291] So insb. *Ossenbühl*, JZ 1992, 1074 f.

[292] Zustimmend etwa *de Witt/Burmeister*, NVwZ 1992, 1039 (1040 ff.); *Papier*, DZWir 1997, 221 (223 f.); *Tremml/Karger*, Rdnrn. 121 ff.; ablehnend *Ossenbühl*, JZ 1992, 1074 f.; *Bömer*, NVwZ 1996, 749 (752 f.).

[293] Dazu oben Rdnr. 103.

[294] Einzelheiten oben Rdnrn. 104 ff.

[295] Vgl. nur *de Witt/Burmeister*, NVwZ 1992, 1039 (1040).

Eine wichtige Orientierungshilfe bieten hierbei die im *allgemeinen Verwaltungsrecht* entwickelten Grundsätze für die Anerkennung eines *Vertrauensschutzes*, die in § 48 VwVfG in Gesetzesform gegossen worden sind.[296] Auf der Grundlage des Postulats nach einer Angleichung der Maßstäbe des Primär- und des Sekundärrechtsschutzes[297] kommt ihnen auch *für* das *Amtshaftungsrecht Vorbildfunktion* zu.[298] Das gilt in bezug auf den Inhalt der Kriterien für die Ermittlung eines tragfähigen Vertrauensschutzes[299] wie für die Stelle, an der sie im Anspruchsaufbau zu verarbeiten sind. Im allgemeinen Verwaltungsrecht läßt mangelnde Schutzwürdigkeit des Vertrauens die zu seiner Sicherung bestehenden Beschränkungen nach § 48 I 2 und II VwVfG entfallen; hiervon wird auch der Ausgleichsanspruch nach § 48 III VwVfG erfaßt (vgl. § 48 III 2 VwVfG). Das deutet vor dem Hintergrund der Harmonisierungsbestrebungen zwischen verwaltungsrechtlichem und amtshaftungsrechtlichem Vertrauensschutz darauf hin, diesen Gesichtspunkt jedenfalls dann bei der Drittbezogenheit und nicht erst beim Mitverschulden zu behandeln, wenn ein Fall des § 48 II 3 VwVfG vorliegt.[300] Dafür spricht auch, daß dieser Ausschlußgrund als negatives Tatbestandsmerkmal gefaßt worden ist.[301] 129

Die dagegen geltend gemachten Bedenken, wonach das haftungsbegründende objektive Tatbestandsmerkmal der *Drittbezogenheit subjektiviert* werde, wenn Handlungen und Kenntnisse des Geschädigten, etwa die Erkennbarkeit der Gefahr, bereits hier und nicht erst im Rahmen des Mitverschuldens Berücksichtigung finden,[302] können letztlich nicht überzeugen. Kriterien, die an die Person und das Verhalten des Geschädigten anknüpfen, fließen auch bei der alternativ vorgeschlagenen Aufspaltung des Vertrauensschutzes jedenfalls zum Teil bereits bei der Feststellung der Drittbezogenheit mit ein[303] und sind im übrigen dem Tatbestand der Amtshaftung nicht fremd, was etwa die Subsidiaritätsklausel belegt, die (zudem) ebenfalls als negatives Tatbestandsmerkmal gefaßt ist.[304] 130

---

[296] Grundlegend *Papier*, in: MünchKomm-BGB, § 839 Rdnr. 246; ihm folgend *BGHZ* 134, 268 (283 f.).

[297] Dazu schon oben § 8 Rdnrn. 9 f.

[298] Vgl. nunmehr auch *BGHZ* 134, 268 (283 f.) m. w. Nachw.

[299] Näher dazu unten Rdnrn. 133 ff.

[300] S. auch *Krohn*, in: Festschr. f. Boujong, S. 573 (586 ff.); *Papier*, DZWir 1997, 221 (224); noch weitergehend *de Witt/Burmeister*, NVwZ 1992, 1039 (1041); a. A. *Bömer*, NVwZ 1996, 749 (752 f.).

[301] Vgl. *de Witt/Burmeister*, NVwZ 1992, 1039 (1041) m. w. Nachw. unter Fußn. 225.

[302] *Ossenbühl*, JZ 1992, 1074 f.

[303] So für die Drittbezogenheit der Amtspflichten in den sog. Altlasten-Fällen *Ossenbühl*, JZ 1992, 1074 m. w. Nachw.

[304] Einzelheiten oben Rdnr. 1.

131 Ebenso verhält es sich bei dem Einwand, daß die Konstruktion der neueren Rechtsprechung den Verschuldensanteil der öffentlichen Hand unberücksichtigt lasse, was im Ergebnis auf eine *Sanktionslosigkeit von rechtswidrigem staatlichen Verhalten* hinauslaufe.[305] Insoweit sollte man sich zunächst vor Augen halten, daß auch eine unterstellte Sanktionslosigkeit nicht gegen verfassungsrechtliche Gewährleistungen verstoßen würde, weil das in Rede stehende Staatsunrechtshandeln wegen seines fehlenden Eingriffscharakters keine (Grund)Rechtsverletzung darstellt.[306] Zudem ist die Beschränkung der haftungsrechtlichen Folgen rechtswidrigen hoheitlichen Verhaltens kein Fremdkörper, sondern ein Wesensmerkmal staatshaftungsrechtlicher Ansprüche.[307] Außerdem läßt sich ein sachgerechtes Ergebnis dadurch erzielen, daß bei der Beurteilung der Schutzwürdigkeit des Vertrauens nur bestimmte „handgreifliche" subjektive Ausschlußgründe herangezogen werden,[308] während sonstige, auf die Person des Geschädigten zugeschnittene Umstände weiterhin beim Mitverschulden verarbeitet werden.[309]

132 Auch das weitere Argument, wonach bei vorgezogener Würdigung des Vertrauensschutzes mit Abschluß der amtspflichtwidrigen behördlichen Handlung noch *nicht feststehe, ob und gegenüber wem* die verletzte *Amtspflicht drittbezogen* war,[310] läuft leer; es verkennt, daß der maßgebliche Zeitpunkt für die gerichtliche Beurteilung des Amtshaftungsanspruchs seine Geltendmachung in der letzten mündlichen Verhandlung ist, weshalb beispielsweise eine Heilung der Amtspflichtverletzung zugelassen wird.[311] Das zeigt, daß die Erfüllung der Tatbestandsmerkmale der Amtshaftung nicht schon mit Abschluß der schädigenden Handlung feststehen müssen.

133 Legt man das auf diese Weise gewonnene *Anforderungsprofil* zugrunde, ist eine Drittbezogenheit der Amtspflicht, keinen ungesicherten Vertrauenstatbestand zu schaffen, unter drei kumulativen Voraussetzungen anzunehmen:

134 (1) Die öffentliche Gewalt muß einen *Vertrauenstatbestand gesetzt* haben. Hierfür genügt jedes hoheitliche Verhalten, das dem Staat zurechenbar und objektiv als Verläßlichkeitsgrundlage für die Aufwendungen des Geschädigten geeignet ist. Da evtl. auftretende Probleme hinsichtlich der

---

[305] So unter Billigkeitsgesichtspunkten *Bömer*, NVwZ 1996, 749 (752).
[306] Näher dazu oben Rdnr. 128.
[307] Vgl. etwa für den öffentlich-rechtlichen Folgenbeseitigungsanspruch unten § 12 Rdnrn. 37, 54; für den Anspruch aus enteignungsgleichem Eingriff s. unten § 17 Rdnrn. 31 f.
[308] Zu diesen Gründen noch unten Rdnrn. 139, 141.
[309] In diese Richtung etwa *Krohn*, in: Festschr. f. Boujong, S. 573 (586 ff.); *Papier*, DZWir 1997, 221 (224).
[310] Vgl. *Bömer*, NVwZ 1996, 749 (753).
[311] Dazu oben Rdnr. 75.

*Zurechenbarkeit* des Handelns bereits im Rahmen des Tatbestandsmerkmals „Handeln in Ausübung eines anvertrauten öffentlichen Amtes" geklärt werden müssen,[312] konzentriert sich die Prüfung auf die Frage seiner *Eignung* als Vertrauensgrundlage. Das verlangt allgemein, daß die staatliche Stelle an die Entscheidung gebunden ist, sie also nicht ohne weiteres aufheben oder von ihr abweichen kann.[313] Der den Geschädigten begünstigende Vertrauenstatbestand ist die Kehrseite der *Bindung* des Staates, kann somit nur unter der Voraussetzung und in den Grenzen dieser Rechtswirkung entstehen.[314] Sie bezieht ihre innere Rechtfertigung aus dem Umstand, daß eine staatliche Stelle über einen Vorgang aufgrund rechtlicher und tatsächlicher Prüfung ganz oder teilweise abschließend entschieden hat.

Bindungswirkung kann daher prinzipiell jeder begünstigende Hoheits- **135**
akt auslösen.[315] Im Mittelpunkt stehen Verwaltungsakte, die die Feststellung der Vereinbarkeit eines Vorhabens mit öffentlich-rechtlichen Vorgaben zum Inhalt haben.[316] Dabei spielt die Verfahrensart, in der solche *präventiven Eröffnungskontrollen* ergehen, keine Rolle, sofern eine ausreichende Richtigkeitsgewähr sichergestellt ist. In Betracht kommen beispielsweise das bauaufsichtliche, das atomrechtliche oder das immissionsschutzrechtliche Genehmigungsverfahren.[317] Außerdem bilden nicht nur die abschließende Genehmigung selbst, sondern auch Teil- und Vorabentscheidungen in den Grenzen ihrer Bindungswirkung eine tragfähige Verläßlichkeitsgrundlage. Zu nennen sind etwa die Baugenehmigung, der baurechtliche Vorbescheid oder die atomrechtliche Teilgenehmigung,[318] wobei letztere spezielle Probleme bezüglich der Bindungswirkung aufwirft, die von dem in ihr enthaltenen vorläufigen positiven Gesamturteil ausgeht.[319] Anzumerken bleibt, daß die Versagung einer Genehmigung im vorliegenden Zusammenhang keine ausreichende Verläßlichkeitsgrundlage darstellt, weil sie schon nach ihrem Tenor kein Vertrauen für Aufwen-

---

312 Einzelheiten oben Rdnrn. 47 ff.

313 S. nur *Sachs*, in: *Stelkens/Bonk/Sachs*, VwVfG, § 43 Rdnrn. 15 f.

314 Vgl. *Krohn*, in: Festschr. f. Boujong, S. 573 (578). Das rechtsdogmatische Fundament für dieses komplementäre Zusammenwirken bildet das rechtsstaatliche Gebot der Rechtssicherheit, auf das die Bindungswirkung und der Vertrauensschutz gleichermaßen zurückgehen.

315 S. etwa für eine behördliche Auskunft *BGHZ* 117, 83 ff.

316 Vgl. *BGH*, NJW 1994, 2087 ff.; *BGHZ* 134, 268 ff.

317 S. etwa *BGH*, NJW 1994, 2087 ff.; *BGHZ* 134, 268 ff.; aus dem Schrifttum vor allem *Papier*, DZWir 1997, 221 (222 f.), der zudem der klassischen Unterscheidung zwischen präventiven Verboten mit Erlaubnisvorbehalt und repressiven Verboten mit Befreiungsvorbehalt im vorliegenden Zusammenhang keine Bedeutung beimessen will.

318 Vgl. die Rechtsprechungsnachweise oben Rdnr. 121 m. Fußn. 276; s. daneben *Krohn*, in: Festschr. f. Boujong, S. 573 ff.

319 Dazu *BGHZ* 134, 268 (279 ff.); *Sachs*, in: *Stelkens/Bonk/Sachs*, VwVfG, § 43 Rdnrn. 80 f.

dungen zur Realisierung des Vorhabens schafft und zudem nur eine beschränkte Bindungswirkung entfaltet.[320]

136 Für das Erfordernis des *„Setzens eines Vertrauenstatbestandes"* reicht neben der schon angesprochenen Zurechenbarkeit des Verhaltens die Wirksamkeit des Verwaltungsaktes aus, da sie die erforderliche Bindungswirkung begründet.[321] Folgerichtig scheiden Verwaltungsakte, die zwar eine administrative Eröffnungskontrolle zum Gegenstand haben, aber nicht wirksam bekanntgegeben worden (§§ 43 I, 41 I VwVfG) oder nichtig sind (§§ 43 III, 44 VwVfG), als amtshaftungsrechtliche Verläßlichkeitsgrundlage aus.[322]

137 (2) Subjektiv verlangt die Annahme einer Drittbezogenheit der oben angesprochenen Amtspflicht, daß der Geschädigte auf die Verläßlichkeitsgrundlage, d. h. auf den Bestand des begünstigenden Verwaltungsakts vertraut und dieses Vertrauen ins Werk gesetzt hat.[323] Die nach außen manifestierte *Vertrauensbetätigung* erlaubt den Rückschluß auf den inneren Umstand des Vertrauens. Typische Anhaltspunkte hierfür sind Aufwendungen zur Durchführung des Vorhabens, etwa in Form von Planungs- und Investitionskosten.

138 (3) Objektiv muß das enttäuschte *Vertrauen schutzwürdig* sein. Insoweit gilt auch nach dem neueren Ansatz der Judikatur weiterhin der Grundsatz, daß der Bürger von der „Rechtmäßigkeit der Verwaltung" ausgehen und demgemäß darauf vertrauen darf, daß die Behörden das ihnen Obliegende richtig und sachgemäß tun. Die Durchbrechung dieser Regel, wonach solches Vertrauen in dem Maße nicht schutzwürdig ist, in dem der Bürger selbst erkennt oder es sich ihm aufdrängen muß, daß der Hoheitsakt, der die Verläßlichkeitsgrundlage bildet, geltendes Recht verletzt, wird ebenfalls fortgeführt, nunmehr allerdings nicht mehr im Rahmen des Mitverschuldens, sondern schon beim Tatbestandsmerkmal der Drittbezogenheit.[324]

139 Eine wirkliche Neuerung stellt die Präzisierung dieses Ausnahmetatbestandes durch den Ausschlußgrund des § 48 II 3 VwVfG dar, die mit der insoweit angenommene Deckungsgleichheit von verwaltungsrechtlichem und amtshaftungsrechtlichem Vertrauensschutz begründet wird. Das soll

---

[320] Zu dieser Differenzierung hinsichtlich der Reichweite von Bindungswirkung und Drittbezogenheit der Erteilung und Versagung bauaufsichtlicher Genehmigungen etwa *BGH*, NJW 1994, 2087 (2088); *BGHZ* 122, 317 (320 ff.), jeweils m. w. Nachw.; *Wurm*, JA 1992, 1 (7 f.); *Deppert*, in: Festschr. f. Boujong, S. 533 (534 ff.); s. auch schon oben Rdnr. 112.

[321] Vgl. allgemeiner *Sachs*, in: *Stelkens/Bonk/Sachs*, VwVfG, § 43 Rdnrn. 33, 126 ff.

[322] Dahinter steht – bezogen auf nichtige Verwaltungsakte – der Grundsatz, daß kein Vertrauensschutz auf ihren Bestand entstehen kann, vgl. *Sachs*, a. a. O., § 43 Rdnr. 208.

[323] S. nur *de Witt/Burmeister*, NVwZ 1992, 1039 (1041); *Tremml/Karger*, Rdnr. 121.

[324] *BGHZ* 113, 83 (90); 134, 268 (284); zur Verlagerung dieses Gesichtspunkts im Prüfungsaufbau der Amtshaftung schon oben Rdnrn. 124 ff.

trotz Bestehens spezieller Regelungen, etwa nach §§ 17f. AtG, gelten, weil *§ 48 II 3 VwVfG* für die dort genannten Fälle einen allgemeinen Rechtsgedanken ausspricht. Er ist zwar *kein abschließender*, wohl aber ein *absoluter Ausschlußgrund*, der einem Vertrauensschutz und damit einem amtshaftungsrechtlichen Drittschutz auch dann entgegensteht, wenn für die betreffende rechtswidrige Genehmigung gem. §§ 80 II Nr. 4, 80a VwGO die sofortige Vollziehung angeordnet worden ist.[325]

Außerhalb des von § 48 II 3 VwVfG erfaßten Bereichs ist freilich nach 140
wie vor nicht abschließend geklärt, ob das durch eine Genehmigung begründete *schutzwürdige Vertrauen mit* deren *Anfechtung* durch Dritte *entfällt*. Der *BGH* hat die Frage zuletzt ebenso wie die Anwendbarkeit des § 50 VwVfG ausdrücklich offengelassen und sich mit der Feststellung begnügt, daß der Vertrauensschutz in den Bestand des Verwaltungsaktes in einem solchen Fall – vorbehaltlich einer Risikoüberwälzung auf den Genehmigungsinhaber nach § 254 BGB – jedenfalls dann nicht ohne weiteres völlig entfällt, wenn und solange dieser sofort vollziehbar ist.[326] Bei genauer Betrachtung schneidet diese Aussage zwei unterschiedliche Fragen an, nämlich, ob eine Drittanfechtung den Vertrauensschutz entfallen läßt oder verkürzt und – so dies bejaht wird – an welcher Stelle dieser Wegfall zu berücksichtigen ist.

Eine *Verkürzung*, ggfs. sogar ein Wegfall *des Vertrauensschutzes* er- 141
scheint zumindest dann naheliegend, wenn der Rechtsbehelf des Dritten nicht unzulässig oder offensichtlich unbegründet ist. Denn in diesen Fällen entfaltet sich gem. § 80 I VwGO die aufschiebende Wirkung, die es während ihrer Dauer verbietet, aus dem suspendierten Verwaltungsakt irgendwelche rechtlichen oder tatsächlichen Folgerungen zu ziehen. Dieses Verbot gilt nicht nur für staatliche Stellen, sondern auch für Dritte, was durch § 80 I 2 VwGO bekräftigt wird.[327] Dagegen ist es äußerst fraglich, ob aus § 80 I VwGO ein weiterer absoluter Ausschlußgrund für die Drittbezogenheit der Amtspflichtverletzung geformt werden kann. Angesichts der fortbestehenden Unsicherheit über den Eintritt der aufschiebenden Wirkung aufgrund eines unbegründeten Rechtsbehelfs und der vielfältigen Konstellationen, die sich aus den Reaktionsmöglichkeiten der Beteiligten ergeben können (vgl. §§ 80 II Nr. 4, IV, V, 80a VwGO), erscheint es zweckmäßiger, diesem Kriterium – ähnlich wie § 50 VwVfG – nur *indizielle Bedeutung* zuzumessen. Auf diese Weise kann es einer differenzierten, dem Einzelfall angemessenen Gewichtung *im Rahmen des Mitverschuldens* nach § 254 BGB unterworfen werden.[328]

---

[325] *BGHZ* 134, 268 (284); zustimmend *Papier*, in: MünchKomm-BGB, § 839 Rdnr. 246

[326] *BGHZ* 134, 268 (285).

[327] So auch *de Witt/Burmeister*, NVwZ 1992, 1039 (1041 f.) m. w. Nachw.

[328] Ebenso *Krohn*, in: Festschr. f. Boujong, S. 573 (588); *Papier*, in: MünchKomm-BGB, § 839 Rdnr. 246.

### 4. Sonderfälle

#### *a) Drittbezogenheit bei mitgliedstaatlicher Vollziehung von Gemeinschaftsrecht*

142 Die Beurteilung des Merkmals der Drittbezogenheit hängt hier entscheidend davon ab, ob deutsche Stellen bei ihrer Vollzugstätigkeit gegen Gemeinschaftsrecht oder gegen nationales (Verfassungs)Recht verstoßen.

##### *aa) Bei Verstoß gegen Gemeinschaftsrecht*

143 In diese Fallgruppe fällt insb. die Verletzung von Gemeinschaftsrecht bei dessen unmittelbarem mitgliedstaatlichen Vollzug. Exemplarisch hierfür ist die fehlende oder fehlerhafte Umsetzung von Richtlinien und die fehlende oder mangelhafte Anpassung deutscher Gesetze an verbindliche Vorgaben der Gemeinschaft.[329] In diesen Fällen kommt der *gemeinschaftsrechtliche Staatshaftungsanspruch* zum Zuge.[330] Er stellt nicht auf das Kriterium der Drittbezogenheit ab, sondern verlangt, daß die gemeinschaftsrechtliche Rechtsnorm, gegen die verstoßen worden ist, bezweckt, dem einzelnen Rechte zu verleihen.[331] Das erinnert auf den ersten Blick an die Schutzzwecktheorie, die der amtshaftungsrechtlichen Drittbezogenheit zugrunde liegt; sie hebt ebenfalls auf die intendierte Individualbegünstigung ab.[332]

144 Die vermeintlich naheliegende *Gleichsetzung* des gemeinschaftsrechtlichen und des amtshaftungsrechtlichen Anspruchsmerkmals erweist sich aber nach tiefergehender Prüfung als *unhaltbar*. Denn das Gemeinschaftsrecht geht von einer andersartigen Funktion und Konstruktion subjektiver Rechte aus als die Schutznormtheorie; es gelangt so zu einem deutlich weiter gefaßten Begriff dieser Rechte, der an Kriterien wie etwa die Unbedingtheit der Rechtsgewährung oder die Einklagbarkeit der Rechtsposition anknüpft, die dem deutschen Schutzzweckverständnis fremd sind.[333] Außerdem zeigt sich das Gemeinschaftsrecht bei der Anerkennung des individualschützenden Charakters einer Norm sehr viel großzügiger als das deutsche Recht(sverständnis). Insoweit werden auch allgemeine Regelungsziele, wie das Funktionieren des Gemeinsamen Marktes, als ausreichend erachtet, die nach nationaler Diktion Paradebeispiel eines Gemeinwohlbelangs darstellen, der gerade nicht zur Begründung eines Drittschutzes genügen soll.[334]

---

[329] Dazu oben § 8 Rdnr. 23.

[330] Ausführlich dazu oben § 6 Rdnrn. 14 ff., 30 ff., § 8 Rdnrn. 24 ff.

[331] Vgl. *EuGH* Slg. 1996, 1029 (1158) – *Brasserie du Pêcheur*; Slg. 1996, 1631 (1668) – *British Telecommunications*; Slg. 1996, 2553 (2612) – *Lomas*; s. auch oben § 6 Rdnrn. 31, 34.

[332] S. oben Rdnr. 103.

[333] Vgl. *v. Danwitz*, DÖV 1996, 481 (482 ff.); *Ossenbühl*, S. 506 m. w. Nachw.

[334] So *v. Danwitz*, DÖV 1996, 481 (484 f.); a. A. *Grabitz*, in: *Schweitzer*, Allgemeines Verwaltungsrecht, 1991, S. 167 (176), der sich für eine parallele Geltung der Schutz-

Die an dieser Stelle offen zutage tretenden Unterschiede zwischen der gemeinschaftsrechtlichen und der deutschen Haftungskonzeption wirken sich vor allem auf die *Staatshaftung für* Schäden durch *legislatives Unrecht* aus.[335] Ein Amtshaftungsanspruch scheitert hier regelmäßig an der fehlenden Drittbezogenheit der verletzten Amtspflicht, weil der *BGH* in diesen Fällen insb. mit Blick auf die Haushaltsprärogative des Parlaments strenge Anforderungen an die Annahme eines Drittbezugs stellt.[336] Dagegen behandelt der *EuGH* den Mitgliedstaat als Einheit, unterscheidet also nicht danach, ob der schadensverursachende Verstoß der Legislative, der Judikative oder der Exekutive zuzurechnen ist. Er lehnt es explizit ab, dem Gesetzgeber eine haftungsrechtliche Sonderstellung einzuräumen, unterwirft vielmehr sein Verhalten ebenfalls den allgemein geltenden Voraussetzungen des gemeinschaftsrechtlichen Staatshaftungsanspruchs.[337] 145

Der *EuGH* gelangt so zu einer weitergehenden Verantwortlichkeit der Mitgliedstaaten, die in praxi weniger durch das Erfordernis einer individualschützenden Gemeinschaftsrechtsnorm als durch die Forderung nach einem hinreichend qualifizierten Rechtsverstoß eingegrenzt wird.[338] Somit stellt sich gerade bei einem Gemeinschaftsrechtsverstoß, der vom Gesetzgeber bei der Vollziehung von Gemeinschaftsrecht begangen wird, die Frage nach der *Anwendbarkeit* und *Bedeutung des Amtshaftungsanspruchs*. Folgt man der hier favorisierten Lösung,[339] bedarf das Merkmal der Drittbezogenheit einer gemeinschaftsrechtskonformen Anpassung.[340] Hält man hingegen am streng dualistischen Ansatz fest, bleibt das Erfordernis der Drittbezogenheit zwar unverändert bestehen,[341] der Amtshaftungsanspruch büßt aber insoweit im Ergebnis regelmäßig seine praktische Bedeutung ein, da die Rechtsprechung diese Voraussetzung bei legislativem Unrecht nur in Ausnahmefällen als gegeben erachtet.[342] 146

*bb) Bei Verstoß gegen nationales Recht*

Kommt es bei mitgliedstaatlichem Vollzug von Gemeinschaftsrecht zu einer Verletzung von höherrangigem deutschen Recht, beurteilt sich die 147

---

normkriterien ausspricht; allgemeiner zum Verhältnis von Schutznormtheorie und subjektiven Rechten nach Gemeinschaftsrecht *Sachs*, in: *Stelkens/Bonk/Sachs*, VwVfG, § 40 Rdnrn. 144 ff. m. w. Nachw.

[335] Unter „legislativem Unrecht" ist der Erlaß rechtswidriger formeller Gesetze und der rechtswidrige Nichterlaß solcher Gesetze zu verstehen; zur Abgrenzung gegenüber dem weitergehenden Begriff des normativen Unrechts unten Rdnr. 150.

[336] Vgl. unten Rdnr. 152; dazu nur *Ossenbühl*, S. 509 f. m. w. Nachw.

[337] *EuGH* Slg. 1996, 1029 (1145) – *Brasserie du Pêcheur*; s. auch *Kadelbach*, JZ 1993, 1134 (1136).

[338] Vgl. *Ossenbühl*, S. 510; ebenso im Ergebnis *BGHZ* 134, 30 (38 ff.), wo der gemeinschaftsrechtliche Staatshaftungsanspruch wegen Fehlens einer hinreichend qualifizierten Rechtsverletzung abgelehnt wird; allgemeiner auch oben § 6 Rdnrn. 35 ff.

[339] Dazu schon allgemeiner oben § 8 Rdnr. 27.

[340] Zu den nunmehr maßgeblichen Kriterien unten Rdnrn. 148 f.

[341] Vgl. etwa *Ossenbühl*, S. 526; wohl auch *BGHZ* 134, 30 (32 ff.).

[342] S. oben Rdnr. 145; weitere Einzelheiten unten Rdnr. 153.

staatliche Haftung prinzipiell auf der Grundlage des geltenden Amtshaftungsrechts.[343] Allerdings muß das Merkmal der *Drittbezogenheit* aufgrund des Effektivitätsgebots *gemeinschaftsrechtskonform interpretiert* werden, weil es gegenüber der gemeinschaftsrechtlichen Konzeption subjektiver Rechte zu restriktiv erscheint.[344] Das gilt für seine personale wie für seine sachliche Komponente.

**148** Die vom *BGH* aufgestellten Voraussetzungen für die *Anerkennung als Dritter* würden in den bei legislativem Unrecht regelmäßig vorliegenden Fällen, in denen das gemeinschaftsrechtliche subjektive Recht über den amtshaftungsrechtlichen Drittschutz hinausgeht, den tatsächlichen Ersatz der sich aus einer Verletzung dieses Rechts ergebenden Schäden praktisch unmöglich machen oder übermäßig erschweren. Das widerspricht der gemeinschaftsrechtlichen Verpflichtung der Mitgliedstaaten, die volle Wirksamkeit des Gemeinschaftsrechts zu sichern und einen effektiven Schutz der Rechte des einzelnen zu gewährleisten.[345] Demzufolge müssen die Anforderungen an die personenbezogene Drittbezogenheit den im Gemeinschaftsrecht entwickelten Grundsätzen für die Annahme eines subjektiven Rechts angepaßt werden.

**149** Entsprechend verhält es sich bei der *sachbezogenen Drittbezogenheit* in Hinblick auf die Schadenspositionen, die von ihr umfaßt werden. Die Ersatzfähigkeit darf aufgrund des Effektivitätsgebots nicht generell auf Schäden beschränkt werden, die an bestimmten, besonders geschützten Rechtsgütern bestehen.[346] Genau das machen aber die nationalen Gerichte, indem sie den Umfang der Haftung an den sachlichen Schutzzweck der verletzten Amtspflicht knüpfen. Diese Rechtsprechung bedarf daher in den oben umrissenen Fällen einer gemeinschaftsrechtskonformen Korrektur, die sich an den vom *EuGH* entwickelten Kriterien orientieren muß.[347]

### *b) Drittbezogenheit bei normativem Unrecht*

#### *aa) Begriff des normativen Unrechts*

**150** Unter sog. „normativem Unrecht" wird nachfolgend der Erlaß rechtswidriger Rechtssätze oder der rechtswidrige Nichterlaß von Rechtssätzen verstanden. Dieser Begriff erscheint gegenüber der häufig gebrauchten, engeren Bezeichnung „legislatives Unrecht"[348] vorzugswürdig, weil alle

---

[343] Dazu schon oben § 8 Rdnr. 28; die in Rede stehenden Verletzungshandlungen werden ganz überwiegend bei mittelbarem mitgliedstaatlichen Vollzug von Gemeinschaftsrecht auftreten; zu dieser Vollzugsform oben § 8 Rdnr. 23.

[344] Vgl. auch *Hidien*, S. 69.

[345] So mit Bezug auf eine Verletzung von Gemeinschaftsrecht *EuGH* Slg. 1996, 1029 (1154) – *Brasserie du Pêcheur*.

[346] *EuGH* Slg. 1996, 1029 (1158) – *Brasserie du Pêcheur*.

[347] Vgl. *Hidien*, S. 69.

[348] So etwa *BGHZ* 56, 40 (44); auch *Haverkate*, NJW 1973, 441; *Fetzer*, S. 19 f.; vgl. schon oben Rdnr. 145 m. Fußn. 335; anders *Zimmermann*, S. 5 f.

Formen von Rechtssetzung erfaßt werden, also neben förmlichen Gesetzen auch materielle Normen (Rechtsverordnungen, Satzungen) und Verwaltungsvorschriften.[349] Ihr gemeinsames Merkmal ergibt sich aus dem Gegenstand des Verhaltens: dem *Erlaß oder Nichterlaß genereller abstrakter Regeln*. Daraus resultieren besondere Probleme im Hinblick auf die Drittbezogenheit, deren Lösung gewissen gemeinsamen Grundsätzen folgt und diese kategoriale Zusammenfassung rechtfertigt. Das entbindet freilich nicht von der Notwendigkeit, Unterschiede, die sich angesichts der Gewaltenteilung aus der Stellung des Handelnden (Legislative, Exekutive) und der Art des Verhaltens (Handeln, Unterlassen) ergeben, differenziert zu beurteilen. Dies führt letztlich zur Herausbildung von *vier Fallgruppen*, nämlich dem Erlaß rechtswidriger förmlicher Gesetze und rechtswidriger untergesetzlicher Bestimmungen (insb. Satzungen oder Verordnungen) sowie dem auf diese Rechtsakte bezogenen rechtswidrigen Unterlassen.[350]

*bb) Keine Ausgrenzung von Legislativakten*

Die Frage der Drittbezogenheit einer Amtspflichtverletzung würde sich freilich erst gar nicht stellen, wenn Hoheitsakte der Legislative, zumal Parlamentsgesetze, generell dem Amtshaftungsregime entzogen wären. In diese Richtung zielen einige Stimmen im Schrifttum. Sie lehnen entweder die Tragfähigkeit der Amtshaftung für legislatives Unrecht von vornherein mit der Begründung ab, daß dieses Haftungsinstitut *auf amtspflichtwidrige Einzelmaßnahmen der Verwaltung zugeschnitten* sei,[351] oder *verneinen die Amtswaltereigenschaft von Parlamentariern*.[352] Letztgenannter Einwand wurde bereits im Rahmen des haftungsrechtlichen Beamtenbegriffs entkräftet.[353] Erstgenanntes Argument geht ebenfalls fehl. Das zeigt schon § 839 II BGB, der den Spruchrichter erkennbar als Amtswalter behandelt. Aus der Formulierung des Art. 34 S. 1 letzter Halbs. GG läßt sich keine Verengung der Amtshaftung auf hierarchisch gegliederte Teile der öffentlichen Gewalt ableiten.[354] Denn zum einen betrifft diese Regelung nur die Passivlegitimation, zum anderen schreibt sie die Dienstherrneigenschaft nicht zwingend vor.[355] 151

---

[349] Teilweise wird der Begriff des normativen Unrechts auf rechtswidrige Satzungen beschränkt, was terminologisch etwas unscharf erscheint, vgl. etwa *Boujong*, in: Festschr. f. Geiger, S. 430; *Ossenbühl*, S. 104; wie hier etwa *Schenke*, DVBl 1975, 121; *ders./Guttenberg*, DÖV 1991, 945.

[350] Eine ähnliche Differenzierung findet sich bei *Tremml/Karger*, Rdnrn. 141 ff.

[351] So *Boujong*, in: Festschr. f. Geiger, S. 430 (434).

[352] *Stern*, Staatsrecht I, S. 387; s. auch schon *RGZ* 130, 319 (321 ff.) und oben Rdnr. 12.

[353] Einzelheiten oben Rdnr. 12.

[354] Vgl. *Pfab*, S. 80 f. m. w. Nachw.

[355] Dazu unten § 11 Rdnr. 4.

*cc) Drittbezug bei Erlaß rechtswidriger Normen*

152 *(1) Grundsatz.* Bei rechtswidrigem Normerlaß besteht nach Ansicht des *BGH* grundsätzlich *keine (personale) Drittgerichtetheit* der verletzten Amts- und Rechtspflicht, weil keine qualifizierte und individualisierte Beziehung zwischen Normgeber und Normadressat begründet wird.[356] Das gelte prinzipiell für förmliche Gesetze und für untergesetzliche Rechtssätze, da sie gleichermaßen generelle und abstrakte Regeln enthielten.[357] Die Legislative wie die Exekutive nähmen bei rechtssetzender Tätigkeit i. d. R. ausschließlich Aufgaben gegenüber der Allgemeinheit wahr, nicht aber gegenüber bestimmten Personen oder Personenkreisen.[358] Folgerichtig wurde etwa eine Amtshaftung des Bundes für nachteilige Auswirkungen des für verfassungswidrig erklärten Investitionshilfegesetzes von 1982 abgelehnt.[359]

153 *(2) Ausnahmen.* Die Judikatur erkennt in ständiger Rechtsprechung sog. Maßnahme- und Einzelfallgesetze als Durchbrechung des von ihr aufgestellten Grundsatzes fehlender Drittbezogenheit normativen Unrechts an.[360] Diese Gesetzeskategorien wurden zunächst vom *BVerfG* im Rahmen der Schranken-Schranke des Art. 19 I 1 GG entwickelt und dann vom *BGH* im Amtshaftungsrecht als Ausnahmetatbestand eines drittbezogenen normativen Unrechts etabliert. Dabei zeichnet sich ein *Einzelfallgesetz* dadurch aus, daß es an einen konkreten, nicht wiederholbaren Sachverhalt anknüpft, dessen Regelung sich nach Anlaß, Inhalt und Wirkung in einer punktuellen Anwendung erschöpft, also nur der einmalige Eintritt der vorgesehenen Rechtsfolge möglich ist.[361] Darunter fällt nach Ansicht der Rechtsprechung auch das *Einzelpersonengesetz*, bei dem der oder die Adressaten aufgrund des Normtextes bestimmt oder bestimmbar sind.[362]

---

[356] St. Rspr., s. etwa *BGHZ* 56, 40 (46); 84, 292 (299 f.); 87, 321 (335); 102, 350 (367 f.); 134, 30 (32); s. auch *BayObLG*, NJW 1997, 1514 (1515).

[357] Abweichungen können sich aufgrund des Gewaltenteilungsgrundsatzes bereits bei der Frage einer Amtspflichtverletzung ergeben, da der Entscheidungsspielraum, der der Legislative beim Normerlaß grds. eingeräumt ist, nur einer eingeschränkten gerichtlichen Kontrolle unterliegt; dazu noch unten Rdnr. 161; zudem werden für rechtswidrige Rechtsverordnungen und Verwaltungsvorschriften vereinzelt herabgesetzte Anforderungen an die Drittbezogenheit der verletzten Amtspflicht gefordert, vgl. *Tremml/Karger*, Rdnr. 148; s. zu dieser Frage auch *Vonnahme*, Staatshaftung für Umweltschäden infolge normativen Unrechts, 1994, S. 145 ff.

[358] Vgl. neben den Nachw. oben unter Fußn. 356 für förmliche Gesetze *BGHZ* 87, 321 (335); *BGH*, NJW 1989, 101 f.; *BayObLG*, NJW 1997, 1514 (1515); für Satzungen etwa *BGHZ* 106, 323 (331 f.); 108, 224 (227 f.); für Verwaltungsvorschriften *BGHZ* 91, 243 (249 f.).

[359] *BGH*, NJW 1989, 101 f.; dazu *v. Arnim*, Die Haftung der BRep. Dtld. für das Investitionshilfegesetz, 1986, passim; *Boujong*, in: Festschr. f. Geiger, S. 430 (433 f.).

[360] *BGHZ* 56, 40 (46); 84, 292 (300); 87, 321 (335); 102, 350 (367 f.); *BGH*, NJW 1989, 101; *BGHZ* 134, 30 (32).

[361] Vgl. *BayObLG*, NJW 1997, 1514 (1515).

[362] *BVerfGE* 25, 371 (396); s. auch *Stern*, Staatsrecht III/2, 1994, S. 738.

Demgegenüber ist ein *Maßnahmegesetz* zwar nach Anlaß und Inhalt ebenfalls zweck- und situationsgebunden, beansprucht aber in einer unbestimmten Vielzahl von Fällen Geltung, auch wenn bei seinem Erlaß möglicherweise nur ein Anwendungsfall gegeben ist.[363] Hierher wird man auch das *Einzelprojektgesetz* nach dem Verkehrswegebeschleunigungsgesetz rechnen müssen.[364]

Unabhängig von ihrer verfassungsrechtlichen Behandlung genügen **154**
diese Normen aus amtshaftungsrechtlicher Sicht dem Anforderungsprofil der Drittbezogenheit, weil sie einen persönlich und sachlich eng beschränkten Bereich erfassen und somit Belange einzelner unmittelbar berühren können.[365] Aus diesem Grund wird auch bei einem *Bebauungsplan* ein personaler Drittbezug[366] hinsichtlich der gegenwärtig oder künftig betroffenen Grundstückseigentümer oder sonstiger dinglich Nutzungsberechtigter[367] angenommen. Sie stellen eine durch die räumlichen Grenzen des Plans und ihre rechtliche Beziehung zu dem erfaßten Grundstück bestimmte Personengruppe dar, die alleiniger Adressat dieses Ortsgesetzes ist. Der Gemeinde ist es gesetzlich zur Aufgabe gemacht, die privaten Interessen dieser Personen in die bauplanungsrechtliche Abwägung einzubeziehen. Das engt den Kreis der Betroffenen ein und schafft die für eine Drittbezogenheit erforderliche besondere Beziehung zwischen dem Rechtssetzungsakt und den geschützten Interessen bestimmter Betroffener.[368]

Eine weitere Ausnahme besteht in den schon angesprochenen Fällen, **155**
in denen deutsche Rechtsvorschriften bei *mitgliedstaatlichem Vollzug von Gemeinschaftsrecht* subjektive Rechte des einzelnen verletzen.[369] Das betrifft insb. Fehler bei der Umsetzung von EG-Richtlinien, etwa zum Schutz der Arbeitnehmer bei Zahlungsunfähigkeit des Arbeitgebers.[370]

---

[363] So im amtshaftungsrechtlichen Kontext *BayObLG*, NJW 1997, 1514 (1515).

[364] Vgl. *Treml/Karger*, Rdnr. 146.

[365] *BGHZ* 56, 40 (46); 87, 321 (335); 102, 350 (367 f.); *BGH*, NJW 1989, 101; *BGHZ* 134, 30 (32); *BayObLG*, NJW 1997, 1514 (1515).

[366] Zu den Restriktionen beim sachlichen Drittbezug schon oben Rdnrn. 119 f.

[367] Die Ausdehnung der Drittbezogenheit auf künftige Grundstückseigentümer und dinglich Nutzungsberechtigte ist aufgrund des Umstandes gerechtfertigt, daß ein Bebauungsplan nicht personenbezogen, sondern objektbezogen ist, *BGHZ* 106, 323 (333); 108, 224 (228); die Frage, ob auch Zweiterwerber und obligatorisch Nutzungsberechtigte als Dritte i. S. der Amtshaftung anzuerkennen sind, hat der *BGH* bislang offengelassen (*BGHZ* 106, 323 [333]); bejaht wurde die personale Drittbezogenheit dagegen in den sog. Altlasten-Fällen bei Bauherrn und bei Arbeitgebern, wenn und soweit sie die Verantwortung dafür tragen, daß die zu errichtenden Gebäude frei von Gesundheitsgefahren sind, vgl. *BGHZ* 108, 224 (227 ff.); *BGH*, NJW 1993, 384 (385); zu dieser Problematik auch *Wurm*, UPR 1990, 201 f.; *Ossenbühl*, DÖV 1992, 761 (765 ff.).

[368] *BGHZ* 84, 292 (300); 106, 323 (331 f.); 108, 224 (227 f.); zu den unterschiedlichen drittbezogenen Amtspflichten der Gemeindevertreter bei Bebauungsplänen *Teschner*, Die Amtshaftung der Gemeinden nach rechtswidrigen Beschlüssen ihrer Kollegialorgane, 1990, S. 42 ff., 60 ff., 89 ff., 113 ff.

[369] Vgl. oben Rdnrn. 142 ff.

[370] *EuGH* Slg. 1991, 5357 ff. – *Francovich*.

Hier greift der gemeinschaftsrechtliche Staatshaftungsanspruch ein, dem die vom *BGH* bei legislativem Unrecht vorgenommene Einengung des Kreises drittgeschützter Personen fremd ist.

156 Dagegen ist nach wie vor umstritten, ob eine Drittbezogenheit von normativem Unrechtshandeln im Falle einer *Grundrechtsverletzung* anzuerkennen ist. Der *BGH lehnt* diese weitere Durchbrechung mit dem Hinweis *ab*, daß der Begriff des „Dritten" seine Konturen und damit seine haftungsbegrenzende Funktion verlieren würde, wenn in jeder grundrechtswidrigen Norm die Verletzung einer drittgerichteten Amtspflicht erblickt werden würde. Als Beleg führt er den Art. 2 I GG an, der die allgemeine Handlungsfreiheit umfassend schütze. Wollte man wegen jedes Verstoßes gegen dieses Grundrecht auch die Drittbezogenheit der verletzten Amtspflicht bejahen, so würde das einschränkende Tatbestandserfordernis des „Dritten" weitgehend leerlaufen. Dies wäre umso weniger tragbar, als sich der Verstoß gegen die allgemeine Handlungsfreiheit auch aufgrund von ausschließlich gemeinwohlbezogenen Vorschriften, wie etwa den Kompetenzbestimmungen nach Art. 105 II, 70 ff. GG, ergeben könnte. § 839 BGB sei in ein deliktisches System eingebettet, das grds. nur Schadensersatzansprüche des unmittelbar Verletzten kenne. Diese Beschränkung sei dem Verfassunggeber bei Schaffung des Art. 34 S. 1 GG bewußt gewesen; da dieser weiterhin an § 839 BGB anknüpft, wollte er insoweit am überkommenen Rechtszustand nichts ändern. Wenn im Einzelfall ein Bedürfnis nach einem Ausgleich der für den Bürger nachteiligen Folgen legislativen Unrechts bestünde, müsse diese Regelungsaufgabe dem Gesetzgeber vorbehalten bleiben, da hierfür unterschiedliche Lösungswege zur Verfügung stünden, die nicht unerheblich voneinander abweichen.[371]

157 Dieser restriktiven Rechtsprechung ist entgegenzuhalten, daß sie die haftungsbegrenzende Wirkung des Tatbestandsmerkmals „Dritter" i. S. des § 839 I BGB überdehnt und sich dadurch in Widerspruch zu den Gewährleistungen der betroffenen Grundrechte setzt. Außerdem vernachlässigt sie die verfassungsrechtlich fundierte Forderung nach kongruenten Anforderungsprofilen im Rahmen des Primär- und des Sekundärrechtsschutzes.[372] Daher ist der von *Papier* erhobenen Forderung beizupflichten, wonach durch die *Verletzung subjektiver öffentlicher Rechte* des betroffenen Grundrechtsinhabers durch Erlaß eines grundrechtswidrigen Gesetzes *auch* ihm gegenüber bestehende *drittbezogene Amtspflichten* verletzt werden.[373]

158 Dieses Ergebnis wird durch folgende grundsätzlichen Überlegungen gestützt: Es ist allgemein anerkannt, daß die Verletzung eines Grund-

---

[371] *BGH*, NJW 1989, 101 f.; ebenso *BayObLG*, NJW 1997, 1514 (1515).

[372] Dazu allgemeiner schon oben § 8 Rdnrn. 9 f.; s. auch *Windthorst*, JuS 1995, 892 (895).

[373] *Papier*, in: *Maunz/Dürig*, GG, Art. 34 Rdnr. 195; zustimmend *Scheuing*, in: Festschr. f. Bachof, 1984, S. 343 (356) m. w. Nachw.

rechts durch hoheitliches Handeln Abwehr- und Unterlassungsansprüche des Grundrechtsträgers gegen den Staat nach sich zieht. Das gilt auch bei einer Schädigung durch normatives Unrecht. Denn *Legislative und Exekutive* sind gem. Art. 1 III GG *an* die Gewährleistungen der *Grundrechte gebunden.* Der Gesetzgeber sollte hiervon nicht durch das in Art. 34 S. 1 GG aufgenommene Merkmal des Drittbezugs freigestellt werden. Entscheidend ist somit nicht die Rechtsnatur des eingreifenden Hoheitsaktes, sondern seine Auswirkung auf die Rechtsstellung des einzelnen. Verletzt der Normgeber durch rechtswidrigen Normerlaß ein Grundrecht, bestehen auf der Ebene des Primärrechtsschutzes subjektive öffentliche Abwehr- und Unterlassungsrechte, denen auf der Ebene des Sekundärrechtsschutzes die Drittbezogenheit der verletzten Amtspflicht korrespondiert.[374]

Die damit verbundene Annäherung der Tatbestandsprofile von Amts- 159
haftung und Folgenbeseitigung ist nicht systemwidrig, sondern aufgrund rechtsstaatlicher und grundrechtlicher Gewährleistungen geboten. Einer ausufernden Haftung kann der Gesetzgeber im Rahmen des Gesetzesvorbehalts des Art. 34 S. 1 GG durch *haftungsbegrenzende Regelungen* begegnen, wie sie etwa in § 5 II 1 StHG 1981 vorgesehen waren; er kann auf diese Weise zwar prinzipiell grundrechtliche Gewährleistungen auf Sekundärrechtsschutzebene zurückdrängen, unterliegt dabei aber den verfassungsrechtlichen Anforderungen an Grundrechtsbeschränkungen.[375]

Für eine Interpretation des Tatbestandsmerkmals *„Dritter"* als *beson-* 160
*dere Haftungsbegrenzung zugunsten der Legislative* fehlt schon jeglicher Anhaltspunkt im Wortlaut des Art. 34 S. 1 GG. Auch die vom *BGH* mit Blick auf Art. 131 WRV angeführte Entstehungsgeschichte vermag ein solches Verständnis nicht zu rechtfertigen, weil zum damaligen Zeitpunkt die Gesetzesbindung des Gesetzgebers gerade umstritten war. Schließlich ist auch der Versuch, grundrechtswidrigen Gesetzen auf der Grundlage der Schutznormtheorie wegen des rein objektiv-rechtlichen Gehalts der Art. 1 III, 20 III GG die Fähigkeit zur Begründung drittbezogener Amtspflichten abzusprechen, zum Scheitern verurteilt.[376] Dieser Ansatz ist zwar aus Sicht des Amtshaftungsrechts systemkonform, läßt aber außer acht, daß die genannten Bestimmungen nur die ohnehin bestehende Grundrechts- bzw. Verfassungsbindung aus historischen Gründen absichern sollen. Anknüpfungspunkt für die Begründung subjektiver öffent-

---

[374] Vgl. *Papier,* in: MünchKomm-BGB, § 839 Rdnr. 257; *Fetzer*, S. 88 ff., insb. S. 91; *Wunderlich,* Die Rechtsprechung des BVerfG zur Eigentumsgarantie und ihre Auswirkungen auf die Staatshaftung für legislatives Unrecht, 1994, S. 154 f.; a. A. *BGH,* NJW 1989, 101 f.; *BayObLG*, NJW 1997, 1514 (1515); auch *Detterbeck*, JA 1991, 7 (11); *Wurm,* JA 1992, 1 (4).

[375] Einzelheiten oben § 8 Rdnrn. 17 ff.; s. auch unten § 10 Rdnrn. 2 ff.

[376] Vgl. *Pfab*, S. 82 f.

licher Rechte und somit drittbezogener Amtspflichten ist und bleibt das betroffene Grundrecht. Bei legislativem Unrecht kann sich daher ein amtshaftungsrechtlicher Drittbezug aufgrund der rechtswidrigen Beeinträchtigung grundrechtlicher Gewährleistungen ergeben. Der *BGH* sollte seine restriktive Haltung überdenken und seine Rechtsprechung zur Amtshaftung für normatives Unrecht stärker an den vom *EuGH* entwickelten Grundsätzen ausrichten.

#### *dd) Drittbezug bei unterlassener Rechtssetzung*

**161** Wird die behauptete Verletzung einer drittbezogenen Amtspflicht damit begründet, daß der Normgeber rechtswidrig den Erlaß eines bestimmten förmlichen oder materiellen Gesetzes unterlassen hat, kommt ein Amtshaftungsanspruch nur in Betracht, wenn neben den oben formulierten Anforderungen an den Drittbezug legislativen Unrechts eine *Rechtspflicht zum Erlaß* einer bestimmten Vorschrift besteht.[377] Daran fehlt es i. d. R. aufgrund des Gestaltungsermessens des Normgebers, das insb. bei Entscheidungen der Legislative durch das Gewaltenteilungsprinzip (Art. 20 II 2 Halbs. 2 GG) abgesichert ist. Ausnahmen können sich aufgrund eines Verfassungsauftrags, etwa aus Art. 6 V GG, oder bei evidenter Verletzung einer aus den Grundrechten abgeleiteten staatlichen Schutzpflicht ergeben.[378] Erleichterte Anforderungen an die Drittbezogenheit gelten nach Ansicht des *EuGH* bei Nichtumsetzung von bindendem Gemeinschaftsrecht durch nationale Gesetzgebungsorgane. Das betrifft insbesondere EG-Richtlinien, zu deren Umsetzung die Mitgliedstaaten durch Art. 249 III (Art. 189 III) EGV verpflichtet werden.[379]

### *c) Hoheitsträger als Dritte*

**162** Auf das personenbezogene Element der Drittbezogenheit zielt die Frage, ob Hoheitsträger Dritte i. S. des Amtshaftungsanspruchs sein können. Dem steht nicht von vornherein Art. 34 S. 1 GG entgegen, weil diese Vorschrift nicht nur die Haftung überleitet, sondern auch erweitert und absichert[380] und damit – im Gegensatz zu Grundrechten – auch zugunsten von Hoheitsträgern anwendbar ist. Eine Drittbezogenheit setzt allerdings voraus, daß die Rechtspflicht, aus der sich die verletzte Amtspflicht ergibt, zumindest auch dem Schutz des geschädigten Hoheitsträgers dient und ihm der Amtswalter in einer Weise gegenübertritt, die für das Verhältnis von Staat und Bürger charakteristisch ist. Letzteres erfordert eine

---

[377] *BGHZ* 102, 350 (367 f.); das Erfordernis einer Rechtspflicht zum Handeln betrifft an sich schon die Frage einer Amtspflichtverletzung, die der Prüfung einer Drittbezogenheit der verletzten Amtspflicht vorangeht.

[378] Vgl. *BGHZ* 102, 350 (365 ff.); dazu *v. Hippel*, NJW 1985, 30 ff.; s. auch *Papier*, in: MünchKomm-BGB, § 839 Rdnr. 257.

[379] Näher dazu oben § 6 Rdnrn. 19, 24 ff.

[380] Einzelheiten oben § 8 Rdnrn. 4 f.

*Gegnerschaft in der Interessenwahrnehmung*, die insbesondere bei Schädigung von Gebietskörperschaften in Selbstverwaltungsangelegenheiten anzutreffen ist.[381] Im übrigen kann die Verletzung nicht-drittgerichteter Amtspflichten zwar eine Beamtenhaftung im Innenverhältnis (z. B. nach § 78 I BBG), aber keine Amtshaftung im Außenverhältnis auslösen. Das gilt insb. dann, wenn der Dienstherr des Beamten und die geschädigte Körperschaft bei der Erfüllung einer ihnen gemeinsam übertragenen Aufgabe gleichsinnig zusammenwirken, so daß sie als Teil eines einheitlichen Ganzen erscheinen.[382] Diese Grundsätze gelten auch für den Fall, daß sich eine juristische Person des öffentlichen Rechts und eine juristische Person des Privatrechts gegenüberstehen, sofern letztere insoweit als Beliehene betroffen wurde.[383]

## IV. Kausalität

Die Amtspflichtverletzung muß bei dem durch die Amtspflicht ge- 163
schützten Dritten einen Schaden verursacht haben. Das damit umrissene Kausalitätserfordernis folgt schon aus dem Wortlaut des § 839 I 1 BGB („den daraus entstehenden Schaden"), ergibt sich im übrigen aus dem Charakter der Amtshaftung als Staatsunrechtshaftung, der einen Kausalzusammenhang impliziert.

### 1. Begriff und Geltungsbereich

Die Kausalitätsprüfung beschränkt sich auf den *haftungsausfüllenden* 164
*Ursachenzusammenhang* zwischen Amtspflichtverletzung und Schaden. Die haftungsbegründende Kausalität zwischen Amtshandlung und Amtspflichtverletzung ist nicht gesondert festzustellen, da sie bereits im Rahmen des Tatbestandsmerkmals „Handeln in Ausübung eines öffentlichen Amtes" beim Kriterium des Zusammenhangs berücksichtigt worden ist.[384]

Eine vergleichbare Behandlung erfährt das Kausalitätskriterium im *Ge-* 165
*meinschaftsrecht*. Seine nähere Prüfung im Rahmen des Art. 288 II (Art. 215 II) EGV und des gemeinschaftsrechtlichen Staatshaftungsan-

---

[381] Vgl. *BGHZ* 116, 312 (315 ff.); dazu *v. Einem*, BayVBl 1994, 486 f.; s. auch *Papier*, in: MünchKomm-BGB, § 839 Rdnrn. 269 f.; *Ossenbühl*, S. 69 f.; als Selbstverwaltungskörperschaften, in deren eigenen Wirkungskreis amtshaftungsbegründend eingegriffen werden kann, kommen etwa auch Universitäten und öffentlich-rechtliche Rundfunkanstalten in Betracht, vgl. *Tremml/Karger*, Rdnr. 116.

[382] Vgl. *BGHZ* 116, 312 (315); *v. Einem*, BayVBl 1994, 486.

[383] *BGHZ* 87, 253 (255).

[384] Einzelheiten oben Rdnrn. 47 ff., insb. Rdnr. 50.

spruchs beschränkt sich ebenfalls auf den haftungsausfüllenden Aspekt.[385] Dabei geht der *EuGH* im Ergebnis von Kriterien aus, die denen der Äquivalenz- und Adäquanztheorie (dazu unten Rdnrn. 166 f.) weitgehend entsprechen. Allerdings spaltet er den Rechtswidrigkeitszusammenhang nicht von der Kausalitätsprüfung ab, sondern würdigt ihn in diesem Kontext.[386]

## 2. Inhalt

**166** Abgesehen von dieser Einschränkung wirft die Amtshaftung grundsätzlich keine besonders gearteten Kausalitätsfragen auf, so daß weitgehend auf die zum allgemeinen Deliktsrecht entwickelten Grundsätze zurückgegriffen werden kann. Sie beruhen auf einem Verursachungs- und einem Zurechnungselement, die sich unter dem Topos des *adäquaten Kausalzusammenhangs* vereinen. Zunächst ist auf der Grundlage der Äquivalenztheorie zu klären, ob der Schaden bei Hinwegdenken der pflichtwidrigen Handlung entfallen würde.[387] So ist z. B. die pflichtwidrige Versagung des gemeindlichen Einvernehmens (§ 36 BauGB) nicht ursächlich für den Verzögerungsschaden, wenn die Bauaufsichtsbehörde eigene Gründe für die Versagung der Baugenehmigung hat und geltend macht.[388] Im Anschluß daran ist festzustellen, welchen Verlauf die Dinge bei pflichtgemäßem Handeln genommen hätten und wie sich die Vemögenslage des Betroffenen in diesem Fall darstellen würde.[389]

**167** Bei einer Amtspflichtverletzung durch die vollziehende Gewalt hängen die *Anforderungen* an diese *hypothetische Feststellung* von dem Entscheidungsspielraum ab, der ihr bei der Aufgabenerfüllung zur Verfügung steht. Bei gebundenem Verwaltungshandeln oder einer insoweit gleichzuachtenden Ermessensreduzierung auf Null ist maßgeblich, wie der Amtswalter hätte entscheiden müssen, d. h., ob er beispielsweise verpflichtet war, die (versagte) Baugenehmigung zu erteilen, während bei einer Ermessensentscheidung zusätzlich gefordert wird, daß er bei rechtmäßiger Ermessensausübung mit an Sicherheit grenzender Wahrscheinlichkeit anders entschieden hätte.[390] Letzteres gilt auch bei einem gerichtlich nur beschränkt nachprüfbaren Beurteilungsspielraum der Exekutive und bei einer Amtspflichtverletzung durch Unterlassen.[391] Rechtlich gebotener und

---

[385] Vgl. dazu *Hidien*, S. 54 f.; s. auch oben § 5 Rdnr. 37, § 6 Rdnrn.45 f.

[386] S. oben § 5 Rdnr. 37; zum Vorgehen des *BGH* unten Rdnr. 170.

[387] Vgl. nur *BGHZ* 96, 157 (172).

[388] Vgl. *BGH*, UPR 1992, 105 f., dessen Begründung allerdings stark dem Einwand eines rechtmäßigen Alternativverhaltens ähnelt, dazu unten Rdnr. 170; s. auch *BGHZ* 119, 365 (369); krit. dazu *Ossenbühl*, S. 115 f.; s. zum Ganzen *Rehbinder*, JuS 1989, 885 (889 ff.).

[389] S. etwa *BGHZ* 96, 157 (171); 129, 226 (232 f.), jeweils m. w. Nachw.

[390] Vgl. *Papier*, in: MünchKomm-BGB, § 839 Rdnrn. 274 f.

[391] *BGHZ* 34, 206 (215); 64, 46 (51); *BGH*, NVwZ 1994, 823 (825).

tatsächlich wahrscheinlicher alternativer Kausalverlauf müssen auf der Grundlage dieses strengen Prognosemaßstabs zum gleichen hypothetischen Ergebnis führen; eine bloße Möglichkeit oder gewisse Wahrscheinlichkeit genügt nicht.

Der Geschädigte hat *darzulegen* und ggfs. zu *beweisen*, in welcher für 168
ihn günstigen Weise das Geschehen bei pflichtgemäßem Verhalten verlaufen wäre.[392] Stehen allerdings die Amtspflichtverletzung und eine zeitlich nachfolgende Schädigung fest, kommen dem Geschädigten die Beweiserleichterungen des § 287 ZPO zugute, die auch die Anforderungen an die Darlegung verringern.[393]

### 3. Unterbrechung

Der adäquate haftungsrechtliche Zurechnungszusammenhang wird 169
nur dann *unterbrochen*, wenn der Schaden auf besonders eigenartigen, ganz unwahrscheinlichen, nach dem regelmäßigen Verlauf der Dinge außer Betracht zu lassenden Umständen beruht.[394] Das ist bei einem Dazwischentreten des Geschädigten nicht gegeben, sofern es durch das Verhalten des Schädigers veranlaßt worden ist.[395] Ebenso sind nachfolgende hoheitliche Maßnahmen zu beurteilen, wenn sie adäquate Folgen der Amtspflichtverletzung sind, was etwa bei weiteren atomrechtlichen Teilgenehmigungen angenommen worden ist. Sie unterbrachen im konkreten Fall nicht den Kausalzusammenhang, sondern fügten sich in den Gesamtgeschehensablauf ein.[396]

Der *BGH* läßt daneben jedenfalls bei Amtshaftungsansprüchen, die auf 170
verfahrensfehlerhaft zustandegekommenen behördlichen Entscheidungen gründen, den Einwand zu, daß bei ordnungsgemäßem Verfahren eine gleichlautende behördliche Entscheidung hätte ergehen müssen, der (gleiche) Schaden somit auch bei pflichtgemäßem Verhalten eingetreten wäre. Er ordnet dieses *rechtmäßige Alternativverhalten* nicht dem eigentlichen Kausalzusammenhang zu, der sich auf die Prüfung der Äquivalenztheorie beschränkt,[397] sondern der nachfolgenden Frage nach dem erforderlichen *Zurechnungszusammenhang*. Entscheidend sei, inwieweit einem Schadensverursacher die Folgen seines pflichtwidrigen Verhaltens bei wertender Betrachtung billigerweise zugerechnet werden können. Demnach muß der *Schutzzweck* der verletzten Norm (Amtspflicht) darüber ent-

---

[392] *BGH*, NJW 1986, 2829 (2831); NVwZ 1994, 823 (824).

[393] Vgl. nur *BGHZ* 129, 226 (233); zu Erleichterungen der Darlegungs- und Beweislast bei einer Amtspflichtverletzung durch Unterlassen *Tremml/Karger*, Rdnr. 914.

[394] S. etwa *BGH*, NVwZ 1994, 825 (827).

[395] *BGHZ* 130, 332 (334).

[396] *BGHZ* 134, 268 (300).

[397] Dazu schon oben Rdnrn. 166 f.

scheiden, ob und inwieweit der Einwand im Einzelfall erheblich ist.[398] Geht man von diesem Ansatz aus, fällt der Einwand eines rechtmäßigen Alternativverhaltens konsequenterweise aus der (weit verstandenen) Kausalitätsprüfung heraus, ist vielmehr schon im Rahmen der Drittbezogenheit zu erörtern.[399]

## V. Verschulden

171 Das Verschuldenserfordernis ist nicht nur für die Begründung des Amtshaftungsanspruchs, sondern auch für seine Begrenzung durch §§ 839 I 2 und III, 254 BGB sowie für den durch Art. 34 S. 2 GG zugelassenen Regreßanspruch bedeutsam. Diese Regelungen setzen eine bestimmte Form schuldhaften Verhaltens voraus,[400] die bei der Fallbearbeitung zweckmäßigerweise schon bei der Prüfung des haftungsbegründenden Tatbestandsmerkmals des Verschuldens ausdrücklich positiv festzustellen ist. Im Prozeß trifft die *Darlegungs- und Beweislast* insoweit grds. den Kläger,[401] wobei eine Reihe von Beweiserleichterungen bestehen, etwa bei objektivem Verstoß gegen öffentlich-rechtliche Verkehrssicherungspflichten.[402]

### 1. Rechtsgrundlage, Geltungsbereich und Geltungskraft

#### *a) Allgemein*

172 Die Notwendigkeit schuldhaften Handelns ergibt sich aus *§ 839 I 1 BGB*, der eine vorsätzliche oder fahrlässige Amtspflichtverletzung verlangt, betrifft daher zunächst die Eigenhaftung des Beamten im statusrechtlichen Sinn. Diese Voraussetzung bleibt aber auch im hoheitlichen Funktionskreis bei einer Haftungsüberleitung auf den Staat bestehen und wird hier zu einem *Tatbestandsmerkmal der Amtshaftung*. Der Geltungsbereich des Verschuldenserfordernisses wird dadurch zugleich erweitert, es findet insoweit auf sämtliche Beamte im haftungsrechtlichen Sinn Anwendung.[403] Das folgt zwar nicht aus dem Wortlaut des Art. 34 S. 1 GG, der – anders als Art. 131 WRV – das Verschulden nicht erwähnt, wohl aber aus seiner Funktion im Rahmen des Zusammenwirkens mit § 839

[398] Grundlegend *BGHZ* 96, 157 (173) m. w. Nachw.; *BGH*, NJW 1995, 2778 (2780).
[399] So auch *Tremml/Karger*, Rdnr. 187.
[400] Dazu unten § 10 Rdnrn. 23, 68 ff., 72 ff.; zur Bedeutung des Verschuldenserfordernisses für Regreßansprüche des Dienstherrn gegen den Amtswalter vgl. nur *Papier*, in: *Maunz/Dürig*, GG, Art. 34 Rdnrn. 298, 302.
[401] Vgl. nur *BGHZ* 37, 336 (337); eine Beweislastumkehr zu Lasten des Beklagten kann sich aufgrund von gesetzlichen Schuldvermutungen ergeben, etwa aus § 18 StVG.
[402] Dazu *Tremml/Karger*, Rdnrn. 885 ff. m. w. Nachw.; s. auch *dies.*, ebda., Rdnrn. 874 f.
[403] Vgl. *Dagtoglou*, in: BK, Art. 34 Rdnr. 173; *Schoch*, Jura 1988, 585 (593).

BGB. Einerseits wird an die dort einfachgesetzlich begründete Verschuldensabhängigkeit und deliktische Natur der Haftung angeknüpft und auf die Amtshaftung erstreckt, andererseits ihr Anwendungsfeld durch Modifizierung des Amtswalterbegriffs ausgedehnt.[404] Amtshaftung ist somit im Gegensatz zu Folgenbeseitigung und Aufopferungsentschädigung eine verschuldensabhängige Staatsunrechtshaftung.

Allerdings bleibt das Schweigen des Art. 34 S. 1 GG in bezug auf das **173**
Verschulden des Amtswalters nicht ohne Einfluß auf seine *Geltungskraft*. Die Konstituierung und Ausformung *des Verschuldensprinzips* ist der Entscheidung des Gesetzgebers überantwortet worden, es gehört nicht zu den durch Art. 34 GG verfassungskräftig festgeschriebenen Mindestanforderungen an eine Staatsunrechtshaftung.[405] Der Gesetzgeber ist daher nicht gehindert, künftig eine einheitliche verschuldensunabhängige Staatshaftung einzuführen, wie dies beispielsweise in § 2 II StHG 1981 für Pflichtverletzungen durch rechtswidrigen Grundrechtseingriff vorgesehen gewesen ist. Der geltende Rechtszustand ist davon de facto nicht weit entfernt, weil die Rechtsprechung das Verschuldenserfordernis durch Anonymisierung des einzelnen Amtswalters bei gleichzeitiger Objektivierung und Verschärfung der Verhaltensanforderungen einer verschuldensunabhängigen Haftung stark angenähert hat.[406] Seiner gänzlichen Aufgabe im Wege richterlicher Rechtsfortbildung steht aber die Rechtsbindung der rechtsprechenden Gewalt (Art. 20 III Halbs. 2 GG) entgegen; eine konturenlose Nivellierung würde den auf die Schuldform abhebenden Haftungsbegrenzungen die Grundlage entziehen.[407]

### *b) Bei Gemeinschaftsrechtsbezug*

Anders verhält es sich beim mitgliedstaatlichen Vollzug von Gemein- **174**
schaftsrecht. Kommt es dabei zu einer *Zuwiderhandlung gegen Recht der EG*, greift der gemeinschaftsrechtliche Staatshaftungsanspruch ein. Das Verschulden bildet hier keine gesonderte, eigenständige, konstitutive Anspruchsvoraussetzung, sondern ist nur eines von mehreren Kriterien, die bei der Ermittlung des vom *EuGH* geforderten hinreichend qualifizierten Verstoßes gegen Gemeinschaftsrecht zugrundezulegen sind.[408] Wird dagegen beim Vollzug von Gemeinschaftsrecht durch deutsche Stellen höherrangiges *nationales Recht verletzt*, kommt das Verschuldenserfordernis unter dem Vorbehalt der Gemeinschaftsrechtskonformität grds. zum Tragen. Eine Nichtanwendung ist demzufolge aufgrund des Effizienzgebots[409] nur dann anzuerkennen, wenn das Festhalten an der Vor-

---

[404] Einzelheiten oben § 8 Rdnrn. 4 f., § 9 Rdnrn. 3 ff.
[405] Näher dazu oben § 3 Rdnr. 11, § 8 Rdnr. 5.
[406] Dazu noch unten Rdnrn. 177 ff.
[407] Vgl. etwa § 839 I 2 BGB (Fahrlässigkeit) und § 839 II 1 BGB (Vorsatz).
[408] Einzelheiten oben § 6 Rdnrn. 37 ff.
[409] Zu diesem Gebot oben § 8 Rdnr. 29 m. Fußn. 61.

aussetzung einer schuldhaften Amtspflichtverletzung die Verwirklichung eines gemeinschaftsrechtlichen subjektiven Rechts verhindert oder wesentlich erschwert.[410] Entsprechend dürfte die Beurteilung ausfallen, wenn im Falle eines Verstoßes gegen Gemeinschaftsrecht der Amtshaftungsanspruch neben dem gemeinschaftsrechtlichen Staatshaftungsanspruch in modifizierter Form zur Anwendung gelangt (dazu oben § 8 Rdnr. 27).

## 2. Inhalt

175 Das Amtshaftungsmerkmal „Verschulden" knüpft an die subjektive Vorwerfbarkeit des Verhaltens an; es ist strikt von der objektiven Amtspflichtwidrigkeit zu trennen und tritt mit eigenständigem Bedeutungsgehalt neben sie. *Bezugspunkt des Verschuldens* ist grds. allein die (Verletzung der) drittbezogene(n) Amtspflicht, nicht auch der dadurch verursachte Schaden; weder der entstandene noch überhaupt ein Schaden muß vom Amtswalter gewollt, vorhergesehen worden oder vorhersehbar gewesen sein.[411] Die damit vorausgesetzte Zurechnung des Verhaltens verlangt *Schuldfähigkeit* des Amtswalters, die sich aufgrund der deliktischen Natur der Amtshaftung nach §§ 827, 828 BGB beurteilt und regelmäßig gegeben ist.[412] Sollte sie ausnahmsweise fehlen, kommt eine Übernahme der Verantwortlichkeit durch den Staat aufgrund einer sog. Billigkeitshaftung in Betracht, die freilich durch ein spezielles Gesetz begründet sein muß.[413] Steht die Zurechnungsfähigkeit des Amtswalters fest, ist hinsichtlich der konkreten *Schuldform* ausgehend von § 276 BGB, der aus genannten Gründen (oben Rdnr. 172) auch auf die Amtshaftung anzuwenden ist, zwischen Vorsatz (§ 276 II BGB) und Fahrlässigkeit (§ 276 I 2 BGB) zu unterscheiden.

### *a) Vorsatz*

176 Vorsätzliches Handeln ist gegeben, wenn sich der Amtswalter bewußt über seine Amtspflichten hinwegsetzt, die sich aus Gesetzesbestimmungen oder sonstigen, für ihn verbindlichen Regeln ergeben. Das verlangt nicht nur Kenntnis der Tatsachen, aus denen sich die Pflichtverletzung

[410] Vgl. *Hidien*, S. 66.

[411] *BGHZ* 30, 374 (381); 34, 375 (381); *BGH*, NJW 1988, 2037 (2038) = *BGHZ* 104, 139 (insoweit nicht abgedruckt); zuletzt *BGHZ* 135, 354 (362); zu Ausnahmen bei bestimmten Amtspflichten *Papier*, in: *Maunz/Dürig*, GG, Art. 34 Rdnr. 223 m. w. Nachw.

[412] Näher dazu *Ossenbühl*, S. 73.

[413] Vgl. etwa für Bundesbeamte im statusrechtlichen Sinne den fortgeltenden § 1 II RBHaftG, der eine Billigkeitshaftung des Bundes für Schäden vorsieht, die der Beamte im Zustand der Bewußtlosigkeit oder in einem die freie Willensbestimmung ausschließenden Zustand krankhafter Störung der Geistestätigkeit verursacht hat; s. für Landesbeamte im statusrechtlichen Sinne etwa den gleichlautenden § 1 II des nordrhein-westfälischen Gesetzes über die Haftung des Staates und anderer Verbände für Amtspflichtverletzungen von Beamten bei Ausübung der öffentlichen Gewalt.

objektiv ergibt, sondern auch *Bewußtsein der Pflichtwidrigkeit*, d. h. Bewußtsein, gegen Amtspflichten zu verstoßen.[414] Beispiel hierfür ist der sog. Fluglotsenstreik, bei dem die Fluglotsen zur Durchsetzung besserer Arbeitsbedingungen und -entgelte durch willkürliche Krankmeldungen und Herabsetzung der Arbeitsleistung bewußt ihren Dienstpflichten zuwider handelten. Dabei ist unbeachtlich, daß sich das Bewußtsein der Rechtswidrigkeit nicht auf den bei einzelnen Reiseunternehmen eingetretenen Schaden bezog.[415] Allerdings kann direkter Vorsatz (dolus directus) unter besonderen Umständen den zur Einbeziehung in den hoheitlichen Funktionskreis notwendigen Zusammenhang zwischen öffentlicher Aufgabe und schädigender Handlung unterbrechen.[416] Für vorsätzliches Handeln genügt indes auch bedingter Vorsatz (dolus eventualis), bei dem der Amtsträger mit der Möglichkeit eines Amtspflichtverstoßes rechnet und diese Pflichtverletzung billigend in Kauf nimmt.[417] Ein *Rechtsirrtum*, d. h. die fälschliche Annahme der Rechtmäßigkeit des Verhaltens, läßt das Rechtswidrigkeitsbewußtsein und damit den Vorsatz entfallen, entbindet aber nicht vom Fahrlässigkeitsschuldvorwurf.[418]

### *b) Fahrlässigkeit*

177 Den Ausgangspunkt bildet der *objektivierte Sorgfaltsmaßstab des § 276 I 2 BGB*, der auch auf die deliktische Amtshaftung Anwendung findet und dessen Mißachtung Fahrlässigkeit begründet.[419] Er stellt auf die im Verkehr erforderliche Sorgfalt, d. h. auf die objektiv-abstrakten Anforderungen an einen pflichtgetreuen Durchschnittsbeamten ab, nicht dagegen auf seine individuellen subjektiven Fähigkeiten und Kenntnisse. Entscheidend sind nicht die tatsächlich vorhandenen, sondern die zur Wahrnehmung des übernommenen Amtes erforderlichen Fähigkeiten und Einsichten des Amtswalters. Er muß die für die Führung seines Amtes, also zur Ausfüllung der ihm obliegenden hoheitlichen Aufgabe notwendigen Rechts- und Verwaltungskenntnisse besitzen oder sich verschaffen, ggfs. unter Zuhilfenahme Dritter, etwa der Aufsichtsbehörde oder Sachverständiger.[420]

178 Für *Mitglieder kommunaler Gebietskörperschaften* oder sonstiger Selbstverwaltungsträger gelten *keine milderen Sorgfaltsmaßstäbe*. Im so-

---

[414] *BGHZ* 30, 374 (381); *BGH*, NVwZ 1992, 911 (912); *BGHZ* 120, 176 (181).

[415] *BGHZ* 69, 128 (142 f.).

[416] Dazu allgemeiner oben Rdnrn. 53 f.; eine solche Unterbrechung des inneren Zusammenhangs wurde aber im Fluglotsen-Fall nicht angenommen, vgl. *BGHZ* 69, 128 (132 f.).

[417] St. Rspr., vgl. nur *BGHZ* 34, 375 (381); *BGH*, NJW 1988, 2037 (2038) = *BGHZ* 104, 139 (insoweit nicht abgedruckt); *BGH*, NVwZ 1992, 911 (912); *BGHZ* 120, 176 (181) m. w. Nachw.

[418] Zu solchen Bewertungsirrtümern *BGHZ* 30, 374 (381); 69, 128 (142 f.).

[419] Vgl. nur *BGH*, NVwZ 1992, 911 (912).

[420] *BGH*, NVwZ 1986, 504 (505); *BGHZ* 106, 323 (329 f.).

zialen Rechtsstaat kann der Bürger auch von diesen Personen erwarten, daß sie bei ihrer Amtstätigkeit den nach §§ 839, 276 I 2 BGB i. V. mit Art. 34 S. 1 GG gebotenen Standard der verkehrserforderlichen Sorgfalt einhalten. Andernfalls würde das Schadensrisiko in unzumutbarer Weise auf den Bürger verlagert. So können sich beispielsweise (Gemeinde)Ratsmitglieder bei Überplanung eines altlastenbelasteten Gebiets nicht auf fehlende geologische Kenntnisse berufen, wenn Anhaltspunkte für eine Bodenkontaminierung bestanden.[421]

179 Die dem zivilrechtlichen Fahrlässigkeitsbegriff immanente Tendenz zur Objektivierung wird im Rahmen der Amtshaftung durch die Grundsätze der *Entindividualisierung* (Anonymisierung) und des *Organisationsverschuldens* erweitert. Zwar muß der gesamte Haftungstatbestand einschließlich des Verschuldensvorwurfs in der Person eines Amtswalters verwirklicht werden; dieser muß aber weder individualisiert noch nominiert werden.[422] So ist etwa in obigem Beispiel der Geschädigte nicht verpflichtet, die für den rechtswidrigen Bebauungsplan stimmenden (Gemeinde)-Ratsmitglieder zu benennen. Verschulden *des* Amtswalters bedeutet Verschulden *irgendeines Amtswalters*, das im Ergebnis dem fehlerhaft oder unzureichend organisierten und funktionierenden Verwaltungsträger zugerechnet wird.[423] Diese Beweiserleichterung findet ihre Rechtfertigung in der Undurchschaubarkeit und Anonymität des dem Bürger gegenübertretenden Verwaltungsapparats. Teilweise wird sogar weitergehend die Anwendung der Rechtsfigur des „prima-facie-Beweises" befürwortet.[424]

### 3. Sonderfälle

#### *a) Verschulden bei unrichtiger Rechtsanwendung*

180 Ebenso bedeutungsvoll wie problembeladen ist die Frage eines Verschuldens wegen unrichtiger Rechtsanwendung. Sie betrifft das Verhalten von Amtswaltern, die mit der Anwendung von nationalem und europäischem Recht befaßt sind, zielt dabei insb. auf die Exekutive, da Pflichtverletzungen durch Angehörige der Judikative bereits in weitem Umfang durch § 839 II 1 BGB abgeschirmt werden.[425] *Rechtsdogmatische Grund-*

---

[421] *BGHZ* 106, 323 (328 ff.); 109, 380 (387 f.); s. auch oben Rdnr. 70.

[422] Vgl. schon *RGZ* 100, 102 f.; auch *BGHZ* 116, 312 (314 f.); zur Haftung eines Krankenhausträgers aus unerlaubter Handlung wegen Organisationsverschuldens *BGHZ* 95, 63 (71 ff.).

[423] *BGHZ* 113, 367 (372); *OLG Düsseldorf*, NWVBl 1988, 248.

[424] Vgl. *Ossenbühl*, S. 77 m. w. Nachw.; krit. gegenüber einem prima-facie-Beweis *Tremml/Karger*, Rdnrn. 168, 872 f.

[425] Dazu unten § 10 Rdnrn. 36 ff. Der *BGH* erkennt darüber hinaus außerhalb dieses Haftungsprivilegs ein Verschulden des Richters bei Ausübung seiner Aufgaben wegen des Verfassungsgrundsatzes richterlicher Unabhängigkeit nur bei besonders groben Verstößen an, vgl. NJW-RR 1992, 919; dem ist jedenfalls in den Fällen, in denen eine

*lage* für eine Antwort sind die verfassungsrechtlichen Grundsätze der Rechtsbindung der vollziehenden Gewalt (Art. 20 III Halbs. 2 GG) und der Gewaltenteilung (Art. 20 II 2 Halbs. 2 GG); Parallelen zur Problematik einer Amtspflicht zur Beachtung der höchstrichterlichen Rechtsprechung sind unübersehbar, da dort ein Aspekt angesprochen wird, der auch für die Annahme eines Verschuldens wegen unrichtiger Rechtsanwendung bedeutsam ist.[426]

Nach Ansicht des *BGH* hat jeder Inhaber eines öffentlichen Amtes bei **181**
der Gesetzesauslegung und Rechtsanwendung die Gesetzes- und Rechtslage unter Zuhilfenahme der ihm zu Gebote stehenden Hilfsmittel sorgfältig und gewissenhaft zu prüfen und muß sich danach aufgrund vernünftiger Überlegungen eine Rechtsmeinung bilden. Somit begründet nicht jeder objektive Rechtsirrtum einen Schuldvorwurf. Vielmehr lehnt das Gericht insoweit ein Verschulden ab, wenn die unzutreffende Rechtsauffassung des Amtswalters objektiv rechtlich vertretbar ist und subjektiv aufgrund sorgfältiger rechtlicher und tatsächlicher Prüfung gewonnen worden ist. Fehlt eine dieser Voraussetzungen, ist der Schuldvorwurf begründet.[427] Das soll insb. dann gelten, wenn eine objektiv unrichtige Gesetzesauslegung oder Rechtsanwendung *gegen* den klaren, bestimmten und *eindeutigen Wortlaut der Vorschrift verstößt* oder *im Widerspruch zur gefestigten höchstrichterlichen Rechtsprechung* steht. Dagegen fehle es i. d. R. am Verschulden, sofern die letztlich als unrichtig erkannte Rechtsanwendung eine schwierige, zu Zweifeln Anlaß gebende Rechtslage betraf, die noch der höchstrichterlichen Klärung harrt, wohingegen fahrlässiges Verhalten angenommen wird, wenn neue Tatsachen oder Rechtserkenntnisse bei der Entscheidung nicht berücksichtigt wurden.[428]

Der Rechtsprechung des *BGH* mag man im Ergebnis zustimmen, dog- **182**
matisch enthält sie indes einige Ungereimtheiten. Führt man die Problematik eines Verschuldens wegen unrichtiger Rechtsanwendung auf den entscheidenden Punkt zurück, ob das Abweichen des Amtswalters von ihn bindenden Gesetzes- oder Rechtsregeln vorwerfbar ist, wird deutlich,

---

Amtspflichtverletzung zugleich eine Grundrechtsverletzung darstellt, entgegenzuhalten, daß diese von der Judikative entwickelte zusätzliche Haftungsprivilegierung zu einer unzulässigen Verkürzung grundrechtlicher Gewährleistungen führt; das Verfassungsgebot richterlicher Unabhängigkeit ist zwar prinzipiell eine taugliche Grundlage für die Rechtfertigung von Grundrechtsbeschränkungen, der Ausgleich der kollidierenden Rechtspositionen obliegt aber dem Gesetzgeber und ist in § 839 II BGB erfolgt. Ein weitergehender Schutz richterlicher Tätigkeit darf nicht im Wege einer Rechtsfortbildung zu Lasten des Geschädigten konstruiert werden, zumal auch ein „grundrechtsschonenderer" Ausgleich durch Haftungsfreistellung des Richters im Innenverhältnis in Betracht zu ziehen ist.

[426] Vgl. oben Rdnrn. 85 f. sowie unten Rdnr. 182.

[427] *BGHZ* 119, 365 (369 f.); bestätigt durch *BGH*, NJW 1994, 3158 (3159); s. auch *Schwager-Wenz*, DVBl 1993, 1171 (1187).

[428] Grundlegend *BGHZ* 30, 19 (22) m. Nachw. zur Rspr. des *RG*, an die angeknüpft wird; s. auch *BGH*, NJW 1963, 1453 (1454); NJW-RR 1992, 919.

daß der *BGH* in unzulässiger Weise zwei zu trennende Rechtsfragen miteinander verquickt: einerseits, welche Hoheitsakte eine solche *rechtssatztypische Bindungswirkung* auslösen, andererseits, welchen Entscheidungsspielraum die Bindung läßt und ob dieser in vorwerfbarer Weise überschritten worden ist. Erstgenannter Fragenkreis wurde bereits bei der Amtspflicht zur Beachtung der höchstrichterlichen Rechtsprechung erörtert. Danach entfalten Gesetze und Gewohnheitsrecht grds. die in Art. 20 III GG hervorgehobene Bindungswirkung, während sie für die höchstrichterliche Rechtsprechung nur ausnahmsweise anzuerkennen ist.[429] Ein Widerspruch zu dieser darf deshalb entgegen der Formulierung des *BGH* nicht gleichrangig neben einen Gesetzesverstoß gestellt werden.

**183** Legt man den so eingeengten Prüfungsmaßstab zugrunde, hängt der Auslegungsspielraum entscheidend von der Bestimmtheit des Gesetzeswortlauts ab. Werden die Auslegungsgrenzen überschritten, beurteilt sich die *Vorwerfbarkeit der Abweichung* anhand von zwei Kriterien: Zum einen muß die Rechtsanwendung mit der rechtsstaatlich gebotenen Sorgfalt vorgenommen worden sein, also z. B. der Sachverhalt umfassend ermittelt werden, zum anderen muß das auf diese Weise gewonnene Ergebnis vertretbar sein. Für letzteres kommt es darauf an, ob das Risiko der Fehlentscheidung dem Amtswalter anzulasten ist. Beurteilungsgrundlage hierfür ist die Ein- oder Mehrdeutigkeit der Rechtslage.[430] Insoweit oder genauer: erst hier spielt die Ausräumung von Zweifeln durch die Rechtsprechung eine entscheidende Rolle. Das gilt insb. dann, wenn sie auf höchstrichterlicher Ebene durch eine gefestigte Judikatur erfolgt.

### *b) Billigung des Verhaltens durch ein Kollegialgericht als Entschuldigungsgrund*

**184** In demselben Umfeld ist auch der Einwand angesiedelt, wonach das Verschulden des Amtswalters entfällt, wenn ein mit mehreren Rechtskundigen besetztes *Kollegialgericht* sein Verhalten nach sorgfältiger Prüfung und Würdigung als objektiv rechtmäßig *gebilligt* hat.[431] Er geht auf die schon vom *RG* ausgesprochene Erwägung zurück, daß von einem Beamten, dessen Tätigwerden regelmäßig eine rasche Entschließung erfordert, keine bessere Einsicht als von einem Kollegialgericht verlangt werden kann, das seine Entscheidung nach sorgfältiger Prüfung der Rechtslage trifft.[432] Der *BGH* hat diese Überlegung aufgegriffen und daraus zunächst einen eigenständigen Entschuldigungsgrund geformt.[433]

---

[429] Einzelheiten oben Rdnrn. 85 f.

[430] S. schon *RGZ* 85, 64 (72).

[431] St. Rspr., vgl. etwa *BGHZ* 17, 153 (158); 73, 161 (164); 97, 97 (107); 134, 268 (275).

[432] *RGZ* 106, 406 (410); s. auch schon erste Ansätze in *RGZ* 85, 64 (72), wo die Nähe zum Verschulden wegen unrichtiger Rechtsanwendung noch deutlich zum Ausdruck kommt; dazu oben Rdnrn. 180 ff., insb. Rdnr. 183; zur geschichtlichen Entwicklung *B. Schmidt*, NJW 1993, 1630.

[433] Vgl. neben den Nachw. oben unter Fußn. 431 beispielsweise *BGHZ* 27, 338 (343).

Dieses Vorgehen erscheint zwar praxisnah und nachvollziehbar, ist aber *mit* den *rechtsstaatlichen Anforderungen* an eine Staatsunrechtshaftung *nicht zu vereinbaren*. Die gerichtliche Beurteilung eines objektiv rechtswidrigen hoheitlichen Verhaltens als rechtmäßig ist ihrerseits rechtswidrig; sie kann den Handelnden nicht pauschal vom Verschuldensvorwurf befreien. Anderenfalls würde der Normbefehl der §§ 839 I 1, 276 I 2 BGB durch diesen im Wege richterlicher Rechtsfortbildung gewonnenen Ausnahmetatbestand unterlaufen, was wegen der Rechtsbindung der Rechtsprechung (Art. 20 III Halbs. 2 GG) bedenklich ist.[434] Da als Konsequenz der Rechtsansicht des *BGH* die rechtswidrige richterliche Billigung unrechtmäßigen Verwaltungshandelns den Amtshaftungsanspruch mangels Verschulden des Amtswalters entfallen läßt und der Richter vor Konsequenzen durch § 839 II 1 BGB weitgehend geschützt ist, bleibt Staatsunrechtshandeln entgegen den Gewährleistungen des Art. 34 S. 1 GG letztlich ohne haftungsrechtliche Folgen.[435] Zudem führt dieser Entschuldigungsgrund zu einer faktischen Rechtsmittelbeschränkung. Schließlich ist auch bei unterstellter Anerkennung dieser Rechtsregel nicht einzusehen, warum ihr Anwendungsbereich auf die Amtshaftung beschränkt bleiben soll.[436] 185

Die Rechtsprechung hat diese Probleme schon früh erkannt und ihnen in zweifacher Weise Rechnung getragen. Einerseits kommt der Grundsatz in einer breit aufgefächerten Reihe von Fällen *nicht* zur *Anwendung*, etwa bei einfachen, leicht zu beantwortenden Rechtsfragen, bei Entscheidungen in einem summarischen Verfahren wie z. B. dem einstweiligen Rechtsschutz, wenn dem Kollegialgericht Fehler bei der Sachverhaltsermittlung unterlaufen sind, seine Entscheidung von Verfahrensfehlern geprägt war, es die zur Entscheidung anstehende Rechtsfrage verkannt oder eine eindeutige Bestimmung handgreiflich falsch ausgelegt hat oder wenn es das Verhalten des Amtsträgers aus Gründen billigt, die dieser selbst nicht erwogen hat.[437] Andererseits sehen neuere Entscheidungen des *BGH* die verschuldensausschließende Wirkung einer Billigung des hoheitlichen Handelns nicht mehr als Regel,[438] sondern nur noch als *allgemeine Richtlinie* an, die Abweichungen zuläßt, etwa im Falle eines gewichtigen Pflichtverstoßes.[439] Die oben formulierten Bedenken dürften damit weitgehend ausgeräumt sein. 186

---

[434] Krit. auch *Papier*, in: *Maunz/Dürig*, GG, Art. 34 Rdnr. 229 m. w. Nachw.

[435] Zu dieser Bedeutungsdimension des Art. 34 S. 1 GG schon oben § 3 Rdnrn. 5 ff.

[436] Eingehend zu diesen Argumenten *B. Schmidt*, NJW 1993, 1630 f.

[437] Vgl. die Zusammenstellung der Ausnahmetatbestände bei *B. Schmidt*, NJW 1993, 1630 (1631); *Schwager-Wenz*, DVBl 1993, 1171 (1187); *Ossenbühl*, S. 75 f.; *Tremml/Karger*, Rdnrn. 173 ff., jeweils m. w. Nachw. zur Judikatur.

[438] So noch *BGHZ* 73, 161 (164): „Regel"; s. auch *BGHZ* 17, 153 (158): „Rechtssatz"; *BGHZ* 27, 338 (343): „Grundsatz".

[439] Vgl. etwa *BGHZ* 97, 97 (107); 120, 184 (197); 134, 268 (275).

187 Konsequenterweise sollte der Grundsatz einer *Billigung des Verhaltens durch ein Kollegialgericht gänzlich aufgegeben* werden. Denn seine anerkennenswerten Elemente lassen sich im Rahmen einer sorgfältigen Prüfung eines Verschuldens wegen unrichtiger Rechtsanwendung ausreichend würdigen. Betrachtet man das, was die Rechtsprechung von dem ehemals breit angelegten Entschuldigungsgrund übrig gelassen hat, wird deutlich, daß dieser nunmehr als Richtlinie konzipierte Grundsatz nur eingreift, wenn der Amtswalter die Sach- und Rechtslage sorgfältig geprüft und ein Kollegialgericht seiner unrichtigen Beurteilung ohne groben Rechtsfehler nachträglich zugestimmt hat.[440]

188 Die erstgenannte Voraussetzung ist eine allgemein bei der Rechtsanwendung zu beachtende Anforderung. Die daneben notwendige gerichtliche Billigung des fehlerhaften Verhaltens betrifft regelmäßig Fallkonstellationen, die durch die Zweifelhaftigkeit der Rechtslage geprägt sind. Hier geht es im Kern letztlich darum, ob die Fehleinschätzung des Amtswalters unter dem Aspekt der *Risikoverteilung* objektiv vertretbar war; seine nachträgliche Billigung durch ein Gericht ist insoweit nur ein Indiz für die Annahme einer schuldlosen Fehlbewertung, weil diese sachkundige Instanz ebenfalls diesem Irrtum unterlegen ist. Somit kommen im Ergebnis die für die Beurteilung einer unrichtigen Rechtsanwendung aufgestellten Grundsätze zum Zuge. Der so genannte „Entschuldigungsgrund" einer Billigung des rechtswidrigen Verhaltens des Amtswalters durch ein Kollegialgericht ist ein überflüssiges Relikt aus den Anfängen des Staatshaftungsrechts, das damals noch nicht in dem heutigen Maße verfassungsrechtlich eingebunden gewesen ist; es sollte in den Mantel des Vergessens gehüllt werden.

## § 10. Begrenzungen der Amtshaftung

**Literatur:** *Brehm*, Beschränkung der Amtshaftung durch gemeindliche Satzung?, DÖV 1974, 415; *ders.*, Nochmals: Haftungsbeschränkung durch gemeindliche Satzung – BGHZ 61, 7, JuS 1975, 90; *Erichsen*, Zur Zulässigkeit von Haftungsbeschränkungen in öffentlich-rechtlichen Nutzungsverhältnissen, VerwArch 65 (1974), 219; *Futter*, Die Subsidiarität der Amtshaftung – Instrument der Haftungslenkung, 1974; *Lässig*, Primäre Amtshaftung bei Verkehrsunfällen von Hoheitsträgern – BGHZ 68, 217, JuS 1978, 679; *Leipold*, Das Haftungsprivileg des Spruchrichters, JZ 1967, 737; *Merten*, Zum Spruchrichterprivileg des § 839 Abs. 2 BGB, in: Festschr. f. Wengler, 1973, S. 519; *Nüßgens*, Zur Rechtsfortbildung bei § 839 Abs. 1 Satz 2 BGB (Verweisungsklausel), in: Festschr. f. Geiger, 1989, S. 456; *Reiter*, Amtshaftungsrecht: Zur Zulässigkeit von Freizeichnungsklauseln in kommunalen Satzungen, BayVBl 1990, 711; *Schwarze*, Haftungsbeschränkung durch gemeindliche Satzung – BGHZ 61, 7, JuS 1974, 640; *Smid*, Zum prozeßrechtlichen Grund des Haftungsausschlusses nach § 839 Abs. 2 S. 1 BGB, Jura 1990, 225; *Stangl*, Die Subsidiaritätsklausel des § 839 I 2 BGB und ihre Bedeutung für den Amtshaftungsanspruch, 1994; *Windthorst*, Staatshaftungsrecht: 1. Teil. Die Amtshaftung, JuS 1995, 992.

---

[440] So auch *B. Schmidt*, NJW 1993, 1630 (1631).

1 Die nachfolgenden Regelungen schränken den Amtshaftungsanspruch ein oder schließen ihn aus. Der Beklagte trägt hierfür mit Ausnahme der Subsidiaritätsklausel (§ 839 I 2 BGB) die Darlegungs- und Beweislast, da an die Erfüllung dieser Merkmale Rechtsfolgen geknüpft werden, die für ihn günstig sind.

## I. Sondergesetzliche Haftungsbeschränkungen

2 Unter die Kategorie der sondergesetzlichen Haftungsbeschränkungen fallen die in speziellen Regelungen enthaltenen Haftungsbegrenzungen, die anders als die bereits angesprochenen amtshaftungsverdrängenden Sondervorschriften nicht zur Unanwendbarkeit des Amtshaftungsregimes oder zum Ausschluß der Haftungsüberleitung führen,[1] sondern lediglich *auf* einzelne anspruchsbegründende *Tatbestandsmerkmale einwirken*, etwa durch Begrenzung des Verschuldensmaßstabs. Sie sind vor allem bei öffentlich-rechtlichen (Anstalts)Benutzungsverhältnissen verbreitet anzutreffen. Standardbeispiel ist der sog. „Schlachthof-Fall". Dort wurde die Haftung für Schäden bei der Benutzung eines schlicht-hoheitlich betriebenen kommunalen Schlachthofs mit Benutzungszwang im Satzungswege auf Vorsatz und grobe Fahrlässigkeit beschränkt.[2]

3 In diesem und anderen Fällen rückt die Frage in den Vordergrund, ob solche Regelungen der jeweiligen Benutzungsordnung allein oder in Verbindung mit einer formellgesetzlichen Rechtsgrundlage neben der vertragsähnlichen Haftung, etwa aufgrund positiver Forderungsverletzung des öffentlich-rechtlichen Schuldverhältnisses,[3] auch die deliktische *Amtshaftung* wirksam *einschränken können*. Die Antwort hängt im wesentlichen von der Vereinbarkeit dieser Art der Haftungsbeschränkung mit den Anforderungen des einfachen Gesetzesvorbehalts in Art. 34 S. 1 GG ab,[4] die unter Berücksichtigung des verfassungsrechtlichen Gesamtzusammenhangs zu gewinnen sind.

4 Danach bedarf es in *materieller Hinsicht* eines hinreichend *gewichtigen sachlichen Grundes* für die Begrenzung der Verantwortung. Er ergibt sich im vorliegenden Beispielsfall aus dem Interesse der Allgemeinheit an möglichst niedrigen Betriebskosten; denn ohne die Haftungsbeschränkung müßte wohl ein besonderer Risikozuschlag erhoben werden. Die Monopolstellung der öffentlichen Hand steht einer Begrenzung ihrer

---

[1] Dazu oben § 8 Rdnrn. 12 ff.

[2] *BGHZ* 61, 7; dazu etwa *Erichsen*, VerwArch 65 (1974), 219 (220); kontrovers *Schwarze*, JuS 1974, 640 (641 ff.) und *Brehm*, JuS 1975, 90 f.; s. auch *ders.*, DÖV 1974, 415 ff.

[3] Dazu unten § 20 Rdnr. 5, § 21 Rdnrn. 12 f.

[4] Zu dieser rechtsdogmatischen Einordnung des Art. 34 S. 1 GG oben § 3 Rdnr. 10, § 8 Rdnr. 17; zu den Anforderungen im einzelnen *Erichsen*, VerwArch 65 (1974), 219 (221 ff.); *Reiter*, BayVBl 1990, 711 (712); s. auch oben § 8 Rdnrn. 17 ff.

Einstandspflicht nicht prinzipiell entgegen, verlangt aber zum Schutze der Benutzer eine sorgfältige Prüfung des *Übermaßverbots*. Von seiner Beachtung ist hier auszugehen, da die Haftungsfreizeichnung auf fahrlässiges Verhalten beschränkt wurde und den Benutzern dadurch keine unzumutbaren wirtschaftlichen Lasten aufgebürdet worden sind. Anders würde die Beurteilung beispielsweise bei einer entsprechenden Haftungsbeschränkung für die Lieferung verunreinigten Wassers im Rahmen der kommunalen Wasserversorgung ausfallen, weil die damit verbundene Gefahr ernsthafter Gesundheitsschädigungen für die Betroffenen unzumutbar ist.[5]

5 In *formeller Hinsicht* kann eine Benutzungsordnung, z. B. in Form einer gemeindlichen Satzung, den Amtshaftungsanspruch nach § 839 BGB i. V. mit Art. 34 S. 1 GG schon aufgrund der durch den Vorrang des Gesetzes begründeten und abgesicherten Normenhierarchie[6] nur auf der Grundlage einer *formellgesetzlichen Ermächtigung* wirksam einschränken. Die an sie zu richtenden Bestimmtheitsanforderungen hängen von Art und Umfang der Haftungsbegrenzung und der Intensität des Eingriffs ab. Letztere wird maßgeblich durch den Rang der betroffenen Rechtsgüter und die unter dem Aspekt der Freiwilligkeit oder Unfreiwilligkeit betrachtete Qualität der Rechtsbeziehungen zur staatlichen Gewalt geprägt. Allgemeine gesetzliche Ermächtigungen der Gemeinden zur Regelung der Benutzung ihrer Einrichtungen genügen insoweit jedenfalls bei Bestehen eines Benutzungszwangs nicht.[7]

## II. Das Verweisungsprivileg

6 Die wichtigste, zugleich aber auch umstrittenste anspruchshindernde (mittelbare) Haftungsbegrenzung enthält § 839 I 2 BGB. Aus verfassungsrechtlicher wie gemeinschaftsrechtlicher Sicht bildet das dort verankerte Verweisungsprivileg eine zentrale Schwachstelle des geltenden Amtshaftungsrechts.[8]

### 1. Inhalt

7 Fällt dem Beamten Fahrlässigkeit zur Last, kann er gem. § 839 I 2 BGB nur in Anspruch genommen werden, wenn der Verletzte nicht auf andere Weise Ersatz zu erlangen vermag. Wegen der darin zum Ausdruck kom-

---

[5] Näher dazu unten § 21 Rdnrn. 11 f.

[6] Zu den daneben herangezogenen Erwägungen, die einen Vorbehalt des Gesetzes begründen, *Seibert*, DÖV 1986, 957 (958 ff.).

[7] Vgl. *BGHZ* 61, 7 (14 ff.); anders *VGH München*, BayVBl 1985, 407 (408 f.); insgesamt abl. *Papier*, in: HdbStR VI, § 157 Rdnr. 45; wie hier differenzierend *Reiter*, BayVBl 1990, 711 (712); s. auch unten § 21 Rdnr. 13.

[8] Krit. das ganz überwiegende Schrifttum, etwa *Ossenbühl*, S. 79; *Papier*, in: *Maunz/Dürig*, GG, Art. 34 Rdnrn. 252 f.; s. auch schon *Bettermann*, DÖV 1954, 299 (304).

menden Nachrangigkeit der Verantwortlichkeit wird das Verweisungsprivileg auch Subsidiaritätsklausel genannt. Die nachfolgend gebrauchte Bezeichnung „Verweisungsprivileg" erklärt sich daraus, daß die in § 839 I 2 BGB vorgesehene Möglichkeit, den Geschädigten auf die Inanspruchnahme anderer Haftungsgegner zu verweisen, den Schädiger privilegiert, da er hierdurch von seiner Haftung befreit wird. Das ist nicht als Wegfall, sondern als *Nichtentstehen einer Einstandspflicht* zu begreifen.[9] Denn die Unmöglichkeit, anderweitig Ersatz zu erlangen, bildet einen Teil des Tatbestands, aus dem der Amtshaftungsanspruch hergeleitet wird. Dementsprechend hat der Kläger das Vorliegen dieser zur Klagebegründung gehörenden negativen Voraussetzung des Amtshaftungsanspruchs darzulegen und im Streitfall zu beweisen. Die Amtshaftungsklage ist unschlüssig, solange eine anderweitige Ersatzmöglichkeit ernsthaft in Betracht kommt.[10]

## 2. Funktion

Das Verweisungsprivileg ist *ursprünglich* der Eigenhaftung des Beamten im statusrechtlichen Sinn nach § 839 BGB zugeordnet gewesen, was Wortlaut, Entstehungsgeschichte[11] und systematische Stellung dieser Vorschrift sowie der ihr anfänglich zugedachte Schutzzweck unterstreichen. Sie sollte als Ausgleich für die Nichteinführung einer primären, unmittelbaren Staatshaftung den Beamten bei seinem Handeln vor einer generellen persönlichen Haftung schützen, durch diese Absicherung zugleich seine Entschlußfreude und Tatkraft und damit mittelbar die Funktionsfähigkeit und Effizienz der Verwaltung fördern.[12] *Die später* im hoheitlichen Funktionsbereich in Art. 131 I WRV, Art. 34 S. 1 GG vorgesehene Haftungsüberleitung auf die staatliche Gewalt hat zwar nicht die Fortgeltung des Verweisungsprivilegs grundsätzlich in Frage gestellt, weil diese Verfassungsnormen insoweit keine derogative Wirkung entfalten;[13] durch die Auswechslung des potentiellen Haftungsgegners hat sich aber das Subjekt der Begünstigung und damit die Funktion der Subsidiaritätsklausel verändert. Da nunmehr der Staat anstelle des Amtswalters haftet, läuft der ursprüngliche Schutzzweck leer;[14] § 839 I 2 BGB ist vom Beamtenprivileg zum Fiskusprivileg mutiert. 8

[9] S. nur *BGHZ* 28, 297 (301); 37, 375 (377 ff.) m. w. Nachw.; unten Rdnr. 35.

[10] St. Rspr., vgl. neben den Nachw. unter Fußn. 9 etwa *BGHZ* 113, 164 (167); 120, 124 (125); 121, 65 (71); s. zur prozessualen Situation auch *Ossenbühl*, S. 79 und oben § 9 Rdnr. 1.

[11] Die Subsidiaritätsklausel lehnt sich an II 10 § 91 ALR an, vgl. *RGZ* 171, 173 (179); zum Wortlaut dieser Bestimmung oben § 2 Rdnr. 4 m. Fußn. 5.

[12] *RG*, JW 1938, 2667; *BGHZ* 13, 88 (100).

[13] Vgl. *BGHZ* 18, 366 (371 f.); 113, 164 (166 f.); 120, 124 (125 f.); zur Fortgeltung des Verweisungsprivilegs noch unten Rdnrn. 9 ff.

[14] Grundlegend *BGHZ* 13, 88 (104).

## 3. Geltungsbereich

### *a) Prinzipielle Fortgeltung des Verweisungsprivilegs*

9 Die Anwendung des Verweisungsprivilegs auf die Eigenhaftung des Beamten nach § 839 BGB für fahrlässige Amtspflichtverletzungen bei privatrechtlichem Handeln ist unbestritten. Erfolgt ein solches Fehlverhalten im hoheitlichen Funktionskreis, ist zu differenzieren: Bleibt es ausnahmsweise aufgrund einfachgesetzlichen Ausschlusses der in Art. 34 S. 1 GG vorgesehenen Haftungsüberleitung bei einer Eigenhaftung des Amtswalters, bestehen gegen die Anwendung des Verweisungsprivilegs keine Bedenken, sofern er ein Beamter im statusrechtlichen Sinne ist. Denn der § 839 I 2 BGB zugedachte Schutzzweck kommt in diesem Fall weiterhin zum Tragen.[15] Anders verhält es sich beim Regelfall einer Haftungsübernahme durch die staatliche Gewalt. Hier hat die Rechtsprechung zwar schon früh den angesprochenen Funktionsverlust konstatiert;[16] der *BGH* sah sich aber aufgrund der *bindenden Kraft des Gesetzes*, die gemäß dem in Art. 20 III GG verankerten Gebot eines Vorrangs des Gesetzes in den durch Art. 123 I GG aufgezeigten Grenzen auch vorkonstitutionellen Vorschriften zukommt, außerstande, das Verweisungsprivileg durch Nichtanwendung faktisch außer Kraft zu setzen.[17]

10 Da die Judikative sich zu einer solchen Radikallösung nicht durchringen konnte, zog sie zunächst verschiedene Möglichkeiten in Betracht, um dem § 839 I 2 BGB bei hoheitlichem Handeln einen zeitgemäßen, *veränderten Schutzzweck* abzugewinnen. Die Überlegung, die Subsidiaritätsklausel als Entlastungsnorm zugunsten des Staates umzudeuten, mittels derer die durch die Haftungsüberleitung nach Art. 34 S. 1 GG bewirkte Erweiterung der *Haftung der öffentlichen Hand begrenzt* werden könne,[18] erwies sich aber schon im Hinblick auf das Gewaltenteilungsprinzip (Art. 20 II 2 Halbs. 2 GG) als fragwürdig und ist – jedenfalls in dieser Allgemeinheit – wohl nicht mit den rechtsstaatlichen Gewährleistungen des Art. 34 S. 1 GG zu vereinbaren.[19] Ein daneben erwogenes Verständnis, das dem § 839 I 2 BGB bei Anwendung im hoheitlichen Funktionsbereich wegen der potentiellen Regreßpflicht des Handelnden eine mittelbare *Beamtenschutzfunktion* unterstellen will,[20] ist ebenfalls

---

[15] Vgl. etwa *Schoch*, Jura 1988, 648.

[16] *BGHZ* 13, 88 (103 f.); auch *BGHZ* 42, 176 (181): „antiquiert", im Anschluß an *Scheuner*, DÖV 1955, 545 (548).

[17] *BGHZ* 13, 88 (103 f.); noch deutlicher *BGHZ* 42, 176 (181); s. auch schon vorher *RGZ* 161, 199 (203); 171, 173 (180); zustimmend *Schoch*, Jura 1988, 648; *Ossenbühl*, S. 517; a. A. *Bettermann*, DÖV 1954, 299 (304).

[18] Vgl. *BGHZ* 13, 88 (104).

[19] Zum rechtsstaatlichen Bedeutungsgehalt des Art. 34 S. 1 GG oben § 3 Rdnrn. 6 ff.

[20] *BGHZ* 13, 88 (103 ff.); *Schroer*, JZ 1955, 308 (311 f.); dazu auch *Futter*, S. 44 ff.; *Lässig*, JuS 1978, 679 (680 f.); auf das allgemeine staatsrechtliche Subsidiaritätsprinzip abstellend *Küchenhoff*, BayVBl 1977, 622 ff.

zum Scheitern verurteilt. Denn insoweit gewährleistet bereits die Begrenzung eines Rückgriffs durch Art. 34 S. 2 GG auf vorsätzliche und grob fahrlässige Schädigungen einen ausreichenden Schutz des Handelnden, wohingegen § 839 I 2 BGB keine derartige Wirkung entfaltet, vielmehr ausschließlich dem Staat zugute kommt.

Das Verweisungsprivileg beansprucht daher *auch im hoheitlichen Funktionsbereich* trotz des konstatierten Funktionsverlustes *prinzipiell Geltung*. Zur Vermeidung unbilliger, zumal gemeinschaftsrechtswidriger oder verfassungswidriger Konsequenzen, hat sich die Rechtsprechung für eine abgestufte Eindämmung entschieden. Sie orientiert sich an der Art des Verstoßes gegen höherrangiges Recht, der durch die Anwendung des § 839 I 2 BGB in bestimmten Konstellationen droht. Das hat zur Herausbildung von unterschiedlichen Bereichen geführt, in denen die Judikative entsprechend ihrer verfassungsdeterminierten Funktion eine Rechtsverletzung durch *restriktive Handhabung* des § 839 I 2 BGB vermeidet; die teleologische Reduktion setzt dabei teilweise bereits beim Anwendungsbereich an, teilweise erst bei den Tatbestandsmerkmalen dieser Bestimmung.[21] 11

### *b) Unanwendbarkeit bei mitgliedstaatlichem Vollzug von Gemeinschaftsrecht*

Bei einem *Verstoß gegen Gemeinschaftsrecht* im Rahmen mitgliedstaatlicher Vollzugstätigkeit greift der *gemeinschaftsrechtliche Staatshaftungsanspruch* ein. Das Verweisungsprivileg des § 839 I 2 BGB findet auf ihn keine Anwendung. Denn dieser im Gemeinschaftsrecht wurzelnde Anspruch kennt keine derartige Haftungsbegrenzung, geht vielmehr von einer durch wertende Elemente qualifizierten, verschuldensunabhängigen Verursachungshaftung der Mitgliedstaaten aus. Zudem begründet er keine mittelbare, übergeleitete Haftung, sondern eine unmittelbare, primäre Verantwortlichkeit der Mitgliedstaaten. Anknüpfungspunkt sind die Rechtspflichten des Staates im Außenverhältnis, nicht dagegen irgendwelche Amtspflichten des Amtswalters im Innenverhältnis.[22] Der Schutzzweck des Verweisungsprivilegs läuft somit von vornherein ins Leere. Außerdem widerspricht die darin zum Ausdruck kommende Nachrangigkeit der mitgliedstaatlichen Einstandspflicht der Funktion dieses Anspruchs, eine wirksame Durchsetzung des Gemeinschaftsrechts zu gewährleisten.[23] 12

---

[21] Den Ausgangspunkt bildete *BGHZ* 68, 217 (219 ff.); dazu und zur weiteren Entwicklung *Nüßgens*, S. 456 (460 ff.); vgl. auch unten Rdnrn. 16 ff., 26 ff.

[22] S. auch oben § 6 Rdnr. 65.

[23] Vgl. *Detterbeck*, VerwArch 85 (1994), 159 (189 f.); *Ossenbühl*, S. 518; anders *Maurer*, in: Festschr. f. Boujong, 1996, S. 590 (605 f.); auch *Herdegen/Rensmann*, ZHR 161 (1997), 522 (551, 553).

13 Läßt man daneben den *Amtshaftungsanspruch* nach deutschem Recht zur Anwendung gelangen, erscheint fraglich, ob das Verweisungsprivileg insoweit unberührt bestehen bleibt.[24] Das würde die Gefahr bergen, daß die gemeinschaftsrechtlichen Mindestvoraussetzungen für eine Staatshaftung bei einem *Verstoß gegen Gemeinschaftsrecht* durch Ausweichen auf den nationalen (Amts)Haftungsanspruch unterlaufen werden. Dem steht das Postulat des *EuGH* entgegen, wonach sich die Voraussetzungen für die Begründung der Haftung des Staates für Schäden, die dem einzelnen wegen Verstoßes gegen das Gemeinschaftsrecht entstehen, nicht ohne besonderen Grund von den Voraussetzungen unterscheiden dürfen, die für die Haftung der Gemeinschaft unter vergleichbaren Umständen gelten.[25] Somit erscheint eine gemeinschaftsrechtskonforme Modifikation des Amtshaftungsanspruchs im Hinblick auf die Subsidiaritätsklausel naheliegend.[26]

14 Kommt es dagegen bei mitgliedstaatlichem Vollzug von Gemeinschaftsrecht zu einem *Verstoß gegen nationales Recht*, ist an sich an eine Anwendung der Subsidiaritätsklausel zu denken. Denn dieses Tätigwerden und eine daraus resultierende Verantwortlichkeit bemißt sich grds. nach nationalem Recht. Allerdings gilt dies nur unter dem Vorbehalt seiner Vereinbarkeit mit verbindlichem Gemeinschaftsrecht.[27] Mit dem dort entwickelten Effizienzgebot ist § 839 I 2 BGB bei Haftungsüberleitung auf den Staat nicht zu vereinbaren. Anderenfalls müßte sich der Geschädigte auch insoweit auf anderweitige Ersatzmöglichkeiten verweisen lassen. Diese richten sich nach der Funktion der Subsidiaritätsklausel ausschließlich gegen Private.[28] Der Anspruchssteller stünde wegen des damit verbundenen Liquiditätsrisikos schlechter als bei einem Amtshaftungsanspruch gegen den Staat.[29] Das ist jedenfalls bei Bestehen von Rechten, die der einzelne aus Gemeinschaftsrecht herleitet, unzulässig, weil ihre Durchsetzung auf diese Weise erschwert wird.[30] Darüber hinaus führt das durch das Verweisungsprivileg implizierte Erfordernis einer Vorausklage zu einer zusätzlichen Beschwer, die ebenfalls dem gemeinschaftsrechtlichen Erschwerungsverbot widerspricht.[31]

15 Eine geltungserhaltende gemeinschaftsrechtskonforme Auslegung des § 839 I 2 BGB erscheint angesichts seines eindeutigen Wortlauts kaum möglich. Als Ausweg bleibt nur seine *Nichtanwendung*, sofern bei

---

[24] Dafür *Ossenbühl*, S. 518; s. auch oben § 6 Rdnrn. 50, 56, § 8 Rdnr. 27.

[25] Slg. 1996, 1029 (1147) – *Brasserie du Pêcheur.*

[26] Dazu im einzelnen unten Rdnr. 15; anders *Kemper*, NJW 1993, 3293 (3296 f.).

[27] Einzelheiten oben § 8 Rdnrn. 28 f.

[28] Näher dazu unten Rdnr. 30.

[29] Anders wohl *Maurer*, in: Festschr. f. Boujong, 1996, S. 590 (605 f.); *Herdegen/Rensmann*, ZHR 161 (1997), 522 (551, 553).

[30] Vgl. *EuGH* Slg. 1996, 1029 (1147) – *Brasserie du Pêcheur.*

[31] Das erwägt auch *Ossenbühl*, S. 518.

(i. d. R. mittelbarem) mitgliedstaatlichen Vollzug von Gemeinschaftsrecht gegen nationales Recht verstoßen wird. Zum gleichen Ergebnis gelangt man im Falle einer Verletzung von Gemeinschaftsrecht bei mitgliedstaatlicher Vollzugstätigkeit, wenn man auch § 839 BGB i. V. mit Art. 34 S. 1 GG als Haftungsgrundlage heranzieht (dazu oben Rdnr. 13). Diese muß dann freilich aus genannten Gründen gemeinschaftsrechtskonform interpretiert werden, was letztlich auf ein „Zurechtstutzen" hinausläuft, dem das Verweisungsprivileg zum Opfer fällt.[32]

*c) Unanwendbarkeit aufgrund verfassungskonformer Auslegung*

**16** Das Verweisungsprivileg muß zudem den verfassungsrechtlichen Vorgaben genügen, die sich insb. aus Art. 3 I GG und dem Rechtsstaatsprinzip ergeben. Vor diesem Hintergrund hat die Rechtsprechung eine Anwendung des § 839 I 2 BGB in zwei Bereichen[33] abgelehnt:

**17** Zum einen bei der *Teilnahme am allgemeinen Straßenverkehr*, etwa der routinemäßigen Streifenfahrt eines Polizisten ohne Blaulicht oder Martinshorn, sofern dabei keine Sonderrechte, z. B. nach § 35 I, I a, V, V a StVO, in Anspruch genommen werden. Das wurde vor allem damit begründet, daß sich für den allgemeinen Straßenverkehr ein eigenständiges Haftungssystem entwickelt habe, das durch die Gleichheit der Rechte und Pflichten der Verkehrsteilnehmer geprägt sei; hier gebe es keine Rechtfertigung für die haftungsrechtliche Benachteiligung anderer Mitschädiger, die bei Geltung des Verweisungsprivilegs den auf den Beamten bzw. den Staat entfallenden Haftungsanteil mittragen müßten.[34]

**18** Zum anderen bei der *Verletzung öffentlich-rechtlicher (Straßen-) Verkehrssicherungspflichten*, sofern diese inhaltsgleich mit allgemeinen, jedermann treffenden privatrechtlichen Verkehrssicherungspflichten sind.[35] Nachdem insoweit zunächst noch zusätzlich ein Zusammenhang mit dem allgemeinen Straßenverkehr gefordert wurde,[36] rücken neuere Entscheidungen die Deckungsgleichheit der Pflichten im öffentlichen und im privaten Recht in den Vordergrund.[37] Folgerichtig wurde das Verweisungsprivileg auf das polizeiliche Unterlassen, eine fehlerhafte Ampelanlage

---

[32] Vgl. *Streinz*, Jura 1995, 6 (13); *Hidien*, S. 67 m. w. Nachw.; dazu auch *Ossenbühl*, S. 517; a. A. *Maurer*, in: Festschr. f. Boujong, 1996, S. 590 (605 f.); auch *Herdegen/Rensmann*, ZHR 161 (1997), 522 (551, 553); *Hermes*, Die Verwaltung 31 (1998), 371 (399); oben § 6 Rdnrn. 50, 56.

[33] Dieses schrittweise Vorgehen des *BGH* rechtfertigt *Nüßgens*, in: Festschr. f. Gelzer, 1991, S. 293 (296).

[34] *BGHZ* 68, 217 (219 ff.); 123, 102 (104); s. auch *BGHZ* 118, 368 (370 f.); zur Inanspruchnahme von Sonderrechten in diesem Zusammenhang, die zu einer fortdauernden Anwendbarkeit des § 839 I 2 BGB führt, *BGHZ* 85, 225 (228); 113, 164 (167 f.).

[35] Vgl. *BGHZ* 75, 134 (136 ff.); 118, 368 (371 f.); 123, 102 (104 f.).

[36] So insb. noch *BGHZ* 75, 134 (136 ff.).

[37] Vgl. jetzt *BGHZ* 118, 368 (371 ff.); 123, 102 (105).

der zuständigen Behörde zu melden, weiterhin angewendet, weil dieses Verhalten zur Gefahrenabwehr als originär hoheitlicher polizeilicher Aufgabe gehört und somit keine Entsprechung in den allgemeingültigen Verhaltensregeln und Sorgfaltspflichten findet.[38] Diese Entwicklung ist zu begrüßen, stellt sie doch auf das aus verfassungsrechtlicher Sicht allein maßgebliche Kriterium einer *Vergleichbarkeit der Sachverhalte* ab, wohingegen das Erfordernis eines straßenverkehrsrechtlichen Zusammenhangs als ein wohl nur aus seiner historischen Entwicklung zu erklärendes, überflüssiges Relikt verblaßt.

19 Das lenkt den Blick auf die dogmatische Rechtfertigung und die sachlichen Grenzen dieser geltungsreduzierenden richterlichen Rechtsfortbildung. Sie ergeben sich aus dem *Gebot haftungsrechtlicher Gleichbehandlung*, das aus dem allgemeinen Gleichheitssatz des Art. 3 I GG abgeleitet wird.[39] Es drängt aufgrund des Vorrangs der Verfassung (Art. 20 III Halbs. 1 GG) die durch förmliches Bundesgesetz begründete Subsidiaritätsklausel zurück.[40] Dies geschieht indes nicht durch Annahme einer generellen Nichtigkeit des § 839 I 2 BGB; vielmehr wird die hierfür vorausgesetzte Kollision mit diesem Verfassungsgebot durch eine restriktive verfassungskonforme Normanwendung verhindert.[41] Der *BGH* verstößt dabei aufgrund des vorkonstitutionellen Charakters der Vorschrift nicht gegen die Vorlagepflicht gem. Art. 100 I GG, die die richterliche Rechtsbefolgungspflicht prozessual absichert. Zu einer abweichenden Beurteilung gelangt man freilich dann, wenn man davon ausgeht, daß Art. 34 S. 1 GG aufgrund des darin enthaltenen Ausgestaltungsvorbehalts („verantwortlich") den § 839 BGB in nachkonstitutionelles Recht „transformiert" hat.[42] In diesem Fall wäre das bisher praktizierte Vorgehen ausgeschlossen, § 839 I 2 BGB müßte auf den Prüfstand des *BVerfG*.

20 Dann könnte wohl auch die noch nicht abschließend geklärte Frage beantwortet werden, ob über die bislang entschiedenen Fallgruppen hinaus eine *Nichtanwendung des § 839 I 2 BGB* aufgrund Art. 3 I GG *generell* geboten ist, wenn die amtspflichtkonturierenden Rechtspflichten des Staates deckungsgleich mit den Rechtspflichten Privater sind.[43] Diese weitere Geltungsreduktion legt die umfassende Bindung staatlichen Handelns an den Gleichheitssatz nahe. Sie betrifft insbesondere allgemeine deliktische Eingriffe. Das, was jedermann durch § 823 I BGB verboten ist,

---

[38] *BGHZ* 91, 48 (53).

[39] Vgl. *BGHZ* 118, 368 (372); noch deutlicher *BGHZ* 123, 102 (105); krit. *Papier*, in: MünchKomm-BGB, § 839 Rdnr. 311.

[40] Dagegen spricht *Ossenbühl*, S. 81, von der „Abwägung zwischen zwei Haftungssystemen".

[41] Zu weiteren Begründungsmodellen, etwa aus Art. 34 S. 1 GG, *Stangl*, S. 112 f., der freilich die rechtsstaatlichen Gewährleistungsdimensionen dieser Vorschrift nicht erfaßt, die den gleichheitssatzrechtlichen Ansatz untermauern und ergänzen.

[42] Zweifelnd *Lässig*, JuS 1978, 679 (683).

[43] Ablehnend *BGHZ* 91, 48 (51).

ist auch Amtsträgern bei hoheitlichem Handeln untersagt; das Gleichbehandlungsgebot steht insoweit einer Haftungsprivilegierung aufgrund der Subsidiaritätsklausel entgegen.[44]

Qualifiziert man Art. 34 S. 1 GG als *institutionelle Garantie* einer Staatsunrechtshaftung, die Beschränkungen der Verantwortlichkeit der öffentlichen Hand nur aus überwiegenden sachlichen Gründen in engen Grenzen zuläßt,[45] ist der nächste Schritt vorgezeichnet: § 839 I 2 BGB müßte bei Haftungsüberleitung auf den Staat im Falle einer Kongruenz staatlicher und privater Rechtspflichten generell als verfassungswidrig angesehen werden. Denn unter diesen Umständen ist kein Rechtfertigungsgrund für diese Haftungsbegrenzung zu erkennen.[46] Das Verweisungsprivileg dürfte daher insoweit entgegen der Handhabung durch die Rechtsprechung allgemein nicht mehr zur Anwendung kommen.[47] 21

**4. Voraussetzungen**

Die Subsidiaritätsklausel des § 839 I 2 BGB ist an drei Erfordernisse geknüpft, die kumulativ vorliegen müssen.[48] 22

*a) Fahrlässigkeit*

Das Verweisungsprivileg kommt nur zum Tragen, wenn der Amtswalter fahrlässig gehandelt hat. Bezugspunkt dieses Schuldvorwurfs ist die Amtspflichtverletzung, nicht dagegen der eingetretene Schaden. Das Tatbestandsmerkmal „Fahrlässigkeit" i. S. des § 839 I 2 BGB beurteilt sich aus genannten Gründen (oben § 9 Rdnrn. 171 f., 175) nach § 276 I 2 BGB; es umfaßt leichte und grobe Fahrlässigkeit. Bei Vorsatz entfällt das Verweisungsprivileg. 23

*b) Bestehen einer anderweitigen Ersatzmöglichkeit*

§ 839 I 2 BGB verlangt zunächst das Bestehen einer anderweitigen Ersatzmöglichkeit. Die hierfür in Betracht kommenden Rechtsansprüche folgen einem richterrechtlich geformten Regel-Ausnahme-System. 24

*aa) Gesetzliche Tatbestandsmerkmale.* Zu „anderweitigen Ersatzmöglichkeiten" zählen grundsätzlich sämtliche Leistungsverpflichtungen, aufgrund derer Dritte dem Verletzten unmittelbar für den Schadensfall und die daraus herrührenden Folgen einzustehen haben.[49] Die Ersatz- 25

---

[44] Vgl. auch *Kreft*, in: BGB-RGRK, § 839 Rdnr. 490 m. w. Nachw.

[45] Dazu oben § 3 Rdnrn. 7, 10 und § 8 Rdnrn. 17 ff.

[46] So *Papier*, in: *Maunz/Dürig*, GG, Art. 34 Rdnr. 252; ablehnend zum vor allem vom älteren Schrifttum herangezogenen Argument „cessante ratione legis lex ipsa cessat" *Ossenbühl*, S. 87 f. m. w. Nachw.

[47] Zur Möglichkeit einer Inzidentverwerfung durch Nichtanwendung und diesbezüglichen Bedenken oben Rdnr. 19.

[48] Zur Darlegungs- und Beweislast oben Rdnr. 7 m. w. Nachw.

[49] Vgl. *Vinke*, in: *Soergel*, BGB, Bd. 5/2, § 839 Rdnr. 203, ebda., auch zur (verneinten)

pflicht kann von ihnen vertraglich übernommen, durch Gesetz begründet worden oder durch Mitverursachung des Schadens eingetreten sein.[50] Zu nennen ist etwa ein Schadensersatzanspruch des Bauherrn gegen den Architekten (§ 635 BGB), der bei der Planung des Bauvorhabens schuldhaft gegen Festsetzungen des Bebauungsplans verstoßen hat; diese anderweitige Ersatzmöglichkeit kann eine Amtshaftung der Bauaufsichtsbehörde wegen rechtswidriger Baugenehmigung ausschließen.[51]

26 *bb) Verfassungskonforme Einschränkung.* Diesen weiten Rahmen hat die Rechtsprechung durch verschiedene Ausnahmen eingeschränkt, die sich am (Schutz)Zweck der Ersatzmöglichkeit ausrichten.[52] Ihr übergreifendes Ziel ist es, verfassungsrechtlich fragwürdige Applikationen der Subsidiaritätsklausel durch restriktive, verfassungskonforme Interpretation der einzelnen Tatbestandsmerkmale zu vermeiden. Die Judikatur hat sich dabei von unterschiedlichen *Kriterien* leiten lassen, die auf die Folgen eines Eingreifens der Subsidiaritätsklausel abstellen und sich teils ergänzen, teils überschneiden.

27 Maßgeblich ist demnach, ob
- die Anerkennung eines Anspruchs als anderweitige Ersatzmöglichkeit den Geschädigten praktisch *rechtlos* stellt;
- die öffentliche Hand durch die anderweitige Ersatzmöglichkeit *tatsächlich entlastet* wird, wenn Staat und daneben in Anspruch genommene juristische Personen des öffentlichen Rechts als wirtschaftliche Einheit angesehen werden (können);
- die Berücksichtigung des Ersatzanspruchs den sonst haftenden Hoheitsträger *in unbilliger, zweckwidriger Weise entlastet*, weil der Geschädigte sich den Anspruch unter Aufwendung eigener Mittel verdient hat bzw. er das Äquivalent eines Opfers ist;
- das *Schadensrisiko* in sonstiger unzulässiger Weise *verlagert* wird.

28 Dieser breitgefächerte Kriterienkatalog hat zu unterschiedlichen Einschränkungen geführt, bei denen das Vorliegen einer anderweitigen Ersatzmöglichkeit i. S. des § 839 I 2 BGB abgelehnt worden ist.[53] Zu nennen sind:

29 (1) Ansprüche, die lediglich auf einer *anderen rechtlichen Grundlage* beruhen, aber gegen die gleiche Person gerichtet sind, etwa ein Ersatzan-

---

Frage, ob die Ausübung anderweitiger Gestaltungsrechte als anderweitige Ersatzmöglichkeit in diesem Sinne anzuerkennen ist.

[50] S. *BGHZ* 31, 148 (150); 62, 380 (385); *Papier*, in: MünchKomm-BGB, § 839 Rdnr. 300.

[51] Vgl. *BGH*, NVwZ 1993, 602 f.

[52] S. etwa *BGHZ* 91, 48 (54).

[53] Vgl. etwa den Überblick bei *Ossenbühl*, Neuere Entwicklungen im Staatshaftungsrecht, 1984, S. 7 ff.; *Schoch*, Jura 1988, 648; *Lörler*, JuS 1990, 544 (545 ff.); *Stangl*, S. 36 ff., 104.

spruch, der nicht auf § 839 BGB i. V. mit Art. 34 S. 1 GG, sondern auf das Institut des enteignungsgleichen Eingriffs gestützt wird. Hier wird lediglich der Rechtsgrund der Haftung „ausgetauscht", ohne die Verantwortlichkeit insgesamt in Frage zu stellen.[54]

(2) Ansprüche gegen *andere Hoheitsträger*, z. B. ein Amtshaftungsanspruch gegen einen anderen Dienstherrn wegen einer von mehreren Beamten gemeinsam begangenen Amtspflichtverletzung.[55] Hier stellt sich die Frage einer Verweisung nach § 839 I 2 BGB ohnehin nur dann, wenn mehrere Hoheitsträger nebeneinander für den Schaden verantwortlich sind, was i. d. R. gesonderte Amtspflichtverletzungen voraussetzt, die aus demselben Tatsachenkreis entspringen. Dazu kann es auch bei einem mitwirkungsbedürftigen Verwaltungsakt kommen, etwa bei rechtswidriger Ablehnung einer Baugenehmigung, die auf eigene Erwägungen der Bauaufsichtsbehörde und auf das Fehlen des erforderlichen gemeindlichen Einverständnisses gestützt wird. In diesem Fall ist nach Auffassung des *BGH* keine Verweisung möglich, es kommt vielmehr zu einer gesamtschuldnerischen Haftung (§ 840 BGB).[56] Allerdings erscheint es bereits fraglich, ob beide Amtspflichtverletzungen kausal für den Schaden waren.[57] Dessen ungeachtet verdienen die Gründe, die hinter dieser Einschränkung des Verweisungsprivilegs stehen, Anerkennung. Denn insoweit fehlt es einerseits im Endeffekt an einer Entlastung der öffentlichen Hand, andererseits besteht die Gefahr, daß der Geschädigte letztlich leer ausgeht, wenn die in die Pflicht genommenen Hoheitsträger im Rahmen der Subsidiaritätsklausel wechselseitig auf die Verantwortlichkeit des anderen verweisen.[58] Darin liegt letztlich auch die Rechtfertigung für den Ausschluß des Verweisungsprivilegs nach § 839 I 2 BGB im Verhältnis zwischen der Amtshaftung des Staates und der konkurrierenden Notarhaftung nach § 19 I BNotO.[59] 30

(3) *Lohnfortzahlungsansprüche*, *Ansprüche aus* privater oder öffentlich-rechtlicher *Versicherung* (z. B. Lebensversicherungs- oder Sozialver- 31

---

[54] *BGHZ* 13, 88 (104 f.); s. auch *BGHZ* 49, 267 (275 f.); ebenso in bezug auf § 7 StVG *BGHZ* 50, 271 (273); zur diesbezüglichen Konkurrenzproblematik unten § 11 Rdnrn. 35; anders noch *BGHZ* 4, 10 (45 f.); ebenso in bezug auf den öffentlich-rechtlichen Folgenbeseitigungsanspruch *Lerche*, RiA 1954, 9 (10); diese nach der Entscheidung des Großen Senats des *BGH* (E 13, 88) nicht mehr haltbare Auffassung taucht gleichwohl ohne nähere Begründung immer noch im neueren Schrifttum auf, etwa bei *Papier*, in: MünchKomm-BGB, § 839 Rdnr. 328 m. Fußn. 1039.

[55] Vgl. *BGHZ* 13, 88 (102) m. w. Nachw. zur Rspr. des *RG*.

[56] *BGHZ* 134, 316 (322 ff.); zur Problematik des fehlenden gemeindlichen Einvernehmens unter amtshaftungsrechtlichen Gesichtspunkten *Wurm*, in: Festschr. f. Boujong, 1996, S. 687 (690 ff.).

[57] Ablehnend *Ossenbühl*, S. 115 f. m. w. Nachw.; s. auch oben § 9 Rdnr. 166.

[58] Grundlegend *BGHZ* 13, 88 (105).

[59] Vgl. zuletzt *BGHZ* 121, 1 (7), wo u. a. auf *BGH*, DNotZ 1984, 511 (513), verwiesen wird; die dortige Begründung vermag indes nicht zu überzeugen.

sicherungsansprüche) sowie *Versorgungsleistungen* nach dem Bundesversorgungsgesetz sind ebenfalls keine anderweitige Ersatzmöglichkeit i. S. der Amtshaftung, weil sie den Staat im Widerspruch zum Zweck der Versicherungsleistung und zu rechtsstaatlichen Gerechtigkeitserwägungen entlasten. Denn diese Ansprüche hat sich der Geschädigte unter Aufwendung eigener Mittel selbst verdient; eine Entlastung des Staates als Haftungsgegner unter Berufung auf die Einstandspflicht eines Versicherungsträgers wäre unbillig, zumal der Geschädigte bei einer dadurch ausgelösten Erhöhung der Versicherungsprämie zusätzlich benachteiligt werden würde.[60] Anders verhält es sich bei Ansprüchen aufgrund der Kfz-Haftpflichtversicherung, weil sie vom Schädiger durch Prämienzahlung erkauft worden und ihrem Wesen nach dazu bestimmt sind, den verursachten Schaden im Verhältnis zum Geschädigten endgültig aufzufangen;[61] sie werden daher als anderweitige Ersatzmöglichkeit anerkannt.

*c) Durchsetzbarkeit der anderweitigen Ersatzmöglichkeit*

32 Wortlaut („Ersatz zu erlangen vermag") und Schutzzweck des § 839 I 2 BGB lassen erkennen, daß es für das Merkmal der Durchsetzbarkeit der anderen Ersatzmöglichkeit nicht auf die Ersatzleistung und -effektivität, sondern auf die Ersatzmöglichkeit ankommt. Hiefür genügt, daß der Verletzte anderweitigen Ersatz erlangen kann oder hätte erlangen können. Das setzt voraus, daß ein Ersatzanspruch besteht oder zumindest bestanden hat und der Geschädigte die Möglichkeit besitzt oder jedenfalls besessen hat, ihn zu realisieren. Entscheidend ist somit das *Bestehen* des Rechtsanspruchs und die *Zumutbarkeit* der Rechtsverfolgung.[62] Hat der Anspruchssteller den zumutbaren Versuch unterlassen, anderweitig Ersatz zu erlangen, ist die Klage als zur Zeit unbegründet abzuweisen. Die Rechtskraft des Urteils steht aber einer neuen Amtshaftungsklage nicht entgegen, wenn die Nachholung des Versuchs letztlich doch nicht zum Erfolg geführt hat.[63]

33 Die Durchsetzbarkeit kann aus *tatsächlichen oder rechtlichen Gründen* scheitern, z. B. wegen Nichtermittelbarkeit oder Vermögenslosigkeit des Schädigers.[64] Bei ehemals vorhandenen, aber versäumten Ersatzmöglich-

---

[60] Vgl. schon *RGZ* 155, 186 (191 f.); 171, 198 (200) – Lebensversicherung; s. auch *BGHZ* 31, 148 (159); 79, 26 (31 ff.) – gesetzliche Krankenversicherung; *BGHZ* 79, 35 (36 f.) – private Krankenversicherung; *BGHZ* 85, 230 (232 ff.) – Kaskoversicherung; *BGHZ* 62, 380 (387) – Lohnfortzahlung; *BGHZ* 62, 394 (398) – Leistungen nach dem BVG; aus dem Schrifttum etwa *Marschall v. Bieberstein*, in: Festschr. f. Reimer Schmidt, 1976, S. 771; *Lässig*, JuS 1978, 679 (681); *Nüßgens*, in: Festschr. f. Geiger, 1989, S. 456 (467 ff.); *Lörler*, JuS 1990, 544 (546 f.).

[61] *BGHZ* 91, 48 (54).

[62] Vgl. *Papier*, in: MünchKomm-BGB, § 839 Rdnr. 314.

[63] *BGHZ* 37, 375 (377 ff.); gelingt der anderweitige Befriedigungsversuch, ist die Entstehung des Amtshaftungsanspruchs durch § 839 I 2 BGB ausgeschlossen.

[64] *BGHZ* 2, 209 (218); *BGH*, NJW 1979, 1600 (1601).

keiten ist darauf abzustellen, ob dies schuldhaft geschah. Das wird etwa abgelehnt, wenn der Verletzte es bei der – selbst sachlich unrichtigen – Abweisung seiner Klage gegen den Dritten durch das erstinstanzliche Gericht hat bewenden lassen und dagegen kein Rechtsmittel einlegt, sofern nicht ein klarer Verstoß gegen eindeutige Vorschriften ersichtlich war.[65]

Das daneben heranzuziehende Kriterium der *Zumutbarkeit* stellt auf 34 die Anstrengungen ab, die dem Verletzten im Einzelfall zur Anspruchsrealisierung zuzumuten sind. Die Zumutbarkeit fehlt etwa bei Ersatzansprüchen, die sich gegen Ehegatten oder Kinder richten, wenn der Geschädigte mit diesen über die ehe- oder familienrechtliche Beziehung hinaus wirtschaftlich verbunden ist;[66] gleiches gilt für Ersatzmöglichkeiten, die sich nicht in absehbarer, angemessener Zeit realisieren lassen, weil etwa die Sach- und Rechtslage unklar ist[67] oder die Rechtsverfolgung eine mit unsicheren Erfolgsaussichten behaftete Zwangsvollstreckung im Ausland erfordert.[68] In letztgenannten Fällen verschwimmen die Grenzen zwischen subjektiver Zumutbarkeit und objektiver Durchsetzbarkeit, ohne daß der Haftungserfolg dadurch berührt würde. Keine zumutbare Ersatzmöglichkeit sind schließlich unmittelbar beim *EuGH* geltend gemachte Ansprüche gegen die EG, da es der vorherigen Klärung durch die innerstaatlichen Gerichte bedarf.[69]

## 5. Rechtsfolgen

Besteht eine anderweitige, durchsetzbare, zumutbare Ersatzmöglich- 35 keit, entsteht gem. § 839 I 2 BGB i. V. mit Art. 34 S. 1 GG kein Amtshaftungsanspruch gegen die staatliche Gewalt. Die Eigenhaftung des Beamten gem. § 839 BGB lebt dadurch nicht wieder auf, weil die Subsidiaritätsklausel nicht die Haftungsüberleitung, sondern den Haftungstatbestand einschränkt; er kann nur im Rahmen eines nach Art. 34 S. 2 GG zugelassenen Regresses von seinem Dienstherrn in Anspruch genommen werden. Auch zu einer (Ver)Teilung der Einstandspflicht zwischen den Haftungsgegnern im Wege eines gesamtschuldnerischen Ausgleichs nach §§ 840, 426 I BGB kommt es nicht, weil infolge des durch § 839 I 2 BGB bewirkten Ausschlusses einer Amts- und Eigenhaftung das hierfür erforderliche Gesamtschuldverhältnis weder entsteht noch fingiert werden kann.[70]

---

[65] *BGH*, NVwZ 1993, 1228 (1229).

[66] *BGHZ* 61, 101 (109 ff.); *BGH*, NJW 1979, 1600 (1601).

[67] *BGH*, NJW 1971, 2220 (2222); NJW 1982, 1328 (1329); dagegen genügen bloße rechtliche Zweifel nicht, vgl. *BGHZ* 16, 111 (117).

[68] *BGH*, NJW 1976, 2074; *BGHZ* 120, 124 (126 ff.).

[69] Vgl. *Papier*, in: MünchKomm-BGB, § 839 Rdnr. 315 m. w. Nachw.

[70] Vgl. nur *BGHZ* 28, 297 (301); 37, 375 (380); 61, 351 (358); 91, 48 (51); *Lörler*, JuS 1990, 544 (548); oben Rdnr. 7; a. A. *Waldeyer*, NJW 1972, 1249 (1252); *Schwendy*, AcP 179 (1979), 367 (385 ff.).

## III. Das Richterspruchprivileg

36 Die durch Art. 34 S. 1 GG bewirkte Ausdehnung des Amtswalterbegriffs ist nicht auf bestimmte Teile der staatlichen Gewalt beschränkt, sondern erstreckt sich unterschiedslos auf den gesamten hoheitlichen Funktionsbereich. Daher unterliegt grds. auch die rechtsprechende Tätigkeit des Richters dem Amtshaftungsregime. Allerdings errichtet § 839 II BGB zugunsten dieses Personenkreises eine zusätzliche Haftungsbeschränkung.

### 1. Inhalt

37 Nach § 839 II 1 BGB haftet der Richter nicht für den Ersatz von Schäden, die er durch Amtspflichtverletzung bei dem Urteil in einer Rechtssache verursacht hat, es sei denn, die Pflichtverletzung besteht in einer Straftat. Dieser Haftungsausschluß kann prinzipiell auf jede Form von Ausübung richterlicher Gewalt Anwendung finden. Von vornherein ausgeklammert bleiben lediglich die in § 839 II 2 BGB genannten Amtspflichtverletzungen, also die pflichtwidrige Verweigerung oder Verzögerung der Amtsausübung, da diese nicht Gegenstand eines Urteils sein können und zudem die richterliche Unabhängigkeit insoweit geschützt werden muß.[71]

### 2. Funktion

38 Nach dem ursprünglichen Normzweck sollte der Spruchrichter durch diese Haftungsprivilegierung entlastet werden.[72] Die verbreitet anzutreffende Bezeichnung als (Spruch)Richterprivileg ist angesichts dieser Rechtsfolge naheliegend, aber im Hinblick auf die veränderte Funktion und Schutzrichtung des § 839 II 1 BGB mißverständlich. Denn das bei seinem Erlaß noch anklingende Ziel, die *richterliche Unabhängigkeit zu sichern,* ist inzwischen – abgesehen von § 839 II 2 BGB (oben Rdnr. 37) – in den Hintergrund getreten, wirkt allenfalls als reflexhafte Begünstigung, für die im Vergleich zu anderen Amtswaltern sachliche Differenzierungsgründe fehlen.

39 Die heute maßgebliche Funktion des § 839 II 1 BGB ist der *Schutz der Rechtskraft* gerichtlicher Entscheidungen vor erneuter, auf die Amtspflichtwidrigkeit der richterlichen Handlung gestützter gerichtlicher Überprüfung. Die Vorschrift bezweckt nicht den persönlichen Schutz des Richters, sondern die Sicherung der rechtsstaatlichen Institutionen

---

[71] Dazu unten Rdnr. 45.

[72] Vgl. etwa *RGZ* 90, 229 (230); s. aus dem Schrifttum *Leipold*, JZ 1967, 737 (739); neuerdings auch *Coeppicus*, NJW 1996, 1947 (1948 f.); zum verfassungsrechtlichen Hintergrund dieses Schutzzwecks zurückhaltend *Merten*, in: Festschr. f. Wengler, S. 519 (522).

Rechtsfriede und Rechtssicherheit. Sie begründet kein Spruchrichterprivileg, sondern ein Richterspruchprivileg.[73] Das beeinflußt den Anwendungsbereich und die Tatbestandsmerkmale dieser Haftungsbegrenzung.

### 3. Geltungsbereich

Das Richterspruchprivileg zielt auf hoheitliches Handeln. Es kommt daher im Rahmen der *Haftungsüberleitung* gem. Art. 34 S. 1 GG dem *Staat* zugute, ohne daß die Geltung des § 839 II BGB dadurch infrage gestellt wird. Denn sein Schutzzweck ist nicht (mehr) personen-, sondern sachbezogen. Außerdem steht die in Art. 34 S. 1 GG verankerte institutionelle Garantie der Staatshaftung[74] der Zulässigkeit einer so verstandenen Anspruchsbegrenzung nicht entgegen, da diese ebenfalls rechtsstaatlichen Zielen dient. 40

Einzugehen ist noch auf die umstrittene Frage, ob § 839 II BGB anwendbar ist, wenn nationale Gerichte bei ihrer Tätigkeit *gegen Gemeinschaftsrecht verstoßen*. Hier kommt der gemeinschaftsrechtliche Staatshaftungsanspruch zum Zuge. Die für ihn geltenden Mindestanforderungen lassen entgegen dem ersten Anschein auch mit Blick auf das Effizienzgebot und das Diskriminierungsverbots grds. die Berücksichtigung der Haftungsbegrenzung nach § 839 II BGB zu, weil die weitgehende Haftungsfreistellung für judikatives Unrecht auch im Gemeinschaftsrecht ein allgemeiner Grundsatz ist.[75] Außerdem läßt das Richterspruchprivileg aufgrund seines rechtsstaatlichen Schutzzwecks den Primärrechtsschutz unangetastet, stabilisiert nur die auf dieser Ebene getroffene Entscheidung.[76] 41

### 4. Voraussetzungen

#### a) Geschützte Tätigkeit

Das § 839 II BGB unterliegende Verhalten wird durch die Worte „*Urteil in der Rechtssache*" umrissen, die den Mittelpunkt des Tatbestandes dieser Vorschrift bilden. Für das Verständnis dieser Merkmale ist nicht die äußere Form und formale Bezeichnung, sondern das Wesen der richterlichen Entscheidung und der Zweck des § 839 II BGB maßgebend. 42

---

[73] Vgl. *BGHZ* 50, 14 (19f.); 64, 347 (349); *Merten*, in: Festschr. f. Wengler, S. 519 (524ff.); krit. *Smid*, Jura 1990, 225 (227f.).

[74] Dazu oben § 3 Rdnrn. 7, 10.

[75] Einzelheiten oben § 6 Rdnrn. 66ff., ebda. auch zur speziellen Problematik, ob § 839 II BGB anzuwenden ist, wenn ein Gericht seiner Vorlagepflicht nach Art. 234 III (Art. 177 III) EGV nicht nachkommt und dadurch einen Schaden verursacht; dazu auch *Ossenbühl*, S. 514, jeweils m. w. Nachw.

[76] Vgl. *Ossenbühl*, S. 514.

Ausschlaggebend ist demnach, daß die gerichtliche Entscheidung das Prozeßrechtsverhältnis für die Instanz ganz oder teilweise mit rechtskraftfähiger Wirkung beendet.[77] Somit fallen neben Urteilen im prozeßtechnischen Sinn auch andere „urteilsvertretende Erkenntnisse", z. B. Beschlüsse gem. § 91 a ZPO,[78] unter dieses Merkmal, sofern sie diese Wirkung entfalten können.[79]

*b) Geschützter Personenkreis*

43 Zu den Personen, die durch § 839 II BGB geschützt werden sollen, zählen *Berufsrichter* und *ehrenamtliche Richter* der verschiedenen Gerichtsbarkeiten, sofern sie an rechtskraftfähigen gerichtlichen Entscheidungen mitwirken.

*c) Kausalität*

44 Zwischen zwischen der Unrichtigkeit des Urteils und dem Schaden ist ein Kausalzusammenhang erforderlich, der sich grds. anhand der im Rahmen des § 839 I 1 BGB (i. V. mit Art. 34 S. 1 GG) entwickelten Kriterien beurteilt (oben § 9 Rdnrn. 166 ff.). Eine gewisse Tatbestandserweiterung ergibt sich aufgrund der in § 839 II 1 BGB enthaltenen Formulierung „bei dem Urteil". Erfaßt werden Amtspflichtverletzungen *durch das* oder *bei dem Urteil,* d. h. durch die Entscheidung selbst oder durch das vorgelagerte Verfahren.[80] Letzteres steht aber im Hinblick auf den Schutzzweck des § 839 II BGB unter dem Vorbehalt, daß sich diese Amtspflichtverletzung auf die Sachentscheidung auswirken kann, weil nur dann ihre Rechtskraft gefährdet sein kann.[81]

## 5. Rechtsfolgen

45 Sind die Voraussetzungen des § 839 II 1 BGB erfüllt, besteht ein Amtshaftungsanspruch nur, wenn die Pflichtverletzung in einer Straftat besteht, insbesondere bei Richterbestechlichkeit und Rechtsbeugung (vgl. § 839 II 2 BGB).

---

[77] Vgl. *Schoch,* Jura 1988, 648 (649) m. w. Nachw. unter Fußn. 163.

[78] *BGHZ* 10, 55 (60); 46, 106; 51, 326 (327 ff.); 64, 347 (349).

[79] Vgl. *Merten,* in: Festschr. f. Wengler, S. 519 (528 ff.); enger *Leipold,* JZ 1967, 737 (740 f.); zur speziellen Frage, ob die Anordnung der Betreuung durch den Vormundschaftsrichter unter § 839 II 1 BGB fällt, *Coeppicus,* NJW 1996, 1947 (1948 f.).

[80] Vgl. *BGHZ* 50, 14 (17).

[81] So etwa *Merten,* in: Festschr. f. Wengler, S. 519 (535 ff.); *Schoch,* Jura 1988, 648 (649).

## IV. Vorwerfbare Rechtsmittelversäumung

### 1. Inhalt

Die Ersatzpflicht tritt gem. § 839 III BGB nicht ein, „wenn der Verletzte vorsätzlich oder fahrlässig unterlassen hat, den Schaden durch Gebrauch eines Rechtsmittels abzuwenden“. Das begründet eine *Obliegenheit* des Geschädigten, die bei Zuwiderhandeln die Eigenhaftung des Beamten nach § 839 BGB und – bei Haftungsüberleitung – die Amtshaftung des Staates ausschließt.[82] So ist etwa ein Amtshaftungsanspruch wegen Amtspflichtverletzung bei einer grundstücksverkehrsrechtlichen Genehmigung aufgrund § 839 III BGB zurückgewiesen worden, weil der Geschädigte es unterlassen hat, den Schaden durch einen Antrag nach § 6 III GrdstVG abzuwenden.[83] 46

### 2. Funktion

*a) Ausprägung von Treu und Glauben*

Nach seiner ursprünglichen Konzeption stellt sich § 839 III BGB als besondere Ausprägung des Grundsatzes von Treu und Glauben dar. Danach soll nur demjenigen Schadensersatz zuerkannt werden, der sich um Schadensabwendung bemüht und damit in gehörigem und zumutbarem Maße für seine eigenen Belange eingesetzt hat.[84] Dieser Schutzzweck ist bis heute relevant, da der Grundsatz von Treu und Glauben als allgemeiner Rechtsgedanke auch im öffentlichen Recht Geltung beansprucht, zudem enge Verbindungslinien zum Verfassungsprinzip der Rechtsstaatlichkeit, insbesondere zum darin enthaltenen Element der Gerechtigkeit, aufweist.[85] 47

*b) Schutz des handelnden Beamten*

Anders verhält es sich bei der vor allem früher mitklingenden Forderung, wonach durch die Haftungsbegrenzung des § 839 III BGB zugleich der leistungsschwache Beamte entlastet werden soll.[86] Parallelen zum Verweisungsprivileg des § 839 I 2 BGB, dem eine solche Funktion ursprünglich ebenfalls zugedacht gewesen ist, sind unverkennbar. Aus dort ge- 48

---

[82] Zur Begründung dieses Geltungsbereichs unten Rdnr. 53.

[83] *BGHZ* 123, 1 (7 f.); zur Qualifizierung dieses Antrags als Rechtsmittel i. S. des § 839 III BGB unten Rdnr. 63.

[84] Vgl. etwa *BGHZ* 56, 57 (63).

[85] S. zu diesen bislang nicht abschließend geklärten Verbindungslinien *J. Schmidt*, in: *Staudinger*, BGB, Zweites Buch, 13. Aufl. 1995, § 242 Rdnrn. 129, 180; *Sobota*, Das Prinzip Rechtsstaat, 1997, S. 158.

[86] Vgl. etwa *BGHZ* 56, 57 (63); *Bettermann*, DÖV 1954, 299 (304).

nannten Gründen ist diese Zielsetzung auch bei § 839 III BGB im Falle einer Haftungsübernahme des Staates unhaltbar.[87]

*c) Absicherung des Vorrangs des Primärrechtsschutzes*

49 An die Stelle dieser überholten Schutzfunktion ist eine veränderte Deutung des § 839 III BGB getreten, die an rechtsstaatlichen Grundsätzen ausgerichtet ist und neben die Qualifizierung dieser Bestimmung als Ausprägung von Treu und Glauben tritt. Danach *positiviert* und konturiert die Regelung den *ungeschriebenen Rechtsgrundsatz*, wonach Primärrechtsschutz, d.h., die Verhinderung eines (weiteren) Schadens und die Wiederherstellung des gesetzeskonformen Zustandes durch Beseitigung des Eingriffs Vorrang gegenüber einem Sekundärrechtsschutz hat, der den rechtswidrigen Zustand (zwangsläufig) hinnimmt und die Rechtsverletzung durch Schadensersatz- oder Entschädigungsansprüche kompensiert.[88]

50 Die Notwendigkeit dieser schon in Art. 19 IV und Art. 34 S. 1 GG angelegten, abgestuften Rechtsverteidigung[89] durchzieht als allgemeiner Rechtsgedanke die gesamte Staatsunrechtshaftung und wird beispielsweise bei Ansprüchen aus enteignungsgleichem Eingriff im Mitverschulden angesiedelt, für das § 254 BGB entsprechend gilt.[90] Dem Geschädigten steht somit *kein Wahlrecht* zu, wonach er von einer Anfechtung der rechtswidrigen belastenden Maßnahme folgenlos absehen und sich auf einen Schadensersatzanspruch wegen Amtspflichtverletzung beschränken kann.[91] Dieses Ergebnis läßt sich in Anlehnung an ältere Redewendungen auf die Formel bringen, daß ein „dulde und liquidiere“ ausgeschlossen ist.[92]

51 Allerdings bleibt zu klären, ob auch die *Beseitigung der Eingriffsfolgen* zum insoweit relevanten Primärrechtsschutz gehört. Dieses häufig nicht mit der notwendigen Klarheit gesehene Problem ergibt sich daraus, daß der hier einschlägige öffentlich-rechtliche Folgenbeseitigungsanspruch einerseits der Wiederherstellung des rechtmäßigen Zustandes gerade in den Fällen dient, in denen die Beseitigung der Beeinträchtigung selbst hierfür nicht ausreicht, andererseits aber restitutorische, ggfs. auch kompensatorische Züge aufweist. Die Antwort hängt davon ab, ob die Folgenbeseitigungsklage als Rechtsmittel i. S. des § 839 III BGB anzusehen ist.[93]

[87] Dazu oben Rdnr. 8; s. auch in bezug auf § 839 III BGB *Papier*, in: MünchKomm-BGB, § 839 Rdnr. 326 m. w. Nachw. unter Fußn. 1025.

[88] Grundlegend *BGHZ* 113, 17 (22); auch oben § 1 Rdnr. 1, § 3 Rdnr. 6, § 8 Rdnr. 9; allgemeiner zuletzt auch *BGHZ* 138, 247 (251).

[89] Einzelheiten oben § 3 Rdnr. 6, § 8 Rdnrn. 9 f.

[90] S. nur *BGHZ* 56, 57 (64 f.) sowie unten § 17 Rdnrn. 35 ff.

[91] *BGHZ* 98, 85 (88); 113, 17 (22); 117, 287 (293); ähnlich in anderem Zusammenhang *BVerfGE* 58, 300 (324); s. auch *Morlok*, Die Verwaltung 25 (1992), 371 (374 ff.).

[92] Zum historischen Ursprung dieser Redeweise oben § 2 Rdnr. 3; zu ihrer aktuellen Geltung im Entschädigungsrecht unten § 14 Rdnr. 3, § 16 Rdnrn. 37 ff.

[93] Dazu unten Rdnrn. 58 ff.

Zudem ist der durch § 839 III BGB hervorgehobene Vorrang des Primärrechtsschutzes *nicht* mit seiner *Ausschließlichkeit* gleichzusetzen. Das zeigt die Aufnahme des Verschuldenserfordernisses in den Tatbestand des § 839 III BGB. Daher kann vom Vorranggrundsatz abgewichen werden, wenn die Rechtsmitteleinlegung unzumutbar oder ihr Unterlassen nicht vorwerfbar ist.[94] Das wird durch einen Blick auf den gerichtlichen Kontrollumfang untermauert. Erfolgt die Amtspflichtverletzung durch Verwaltungsakt, etwa durch einen rechtswidrigen Bauvorbescheid, ist der streitbefaßte Zivilrichter bei der Beurteilung des Amtshaftungsmerkmals „Amtspflichtverletzung", das ein Rechtswidrigkeitsurteil impliziert, nach Ansicht des *BGH* nicht durch den Eintritt der Bestandskraft des Verwaltungsakts gebunden.[95] Andernfalls hätte das Versäumen von Primärrechtsschutz in diesen Fällen, unabhängig von seiner Vorwerfbarkeit, stets anspruchsverkürzende Wirkung. § 839 III BGB würde insoweit gegenstandslos werden.[96] 52

### 3. Geltungsbereich

#### a) *Privater und hoheitlicher Tätigkeitsbereich*

§ 839 III BGB ist nicht nur bei privatem, sondern auch bei hoheitlichem Handeln anwendbar. Er *begrenzt* insoweit die *Haftung des Staates.* Diese „Begünstigung" ist angesichts des veränderten Schutzzwecks dieser Vorschrift[97] prinzipiell mit den Gewährleistungen des Grundgesetzes vereinbar, da sie in dem bereits angesprochenen Zusammenwirken von Art. 19 IV und Art. 34 S. 1 GG ihre Rechtfertigung findet.[98] Das gilt allerdings nur dann, wenn der Kreis der dem Primärrechtsschutz zuzuordnenden Rechtsmittel so gezogen wird, daß der Schadensersatzanspruch aus Amtshaftung durch den Vorranggrundsatz nicht weitgehend ausgeschlossen oder übermäßig erschwert wird.[99] 53

#### b) *Mitgliedstaatlicher Vollzug von Gemeinschaftsrecht*

Bei Sachverhalten mit Gemeinschaftsrechtsbezug ist der Geltungsanspruch des § 839 III BGB differenziert zu beurteilen. Liegt ein *Verstoß gegen Gemeinschaftsrecht* vor, greift der gemeinschaftsrechtliche Staatshaftungsanspruch ein. Der Vorranggrundsatz des § 839 III BGB ist insoweit ergänzend heranzuziehen, wobei nicht hinreichend geklärt ist, ob das Europarecht dies lediglich zuläßt oder selbst verlangt.[100] Im letztgenannten 54

---

[94] *BGHZ* 113, 17 (24); s. auch unten Rdnrn. 68 ff.
[95] Näher dazu unten § 11 Rdnrn. 27 ff.
[96] *BGHZ* 113, 17 (22); *Menzel*, DRiZ 1990, 375 (376).
[97] Dazu oben Rdnrn. 47 ff.
[98] Vgl. oben Rdnr. 50 m. w. Nachw. in Fußn. 89.
[99] Einzelheiten unten Rdnrn. 57 ff.
[100] Näher dazu *Hidien*, S. 59 f. m. w. Nachw.

Fall würde § 839 III BGB dieses gemeinschaftsrechtliche Postulat nur wiederholen und ausfüllen. Die Formulierung des *EuGH*, daß der Geschädigte nach einem allgemeinen, den Rechtsordnungen der Mitgliedstaaten gemeinsamen Grundsatz sich in angemessener Form um die Begrenzung des Schadensumfangs bemühen, insbesondere rechtzeitig von allen ihm zur Verfügung stehenden Rechtsschutzmöglichkeiten Gebrauch machen muß, wenn er nicht Gefahr laufen will, den Schaden selbst tragen zu müssen,[101] läßt beide Interpretationen zu, deutet aber zumindest auf eine Aufnahme dieses Merkmals in den Katalog der gemeinschaftsrechtlich gebotenen Mindestvoraussetzungen hin. Für einen daneben, jedenfalls aber bei *Verstoß gegen nationales Recht* bei mitgliedstaatlichem Vollzug von Gemeinschaftsrecht bestehenden Amtshaftungsanspruch[102] hat dies zur Konsequenz, daß § 839 III BGB als gemeinschaftsrechtskonforme nationale Regelung zu beachten ist.

### 4. Abgrenzung gegenüber § 254 BGB

55 § 839 III BGB ist nach dem bisher Gesagten (auch) als spezielle Ausprägung des Mitverschuldens einzuordnen. Daher *verdrängt* er in seinem Geltungsbereich die allgemeinere Regelung des *§ 254 BGB*. Problematisch ist weniger die prinzipielle Anerkennung als vielmehr die konkrete Reichweite dieser Ausschlußwirkung; dieser Frage kommt wesentliche Bedeutung zu, weil Struktur, Inhalt und Rechtsfolgen beider Vorschriften divergieren. Während § 254 BGB durch Berücksichtigung und Abwägung der Einzelfallumstände eine variable Anspruchsminderung und Schadensteilung zuläßt, führt bei § 839 III BGB jedes (auch nur leicht fahrlässige) Mitverschulden des Geschädigten losgelöst von der Schwere des hoheitlichen Fehlverhaltens zum vollständigen Anspruchsverlust.[103] So soll etwa eine Ersatzpflicht nach § 839 III BGB i. V. mit Art. 34 S. 1 GG entfallen, wenn der Verletzte es vorwerfbar versäumt hat, sich vom Landratsamt den Eintritt der Genehmigungsfiktion nach § 6 III GrdstVG bescheinigen zu lassen und in diesem Zusammenhang die Unwirksamkeit eines grundstücksverkehrsrechtlichen Zwischenbescheids mittels Gegenvorstellung geltend zu machen.[104]

56 Nach der wohl überwiegenden Meinung des Schrifttums verlangt die harte Alternative des „Alles-oder-Nichts" auf Rechtsfolgenseite eine *enge Auslegung der Tatbestandsmerkmale* des § 839 III BGB.[105] Demgegenüber hat die Rechtsprechung einen anderen Weg beschritten. Sie legt die

[101] *EuGH* Slg. 1992, 3061 (3136 f.) – *Mulder*; Slg. 1996, 1029 (1157) – *Brasserie du Pêcheur*.

[102] Zu den insoweit in Betracht kommenden Konstellationen oben § 8 Rdnrn. 27 ff.

[103] *BGH*, NJW 1986, 1924 f.

[104] *BGHZ* 123, 1 (7 f.) m. w. Nachw.

[105] Vgl. *Papier*, Jura 1988, 648 (649 f.); *Ossenbühl*, S. 93 f.

Merkmale des § 839 III BGB, zumal den Begriff „Rechtsmittel", entgegen dem hier vorgeschlagenen restriktiven Ansatz (unten Rdnr. 63) weit aus. Der Geltungsbereich des § 839 III BGB erfährt so eine Ausdehnung, im Gegenzug schrumpft das Anwendungsfeld des § 254 BGB.

### 5. Voraussetzungen

#### *a) Nichteinlegung von Rechtsmitteln*

Das Merkmal „*Rechtsmittel*" i. S. des § 839 III BGB soll nach Ansicht des *BGH* im Anschluß an die Rechtsprechung des *RG*[106] alle Rechtsbehelfe umfassen, die sich unmittelbar gegen die eine Amtspflichtverletzung darstellende Handlung oder Unterlassung richten und sowohl deren Beseitigung oder Berichtigung als auch die Abwendung des Schadens zum Ziel haben und herbeizuführen geeignet sind.[107] Die Anerkennung als Rechtsmittel wird somit an verschiedene Kriterien geknüpft, die teils auf die Form der Einlegung und Verbescheidung des Rechtsbehelfs, teils auf seinen Gegenstand und seine potentiellen Rechtswirkungen abstellen. 57

Was letzteres angeht, verlangt die Qualifizierung als Rechtsmittel nach vorherrschender Ansicht, daß sich der Rechtsbehelf *unmittelbar gegen* die *Amtspflichtverletzung* richtet und daß er geeignet ist, diese zu beseitigen und die Entstehung oder Weiterentwicklung eines daraus resultierenden Schadens zu verhindern.[108] Legt man diese Anforderungen zugrunde, ist die an verschiedenen Stellen angesprochene Frage, ob eine *Unterlassungs- oder Folgenbeseitigungsklage* zur Beseitigung öffentlich-rechtlicher Unrechtslasten ein Rechtsmittel i. S. des § 839 III BGB darstellt,[109] eindeutig zu verneinen.[110] Beim öffentlich-rechtlichen Unterlassungsanspruch gegen künftige Beeinträchtigungen fehlt schon das Vorliegen einer Amtspflichtverletzung; sie ist beim öffentlich-rechtlichen Folgenbeseitigungsanspruch zwar regelmäßig gegeben, er richtet sich indes nicht primär gegen den Eingriffsaktes, sondern gegen die Eingriffsfolgen. Ihre Beseitigung kann unter Umständen, etwa beim Vollzugsfolgenbeseitigungsanspruch, auch eine Beseitigung der beeinträchtigenden Maßnahme erfordern, Anknüpfungspunkt bleibt aber die Rechtswidrigkeit des fortdauernden Zustandes. Der Schaden ist somit bereits eingetreten; er kann 58

---

[106] *RGZ* 131, 12 (13 f.); 138, 114 (116); 150, 323 (328 f.); 163, 121 (125).

[107] *BGHZ* 28, 104 (106); 123, 1 (7).

[108] Vgl. neben den Nachw. oben unter Fußn. 106 f. etwa *BGH*, NJW 1990, 176 (178); *Papier*, in: MünchKomm-BGB, § 839 Rdnr. 328; *Vinke*, in: *Soergel*, BGB, Bd. 5/2, § 839 Rdnr. 232; *Ossenbühl*, S. 332 m. Fußn. 36; mißverständlich *BGHZ* 9, 129 (134).

[109] S. etwa oben Rdnr. 51; vgl. auch im Zusammenhang mit dem Grundsatz vom Vorrang des Primärrechtsschutzes oben § 8 Rdnrn. 9 f.

[110] So auch *Papier*, in: MünchKomm-BGB, § 839 Rdnr. 328; *Vinke*, in: *Soergel*, BGB, Bd. 5/2, § 839 Rdnr. 232; *Ossenbühl*, S. 332 m. Fußn. 36; vgl. noch unten § 18 Rdnrn. 3, 5; anders *Lerche*, RiA 1954, 9 (10 f.).

durch die Folgenbeseitigungsklage nur beseitigt, nicht aber verhindert werden.

59 Allerdings scheint der Wortlaut des § 839 III BGB eine *abweichende Auslegung* zuzulassen, die auch die Schadensbeseitigung als Unterfall der Schadensabwendung einschließt. Daß dieser vermeintlich naheliegende Lösungsweg ein *Irrweg* ist, wird klar, wenn man sich die Konsequenzen vor Augen führt. Der Geschädigte müßte sich stets zunächst um eine Wiederherstellung des früheren bzw. eines gleichwertigen Zustands bemühen. Das kann im Einzelfall nicht nur unzweckmäßig sein, sondern würde zudem zu einer sachlich nicht gerechtfertigten Aufblähung des so verstandenen Primärrechtsschutzes führen. Ein Amtshaftungsanspruch käme mangels Schaden nur noch bei Unmöglichkeit oder Unzumutbarkeit der Folgenbeseitigung zum Zuge,[111] würde somit weitgehend leerlaufen. Das fein austarierte Zusammenwirken von Art. 19 IV und Art. 34 S. 1 GG wäre dadurch aus den Angeln gehoben mit verfassungsrechtlich nicht hinnehmbaren Konsequenzen für den Betroffenen, weil ihm durch das regelmäßige Eingreifen des § 839 III BGB ein Schadensersatzanspruch weitgehend abgeschnitten werden würde.

60 Der Einbezug öffentlich-rechtlicher Folgenbeseitigungs- und Unterlassungsklagen widerspricht auch dem in § 3 StHG 1981 artikulierten Willen des Gesetzgebers, der hinsichtlich der Anspruchsfolgen ein grundsätzliches Wahlrecht des Verletzten zwischen Schadensersatz in Geld und Folgenbeseitigung vorgesehen hatte.[112] Als Quintessenz bleibt festzuhalten, daß sich der durch § 839 III BGB gebotene Vorrang des Primärrechtsschutzes auf Rechtsmittel beschränkt, die die *Überprüfung und Aufhebung des Eingriffsaktes* selbst, nicht aber die Beseitigung des dadurch eingetretenen rechtswidrigen Zustandes zum Gegenstand haben.

61 Ausgehend von diesen restriktiven Vorgaben versteht die Rechtsprechung den Begriff des Rechtsmittels i. S. des § 839 III BGB in einem untechnischen, weiten Sinne. Darunter fallen zunächst alle *förmlichen Rechtsbehelfe* mit Ausnahme der Verfassungsbeschwerde.[113] Beispiele hierfür sind der Widerspruch (§ 68 VwGO) und die verwaltungsgerichtliche Anfechtungsklage, etwa eines Nachbarn gegen eine rechtswidrige Baugenehmigung. Zu nennen ist auch die Versagungsgegenklage und die allgemeine Leistungsklage, sofern sie die oben formulierten Anforderungen an die Eignung zur Schadensabwendung erfüllen.[114]

---

[111] Vgl. dazu *Lerche*, RiA 1954, 9, der damals – allerdings wegen § 839 I 2 BGB – von einem Vorrang des Folgenbeseitigungsanspruchs gegenüber dem Amtshaftungsanspruch ausging, ebda., S. 11.

[112] § 6 StHG 1981, der an die Stelle von § 839 III BGB getreten war, unterfielen ebenfalls keine öffentlich-rechtlichen Folgenbeseitigungsansprüche, s. dazu *Bender*, Rdnrn. 630 ff.

[113] Vgl. *BGHZ* 30, 19 (28), wo auf den Ausnahmecharakter des § 90 II BVerfGG abgestellt worden ist.

[114] *BGHZ* 130, 332 (338) m. w. Nachw.; s. auch schon oben Rdnrn. 57 ff.; zu dieser Problematik unter dem Aspekt der Kausalität unten Rdnrn. 65 ff.

Rechtsmittel in diesem Sinne ist auch die *Untätigkeitsklage* nach §§ 42 I, 75 VwGO, für die freilich besondere Kriterien hinsichtlich der Vorwerfbarkeit der Nichteinlegung gelten.[115] § 839 III BGB unterfallen nach anfänglicher Ablehnung[116] auch Anträge auf *einstweiligen Rechtsschutz*, also auf Erlaß einer einstweiligen Verfügung (§§ 945 ff. ZPO) oder Anordnung (§ 123 VwGO), soweit sie in zulässiger Weise auf die Vorwegnahme der Hauptsache gerichtet sind, da das Unmittelbarkeitserfordernis dann nicht entgegenstehen kann. Das wurde etwa bei rechtswidriger Einweisung eines Obdachlosen hinsichtlich eines gegen die zuständige Behörde gerichteten einstweiligen Rechtsschutzantrags angenommen, der auf Freimachung der Wohnung zielte.[117] Diese Entscheidung darf freilich nicht als Anerkennung der Folgenbeseitigungsklage als Rechtsmittel gem. § 839 III BGB mißverstanden werden; vielmehr wird in diesem Sonderfall die Amtspflichtverletzung durch eine unterlassene Folgenbeseitigung begründet.[118] 62

Darüber hinaus qualifiziert die Rechtsprechung auch *formlose Rechtsbehelfe*, etwa eine Dienstaufsichtsbeschwerde oder eine Gegenvorstellung, in bezug auf § 839 III BGB als Rechtsmittel.[119] Das führt zu einer erheblichen Ausweitung dieses Tatbestandsmerkmals, der durch strengere Kausalitätsanforderungen nur begrenzt entgegengesteuert werden kann.[120] Diese Handhabung löst wegen der schwierigen Beurteilung der häufig niedrig angesiedelten Erfolgsaussichten formloser Rechtsbehelfe erhebliche Bedenken aus, die durch die einschneidenden Folgen des § 839 III BGB noch verschärft werden. Versteht man § 839 III BGB als Ausprägung des Vorrangs des Primärrechtsschutzes (oben Rdnrn. 49 ff.), sprengt die Einbeziehung formloser Rechtsbehelfe den Rahmen der Anforderungen, die an einen Übergang zum Sekundärrechtsschutz zulässigerweise gestellt werden dürfen. Die extensive Interpretation des Merkmals „Rechtsmittel" i. S. des § 839 III BGB sollte zugunsten einer engen, auf förmliche Rechtsbehelfe beschränkten Auslegung aufgegeben werden, wie sie der Gesetzgeber in § 6 StHG 1981 vorgesehen hatte. Die sonstigen Fälle könnten dann flexibel und einzelfallangemessen durch § 254 BGB aufgefangen werden.[121] 63

Weniger Probleme bereitet das Erfordernis der *Nichteinlegung*. Es ist erfüllt, wenn das Rechtsmittel infolge eines Unterlassens des Geschädigten oder einer ihm zuzurechnenden Person, etwa eines Rechtsanwalts[122] 64

---

[115] S. nur *BGHZ* 15, 305 (312 f.) sowie unten Rdnr. 70.

[116] *RG*, JW 1937, 2038; *Johlen*, NJW 1973, 2009 (2011 f.); *Kreft*, in: BGB-RGRK, § 839 Rdnr. 531.

[117] *BGHZ* 130, 332 (338 f.) m. w. Nachw.

[118] Dazu oben § 9 Rdnr. 73.

[119] *RGZ* 31, 12 (13 f.); *BGHZ* 28, 104 (106); 123, 1 (7 f.) m. w. Nachw.

[120] Dazu noch unten Rdnr. 66.

[121] Vgl. auch *Ossenbühl*, S. 95; zu § 6 StHG 1981 oben Rdnr. 60 m. Fußn. 112.

[122] So schon *RGZ* 163, 121 (124); s. auch *Papier*, in: MünchKomm-BGB, § 839 Rdnr. 331.

oder eines Streithelfers,[123] nicht bei der zuständigen Stelle rechtzeitig eingeht. Hierfür wie für die anderen Voraussetzungen des § 839 III BGB ist der Beklagte (Anspruchsgegner) *beweispflichtig*.[124]

*b) Kausalität*

65 Die Nichteinlegung des Rechtsmittels muß ursächlich für den Schadenseintritt gewesen sein. Entscheidend ist, ob die Entstehung und Weiterentwicklung des Schadens aus Amtspflichtverletzung bei rechtzeitiger Geltendmachung des Rechtsbehelfs gegen die Rechtspflichtverletzung hätte verhindert werden können. Insoweit sind neben der schon erörterten Eignung des Rechtsmittels zur Schadensabwendung *zwei Problemkreise* zu unterscheiden:

66 Sie betreffen zum einen den *Kausalitätsmaßstab*. Geht man – anders als der *BGH* – von einem engen Rechtsmittelbegriff aus (oben Rdnr. 63), kommt es angesichts der strikten Rechtsbindung der mit dem Rechtsbehelf anzurufenden Stelle allein darauf an, wie sie richtigerweise hätte entscheiden müssen. Berücksichtigt man dagegen auch formlose Rechtsbehelfe, z. B. eine Dienstaufsichtsbeschwerde, kann sich das Kausalitätsurteil bei Vorliegen einer Entscheidung nicht am hypothetischen Geschehensablauf ausrichten, sondern hängt davon ab, wie nach erneuter Prüfung tatsächlich entschieden worden ist. Das wird insbesondere mit dem in diesen Fällen bestehenden weiten Gestaltungsspielraum begründet, innerhalb dessen beispielsweise eine Behörde auf Anregung des Betroffenen den Schaden beseitigen kann, ohne daß diesem ein entsprechender Rechtsanspruch zusteht.[125]

67 Zum anderen ist fraglich, ob die Kausalität fehlt, wenn das Rechtsmittel den Schaden nicht vollständig, sondern nur teilweise abwenden kann. Hier wird man sich mit einer Eignung zur *partiellen Schadensabwendung* begnügen. Das folgt schon aus dem Wortlaut des § 839 III BGB, der ohne weitere Differenzierung von „Abwendung des Schadens" spricht.[126] Außerdem besteht jedenfalls bei der hier vertretenen engen Fassung des Rechtsmittelbegriffs keine Notwendigkeit, im Falle bloßer Eignung zu teilweiser Schadensabwendung von vornherein auf § 254 BGB auszuweichen, zumal § 839 III BGB den Amtshaftungsanspruch nur insoweit ausschließt, wie gegen die dort konstituierte Schadensabwendungspflicht verstoßen worden ist.

---

[123] *BGHZ* 123, 1 (7, 13).
[124] Vgl. etwa *RGZ* 168, 143 (172); *BGH*, NJW 1986, 1924 (1925).
[125] Vgl. dazu *BGH*, NJW 1986, 1924 (1925); *BGHZ* 123, 1 (12).
[126] So *BGH*, NJW 1986, 1924 (1925); s. daneben *Ossenbühl*, S. 93 f. m. w. Nachw. auch zur a. A.

### c) *Vorwerfbarkeit*

Die Nichteinlegung des Rechtsmittels muß gem. § 839 III BGB vorsätzlich oder fahrlässig erfolgen. Gegenstand der Vorwerfbarkeit ist nicht die pflichtwidrige Verletzung von Rechten Dritter, sondern das Zuwiderhandeln gegen eigene Interessen; sie ist daher als „*Verschulden gegen sich selbst*" zu verstehen ist.[127] Bezugspunkt der Sorgfaltspflichten, von deren Beachtung der Fahrlässigkeitsschuldvorwurf abhängt, ist die Prognose des Geschädigten, mit welchen Erfolgsaussichten der Schaden durch zumutbare Inanspruchnahme von (förmlichen) Rechtsbehelfen abgewendet werden kann. Der dabei anzulegende objektive Maßstab stellt insbesondere auf die durchschnittlichen Kenntnisse des Personenkreises ab, dem der Verletzte angehört. Er darf insoweit nach Ansicht des *BGH* „grundsätzlich auf Belehrungen und Erklärungen eines Beamten vertrauen, und es kann ihm in der Regel nicht zum Nachteil gereichen, wenn er nicht klüger ist als der Beamte".[128] Andererseits ist ihm bei fehlenden Rechtskenntnissen grundsätzlich die Einholung rechtskundigen Rates zuzumuten. Das Verschulden dabei eingeschalteter Personen, z. B. eines Rechtsanwalts, ist dem Geschädigten unter den Voraussetzungen des § 278 BGB zuzurechnen.[129] Die hierfür erforderliche Sonderverbindung ergibt sich aus der in § 839 III BGB enthaltenen Schadensminderungspflicht.[130] **68**

Ein Verschulden ist demnach nicht anzunehmen, wenn nach objektiver Sachprüfung für den Betroffenen kein begründeter Anlaß bestanden hat, den Rechtsweg zu beschreiten, weil etwa aus seiner Sicht die Fehlerhaftigkeit des Verwaltungsakts nicht erkennbar oder sein Interesse an der endgültigen Beseitigung dieses Rechtsakts endgültig entfallen war. Es müssen also *Anhaltspunkte* bestehen, die die Annahme einer *Amtspflichtverletzung* (dringlich) nahelegen.[131] Ein auf § 839 III BGB gestütztes unbedingtes Verlangen nach Ausschöpfung des Primärrechtsschutzes hätte zur Konsequenz, daß der einzelne zur vorsorglichen Wahrung seiner Belange jeden ihn belastenden Hoheitsakt gleichsam „auf Verdacht" angreifen müßte; das kann nicht von ihm verlangt werden.[132] **69**

Vor diesem Hintergrund erklären sich auch die besonderen Kriterien, die für die Ermittlung der Vorwerfbarkeit der Nichteinlegung einer verwaltungsgerichtlichen *Untätigkeitsklage* gelten. Sie muß beispielsweise bei einem Schadensersatzanspruch wegen verzögerter Entscheidung über **70**

---

[127] *BGHZ* 113, 17 (22); 130, 332 (339).

[128] *BGHZ* 130, 332 (339) m. w. Nachw.; dies darf nicht mit dem umstrittenen Entschuldigungsgrund einer Billigung des Verhaltens durch ein Kollegialgericht verwechselt werden (dazu oben § 9 Rdnrn. 184 ff.), wenngleich gewisse Gemeinsamkeiten in der Argumentation nicht von der Hand zu weisen sind.

[129] Vgl. oben Rdnr. 64 m. Fußn. 122.

[130] *BGHZ* 97, 97 (109); 113, 17 (26); 123, 1 (13 f.); 130, 332 (340).

[131] *BGHZ* 28, 104 (106) m. w. Nachw.

[132] Vgl. *BGHZ* 113, 17 (24); s. auch oben Rdnr. 59.

ein Baugesuch nicht immer erhoben werden, sobald sie zulässig ist, also im Regelfall nach Ablauf von drei Monaten nach Antragsstellung (§ 75 S. 2 VwGO);[133] denn dies würde zu einer Überlastung der Verwaltungsgerichte und aufgrund der Mühen und Kosten des Klageverfahrens zu einer unzumutbaren Belastung des Geschädigten führen. Die Nichteinlegung dieser Klage ist ihm daher insoweit nicht vorwerfbar i. S. des § 839 III BGB. Vielmehr hat er grds. die Wahl, den Schaden auf anderem geeigneten Wege, etwa durch Verhandlungen mit der Behörde, abzuwenden. Erst wenn diese Rechtsschutzmöglichkeiten erfolglos bleiben, muß er ggfs. auf die Untätigkeitsklage als letztes und stärkstes Rechtsmittel zurückgreifen, um seiner Obliegenheit zur Schadensabwendung zu genügen.[134]

### 6. Rechtsfolgen

71 Verstößt der Geschädigte gegen die Vorgaben des § 839 III BGB, entfällt sein Amtshaftungsanspruch vollständig. Eine bloße Minderung des Anspruchsumfangs ist anders als beim Mitverschulden nach § 254 BGB durch den eindeutigen Wortlaut dieser Vorschrift und die Funktion und Konstruktion der darin aufgestellten Haftungsbegrenzung ausgeschlossen (s. auch oben Rdnr. 55).

## V. Mitverschulden

### 1. Begriff und Geltungsbereich

72 Außerhalb des Geltungsbereichs des § 839 III BGB ist ein Mitverschulden des Geschädigten und seiner Hilfspersonen bei Schadensentstehung und -abwendung gem. § 254 BGB zu berücksichtigen. Die Anwendbarkeit dieser Vorschrift ergibt sich bereits aus der *deliktischen Natur* der Haftung nach § 839 BGB.[135] Sie wird durch die Haftungsüberleitung auf den Staat nach Art. 34 S. 1 GG nicht angetastet. § 254 BGB findet daher sowohl auf die Amtshaftung als auch auf die persönliche Haftung des Beamten im statusrechtlichen Sinne nach § 839 BGB Anwendung. Das läßt sich zudem damit begründen, daß die Vorschrift einen *allgemeinen Rechtsgedanken* positiviert, der im privaten wie im öffentlichen Recht Geltung beansprucht.[136]

---

[133] *BayObLG*, NVwZ-RR 1992, 534 (535 f.).
[134] *BGHZ* 15, 305 (312 f.); *BGH*, NVwZ 1992, 298 (299 f.) m. Anm. *Osterloh*, JuS 1992, 801; s. auch oben Rdnr. 46.
[135] Dazu schon oben § 8 Rdnr. 7.
[136] Vgl. *RGZ* 156, 220 (239), wo entscheidend darauf abgestellt wird, daß der Staat gem. Art. 131 WRV an Stelle des Beamten haftet und sich daher grds. in dem Umfang auf ein Mitverschulden des Anspruchsstellers berufen kann, wie dies der Beamte könnte.

Dem so umrissenen Geltungsanspruch des § 254 BGB steht ein etwaiger *Gemeinschaftsrechtsbezug* nicht entgegen. Denn es entspricht einem allgemeinen Rechtsgrundsatz der Gemeinschaftsrechtsordnung, daß der Geschädigte sich in angemessener Form um die Verhinderung des Schadenseintritts und die Begrenzung des Schadensumfangs bemühen muß, wenn er nicht Gefahr laufen will, den Schaden selbst tragen zu müssen.[137] Dieses Mitverschulden ist Bestandteil des gemeinschaftsrechtlichen Staatshaftungsanspruchs wie des nationalen Amtshaftungsanspruchs.[138] 73

## 2. Voraussetzungen und Rechtsfolgen

Tatbestandlich stellt das Mitverschulden auf den Verursachungs- und Verschuldensanteil des Geschädigten ab. Insoweit gelten die im Zivilrecht entwickelten Kriterien, die hier nicht zu vertiefen sind.[139] Hervorzuheben ist in diesem Zusammenhang lediglich die von der neueren Rechtsprechung unter Berufung auf die haftungstatbestandsbegrenzende Funktion des Vertrauensschutzes grds. geforderte vorgezogene Berücksichtigung eines untechnisch verstandenen „Mitverschuldens" im Rahmen der Drittbezogenheit der Amtspflicht, keine ungesicherten Vertrauenstatbestände zu schaffen. Das betrifft insb. die Fälle, in denen eine Genehmigung, die als „Verläßlichkeitsgrundlage" für wirtschaftliche Dispositionen dient, von einem Dritten angefochten wird.[140] Hier besteht nach Ansicht des *BGH* nur dann Raum für eine Prüfung und Annahme eines Mitverschuldens des Betroffenen und eine Schadensaufteilung nach § 254 BGB, wenn ein schutzwürdiges Vertrauen nicht von vornherein (ganz) verneint werden kann, also der Tatbestand der Amtshaftung nicht schon unter diesem Gesichtspunkt entfällt.[141] Lenkt man in diesen und anderen Fällen den Blick auf die Rechtsfolge des § 254 BGB, kann das Mitverschulden zu einer Anspruchskürzung oder zu einem Anspruchsverlust führen.[142] 74

---

[137] *EuGH* Slg. 1992, 3061 (3136 f.) – *Mulder*; Slg. 1996, 1029 (1157) – *Brasserie du Pêcheur*.

[138] Zur Anwendung des Mitverschuldens im Gemeinschaftsrecht und den dort maßgeblichen Kriterien *Hidien*, S. 60 f.; s. auch oben § 6 Rdnr. 70, wo der grundsätzlichen Verschuldensunabhängigkeit dieses Anspruchs insoweit keine Bedeutung beigemessen wird; zu den Anwendungsfällen im Rahmen der Amtshaftung *Ossenbühl*, S. 89 f. m. w. Nachw.

[139] Einzelheiten dazu mit Bezug auf die Amtshaftung bei *Kreft*, in: BGB-RGRK, § 839 Rdnrn. 315 ff.

[140] *BGHZ* 134, 268 (283 ff.); s. auch die sog. Altlastenrechtsprechung, etwa *BGHZ* 117, 83 (90); krit. *Bömer*, NVwZ 1991, 749 (752 ff.); *Ossenbühl*, JZ 1992, 1074 ff.; näher dazu oben § 9 Rdnrn. 119 ff., 133 ff., insb. 140 f.

[141] *BGHZ* 134, 268 (296 f.).

[142] Vgl. *BGHZ* 68, 142 (151); 108, 224 (230); *Thomas*, Flexible Schadenszurechnung im Staatshaftungsrecht, dargestellt am Beispiel des Mitverschuldens, Diss. Bonn 1977, S. 27 ff.; *Henke*, JuS 1988, 753 (755 f.); *ders.*, JuS 1991, 265 ff.

## VI. Verjährung

### 1. Rechtliche Grundlage und Geltungsbereich

75 Die Verjährung eines deliktischen Anspruchs gegen den Beamten im statusrechtlichen Sinne nach § 839 BGB oder eines Amtshaftungsanspruchs gegen den Staat nach § 839 BGB i. V. mit Art. 34 S. 1 GG beurteilt sich aufgrund von *§ 852 I BGB*. Danach verjähren diese Ansprüche in drei Jahren von dem Zeitpunkt an, in dem der Verletzte von dem Schaden und der Person des Ersatzpflichtigen Kenntnis erlangt, ohne Rücksicht auf diese Kenntnis in dreißig Jahren von der Begehung der Handlung, d. h. vom Setzen der Schadensursache an, mag auch der Schadensersatzanspruch selbst noch gar nicht entstanden sein.[143]

76 Nicht eindeutig geklärt ist die *Anwendbarkeit* des § 852 I BGB *bei* Sachverhalten mit *Gemeinschaftsrechtsbezug*. Kommt es beim mitgliedstaatlichen Vollzug zu einer Verletzung von Gemeinschaftsrecht, wird vorliegend für den gemeinschaftsrechtlichen Staatshaftungsanspruch wegen seiner Ableitung (auch) aus Art. 288 II (Art. 215 II) EGV ein Rückgriff auf die Fünfjahresfrist des Art. 43 EuGH-Satzung befürwortet,[144] während andere an der Dreijahresfrist des § 852 I BGB festhalten.[145] Sie kommt jedenfalls in den Fällen zur Anwendung, in denen Gemeinschaftsrecht zu beachten ist, da weder das Effizienzgebot noch das Diskriminierungsverbot eine gemeinschaftsrechtskonforme Fristverlängerung oder -verkürzung verlangen.[146] Der Anwendungsbereich des § 852 I BGB beschränkt sich insoweit auf Verstöße gegen nationales Recht beim mitgliedstaatlichen Vollzug von Gemeinschaftsrecht (s. oben § 8 Rdnrn. 28 f.).

### 2. Verjährungsbeginn

77 Über den Wortlaut des § 852 I BGB hinaus beginnt die Verjährung erst bei *positiver Kenntnis* aller anspruchsbegründenden Tatbestandsvoraussetzungen. Dazu gehört bei fahrlässiger Amtspflichtverletzung auch das Fehlen einer anderweitigen, zumutbaren und durchsetzbaren Ersatzmöglichkeit i. S. des § 839 I 2 BGB.[147] Bei öffentlichen Körperschaften beginnt die Verjährungsfrist nur zu laufen, wenn der zuständige Bedienstete der verfügungsberechtigten Behörde Kenntnis von dem Schaden und der Person des Ersatzpflichtigen erlangt.[148] Wendet man § 852 I BGB auf den ge-

---

[143] *BGHZ* 98, 77 (82); 117, 287 (292).
[144] Vgl. oben § 6 Rdnr. 79 m. w. Nachw.
[145] So etwa *Hidien*, S. 71 f.
[146] Vgl. *Hidien*, S. 72 m. w. Nachw.
[147] *BGHZ* 121, 65 (71).
[148] *BGHZ* 134, 343 (346 ff.) m. w. Nachw.

meinschaftsrechtlichen Staatshaftungsanspruch wegen fehlerhafter Umsetzung von EG-Richtlinien an, erscheint es aus Gründen der Effektivität und Rechtssicherheit konsequent, daß die Frist erst nach ordnungsgemäßer Umsetzung der Richtlinie zu laufen beginnen.[149]

### 3. Verjährungsunterbrechung

Probleme bereitete zunächst die Frage, *welche Klagen gem. § 209 I BGB* eine *Verjährung* des Amtshaftungsanspruchs *unterbrechen*. Die Schwierigkeiten resultieren daraus, daß eine Amtspflichtverletzung als Anknüpfungspunkt des Sekundärrechtsschutzes eine Rechts(pflicht)verletzung voraussetzt, gegen die grds. zugleich ein Primärrechtsschutz eröffnet ist. Da beide Rechtsschutzformen verschiedenen Gerichtsbarkeiten unterliegen, bestand die Gefahr, daß Klage zu den ordentlichen Gerichten und zu den Verwaltungsgerichten erhoben wurde, um den Eintritt der Verjährung zu verhindern. Dies hätte zu einer unerwünschten Spaltung von Rechtsweg, Streitgegenstand und richterlicher Prüfungskompetenz geführt, die vom angerufenen Verwaltungsgericht nicht gem. § 173 VwGO i. V. mit § 17 II 1 GVG hätte überwunden werden können.[150] 78

Zur Verhinderung solcher Parallelprozesse und zur weiteren, § 839 III BGB ergänzenden Absicherung des Vorrangs des Primärrechtsschutzes hat der *BGH* den in § 13 II 2 StHG 1981 artikulierten Rechtsgedanken nutzbar gemacht. Danach ist insoweit der Erhebung einer Schadensersatzklage i. S. des § 209 I BGB der Gebrauch eines Rechtsmittels gegen die Rechtspflichtverletzung gleichzuachten. Besteht die Amtspflichtverletzung im Erlaß oder Vollzug eines rechtswidrigen belastenden Verwaltungsakts, unterbricht die dagegen erhobene Anfechtungsklage (§ 42 I VwGO), (Fortsetzungs)Feststellungsklage (§ 113 I 4 VwGO) oder Verpflichtungsklage (§ 42 I VwGO) entsprechend § 209 I BGB auch die Verjährung des Amtshaftungsanspruchs.[151] Gleiches gilt für die Einlegung eines Widerspruchs (§ 68 VwGO)[152] und für die klageweise Geltendmachung des sozialen Herstellungsanspruchs vor den Sozialgerichten, wenn der Amtshaftungsanspruch auf dasselbe Fehlverhalten des Sozialversicherungsträgers gestützt wird.[153] 79

Dagegen ist eine *entsprechende Anwendung des § 209 I BGB* bei einem rechtswidrigen begünstigenden Verwaltungsakt, etwa einem positiven 80

---

[149] So *Hidien*, S. 71 f., unter Bezugnahme auf *EuGH* Slg. 1991, 4269 (4299) – *Emmott*.

[150] Zur Begründung unten § 11 Rdnr. 17.

[151] Grundlegend *BGHZ* 95, 238 (242 f.); dazu *Schenke*, JuS 1986, 694 ff.

[152] Vgl. *BGHZ* 97, 97 (110 f.).

[153] So *BGHZ* 103, 242 (247 ff.), unter Berufung auf die Vergleichbarkeit der Gründe, die eine entsprechende Anwendung des § 209 I BGB rechtfertigen.

Bauvorbescheid, *ausgeschlossen*, weil der Betroffene hier nicht in einer Weise beschwert wird, eine verwaltungsgerichtliche Klagebefugnis begründet, die Inanspruchnahme von Primärrechtsschutz daher von vornherein ausscheidet.[154] Ebenso verhält es sich bei Amtspflichtverletzungen der Staatsanwaltschaft im Zusammenhang mit der Erhebung der öffentlichen Klage. Die Verjährungsfrist soll hier im Falle einer Ablehnung der Eröffnung der Hauptverhandlung regelmäßig nicht vor der Rechtskraft dieser Entscheidung beginnen.[155]

## § 11. Inhalt und Durchsetzung des Amtshaftungsanspruchs

**Literatur:** *Detterbeck*, Streitgegenstand und Entscheidungswirkungen im Öffentlichen Recht, 1995; *Jeromin*, Die Bestandskraft von Verwaltungsakten im Amtshaftungsprozeß, NVwZ 1991, 543; *Rinne*, Die Nachprüfbarkeit von Verwaltungsakten im Amtshaftungsprozeß, in: Festschr. f. Boujong, 1996, S. 633; *Thiele*, Welche Körperschaft hat für Amtspflichtverletzungen eines Beamten im haftungsrechtlichen Sinne („jemand" im Sinne des Art. 34 GG) einzustehen?, DöD 1984, 260.

### I. Anspruchsgegner

1 Neben der schon angesprochenen Erweiterung des Amtswalterbegriffs[1] verändert Art. 34 S. 1 GG auch die Ausrichtung der Haftung. Er legt fest, *daß* es im hoheitlichen Funktionskreis grundsätzlich zu einer den Handelnden befreienden Übernahme der Haftung kommt und regelt zugleich, *wen* in diesem Fall die Einstandspflicht trifft, d. h., wer im Amtshaftungsprozeß passivlegitimiert ist. Dieser sog. Anspruchsgegner wird durch die Eigenschaft als (potentielles) Haftungssubjekt und die Kriterien für die Haftungszurechnung bestimmt, eine Zweiteilung, die der Wortlaut des Art. 34 S. 1 Halbs. 2 GG widerspiegelt.[2]

#### 1. Haftungssubjekt

2 Einen ersten Anhaltspunkt für die Eingrenzung möglicher Haftungsgegner liefert der Text des Art. 34 S. 1 GG, der von „Staat oder Körperschaft" spricht. Darin kommt das entscheidende Merkmal der (Amts)Haftungssubjekte zum Ausdruck, nämlich die Stellung als Träger hoheitlicher Gewalt.[3] Die Formulierung des Art. 34 S. 1 GG erscheint

---

[154] *BGHZ* 122, 317 (324 f.).
[155] *BGHZ* 138, 247 (250 ff.).
[1] Vgl. oben § 8 Rdnr. 4, § 9 Rdnrn. 3 ff.
[2] Einzelheiten unten Rdnrn. 2, 5.
[3] S. etwa *BGHZ* 2, 350 (354 f.); 49, 108 (115 f.).

freilich zu eng gefaßt; sie ist nicht als abschließende Aufzählung zu verstehen, hebt vielmehr nur typische Hoheitsträger hervor, und bedarf angesichts des weit gefaßten, funktionsabhängigen Amtswalterbegriffs einer erweiternden Auslegung. Gegner eines Amtshaftungsanspruchs kann danach *jeder Hoheitsträger* sein, also etwa auch Anstalten des öffentlichen Rechts. Dagegen scheiden natürliche Personen oder juristische Personen des Privatrechts als Haftungssubjekte aus, weil sie dem Geschädigten nicht in gleicher Weise einen leistungsfähigen Schuldner garantieren,[4] der wesentliche Grund für die Haftungsüberleitung[5] damit gefährdet wäre.

Diese Abgrenzung wirft allerdings vor allem bei *Beliehenen*, etwa dem TÜV, Fragen auf, da sie ihrer Organisation nach juristische Personen des Privatrechts sind, aber im Rahmen der Beleihung als Hoheitsträger auftreten. Gleichwohl gehören Beliehene wegen des schon erwähnten Schutzzwecks des Art. 34 S. 1 GG auch bei Wahrnehmung hoheitlicher Aufgaben nicht zu den tauglichen Haftungssubjekten; die Verantwortung trifft in diesen Fällen den beleihenden Hoheitsträger im statusrechtlichen Sinne.[6] Entscheidend für die Anerkennung als Hoheitsträger i. S. der Amtshaftung und damit als möglicher Anspruchsgegner ist daher die organisationsrechtliche Stellung der Rechtssubjekte, nicht die von ihnen ausgeübte Funktion. 3

Die beamtenrechtliche *Dienstherrnfähigkeit* des Hoheitsträgers, d. h. das nur Bund, Ländern und sonstigen juristischen Personen des öffentlichen Rechts zustehende Recht, Beamte zu haben (§ 121 BRRG), ist zwar die Regel, aber kein konstitutives, unerläßliches Merkmal der Passivlegitimation,[7] so daß beispielsweise auch eine Architektenkammer Gegnerin eines Amtshaftungsanspruchs sein kann.[8] Denn eine Anbindung der Passivlegitimation an die auf den engen statusrechtlichen Beamtenbegriff abstellende Dienstherrnfähigkeit würde mit dem funktionsbezogenen, weiten Beamtenbegriff im haftungsrechtlichen Sinne kollidieren, der der Amtshaftung zugrunde liegt. Außerdem könnte der Gesetzgeber durch entsprechende Festlegung der Dienstherrnfähigkeit den Kreis der Haftungsgegner zum Nachteil des Geschädigten einengen, was schwerlich mit den rechtsstaatlichen Gewährleistungen des Art. 34 S. 1 GG zu vereinbaren ist. 4

[4] S. schon *RGZ* 142, 190 (194 f.); auch *BGHZ* 49, 108 (116); a. A. *Frenz*, S. 130 ff.

[5] Näher dazu schon oben § 3 Rdnr. 5, § 8 Rdnr. 3.

[6] *BGHZ* 49, 108 (115 f.); 99, 326 (330); 53, 108 (114 ff.); 118, 304 (311); 122, 85 (87 f., 93) m. w. Nachw.; a. A. *Frenz*, S. 172 ff.

[7] Vgl. auch *Ossenbühl*, S. 113: „keine essentiale der Passivlegitimation"; a. A. *Schoch*, Jura 1988, 585 (592); *Papier*, in: MünchKomm-BGB, § 839 Rdnr. 358; nicht eindeutig *BGHZ* 77, 11 (15 f.), wo zwar im Rahmen des Zurechnungsmerkmals „anvertrauen" auf die Dienstherreneigenschaft abgestellt wird, aber die Dienstherrnfähigkeit nicht zur allgemeinen Voraussetzung für eine Anerkennung als Haftungssubjekt im Rahmen der Amtshaftung erhoben wird.

[8] Vgl. *BGH*, NVwZ 1992, 298 (299) m. w. Nachw. auch zur a. A.

## 2. Haftungszurechnung

5 Normativer Anknüpfungspunkt für die Beurteilung der Zurechnung der Haftung ist die Wendung des Art. 34 S. 1 GG „in deren Dienst er steht". Sie bildet den Aufhänger für einen Theorienstreit, dessen Wogen sich zwar inzwischen weitgehend geglättet haben, aber erneut in Bewegung geraten könnten, wenn man – wie vorliegend – bei der Amtshaftung das entscheidende Gewicht auf die Einbindung der Handlung in den öffentlich-rechtlichen Funktionskreis legt. Die Diskussion geht weniger auf die doch recht eindeutige Formulierung des Art. 34 S. 1 GG als auf die strukturellen Ungereimtheiten der Amtshaftung zurück, die durch die Aufspaltung von Innen- und Außenverhältnis hervorgerufen werden und sich auch auf die Passivlegitimation auswirken.

### *a) Inhalt der verschiedenen Zurechnungstheorien*

6 Die sog. „*Anstellungstheorie*" stellt allein auf das Innenverhältnis ab. Es haftet die Körperschaft, die den Amtswalter angestellt hat, unabhängig davon, wessen Aufgaben bei der einzelnen Amtshandlung wahrgenommen werden.[9] Demgegenüber hebt die sog. „*Funktionstheorie*" mit Blick auf das Außenverhältnis auf den Hoheitsträger ab, dem die jeweilige Aufgabe im konkreten Fall zuzuordnen ist.[10] Nach der sog. „*Anvertrauenstheorie*" kommt es auf den Hoheitsträger an, der dem Amtswalter das Amt, bei dessen Ausübung er fehlerhaft gehandelt hat, anvertraut hat. Dies ist in der Regel die juristische Person des öffentlichen Rechts, die den amtspflichtwidrig handelnden Amtswalter angestellt und ihm dadurch die Möglichkeit zur Amtsausübung eröffnet hat (sog. Anstellungskörperschaft); das gilt grds. unabhängig davon, ob die konkrete Aufgabe, bei deren Erfüllung die Amtspflichtverletzung begangen wurde, in ihren Aufgabenkreis fällt.[11] Demnach haftet etwa eine kreisfreie Stadt für städtische Bedienstete auch dann, wenn diese (staatliche) Auftragsangelegenheiten, Pflichtaufgaben zur Erfüllung nach Weisung oder Aufgaben der Kreisverwaltungsbehörde im übertragenen Wirkungskreis wahrgenommen haben, sofern die Aufgabenzuweisungsbestimmungen der Länder keine abweichende Rechtsfolge vorsehen.[12] Gleiches gilt für Land-

---

[9] Vgl. vor allem die frühe Rechtsprechung des *BGH*, etwa *BGHZ* 2, 350 (352 ff.); 6, 215 (219); 7, 75 (76).

[10] So die vielzitierte Entscheidung des *RG* (*RGZ* 158, 95 [99]), die freilich einen besonderen Fall betraf und nicht als allgemeine Hinwendung des Gerichts zur Funktionstheorie mißverstanden werden darf; dazu *Schröer*, JZ 1952, 129 (130 ff.); *Thiele*, DöD 1984, 260 ff.

[11] Zur nunmehr als maßgeblich erachteten Anvertrauenstheorie *BGHZ* 53, 217 (219); 77, 11 (15 f.); 87, 202 (204); 99, 326 (330); 113, 71 (75); *BGH*, NVwZ 1992, 298; NVwZ 1994, 823; zur Kritik an den anderen Theorien s. *BGHZ* 2, 350 (351 ff.); 6, 215 (216 ff.).

[12] Vgl. *BGHZ* 6, 215 (217 f.); 53, 217 (218 f.); Sonderregelungen enthalten z. B.

kreisbedienstete bei Erfüllung der Aufgaben des Landratsamtes als unterer staatlicher Verwaltungsbehörde.[13]

*b) Geltungsbereich der jeweiligen Zurechnungstheorie*

7 Der *BGH* gibt grds. der *Anvertrauenstheorie* den *Vorzug*. Er begründet dies u. a. mit den Schwächen, die den anderen beiden Theorien anhaften, weist jedoch zugleich darauf hin, daß ihre „anzuerkennenden Elemente“ in der Anvertrauenstheorie verschmolzen sind.[14] Das gilt insb. für die Anstellungstheorie, die regelmäßig zum gleichen Ergebnis führt.[15] Für die Ansicht des *BGH* sprechen der Wortlaut des Art. 34 S. 1 GG („anvertrauten ...“) und der rechtsstaatliche Grundsatz der Rechtssicherheit. Denn das Kriterium des Dienstverhältnisses, welches auch im Rahmen der Anvertrauenstheorie regelmäßig maßgeblich ist, erlaubt eine einfache, eindeutig feststellbare Haftungszurechnung.[16] Dagegen begegnet das daneben angeführte Argument, wonach allein die Anstellungskörperschaft hinreichende Einflußnahmemöglichkeiten bei Auswahl und Beaufsichtigung des Amtswalters besitzt,[17] gewissen Zweifeln, sofern man die Amtshaftung als verfassungsrechtlich gebotene Staatsunrechtshaftung begreift. Legt man diese Auffassung zugrunde, kommt es weniger auf die subjektiven Einwirkungsmöglichkeiten im Innenverhältnis als auf die objektive Zuordnung des Handelns zum hoheitlichen Funktionsbereich an.[18] Die Ausrichtung auf das Außenverhältnis bewirkt somit eine Annäherung an die Funktionstheorie.

8 Das dort entwickelte Kriterium des *Funktionszusammenhangs* gelangt auch nach Auffassung des *BGH* dann zur Anwendung, wenn an das Kriterium der Anstellung versagt. Dazu kommt es vor allem in zwei Fällen: Entweder der Amtswalter steht in *keinem Dienstverhältnis* zu einem Hoheitsträger, d. h., es ist kein Dienstherr vorhanden, wie dies etwa bei Beliehenen, Verwaltungshelfern und selbständigen Privatunternehmern üblich ist;[19] oder er besitzt umgekehrt *mehrere Dienstherrn*, was etwa bei Amtswaltern mit Doppelstellung (z. B. Landrat, Präsident der Oberfinanzdirektion)[20] oder bei Beamten anzunehmen ist, die zu einem anderen

---

Art. 56 II bad-württ.LKO, wo auch bei Beamten ohne Doppelstellung (dazu unten Rdnr. 8) für die Passivlegitimation auf den Funktionszusammenhang abgestellt wird.

[13] *BGHZ* 6, 215 (217f.); 11, 192 (196f.); 87, 202 (204f.); 99, 326 (330f.); 111, 272 (273f.); s. auch *Schoch*, Jura 1988, 648 (653).

[14] Vgl. die Nachw. oben unter Fußn. 11.

[15] Zu den Ausnahmen unten Rdnr. 8.

[16] *BGHZ* 2, 350 (351 f.); 7, 75 (76).

[17] *BGHZ* 2, 350 (354); 6, 215 (218).

[18] Einzelheiten oben § 9 Rdnrn. 9, 21 f., 31 ff.

[19] Vgl. *BGHZ* 49, 108 (115ff.); 118, 304 (311); 121, 161 (163); 122, 85 (93); etwas anderes würde freilich dann gelten, wenn man diese Privaten nicht als Amtswalter ansieht, sondern ihr Verhalten einem anderen Amtswalter zurechnet, der regelmäßig im Dienst eines Hoheitsträgers steht; zu dieser Problematik schon oben § 9 Rdnr. 13 m. Fußn. 30.

[20] *BGHZ* 87, 202 (204f.); 99, 326 (330ff.).

Rechtsträger abgeordnet wurden.[21] Die Passivlegitimation hängt hier davon ab, wessen Angelegenheiten der Amtswalter bei Begehung der Amtspflichtverletzung wahrgenommen hat.[22] Anders verhält es sich bei Schädigungen infolge bindender rechtswidriger *Weisung*, die einem Amtswalter erteilt werden, der einem anderen Hoheitsträger angehört. Hier begeht nicht der angewiesene, sondern der anweisende Amtswalter die Amtspflichtverletzung.[23] Es bleibt daher beim Anstellungsgrundsatz der Anvertrauenstheorie. Der Ansatzpunkt für die Ermittlung der Verantwortlichkeit verlagert sich nicht vom Innen- auf das Außenverhältnis, sondern vom Verhalten einer Person auf das einer anderen.

## II. Anspruchsinhalt

9 Die Haftungsüberleitung auf den Staat gem. Art. 34 S. 1 GG läßt den durch § 839 BGB geprägten Charakter der Amtshaftung als deliktische Schadensersatzhaftung unberührt.[24] Der Inhalt des Amtshaftungsanspruchs beurteilt sich daher grundsätzlich aufgrund §§ 249 ff. BGB, sofern seine Konstruktion und Funktion keine Modifikationen erfordern.

### 1. Art der Ersatzpflicht

10 Eine bedeutsame Abweichung von den allgemeinen zivilrechtlichen Schadensregelungen zeigt sich bei der Art des Schadensersatzes. Entgegen § 249 S. 1 BGB kann im Rahmen der Amtshaftung grundsätzlich nur *Geldersatz*, in besonders gelagerten Fällen auch Vornahme amtsunabhängiger vertretbarer Handlungen, nicht aber Naturalrestitution durch hoheitliches Handeln, z. B. die Aufhebung eines Verwaltungsakts oder der Widerruf rufschädigender amtlicher Behauptungen, begehrt werden. Diese Einschränkung ergibt sich aus der Konstruktion der Amtshaftung als mittelbare Staatshaftung. Da der Anspruchstatbestand primär auf den Handelnden zugeschnitten ist, kann auch bei hoheitlicher Haftungsübernahme nur das verlangt werden, was er als Privatperson zu leisten vermag. Dazu gehört jedenfalls *nicht Naturalrestitution in Gestalt von Hoheitsakten*.[25] Das daneben mit Blick auf Art. 34 S. 3 GG erhobene prozessuale Argument, daß die Zivilgerichte die Grenzen dieser verfassungsrechtlichen Rechtswegsonderzuweisung überschreiten und in den Zu-

---

[21] Vgl. *BGHZ* 53, 217 (219) und *BGHZ* 99, 326 (330), wo als weiteres Beispiel die Betrauung eines Beamten mit einem Nebenamt genannt wird; s. auch *BGHZ* 34, 20 (23).

[22] S. etwa *BGHZ* 53, 217 (219); 99, 326 (330).

[23] Vgl. dazu oben § 9 Rdnr. 93.

[24] Dazu schon oben § 8 Rdnr. 7.

[25] *BGHZ* 34, 99 (105 f.); 67, 92 (100); 121, 367 (374); *Ossenbühl*, S. 110 f.

ständigkeitsbereich der Verwaltungsgerichte eingreifen, wenn sie im öffentlich-rechtlichen Bereich Hoheitsträger zur Vornahme amtlicher Handlungen verurteilen, tritt demgegenüber jedenfalls nach Einfügung des § 17 II 1 GVG in den Hintergrund.[26] Der Gefahr, daß infolge der Beschränkung des Inhalts der Amtshaftung eine Lücke im System der Staatsunrechtshaftung klafft, wird durch den öffentlich-rechtlichen Folgenbeseitigungs- und Unterlassungsanspruch ausgeräumt. Er wird aus den Grundrechten in Verbindung mit dem Rechtsstaatsprinzip abgeleitet und gewährleistet in diesem Bereich ausreichenden Rechtsschutz.[27]

## 2. Umfang der Ersatzpflicht

Der Amtshaftungsanspruch umfaßt grundsätzlich den gesamten un- 11
mittelbaren und mittelbaren Schaden, sofern er nach Art und Entstehungsweise vom sachlichen Schutzzweck der Rechtsnorm gedeckt ist, die die betroffene Amtspflicht insb. unter dem Aspekt der Drittbezogenheit konturiert.[28] Das verlangt im einzelnen folgendes Prozedere: Bei der Ermittlung des Umfangs des *Vermögensschadens* ist zunächst von der *Differenzmethode* auszugehen. Als Schadensersatzanspruch orientiert sich der Amtshaftungsanspruch nicht am status quo ante, sondern an der hypothetischen Kausalentwicklung des Schadens, so daß auch ein entgangener Gewinn (§ 252 BGB) und Folgeschäden, z. B. Rechtsanwaltskosten zur Rechtsverfolgung,[29] grds. ersatzfähig sind. Maßgeblicher Zeitpunkt für die Schadensberechnung ist im Falle eines Rechtsstreits die letzte mündliche Tatsachenverhandlung.[30]

Die festgestellten, an sich wertneutralen Rechnungsposten müssen 12
dann nach dem Schutzzweck der Haftung und der Ausgleichsfunktion des Schadensersatzes *wertend eingegrenzt* werden. Dadurch soll ein Ausufern der Einstandspflicht des Staates, aber auch eine ungerechtfertigte Begünstigung des Anspruchsstellers verhindert werden.[31] Betroffen sind also die in die Differenzrechnung einzustellenden wirtschaftlichen Nachteile, etwa der Verlust einer Provision,[32] aber auch vorteilhafte Umstände, die mit dem schädigenden Ereignis in einem qualifizierten Zusammenhang stehen.[33] Klärt man mit der neueren Rechtsprechung die Ersatz-

---

[26] Vgl. auch *BGHZ* 121, 367 (377); dagegen stellte *BGHZ* 34, 99 (105), hierauf noch entscheidend ab.

[27] Dazu unten § 12 Rdnrn. 11 ff.

[28] Einzelheiten oben § 9 Rdnrn. 117 ff.

[29] Vgl. *BGHZ* 78, 274 (279 f.); allgemein zu Prozeßkosten *BGHZ* 117, 363 (374).

[30] *BGHZ* 109, 380 (391) m. w. Nachw.

[31] Vgl. *BGHZ* 98, 212 (217); weitere Beispiele bei *Engelhardt*, NVwZ 1992, 1052 (1060).

[32] So im Zusammenhang mit den sog. Altlastenfällen *BGHZ* 125, 258 (268 ff.); vgl. auch *Rehbinder*, JuS 1989, 885 (889 f.).

[33] *BGHZ* 109, 380 (392) m. w. Nachw.

fähigkeit der Vermögenseinbußen bereits im Rahmen der Drittbezogenheit der verletzten Amtspflicht,[34] beschränkt sich die Schadensermittlung an dieser Stelle darauf, die als berücksichtigungsfähig anerkannten Nachteile „zahlenmäßig" zu berechnen und ggfs. einen *Vorteilsausgleich* vorzunehmen, sofern die Anrechnung von Umständen, die für den Geschädigten günstig sind, dem Sinn und Zweck des Schadensersatzes entsprechen und weder ihn unzumutbar belasten noch den Schädiger unbillig entlasten.[35]

13 Für immaterielle Nachteile *(Nichtvermögensschaden)*, etwa bei schwerer, nicht anders kompensierbarer Verletzung des allgemeinen Persönlichkeitsrechts, wird gem. §§ 839, 847 BGB i. V. mit Art. 34 S. 1 GG ein angemessenes *Schmerzensgeld* gewährt.[36]

## III. Anspruchsdurchsetzung

14 Kommt der verantwortliche Hoheitsträger seiner Ersatzpflicht aus § 839 BGB i. V. mit Art. 34 S. 1 GG nicht nach, muß der Geschädigte zur Durchsetzung seines Amtshaftungsanspruchs *grds. Klage erheben.*[37] Das gilt auch dann, wenn der Anspruchssteller keine Privatperson, sondern ein Hoheitsträger ist.[38] Dieser kann den Amtshaftungsanspruch bei fehlender gesetzlicher Ermächtigung nicht mittels Leistungsbescheid realisieren, da insoweit gegenüber der passivlegitimierten juristischen Person des öffentlichen Rechts kein Über-/Unterordnungsverhältnis besteht, das überwiegend als Mindestvoraussetzung für eine konkludente Ermächtigung zu dieser Form der Anspruchsverwirklichung angesehen wird.[39]

### 1. Rechtsweg

15 Art. 34 S. 3 GG legt fest, daß für den Schadensersatzanspruch nach Satz 1[40] und den Rückgriffsanspruch nach Satz 2[41] der *ordentliche Rechts-*

---

[34] Vgl. nur *BGHZ* 134, 268 (283 f.) sowie oben § 9 Rdnrn. 117 ff.

[35] *BGHZ* 109, 380 (392).

[36] *BGHZ* 78, 274 (280); *OLG Hamm*, NJW 1993, 1209 (1210); *LG Baden-Baden*, NVwZ 1991, 1118 f.

[37] Alternativ kommt ggfs. eine Aufrechnung mit dem Amtshaftungsanspruch gegen eine Forderung des Hoheitsträgers in Betracht; dazu schon oben § 8 Rdnr. 7 m. Fußn. 17.

[38] Zur hierbei vorausgesetzten Anerkennung von Hoheitsträgern als Dritte im Rahmen der Amtshaftung oben § 9 Rdnr. 162.

[39] Dazu allgemeiner *Sachs*, in: *Stelkens/Bonk/Sachs*, VwVfG, § 44 Rdnrn. 61 ff.

[40] Art. 34 S. 3 GG erfaßt auch Nebenansprüche, die einen Annex zum Amtshaftungsanspruch bilden, etwa einen Anspruch auf Auskunftserteilung oder auf Abgabe einer eidesstattlichen Versicherung, sofern sie der Verwirklichung des Schadensersatzanspruchs dienen und diesem Zweck untergeordnet sind, vgl. *BGHZ* 78, 274 (276 f.).

[41] Näher dazu *Papier*, in: MünchKomm-BGB, § 839 Rdnrn. 363 ff.; *E. Klein*, in: *Soergel*, BGB, Bd. 5/2, § 839 Anh Rdnrn. 398 ff.; *Ossenbühl*, S. 118 ff.

*weg* nicht ausgeschlossen werden darf. Eine entsprechende Regelung enthielt bereits Art. 131 I 3 WRV. Sie zielte auf eine Vereinheitlichung des Rechtswegs in Staatshaftpflichtsachen durch Derogation abweichender Bestimmungen.[42] Art. 34 S. 3 GG hat die reichsverfassungsrechtliche Formulierung übernommen, zugleich aber einen neuen Akzent gesetzt. Im Vordergrund sollte nunmehr die verfassungskräftige Gewährleistung des Rechtswegs zu den Zivilgerichten stehen, weil eine in gleichem Maße unabhängige Verwaltungsgerichtsbarkeit zum damaligen Zeitpunkt faktisch nicht bestand, Amtshaftungs- und Regreßansprüche daher bei den ordentlichen Gerichten am besten aufgehoben waren.[43]

Diese historischen Regelungsgründe sind mittlerweile entfallen,[44] die verschiedenen Gerichtsbarkeiten werden im Hinblick auf die verfassungsrechtlich geforderte Rechtsschutzgewährleistung (Art. 19 IV 1 GG) als prinzipiell gleichwertig angesehen.[45] Art. 34 S. 3 GG hat dadurch zwar nicht seine verfassungsrechtliche Wirkung eingebüßt, ist aber rechtspolitisch fragwürdig geworden. Denn er führt in zweifacher Hinsicht zu einer *Aufspaltung des Rechtswegs*, die wenig sachgerecht erscheint, da ein und derselbe Vorgang Gegenstand verschiedener Entscheidungen ist:[46] Im Verhältnis zwischen Sekundärrechtsschutz und Primärrechtsschutz entscheiden die ordentlichen Gerichte über den Amtshaftungsanspruch, während die Beseitigung des rechtswidrigen Hoheitsakts als öffentlich-rechtliche Streitigkeit gem. § 40 I VwGO vor den Verwaltungsgerichten geltend zu machen ist. Aber auch auf der Ebene des Sekundärrechtsschutzes kann es zu einer Zweispurigkeit des Rechtswegs kommen, wenn man etwa eine Folgenentschädigungspflicht als Ausprägung des öffentlich-rechtlichen Folgenbeseitigungsanspruchs anerkennt, für die ebenfalls die Verwaltungsgerichte gem. § 40 I VwGO zuständig wären.[47] 16

Diese *Spaltung kann* bei Klageerhebung zu den Verwaltungsgerichten *nicht* gem. § 173 VwGO i. V. mit § 17 II 1 GVG *überwunden werden*, da insoweit die Vorrangwirkung des Art. 34 S. 3 GG entgegensteht (Art. 20 III Halbs. 1 GG), was § 17 II 2 GVG ausdrücklich anerkennt.[48] Dabei 17

[42] Vgl. *Anschütz*, Die Verfassung des Deutschen Reichs vom 11. August 1919, 14. Aufl. 1932, S. 612.

[43] Zu diesen und anderen bei Erlaß des Art. 34 S. 3 GG diskutierten Gründen JöR n. F. 1 (1951), S. 326 f.

[44] *Ossenbühl*, S. 122, nennt als weiteren Grund die Konstruktion der Amtshaftung als auf den Staat übergeleitete, persönliche, d. h. letztlich „private" Beamtenhaftung (Hervorhebung im Original). Dieser Ansatz erscheint schon wegen der auf Art. 34 S. 1 GG zurückgehenden öffentlich-rechtlichen Natur des Anspruchs zweifelhaft, s. oben § 8 Rdnr. 7; zudem beschränkt sich Art. 34 S. 1 GG nicht auf eine bloße Haftungsüberleitung, vgl. oben § 8 Rdnrn. 4 f.

[45] S. nur *BGHZ* 9, 129 (134); *BVerwGE* 75, 362 (365).

[46] Krit. etwa *Dagtoglou*, in: BK, Art. 34 Rdnrn. 365 f.; *Papier*, JZ 1975, 585 (587); zuletzt *Bonk*, in: *Sachs*, GG, Art. 34 Rdnr. 114.

[47] Dazu unten § 12 Rdnrn. 51, 53, 67.

[48] Wird dagegen der Anspruch vor den ordentlichen Gerichten gelten gemacht, kön-

spielt es im Ergebnis keine Rolle, ob *Art. 34 S. 3 GG* selbst als spezielle Rechtswegzuweisung zu den ordentlichen Gerichten qualifiziert wird[49] oder ob man auf die einfachgesetzliche Regelung in *§ 40 II 1 Alt. 3 VwGO* abstellt, deren Bestehen Art. 34 S. 3 GG voraussetzt und von Verfassungs wegen garantiert.[50] Für die letztgenannte Lösung sprechen Wortlaut,[51] Entstehungsgeschichte und Zweck des Art. 34 S. 3 GG.[52] Gleichwohl erscheint es auch bei dieser Ansicht unschädlich, beide Bestimmungen *zusammen* zu *zitieren*; denn § 40 II 1 Alt. 3 VwGO wird wegen der gleichgerichteten Rechtsfolge nicht durch Art. 34 S. 3 GG verdrängt.

## 2. Sachlich zuständiges Gericht

18 Aufgrund § 71 II Nr. 2 GVG sind die *Landgerichte* in erster Instanz ohne Rücksicht auf den Streitwert ausschließlich sachlich zuständig zur Entscheidung über den Amtshaftungsanspruch. § 71 II Nr. 2 GVG spricht zwar von Ansprüchen gegen Richter und Beamte, erfaßt somit dem Wortlaut nach nur die Beamtenhaftung; da die Amtshaftung aber ursprünglich als eine solche Haftung konzipiert worden ist und ihrer Konstruktion nach wohl (noch) h. M. weiterhin durch sie geprägt wird,[53] fällt sie ebenfalls unter diese Bestimmung. Der insoweit von ihr vorausgesetzte sachliche Zuordnungszusammenhang wird durch die Haftungsüberleitung auf den Staat nach Art. 34 S. 1 GG nicht unterbrochen.[54]

## 3. Richterliche Kontrollbefugnis

19 Unter diesem Rubrum wird nachfolgend vor allem die Frage angesprochen, in welchem Umfang die Zivilgerichte die Tatbestandsmerkmale der Amtshaftung überprüfen können und welchen Bindungen sie dabei unterliegen. Dahinter verbergen sich unterschiedliche Fallgestaltungen, deren Klärung z. T. erhebliche Schwierigkeiten bereitet, weil grundsätzliche

---

nen diese gem. § 17 II 1 GVG auch über rechtswegfremde Ansprüche, etwa auf öffentlich-rechtliche Folgenbeseitigung, entscheiden, sofern sie denselben Streitgegenstand betreffen; diese erweiterte Prüfungskompetenz ist allerdings nicht eröffnet, wenn ein Schadensersatzanspruch aus Amtshaftung offensichtlich nicht gegeben ist, vgl. etwa *BGHZ* 121, 367 (373); s. auch *Rennert*, in: *Eyermann*, VwGO, § 41 (§§ 17–17 b GVG) Rdnr. 18.

[49] *BVerwGE* 37, 231 (234); *BGHZ* 43, 34 (39); *Kopp/Schenke*, VwGO, § 40 Rdnr. 70.

[50] So z. B. *Stern*, Verwaltungsprozessuale Probleme, Rdnr. 87; *Ehlers*, in: *Schoch/Schmidt-Aßmann/Pietzner*, VwGO, § 40 Rdnr. 517; *Papier*, in: *Maunz/Dürig*, GG, Art. 34 Rdnr. 305.

[51] „... darf ... nicht ausgeschlossen werden."

[52] Dazu oben Rdnrn. 15 f.

[53] Näher dazu oben § 8 Rdnrn. 3 f.

[54] Vgl. *Bettermann*, Die Grundrechte III/2, 1959, S. 850; *Dagtoglou*, in: BK, Art. 34 Rdnr. 358, jeweils m. w. Nachw.

Probleme der Streitgegenstands- und Verwaltungsaktslehre[55] berührt werden.

*a) Grundsatz umfassender Prüfungskompetenz*

Die Zivilgerichte sind gemäß Art. 19 IV 1 GG grds. befugt, die anspruchsbegründenden und -begrenzenden Merkmale der Amtshaftung in rechtlicher und tatsächlicher Hinsicht vollumfänglich nachzuprüfen; dazu gehört als unerläßliche Vorfrage auch die *Beurteilung der Rechtmäßigkeit des staatlichen Verhaltens*, soweit dieses eine Amtspflichtverletzung begründet.[56] Allgemein zu beachtende Einschränkungen können im Rahmen des Instanzenzugs, etwa im Revisionsverfahren (§§ 559 II 2, 561 ZPO), und aufgrund der Grenzen der richterlichen Kontrollbefugnis, etwa bei unbestimmten Rechtsbegriffen mit Beurteilungsspielraum oder bei Ermessensentscheidungen, bestehen.[57] Letztgenannter Aspekt kommt gerade bei der Feststellung einer Amtspflichtverletzung durch rechtswidriges Verwaltungshandeln zum Tragen. Sie unterliegt von vornherein den Grenzen, die bei der rechtlichen Nachprüfung dieses Verwaltungshandelns im verwaltungsgerichtlichen Verfahren allgemein zu beachten sind.[58] 20

Davon zu unterscheiden sind Bindungen, die sich daraus ergeben, daß verschiedene staatliche Stellen über den gleichen Sachverhalt befinden. Hier stellt sich zur Vermeidung widersprüchlicher Aussagen das *Problem wechselseitiger Bindungen*, also, anders ausgedrückt, die Frage, ob die Entscheidung der anderen Stelle der eigenen Beurteilung zugrunde zu legen ist, was einer Einschränkung der Prüfungskompetenz gleichkommt. Bei der Amtshaftung werden solche Bindungswirkungen vor allem in bezug auf das Merkmal der Amtspflichtverletzung diskutiert, weil hier Kompetenzüberlappungen auftreten. Sie resultieren aus der in der Konstruktion der Amtshaftung angelegten Besonderheit, daß die Amtspflichtverletzung von einer Rechts(pflicht)verletzung abhängt.[59] Die Zivilgerichte können und müssen im Rahmen ihrer *Vorfragenkompetenz* auf der Ebene des Sekundärrechtsschutzes die Rechtmäßigkeit des staatlichen Handelns würdigen,[60] befassen sich also mit einer Frage, die an sich 21

[55] Dazu allgemeiner *Detterbeck*, S. 50 ff., 88 ff.; *Sachs*, in: *Stelkens/Bonk/Sachs*, VwVfG, § 43 Rdnrn. 6 ff., 39 ff., 126 ff.

[56] Vgl. *BGHZ* 9, 129 (132); *BGH*, NJW 1979, 2097 (2098); NJW 1983, 2823; *BGHZ* 113, 17 (18 ff.) m. w. Nachw.; s. auch unten Rdnr. 24.

[57] Dazu allgemeiner *Sachs*, in: *Stelkens/Bonk/Sachs*, VwVfG, § 40 Rdnrn. 62 ff., 222 ff.

[58] *BGHZ* 128, 346 (358); zu besonderen Problematik einer gerichtlichen Bindung bei Verwaltungsakten unten Rdnrn. 25 ff.

[59] Zu diesem Zusammenhang oben § 9 Rdnrn. 59, 63.

[60] Dieser Prüfungskompetenz korrespondiert keine Verwerfungskompetenz, sondern eine bloße Sanktionskompetenz. Bei erkannter Rechtswidrigkeit können die Zivil-

von den Verwaltungsgerichten im Rahmen des Primärrechtsschutzes zu entscheiden ist. Neben das damit angesprochene Problem einer „horizontalen“ Bindung auf der Ebene der Judikative (dazu unten b) tritt im Falle einer Amtspflichtverletzung durch rechtswidrigen Verwaltungsakt die im Verhältnis von Judikative und Exekutive angesiedelte Frage, ob eine „vertikale“ Bindung der Gerichte an diesen Hoheitsakt besteht (dazu unten c). Beide Problemkreise werden gesondert erörtert, da ihre Lösung unterschiedlichen Grundsätze folgt.

### *b) Einschränkung durch rechtskräftige gerichtliche Entscheidung*

22 Die Einschränkung der gerichtlichen Prüfungskompetenz hängt hier von der Bindungswirkung ab, die die materielle Rechtskraft der Entscheidung des anderen Gerichts entfaltet. Anknüpfungspunkt ist insoweit der jeweilige *Streitgegenstand*, da nur die Entscheidung hierüber, nicht hingegen die Entscheidungsgründe, von der Rechtskraft erfaßt werden; letztere müssen aber insb. bei klageabweisenden Sachurteilen zu Bestimmung des Streitgegenstandes herangezogen werden, spielen diesbezüglich eine beachtliche Rolle.[61] Isoliert betrachtet stellt sich das Problem einer *Bindung in beiden Richtungen*, also der Zivilgerichte an die verwaltungsgerichtliche Entscheidung, aber auch der Verwaltungsgerichte an die zivilgerichtliche Amtshaftungsentscheidung. Allerdings verengt sich die Fragestellung in praxi angesichts des durch § 839 III BGB hervorgehobenen Vorrangs des Primärrechtsschutzes i. d. R. darauf, ob eine rechtskräftige verwaltungsgerichtliche Entscheidung die Zivilgerichte bei der Prüfung einer auf diesen Rechtsverstoß gestützten Amtspflichtverletzung bindet.[62]

23 Eine solche Bindung kann auf der Grundlage des vorzugswürdigen zweigliedrigen Streitgegenstandes[63] trotz gleichem Lebenssachverhalt nicht mit seiner (Teil)Identität begründet werden, da Primärrechtsschutz- und Sekundärrechtsschutzantrag auseinanderfallen. Das heißt nicht, daß deshalb eine Bindungswirkung von vornherein ausgeschlossen ist. Sie er-

---

gerichte den Hoheitsakt nicht aufheben, sondern nur Sekundärrechtsschutz durch Verpflichtung zur Schadenskompensation in Geld gewähren.

[61] *Detterbeck*, S. 96 f. m. w. Nachw.

[62] Im übrigen würde eine rechtskräftige zivilgerichtliche Entscheidung über ein Amtshaftungsbegehren die Verwaltungsgerichte nicht binden, da die festgestellte Amtspflichtverletzung nur eine Vorfrage betrifft, die gem. § 173 VwGO, § 322 ZPO nicht in materielle Rechtskraft erwächst (vgl. allgemeiner *Detterbeck*, S. 96). Eine Präjudizialität (dazu unten Rdnr. 23) dürfte ebenfalls abzulehnen sein, da zwar jede Rechtspflichtverletzung eine Amtspflichtverletzung darstellt, dies aber nicht in umgekehrter Richtung gilt, was bei einem Verstoß gegen Innenrecht offenkundig wird (dazu oben § 9 Rdnrn. 89 f.).

[63] Der zweigliedrige Streitgegenstand besteht aus dem Antrag des Klägers und dem diesem zugrunde liegenden Lebenssachverhalt; zu seiner Vorzugswürdigkeit (auch) im öffentlichen Recht *Detterbeck*, S. 46 ff.

gibt sich vielmehr aufgrund der *Präjudizialität* der verwaltungsgerichtlichen Entscheidung,[64] die aus der schon angesprochenen Abhängigkeit der Amtspflichtverletzung von einer Rechtspflichtverletzung resultiert.[65] Soweit diese Vorfrage schon rechtskräftig im Verwaltungsprozeß entschieden worden ist, wird das Zivilgericht dadurch bei der Annahme einer Amtspflichtverletzung gebunden.[66]

Die Reichweite dieser Bindung hängt davon ab, welche amtshaftungsrelevanten Vorfragen in Rechtskraft erwachsen. Maßgeblich ist insoweit *Art und Inhalt der* verwaltungsgerichtlichen *Entscheidung*. Bei einem dem Anfechtungsbegehren stattgebenden Kassationsurteil, durch das etwa eine rechtswidrige Baugenehmigung aufgehoben wird (§ 113 I 1 VwGO), umfaßt die Rechtskraft auch die Feststellung der Rechtswidrigkeit des Verwaltungsakts, so daß von einer Bindung auszugehen ist.[67] Gleiches gilt für eine gerichtliche Entscheidung, in der die Rechtmäßigkeit des Verwaltungshandelns bejaht und die (Anfechtungs)Klage deshalb aus sachlichen Gründen abgewiesen wird, sofern die Entscheidungsgründe ergeben, daß die Feststellung der Rechtmäßigkeit des Handeln an der Rechtskraft der Entscheidung teilnimmt.[68] Demgegenüber geht von einem Prozeßurteil keine amtshaftungsrelevante Rechtskraftwirkung aus. 24

### c) *Einschränkung durch wirksamen oder bestandskräftigen Verwaltungsakt*

Die Frage einer Bindungswirkung betrifft hier die Feststellung, ob und ggfs. in welchem Umfang ein *Abweichungsverbot* durch den Verwaltungsakt begründet wird, der der Amtspflichtverletzung zugrunde liegt. Mit dem Begriff „Abweichungsverbot“ werden am allgemeineren Kontext Verbote angesprochen, bei erneuter Befassung mit dem Gegenstand der getroffenen Regelung anders als zuvor zu entscheiden und damit von bestehenden Entscheidungen abzuweichen.[69] In bezug auf einen Verwaltungsakt ist nicht erst seine Bestandskraft, sondern bereits seine Wirk- 25

---

[64] In diesem Zusammenhang kann offen bleiben, ob die Präjudizialität eine zweite Art von Rechtskraftwirkung darstellt (dafür *Detterbeck*, S. 116); begrenzt man die Rechtskraftwirkung strikt auf den Streitgegenstand, erscheint es naheliegender, die Präjudizialität als Bindungswirkung eigener Art zu klassifizieren.

[65] Dazu oben Rdnr. 21; s. auch § 9 Rdnrn. 59, 63.

[66] Hält man mit der überwiegenden Meinung an der Unterscheidung zwischen Rechtspflichten und Amtspflichten fest (dazu oben § 9 Rdnrn. 60 ff., ebda., Rdnr. 61, zur Kritik an dieser Auffassung), ist von einer mittelbaren Präjudizialität auszugehen, vgl. allgemeiner *Detterbeck*, S. 117 ff.

[67] *BGHZ* 9, 129 (132 f.); w. Nachw. bei *Papier*, in: MünchKomm-BGB, § 839 Rdnr. 377 m. Fußn. 1232; s. zuletzt auch *BGHZ* 134, 268 (273 f.), wo zugleich darauf hingewiesen wird, daß die Bindungswirkung nicht die Begründung umfasse, warum der Verwaltungsakt rechtwidrig sei.

[68] *BGHZ* 15, 17 (19); 97, 97 (103); 113, 17 (20); *BVerwGE* 48, 271 (275 f.).

[69] *Sachs*, in: *Stelkens/Bonk/Sachs*, VwVfG, § 43 Rdnr. 15.

samkeit geeignet, solche oder ähnliche Rechtswirkungen auszulösen, die z. T. mit abweichenden Bezeichnungen, wie Selbstbindungs-, Beachtlichkeits- oder Tatbestandswirkung belegt werden.[70]

26 Ungeachtet dieser terminologischen Vielfalt kommt es der Sache nach darauf an, ob diese *Bindung* an die in einem Verwaltungsakt getroffene Rechtsfolge sich auch *auf die Gerichte erstreckt*. Dafür scheint zunächst die Gleichwertigkeit der Exekutive als Staatsfunktion zu sprechen.[71] Allerdings darf dabei nicht übersehen werden, daß die Annahme einer solchen Bindung an den Regelungsgehalt eines Verwaltungsakts im Falle seiner Rechtswidrigkeit die Gesetzesbindung der Judikative (Art. 20 III Halbs. 2 GG) durchbricht. Das kann nur bei einem Überwiegen des ebenfalls rechtsstaatlich fundierten Gebots der Rechtssicherheit gerechtfertigt werden.[72] Voraussetzung hierfür ist, daß der Verwaltungsakt eine ausreichende Verläßlichkeitsgrundlage bietet.[73] Insoweit ist zu konstatieren, daß ein Verwaltungsakt das für eine Bindung der Gerichte notwendige Maß an Rechtsbeständigkeit jedenfalls nicht bereits mit seiner Wirksamkeit erlangt. Denn hierfür genügt die bloße Bekanntgabe (§§ 43 I, 41 I VwVfG), ohne daß eine staatliche Kontrollinstanz außerhalb der Verwaltung beteiligt gewesen ist. Ein *wirksamer Verwaltungsakt* entfaltet *lediglich* eine *Selbstbindung* der erlassenden Stelle, vermag aber die Judikative nicht an die darin ausgesprochene Rechtsfolge zu binden. Sein Inhalt unterliegt daher der Kontrolle der Verwaltungsgerichte und – im Amtshaftungsprozeß – der Zivilgerichte.[74]

27 Gleiches soll nach Ansicht der Rechtsprechung auch für einen *bestandskräftigen Verwaltungsakt* gelten; eine Ausnahme wird nur zugelassen, sofern er Gegenstand eines verwaltungsgerichtlichen Verfahrens gewesen ist. In diesem Fall soll die Rechtskraft eines die Klage als unbegründet abweisenden Urteils auch die Frage der materiellen Rechtmäßigkeit mitumfassen.[75] Die Ablehnung einer Fremdbindungswirkung begründet der *BGH* mit den bedeutsamen Unterschieden zwischen Verwaltungsverfahren und gerichtlichem Verfahren, die sich aus ihren verschiedenartigen

---

[70] Dazu ausführlich *Sachs*, a. a. O., § 43 Rdnrn. 41, 51 f., 99 ff., 115 ff., 126 ff.

[71] Von einer grundsätzlichen Bindung der Zivilgerichte an den Inhalt der in dem Verwaltungsakt getroffenen Regelung gehen etwa auch *BGHZ* 112, 363 (365) und *BGHZ* 122, 1 (5) aus, schränken dies aber nachfolgend für den Amtshaftungsprozeß ein.

[72] Das betont im Zusammenhang mit der Drittgerichtetheit einer Amtspflicht auch *BGHZ* 134, 268 (276 ff.).

[73] Vgl. im Zusammenhang mit der Bestandskraft eines Verwaltungsakts *BVerfGE* 60, 253 (268 ff.); auch *Sachs*, in: *Stelkens/Bonk/Sachs*, VwVfG, § 43 Rdnrn. 115 f.; davon zu unterscheiden ist die im Verhältnis zwischen Verwaltung und Bürger angesiedelte Frage, inwieweit ein begünstigender Verwaltungsakt die Verläßlichkeitsgrundlage für wirtschaftliche Dispositionen des Bürgers darstellt, dazu oben § 9 Rdnrn. 121 ff.

[74] S. auch *BGHZ* 112, 363 (367); *Sachs*, in: *Stelkens/Bonk/Sachs*, VwVfG, § 43 Rdnr. 115 m. Fußn. 258, jeweils m. w. Nachw.

[75] *BGHZ* 86, 356 (359); 90, 17 (23); 113, 17 (19 ff.); 127, 223 (225); *BVerwGE* 48, 271 (275 f.).

Funktionen ergeben. Anders als bei einem rechtskräftigen Urteil wird bei einem bestandskräftigen Verwaltungsakt das erforderliche Maß an Richtigkeitsgewähr grds. verneint, weil er nicht in einem mit den Garantien des gerichtlichen Rechtsschutzes ausgestatteten und somit vergleichbaren Verwaltungsverfahren ergangen ist, welches etwaige Fehlerquellen auf ein solches Maß zurückführt, daß sie vom betroffenen Bürger im Interesse der Rechtssicherheit hingenommen werden müssen.[76] Daneben wird die in anderem Zusammenhang schon erörterte Ausgestaltung des Verhältnisses zwischen Primär- und Sekundärrechtsschutz durch § 839 III BGB angeführt.[77] Die Anerkennung einer Bindungswirkung infolge der Bestandskraft des Verwaltungsakts würde im Ergebnis darauf hinauslaufen, daß der Geschädigte auch bei unrechtmäßigem Verhalten stets ausschließlich auf den Primärrechtsschutz verwiesen würde, weil nach Eintritt der Bestandskraft für einen Schadensausgleich kein Raum mehr bliebe. Das würde dem Regelungsgehalt des § 839 III BGB zuwiderlaufen.[78]

Der Argumentation des *BGH* ist *entgegenzuhalten*, daß das Erforder- 28
nis der Vorwerfbarkeit und die gebotene restriktive Auslegung des Merkmals „Rechtsmittel" im Rahmen des § 839 III BGB ausreichend Spielraum für eine flexible Handhabung des Grundsatzes vom Vorrang des Primärrechtsschutzes eröffnen.[79] Außerdem erscheint es angesichts der Rechtsbindung der vollziehenden Gewalt (Art. 20 III Halbs. 2 GG) und der Tendenz zu einer formalisierten Ausgestaltung der Verwaltungsverfahren zweifelhaft, ob einem so zustande gekommenen, bestandskräftigen Verwaltungsakt das notwendige Maß an Richtigkeitsgewähr grundsätzlich abgesprochen werden kann.[80]

Zudem sollte einem weiteren Begründungsansatz des *BGH* stärker als 29
bisher Aufmerksamkeit geschenkt werden. Er negiert die Bindungswirkung wegen der *fehlenden Identität des Streitgegenstandes* zwischen der (unterbliebenen) Anfechtung des Verwaltungsakts und der Amtshaftung.[81] Hier liegt – ähnlich wie bei der Beurteilung der Bindungswirkung eines rechtskräftigen Urteils – ein wichtiger rechtsdogmatischer Ansatzpunkt. Allerdings wird man, anders als der *BGH*, nicht primär auf die ohnehin fragwürdige Divergenz der Pflichten im Innen- und Außenverhältnis und die aus diesem Grund abgelehnte Deckungsgleichheit der Streitgegenstände abstellen, sondern zunächst sorgfältig untersuchen müssen,

---

[76] *BGHZ* 90, 17 (23); 113, 17 (20, 23); zustimmend *Lansnicker/Schwirtzek*, NVwZ 1996, 745 (749); *Rinne*, in: Festschr. f. Boujong, S. 633 (634 ff.); krit. dagegen *Broß*, VerwArch 82 (1991), 593 (596 ff.); *Jeromin*, NVwZ 1991, 543 (544); *Nierhaus*, JZ 1992, 209 ff.

[77] Einzelheiten oben § 10 Rdnr. 52.

[78] *BGHZ* 113, 17 (22 f.).

[79] Näher dazu oben § 10 Rdnrn. 57 ff., insb. Rdnr. 63 und Rdnrn. 68 ff.

[80] S. auch *Jeromin*, NVwZ 1991, 543 (544).

[81] *BGHZ* 113, 17 (20 f.) m. w. Nachw.

welche der in dem Verwaltungsakt getroffenen Anordnungen überhaupt von der materiellen Bestandskraft erfaßt werden. Hier wird man nicht generell davon ausgehen können, daß der maßgebliche *Entscheidungsgegenstand des Verwaltungsakts* zwangsläufig die Feststellung seiner Rechtmäßigkeit umfaßt;[82] vielmehr bedarf es dafür besonderer Anhaltspunkte, etwa in der Begründung des Bescheids. Sind diese gegeben, ist allerdings entsprechend der Präjudizialität rechtskräftiger gerichtlicher Entscheidungen auch der Bestandskraft eines Verwaltungsaktes Bindungswirkung dahingehend zuzuerkennen, daß die Zivilgerichte an einer Überprüfung seiner Rechtmäßigkeit gehindert sind, zumal der Geschädigte die Möglichkeit versäumte, den Eintritt der Bestandskraft durch Anfechtung zu verhindern.[83]

## IV. Anspruchskonkurrenzen

30 Unter der Bezeichnung „Anspruchskonkurrenzen" wird vorliegend die Frage angesprochen, ob neben dem Amtshaftungsanspruch andere staatshaftungsrechtliche Ansprüche in Betracht kommen, und, so dies bejaht wird, ob sie neben dieses Haftungsinstitut treten oder es verdrängen. Die so umrissene Problematik wird nicht schon im Vorfeld durch die Subsidiaritätsklausel des § 839 I 2 BGB „aufgesogen", da andere Ansprüche oder Anspruchsgrundlagen, die sich gegen denselben Anspruchsgegner oder einen anderen Hoheitsträger richten, keine anderweitige Ersatzmöglichkeit in diesem Sinne darstellen (vgl. oben § 10 Rdnrn. 29 f.).

### 1. Ansprüche auf Unrechtslastenabwehr

31 Der Oberbegriff „Unrechtslastenabwehr" umfaßt öffentlich-rechtliche Folgenbeseitigungs- und Unterlassungsansprüche. Ein Konkurrenzverhältnis zur Amtshaftung ist nicht bereits durch § 839 III BGB ausgeschlossen. Das liegt in bezug auf die Folgenbeseitigung auf der Hand, wenn man – wie vorliegend – die Folgenbeseitigungsklage, also die Klage auf Beseitigung des rechtswidrigen Folgen hoheitlichen Handelns, nicht als Rechtsmittel i. S. des § 839 III BGB anerkennt.[84] Aber auch bei gegenteiliger Auffassung würde Raum für eine Konkurrenzsituation mit der Amtshaftung bleiben, etwa im Falle fehlender Vorwerfbarkeit i. S. des § 839 III BGB. Lehnt man die Fortbildung der Folgenbeseitigungspflicht zu einer allgemeinen Folgenentschädigungspflicht ab,[85] *stehen Amtshaf-*

---

[82] Vgl. *BGHZ* 122, 1 (5); zweifelnd auch *Sachs*, in: *Stelkens/Bonk/Sachs*, VwVfG, § 43 Rdnr. 121.
[83] Vgl. auch *Broß*, VerwArch 82 (1991), 593 (597); *Jeromin*, NVwZ 1991, 543 (544).
[84] Vgl. oben § 10 Rdnrn. 58 ff., unten § 18 Rdnrn. 3 ff.
[85] Vgl. unten § 12 Rdnrn. 51, 53.

*tungsanspruch* und öffentlich-rechtlicher *Folgenbeseitigungs- oder Unterlassungsanspruch* wegen ihres unterschiedlichen Anspruchsinhalts trennscharf *nebeneinander*.

Dieses „Entweder-oder-Verhältnis" steht der Annahme von *Interdependenzen* zwischen diesen Ansprüchen nicht entgegen. Sie kommen regelmäßig in dem von § 839 III BGB geforderten Zusammenwirken von Primär- und Sekundärrechtsschutz, aber auch in dem besonderen Fall zum Ausdruck, in dem die Amtspflichtverletzung durch das Unterlassen einer Folgenbeseitigung begründet wird.[86] Außerdem ist eine gewisse *Angleichung* der Anspruchsmerkmale unverkennbar, sofern man Amtshaftung und Unrechtslastenabwehr als (auch) verfassungsrechtlich fundierte Ansprüche versteht.[87] Das zeigt sich etwa bei der Ermittlung der öffentlich-rechtlichen Natur des Handelns bzw. des Eingriffs, bei der Frage der Verletzung einer drittbezogenen Amtspflicht bzw. der Beeinträchtigung in einem subjektiven Recht sowie beim Gedanken des Mitverschuldens.[88] 32

## 2. Ansprüche auf Entschädigung

Bedeutsam sind insoweit vor allem Ansprüche aus *enteignungsgleichem Eingriff*, unabhängig davon, ob sie auf gesetzlicher Grundlage (z. B. § 39 nwOBG) oder auf Gewohnheitsrecht beruhen. Sie konstituieren – ebenso wie die Amtshaftung – eine Staatsunrechtshaftung. Es besteht heute Einigkeit darüber, daß Schadensersatzansprüche aus Amtshaftung und Entschädigungsansprüche aus enteignungsgleichem Eingriff nebeneinander geltend gemacht werden können.[89] Denn sie wurzeln in verschiedenen Haftungsgrundsätzen[90] und gehen auf eine unterschiedliche rechtliche Konstruktion zurück.[91] Außerdem differiert der Umfang des Ersatzes, was etwa beim Schmerzensgeld oder bei einem (abstrakt zu berechnenden) entgangenen Gewinn deutlich wird. Gleichwohl sind auch hier gewisse Gemeinsamkeiten und Annäherungen erkennbar, etwa bei der Bestimmung des hoheitlichen Charakters des Verhaltens oder bei der Begrenzung der Einstandspflicht anhand des Schutzzweckgedankens.[92] 33

---

[86] *BGHZ* 130, 332 (338 ff.); s. auch oben § 9 Rdnr. 73.

[87] So oben § 8 Rdnrn. 4 f. sowie unten § 12 Rdnrn. 23 f.

[88] Vgl. einerseits § 9 Rdnrn. 38 ff., insb. 44, andererseits § 12 Rdnrn. 28 ff. und einerseits § 9 Rdnrn. 103 ff., andererseits § 12 Rdnrn. 32 ff., sowie einerseits § 10 Rdnrn. 72 ff., andererseits § 12 Rdnrn. 49 ff.

[89] Grundlegend *BGHZ* 13, 88 (91 ff.); s. auch zuletzt *BGHZ* 125, 19 (24); 136, 182 (184).

[90] Amtshaftung: durch Art. 34 S. 1 GG gebotene Schadensausgleichspflicht; enteignungsgleicher Eingriff: auf §§ 74, 75 Einl.ALR zurückgehender Aufopferungsgedanke.

[91] Amtshaftung: mittelbare Staatshaftung; enteignungsgleicher Eingriff: unmittelbare Staatshaftung; allgemeiner zu diesen Kategorien oben § 1 Rdnr. 11.

[92] Vgl. einerseits § 9 Rdnrn. 38 ff., andererseits § 17 Rdnrn. 27 ff., und einerseits § 9 Rdnrn. 103 ff., 118 ff., andererseits § 17 Rdnrn. 31 f.

### 3. Ansprüche auf Schadensersatz in Geld

#### *a) Ansprüche wegen Verletzung von Pflichten eines öffentlich-rechtlichen Schuldverhältnisses*

34 Diese Ansprüche, die auch als Reaktion auf Unzulänglichkeiten der Amtshaftung bei der Zurechnung des Fehlverhaltens von Hilfspersonen entwickelt worden sind, kommen neben Amtshaftungsansprüchen zur Anwendung, wenn die Verletzung der Pflichten des öffentlich-rechtlichen Schuldverhältnisses zugleich eine Verletzung drittbezogener Amtspflichten beinhaltet, was regelmäßig anzunehmen ist.[93] Auch hier kommt es, trotz aller Unterschiede,[94] zu Wechselwirkungen, die allerdings regelmäßig vom öffentlich-rechtlichen Schuldverhältnis ausgehen. Standardbeispiel ist der problematische Durchgriff von Haftungsbeschränkungen innerhalb dieses Schuldverhältnisses auf die Amtshaftung.[95]

#### *b) Ansprüche aufgrund Gefährdungshaftung*

35 Im Mittelpunkt steht insoweit die *Halterhaftung nach § 7 StVG*, die auch den Staat treffen kann, sofern er die dort genannten Voraussetzungen erfüllt. Die Amtshaftung wird hiervon als verschuldensabhängige Haftung ebensowenig berührt wie umgekehrt die Haftung des Kraftfahrzeughalters durch die Haftungsüberleitung auf den Staat nach Art. 34 S. 1 GG, da sie nur deliktisches Amtswalterhandeln erfaßt. Beide Ansprüche stehen daher selbstständig nebeneinander.[96] Dagegen wird die verschuldensabhängige Haftung des Kraftfahrzeugführers nach § 18 StVG im hoheitlichen Funktionskreis durch § 839 BGB i. V. mit Art. 34 S. 1 GG verdrängt.[97]

---

[93] Dazu schon oben § 9 Rdnrn. 111 f.; das gilt allerdings nicht in umgekehrter Richtung, dazu unten § 20 Rdnr. 10.

[94] Einzelheiten unten § 20 Rdnr. 12.

[95] *BGHZ* 61, 7; dazu oben § 10 Rdnrn. 2 ff.

[96] Vgl. schon für die vorgängige Regelung in § 7 Kraftfahrzeuggesetz *RGZ* 145, 177 (181 f.); daran anschließend mit Bezug auf § 7 StVG *BGHZ* 29, 38 (44); seither st. Rspr., s. etwa aus neuerer Zeit *BGHZ* 113, 164 (165 f.); 118, 304 (311); 121, 161 (168); zur Problematik, wenn der Fahrzeughalter ein Beamter ist, der in Ausübung eines öffentlichen Amtes handelt, *Ossenbühl*, S. 117.

[97] *BGHZ* 29, 38 (43); 50, 271 (273); 118, 304 (311); 121, 161 (168).

# 4. Teil. Abwehr und Beseitigung öffentlich-rechtlicher Unrechtslasten

## § 12. Der Folgenbeseitigungsanspruch

**Literatur:** *Bachof*, Die verwaltungsrechtliche Klage auf Vornahme einer Amtshandlung, 1951, 2. Aufl. 1968; *Bethge/Detterbeck*, Examensklausur öffentliches Recht: Das folgenschwere Bardepot, Jura 1991, 550; *Bettermann*, Zur Lehre vom Folgenbeseitigungsanspruch, DÖV 1955, 528; *Bieback*, Der sozialrechtliche Herstellungsanspruch als Institut staatlicher Haftung für rechtswidriges Verwaltungshandeln, DVBl 1983, 159; *Blanke/Peilert*, Die Folgenbeseitigungslast im System des Staatshaftungsrechts, Die Verwaltung 1998, 29; *Erichsen*, Rechtsfragen öffentlich-rechtlicher Folgenbeseitigung, VerwArch 63 (1972), 217; *Fiedler*, Der Folgenbeseitigungsanspruch – die „kleine Münze" des Staatshaftungsrechts?, NVwZ 1986, 969; *Frotscher*, Ehrenschutz im öffentlichen Recht, JuS 1978, 505; *Gröschner*, Öffentlich-rechtliche Aufklärung als Behördenaufgabe, DVBl 1990, 619; *Hagen*, Sportanlagen im Wohnbereich, UPR 1985, 192; *Hager*, Rechtsschutz gegen Ehrverletzungen durch Richter, NJW 1989, 885; *Haueisen*, Folgenbeseitigung und Amtshaftung, DVBl 1973, 739; *Ivo*, Die Folgenbeseitigungslast, 1996; *Köckerbauer*, Rechtsgrundlagen und Haftungsumfang des Folgenbeseitigungsanspruchs, JuS 1988, 782; *Krasney*, Ansprüche bei unterlassener und unrichtiger Auskunft oder Beratung, BKK 1985, 380; *Laubinger*, Nachbarschutz gegen kirchliches Glockengeläut, VerwArch 83 (1992), 623; *ders.*, Der öffentlich-rechtliche Unterlassungsanspruch, VerwArch 80 (1989), 261; *v. Mangoldt*, Folgenbeseitigung und Störungsbeseitigung, DVBl 1974, 825; *Meyn*, Warnung der Bundesregierung vor Jugendsekten, JuS 1990, 630; *Olbertz*, Der sozialrechtliche Herstellungsanspruch im Verwaltungsrecht, 1995; *Papier*, Sportstätten und Umwelt, UPR 1985, 73; *Pietzko*, Der materiell-rechtliche Folgenbeseitigungsanspruch, 1994; *Redeker*, Was beseitigt der Folgenbeseitigungsanspruch, DÖV 1987, 194; *Schloer*, Der Folgenbeseitigungsanspruch, JA 1992, 39; *Schenke*, Folgenbeseitigungsanspruch und mitwirkendes Verschulden – BVerwG, NJW 1989, 2489, JuS 1990, 370; *ders.*, Der Folgenbeseitigungsanspruch bei Verwaltungsakten mit Drittwirkung, DVBl 1990, 328; *Schneider*, Folgenbeseitigung im Verwaltungsrecht, 1994; *Schoch*, Folgenbeseitigung und Wiedergutmachung im öffentlichen Recht, VerwArch 79 (1988), 1; *ders.*, Der Folgenbeseitigungsanspruch, Jura 1993, 478; *Schmidt-De Caluwe*, Der sozialrechtliche Herstellungsanspruch, 1992; *Sproll*, Staatshaftungsrecht – Der Folgenbeseitigungsanspruch, JuS 1996, 219; *Wallerath*, Herstellung und Folgenbeseitigung im Recht der Leistungsverwaltung, DÖV 1987, 505; *Weyreuther*, Gutachten B zum 47. DJT, 1968.

### I. Grundlagen

#### 1. Funktion und Bedeutung

1 Der Folgenbeseitigungsanspruch hat sich aus der Erkenntnis heraus entwickelt, daß die Kompensation hoheitlicher Rechtsverletzungen mit Geldleistungen dem Schutzinteresse des Betroffenen nicht vollständig und angemessen Rechnung trägt. Die Enteignungsentschädigung nach

Art. 14 III GG sowie die Ausgleichsleistungen bei inhalts- und schrankenbestimmenden Regelungen nach Art. 14 I 2 GG gewähren Ansprüche in Geld für rechtmäßige Bestandsänderungen im verfassungsrechtlich geschützten Eigentum. Die vom *BGH* und *BVerwG* entwickelten Aufopferungsentschädigungsansprüche sind ebenfalls auf einen Geldausgleich gerichtet. Der enteignungsgleiche Eingriff bezieht sich auf rechtswidrige hoheitliche Einwirkungen, die zu Schädigungen geführt haben; demgegenüber kompensieren Ansprüche aus enteignendem Eingriff Folgen von Unrechtslasten aus rechtmäßiger hoheitlicher Tätigkeit.

2 Mit Ausnahme der ausgleichspflichtigen Inhaltsbestimmungen nach Art. 14 I 2 GG, in deren Rahmen eingriffsentlastende Maßnahmen, wie z. B. Schallschutzfenster vorgesehen werden können, sind diese Ansprüche ausschließlich auf einen Ausgleich in Geld gerichtet. Die Verpflichtung der Hoheitsträger zu Ausgleichszahlungen ist indessen häufig nicht geeignet, den Interessen des Betroffenen hinreichend Rechnung zu tragen. Man denke etwa an den Fall, daß die Einweisungsverfügung eines Obdachlosen aufgehoben wird, die Behörde sich jedoch weigert, den Obdachlosen aus der Wohnung zu entfernen, oder daran, daß die Beschlagnahme eines Führerscheins widerrufen wird, gleichwohl der Führerschein von der Behörde aber nicht herausgegeben wird. Schließlich konnten die Entschädigungsansprüche die Interessen des Betroffenen nicht hinreichend wahren, als auf der Grundlage eines sofort vollziehbaren Planfeststellungsbeschlusses mit dem Bau einer Mülldeponie begonnen und dazu das Grundstück einer Anliegergemeinde in Anspruch genommen wurde. Das Interesse der Betroffenen geht in all diesen Fällen nicht vorrangig dahin, eine finanzielle Entschädigung zu erlangen. Vielmehr sollen die nachteiligen Folgen selbst beseitigt werden: die Wohnung soll geräumt, der Führerschein herausgegeben oder die das Grundstück beeinträchtigenden baulichen Maßnahmen beseitigt werden. Ziel ist hier nicht die Entschädigung, sondern die Wiederherstellung des unrechtslastenfreien Zustandes.[1]

3 Der Amtshaftungsanspruch gewährt für amtspflichtwidrige und schuldhafte Maßnahmen des Hoheitsträgers Schadenersatzansprüche, sofern die Voraussetzungen des § 839 BGB, Art. 34 GG gegeben sind. Allerdings führt auch die Amtshaftung nur zu Geldleistungen; die Naturalrestitution durch Vornahme einer Amtshandlung ist wegen der Haftungsüberleitung nach Art. 34 S. 1 GG ausgeschlossen.[2] Auch unter Berücksichtigung dieses gesetzlich geregelten Anspruchs verbleibt somit eine Schutzlücke.

---

[1] *Sproll*, JuS 1996, 219; *Ossenbühl*, S. 286.
[2] *Windthorst/Sproll*, § 7 Rdnr. 135.

4 Überprüft man diese „Haftungsinstitute" nach ihren Anspruchsvoraussetzungen und Rechtsfolgen, so ergeben sich vor allem zwei Lücken im System des Staatshaftungsrechts:[3]

- Der Rechtsgüterschutz ist grundsätzlich begrenzt auf das verfassungsrechtlich geschützte Eigentum (Art. 14 I 1 GG) bzw. im Rahmen der öffentlich-rechtlichen Aufopferung auf die Rechtsgüter des Art. 2 II 1 GG. Es liegt also eine „Engführung" der geschützten Rechtsgüter vor.
- Die „Haftungsinstitute" ermöglichen durchgängig nur eine Kompensation der Rechtsgutbeeinträchtigung durch Geldleistungen.

5 In diesem „haftungsrechtlichen Vakuum" hat sich der Folgenbeseitigungsanspruch als notwendige Ergänzung zwischenzeitlich durchgesetzt. Die Vermutung, daß das Wiederherstellungsinteresse bei Anerkennung kompensatorischer Ansprüche auf Geldausgleich obsolet werden könnte,[4] wird durch die Erfahrungen der Praxis, wie die einleitenden Beispielsfälle zeigen, widerlegt. Der Folgenbeseitigungsanspruch trägt dem Integritätsinteresse des Betroffenen dadurch Rechnung, daß er nicht auf den Geldausgleich für erlittene Schäden abzielt, sondern auf die *Wiederherstellung des unrechtslastenfreien Zustandes* (Restitutionswirkung).

## 2. Abgrenzung

6 Vergegenwärtigt man sich die Sachverhaltskonstellationen, in denen dem Interesse des Geschädigten mit einem Geldausgleich nicht hinreichend Rechnung getragen werden kann, so sind zwei Anspruchsgruppen auseinanderzuhalten. Dies wird deutlich, wenn man die Herbeiführung einer öffentlich-rechtlichen Unrechtslast als das Ergebnis eines prozeduralen Verwaltungshandelns sieht. Der hoheitliche Eingriff wird zunächst vorbereitet, danach umgesetzt. Schließlich hält der Hoheitsträger an seinen getroffenen Maßnahmen fest bzw. wiederholt sie beliebig, obgleich der herbeigeführte Zustand rechtswidrig ist.[5] Betrachtet man das Schutzinteresse des Betroffenen, so geht es um die Verhinderung des hoheitlichen Eingriffs einerseits und um die Folgenbeseitigung andererseits.

7 Der *Abwehranspruch* ist *auf* die *Unterlassung* von Beeinträchtigungen gerichtet, sei es, daß solche Beeinträchtigungen unmittelbar drohen (*vorbeugender Unterlassungsanspruch*) oder sich ständig wiederholen (allgemeiner Unterlassungsanspruch/auch *negatorischer Beseitigungsanspruch*). In diesen Abwehrfällen wird das Interesse des Betroffenen meist schon dadurch befriedigt, daß der Hoheitsträger sein Verhalten einstellt, etwa die Verbreitung ehrenrühriger Behauptungen unterläßt.

[3] *Schoch*, Jura 1993, 479; *Rüfner*, in: *Erichsen*, Allg. Verwaltungsrecht, § 50 Rdnr. 18.
[4] *Steinberg/Lubberger*, S. 386; dagegen zutreffend *Maurer*, § 29 Rdnr. 2.
[5] *Windthorst/Sproll*, § 10 Rdnr. 6.

8 Demgegenüber zielt der *Folgenbeseitigungsanspruch* auf ein *Tätigwerden* des Hoheitsträgers, mit dem Ziel, den früheren Zustand – unrechtslastenfrei – wieder herzustellen. Das wegen einer Baumaßnahme abgerutschte Nachbargrundstück wird wieder hergestellt; die ehrenrührige Behauptung wird widerrufen.[6]

9 Beide Anspruchsvarianten wurzeln letztlich in einem grundrechtlich und rechtsstaatlich fundierten Anspruch auf Bewältigung öffentlich-rechtlicher Unrechtslasten.[7] Gemeinsam sind sie auf den Schutz des Betroffenen vor einem rechtswidrigen Zustand (Unrechtslast) gerichtet. Diese Beeinträchtigung soll dadurch bewältigt werden, daß sie abgewehrt oder – nach erfolgtem Eingriff – wieder in den ursprünglichen unrechtslastenfreien Zustand zurückgeführt wird. Der Anspruch auf Bewältigung öffentlich-rechtlicher Unrechtslasten darf allerdings nicht als allgemeiner Wiedergutmachungsanspruch mißverstanden werden.[8]

10 In der Regel wird die Unrechtslast Folge rechtswidrigen Verwaltungshandelns sein.[9] Zu eng ist allerdings die Sichtweise, die in der Rechtswidrigkeit des hoheitlichen Eingriffs das gemeinsame zentrale Tatbestandsmerkmal sieht.[10] Entscheidend ist nämlich allein, daß durch hoheitliches Handeln ein rechtswidriger Zustand (Unrechtslast) geschaffen wird, mag das diesen verursachende hoheitliche Handeln selbst auch rechtmäßig gewesen sein.

## II. Rechtsgrundlagen

### 1. Allgemeines

11 Als ein auf die Wiederherstellung des unrechtslastenfreien Zustandes gerichtetes *Rechtsinstitut* ist der *allgemeine Folgenbeseitigungsanspruch* in Literatur und Rechtsprechung anerkannt und inzwischen gewohnheitsrechtlich verfestigt.[11] Trotz weit zurückreichender Bemühungen um die Konturierung dieses Rechtsinstituts sind die Voraussetzungen seiner

---

[6] *Schoch*, Jura 1993, 481; *Ossenbühl*, S. 291.

[7] *Ossenbühl*, S. 292, spricht von einem grundrechtlichen Schutzanspruch; dieser soll den Unterlassungsanspruch, den negatorischen Beseitigungsanspruch und den Herstellungsanspruch (restitutorischer Beseitigungsanspruch) umfassen; dazu auch *Schoch*, VerwArch 79 (1988), 47.

[8] *BVerwG*, DVBl 1979, 852; *Schoch*, VerwArch 79 (1988), 23 f.; *Maurer*, § 29 Rdnr. 11. Dagegen für eine Ausweitung zu einem allgemeinen Wiedergutmachungsanspruch *Rüfner*, in: *Erichsen*, § 50 Rdnr. 30; *Redeker*, DÖV 1987, 198. Vgl. zur strukturellen Anspruchsintegration auch unten § 18 Rdnrn. 20 ff.

[9] *Obermayer*, JuS 1963, 115.

[10] *Ossenbühl*, S. 292.

[11] BGHZ 130, 332; *Ossenbühl*, S. 293, der auf Sonderentwicklungen bei der Immissionsabwehrklage und bei der Widerrufsklage hinweist. Vgl. dazu auch *Rüfner*, in: *Erichsen*, Allgemeines Verwaltungsrecht, § 50 Rdnrn. 17 ff.; *Schoch*, Jura 1993, 478.

Entstehung, sein Inhalt und sein Umfang nach wie vor nicht abschließend geklärt.[12] Nicht zuletzt angesichts der Grundsätze des *BVerfG* zur Dogmatik der Enteignung und der daraus resultierenden Folgerungen für die Aufopferungsentschädigung müssen auch beim Anspruch auf Bewältigung öffentlich-rechtlicher Unrechtslasten, ausgehend von der Anspruchsvariante „Folgenbeseitigung", die bislang hierzu vorliegenden Ergebnisse überprüft werden.

Historisch geht die Diskussion um den Folgenbeseitigungsanspruch 12
auf einen Standardfall der Nachkriegszeit zurück. Ein Obdachloser wurde in eine Privatwohnung eingewiesen. Nach Aufhebung der Einweisungsverfügung wollte der Eigentümer die Räumung der Wohnung durchsetzen. Der diesem Sachverhalt zugrunde liegende *Vollzugsfolgenbeseitigungsanspruch* ist zwischenzeitlich allgemein anerkannt. Er ist ein Unterfall des allgemeinen Folgenbeseitigungsanspruches.[13] Beim Vollzugsfolgenbeseitigungsanspruch geht es um die Rückgängigmachung der realen Vollzugsfolgen nichtiger oder aufgehobener Verwaltungsakte (deshalb Vollzugsfolgenbeseitigungsanspruch). Wie der Obdachloseneinweisungsfall zeigt, reicht es in den Fällen des vollzogenen Verwaltungsaktes häufig nämlich nicht aus, nur den Verwaltungsakt zu beseitigen, sondern es ist notwendig, auch die Folgen seines Vollzugs rückgängig zu machen. Vom *allgemeinen Folgenbeseitungsanspruch* werden darüber hinaus sämtliche Unrechtslasten erfaßt, die durch hoheitliches Handeln, insbesondere durch hoheitliche Realakte, verursacht worden sind.

## 2. Spezialgesetzliche Regelungen

Der Rückgriff auf den allgemeinen Folgenbeseitigungsanspruch 13
kommt nicht in Betracht, wenn Sachverhalte bereits spezialgesetzlich geregelt sind. Solche spezialgesetzliche Regelungen gibt es allerdings nur vereinzelt. Sie betreffen vor allem den bereits erwähnten Vollzugsfolgenbeseitigungsanspruch.[14]

Nach § 113 I 2, 3 VwGO kann das Gericht die Folgenbeseitigung un- 14
mittelbar aussprechen, wenn und soweit es den Verwaltungsakt aufhebt und dieser bereits vollzogen war. Es ist dies die Konstellation des Voll-

[12] Ausf. *Schoch*, VerwArch 79 (1988), 1; *Fiedler*, NVwZ 1986, 969; *v. Mangoldt*, DVBl 1974, 826; *BVerwG*, NJW 1981, 241; *VGH Kassel*, NVwZ 1995, 300.

[13] Der „Obdachloseneinweisungsfall" ist durch eine Drittbetroffenheit gekennzeichnet. Der Folgenbeseitigungsanspruch rechtfertigt zunächst das Räumungsbegehren des Eigentümers, führt also zu einem Rechtsverhältnis zwischen Behörde und dem durch die Einweisung belasteten Wohnungseigentümer. Umstr. ist, wie das Einschreiten gegenüber dem betroffenen Dritten rechtlich abgesichert werden kann; dazu unten § 12 Rdnr. 40. Zu dieser Fallkonstellation *BGHZ* 130, 332 und dazu *Rüfner*, JuS 1997, 309.

[14] Vgl. z. B. Art. 39 BayVwZG; § 24 NWPolG.

zugsfolgenbeseitigungsanspruchs. Mit dieser Bestimmung soll die Durchsetzung der Folgenbeseitigung prozessual erleichtert werden. Es muß aber beachtet werden, daß § 113 I 2 VwGO selbst keine Rechtsgrundlage bildet. Der Folgenbeseitigungsanspruch wird in § 113 I 2, 3 VwGO nicht geregelt oder gar rechtlich anerkannt; zu einer solchen allgemeinen Regelung würde dem Bund die Kompetenz fehlen. Diese Vorschrift setzt deshalb voraus, daß der Folgenbeseitigungsanspruch jeweils materiell-rechtlich eigenständig begründet werden kann, sei es auf spezialgesetzlicher Grundlage, sei es nach allgemeinen Grundsätzen. § 113 I 2, 3 VwGO erleichtert also nur die prozessuale Geltendmachung des Folgenbeseitigungsanspruchs.[15]

### 3. Begründungsansätze in der Literatur

15 In der Literatur werden zur rechtlichen Begründung des Folgenbeseitigungsanspruchs unterschiedliche Auffassungen vertreten.

Untrennbar mit dem Rechtsinstitut des Folgenbeseitigungsanspruchs verbunden ist der Name von *Bachof*. Er hat im Jahre 1951 in seiner Habilitationsschrift[16] den später als solchen bezeichneten Vollzugsfolgenbeseitigungsanspruch entwickelt.[17] Seine Überlegungen gingen von dem bereits erwähnten Standardfall der Nachkriegszeit aus: Die Einweisung eines Obdachlosen wird zwar aufgehoben, die Exmittierung des Eingewiesenen gleichwohl nicht vollzogen. *Bachof* sah den Rechtsgrund für die Verpflichtung der Behörde, die fortdauernde Beeinträchtigung aus dem vollzogenen rechtswidrigen Verwaltungsakt zu beseitigen, zunächst im Prinzip der *Gesetzmäßigkeit der Verwaltung* (Art. 20 III GG). Daneben bezog sich *Bachof* auf eine Rechtsanalogie zu den zivilrechtlichen Vorschriften der §§ 717 II, 945, 302 IV, 600 II ZPO. Diese Vorschriften räumen dem Beklagten unter bestimmten Voraussetzungen Schadenersatzansprüche ein, wenn der Kläger von der vorläufigen Vollstreckbarkeit einer gerichtlichen Entscheidung Gebrauch macht, diese später aber aufgehoben wird. Interessanterweise konzipierte *Bachof* auch den Vollzugsfolgenbeseitigungsanspruch als *Entschädigungsanspruch* für schuldlos rechtswidrige Handlungen der Staatsgewalt.[18] Später hat *Bachof* das mit dem Gesetzmäßigkeitsprinzip eng verbundene Gebot der Freiheit von

---

[15] *Kopp/Schenke*, § 113 Rdnrn. 80 ff.; *Schenke*, JuS 1990, 372.

[16] *Bachof*, S. 98 ff.; *ders.*, DÖV 1971, 859.

[17] *BVerwG*, DVBl 1971, 858; *Haueisen*, DVBl 1973, 739.

[18] *Bachof*, S. 117 ff.; es ist zweifelhaft, ob diese Konzeption nur noch eine rechtshistorische Episode ist (*Redeker*, DÖV 1987, 194) oder ob nicht die Erkenntnisse *Bachofs* vor dem Hintergrund der neueren *Rspr.* zur Aufopferungsentschädigung für die Herausbildung eines integrierten Anspruchs auf Bewältigung hoheitlich veranlaßter Unrechtslasten fruchtbar gemacht werden kann.

ungesetzlichem Zwang sowie den Gedanken der Effektivität des Rechtsschutzes zusätzlich herangezogen.

*Bettermann*[19] hielt den Grundsatz der Gesetzmäßigkeit der Verwaltung für einen nicht hinreichenden Begründungszusammenhang. Aus dem Gesetzmäßigkeitsprinzip ergebe sich nämlich nicht, welche Folgen einzutreten hätten, wenn die Verwaltung gegen rechtliche Verpflichtungen verstoße. Außerdem kritisierte er den schadenersatzrechtlich konzipierten Anspruchsinhalt, weil die darin eingeschlossene Anerkennung einer allgemeinen Staatshaftung für schuldlos rechtswidrige Amtshandlungen das geltende Staatshaftungsrecht aus den Angeln hebe.[20] *Bettermann* erkannte zwar ebenfalls eine Lücke im Haftungssystem, versuchte sie indessen durch eine *Analogie zu* den zivilrechtlichen Vorschriften der *§§ 1004, 861, 862, 12 BGB* zu schließen. Er wies darauf hin, daß das *RG* für das Zivilrecht den wiederherstellenden Beseitigungsanspruch im Gebot der Gerechtigkeit verankert habe, das in diesen Vorschriften zum Ausdruck komme. Dieses Gebot binde nicht nur den Bürger, sondern auch den Staat als Träger öffentlicher Gewalt. Dieser sei nicht weniger als der Bürger zur Beachtung von Recht und Gesetz verpflichtet. Die Konzeption *Bettermanns* bedeutet für den Anspruchsinhalt zwingend, daß nicht Kompensation, sondern nur Restitution beansprucht werden kann. Es handelt sich um einen Beseitigungsanspruch, der auf die Herstellung des früheren, vor der Störung bestehenden Zustandes gerichtet ist. 16

*Weyreuther*[21] weist auf die Grundrechte als Grundlage des Folgenbeseitigungsanspruches hin. Der Abwehrfunktion der *Grundrechte* korrespondiere zunächst ein Anspruch des Betroffenen gegen den Staat auf Unterlassung von Grundrechtsbeeinträchtigungen. Dieser Unterlassungsanspruch wandle sich nach bzw. durch die Verletzung des Grundrechts in einen Beseitigungsanspruch.[22] 17

*Menger*[23] entnimmt dem Staatshaftungsrecht eine *ungeschriebene Grundnorm auf Wiedergutmachung*. Jemand, der in seiner Rechtsstellung widerrechtlich durch hoheitliche Maßnahmen beeinträchtigt wird, soll einen Anspruch auf Herstellung des Zustandes haben, der bestehen würde, wenn die Beeinträchtigung nicht eingetreten wäre. Ein derartig allgemeiner, konturenloser Anspruch auf Wiedergutmachung ist indessen dem deutschen Staatshaftungsrecht fremd.[24] Der Rückgriff auf diesen Topos allein läßt eine Konkretisierung der Anspruchsvoraussetzungen wie auch der Rechtsfolgen nicht zu. 18

---

[19] *Bettermann*, DÖV 1955, 528; *Schoch*, VerwArch 79 (1988), 16; *v. Mangoldt*, DVBl 1974, 827.

[20] Dazu auch *Schoch*, Jura 1993, 479; *v. Mangoldt*, DVBl 1974, 827.

[21] *Weyreuther*, S. 106 ff., 139 ff.; vgl. auch *Bartlsperger*, NJW 1968, 1697.

[22] *Weyreuther*, S. 85; *Köckerbauer*, JuS 1988, 782; *Ossenbühl*, S. 294.

[23] *Menger*, in: Gedächtnisschr. f. W. *Jellinek*, 1955, S. 350 ff.; *Haas*, System der öffentlich-rechtlichen Entschädigungspflichten, 1955, S. 63 ff.

[24] *Dürig*, JZ 1955, 524.

### 4. Auffassungen der Rechtsprechung

19 An den Äußerungen der Rechtsprechung zur rechtlichen Begründung des Folgenbeseitigungsanspruches ist vor allem deren verfassungsrechtliche Ausrichtung hervorzuheben.

20 Im Urteil vom 25.8.1971[25] vermeidet es das *BVerwG*, sich ausdrücklich auf eine bestimmte Rechtsgrundlage festzulegen. Es neigt in dieser Entscheidung aber dazu, den Folgenbeseitigungsanspruch als Rechtsinstitut mit den Freiheitsgrundrechten bzw. – „was insoweit keinen prinzipiellen Unterschied mache" – mit dem Vorbehalt des Gesetzes zusammenzuführen.[26]

21 Im Urteil vom 19.7.1984[27] verankert das *BVerwG* den Folgenbeseitigungsanspruch in Art. 20 III GG. Diese Bestimmung binde die vollziehende Gewalt an Gesetz und Recht. Daraus leitet das *BVerwG* im Sinne *Bachofs* die Verpflichtung der vollziehenden Gewalt ab, die rechtswidrigen Folgen ihrer Amtshandlungen wieder zu beseitigen. Gleichzeitig wird der Inhalt des Folgenbeseitigungsanspruchs aber darauf beschränkt, daß regelmäßig nur der Zustand wieder herzustellen sei, der vor der Vornahme der Amtshandlung bestanden habe.

22 Ohne weitergehende Auseinandersetzung mit den dogmatischen Grundlagen des Folgenbeseitigungsanspruchs weist schließlich das *BVerwG* in einem Urteil aus dem Jahre 1993[28] darauf hin, daß es sich beim Folgenbeseitigungsanspruch um einen gewohnheitsrechtlich verfestigten Anspruch handele; die ungeschriebenen tatbestandlichen Voraussetzungen dieses Anspruches seien in ihren Strukturen weitgehend geklärt.

### 5. Verfassungsrechtlicher Begründungsansatz

23 Führt man sich die dem Folgenbeseitigungsanspruch aber auch dem öffentlich-rechtlichen Unterlassungsanspruch zugeordneten Sachverhalte vor Augen, so zeigt sich, daß das Schutzinteresse grundsätzlich entlang der grundrechtlich geschützten Freiheitssphäre verläuft. Die Grundrechte in ihrer Abwehrfunktion sichern den einzelnen vor rechtswidrigen hoheitlichen Eingriffen. Die Freiheitssicherung durch die Grundrechte wäre indessen unvollkommen, wenn sie nur Unterlassungsansprüche bzw. Ansprüche auf Beseitigung des eingreifenden Primärakts gewährleisten würden, die meist sehr viel weiter reichenden Vollzugsfolgen jedoch ohne Sanktion ließen. Wenn gegen die von *Weyreuther* abgeleitete grundrechtliche Verankerung des Folgenbeseitigungsanspruchs eingewandt wird, es

---

[25] *BVerwG*, NJW 1972, 269.
[26] Vgl. aber auch *BVerwGE* 69, 366 (370).
[27] *BVerwGE* 69, 366 (370).
[28] *BVerwG*, NVwZ 1994, 276; vgl. auch BGHZ 130, 332.

bleibe unklar, worauf jene eigenartige Umwandlung von primären Unterlassungsansprüchen in sekundäre Beseitigungsansprüche beruhe,[29] so wird nicht ausreichend zwischen der rechtlichen Anerkennung des Folgenbeseitigungsanspruchs einerseits und der Konkretisierung des Anspruchsinhalts andererseits unterschieden. Gerade die Verankerung des Folgenbeseitigungsanspruchs in der Abwehrfunktion der Grundrechte eröffnet eine am Verhältnismäßigkeitsgrundsatz orientierte Konkretisierung des Anspruchsinhaltes.[30] Der Hoheitsträger überschreitet mit der rechtswidrigen Verursachung von Unrechtslasten den grundrechtlich geschützten Integritätsbereich des Bürgers. Der Verhältnismäßigkeitsgrundsatz in seiner belastungsbeschränkenden Funktion gebietet es in diesen Fällen, die Maßnahmen zu ergreifen, die möglich und zumutbar sind, um den unrechtslastenfreien Zustand wieder herzustellen.

Bei diesem Verständnis tritt zur rechtlichen Absicherung des Folgen- 24
beseitigungsanspruchs, wie auch vom *BVerwG* wiederholt hervorgehoben, ergänzend der Grundsatz der Gesetzmäßigkeit der Verwaltung hinzu. Aus diesem Grundsatz ergibt sich nämlich objektivrechtlich die Verpflichtung des Hoheitsträgers, nur aufgrund einer Ermächtigungsgrundlage, und nur dieser entsprechend, in den geschützten Freiheitsraum des einzelnen einzugreifen. Auch insoweit gilt also, was bereits zur rechtlichen Begründung der Aufopferungsentschädigung ausgeführt worden ist:[31] zwischen der grundrechtlichen Begründung und einer Ergänzung durch das Gesetzmäßigkeitsprinzip besteht kein Widerspruch. Dafür spricht auch Art. 34 S. 1 GG, dem für hoheitliches Unrecht eine institutionelle Garantie der Staatshaftung entnommen werden kann. Diese an den Grundrechten und am Gesetzmäßigkeitsprinzip anknüpfende verfassungsrechtliche Begründung führt im Ergebnis dazu, daß sich der Folgenbeseitigungsanspruch als Variante des Anspruchs auf Bewältigung öffentlich-rechtlicher Unrechtslasten prinzipiell auf das gesamte grundrechtlich geschützte Freiheitsspektrum erstreckt.[32]

## III. Anspruchsvoraussetzungen

### 1. Anspruchsstruktur

Der allgemeine Folgenbeseitigungsanspruch umfaßt zunächst den 25
Vollzugsfolgenbeseitigungsanspruch. Er hat die Beseitigung der unmittel-

---

[29] *Rupp*, JA 1979, 509; *Spanner*, DVBl 1968, 620; *Fiedler*, NVwZ 1986, 971.
[30] Im Sinne der grundrechtlichen Verankerung auch *Maurer*, § 29 Rdnr. 4; *Rösslein*, Der Folgenbeseitigungsanspruch, 1968, S. 65 ff.; *Erichsen*, VerwArch 63 (1972), 220; wohl auch *Ossenbühl*, S. 299. Zu den Konsequenzen des grundrechtlichen Begründungsansatzes: *Schoch*, VerwArch 79 (1988), 36.
[31] *Sproll*, JuS 1996, 129.
[32] *Ossenbühl*, S. 299.

baren und noch andauernden Vollzugsfolgen eines aufgehobenen Verwaltungsaktes zum Gegenstand. Ein Beispiel dafür ist eine sofort vollziehbare Abbruchverfügung für Schweineställe, die von der zuständigen Ordnungsbehörde gegen den betroffenen Landwirt wegen Ausbruchs der Schweinepest in seinem Anwesen erlassen worden ist. Im Wege der Ersatzvornahme werden die Stallungen eingerissen. Stellt sich z. B. im Widerspruchsverfahren heraus, daß die Abbruchverfügung rechtswidrig war, weil zu keinem Zeitpunkt auch nur die Gefahr der Schweinepest gegeben war, und wird die Abbruchverfügung aufgehoben, so kann der Landwirt den Wiederaufbau seiner Stallungen im Wege der Vollzugsfolgenbeseitigung durchsetzen.

26 Der Folgenbeseitigungsanspruch i. e. S. ist ebenfalls ein Unterfall des allgemeinen Folgenbeseitigungsanspruchs. Er betrifft die durch sonstiges Hoheitshandeln verursachten Unrechtslasten. Gemeint sind etwa Eigentumsbeeinträchtigungen im Zuge von Straßenbaumaßnahmen. Rutscht z. B. das angrenzende Privatgrundstück wegen Absenkung der Straßenfläche ab oder treten Risse im Gebäude auf, so kann der Eigentümer im Wege der Folgenbeseitigung sowohl die Errichtung einer Stützmauer als auch die bauliche Wiederherstellung des Grundstückes und des Gebäudes verlangen.

## 2. Tatbestandsmerkmale

27 Über die Tatbestandsvoraussetzungen des allgemeinen Folgenbeseitigungsanspruchs besteht weitgehend Einigkeit. Nach der Rechtsprechung des *BVerwG* setzt er tatbestandlich voraus, daß eine hoheitliche Maßnahme ein subjektives Recht beeinträchtigt und dadurch ein rechtswidriger Zustand geschaffen worden ist, der noch andauert. Der Anspruch ist ausgeschlossen, wenn dessen Wiederherstellung tatsächlich oder rechtlich nicht möglich oder dem Hoheitsträger nicht zumutbar ist.[33]

### *a) Hoheitliches Verhalten*

28 Die zu beseitigende Unrechtslast muß durch ein hoheitliches Verhalten herbeigeführt worden sein.[34] Als solches kommen nicht nur *Rechtsakte*, sondern vor allem auch *Realakte* in Betracht. Für Unrechtslasten, die auf förmliche Gesetze oder Maßnahmen der rechtsprechenden Gewalt zurückgehen, ist der Folgenbeseitigungsanspruch bislang von der Rechtsprechung nicht anerkannt worden.[35]

---

[33] *Schoch*, Jura 1993, 481; *Sproll*, JuS 1996, 221; vgl. auch *Ossenbühl*, S. 307, allerdings dort zu einem weitergehenden allgemeinen grundrechtlichen Schutzanspruch.

[34] *BVerwG*, NJW 1972, 270; *VG München*, NVwZ-RR 1991, 58.

[35] *Klein*, in: *Soergel*, BGB, § 839 Anh. Rdnr. 228; *Sachs*, in: *Stern*, StaatsR III/1, S. 677 ff.; differenzierend *Ossenbühl*, S. 309.

Das Merkmal der *Hoheitlichkeit* führt zur Ausgrenzung privatrechtlicher Akte von Hoheitsträgern.[36] Praktisch hat die Abgrenzung vor allem bei Immissionen privatrechtlich organisierter Einrichtungen der öffentlichen Hand Bedeutung. Der hoheitliche Charakter der Immission wird in diesen Fällen aus dem Widmungszweck abzuleiten sein. Steht die Einrichtung in einem „öffentlich-rechtlichen Planungs- und Funktionszusammenhang“, haben die Immissionen eine hoheitliche Basis.[37] 29

Erörtert wird bei diesem Tatbestandsmerkmal auch, unter welchen Voraussetzungen ein hoheitliches *Unterlassen* zu einem Folgenbeseitigungsanspruch führen kann. Zum Teil wird darauf hingewiesen, daß das Unterlassen in der Regel schon deshalb nicht relevant werden könne, weil es beim Unterlassen nichts gebe, was wieder herzustellen sein könnte.[38] Hinter dieser Auffassung steht der Gedanke, daß eine Begünstigung in den Unterlassungsfällen noch gar nicht eingetreten ist. Der Folgenbeseitigungsanspruch gewähre deshalb letztlich ein „mehr“ und sei nicht auf die Wiederherstellung des status quo ante beschränkt. Demgegenüber hat das *BVerwG*[39] festgehalten, daß der Folgenbeseitigungsanspruch nicht alle rechtswidrigen Folgen, die durch ein „Tun oder ein *Unterlassen* der öffentlichen Gewalt“ veranlaßt worden sind, erfasse. Aus dieser Formulierung läßt sich entnehmen, daß das *BVerwG* den Folgenbeseitigungsanspruch grundsätzlich auch beim hoheitlichen Unterlassen anerkennen will. Bedenken – jedenfalls gegen eine uneingeschränkte Erstreckung des Folgenbeseitigungsanspruchs auf hoheitliches Unterlassen – ergeben sich daraus, daß dann der inhaltlich beschränkte Restitutionsanspruch in Richtung eines allgemeinen Wiedergutmachungsanspruchs ausgeweitet werden könnte.[40] Sieht man den Folgenbeseitigungsanspruch im status negativus der Grundrechte verankert, so wird man den Folgenbeseitigungsanspruch in den Unterlassungsfällen auf Sachverhalte beschränken, die materiell einem Eingriff gleichstehen. Dies ist z. B. der Fall, wenn der Hoheitsträger durch positives Tun zuvor eine Risikoerhöhung geschaffen hat, aus der sich im weiteren Verlauf infolge hoheitlicher Untätigkeit eine Rechtsbeeinträchtigung entwickelt.[41] 30

Die Problematik wird sich häufig schon durch eine sorgfältige Prüfung auflösen, ob auf die unterlassene Leistung nicht ohnehin ein Anspruch 31

---

[36] *VGH München*, NVwZ 1989, 270; *Klein*, in: *Soergel*, BGB, § 839 Anh. Rdnr. 229; *Schneider*, Folgenbeseitigung im Verwaltungsrecht, 1994, S. 95.

[37] Insoweit besteht ein ähnliches Abgrenzungsproblem wie beim Amtshaftungsanspruch im Rahmen des Merkmals „Handeln in Ausübung eines *öffentlichen* Amtes“ (dazu oben § 9 Rdnrn. 23 ff.) oder bei der Enteignung (dazu unten § 16 Rdnr. 124).

[38] *Maurer*, § 29 Rdnr. 9; *Schoch*, Jura 1993, 482.

[39] *BVerwGE* 69, 366; dazu *Ossenbühl*, S. 310.

[40] *Ossenbühl*, S. 310; *Windthorst/Sproll*, § 11 Rdnr. 6 ff.

[41] Ausf. *Schoch*, Jura 1993, 482; weitergehend: *Maaß*, BayVBl 1987, 525; *Wallerath*, DÖV 1987, 513. Für Fallgruppenbildung *Klein*, in: *Soergel*, BGB, § 839 Anh. Rdnr. 231.

aufgrund spezieller Rechtsgrundlagen besteht. So kann die nicht erteilte Baugenehmigung auf der Grundlage der einschlägigen Bestimmungen der Landesbauordnungen durchgesetzt werden. Entsteht dem Betroffenen durch die rechtswidrige Verzögerung des Baugenehmigungsverfahrens ein Schaden, so kann er diesen gegebenenfalls im Wege der Amtshaftung liquidieren. Für eine Folgenbeseitigung besteht in solchen Fällen schon nach der erstrebten Rechtsfolge kein eigentlicher Bedarf.[42]

*b) Beeinträchtigung einer geschützten Rechtsposition*

32 *aa)* Das hoheitliche Verhalten muß zur Beeinträchtigung einer geschützten Rechtsposition geführt haben. Diese subjektive Rechtsposition kann sich unmittelbar aus dem Verfassungsrecht ergeben; hinreichend sind jedoch auch subjektive Rechte, die sich aus einfachem Recht ableiten.[43]

33 Im Mittelpunkt der *verfassungsrechtlich begründeten Rechtspositionen* stehen die Grundrechte. Sieht man, wie hier, den Folgenbeseitigungsanspruch primär in den Freiheitsgrundrechten verankert, so werden zwangsläufig die Schutzgegenstände aller Grundrechte erfaßt. Die Verletzung eines subjektiven Rechts ist jedenfalls bei einem „klassischen" Grundrechtseingriff anzunehmen.[44]

34 Die Einbeziehung auch von Rechtspositionen, die sich aus *einfachem Recht* ableiten, entspricht der h. M.[45] Meist werden sich diese einfachrechtlichen Rechtspositionen ohnedies als Konkretisierungen der Grundrechte verstehen lassen.[46] Liegen derart einfach-rechtlich ausgeprägte Rechtspositionen vor, darf zur Begründung der Rechtsbeeinträchtigung nicht auf das dahinterstehende Grundrecht zurückgegriffen werden. Wird der Nachbar z. B. durch eine vollzogene immissionsschutzrechtliche Genehmigung beeinträchtigt, so kann er, sofern eine nachbarschützende Vorschrift verletzt wird, unter Berufung darauf nicht nur die Aufhebung der Genehmigung erreichen, sondern auch die Beseitigung der bereits realisierten Vollzugsfolgen. Ob einfach-rechtliche Vorschriften derartige subjektive Rechte einräumen, bedarf im Einzelfall der Auslegung.[47]

35 *Schoch*[48] sieht in der Öffnung der geschützten Rechtsgüter beim Folgenbeseitigungsanspruch einen prinzipiellen Unterschied zur sog. Aufopferungsentschädigung. Verankert man allerdings die Aufopferungsent-

---

[42] Zum Problem der Änderung der Sach- bzw. Rechtslage: *Schoch*, Jura 1993, 482; auch *Klein*, in: *Soergel*, BGB, § 839 Anh. Rdnr. 231.
[43] *Schoch*, Jura 1993, 482; *Ossenbühl*, S. 307.
[44] *Windthorst/Sproll*, § 11 Rdnr. 11; *Klein*, in: *Soergel*, BGB, § 839 Anh. Rdnr. 232.
[45] *Schoch*, Jura 1993, 482 m. w. Nachw.; vgl. auch *Ossenbühl*, S. 308.
[46] *Ossenbühl*, S. 308; *Pietzko*, S. 145 ff.
[47] *Maurer*, § 8 Rdnr. 8.
[48] *Schoch*, Jura 1993, 482.

schädigung im gewohnheitsrechtlich begründeten allgemeinen Aufopferungsgedanken,[49] so scheint diese „Engführung" der Rechtsgüter im Rahmen der Aufopferungsentschädigung durchaus als überprüfungswürdig. Der allgemeine öffentlich-rechtliche Aufopferungsanspruch erfaßt ohnedies gerade auch Rechtsgüter aus Art. 2 II GG.

Mit Blick auf die mitgliedstaatliche Vollziehung von Gemeinschafts- 36
recht dürfte die erweiterte gemeinschaftsrechtliche Konzeption subjektiv-öffentlicher Rechte auch bei der Beurteilung einer Beeinträchtigung subjektiver Rechtspositionen beim Folgenbeseitigungsanspruch zu berücksichtigen sein.

*bb)* Die weite Fassung des Eingriffstatbestandes, der prinzipiell jede 37
durch hoheitliches Verhalten verursachte Rechtsbeeinträchtigung erfaßt, kann zu unkalkulierbaren Haftungsfolgen führen. Diese Problematik ist auch bei der Aufopferungsentschädigung bekannt. Es geht im Ergebnis darum, im Bereich der haftungsbegründenden Kausalität eine Haftungsbegrenzung einzuführen, um insbesondere mittelbare Eingriffsfolgen aus dem Folgenbeseitigungsanspruch auszunehmen.[50] Diese Haftungsbegrenzung im Bereich der haftungsbegründenden Kausalität wird durch das *Unmittelbarkeitskriterium* erreicht. Es sollen nur solche Rechtsbeeinträchtigungen berücksichtigt werden, die unmittelbar auf hoheitliches Verhalten zurückzuführen sind. Der Rohrbruchfall[51] läßt sich in modifizierter Form auch als Folgenbeseitigungsproblem denken. Sofern die durch den Rohrbruch in der gemeindlichen Wasserleitung verursachten Grundstücksveränderungen wieder herstellbar gewesen wären, wäre in dieser Sachverhaltskonstellation grundsätzlich auch ein Folgenbeseitigungsanspruch in Betracht zu ziehen gewesen. Für die Aufopferungsentschädigung aus enteignungsgleichem Eingriff hat der *BGH* gemeint, daß zwischen dem Schaffen und Unterhalten der öffentlichen Wasserleitung und dem durch den Wassereinbruch verursachten Schaden kein unmittelbarer Zusammenhang bestehe. Die Modifikation des Sachverhaltes als Fall der Folgenbeseitigung läßt die Problematik dieser Entscheidung noch deutlicher hervortreten.[52]

### *c) Unrechtslast – Rechtswidrigkeit des Zustandes*

*aa)* Der hoheitliche Eingriff muß einen rechtswidrigen Zustand herbei- 38
geführt haben. Teilweise wird vor allem in der älteren Lehre und Recht-

---

[49] Zum Aufopferungsgedanken als Begründungsprinzip *Schmitt-Kammler*, JuS 1995, 473; außerdem unten §§ 16 Rdnr. 52; 18 Rdnrn. 6 ff.

[50] *BVerwGE* 69, 366 ff.; *Wolff/Bachof/Stober*, Verwaltungsrecht I, § 52 Rdnr. 22. Davon zu unterscheiden ist die Haftungseingrenzung im Bereich der haftungsausfüllenden Kausalität; dort geht es um die ersatzfähigen Schäden; vgl. dazu unten § 12 Rdnr. 54.

[51] *BGH*, NJW 1971, 607; *Ossenbühl*, JuS 1971, 578.

[52] Kritisch *Ossenbühl*, JuS 1971, 578 unter Hinweis auf *BGH*, DÖV 1973, 101.

sprechung nicht auf die Rechtswidrigkeit der Folgen, sondern auf die Rechtswidrigkeit des Hoheitshandelns abgestellt.[53] Diese sehr stark an der Dogmatik des Vollzugsfolgenbeseitigungsanspruchs ausgerichtete Auffassung ist schwerlich aufrechtzuerhalten. Nicht die Rechtswidrigkeit des hoheitlichen Handelns ist maßgebend dafür, ob der status quo ante wiederherzustellen ist. Entscheidend kann nur das Bestehen einer Unrechtslast (rechtswidriger Zustand) sein.[54] Der Folgenbeseitigungsanspruch ist deshalb gegeben, wenn der *beeinträchtigende Zustand rechtswidrig* ist, mag auch der diesen Zustand verursachende Hoheitsakt für sich rechtmäßig gewesen sein. Wird etwa die rechtmäßige Beschlagnahme eines Gegenstandes widerrufen, so kann dem Herausgabeverlangen nicht entgegengehalten werden, daß der Beschlagnahme ein ursprünglich rechtmäßiger Akt zugrunde gelegen hat.[55]

39 *bb)* Nicht hinreichend geklärt ist, was gelten soll, wenn durch rechtswidrige Hoheitsakte rechtmäßige Zustände geschaffen werden. Denkbar sind solche Sachverhaltsgestaltungen vor allem bei formell rechtswidrigen Verwaltungsmaßnahmen. Vertritt man die Auffassung, daß der Folgenbeseitigungsanspruch nur rechtswidrige Statusveränderungen betrifft, so wären diese Sachverhalte dem Folgenbeseitigungsanspruch von vorneherein entzogen. Andererseits kann nicht übersehen werden, daß zahlreiche Verfahrensvorschriften grundrechtssichernde Wirkungen haben, mit der Folge, daß ein Verstoß gegen solche Vorschriften letztlich auch einen Makel des an sich rechtmäßigen Zustandes begründen kann.[56] Gleichwohl bestehen Bedenken, allein unter Hinweis auf diesen Verfahrensmakel, dem Betroffenen einen Folgenbeseitigungsanspruch trotz materiell rechtmäßigen Zustandes zuzuerkennen.[57] In der Regel wird es sich um Sachverhalte des Vollzugsfolgenbeseitigungsanspruchs handeln. Kann in diesen Fällen der formell rechtswidrige Verwaltungsakt nicht angegriffen werden, schafft bereits dieser den Rechtsgrund für den beeinträchtigenden (aber rechtmäßigen) Zustand. Im übrigen würde der Folgenbeseitigungsanspruch am Merkmal der Zumutbarkeit scheitern.[58]

40 *cc)* Beim *Vollzugsfolgenbeseitigungsanspruch* gelten für die Beurteilung der Rechtswidrigkeit Besonderheiten wegen der Tatbestandswirkung des

---

[53] *OVG Münster*, NJW 1954, 1902; *VGH Mannheim*, VerwRspr 12, 1001; *Obermayer*, JuS 1963, 115.

[54] *BVerwG*, NJW 1989, 2272; *Wolff/Bachof/Stober*, Verwaltungsrecht I, § 52 Rdnr. 17; *Schoch*, VerwArch 79 (1988), 42.

[55] *Wolff/Bachof/Stober*, Verwaltungsrecht I, § 52 Rdnr. 17; vgl. auch *VG Ansbach*, BayVBl 1991, 667 für die Abschiebung eines Ausländers.

[56] *Ossenbühl*, S. 313; *Klein*, in: *Soergel*, BGB, § 839 Anh Rdnr. 234 für den Fall, daß der Hoheitsträger vorsätzlich rechtswidrig gehandelt hat.

[57] So wohl *Ossenbühl*, S. 313 unter Hinweis auf *BVerwG*, NJW 1981, 240.

[58] Denkbar ist in diesen Fällen auch die Legalisierung. Insgesamt dazu unten § 12 Rdnr. 42.

Verwaltungsakts. Ein rechtswidriger, aber wirksamer Verwaltungsakt stellt eine gültige Rechtsgrundlage für den geschaffenen Zustand dar. Dieser auch durch den rechtswidrigen Verwaltungsakt vermittelte Rechtsgrund entfällt nur dann, wenn der Verwaltungsakt nichtig oder aufgehoben worden ist. Der Folgenbeseitigungsanspruch setzt deshalb im Falle des rechtswidrigen aber nicht nichtigen (also wirksamen) Verwaltungsakts zwingend dessen Aufhebung voraus.[59] Würde in dem wiederholt erwähnten Beispiel der Obdachloseneinweisung die Aufhebung der Einweisungsverfügung im verwaltungsgerichtlichen Verfahren etwa wegen Verfristung abgelehnt, so könnte der Hauseigentümer auch nicht im Wege des Folgenbeseitigungsanspruchs geltend machen, der durch die Einweisungsverfügung geschaffene Zustand sei im Wege der Exmittierung des Eingewiesenen zu beseitigen. Auf der anderen Seite ist es aber nicht erforderlich, daß die Aufhebung des Verwaltungsakts zum Zeitpunkt der Geltendmachung des Vollzugsfolgenbeseitigungsanspruchs bereits bestandskräftig ist. Aus § 113 I 2 VwGO folgt, daß ein Vollzugsfolgenbeseitigungsanspruch schon vor Rechtskraft des Urteils zusammen mit dem gegen den Verwaltungsakt gerichteten Anfechtungsbegehren gerichtlich geltend gemacht werden kann.[60]

Teilweise wird für den Vollzugsfolgenbeseitigungsanspruch neben der **41** Rechtswidrigkeit die Rechtsgrundlosigkeit des zu beseitigenden Zustandes als weiteres Tatbestandselement gefordert.[61] Da die Schaffung eines von der Rechtsordnung anerkannten Rechtsgrundes die Rechtswidrigkeit des Zustandes insgesamt entfallen läßt, stellt die Verwaltungsaktsproblematik lediglich eine Besonderheit bei der Rechtswidrigkeitsfeststellung des Vollzugsfolgenbeseitigungsanspruchs dar.

*d) Fortdauer der Rechtswidrigkeit*

Der Folgenbeseitigungsanspruch setzt voraus, daß der rechtswidrige **42** Zustand noch andauert,[62] d. h. im Falle der gerichtlichen Durchsetzung muß die zu beseitigende Unrechtslast noch im Zeitpunkt der letzten mündlichen Verhandlung vorhanden sein.[63] Bei diesem Merkmal wird die „*Legalisierung*" des rechtswidrigen Zustandes diskutiert. Wird die zunächst vorliegende Rechtswidrigkeit des Zustandes nämlich durch eine spätere hoheitliche Maßnahme legalisiert, so entfällt der Folgenbeseiti-

[59] *Maurer*, § 29 Rdnr. 10; *Ossenbühl*, S. 313 f.

[60] *VGH Kassel*, NVwZ 1995, 301 ff.

[61] *Ossenbühl*, S. 314; *Steinberg/Lubberger*, S. 382.

[62] *Windthorst/Sproll*, § 11 Rdnr. 17; *Ossenbühl*, S. 317; *Klein*, in: *Soergel*, BGB, § 839 Anh. Rdnr. 236.

[63] *BVerwGE* 80, 178 (180 f.). Der Wegfall der Rechtswidrigkeit nach diesem Zeitpunkt kann gegebenenfalls im Wege der Vollstreckungsabwehrklage geltend gemacht werden; dazu *Ossenbühl*, S. 317.

gungsanspruch angesichts der Rechtskonformität des Zustandes.[64] So kann die Beseitigung eines Straßenabschnittes, der ohne Widmung über ein Grundstück geführt worden ist, nicht mehr verlangt werden, wenn der fehlende Planfeststellungsbeschluß rechtzeitig nachgeholt wird.[65] Der Folgenbeseitigungsanspruch entfällt jedoch nur, wenn die Rechtswidrigkeit im nachhinein tatsächlich beseitigt worden ist. Die bloße Möglichkeit der nachträglichen Legalisierung reicht nicht aus.[66] Eine andere Frage ist es, ob der Legalisierungsmöglichkeit im Rahmen der Zumutbarkeit oder bei der Feststellung unzulässiger Rechtsausübung Rechnung getragen werden kann.[67]

### 4. Ausschlußgründe

43 Der Folgenbeseitigungsanspruch entfällt, wenn die Wiederherstellung des ursprünglichen Zustandes tatsächlich oder rechtlich nicht möglich oder unzumutbar ist, den Betroffenen – bei unteilbarer Folgenbeseitigung – ein Mitverschulden trifft oder die Geltendmachung der Folgenbeseitigung eine unzulässige Rechtsausübung darstellt. Diese Ausschlußgründe müssen als Einwendungen vom Anspruchsgegner dargetan und bewiesen werden; fehlt ein entsprechender Sachvortrag oder ist der Anspruchsgegner beweisfällig, greift der Folgenbeseitigungsanspruch durch.[68] Es ist dann jedoch zu beachten, daß gleichzeitig ein haftungsrechtlich relevanter Eingriff in eine geschützte Rechtsposition vorliegt. Dieser Eingriff kann eine Ersatzpflicht des Hoheitsträger auslösen, sofern die Voraussetzungen etwa der Amtshaftung oder Aufopferungsentschädigung gegeben sind.

#### *a) Möglichkeit der Unrechtslastenbeseitigung*

44 Der Anspruch entfällt, wenn die Wiederherstellung des unrechtslastenfreien Zustandes aus tatsächlichen oder rechtlichen Gründen unmöglich ist, auch wenn diese Unmöglichkeit erst nachträglich eintritt.[69]

45 Problematisch sind in diesem Zusammenhang vor allem die sog. *„Drittbetroffenenfälle“*. Gemeint sind z. B. die aus dem Baurecht bekann-

---

[64] *Sproll*, JuS 1996, 222; *Maurer*, § 29 Rdnr. 15.

[65] *BVerwG*, NJW 1989, 118; *Maurer*, § 29 Rdnr. 15.

[66] *Maurer*, § 29 Rdnr. 15; *Ossenbühl*, S. 317. Zu Recht wird die Auffassung des *VGH München*, DÖV 1978, 766, zurückgewiesen, wonach bei einer bestehenden Legalisierungsmöglichkeit lediglich die „Spruchreife“ nach § 113 I 2 VwGO fehlen soll; dazu *Ossenbühl*, S. 317.

[67] Dazu unten § 12 Rdnr. 47.

[68] *Pietzko*, S. 503; *Ossenbühl*, S. 318; *BVerwGE* 94, 100 (LS 2).

[69] *Klein*, in: *Soergel*, BGB, § 839 Anh. Rdnr. 250; *Ossenbühl*, S. 318; *Schoch*, VerwArch 79 (1988), 50.

ten Konstellationen, in denen der Nachbar eine Baugenehmigung erfolgreich angefochten hat und nunmehr von der zuständigen Behörde im Wege der Folgenbeseitigung den Abriß des Gebäudes verlangt.[70] Ein weiteres Beispiel ist die wiederholt erwähnte Obdachloseneinweisung. Die besondere Problematik der Drittbetroffenenfälle liegt darin, daß sich die Folgenbeseitigung nicht im Verhältnis zwischen Hoheitsträger und Anspruchsinhaber vollzieht, sondern daß die Folgenbeseitigung notwendigerweise den Rechtskreis eines Dritten berührt, sich dort also belastend auswirkt. Die Frage ist deshalb, woraus sich die Legitimation für das Einschreiten gegen den Dritten ergibt.[71]

Teilweise wird die Ermächtigungsgrundlage für das behördliche Einschreiten gegen den betroffenen Dritten unmittelbar dem Folgenbeseitigungsanspruch entnommen. Der rechtswidrige Besitzstand des Begünstigten darf nach dieser Auffassung nicht stärker geschützt werden, als der rechtmäßige Besitzstand des Belasteten. Der Folgenbeseitigungsanspruch begründet somit nicht nur ein Rechtsverhältnis zwischen dem Hoheitsträger und dem Belasteten, sondern ermächtigt den Hoheitsträger gleichzeitig zum Einschreiten gegen den begünstigten Drittbeteiligten.[72] Die Gegenauffassung lehnt einen Folgenbeseitigungsanspruch im Verhältnis zum Drittbeteiligten ab. Für das Einschreiten gegenüber dem Dritten wird eine eigenständige Ermächtigungsgrundlage verlangt. Sofern diese aus dem Polizei- und Ordnungsrecht entnommen wird, soll lediglich ein Anspruch auf ermessenfehlerfreie Entscheidung über das Einschreiten bestehen.[73] Nach dieser Auffassung beschränkt sich somit die Rechtswirkung des Folgenbeseitigungsanspruchs auf das Verhältnis zwischen Behörde und Belasteten. Im genannten Beispiel müßte sich nach dieser Auffassung die Behörde für das Einschreiten gegenüber dem belasteten Gebäudeeigentümer auf eine bauordnungsrechtliche Grundlage zur Beseitigung des baurechtswidrigen Zustandes stützen können. Überwiegend wird eine vermittelnde Lösung vertreten. Danach soll in den Drittbetroffenenfällen der Belastete einen Folgenbeseitigungsanspruch gegen den Hoheitsträger geltend machen können. Im Hinblick auf den Dritten ist zwar ergänzend eine Ermächtigungsgrundlage – meist ordnungsrechtlichen Charakters – heranzuziehen. Der Folgenbeseitigungs- 46

[70] *OVG Münster*, NJW 1984, 883; *VGH Kassel*, NVwZ 1995, 300.

[71] Zum Meinungsstand vgl. *Detterbeck*, Jura 1980, 42 f.

[72] *Wolff/Bachof/Stober*, Verwaltungsrecht I, § 52 Rdnr. 26; *Schenke*, DVBl 1990, 330; zu dieser Auffassung auch *Blanke/Peilert*, Die Verwaltung 31 (1998), 39. Zweifelhaft scheint, ob die Auffassung, die die Rechtsgrundlage für das Einschreiten gegenüber Dritten unmittelbar im Folgenbeseitigungsanspruch sieht, generell zu einer strikten Beseitigungspflicht der Behörde kommen muß, wie von *Ossenbühl*, S. 320, vertreten. Gerade wenn man den Folgenbeseitigungsanspruch in den Grundrechten verankert sieht, läßt sich vertreten, daß die kollidierenden Grundrechte des Dritten etwa im Rahmen der Zumutbarkeit Berücksichtigung finden können.

[73] *VGH Mannheim*, NVwZ 1987, 1101; DÖV 1996, 1057.

anspruch erzeugt für den Hoheitsträger jedoch grundsätzlich eine Folgenbeseitigungspflicht.[74] Das prinzipiell bestehende behördliche Ermessen für das Einschreiten gegen den Dritten ist mit Blick auf den Folgenbeseitigungsanspruch beschränkt.[75] Der *BGH*[76] hat darauf hingewiesen, daß das polizeiliche Ermessen „jedenfalls erheblich – im Einzelfall bis auf Null – eingeengt" wird. Diese Auffassung führt durch die prinzipiell bestehende Ermessensabwägungspflicht zu einer gewissen Flexibilität. Die Ermessenerwägungen können im Einzelfall ausnahmsweise zum Wegfall der Einschreitenspflicht gegenüber dem Dritten führen. Wäre ein Einschreiten etwa wegen Unverhältnismäßigkeit rechtswidrig, entfiele nach dieser Auffassung der Folgenbeseitigungsanspruch wegen rechtlicher Unmöglichkeit.[77]

*b) Zumutbarkeit der Wiederherstellung*

47 Die Wiederherstellung des ursprünglichen Zustandes muß dem verpflichteten Hoheitsträger zumutbar sein.[78] Angesichts der Grundrechtswirkung des Eingriffs ist dieses Merkmal eng auszulegen. Auf der einen Seite ist grundsätzlich der Aufwand zu berücksichtigen, der vom Hoheitsträger geleistet werden muß, um den ursprünglichen Zustand wieder herzustellen; auf der anderen Seite muß der Vorteil für den Anspruchsinhaber gewichtet werden, der diesem im Falle der Folgenbeseitigung zuwächst.[79] Das *BVerwG* hat die Zumutbarkeit vor dem Hintergrund der Grundrechtswirkungen dahingehend eingegrenzt, daß die Folgenbeseitigung nur dann entfällt, „wenn damit ein unverhältnismäßig hoher Aufwand verbunden ist, der zu dem erreichbaren Erfolg bei allem Respekt für das Verlangen nach rechtmäßigen Zuständen in keinem vernünftigen Verhältnis mehr steht."[80] Letztlich ist die Zumutbarkeit Ausdruck des Grundsatzes der Verhältnismäßigkeit, wobei es indessen nicht um eine allgemeine Abwägung von Vor- und Nachteilen geht, sondern wie die

---

[74] *BGHZ* 130, 332 (335); *Schoch*, Jura 1993, 478; *Detterbeck*, Jura 1990, 42; *Weyreuther*, S. 108; *Sproll*, JuS 1996, 223; *Knemeyer*, JuS 1988, 698.

[75] *Weyreuther*, S. 110ff.; *VGH München*, BayVBl 1970, 118; *VGH Kassel*, NVwZ 1995, 302; zur „Folgenbeseitigungslast", die als Topos bei der Ermessensabwägung teilweise verwendet wird, *Blanke/Peilert*, Die Verwaltung 31 (1998), 40; *Ossenbühl*, S. 320.

[76] *BGHZ* 130, 332 (335f.).

[77] *Klein*, in: *Soergel*, BGB, § 839 Anh. Rdnr. 251.

[78] *BVerwG*, NJW 1972, 269; *Klein*, in: *Soergel*, BGB, § 839 Anh. Rdnr. 251; *Ossenbühl*, S. 322. Ablehnend *Fiedler*, NVwZ 1986, 976; *Schoch*, Jura 1993, 478, äußert sich zumindest unklar zur Bedeutung des Zumutbarkeitsmerkmals. Es scheint indessen, als werde in diesem Zusammenhang nicht ausreichend klar gesehen, daß letztlich der Folgenbeseitigungsanspruch im status negativus der Grundrechte verankert ist und somit im Einzelfall durchaus eine Duldungspflicht unter dem Gesichtspunkt des Verhältnismäßigkeitsgrundsatzes angenommen werden kann.

[79] *Windthorst/Sproll*, § 11 Rdnr. 27.

[80] *BVerwGE* 94, 100 (105).

Entscheidung des *BVerwG* zeigt, ausschließlich solche Sachverhalte ausgegrenzt werden, die zu schlechthin unerträglichen Ergebnissen führen.[81]

*c) Unzulässige Rechtsausübung*

Der Anspruch auf Folgenbeseitigung ist ausgeschlossen, wenn sich seine Durchsetzung als unzulässige Rechtsausübung darstellen würde. In der Rechtsprechung wurde dies in Fällen angenommen, in denen die Legalisierung des als rechtswidrig erkannten und andauernden Zustandes zeitlich unmittelbar bevorsteht.[82] Die bloß abstrakte Möglichkeit der Legalisierung reicht gerade mit Blick auf das grundrechtlich fundierte Schutzinteresse des Betroffenen nicht aus. Die Zulassung dieses Einwands würde nämlich dann zu einem in der Zeit nicht kalkulierbaren Rechtsverlust auf seiten des Betroffenen führen.[83] Dabei ist außerdem zu beachten, daß eine spätere Legalisierung des Zustandes gegebenenfalls im Rahmen einer Vollstreckungsabwehrklage berücksichtigt werden kann.[84] Besteht allerdings eine bereits rechtlich gesicherte Erwartung, daß der Hoheitsträger den rechtmäßigen Zustand kurzfristig herbeiführen wird, so kann das Festhalten am Folgenbeseitigungsanspruch als Wahrnehmung einer nur noch formalen Rechtsposition gegen den Grundsatz von Treu und Glauben verstoßen.[85] **48**

*d) Mitverantwortlichkeit*

Die h. M.[86] vertritt die Auffassung, daß die Mitverantwortlichkeit des Betroffenen nach § 254 BGB als Ausprägung eines allgemeinen Rechtsgedankens auch im Rahmen des Folgenbeseitigungsanspruches Berücksichtigung zu finden habe. **49**

Unterläßt es der Betroffene, den rechtswidrigen Verwaltungsakt zu beseitigen, der der Unrechtslast zugrundeliegt, so entfällt der Vollzugsfolgenbeseitigungsanspruch schon wegen der fehlenden Rechtswidrigkeit des Zustandes.[87] Bei der Mitverantwortlichkeit nach § 254 BGB analog kann jedoch der Fall anzusiedeln sein, daß der Anspruchsinhaber eine **50**

---

[81] *Ossenbühl*, S. 322; *Klein*, in: *Soergel*, BGB, § 839 Anh. Rdnr. 252; *Sproll*, JuS 1996, 223. Weitere Beispiele aus der Rspr.: *OVG Berlin*, NVwZ 1992, 902; *OVG Düsseldorf*, BauR 1987, 46.

[82] *BVerwGE* 94, 100 (103); *OVG Lüneburg*, UPR 1991, 78; *Ossenbühl*, S. 323.

[83] Für die Berücksichtigung der bloßen Legalisierungsmöglichkeit wohl *OVG Berlin*, NVwZ 1992, 902; *VGH München*, DÖV 1978, 767.

[84] *BVerwGE* 80, 178 (183); *Ossenbühl*, S. 323.

[85] *Schoch*, Jura 1993, 486; *Maurer*, § 29 Rdnr. 15; *VGH Mannheim*, UPR 1993, 194. Grundsätzlich scheint die Legalisierungsmöglichkeit im Rahmen der Zumutbarkeit besser verortet. Ob daneben die unzulässige Rechtsausübung als Ausschlußgrund überhaupt ein wesentliches Anwendungsfeld hat, erscheint zweifelhaft.

[86] *BVerwG*, NJW 1985, 1481; *Ossenbühl*, S. 323; *Henke*, JuS 1988 753.

[87] Vgl. dazu oben § 12 Rdnr. 40.

ihm mögliche und zumutbare Unterlassungsklage gegen die Herbeiführung eines rechtswidrigen Zustandes unterläßt.[88]. Eine ähnliche Überlegung kommt auch beim Amtshaftungsanspruch zum Tragen (§ 839 III BGB).

51 Interessante Fragen, insbesondere auch zur Dogmatik des Anspruches auf Bewältigung öffentlich-rechtlicher Unrechtslasten, ergeben sich im Zusammenhang mit unteilbaren Folgenbeseitigungen. Die Rspr.[89] war in diesen Fällen zunächst der Auffassung, daß die Mitverantwortlichkeit des Betroffenen den Anspruch insgesamt entfallen lasse. Der Betroffene wurde auf Geldersatz insb. aus Aufopferungsentschädigungsansprüchen verwiesen. Eine teilweise Folgenbeseitigung kam somit nicht in Betracht. Zwischenzeitlich ist das *BVerwG*[90] von dieser Position des „alles oder nichts" abgerückt und verfolgt ein differenzierendes Lösungskonzept. Unter Hinweis auf eine entsprechende Anwendung des § 251 I BGB soll die Mitverantwortlichkeit nunmehr in der Regel auch bei nicht teilbaren Folgenbeseitigungen nicht zum Wegfall des Anspruches insgesamt führen, sondern nur zu dessen Umwandlung in einen entsprechend gekürzten Ausgleichsanspruch auf Geld. Das *BVerwG* sieht diese auf Geldersatz gerichtete Kompensation als Teil des Anspruches auf Folgenbeseitigung.[91] Dieses „Substitut" erscheint schon verfassungsrechtlich geboten; § 251 I BGB, auf den das *BVerwG* Bezug nimmt, dürfte insoweit nur eine Orientierungshilfe für die Art der Ersatzleistung sein.

## IV. Inhalt des Anspruches

### 1. Wiederherstellung des ursprünglichen Zustands

52 Der Folgenbeseitigungsanspruch ist grundsätzlich auf die Wiederherstellung des ursprünglichen, durch den hoheitlichen Eingriff veränderten Zustandes gerichtet.[92] Inhalt ist die *Wiederherstellung des „status quo ante"*. Ist die identische Wiederherstellung allerdings nicht möglich, kann

---

[88] *BVerwG*, NVwZ 1989, 453 L; 1994, 279; *Klein*, in: *Soergel*, BGB, § 839 Anh. Rdnr. 255. Diesen Sachverhalt der Zumutbarkeit zuordnend, *Windthorst/Sproll*, § 11 Rdnrn. 28 f.

[89] *BVerwG*, DÖV 1971, 859; dazu *Hoffmann-Becking*, JuS 1972, 509; krit. *Rupp*, DVBl 1972, 232.

[90] *BVerwG*, NJW 1989, 2484.

[91] Dazu *Wolff/Bachof/Stober*, Verwaltungsrecht I, § 52 Rdnr. 19. Kritisch zu diesem Ansatz *Schoch*, Jura 1993, 86. Der Entscheidung ist aber insbesondere mit Blick auf Überlegungen zur Anspruchsintegration zuzustimmen; dazu *Sproll*, JuS 1996, 125; 318 sowie unten § 18 Rdnrn. 20 ff.

[92] St. Rspr. seit *BVerwGE* 28, 156; *Ossenbühl*, S. 301; *Klein*, in: *Soergel*, BGB, § 839 Anh. Rdnr. 239.

die Herstellung eines gleichwertigen Zustandes verlangt werden.[93] Der Folgenbeseitigungsanspruch kann also nicht mit der Begründung abgelehnt werden, ein identischer Zustand könne nicht herbeigeführt werden, wenn die „Gleichwertigkeit" dem Integritätsinteresse des Betroffenen ausreichend Rechnung trägt. Wurde im Zuge von Straßenbauarbeiten eine Sandsteineinfriedung rechtswidrig entfernt, ist der Hoheitsträger mit dem Einwand ausgeschlossen, daß die Wiederherstellung der alten Sandsteineinfriedung mangels Vorhandenseins ihrer Bestandteile nicht mehr möglich sei. Dem verletzten Rechtsstatus wird in diesem Falle selbstverständlich auch durch Anbringen einer Stützmauer unter Verwendung anderen Materials entsprochen.[94] Läßt sich auch die Gleichwertigkeit nicht erreichen, besteht lediglich die schon angesprochene Möglichkeit des Sekundärrechtsschutzes.

Es ist zweifelhaft, ob etwas damit gewonnen wird, wenn man sich bei 53
der Abgrenzung des Anspruchsinhaltes auf den Begriff der Naturalrestitution bezieht.[95] § 249 BGB, der den *Grundsatz der Naturalrestitution* für das zivilrechtliche Schadenersatzrecht normiert, gewährt unter den Voraussetzungen des § 249 S. 2 BGB einen auf Geld gerichteten Anspruch, unabhängig davon, ob der Geschädigte die Herstellung, deren Kosten er fordert, wirklich vornehmen läßt. Eine derartige „Substitution" ist beim Folgenbeseitigungsanspruch ausgeschlossen. Darüber hinaus ist, anders als bei § 249 BGB, nicht die Herstellung des hypothetischen Zustandes das Ziel des Folgenbeseitigungsanspruches, sondern es geht um die Wiederherstellung des „status quo ante".[96] Dieser Anspruchsinhalt ist selbstverständlich auch in den seltenen Fällen maßgebend, in denen der Folgenbeseitigungsanspruch Geldleistungen begründet, wie z. B. im Falle der Berücksichtigung der Mitverantwortlichkeit.[97]

## 2. Haftungsbegrenzung bei der haftungsausfüllenden Kausalität

Der Folgenbeseitigungsanspruch erfaßt nur die *unmittelbaren Schadensfolgen* des hoheitlichen Handelns. Die „Unmittelbarkeit" soll ver- 54
hindern, daß alle durch das rechtswidrige Hoheitshandeln adäquat verursachten Folgen ausgeglichen werden müssen.[98] So kann in dem bekannten

[93] *Wolff/Bachof/Stober*, Verwaltungsrecht I, § 52 Rdnr. 13; *BVerwGE* 38, 336; anders dagegen *VGH München*, BayVBl 1992, 147, wo angenommen wird, der Folgenbeseitigungsanspruch richte sich inhaltlich auf die Wiederherstellung eines identischen (nicht nur gleichwertigen) Zustandes.

[94] Dies übersieht *VGH Mannheim*, NVwZ-RR 1990, 449; dazu *Klein*, in: *Soergel*, BGB, § 839 Anh. Rdnr. 240.

[95] *Sproll*, JuS 1996, 224; *Ossenbühl*, S. 302.

[96] *Ossenbühl*, S. 302.

[97] Vgl. dazu oben § 12 Rdnrn. 49 ff.

[98] *Ossenbühl*, S. 302; *Sproll*, JuS 1996, 224.

Obdachlosenfall im Wege der Folgenbeseitigung nur die Exmittierung des Obdachlosen aus der Wohnung verlangt werden, nicht dagegen auch die Beseitigung der vom Obdachlosen während des Aufenthalts verursachten Schäden.[99] Die Folgenbeseitigung erfaßt auch nicht Taxikosten, die etwa im Zusammenhang mit dem rechtswidrigen Abschleppen eines PKW entstanden sind; ebenso können nicht die Kosten des Widerspruchsverfahrens, die für die Rechtsverfolgung des Betroffenen angefallen sind, verlangt werden.[100] Gegenstand der Folgenbeseitigungsanordnung sind somit nicht alle „Schadensfolgen“, die durch das Verwaltungshandeln adäquat ausgelöst worden sind. Es kommt vielmehr auf eine wertende Abgrenzung unter dem Gesichtspunkt des Unmittelbarkeitskriteriums an.[101]

### 3. Verjährung

55 Welche Verjährungsfrist für den Folgenbeseitigungsanspruch gilt, ist in Rechtsprechung und Literatur nicht abschließend geklärt. Ausdrückliche positive Regelungen zur Verjährung fehlen.[102] Es bestehen gute Gründe dafür, auf den Folgenbeseitigungsanspruch die 30jährige Verjährungsfrist analog § 195 BGB anzuwenden, soweit nicht eine spezielle gesetzliche Regelung besteht.[103] Dafür spricht insbesondere auch, daß für die Ansprüche auf Aufopferungsentschädigung seit jeher die 30jährige Verjährungsfrist des § 195 BGB entsprechend herangezogen wird.[104] Diese Entschädigungsansprüche stehen in struktureller Nähe zum Folgenbeseitigungsanspruch. Auch für eine Reihe weiterer öffentlich-rechtlicher Ansprüche, wie z. B. beim öffentlich-rechtlichen Erstattungsanspruch wird

---

[99] *Ossenbühl*, S. 302; *Rösslein* (Fußn. 30), S. 87; *Wolff/Bachof/Stober*, Verwaltungsrecht I, § 52 Rdnr. 22; *Sproll*, JuS 1996, 224.

[100] *VGH München*, BayVBl 1984, 559; *OLG Nürnberg*, BayVBl 1989, 667; *BVerwGE* 40, 322.

[101] *BVerwG*, NJW 1973, 261. Vgl. insbesondere den sog. „Bardepot-Fall“ (*BVerwGE* 69, 366). Dieser Fall macht zunächst deutlich, daß im Rahmen der Folgenbeseitigung auch Geldansprüche durchgesetzt werden können. Zum anderen hat das *BVerwG* mit dem Unmittelbarkeitskriterium eine nachhaltige Kompensationsbeschränkung bewirkt. Kritisch dazu *Maaß*, BayVBl 1987, 525; *Schoch*, Jura 1993, 484; *Bethge/Detterbeck*, Jura 1991, 555. Jedenfalls im Ergebnis wird man jedoch dem Urteil des *BVerwG* zuzustimmen haben, *Ossenbühl*, S. 303. In diesem Zusammenhang ist zu erwähnen, daß der *BGH* in einem vergleichbaren Fall den Ersatz des Zinsverlustes auch nicht über den enteignungsgleichen Eingriff zugelassen hatte, *BGHZ* 83, 190.

[102] In § 13 I des vom *BVerfG* (E 61, 149 [174 ff.])für nichtig erklärten Staatshaftungsgesetzes vom 26.6.1981 (BGBl I, S. 553) war eine Erlöschensfrist von 3 Jahren ab Kenntnis des schädigenden Ereignisses und ohne solche Kenntnis von 30 Jahren vorgesehen. Dies entspricht der für Ansprüche aus Amtspflichtverletzung (§ 839 BGB) geltenden Regelung des § 852 BGB; vgl. dazu § 10 Rdnrn. 75 ff.

[103] *VGH München*, NJW 1999, 666; NVwZ-RR 1991, 57.

[104] *Krohn/Löwisch*, Rdnr. 447 ff.

diese Verjährungsfrist angenommen.[105] Zu beachten ist, daß die 30jährige Verjährung eintritt, ohne Rücksicht auf Kenntnis des Betroffenen.

## V. Abgrenzungen

### 1. Folgenbeseitigungslast

Ausgehend von *Weyreuther*[106] wird in der Lit. im Zusammenhang mit dem Folgenbeseitigungsanspruch die sog. Folgenbeseitigungslast erörtert.[107] Die Einführung dieses „Rechtsinstituts" neben dem Folgenbeseitigungsanspruch scheint indessen eher der Verwirrung Vorschub zu leisten, als daß damit die Klärung von Sach- und Rechtsfragen gefördert wird. Der Hinweis darauf, daß beide „Institute" aus demselben Sachzusammenhang begründet seien, hilft insoweit nicht weiter.[108] Während der Folgenbeseitigungsanspruch als Restitutionsanspruch auf die reale Beseitigung von Statusverletzungen gerichtet ist, soll das „Institut" der Folgenbeseitigungslast ein „systemimmanentes Surrogat" darstellen, um Rechtsnachteile auszugleichen, die bei einem Verwaltungshandeln mit Drittbetroffenheit oder beim Erlöschen eines ursprünglich bestehenden Leistungsanspruches entstehen.[109] Kennzeichnend für die Folgenbeseitigungslast soll eine „Zweistufigkeit" sein.[110] Als die beiden Hauptanwendungsfelder der Folgenbeseitigungslast werden die Drittbeteiligungsfälle und Sachverhalte genannt, in denen Betroffenen eine begünstigende Maßnahme rechtswidrig vorenthalten wurde, sich dann aber in der Folgezeit die Sach- oder Rechtslage zum Nachteil des Betroffenen verändert hat.[111] In der „zweiten Stufe" soll dann die Folgenbeseitigungslast zum Tragen kommen. 56

Bei genauerer Analyse dieses „Instituts" geht es vor allem darum, Defizite auszugleichen, die sich aus dem Tatbestandsmerkmal „Möglichkeit hoheitlichen Handelns" ergeben. In den „Drittbeteiligungsfällen" werden mit der Folgenbeseitigungslast die rechtlichen Interessen des betroffenen Dritten zurückgedrängt. Bei den „Begünstigungsfällen" stellt sich die Frage, ob bei einer erneuten Entscheidung über den abgelehnten Anspruch, etwa auf Erteilung einer Baugenehmigung, die zwischenzeitlich geänderte Rechts- oder Sachlage, die jetzt zu einer rechtmäßigen Ablehnung des Antrages führen würde, über die Folgenbeseitigungslast zugun- 57

[105] *BVerwGE* 66, 241 (251 ff.); dazu auch § 27 Rdnr. 13.
[106] *Weyreuther*, S. 128.
[107] *Blanke/Peilert*, Die Verwaltung 31 (1998), 29; *Ivo*, S. 15.
[108] *Weyreuther*, S. 115.
[109] *Blanke/Peilert*, Die Verwaltung 31 (1998), 34.
[110] *Ivo*, S. 18, 85.
[111] Vgl. die Beispiele zu dieser Fallkonstellation bei *Weyreuther*, S. 123; auch *BVerwG*, DVBl 1961, 447.

sten des Betroffenen außer acht gelassen werden darf. Die Folgenbeseitigungslast soll in diesem Fall einen „Anspruch" des Betroffenen auf Berücksichtigung des rechtswidrigen Verwaltungshandelns in einer Folgeentscheidung enthalten. Es stellt sich nachhaltig die Frage, ob die „Folgenbeseitigungslast" mit diesem Inhalt tatsächlich ein eigenständiges Rechtsinstitut darstellt, oder ob dieser Begriff nicht eher für ein Anwendungsproblem des Folgenbeseitigungsanspruches steht, dem bereits bei der Auslegung der Tatbestandsmerkmale hinreichend Rechnung getragen werden kann.

**58** In den *Drittbeteiligungsfällen* wird nach hier vertretener Auffassung für das Einschreiten gegenüber dem Dritten zur Ergänzung des Folgenbeseitigungsanspruchs eine eigenständige Ermächtigungsgrundlage gefordert. Sie ergibt sich in aller Regel aus der polizeirechtlichen Generalklausel.[112] Sofern diese besondere Ermächtigungsgrundlage die Behörde zwingend zum Eingreifen verpflichtet, stellt sich das Problem der Folgenbeseitigungslast von vornherein nicht. Soweit sie ein Ermessen vorsieht, kann der aus den Grundrechten abgeleitete Folgenbeseitigungsanspruch dieses Ermessen in der Tat binden; häufig wird von einer Ermessensreduzierung auf Null auszugehen sein.

**59** In den *Unterlassungsfällen*, in denen ein Anspruch des Betroffenen auf eine hoheitliche Leistung zunächst zu Unrecht abgewiesen wurde, der Bewilligung nach erneuter Beantragung jetzt aber die Änderung der Sach- oder Rechtslage entgegensteht, bestehen Bedenken, allein unter Hinweis auf die „Folgenbeseitigungslast" eine Entscheidung zu rechtfertigen, die im Widerspruch zur geltenden Rechtslage steht. Dies wird ohne weiteres deutlich, wenn sich aus der geänderten gesetzlichen Bestimmung selbst entnehmen läßt, daß der Gesetzgeber „Altfälle" mitregelnd erfassen wollte. In diesen Fällen scheidet ein Folgenbeseitigungsanspruch angesichts rechtlicher Unmöglichkeit aus. Es bleiben dem Betroffenen gegebenenfalls Schadenersatzansprüche aus Amtshaftung oder Entschädigungsansprüche wegen enteignungsgleichen Eingriffes. Im übrigen trägt die Rspr. der Besonderheit der Unterlassungsfälle dadurch Rechnung, daß auf die Rechtslage zum Zeitpunkt der Antragsablehnung oder der Klageerhebung abgestellt wird und somit die Beurteilungsgrundlage „nach vorne" verlagert wird.[113] Schließlich ist es denkbar, die zunächst rechtswidrige Ablehnung eines Anspruchs im Rahmen einer Folgeentscheidung zu berücksichtigen, wenn diese Ermessensleistungen vorsieht. Die Rspr. hat dies für den Dispens von den Festlegungen einer Veränderungssperre nach § 14 II BBauG zugelassen.[114]

---

[112] Vgl. dazu oben § 12 Rdnrn. 45 f.

[113] *BVerwG*, DVBl 1961, 447; *BGHZ* 37, 181; kritisch dazu *Weyreuther*, S. 118; *Blanke/Peilert*, Die Verwaltung 31 (1998), 50.

[114] *BVerwG*, Buchholz 406.11 § 14 BauBG Nr. 4; *BVerwG*, DÖV 1989, 901 (LS 1).

Sofern über das „Institut" der Folgenbeseitigungslast in den Unterlassungsfällen letztlich ein allgemeiner Herstellungsanspruch begründet werden soll, bestehen dagegen grundlegende Bedenken.[115] Eine derartige inhaltliche Aufladung würde den Folgenbeseitigungsanspruch vom negatorischen Beseitigungsanspruch weg hin zu einem allgemeinen Ausgleichsanspruch verändern. 60

## 2. Sozialrechtlicher Herstellungsanspruch

Im Sozialrecht steht das Problem der Folgenbeseitigung häufig im Zusammenhang mit einem Leistungsbegehren des Betroffenen. Typische Fallkonstellationen sind, daß aufgrund einer Verletzung von Beratungs- und Betreuungspflichten seitens der Sozialbehörde der Betroffene Dispositionen getroffen oder unterlassen hat, die zu einer erheblichen Vermögenseinbuße geführt haben, weil Vorteile ausblieben, die ihm bei richtiger Beratung bewilligt worden wären.[116] 61

Der sozialrechtliche Herstellungsanspruch ist zwar ebenso wie der Folgenbeseitigungsanspruch auf die Beseitigung von öffentlich-rechtlichen Unrechtslasten gerichtet. Er unterscheidet sich jedoch sowohl im Tatbestand, wie auch in der Rechtsfolge von dem bislang in der Rechtsprechung des *BVerwG* anerkannten allgemeinen Folgenbeseitigungsanspruch. Der sozialrechtliche Herstellungsanspruch ist ein vom *BSG* entwickeltes und konturiertes sozialrechtliches Rechtsinstitut. Er ist darauf gerichtet, denjenigen Zustand herzustellen, der bestünde, wenn sich die Sozialverwaltung rechtmäßig verhalten hätte.[117] Rechtsdogmatisch dürfte er als Anspruch aus öffentlich-rechtlicher positiver Forderungsverletzung zu verstehen sein, der als Folge der Verletzung von Beratungs- und Betreuungspflichten aus dem zwischen dem Bürger und dem Sozialleistungsträger bestehenden Sozialrechtsverhältnis entsteht.[118] Bei diesem Verständnis wird der sozialrechtliche Herstellungsanspruch durch eine objektive Pflichtverletzung der Sozialbehörde in einer konkreten sozialrechtlichen Sonderbeziehung konstituiert. Auf die Vorwerfbarkeit der Pflichtverletzung soll es nach der neueren Rechtsprechung des *BSG* nicht mehr ankommen.[119] Der Wegfall der Vorwerfbarkeit dürfte allerdings bei 62

---

[115] *Rüfner*, in: *Erichsen*, Allg. Verwaltungsakt, § 53 Rdnr. 32 mit entsprechender Tendenz. Für eine Beschränkung der Ansprüche auf Amtshaftung und enteignungsgleichen Eingriff *Klein*, in: *Soergel*, BGB, § 839 Anh. Rdnr. 253; *Schoch*, VerwArch 79 (1988), 64.

[116] *BSGE* 49, 30 (33); 57, 288 (290); 61, 154 (157); ausf. und mit eingehendem Nachw. *Schoch*, VerwArch 79 (1988), 25; *Ossenbühl*, S. 326.

[117] *BSGE* 57, 290; *BSG*, MDR 1962, 1022; *BSGE* 49, 76.

[118] *BSGE* 34, 124 (127 ff.); 49, 30 (33 ff.); *Krasney*, BKK 1985, 380; ablehnend: *Bieback*, DVBl 1983, 165; ausf. insgesamt *Schmidt-De Caluwe*, S. 368 ff.

[119] *BSGE* 49, 76 (77); *Krasney*, BKK 1985, 382.

der Festlegung der Anforderungen an die Betreuungs- und Beratungspflichten aufgefangen werden.

**63** Stehen der Ausweitung des Folgenbeseitigungsanspruchs in Richtung eines allgemeinen Herstellungsanspruchs insbesondere die staatliche Kompetenzverteilung und das Problem der finanziellen Folgenverantwortung entgegen, sind diese Gesichtspunkte für den sozialrechtlichen Herstellungsanspruch nur von geringer Bedeutung. Er erfaßt ohnehin nur Ansprüche, die dem Betroffenen nach der materiellen Rechtslage zugestanden hätten und die deshalb in den meisten Fällen seiner versicherungsrechtlichen Absicherung entsprechen.[120]

**64** Der sozialrechtliche Herstellungsanspruch setzt ein rechtswidriges Verhalten der Behörde voraus. Dieses muß zu einer Fehldisposition des Betroffenen, z. B. durch eine verspätete Stellung eines Leistungsantrages, geführt haben. Erleidet der Betroffene hierdurch einen Schaden, weil etwa der Sozialleistungsanspruch verjährt, so ist die Sozialbehörde aus dem sozialrechtlichen Herstellungsanspruch verpflichtet, ihn rechtlich so zu stellen, wie er stehen würde, wenn die Behörde rechtmäßig gehandelt hätte.[121]

## VI. Anspruchszuständigkeit und Rechtsweg

### 1. Aktivlegitimation

**65** Teilweise wird unter Hinweis auf die Verankerung des Folgenbeseitigungsanspruches in den Freiheitsgrundrechten die Auffassung vertreten, daß nur Privatrechtssubjekte Inhaber des Anspruchs sein könnten.[122] Es wird darauf verwiesen, daß das *BVerfG* juristischen Personen des öffentlichen Rechts grundsätzlich die Berufung auf Grundrechte versagt habe.[123] So hat etwa das *BVerfG* den Gemeinden die Grundrechtsberechtigung aus Art. 14 I 1 GG auch außerhalb des Bereichs der Wahrnehmung öffentlicher Aufgaben verwehrt, da sich die Gemeinden auch im nichthoheitlichen Bereich in keiner grundrechtstypischen Gefährdungslage befänden.[124] Die rechtliche Fundierung des Folgenbeseitigungsanspruchs in den Grundrechten kann indessen nicht als Begründung herangezogen werden, um Hoheitsträgern diesen Anspruch zu verwehren. Der Grundrechtsbezug schließt es nicht aus, daß der Folgenbeseitigungsanspruch

---

[120] *Ossenbühl*, S. 327.
[121] Ausf. zu den Anspruchsvoraussetzungen *Ossenbühl*, S. 328 ff.
[122] *Klein*, in: *Soergel*, BGB, § 839 Anh. Rdnr. 233; *Fiedler/Fink*, DÖV 1988, 317.
[123] Dazu *Krüger*, in: *Sachs*, GG, Art. 19 Rdnr. 81; *BVerfGE* 21, 369; 68, 206.
[124] *BVerfGE* 61, 82 (105). Zur Notwendigkeit der Differenzierung *Krüger*, in: *Sachs*, GG, Art. 19 Rdnr. 83.

auch bei Beeinträchtigungen von subjektiven Rechtspositionen entsteht, die einfach-rechtlich ausgeprägt sind.[125] Kann sich ein Hoheitsträger auf eine derart geschützte Rechtsposition berufen, steht ihm grundsätzlich auch der Folgenbeseitigungsanspruch zur Verfügung.

### 2. Passivlegitimation

Stellt man die Verantwortung für die Verursachung der Unrechtslast in 66
den Vordergrund, so könnte die Passivlegitimation grundsätzlich beim „eingreifenden" Hoheitsträger gesehen werden. *Ossenbühl*[126] hebt demgegenüber auf die rechtliche Befugnis ab, den alten Zustand wieder herzustellen. Für die Passivlegitimation soll deshalb nicht entscheidend sein, welcher Hoheitsträger die Unrechtslast verursacht hat, sondern wer für ihre Beseitigung zuständig ist. Dafür spricht, daß es für den Folgenseitigungsanspruch nicht auf die Rechtswidrigkeit des Eingriffs, sondern auf die durch den Eingriff verursachte Unrechtslast ankommt.

### 3. Rechtsweg

Beim Folgenbeseitigungsanspruch handelt es sich um einen öffentlich- 67
rechtlichen Anspruch, der vor den Verwaltungsgerichten geltend zu machen ist (§ 40 I VwGO). Im Einzelfall kann die Feststellung der öffentlich-rechtlichen Natur des Anspruchs Schwierigkeiten bereiten.[127]

### 4. Klageart

Der Folgenbeseitigungsanspruch ist mit der *allgemeinen Leistungskla-* 68
*ge* geltend zu machen, wenn die Folgenbeseitigung durch schlichthoheitliches Handeln zu erfolgen hat. Sofern die Rückgängigmachung des beeinträchtigenden Zustandes den Erlaß eines Verwaltungsaktes voraussetzt, ist eine *Verpflichtungsklage* zu erheben.[128]

Für den *Vollzugsfolgenbeseitigungsanspruch* erleichtert § 113 I 2, 3 69
VwGO die prozessuale Geltendmachung. Der Betroffene kann unter den Voraussetzungen dieser Bestimmung den Antrag auf Folgenbeseitigung mit dem der Aufhebung des Verwaltungsaktes verbinden, ohne daß die Rechtskraft der Aufhebung des Verwaltungsaktes abgewartet werden

---

[125] Vgl. dazu § 12 Rdnrn. 23 f.
[126] *Ossenbühl*, S. 324. Zur Bedeutung des Kompetenzwechsels *BVerwG*, NJW 1985, 1481.
[127] Vgl. dazu oben § 12 Rdnrn. 28 ff.
[128] *Ossenbühl*, S. 335; *Rösslein* (Fußn. 30), S. 54.

muß.[129] Diese Vorschrift ist Ausdruck der Prozeßökonomie. § 113 I 2, 3 VwGO gilt allerdings nur für denjenigen Fall, in dem der Vollzugsfolgenbeseitigungsanspruch die Aufhebung des Verwaltungsakts, der den rechtswidrigen Zustand geschaffen hat, voraussetzt. Wurde der Verwaltungsakt bereits aufgehoben (z. B. durch die Behörde), oder hat er sich anderweitig erledigt (z. B. durch Zeitablauf im Falle der Befristung), ist § 113 I 2, 3 VwGO jedenfalls nicht unmittelbar anwendbar.[130]

## § 13. Öffentlich-rechtlicher Unterlassungsanspruch

**Literatur:** s. § 12

### I. Grundlagen

1 Nach der hier vertretenen Auffassung ist der öffentlich-rechtliche Unterlassungsanspruch eine Ausprägung des Anspruchs auf Bewältigung öffentlich-rechtlicher Unrechtslasten. Gleichwohl ist seine gesonderte Darstellung neben dem allgemeinen Folgenbeseitigungsanspruch sinnvoll, weil damit die Besonderheiten des Unterlassungsanspruchs deutlicher herausgearbeitet werden können.

#### 1. Begriff

*a) Anwendungsfehler*

2 Der auf die Wahrung der grundrechtlich geschützten Integrität gerichtete öffentlich-rechtliche Unterlassungsanspruch kann in unterschiedlichsten Sachverhaltskonstellationen zum Tragen kommen. Von großer praktischer Bedeutung ist die Abwehr von öffentlich-rechtlichen Immissionen, wie etwa Geräuschimmissionen, die z. B. von Altglas- und Altpapiercontainern ausgehen,[1] oder von Geruchsimmissionen aus kommunalen Kläranlagen.[2] Hierher gehören auch die Auseinandersetzungen um das kirchliche Glockengeläut.[3] Ein weiteres wichtiges Anwendungsfeld ist der Ehrenschutz im öffentlichen Recht. Es geht dabei um herabsetzende Äußerungen in Gemeinderatssitzungen,[4] um beamtenrechtliche Beur-

---

[129] *Kopp/Schenke*, § 113 Rdnr. 84, der in § 113 I 2 VwGO eine besondere Form der Stufenklage normiert sieht; *Redeker/v. Oertzen*, VwGO, § 113 Rdnr. 5. *Windthorst/Sproll*, § 12 Rdnr. 24.

[130] Dazu *Kopp/Schenke*, § 113 Rdnr. 85.

[1] *VG Köln*, NWVBl 1993, 113.

[2] *BVerwG*, NJW 1974, 817; 1976, 1204.

[3] *BVerwGE* 68, 62; BVerwG, NVwZ 1997, 390; dazu ausf. *Laubinger*, VerwArch 83 (1992), 623.

[4] *VGH Kassel*, NJW 1988, 1683.

teilungsfragen[5] oder um öffentliche Äußerungen des Bundesbeauftragten für die Stasi-Unterlagen.[6] Schließlich kommt der öffentlich-rechtliche Unterlassungsanspruch im Zusammenhang mit der Abwehr hoheitlicher Warnungen in Betracht, etwa bei Warnungen vor gefährlichen Stoffen[7] oder vor Sekten.[8]

*b) Inhalt*

Häufig wird vom allgemeinen öffentlich-rechtlichen Unterlassungsanspruch gesprochen, ohne hinsichtlich der diesem zugrundeliegenden Sachverhalte genauer zu differenzieren. Hilfreich ist es in diesem Zusammenhang, sich das Verwaltungshandeln als Prozeß vorzustellen: Die Entscheidung wird zunächst vorbereitet. Bereits in diesem Stadium kann es zu verdichteten Gefahrenlagen für geschützte Rechtspositionen kommen. Die konkrete Umsetzung kann zu erstmaligen bzw. fortwirkenden Beeinträchtigungen führen und darüberhinaus weitergehende Schäden in den Rechtsgütern des Betroffenen bewirken. Die drohende, erstmalige und fortwirkende Beeinträchtigung sind „Abwehrlagen", die dem öffentlich-rechtlichen Unterlassungsanspruch zuzuordnen sind. 3

Droht ein hoheitlicher Eingriff, kann bereits dies eine Beeinträchtigung darstellen. Seine Realisierung kann mit dem vorbeugenden Unterlassungsanspruch abgewehrt werden. Das Integritätsinteresse des Betroffenen wird in diesen Fällen durch das bloße Unterlassen der Verwaltung gewahrt. Dies betrifft etwa die Abwehr anstehender, den Gewerbebetrieb beeinträchtigender Produktäußerungen, also schlichten Verwaltungshandelns. Schwierigere rechtliche Probleme stellen sich bei der vorbeugenden Abwehr eines drohenden Verwaltungsakts. 4

Ist der Eingriff bereits erfolgt, so muß gegenüber dem beeinträchtigenden Hoheitsträger die Unterlassung der Störung (Wiederholung des Eingriffs bzw. beieinträchtigende Fortwirkung) durchgesetzt werden: Die ehrverletzende Behauptung darf nicht wiederholt werden; daß kirchliche Glockengeläut in den frühen Morgenstunden muß eingestellt werden. Kann die Störungsbeseitigung durch ein schlichtes Unterlassen nicht erreicht werden, sondern nur dadurch, daß auch die Beseitigung der Störungsquelle selbst vorgenommen wird, so umfaßt der Unterlassungsanspruch auch die Rechtspflicht zu dieser „aktiven" Beseitigung, also ein positives Tun des Hoheitsträgers. Wurde z. B. im Zuge einer Straßenbaumaßnahme die Gefahr für den Einsturz eines Gebäudes herbeigeführt, so 5

---

[5] *BVerwGE* 38, 336; *BVerwG*, DÖV 1968, 429; 1970, 642.
[6] *VG Berlin*, NJW 1993, 2548. Zum Rechtsschutz gegen Ehrverletzungen durch Richteräußerungen: *Hager*, NJW 1989, 885.
[7] *BVerwGE* 87, 37; *OVG Münster*, NJW 1986, 2783.
[8] *BVerwG*, NJW 1991, 1770; *OVG Münster*, NJW 1996, 3355; *VGH Mannheim*, NJW 1997, 754.

geht der Anspruch auf Unterlassung des Eigentumseingriffs auf die Beseitigung dieser Störungsquelle. Der Hoheitsträger muß alle Maßnahmen – positiv – vornehmen, die erforderlich sind, um den Einsturz des Gebäudes zu verhindern. Geht es um die Unterlassung von Geräuschimmissionen etwa aus Bolzplätzen, so kann auch insoweit ein positives Tun des Hoheitsträgers als Folge des Unterlassungsanspruchs geboten sein, indem z. B. eine abschließbare Umzäunung geschaffen werden muß, die es ausschließt, daß der Bolzplatz zur Nachtzeit genutzt werden kann. Bei derartigen Sachverhaltskonstellationen läßt sich der Anspruch als negatorischer Beseitigungsanspruch verstehen, der als Abwehranspruch auch auf ein begrenztes positives Tun des Hoheitsträgers gerichtet ist.[9] Der negatorische Beseitigungsanspruch zeigt im übrigen die fließenden Übergänge zwischen Unterlassung und Folgenbeseitigung.[10]

## 2. Rechtsgrundlagen

### a) *Spezialgesetzliche Regelungen*

6 Auch beim Unterlassungsanspruch ist zunächst zu prüfen, ob das Rechtsschutzanliegen spezialgesetzlich geregelt ist. Diese speziellen Regelungen gehen vor; der Betroffene kann in diesen Fällen nicht auf den vorbeugenden Unterlassungsanspruch oder den negatorischen Beseitigungsanspruch zurückgreifen.

7 So sieht z. B. § 41 BImSchG vor, daß beim Bau öffentlicher Straßen sowie von Eisenbahnen und Straßenbahnen sicherzustellen ist, daß durch diese Anlagen keine schädlichen Umwelteinwirkungen durch Verkehrsgeräusche hervorgerufen werden, die nach dem Stand der Technik vermeidbar sind. Diese Anforderungen sind bei allen Entscheidungen über die Errichtung und wesentliche Änderung von Straßen- und Schienenwegen zu beachten. Dies betrifft insbesondere die Planfeststellung oder die Plangenehmigung für den betreffenden Verkehrsweg.[11] Planfeststellungen und andere Verwaltungsakte, die gegen § 41 BImSchG verstoßen, sind rechtswidrig; entsprechende Bebauungspläne nichtig.[12] Befürchten Grundstückseigentümer oder Mieter durch die geplante Straße Geräuschbelästigungen, die die Schädlichkeitsgrenze übersteigen, so ist eine vorbeugende Unterlassungsklage auf Einstellung der Planungsarbei-

[9] *Ossenbühl*, S. 292; *Baumbach/Hefermehl*, Wettbewerbsrecht, 19. Aufl. 1996, Einl. UWG Rdnr. 307; a. A. noch *Windthorst/Sproll*, § 11 Rdnr. 37, dort das positive Tun dem allgemeinen Folgenbeseitigungsanspruch zurechnend. Dazu auch *Schwabe*, DÖV 1984, 388.

[10] *Ossenbühl*, S. 299; *Schoch*, Jura 1993, 481.

[11] *Jarass*, BImSchG, § 41 Rdnr. 31.

[12] *Hansmann*, in: LR, Umweltrecht, § 41 Rdnr. 48; vgl. dazu *BVerwG*, UPR 1990, 339.

ten ausgeschlossen. Der Betroffene muß seine Einwendungen im Planfeststellungsverfahren zur Geltung bringen bzw. die Planfeststellung und Plangenehmigung mit der Begründung anfechten, § 41 BImSchG sei verletzt. § 41 BImSchG ist nachbarschützend.[13] Schutzmaßnahmen, die im Planfeststellungsbeschluß oder in einem Bebauungsplan festgelegt aber nicht umgesetzt worden sind, können gerichtlich erzwungen werden.[14]

*b) Anspruchsbegründung*

*aa)* Im übrigen gilt für die rechtliche Begründung des öffentlich-recht- 8
lichen Unterlassungsanspruchs ähnliches wie beim Folgenbeseitigungsanspruch. Seine Anerkennung als eigenständiges Institut des öffentlichen Rechts steht außer Zweifel. Unterschiedliche Auffassungen werden indessen zu seiner rechtlichen Begründung vertreten. Während im Zivilrecht Unterlassungsansprüche in den §§ 12, 862 und 1004 BGB positivrechtlich normiert sind und § 1004 BGB über den Eigentumsschutz hinaus als quasi-negatorischer Anspruch auch sonstige absolute Rechte wie Leben, Freiheit und das allgemeine Persönlichkeitsrecht schützt, fehlt es im öffentlichen Recht an einem gesetzlich geregelten Anspruch dieser Art. Die dogmatischen Überlegungen zur rechtlichen Begründung des öffentlich-rechtlichen Unterlassungsanspruchs laufen weitgehend parallel zur rechtlichen Begründung des allgemeinen Folgenbeseitigungsanspruchs.

*bb)* Zum Teil wird zur Begründung des öffentlich-rechtlichen Unter- 9
lassungsanspruchs auf einen dem § 1004 BGB zugrundeliegenden allgemeinen Rechtsgedanken zurückgegriffen, der auch für das öffentliche Recht gelte.[15] In den Grundrechten allein kann nach dieser Auffassung der öffentlich-rechtliche Abwehranspruch nicht verankert sein, da es einer „Umschaltnorm" bedürfe, die das grundrechtlich geschützte Integritätsinteresse instrumentalisiere. Die Umschaltnorm wird dem in § 1004 BGB enthaltenen allgemeinen Rechtsgedanken entnommen.[16]

*cc)* Andere sehen den öffentlich-rechtlichen Unterlassungsanspruch im 10
grundrechtlichen status negativus verankert.[17] Dieser Begründungsansatz führt zur breiten Einbeziehung von Rechtsgütern. Erfaßt werden etwa Gesundheit und Ehre als persönliche Rechtsgüter ebenso wie das Eigen-

---

[13] *Hansmann*, in: LR, Umweltrecht, § 41 Rdnr. 51; *Jarass*, BImSchG, § 41 Rdnr. 33; zurückhaltend *VGH München*, NJW 1980, 1003.

[14] *OVG Lüneburg*, NVwZ 1989, 274; *Jarass*, BImSchG, § 41 Rdnr. 34.

[15] *Laubinger*, VerwArch 80 (1989), 292; *Rupp*, Grundfragen, S. 161 ff.; OVG Koblenz, NVwZ 1990, 279.

[16] *Laubinger*, VerwArch 80 (1989), 292; *Bettermann*, DÖV 1955, 536.

[17] *Weyreuther*, S. 78; *Papier*, JuS 1985, 188; *Ossenbühl*, S. 299; *Schoch*, Jura 1993, 481; OVG NW, NJW 1986, 2783. Ausf. *Detterbeck*, Zum präventiven Rechtsschutz gegen ultra-vires-Handlungen öffentlich-rechtlicher Zwangsverbände, 1990, S. 102 ff. (107 f.).

tum und die Berufsfreiheit. Diese Auffassung ist angesichts der verfassungsrechtlichen Entwicklung seit Inkrafttreten des Grundgesetzes überzeugend; es gelten die gleichen Überlegungen, wie sie zur rechtlichen Begründung des allgemeinen Folgenbeseitigungsanspruchs ausgeführt worden sind.[18] Der durch die Grundrechte geschützte Rechtsstatus gewährt einen ausreichenden Begründungszusammenhang für den öffentlich-rechtlichen Unterlassungsanspruch, wobei ergänzend das Gesetzmäßigkeitsprinzip nach Art. 20 III GG hinzutritt.[19]

11 *dd)* Die Rspr. zeigt bislang kein einheitliches Bild. Für den Anspruch auf Unterlassung hoheitlicher Immissionen läßt es das *BVerwG*[20] dahingestellt sein, welches die Rechtsgrundlage für einen solchen Anspruch sein könnte. Als rechtliche Begründungen werden in Betracht gezogen, die analog anzuwendenden §§ 1004, 906 BGB einerseits oder die Art. 2 I und 14 I GG andererseits. Das *BVerwG* begnügte sich in dieser Entscheidung mit dem Hinweis, das Bestehen eines Abwehranspruches sei unbestritten. Liest man allerdings diese Entscheidung genauer, so scheint auch das *BVerwG* der Überzeugung zu sein, daß letztlich die Grundrechte die Basis des öffentlich-rechtlichen Unterlassungsanspruchs sind.

## II. Anspruchsvoraussetzungen

### 1. Überblick

12 Einigkeit besteht über die Anspruchsvoraussetzungen. Der öffentlich-rechtliche Unterlassungsanspruch setzt voraus:

- Hoheitliche Maßnahme
- Beeinträchtigung rechtlich geschützter Interessen
- Beeinträchtigung muß drohen oder noch andauern
- Rechtswidrigkeit der Beeinträchtigung (keine Duldungspflicht).

13 Da dem Anspruch meist durch bloßes Unterlassen des hoheitlichen Handelns Rechnung getragen werden kann, sind Fragen der rechtlichen und tatsächlichen Möglichkeit sowie der Zumutbarkeit meist nicht problematisch.[21] Im Einzelfall können jedoch auch diese Kriterien im Rahmen des Anspruchsausschlusses zu prüfen sein.

---

[18] Vgl. dazu oben § 12 Rdnrn. 13 ff.

[19] *Sproll*, JuS 1996, 315; vgl. auch *Köckerbauer/Büllesbach*, JuS 1991, 373, die darauf hinweisen, daß beide Ableitungswege nicht zu unterschiedlichen Rechtsfolgen führen.

[20] *BVerwG*, NJW 1988, 2396; DVBl 1989, 463. Auch *OVG Berlin*, NVwZ-RR 1989, 125; *VGH München*, NVwZ-RR 1989, 532.

[21] Vgl. jetzt dazu *OVG Münster*, NVwZ-RR 1995, 187.

## 2. Hoheitliche Maßnahme

14 Der öffentlich-rechtliche Unterlassungsanspruch richtet sich nur gegen hoheitliche Maßnahmen. Im Einzelfall kann die Abgrenzung schwierig sein, ob das Handeln des Hoheitsträgers dem öffentlichen Recht zuzuordnen oder privatrechtlich zu charakterisieren ist. Im letzteren Falle kommen nur die zivilrechtlichen Unterlassungsansprüche nach den §§ 12, 862 und 1004 BGB zur Anwendung.

15 Da sich der öffentlich-rechtliche Unterlassungsanspruch häufig gegen schlichtes Verwaltungshandeln richtet, spielt die Rechtskreiszuordnung praktisch eine beachtliche Rolle.[22] Dies wird z. B. deutlich an beeinträchtigenden Äußerungen eines öffentlichen Bediensteten. In diesen Fällen werden die sog. Abgrenzungstheorien (Interessentheorie; Subordinationstheorie; Sonderrechtstheorie) bei der Qualifizierung der Äußerung kaum zu verläßlichen Ergebnissen führen. Letztlich kommt es auf den Sachzusammenhang an, in dem die Äußerung steht. Wird die Äußerung bei einer fiskalischen Tätigkeit des Hoheitsträgers abgegeben, so ist auch der Unterlassungsanspruch privatrechtlicher Natur. Steht die Äußerung dagegen im Zusammenhang mit der Wahrnehmung hoheitlicher Aufgaben, so teilt sie den Rechtscharakter dieses Bezugszusammenhangs.[23]

16 Unproblematisch ist der öffentliche Charakter des Verwaltungshandelns selbstverständlich wenn es um die Abwehr eines drohenden Verwaltungsaktes geht.

## 3. Beeinträchtigung rechtlich geschützter Interessen

17 Durch die hoheitliche Maßnahme müssen rechtlich geschützte Interessen betroffen sein. Nach der hier vertretenen Auffassung, wonach der öffentlich-rechtliche Unterlassungsanspruch letztlich in den Grundrechten verankert ist, kommt als rechtlich geschütztes Interesse grundsätzlich jede grundrechtlich geschützte Rechtsposition in Betracht. Damit greift der öffentlich-rechtliche Unterlassungsanspruch weit über den Eigentumsschutz hinaus.[24] Er umfaßt insbesondere den Schutz der Gesundheit, der Ehre und der Intimssphäre. Allerdings gilt auch beim Unterlassungsanspruch, daß er sich nicht nur auf solche subjektive Rechte beschränkt, die sich unmittelbar aus den Grundrechten ableiten. Erfaßt werden auch einfach rechtlich ausgeprägte subjektive Rechte.

---

[22] *OVG Münster*, NVwZ-RR 1985, 187.
[23] *Kopp*, BayVBl 1988, 133.
[24] *Ossenbühl*, S. 307; *Sproll*, JuS 1996, 316.

## 4. Drohen oder Andauern der Rechtsbeeinträchtigung

18 Die Rechtsbeeinträchtigung muß entweder bereits eingetreten sein oder zumindest drohen, um den Unterlassungsanspruch auszulösen.[25]

19 Hat eine Verletzung bereits stattgefunden, kann vermutet werden, daß weitere Eingriffe stattfinden werden. *Ossenbühl*[26] weist darauf hin, daß diese Vermutungsregel gerade im öffentlichen Recht gelte, weil die Behörde grundsätzlich davon ausgehe, rechtmäßig zu handeln. Das Vorliegen dieser *Wiederholungsgefahr* löst den Unterlassungsanspruch aus.

20 Schwieriger liegen die Dinge bei der *Erstgefahr*, wenn also noch kein Eingriff vorliegt. In diesem Fall soll das beeinträchtigende Hoheitshandeln vorbeugend verhindert werden. Rspr. und Lit. verlangen, daß die *Beeinträchtigung* der geschützten Rechtsposition *unmittelbar bevorstehen* muß. Es müssen konkrete Anhaltspunkte dafür vorliegen, daß die Realisierung der Gefahr ernsthaft besteht.[27] Ist nach diesen Kriterien eine *Begehungsgefahr* nicht gegeben, kommt der Unterlassungsanspruch bereits materiell-rechtlich nicht zum Entstehen. Eine gleichwohl erhobene vorbeugende Unterlassungsklage wäre als unbegründet abzuweisen.[28] Nach Auffassung des *BVerwG* soll die Begehungsgefahr dagegen ein Kriterium des besonderen Rechtsschutzbedürfnisses sein.[29] Folgt man dieser Auffassung müßte die (vorbeugende) Unterlassungsklage mangels Rechtsschutzbedürfnisses als unzulässig abgewiesen werden.

21 Besondere Rechtsfragen werfen der vorbeugende Unterlassungsanspruch bzw. dessen prozessuale Durchsetzung auf, wenn es um die Abwehr eines drohenden Verwaltungsakts geht. *Wolff*[30] hält eine vorbeugende Unterlassungsklage gegen den beabsichtigten Erlaß eines Verwaltungsaktes für unzulässig. Er ist der Meinung, daß es den Verwaltungsgerichten aus rechtsstaatlichen Gründen grundsätzlich untersagt sei, der Verwaltung die im Erlaß eines Verwaltungsakts zu erblickende Rechtsanwendung zu verbieten. Auch Art. 19 IV GG rechtfertigte keine andere Beurteilung, weil die Möglichkeiten des vorbeugenden Rechtsschutzes, insbesondere der Suspensiveffekt des Widerspruchs und der Anfechtungsklage dem Betroffenen hinreichende Instrumente eröffnen würden, um dem Eintritt von Rechtsnachteilen entgegenwirken zu können.

22 Die wohl überwiegende Auffassung verlangt für die vorbeugende Unterlassungsklage gegen einen drohenden Verwaltungsakt ein *besonderes*

---

[25] *Baur*, JZ 1966, 381; *Sproll*, JuS 1996, 316.

[26] *Ossenbühl*, S. 301.

[27] *Ossenbühl*, S. 301; *Baumbach/Hefermehl*, Wettbewerbsrecht, Einl. UWG Rdnr. 260.

[28] *BGH*, WM 1973, 118; *BAG*, JZ 1988, 108; NJW 1986, 86.

[29] *BVerwGE* 71, 183 (189); 64, 298 (300); 34, 69 (73).

[30] *Wolff*, Verwaltungsrecht III, 2. Aufl. 1967, § 172 II b.

*(qualifiziertes) Rechtsschutzbedürfnis.*[31] *Schenke*[32] sieht den rechtlichen Grund für die Einschränkung des vorbeugenden Rechtsschutzes gegen drohende Verwaltungsakte in der *Verfahrenskonkurrenz.* Ließe man die vorbeugende Unterlassungsklage generell gegen drohende Verwaltungsakte zu, würde dies nach seiner Auffassung zur Aushöhlung der Zulässigkeitsvoraussetzungen der Anfechtungsklage führen.

23 Ein besonderes Rechtsschutzbedürfnis ist z. B. gegeben, wenn die konkrete Gefahr besteht, daß ohne Abwehr des beabsichtigten Verwaltungsakts vollendete, nicht ohne weiteres rückgängig zu machende Tatsachen geschaffen würden[33] oder ein sonst nicht wieder gutzumachender Schaden droht.[34]

24 Der prozessualen, beim besonderen Rechtsschutzbedürfnis anknüpfenden Auffassung, steht ein materiell-rechtliches Lösungskonzept gegenüber. Liegt eine konkrete Gefahr der Rechtsbeeinträchtigung durch einen drohenden Verwaltungsakt vor, so kommt grundsätzlich der vorbeugende Unterlassungsanspruch materiell-rechtlich zum Entstehen. Der Betroffene muß dann auch die Möglichkeit haben, diesen materiell-rechtlichen Anspruch vor den Verwaltungsgerichten im Klageweg durchzusetzen.[35] Die anderweitigen Rechtsschutzmöglichkeiten, insbesondere des vorläufigen Rechtsschutzes, können im Rahmen des materiell-rechtlichen Kriteriums der unzulässigen Rechtsausübung berücksichtigt werden. So kann es dem Betroffenen zumutbar sein, den Erlaß eines Verwaltungsakts abzuwarten, wenn mit dessen Erlaß und unter Berücksichtigung der bestehenden Rechtsbehelfe eine nachteilsfreie Korrektur der Verwaltungsaktfolgen möglich ist. Bei diesem materiell-rechtlichen Lösungsansatz wäre die vorbeugende Unterlassungsklage gegen einen drohenden Verwaltungsakt nicht als unzulässig, sondern mangels materiell-rechtlich bestehenden Unterlassungsanspruchs als unbegründet abzuweisen.[36]

### 5. Rechtswidrigkeit des Eingriffs

25 Das hoheitliche Handeln muß rechtswidrig sein. An dieser Rechtswidrigkeit fehlt es, wenn der Betroffene zur Duldung verpflichtet ist.[37] Die

---

[31] *BVerwGE* 54, 216; 81, 347; *BVerwG,* NVwZ 1986, 1012; *VGH München,* BayVBl 1992, 539; *VGH Mannheim,* NVwZ-RR 1994, 363; *Kopp/Schenke,* Vorb. § 14 Rdnr. 33; *Ule,* VerwArch 65 (1974), 304.

[32] *Kopp/Schenke,* Vorb. § 40 Rdnr. 33.

[33] *OVG Berlin,* NJW 1978, 1644; *Ule,* VerwArch 65 (1974), 306; *Schenke,* AöR 95 (1970), 231.

[34] *OVG Münster,* NJW 1984, 1612.

[35] *Ossenbühl,* S. 310; vgl. *Palandt,* BGB, 58. Aufl. 1999, § 1004 Rn. 28.

[36] Vgl. dazu auch *Schmitt-Gläser,* Verwaltungsprozeßrecht, 14. Aufl. 1997, Rdnr. 313. Ausf. zur vorbeugenden Unterlassungsklage *Detterbeck,* Zum präventiven Rechtsschutz gegen ultra-vires-Handlungen öffentlich-rechtlicher Zwangsverbände, 1990, S. 97 ff. (110 f.) m. w. Nachw.

[37] *VGH Mannheim,* NVwZ-RR 1989, 173; *Laubinger,* VerwArch 80 (1989), 293.

Duldungspflicht nimmt somit dem (drohenden) Eingriff die Rechtswidrigkeit.[38] Die Duldungspflicht kann sich aus einem Verwaltungsakt, einem öffentlich-rechtlichen Vertrag oder einer Rechtsvorschrift ergeben. Der Betroffene muß deshalb Beeinträchtigungen hinnehmen, die etwa durch einen wirksamen, nicht angefochtenen Verwaltungsakt oder eine wirksame Rechtsvorschrift gedeckt sind.[39] Die Feststellung der Rechtswidrigkeit kann vor allem bei öffentlich-rechtlichen Immissionen wie auch bei ehrverletzenden oder geschäftsschädigenden Äußerungen von Amtsträgern spezifische Probleme aufwerfen.[40]

## III. Rechtsfolgen

### 1. Anspruchsinhalt

26 Der vorbeugende Unterlassungsanspruch ist darauf gerichtet, den Eintritt der Rechtsbeeinträchtigung zu verhindern.

27 Ist eine Beeinträchtigung bereits eingetreten und drohen weitere Rechtsverletzungen, so richtet sich der Anspruch zuvörderst darauf, daß der Hoheitsträger den beeinträchtigenden Eingriff künftig unterläßt, also nicht wiederholt. Auch insoweit geht es um die Unterlassung eines Hoheitshandelns.

28 Läßt sich dieses Ziel nur dadurch erreichen, daß die Störungsquelle selbst beseitigt wird, so ist der Unterlassungsanspruch auch auf ein positives Tun des Hoheitsträgers – Beseitigung der Störungsquelle – gerichtet.

29 Der Betroffene kann mit seinem Klageantrag im Rahmen des Unterlassens somit auch Maßnahmen zur Beseitigung der Störungsquelle begehren. Erforderlich ist dies indessen nicht, da der Unterlassungsanspruch ohnedies den Hoheitsträger dazu verpflichtet, alle Maßnahmen zu treffen, die notwendig sind, damit keine Wiederholung der Rechtsbeeinträchtigung eintritt.[41]

---

[38] *Laubinger*, VerwArch 80 (1989), 293.

[39] *Laubinger*, VerwArch 80 (1989), 295, insbesondere auch zu Verwaltungsakten, die eine Duldungswirkung für Dritte auslösen. Dieser Zusammenhang zwischen öffentlich-rechtlichem Unterlassungsanspruch und der Duldungspflicht macht deutlich, daß der Betroffene zur Verhinderung der Duldungswirkung gegen den „rechtfertigenden Akt" vorgehen muß und sich nicht auf eine Unterlassungsklage beschränken darf.

[40] Dazu näher unten § 13 Rdnrn. 36, 50.

[41] *Baumbach/Hefermehl*, Wettbewerbsrecht, 16. Aufl. 1996, Einl. UWG Rdnr. 307. Dazu auch *Detterbeck*, Zum präventiven Rechtsschutz gegen ultra-vires-Handlungen öffentlich-rechtlicher Zwangsverbände, 1990, S. 117 ff. mit Beispielen.

### 2. Prozessuale Durchsetzung

Der Unterlassungsanspruch kann im Wege einer allgemeinen Leistungsklage geltend gemacht werden. Passivlegitimiert ist für den vorbeugenden Unterlassungsanspruch der Hoheitsträger, dessen Handeln droht, im Falle des negatorischen Beseitigungsanspruchs derjenige Hoheitsträger, der die Kompetenz hat, die Rechtsbeeinträchtigung zu unterlassen, insbesondere die Störungsquelle zu beseitigen. 30

Zum vorbeugenden Unterlassungsanspruch gegen den Erlaß eines drohenden Verwaltungsaktes wird zum Teil die Auffassung vertreten, eine derartige Klage sei auch als Verpflichtungsklage auf Erlaß einer Zusicherung (Verwaltungsakt) mit dem Inhalt zulässig, daß der drohende Verwaltungsakt nicht erlassen wird.[42] Hält man sich indessen das Ziel des Betroffenen vor Augen, nämlich zu erreichen, daß eine hoheitliche Maßnahme unterbleibt, so scheint eine Verpflichtungsklage das Begehren nicht erschöpfend zu umschreiben. Der Betroffene erstrebt nicht die Zusicherung der Verwaltung, sondern schlicht und einfach das Unterlassen des drohenden Verwaltungsakts. 31

## IV. Immissionsabwehranspruch

### 1. Allgemeines

Die Abwehr öffentlich-rechtlicher Immissionen spielt in der Praxis eine bedeutende Rolle. Dies ist nicht überraschend, da im Bereich der Daseinsvorsorge eine Vielzahl von Einrichtungen nach wie vor hoheitlich betrieben werden. Zu denken ist etwa an kommunale Bauhöfe, an Schulsportplätze, Großsportanlagen, Feuerwehrhäuser, Kläranlagen oder Mülldeponien. Geräusch- und Geruchsimmissionen liegen in diesen Fällen als Konfliktherde auf der Hand. Die von diesen Einrichtungen ausgehenden Immissionen führen zudem nicht selten zu erheblichen wirtschaftlichen Nachteilen für die Betroffenen. Angesichts der zunehmenden immissionsschutzrechtlichen Regelungsdichte und der damit verbundenen Auswirkungen auf den Inhalt und die Voraussetzungen des Immissonsabwehranspruchs soll dieser Anspruch einer Sonderbetrachtung unterworfen werden. In der Regel stellen sich folgende Probleme: 32

- Einordnung der Immission als öffentlich-rechtliches oder privatrechtliches Verwaltungshandeln
- Abgrenzung des Immissionsabwehranspruchs gegenüber spezialrechtlichen Sonderregelungen

[42] *Kopp*, VwGO, 10. Aufl. 1994, § 42 Rdnr. 8; jetzt ausdrücklich ablehnend *Kopp/Schenke*, VwGO, 11. Aufl. 1998, § 42 Rdnr. 15.

- rechtliche Begründung des Immissionsabwehranspruchs
- Abgrenzung der Duldungspflicht

## 2. Rechtsgrundlagen

### *a) Spezialgesetzliche Regelungen*

33 Sofern keine spezialgesetzlichen Regelungen eingreifen, die einen eigenständigen Abwehranspruch enthalten bzw. diesen ausschließen,[43] kann auf den vorbeugenden Unterlassungsanspruch bzw. negatorischen Beseitigungsanspruch zurückgegriffen werden.

### *b) Besonderheit des Immissionsabwehranspruchs*

34 Unter Hinweis auf die Kirchenglockenentscheidung des *BVerwG*[44] wird die Auffassung vertreten, der Abwehranspruch gegen Immissionen aus hoheitlich betriebenen Einrichtungen ergebe sich unmittelbar aus § 22 BImSchG.[45] Nach dieser Bestimmung sind nicht genehmigungsbedürftige Anlagen so zu errichten und zu betreiben, daß schädliche Umwelteinwirkungen nach näherer gesetzlicher Maßgabe verhindert oder beschränkt werden. Das *BVerwG* hatte ursprünglich gemeint, der öffentlich-rechtliche Unterlassungsanspruch bestehe nur nach Maßgabe des § 22 BImSchG. Daraus wurde teilweise gefolgert, die Anforderungen des § 22 BImSchG seien nicht nur bei der Abgrenzung des Anspruchsinhaltes zu berücksichtigen, sondern der jeweilige Anlagenbetreiber sei der direkte Adressat dieser immissionsschutzrechtlichen Gebotsnorm.

35 Diese Ansicht wurde von der überwiegenden Literatur und Rechtsprechung abgelehnt. Das *BVerwG*[46] hat in der späteren Feuersirenenentscheidung ausdrücklich betont, daß die §§ 22 ff. BImSchG Rechte und Pflichten nur im Verhältnis zwischen der für die Genehmigung und Überwachung der emittierenden Anlage zuständigen Behörde und dem Errichter und Betreiber dieser Anlage sowie – soweit solche Vorschriften drittschützend seien – zwischen Behörde und Drittbetroffenen begründen. Aus diesen Bestimmungen könnten jedoch keine Abwehransprüche im unmittelbaren Nachbarschaftsverhältnis zwischen Störer und Gestörtem entnommen werden, auch dann nicht, wenn der Störer ein Hoheitsträger sei.[47] Das *BVerwG*[48] läßt es im übrigen dahingestellt, ob sich der

---

[43] Vgl. dazu § 42 BImschG und oben § 13 Rdnrn. 6 f.

[44] *BVerwG*, NJW 1984, 989.

[45] *Seiler*, Die Rechtslage der nicht genehmigungsbedürftigen Anlagen i. S. v. §§ 22 ff. BImSchG, 1985, S. 94 ff.; dazu *Köckerbauer/Büllesbach*, JuS 1991, 374.

[46] *BVerwG*, NJW 1988, 2396.

[47] *BVerwG*, NJW 1988, 2396.

[48] *BVerwGE* 79, 254; 81, 197; *OVG Schleswig*, NVwZ 1995, 1019. Auf die Analogie zu § 1004 BGB verweisend *VGH München*, NJW 1991, 2660; *VGH Kassel*, NJW 1993, 3089.

Immissionsabwehranspruch aus den analog anzuwendenden §§ 1004, 906 BGB oder aus den Art. 2 II und 14 I GG ergibt.

### 3. Duldungspflicht

#### *a) Rechtliche Duldungspflicht*

Der Abwehranspruch gegen öffentlich-rechtliche Immissionen setzt deren Rechtswidrigkeit voraus. Liegen keine sonstigen Rechtswidrigkeitsfehler vor, entfällt der Immissionsabwehranspruch, wenn der Betroffene zur Duldung der Immissionen verpflichtet ist.[49] Ganz grundsätzlich ist dazu festzuhalten, daß öffentlich-rechtliche Einrichtungen nicht allein wegen ihrer Gemeimwohlbindung den Bürger mit Immissionen beeinträchtigen dürfen.[50] Auch öffentlich-rechtliche Immissionen sind nur in dem Umfange hinzunehmen, wie eine rechtliche Duldungspflicht des Betroffenen besteht. Zur inhaltlichen Abgrenzung der Duldungspflicht besteht noch keine einheitliche Auffassung. Letztlich geht es um die Frage, welche Rechtsgrundlagen zur Beurteilung des Bestehens und des Umfangs der Duldungspflicht heranzuziehen sind. 36

#### *b) Vorschriften des Immissionsschutzes*

Die Duldungspflicht kann sich aus öffentlich-rechtlichen Vorschriften ergeben.[51] Allerdings ist oft unklar, welche Vorschriften des Immissionsschutzrechts, um die es sich vor allem handelt, Duldungspflichten auslösen. Die Tatsache, daß in öffentlich-rechtlichen Vorschriften bestimmte Grenzwerte vorgesehen sind, darf allein nicht zum vorschnellen Schluß verleiten, der Hoheitsträger sei unmittelbar – auch im Verhältnis zu Nachbarn – an diese Vorgaben gebunden. Duldungspflichten können sich aus diesen Vorschriften nur dann ergeben, wenn sie nicht nur allgemeine Pflichten im Zusammenhang mit dem Genehmigungsverfahren enthalten, sondern unmittelbar die nachbarliche Immissionsabgrenzung regeln. In diesem Sinne können zur Feststellung der vom Betroffenen hinzunehmenden Immissionen etwa die Verkehrslärmschutzverordnung (16. 37

---

[49] *Laubinger*, VerwArch 80 (1989), 295; *Köckerbauer/Büllesbach*, JuS 1991, 374.

[50] A. A. offensichtlich *BGHZ* 48, 104; 93, 23; dazu *Ossenbühl* S. 314, der zu Recht darauf hinweist, daß auch öffentlich-rechtliche Immissionen rechtfertigungsbedürftig seien.

[51] *Papier*, S. 137. Zu beachten ist, daß häufig Verwaltungsakte oder öffentlich-rechtliche Verträge vorliegen, so daß deren „Bestandskraft" zu beachten ist. Hier ist ggf. auch die Frage der Bindungswirkung für solche Immissionen zu prüfen, die auf der Grundlage eines wirksamen, nicht angefochtenen Verwaltungsakts aber unter Überschreitung der gesetzlichen Rechtsgrundlage erfolgen. Ob Bebauungspläne Duldungspflichten begründen, ist strittig; dazu *Papier*, UPR 1985, 77 einerseits und *Hagen*, UPR 1985, 196 andererseits.

BImSchV) sowie die Sportanlagen-Lärmschutzverordnung (18. BImSchV) herangezogen werden. Wie bereits ausgeführt, begründet § 22 BImSchG zwar keinen unmittelbaren Abwehranspruch, wohl aber kann diese Bestimmung zur Abgrenzung der Zumutbarkeitsgrenze herangezogen werden.[52]

*c) § 906 BGB analog*

38 Fehlt es an einer gesetzlichen Konkretisierung, so wendet die Rspr. seit jeher zur inhaltlichen Abgrenzung der Duldungspflicht die Maßstäbe des § 906 BGB an.[53] Für die Duldungspflicht sind bei § 906 BGB die „Wesentlichkeit" der Immission und die „Ortsüblichkeit der Benutzung" von entscheidender Bedeutung.

39 In der bereits erwähnten Feuersirenenentscheidung geht das *BVerwG* offensichtlich von einer Parallelität der Duldungsgrenzen nach § 906 BGB und der öffentlich-rechtlich konkretisierten Schädlichkeitsgrenze aus. Geräusche, die nach den §§ 3 I und 22 I BImSchG unwesentlich sind, sollen grundsätzlich auch unwesentlich i. S. des § 906 I BGB sein.[54] Diese Entscheidung ist von dem Anliegen geleitet, Divergenzen zwischen dem privaten und dem öffentlichen Immissionsschutzrecht zu verhindern. Allerdings muß der Regelungszweck der öffentlich-rechtlichen Vorschrift jeweils festgestellt werden.

40 Fehlt es an normativen Regelungen, hat der Tatrichter die Belästigungsgrenze festzustellen. Die Gerichte greifen insoweit auf alle Sachverständigenquellen zurück, die als Indizien verwertet werden können, insbesondere also etwa auf die TA-Lärm oder VDI-Richtlinien.[55] Muß der Betroffene die Beeinträchtigung aus besonderen Gründen hinnehmen, kann der Hoheitsträger zur Kompensation verpflichtet sein. Bei Geräuschimmissionen wurde dem Betroffenen ein Geldausgleich für Maßnahmen des passiven Lärmschutzes gewährt.[56] Angesichts der fehlenden Standortalternative für die Feuersirene wurde der Hoheitsträger in dieser

---

[52] *Ossenbühl*, S. 315.

[53] *BVerwG*, NJW 1988, 2396; *Rüfner*, in: *Erichsen*, § 34 Rdnr. 9.

[54] *BVerwG*, NJW 1988, 2396; NVwZ 1991, 887; BGH, NJW 1985, 133; *Dolderer*, DVBl 1998, 24; *Fritz*, NJW 1996, 573 zu der seit 1994 geltenden Neufassung des § 906 I 2 BGB; a. A. *Peine* JuS 1987, 176.

[55] *BVerwGE* 79, 261; *OVG Lüneburg*, NJW 1995, 901; *Ossenbühl*, S. 315.

[56] *BVerwG*, NJW 1988, 2396. Der *BGH* (NJW 1995, 1823) hat sich konkretisierend zu Entschädigungsansprüchen im Zusammenhang mit beeinträchtigenden Fluglärmimmissionen geäußert. Der *BGH* stellt fest, daß dem Betroffenen aus dem Gesichtspunkt des *enteignenden Eingriffs* ein öffentlich-rechtlicher Anspruch auf Entschädigung zusteht, wenn sich Lärmimmissionen von hoher Hand, deren Zuführung nicht untersagt werden kann, als ein unmittelbarer Eingriff in nachbarliches Eigentum darstellen und die Grenze dessen überschreiten, was ein Nachbar nach § 906 BGB entschädigungslos hinnehmen muß. Dieser Entschädigungsanspruch besteht nach Ansicht des *BGH* grundsätzlich in einem Geldausgleich für Schallschutzeinrichtungen. Eine Entschädigung für einen Minderwert des Grundstückes kommt nach *BGH* erst dann in Betracht,

Entscheidung verpflichtet, die Kosten für den Einbau von Schallschutzfenstern zu übernehmen. Nach Auffassung des *BVerwG* soll sich dieser Anspruch aus einem allgemeinen Rechtssatz ergeben, der das Nachbarschaftsverhältnis prägt.[57]

## V. Abwehr hoheitlicher Äußerungen

### 1. Überblick

Die Abwehr beeinträchtigender hoheitlicher Äußerungen ist von großer praktischer Bedeutung vor allem in zwei Bereichen: 41

Zum einen geht es um den *Schutz vor ehrkränkenden Behauptungen*, 42
die dem hoheitlichen Bereich zuzurechnen sind. Dieser Aspekt hat vor allem in den Auseinandersetzungen um Warnungen vor Sekten eine wesentliche Rolle gespielt,[58] aber auch im Zusammenhang mit ehrenrührigen Äußerungen oder Feststellungen im Rahmen von Beamtenverhältnissen.[59]

Bei dem zweiten praktischen Anwendungsbereich geht es um die *Abwehr von hoheitlichen Warnungen und Empfehlungen*, die insbesondere mit nachteiligen wirtschaftlichen Auswirkungen verbunden sein können.[60] Dies bedarf vor allem bei Produktwarnungen keiner näheren Erläuterung. Die rechtlichen Besonderheiten im Zusammenhang mit der Abwehr hoheitlicher Äußerung betreffen vor allem folgende Aspekte:

- Rechtsgrundlage des Abwehranspruchs
- rechtliche Absicherung der hoheitlichen Äußerung
- Abgrenzung der Rechtswidrigkeit der Äußerung
- Unterlassung und Widerruf als Rechtsfolgen

---

wenn Schutzeinrichtungen keine wirksame Abhilfe versprechen oder unverhältnismäßige Aufwendungen erfordern.

[57] Es ist zweifelhaft, ob für die Anerkennung eines derartigen Ausgleichsanspruchs das öffentlich-rechtlich geprägte Nachbarschaftsverhältnis als anspruchserzeugende Basis herangezogen werden kann. Der Anspruch ist als Fall der Aufopferungsentschädigung zu verstehen; *Sproll*, JuS 1996, 318.

[58] Vgl. etwa *OVG Münster*, DÖV 1985, 285, zu Warnungen vor Baghwan-Diskotheken oder *BVerwG*, NJW 1991, 1770, zur Warnung vor Jugendsekten sowie *VGH Mannheim*, NJW 1997, 754, zu Äußerungen über die Scientology-Organisation; grundsätzlich dazu *Meyn*, JuS 1990, 630.

[59] *BVerwG*, DÖV 1968, 429 zu einem Schulleiterbericht, *BVerwGE* 75, 354 zu Verdächtigungen wegen falscher Dienstreiseabrechnungen oder *VGH Kassel*, NJW 1989, 1753, zu ehrenrührigen Äußerungen im Rahmen eines Beamtenverhältnisses. Dazu auch *Frotscher*, JuS 1978, 505.

[60] *BVerwGE* 87, 37 und *OVG Münster*, NJW 1986, 2783, zu Warnungen vor belasteten Weinen oder *VGH Mannheim*, NJW 1986, 340, zur Warnung einer Industrie- und Handelskammer vor bestimmten Unternehmensberatern; allgemein dazu *Gröschner*, DVBl 1990, 619.

## 2. Rechtsgrundlage

43 Zum Schutz vor Beeinträchtigungen durch hoheitliche Äußerungen steht den Betroffenen der Anspruch auf Bewältigung öffentlich-rechtlicher Unrechtslasten zur Verfügung. Soweit es darum geht, bereits die Abgabe hoheitlicher Äußerungen zu verhindern, kommt der vorbeugende Unterlassungsanspruch in Betracht; soweit beeinträchtigende Tatsachenbehauptungen aufgestellt worden sind, steht der Widerruf als besondere Ausprägung dieses Anspruchs im Zentrum des Interesses. Materiell kann man den Widerruf als Folgenbeseitigung verstehen.[61]

44 Der *VGH Mannheim*[62] sieht den Widerrufsanspruch unmittelbar in den Grundrechten verankert. Andere Obergerichte greifen auf die entsprechende Anwendung des § 1004 BGB zurück.[63] Es gibt indessen keinen Grund, die Schutzansprüche gegen rechtsverletzende hoheitliche Äußerungen rechtlich anders zu begründen, als dies generell für den Anspruch auf Bewältigung öffentlich-rechtlicher Unrechtslasten gilt. Das *BVerwG*[64] führt zur Abwehr gegen Warnungen der Bundesregierung vor „Jugendreligionen" folgendes aus:

45 „Als Rechtsgrundlage für ihre Unterlassungsansprüche kommen die Grundrechte der Kläger aus Art. 2 Abs. 1 in Verbindung mit Art. 1 Abs. 1 und aus Art. 4 Abs. 1 GG in Betracht. Die Grundrechte schützen den Bürger vor rechtswidrigen Beeinträchtigungen jeder Art, auch solchen durch schlichtes Verwaltungshandeln (Verwaltungsrealakt). Infolgedessen kann der Bürger, wenn ihm – wie dies hier von den Klägern geltend gemacht wird – eine derartige Rechtsverletzung droht, gestützt auf das jeweils berührte Grundrecht Unterlassung verlangen. ... Die Kläger begreifen das vorliegende Verfahren in erster Linie als ‚Ehrenschutzprozeß'. Das Recht der Ehre ist als Bestandteil des allgemeinen Persönlichkeitsrechts durch Art. 2 Abs. 1 in Verbindung mit Art. 1 Abs. 1 GG geschützt."

## 3. Rechtswidrigkeit

46 Bei der Rechtswidrigkeitsprüfung ist zunächst festzustellen, ob der Hoheitsträger überhaupt eine Ermächtigungsgrundlage für eine entsprechende Äußerung hatte. Sofern dies der Fall ist, ist in einem weiteren Schritt abzuwägen, ob die Äußerung nach ihrer Intensität vom Betroffenen hinzunehmen ist, oder ob sie dessen rechtlich geschützte Interessen verletzt.

---

[61] *Ossenbühl*, S. 297.
[62] *VGH Mannheim*, NVwZ 1986, 63.
[63] *VGH Kassel*, DÖV 1988, 468; *OVG Münster*, DÖV 1985, 285.
[64] *BVerwGE* 82, 76 (78).

*a) Ermächtigungsgrundlage für die Äußerung*

Sofern die hoheitlichen Äußerungen – nicht nur im Bereich des Persönlichkeitsschutzes – zu Grundrechtseingriffen führen, stellt sich die Frage, ob und in welchem Umfang der Hoheitsträger eine gesetzliche *Ermächtigungsgrundlage für den Eingriff* haben muß. Das *BVerwG*[65] hat im Zusammenhang mit der Warnung vor Jugendsekten in der verfassungsrechtlichen Aufgabenstellung der Bundesregierung und deren Befugnisse zur Information und Aufklärung der Öffentlichkeit eine hinreichende Ermächtigungsgrundlage gesehen. Allerdings läßt das *BVerwG* in dieser Entscheidung erkennen, daß bei Fehlen einer verfassungsrechtlichen Grundlage für eingreifende Hoheitsäußerungen eine spezielle gesetzliche Ermächtigungsgrundlage gefordert sein kann. Das *BVerwG*[66] führt aus: 47

„Da sich die Befugnis der Bundesregierung zu öffentlichen Warnungen aus der Verfassung selbst ergibt, ist eine weitergehende (einfach-)gesetzliche Regelung dieser Befugnis nicht erforderlich. Das gilt auch in Anbetracht der Beeinträchtigung der Grundrechte derjenigen, deren Tätigkeit von der Bundesregierung als Gefahr für die Allgemeinheit bezeichnet wird. Denn solche Grundrechtseingriffe sind mit öffentlichen Warnungen der Bundesregierung zwangsläufig und unvermeidlich verbunden und werden daher von ihrer verfassungsrechtlichen Äußerungsbefugnis gedeckt." 48

Wichtig ist, daß der Hoheitsträger sich für die Äußerungen auf keinen Fall auf die grundrechtlich geschützte Meinungsfreiheit nach Art. 5 I 1 GG berufen kann. Dies gilt auch dann, wenn die Äußerungen von einzelnen Bediensteten abgegeben werden, da diese dem jeweiligen Hoheitsträger als „öffentliche" Äußerungen zuzurechnen sind.[67] Vor diesem Hintergrund dürfte es auch nicht zulässig sein, wenn sich der Hoheitsträger auf die Wahrnehmung berechtigter Interessen (§ 193 StGB) beruft.[68] 49

*b) Verhältnismäßigkeit der Äußerung*

Selbst wenn dem Hoheitsträger eine Ermächtigungsgrundlage zur Abgabe der Äußerung zur Verfügung steht, hat er jeweils im Einzelfall die Verhältnismäßigkeit des Eingriffs zu beachten. Das zumutbare Maß wird nur dann gewahrt, wenn etwa für die Warnung ein hinreichender Anlaß besteht, wenn also konkrete Gefahren für die zu schützenden Rechtsgüter vorliegen. Auch dann muß der Staat jedoch die Umstände, aus denen er die Notwendigkeit der Warnung herleitet, zutreffend wiedergeben und unsachliche oder aggressive Wertungen vermeiden.[69] Der *VGH Mannheim*[70] hat dazu festgehalten: 50

---

[65] *BVerwGE* 82, 76 (81).
[66] *BVerwGE* 82, 76 (83)
[67] *Ossenbühl*, S. 316; abweichend für den Sonderfall des Gemeinderatsmitglieds *BayVerfGH*, BayVBl 1984, 623.
[68] *Windthorst/Sproll*, § 11 Rdnr. 61.
[69] *BVerwGE* 82, 76 (83)
[70] *VGH Mannheim*, NJW 1986, 340.

51 „Bei der Wahrnehmung dieses Äußerungsrechts unterliegt die Antragsgegnerin aber als Hoheitsträgerin besonderen Schranken. Die Staatsgewalt ist zum Schutz der Würde und Freiheit der Bürger verliehen. Herabsetzende Werturteile gegenüber dem Bürger und sonstigen Betroffenen müssen daher das für alles staatliche Handeln geltende Übermaßverbot wahren und dürfen nicht willkürlich, besonders aggressiv und unsachlich sein. ... Dies schließt allerdings nicht aus, daß die Behörden auch deutliche Worte gebrauchen. Die Grenze liegt aber in der willkürlichen, auch bei Zugrundelegung des Standpunktes des Äußernden unnötigen Herabsetzung. ... Werturteile, die diesen Rahmen nicht überschreiten, muß ein Betroffener hinnehmen, auch wenn sie ihm abträglich sind."

## 4. Rechtsfolgen

52 Für die Rechtsfolgen ist zu unterscheiden zwischen Tatsachenäußerungen und Werturteilen. Mit dem *Unterlassung*sanspruch kann die Unterlassung sowohl von Tatsachenbehauptungen als auch von Werturteilen durchgesetzt werden. Ein *Widerruf*sanspruch kommt jedoch nur für Tatsachenbehauptungen in Betracht. Nur Tatsachenbehauptungen sind einem Widerruf zugänglich.[71]

53 Im Einzelfall kann die Abgrenzung zwischen Tatsachenbehauptung und Werturteil schwierig sein. Als „Probeerwägung" gilt, daß Tatsachenbehauptungen einem Beweis zugänglich sind. Dies hilft allerdings dann nicht sehr viel weiter, wenn Tatsachenbehauptungen und Meinungsäußerungen untrennbar verbunden werden oder wenn Werturteile sich als eine Zusammenfassung von Tatsachenbehauptungen darstellen. In diesem Fall wird man sich nach dem Schwerpunkt der Äußerung zu richten haben. Überwiegt die subjektive Wertung des Äußernden gegenüber dem tatsächlichen Aussagegehalt, so liegt insgesamt ein Werturteil vor, das einem Widerruf nicht zugänglich ist.[72] Im übrigen kann zur Abgrenzung zwischen Tatsachenbehauptungen und Werturteilen auf die Ergebnisse der Rechtsprechung, insbesondere zum Presserecht, zurückgegriffen werden.[73]

---

[71] *Ossenbühl*, S. 306; *VGH München*, NVwZ 1986, 327.
[72] *Windthorst/Sproll*, § 11 Rdnr. 59.
[73] *Ossenbühl*, S. 306.

# 5. Teil. Ausgleichs- und Entschädigungsleistungen für Eigentumseingriffe

## § 14. Grundlagen

**Literatur:** *Aicher*, Grundfragen der Staatshaftung bei rechtmäßigen hoheitlichen Eigentumsbeeinträchtigungen, 1978; *Arndt/Schumacher*, Die verfassungsrechtlich zulässige Höhe der Steuerlast – Fingerzeig des BVerfG an den Gesetzgeber, NJW 1995, 2603; *Badura*, Eigentumsschutz des Anliegergewerbebetriebes, 1971; *Baur*, Die „Naßauskiesung" – oder wohin treibt der Eigentumsschutz, NJW 1982, 1734; *Böhmer*, Grundfragen der verfassungsrechtlichen Gewährleistung des Eigentums in der Rechtsprechung des Bundesverfassungsgerichts, NJW 1988, 2561; *Detterbeck*, Salvatorische Entschädigungsklauseln vor dem Hintergrund der Eigentumsdogmatik des BVerfG, DÖV 1994, 273; *Dürig*, Der Staat und die vermögenswerten öffentlich-rechtlichen Berechtigungen seiner Bürger, in: Festschr. f. Apelt, 1958, S. 13; *ders.*, Zurück zum klassischen Enteignungsbegriff!, JZ 1954, 4; *Eschenbach*, Der verfassungsrechtliche Schutz des Eigentums, 1996; *Ganschezian-Finck*, Schädigung von Gewerbebetrieben durch Beschränkung des Straßenverkehrs, NJW 1969, 161; *Kraft*, System der Klassifizierung eigentumsrelevanter Regelungen, BayVBl 1994, 97; *Leisner*, Eigentum, in: Isensee/Kirchhof (Hrsg.), HdbStR VI, 1989, § 149; *Osterloh*, Eigentumsschutz, Sozialbindung und Enteignung bei der Nutzung von Boden und Umwelt, DVBl 1991, 906; *Rengeling*, Das Grundgesetz als Schutzobjekt der Eigentumsgarantie (Art. 14 GG) und als Gegenstand verwaltungsrechtlicher Planung, Gestaltung und Schrankensetzung, AöR Bd. 105 (1980), S. 423; *Rittstieg*, Eigentum als Verfassungsproblem, 1975; *Rozek*, Die Unterscheidung von Eigentumsbindung und Enteignung, 1998; *Rüfner*, Das Sozialleistungssystem zwischen Anpassung und Bestandsschutz, DVBl 1984, 857; *Schmidt-Preuß*, Die Gewährleistung des Privateigentums durch Art. 14 GG im Lichte aktueller Probleme, Die AG 1996, 1; *Scholz*, Identitätsprobleme der verfassungsrechtlichen Eigentumsgarantie, NVwZ 1982, 337; *Schwerdtfeger*, Die dogmatische Struktur der Eigentumsgarantie, 1983; *ders.*, Eigentumsgarantie, Inhaltsbestimmung und Enteignung, JuS 1983, 104; *Stein*, Zur Wandlung des Eigentumsbegriffes, in: Festschr. f. G. Müller, 1970, S. 503; *Thormann*, Abstufungen in der Sozialbindung des Eigentums, 1996; *W. Weber*, Öffentlich-rechtliche Rechtsstellungen als Gegenstand der Eigentumsgarantie in der Rechtsprechung, AöR Bd. 91 (1966), S. 382; *ders.*, Das Eigentum und seine Garantie in der Krise, in: Festschr. f. Michaelis 1972, S. 316; *Wendt*, Eigentum und Gesetzesregelung, 1985.

### I. Struktur des verfassungsrechtlichen Eigentumsschutzes

Das *BVerfG* hat in seinem grundlegenden Naßauskiesungsbeschluß 1
vom 15.7.1981[1] die Dogmatik des Art. 14 GG auf neue Grundlagen gestellt, insbesondere eine Entkoppelung zwischen Eigentumsschutz und

[1] *BVerfGE* 58, 300; dazu auch Aussetzungs- und Vorlagebeschluß des *BGH*, NJW 1978, 2290.

Enteignungsbegriff vorgenommen.[2] Die Eigentumsordnung des Art. 14 GG wird nicht statisch festgeschrieben, sondern einer Anpassung an sich wandelnde Gemeinwohlerfordernisse zugänglich gehalten.[3]

2 Art. 14 I 1 GG ist die Grundnorm des Eigentumsschutzes. Das verfassungsrechtlich geschützte Eigentum wird nicht absolut abgegrenzt, sondern es ist dem einfachen Gesetzgeber als Aufgabe übertragen, durch gesetzliche Inhalts- und Schrankenbestimmungen die Eigentumsordnung auszugestalten. Mit dem Erlaß dieser Inhalts- und Schrankenbestimmungen (Art. 14 I 2 GG) kommt der Gesetzgeber gleichzeitig dem Auftrag nach, die Sozialpflichtigkeit des Eigentums (Art. 14 II GG) zu konkretisieren. Dabei hat der Gesetzgeber einen relativ weiten Gestaltungsspielraum. Der Gestaltungsbefugnis wird allerdings die Grenze durch die Instituts- und Bestandsgarantie für das privatnützige Eigentum gezogen. Ob diese Grenze gewahrt ist, beurteilt sich vor allem nach dem Grundsatz der Verhältnismäßigkeit.[4]

3 Der verfassungsrechtliche Schutzumfang des Eigentums wird schließlich auch durch die inhaltlich begrenzte Enteignungsermächtigung des Art. 14 III GG festgelegt.[5] Wie das *BVerfG* hervorhebt, enthält diese Bestimmung nicht nur eine Wertgarantie des Eigentums, sondern sie ist zuvörderst dem Bestandsschutz verpflichtet.[6] Diese Erkenntnis hat zu konkreten Folgen bei der Neubestimmung des Enteignungsbegriffs und bei der Festlegung der Verpflichtung des Betroffenen, sich gegen rechtswidrige staatliche Zugriffe zu wehren, geführt. Ein „dulde und liquidiere" bei enteignenden Eingriffen entspricht danach nicht dem normativen Regelungskonzept des Art. 14 I und III GG.[7] Rechtswidrige Eigentumseingriffe, welche die Voraussetzungen des Art. 14 III GG nicht erfüllen, müssen abgewehrt werden. Die (rechtmäßige) Enteignung setzt zwingend eine Entschädigung für den Entzug des Eigentums voraus. Insoweit kann dann allerdings von Wertgarantie gesprochen werden.[8]

---

[2] Dazu *Scholz*, NVwZ 1982, 337; *Ossenbühl*, S. 168; *Detterbeck*, DÖV 1994, 273; *Rozek*, S. 12 ff. *Windthorst/Sproll*, § 13 Rdnr. 56. Vgl. auch die grafische Übersicht zu Eigentumsschutz/Aufopferung von *Klein*, in: *Soergel*, BGB, § 839 Anh. Rdnr. 115.

[3] *BVerfGE*, 58, 300 (330); 72, 66 (76); *Nüßgens/Boujong*, Rdnr. 24; *Schmidt-Preuß*, Die AG 1996, 1; *Rittstieg*, JZ 1983, 161.

[4] *BVerfGE* 52, 1 (32); BVerfG, UPR 1999, 347; *Schwerdtfeger*, Fallbearbeitung, Rdnr. 555; *Papier*, in: *Maunz/Dürig*, GG, Art. 14 Rdnr. 326 unter Hinweis, daß der substantielle Wesenskern jedem Eingriff entgegenstehe.

[5] *BVerfGE* 45, 63 (75); *Schwerdtfeger*, S. 9; *Böhmer*, NJW 1988, 2573; abw. *Osterloh*, DVBl 1991, 911, die die „klassische Enteignung" auch ohne die Ermächtigung des Art. 14 III GG für zulässig hält.

[6] *BVerfGE* 24, 367 (400); 51, 193 (220); dazu *Papier*, in: *Maunz/Dürig*, GG, Art. 14 Rdnr. 325.

[7] *BVerfGE* 24, 367 (400); *Nüßgens/Boujong*, Rdnr. 346.

[8] *Ossenbühl*, S. 152; *BVerfGE* 24, 367 (400). Zu den Elementen der Eigentumsdogmatik des *BVerfG* ausf. *Rozek*, S. 19 ff.

Das Eigentumsmodell des GG wird somit aus drei sich wechselseitig beeinflussenden Elementen konstituiert: 4

- Instituts- und Bestandsgarantie (Art. 14 I 1 GG)
- gesetzliche Inhalts- und Schrankenregelung (Art. 14 I 2, II GG)
- Enteignungsschutz durch verfassungsrechtlich begrenzte Eingriffsermächtigung (Art. 14 III GG).

Der verfassungsrechtliche Eigentumsschutz bedeutet somit nicht, daß das Eigentum ein für allemal vor staatlichen Eingriffen gesichert wäre. Durch Inhaltsbestimmungen (Art. 14 I 2 GG) kann das Eigentum ausgestaltet werden; Beeinträchtigungen, die dem Verhältnismäßigkeitsgrundsatz entsprechen, sind verfassungsgemäß und damit rechtmäßig. Im Einzelfall kann der Verhältnismäßigkeitsgrundsatz den Gesetzgeber dazu verpflichten, für „inhaltsbestimmende Beeinträchtigungen" einen Ausgleich zu gewähren, der allerdings vorrangig Instrumente und Vorkehrungen umfassen muß, die Belastungen des Eigentümers vermeiden und die Privatnützigkeit des Eigentums absichern. Nur wenn derartige Vorkehrungen nicht möglich oder einen unverhältnismäßigen Aufwand erfordern, kann ein finanzieller Ausgleich oder ein Übernahmeanspruch durch die öffentliche Hand in Betracht gezogen werden.[8a] Die Enteignung ist ein besonderer, von der Verfassung ausdrücklich zugelassener aber auch gleichzeitig begrenzter Eigentumseingriff. Sie betrifft die nachhaltigste Form der Eigentumsbeeinträchtigung, nämlich den Entzug des Eigentumsrechts. Angesichts der Nachhaltigkeit dieses Eingriffs, der den absoluten Bestandskern des Eigentums beim Berechtigten tangiert, sind die Zulässigkeitsvoraussetzungen unmittelbar in Art. 14 III GG normiert. Ein derartiger Eingriff ist nur dann zulässig und damit rechtmäßig, wenn der Entzug des Eigentumsrechts gleichzeitig mit einer Entschädigungsleistung kompensiert wird.[9] Verstoßen Eigentumseingriffe gegen dieses verfassungsrechtliche Eigentumsmodell, weil sie sich nicht innerhalb der verfassungsrechtlichen Schranken bewegen, insb. weil sie die Vorgaben an die Enteignung nach Art. 14 III GG mißachten, handelt es sich um rechtswidrige Eingriffe, die vom Betroffenen abgewehrt werden können. Ob und in welchem Umfang sich Entschädigungsansprüche ergeben, beurteilt sich, soweit es sich um die Sanktion für rechtswidriges Staatshandeln handelt, nach den Grundsätzen der Aufopferungsentschädigung.[10] 5

---

[8a] BVerfG, UPR 1999, 348.

[9] *Ossenbühl*, S. 145 weist darauf hin, daß die Enteignung nur rechtmäßige Eingriffe in das Eigentum umfaßt; diese Zusammenhänge übersieht *Schönfeld*, NVwZ 1999, 380. Besonderheiten ergeben sich allerdings für den Entzug von Eigentumsrechten im Zusammenhang mit der gesetzlichen Neuordnung eines Rechtsgebietes; dazu unten § 16 Rdnrn. 186 ff.

[10] *Klein*, in: *Soergel*, BGB, § 839 Anh. Rdnr. 140; im übrigen unten § 17.

## II. Eigentumsgarantie

### 1. Eigentumsbegriff

6 Das *BVerfG* hat im „Naßauskiesungsbeschluß" festgestellt, daß der Inhalt des von der Verfassung gewährleisteten Eigentums aus der Verfassung selbst gewonnen werden muß. Der verfassungsrechtliche Eigentumsbegriff kann weder aus Normen des einfachen Rechts, die im Range unter der Verfassung stehen, abgeleitet werden, noch kann aus dem privatrechtlichen Eigentumsbegriff der Umfang der verfassungsrechtlichen Gewährleistung bestimmt werden.[11] Es ist mißverständlich, wenn teilweise gesagt wird, es gebe keinen verfassungsrechtlich vorgegebenen Eigentumsbegriff.[12] Er ist zumindest typusmäßig festgelegt.[13] Welche Befugnisse einem Eigentümer allerdings zu einem bestimmten Zeitpunkt konkret zustehen, ergibt sich letztlich aus der Gesamtheit der verfassungsmäßigen Gesetze, die dann den Inhalt des Eigentums konstituieren.[14]

#### *a) Freiheitssichernde Funktion des Eigentums*

7 Eigentum ist eine Schöpfung der Rechtsordnung. Es besteht nicht die Möglichkeit, auf einen gewissermaßen naturrechtlich vorgegebenen Eigentumsbegriff zurückzugreifen.[15] Das *BVerfG* hat bereits im Jahre 1966 hervorgehoben, daß es einen absoluten Begriff des Eigentums nicht gibt. Das verfassungsrechtliche Eigentum orientiert sich an den gesellschaftlichen Anschauungen seiner Zeit. Die normative Grundausstattung, die von Art. 14 I 1 GG vorgegeben und gewährleistet wird, unterliegt deshalb auf der Ebene des objektiven Rechts der Ausgestaltung durch den Gesetzgeber.[16] Er hat die Aufgabe, Eigentumsrechte zu schaffen und inhaltlich zu prägen. Dies bedeutet andererseits aber nicht, daß es Eigentum nur „nach Gesetz" gibt. Dem steht schon die verfassungsrechtliche Eigentumsgarantie entgegen, die gerade auch den Gesetzgeber bindet.[17] *Baur*[18] hat gegen den verfassungsrechtlichen Eigentumsbegriff des *BVerfG* eingewandt, daß mit den Formulierungen „elementarer Bestand grundrechtlich geschützter Betätigung im vermögensrechtlichen Bereich" oder „des durch Art. 14 GG gesicherten Freiheitsbereiches" keine hinreichenden Kriterien zur verbindlichen Abgrenzung des verfassungsrechtli-

---

[11] *BVerfGE* 58, 300 (334).
[12] *Schönfeld,* BayVBl 1996, 674.
[13] *Schwerdtfeger,* Fallbearbeitung, Rdnr. 549.
[14] *BVerfGE* 49, 382 (393); 58, 300 (336); *Nüßgens/Boujong*, Rdnr. 24.
[15] *Schwerdtfeger,* Fallbearbeitung, Rdnr. 539.
[16] *BVerfGE* 31, 229 (240); bereits *BVerfGE* 20, 350 (355); *Wahl,* NVwZ 1984, 404; *Schwerdtfeger,* JuS 1983, 105.
[17] *Ossenbühl,* S. 149 ff.; *Leisner*, in: HdbStR VI, § 149 Rdnr. 54.
[18] *Baur,* NJW 1982, 1734.

chen Eigentumsbegriffes gegeben würden. Vielmehr stelle der Rückgriff auf die Ausgestaltungsbefugnis des Gesetzgebers einen Zirkelschluß dar.[19]

Die Befürchtungen, die der Kritik von *Baur* zugrunde liegen, daß näm- 8
lich durch die Verweisung auf die objektive Rechtsordnung eine Auflösung des Eigentumsbegriffes bewirkt werden könnte, haben sich jedenfalls bislang als unbegründet erwiesen. Vielmehr hat die Konkretisierung des Eigentumsschutzes, insbesondere dessen Ablösung vom Enteignungsbegriff[20] zu einer genaueren Erfassung des Wesensgehaltes des Eigentums geführt, was im einzelnen im Rahmen dieser staatshaftungsrechtlichen Abhandlung nicht näher ausgeführt werden kann. Entscheidend ist, daß das *BVerfG* die Eigentumsgarantie als zentralen Bestandteil der freiheitlichen Grundordnung sieht. Das Eigentum gibt dem einzelnen die wirtschaftlichen Voraussetzungen für eine eigenverantwortliche Lebensgestaltung[21] und steht damit in einem inneren Zusammenhang mit der grundrechtlichen Sicherung der Handlungs- und Gestaltungsfreiheit. Diesen Zusammenhang hat *Dürig*[22] eindrucksvoll auf die Formulierung zugespitzt „Eigentum ist Freiheit".

Gegen die Verbindung des Eigentumsschutzes mit den persönlichen 9
Freiheitsrechten wird teilweise eingewandt, daß dieser Zusammenhang, insbesondere mit Blick auf das Sacheigentum, zunehmend fragwürdig werde, weil weite Teile der Bevölkerung zur Sicherung ihrer Existenz allein auf den Einsatz ihrer Arbeitskraft verwiesen seien.[23] Dagegen spricht nicht nur der ständig wachsende Anteil privaten Immobilieneigentums, insbesondere in der Form des Wohnungseigentums. Sondern diese Auffassung verkennt auch die gesamtgesellschaftliche Wirkung eines Bekenntnisses zum Privateigentum. Gerade die Erfahrungen in der früheren DDR zeigen doch, mit welcher Wertvernichtung die Vergesellschaftung von Grund und Boden verbunden war. Um die Formulierung von *Dürig* um ein weiteres Schlagwort zu ergänzen, bedeutet Eigentum idealerweise nämlich immer auch Verantwortung. Der verantwortliche Eigentümer wird aufgrund privater Initiative immer bestrebt sein, sein Eigentum wertmäßig zu sichern, wodurch gleichzeitig nicht hoch genug einzuschätzende gesamtgesellschaftliche Wirkungen erzielt werden.

---

[19] *Baur*, NJW 1982, 1734.
[20] *BVerfGE* 58, 300 (331); *Schwerdtfeger*, Fallbearbeitung, Rdnr. 538.
[21] *BVerfGE* 24, 367 (389); 50, 290 (339); BVerfG, UPR 1999, 347; *Wendt*, S. 80; *Jarass*, in: *Jarass/Pieroth*, GG, Art. 14 Rdnr. 1.
[22] *Dürig*, in: Festschr. f. Apelt, S. 13; *ders.* JZ 1954, 4; auch *Ipsen*, JZ 1953, 664.
[23] *Stein*, in: Festschr. f. G. Müller, S. 505; dagegen zu Recht *Wendt*, in: *Sachs*, GG, Art. 14 Rdnr. 13.

*b) Wesenselemente des Eigentumsbegriffs*

10 *aa)* Der in Art. 14 I 1 GG verankerte Eigentumsbegriff kann nicht aus dem Enteignungsbegriff entwickelt werden. Der andere, auf die Rechtsprechung[24] und das Schrifttum[25] der Weimarer Zeit zurückgehende Denkansatz klingt noch in der von *Ossenbühl* besorgten Vorauflage dieses Buches an, wenn dort vom enteignungsrechtlichen Eigentum gesprochen wird. Die Funktion der verfassungsrechtlichen Eigentumsgarantie liege in erster Linie in der Abwehr staatlicher Eingriffe. Demzufolge müsse sich der Umfang der Eigentumsgarantie und damit auch der Umfang des Eigentumsbegriffes an dieser Eingriffsrichtung orientieren.[26]

11 Der Eigentumsschutz wird jedoch durch die Eigentumsgarantie des Art. 14 I 1 GG festgelegt und nicht über den Enteignungsbegriff des Art. 14 III GG vermittelt. Nicht jeder Eingriff in bestandgeschütztes Eigentum ist immer auch eine „Enteignung". Die Alternative zwischen bloßer (entschädigungsloser) Inhaltsbestimmung gem. Art. 14 I 2 GG einerseits und entschädigungspflichtiger Enteignung gem. Art. 14 III GG andererseits, die die Dogmatik vor dem Naßauskiesungsbeschluß beherrscht hat, besteht in dieser Form nicht mehr, weil auch Art. 14 I 2 GG zu – ggfls. ausgleichspflichtigen – Eingriffen in bestandgeschütztes Eigentum ermächtigt.[27]

12 *bb)* Auch die Auffassung,[28] daß es im Rahmen der verfassungsrechtlichen Gewährleistungen abgestufte Gewährleistungsinhalte des Eigentums gebe, läßt sich schwerlich mit dem an Art. 14 I 1 GG festgemachten Bestandsschutz in Einklang bringen. Dieser Auffassung liegt offensichtlich der Gedanke zugrunde, daß es vor allem mit Blick auf die Sozialpflichtigkeitsklausel des Art. 14 II GG von vorneherein unterschiedlich abgestufte Schutzgrenzen geben könnte, z. B. für zu städtebaulichen Zwecken herangezogenes Grundeigentum oder für ernährungswirtschaftlich genutztes Eigentum der Urproduktion.[29] Zu Recht hat *Werner Weber*[30] dem entgegengehalten, daß die Eigentumsgarantie nicht zwischen mehr oder weniger schutzwürdigem Eigentum differenziere. Insbesondere frage sie nicht danach, wie das Eigentum erworben wurde und welchem Zweck es diene.

13 Art. 14 GG liegt ein *einheitlicher Eigentumsbegriff* zugrunde, der sowohl den Bestandsschutz nach Art. 14 I 1 GG abgrenzt wie auch Ziel und

---

[24] *RGZ* 116, 268; 139, 182.
[25] *M. Wolff*, in: Festschr. f. Kahl, 1923, S. 1
[26] *Ossenbühl*, S. 97 f.
[27] *Schwerdtfeger*, Fallbearbeitung, Rdnr. 537; *ders.*, Eigentumsgarantie, S. 7; umfassend zur Bestimmung des Eigentumsbegriffs *Rozek*, S. 27 f.
[28] *Badura*, S. 12; *Rittstieg*, S. 313; dagegen *Ossenbühl*, S. 127.
[29] *Badura*, S. 12.
[30] *W. Weber*, in: Festschr. f. Michaelis, S. 319; *Leisner*, in: HdbStR VI, § 149 Rdnr. 46.

Grenze für gestaltende und eingreifende Regelungen und Maßnahmen ist. Der verfassungsrechtlich geforderte einheitliche Eigentumsbegriff bedeutet allerdings nicht, daß die Zugriffsbefugnis auf das Eigentum nicht unterschiedlich ausgeprägt sein kann, abhängig von den jeweils mit dem Eigentum kollidierenden anderen Rechtsgütern oder Gemeinwohlbelangen. So hat das *BVerfG* wiederholt betont, daß die Befugnis des Gesetzgebers zur Inhalts- und Schrankenbestimmung um so weiter reiche, je mehr das Eigentumsobjekt in einem sozialen Bezug und einer sozialen Funktion stehe.[31]

Bei diesem Ausgangspunkt liegt es auf der Hand, daß der verfassungsrechtliche Eigentumsbegriff nicht identisch ist mit dem privatrechtlichen Eigentum.[32] Die bürgerlich-rechtliche Eigentumsordnung ist keine abschließende Regelung von Inhalt und Schranken des Eigentums. Die privatrechtlichen Eigentumsvorschriften haben im Rahmen des Art. 14 GG vor allem auch keinen Vorrang vor den öffentlich-rechtlichen Vorschriften, die ihrerseits eigentumsrechtliche Regelungen treffen. Vielmehr wirken bei der Bestimmung der verfassungsrechtlichen Rechtsstellung des Eigentümers bürgerliches Recht und öffentlich-rechtliche Gesetze gleichrangig zusammen.[33] 14

### c) *Typologische Abgrenzung des verfassungsrechtlichen Eigentums*

Die typologische Umschreibung des Eigentumsbegriffes ist vor allem durch folgende Wesenselemente gekennzeichnet: 15

Geschützt wird nicht das Privateigentum, sondern das Eigentum Privater. Nur die *Privatnützigkeit des Eigentums*, also die Zuordnung eigentumsrechtlicher Positionen auf private Rechtsträger, entspricht seiner Funktion, die persönliche Freiheit des einzelnen abzusichern[34] Von dieser Rechtsträgergarantie hat das *BVerfG* den Rückübereignungsanspruch des enteigneten Eigentümers abgeleitet, wenn die Enteignungsvoraussetzungen im nachhinein wieder wegfallen.[35] Der Enteignete soll aufgrund der Garantie des Art. 14 I 1 GG grundsätzlich die Herstellung des verfassungsmäßigen Zustandes durch Rückübertragung des Eigentums an sich fordern können. Anderenfalls würde der enteignungsbegünstigte Hoheitsträger nämlich einen Vermögensvorteil erhalten, für den das Instrument der Enteignung nicht eingesetzt werden darf.

In engem Zusammenhang mit der Privatnützigkeit des Eigentums steht das dem Eigentümer gewährleistete umfassende „*Ausnutzendürfen*" des 16

---

[31] *BVerfGE* 50, 290 (340); 58, 137 (148); 79, 283 (302); BVerfG, UPR 1999, 347.

[32] *Maurer*, § 26 Rdnr. 42; *Jarass*, in: *Jarass/Pieroth*, GG, Art. 14 Rdnr. 33.

[33] *Nüßgens/Boujong*, Rdnr. 24.

[34] *BVerfGE* 61, 82 (108); BVerfG, UPR 1999, 347; *Ossenbühl*, S. 150; *Papier*, in: *Maunz/Dürig*, GG, Art. 14 Rdnr. 1.

[35] *BVerfG*, NJW 1975, 37; dazu Anm. *Kimminich*, DÖV 1975, 312; dazu unten § 16 Rdnrn. 171 ff.

Eigentumsgegenstandes.[36] Das Eigentum kann seine freiheitssichernde Funktion nur entfalten, wenn der Eigentümer von seinem Recht *umfassend Gebrauch machen* kann, also insbesondere grundsätzlich über den Eigentumsgegenstand verfügen darf.[37] Typischerweise gehört es deshalb zum Eigentumsrecht, über dessen Nutzung bestimmen zu können, insbesondere Erträge zu erzielen.

17 Schließlich ist bei der Eingrenzung des Eigentums im verfassungsrechtlichen Sinne auch zu berücksichtigen, daß der Eigentumsbegriff einen *traditionsbezogenen Garantiegehalt* hat. Bei der Festlegung der Reichweite der Eigentumsgarantie sind deshalb die überkommenen typischen Grundformen und Grundstrukturen des Eigentums zu berücksichtigen.[38]

## 2. Institutsgarantie und Individualgarantie

18 Die Eigentumsgewährleistung des Art. 14 I 1 GG wirkt in zweifacher Richtung: Sie garantiert das Eigentum Privater als Rechtsinstitut (*Institutsgarantie*) und dient der Sicherung der individuellen Rechtsposition (*Individualgarantie*).[39]

### *a) Institutsgarantie*

19 Die Institutsgarantie gewährleistet die Existenz- und Funktionstüchtigkeit des Eigentums. Sie verpflichtet allein den Gesetzgeber i. S. einer Verfassungsdirektive objektiv-rechtlich institutionell. Sie hindert den Gesetzgeber daran, Sachbereiche, die zum elementaren Bestand grundrechtlich geschützter Betätigung im vermögensrechtlichen Bereich gehören, aus der Privatrechtsordnung auszugliedern und einem öffentlich-rechtlichen Nutzungsregime zu unterstellen.[40] Allerdings folgt daraus nicht, daß jedes Rechtsgut einem privaten Rechtsträger zugeordnet werden müßte.

### *b) Individualgarantie*

20 Die Individualgarantie schützt den subjektiv-rechtlichen Bestand des konkreten Eigentums in der Hand des konkreten Eigentümers.[41] Die Individualgarantie besagt, daß die Zuordnung der Eigentumsrechte zu ihrem Inhaber erhalten und die Substanz der Rechte gewährleistet bleiben muß.[42] Insofern ist die Individualgarantie zwangsläufiges Korrelat des in Art. 14 I 1 GG angelegten Bestandsschutzes. Der Eigentümer soll die Be-

---

[36] *BVerfGE* 53, 257 (290); *Wendt*, in: *Sachs*, GG, Art. 14 Rdnr. 41.
[37] *BVerfGE* 45, 142 (173); *Ossenbühl*, S. 150.
[38] *Wendt*, S. 188; *Aicher*, S. 90.
[39] *Schwerdtfeger*, Fallbearbeitung, Rdnr. 539.
[40] *Nüßgens/Boujong*, Rdnr. 2; *Papier*, in: *Maunz/Dürig*, GG, Art. 14 Rdnr. 11; *BVerfGE* 31, 212 (241).
[41] *Nüßgens/Boujong*, Rdnr. 5; *BVerfGE* 24, 367 (389); 50, 290 (339).
[42] *Nüßgens/Boujong*, Rdnr. 6.

fugnis haben, rechtswidrige Einwirkungen auf den Bestand seines Eigentums abzuwehren.[43]

## III. Schutzgegenstand im einzelnen

### 1. Vermögenswerte Rechte Privater

Das verfassungsrechtliche Eigentum setzt die Zuordnung von konkreten Gegenständen auf Rechtsträger voraus; Art. 14 I 1 GG erfaßt nur *konkrete subjektive Rechtspositionen.* Aus dem verfassungsrechtlichen Garantiebereich scheiden Erwartungen und Aussichten, auf die ein rechtlich gesicherter Anspruch nicht besteht, aus.[44] Interessen, Chancen, Verdienstmöglichkeiten oder Gewinnerwartungen werden nicht geschützt.[45] So gehört z. B. eine bloß abstrakte Nutzungsmöglichkeit des Grundeigentums, die sich nur objektiv wirtschaftlich anbietet, nicht zu dem von Art. 14 I GG geschützten Eigentumsbestand. Vielmehr muß hinzukommen, daß die Nutzungsmöglichkeit rechtlich verfestigt ist, entweder dadurch, daß Nutzungsgenehmigungen vorliegen oder daß mit der konkreten Realisierung dieser Nutzung begonnen worden ist. Eigentumsschutz ist Bestandsschutz, nicht jedoch Erwerbsschutz. 21

Der Ausrichtung des Eigentumsschutzes auf konkrete Rechtspositionen entspricht es, daß Art. 14 I 1 GG das privatrechtliche Eigentum des einzelnen Eigentümers gewährleistet. Über das Sacheigentum oder die dinglichen Rechte hinaus wird jede wohlerworbene private vermögenswerte Rechtsstellung erfaßt, die eines dem Sacheigentum vergleichbaren vermögensrechtlichen Schutzes bedürftig ist.[46] Die Schutzwürdigkeit beurteilt das *BVerfG* unter anderem danach, ob die Rechtsstellung unter Einsatz eigener Arbeitsleistung oder unter Einsatz eigenen Vermögens geschaffen worden ist.[47] Auch wird der Vergleich zu anderen geschützten Eigentumsformen gezogen. In diesem Sinne werden von Art. 14 I 1 GG u. a. erfaßt der Besitz,[48] die Aktie[49] sowie generell das Anteilseigentum, private Forderungsrechte[50] und das Urheberrecht in seinem vermögenswerten Aspekt. 22

---

[43] *BVerfGE* 24, 367 (400).

[44] *BVerfGE* 20, 31 (34); *Jarass*, in: *Jarass/Pieroth*, GG, Art. 14 Rdnr. 14.

[45] A. A. wohl *Bryde*, in: *v. Münch/Kunig*, GG, Bd. 1, Art. 14 Rdnr. 21; differenzierend auch *Wendt*, in: *Sachs*, GG, Art. 14 Rdnr. 48

[46] *Nüßgens/Boujong*, Rdnr. 29 m. w. N.

[47] *Schwerdtfeger*, Fallbearbeitung, Rdnr. 543; *BVerfGE* 53, 257 (291).

[48] *BVerfGE 89*, 1 (5 f.); *Papier*, in: *Maunz/Dürig*, GG, Art. 14 Rdnr. 191.

[49] *BVerfGE* 14, 263 (276); 25, 371 (407).

[50] *BVerfGE* 28, 110 (141); 83, 201 (208); nicht allerdings, wenn jederzeit kündbar *BGH*, NJW 1993, 3191.

23 Auch das Jagdausübungsrecht einer Jagdgenossenschaft (§ 9 BJagdG) ist Eigentum im Sinne des Art. 14 GG. Wird z. B. bei der Errichtung einer Autobahn eine Teilfläche eines gemeinschaftlichen Jagdbezirkes für den Bau in Anspruch genommen, so kann das Eigentum beeinträchtigt sein, weil der Jagdgenossenschaft die Jagdnutzung auf dieser Trassenfläche unmöglich gemacht wird, zum anderen, weil das Jagdausübungsrecht als solches auf den Restbesitz beschränkt ist.[51]

24 Nicht Eigentum im verfassungsrechtlichen Sinne sind „Rechtspositionen", die schlechthin im Widerspruch zum geltenden Recht stehen.[52]. Das *BVerfG* hat z. B. festgehalten, daß unlauteres Wettbewerbsverhalten keinen objektiven Besitzstand als „Eigentum" begründen könne.[53] Einem Hauseigentümer, dem durch die Einrichtung eines Dirnensperrbezirkes die Vermietungsmöglichkeit von Räumen an Dirnen genommen worden ist, wurde unter Hinweis auf den Verstoß gegen die guten Sitten ebenfalls kein Eigentumsschutz zuerkannt.[54]

25 Beim „polizeiwidrigen Eigentum" geht es um die Frage, wie das Entstehen der Polizeiwidrigkeit eigentumsrechtlich zu beurteilen ist. Die Polizeiwidrigkeit entsteht nämlich in der Regel bei Vermögensgegenständen, die dem verfassungsrechtlichen Eigentumsschutz bis dahin unterlagen.[55] Die Polizei- und Ordnungsgesetze stellen inhalts- und schrankenbestimmende Normen dar, die den Konflikt zwischen Polizeipflicht und Eigentum auf der einfachgesetzlichen Ebene lösen. Die Konkretisierung dieser Pflichtigkeit stellt grundsätzlich keine Enteignung dar, auch dann nicht, wenn die Beseitigung der Gefahr die völlige Zerstörung des Eigentumsobjekts verlangt. Es wird auch kein Ausgleich für die inhaltsbestimmende Beeinträchtigung erforderlich. Wird deshalb aus Gründen des Lärmschutzes eine Sperrzeitregelung für Gaststätten getroffen (§ 18 GaststG), so liegt darin kein enteignender Tatbestand, sondern eine polizeirechtlich zulässige – entschädigungsfreie – Eigentumsbeschränkung.[56]

---

[51] *BGH*, NJW 1996, 1897.

[52] Die Einbeziehung etwa strafrechtlicher erlangter Besitzpositionen oder sittenwidriger „Rechtspositionen" in den Eigentumsbegriff des Art. 14 I GG würde zu einem nicht auflösbaren Wertungswiderspruch führen (str.). Dazu *Kimminich*, in: BK, Art. 14 Rdnr. 196; *Nüßgens/Boujong*, Rdnr. 30. Vgl. dazu auch *BVerfGE* 20, 351 (356); *BVerwGE* 7, 257 (260).

[53] *BVerfG*, NJW 1972, 573.

[54] *BayObLG*, DÖV 1964, 560; *BVerwG*, UPR 1984, 202; *Nüßgens/Boujong*, Rdnr. 30.

[55] *Papier*, in: *Maunz/Dürig*, GG, Art. 14 Rdnr. 513; *Wendt*, in: *Sachs*, GG, Art. 14 Rdnr. 146; Schenke, JuS, 1977, 789.

[56] *BGH*, NJW 1974, 277; *BVerwG*, NJW 1986, 1627. Vgl. dazu auch die Kontroverse, ob bei Tötung seuchenverdächtiger Tiere Enteignungsentschädigung zu gewähren sei. Der *BGH* (Z 17, 137 [138]) hatte zunächst in diesen Fällen nach der alten Rspr. eine Enteignung angenommen, ist davon aber später abgerückt. Demgegenüber haben das *BVerwG* (E 7, 257 (26); 39, 10) und das *BVerfG* (E 20, 351 [359]) auch bei der Tötung seuchenverdächtiger Tiere eine Enteignung verneint. Für die Tötung seuchenkranker

Komplizierter liegen die Dinge in den Fällen der sog. *latenten Störer.* 26
Beispielhaft sind dafür die sog. Schweinemästerfälle.[57] In diesen Fällen der latenten Störung ist jeweils sorgfältig festzustellen, ob im Einzelfall wirklich polizeiwidriges Eigentum vorliegt oder ob sich der Bestandsschutz zugunsten des Mastbetriebes durchsetzt. Dies wird man annehmen können, wenn der ursprünglich ordnungsgemäß ausgeübte Betrieb erst infolge veränderter Bebauung der Umgebung zum Störungsfaktor wird.[58] Die Rechtsprechung hat Entschädigungsansprüche in Fällen anerkannt, in denen die Polizeigefahr nicht in erster Linie durch die Anfälligkeit eines Betriebes verursacht worden ist, sondern auf außerhalb der Anlage beruhende Umstände zurückging.[59] Ein Beispiel dafür ist die Umstrukturierung eines Gewerbegebiets in ein Gebiet mit wachsenden Wohnbebauungsanteilen.

## 2. Öffentlich-rechtliche Rechtspositionen

Ausgehend von der freiheitssichernden Funktion der Eigentumsgarantie liegt es nahe, daß das *BVerfG* unter bestimmten Voraussetzungen auch vermögenswerten öffentlich-rechtlichen Rechtspositionen den Eigentumsschutz nach Art. 14 GG zuerkennt.[60] Allerdings ist nicht jede Rechtsposition, die auf öffentlichem Recht beruht, verfassungsrechtlich geschütztes Eigentum. Das *BVerfG* entscheidet aufgrund verschiedener Kriterien, ob einer öffentlich-rechtlichen Rechtsposition der verfassungsrechtliche Eigentumsschutz zuzubilligen ist.[61] Im Vordergrund steht dabei, ob die auf dem öffentlichen Recht beruhende Rechtsposition durch eigene Arbeitsleistung oder unter Einsatz eigener wirtschaftlicher Mittel erworben worden ist.[62] Gerade diese beiden Kriterien belegen die funktionelle Nähe der öffentlich-rechtlichen Rechtspositionen zum „überkommenen Eigentumstypus". Es werden nur Rechtspositionen erfaßt, deren ersatzlose Entziehung dem rechtsstaatlichen Gehalt des Grundgesetzes widersprechen würde.[63] Bloße Gewährungen des Staates, die nicht durch Leistungen des einzelnen verfestigt worden sind, stehen dagegen funktional auf der Ebene von Erwerbschancen. Nicht unter Art. 14 GG 27

Tiere war dagegen immer unstreitig, daß Enteignungsentschädigungen nicht zu gewähren sind; dazu *BGHZ* 17, 137 (139); *BVerwGE* 7, 257 (161).

[57] *Nüßgens/Boujong*, Rdnr. 321; *Sendler*, DÖV 1971, 24 f.; *Schenke*, JuS 1977, 789.

[58] *Ossenbühl*, S. 200 f.; *Nüßgens/Boujong*, Rdnr. 121.

[59] *BGHZ* 81, 374 (383); 92, 34.

[60] *BVerfGE* 53, 257 (289 ff.); 63, 152 (174); 76, 220 (235 ff.).

[61] *Rozek*, S. 52; *Ossenbühl*, S. 157.

[62] *BVerfGE* 53, 257 (289 f.); 88, 384 (401). Dazu *Bryde*, in: *v. Münch/Kunig*, GG, Bd. 1, Art. 14 Rdnr. 25.

[63] *BVerfGE* 53, 257 (291); dazu *Rüfner*, JZ 1984, 801, *Weber*, AöR 91 (1966), 382; *Schmidt-De Caluwe*, JA 1992, 129.

fallen deshalb Ansprüche, die der Staat nur in der Wahrnehmung sozialer Fürsorge zugeteilt hat[64], wie z.B. der Anspruch auf Gewährung einer Wohnungsbauprämie[65] oder das Kindergeld.[66] Eigentumsrechtlich geschützt sind dagegen die sozialversicherungsrechtlichen Ansprüche. Sie werden durch Einsatz eigener wirtschaftlicher Mittel erworben und dienen entscheidend der Existenzsicherung.[67] Von daher sind Eigentum im verfassungsrechtlichen Sinne die Anwartschaften auf Renten aus der Sozialversicherung, aber auch die Ansprüche und Anwartschaften auf Arbeitslosengeld.

28 Demgegenüber begründen staatliche Genehmigungen keine durch Art. 14 GG geschützte Rechtsposition; sie beruhen nicht auf eigener Leistung.[68] Werden jedoch im Hinblick auf erteilte öffentlich-rechtliche Genehmigungen Investitionen vorgenommen, kann Eigentumsschutz entstehen, wenn der Investor auf den Fortbestand der Genehmigung vertrauen dürfte.[69]

### 3. Vermögen und Auferlegung von Geldleistungspflichten

29 In der Regel wird im Zusammenhang mit der Auferlegung öffentlich-rechtlicher Geldleistungspflichten die Frage erörtert, ob und inwieweit das Vermögen als solches den Schutz des Art. 14 GG genießt. Die Unsicherheit rührt daher, daß die Eigentumsgarantie nur konkrete verfestigte Eigentumspositionen erfaßt, während das Vermögen als solches allenfalls als Zusammenfassung derartiger Rechtspositionen gesehen werden könnte.[70]

30 Das *BVerfG* hat in der Auferlegung einer Vermögensabgabe nach dem LAG eine Geldleistungspflicht in Form einer Steuer gesehen. Die Auferlegung solcher Leistungspflichten ließ nach früherer Auffassung des *BVerfG* die Eigentumsgarantie des Art. 14 GG grundsätzlich unberührt.[71] Ein Verstoß gegen Art. 14 GG sollte allenfalls dann in Betracht kommen können, wenn Geldleistungspflichten den Pflichtigen übermäßig belasten und seine Vermögensverhältnisse grundlegend beeinträchtigen. Die Schutzgarantie kam danach erst bei konfiskatorischen Wirkungen der Geldleistungspflichten zum Tragen.[72]

---

[64] *BVerfGE* 48, 403 (413); 72, 175 (193); dazu *Nüßgens/Boujong*, Rdnr. 115.
[65] *BVerfGE* 48, 403 (413).
[66] *BSG*, NJW 1987, 463.
[67] *BVerfGE* 69, 272 (300 ff.); 76, 220 (235 ff.); *Rozek*, S. 52.
[68] *BGHZ* 108, 364 (371) für Taxikonzession; vgl. aber auch *BGHZ* 81, 21 (33).
[69] *Jarass*, in: *Jarass/Pieroth*, GG, Art. 14 Rdnr. 10.
[70] Überwiegend wird das Vermögen nicht als durch Art. 14 GG geschützt angesehen; *Papier*, in: *Maunz/Dürig*, GG Art. 14 Rdnrn. 42, 150; *BVerfGE* 4, 7 (17); a.A. *Kimminich*, in: BK, Art. 14 Rdnr. 62.
[71] *BVerfGE* 23, 288 (314); dazu *Ossenbühl*, S. 201 f.
[72] *BVerfGE* 14, 221 (241); 30, 250 (272 f.) *Jarass*, in: *Jarass/Pieroth*, GG, Art. 14 Rdnrn. 12, 50.

Das *BVerfG* hat diesen in st. Rspr. vertretenen Grundsatz in seinem Vermögenssteuerbeschluß konkretisiert.[73] Es stellte sich die Frage nach den verfassungsrechtlichen Schranken der Besteuerung des Vermögens durch Einkommen- und Vermögensteuer, weil beide Steuern am Ertrag des Vermögens anknüpfen. Das *BVerfG* hat in seiner Entscheidung erneut auf den engen Zusammenhang zwischen der allgemeinen Handlungsfreiheit (Art. 2 I GG) und deren Absicherung im vermögensrechtlichen Bereich durch Art. 14 GG abgehoben. Daraus folgert das *BVerfG*, daß dem Steuerpflichtigen ein Kernbestand des Erfolges eigener wirtschaftlicher Betätigung als Ausdruck der grundsätzlichen Privatnützigkeit des Erworbenen und der Verfügungsbefugnis über die geschaffenen vermögenswerten Rechtspositionen erhalten bleiben muß. Quantitativ bedeutet dies, daß die Vermögensteuer nur so bemessen werden darf, daß sie in ihrem Zusammenwirken mit den sonstigen Steuerbelastungen die Substanz des Vermögens, also den Vermögensstamm, nicht beeinträchtigen darf und aus den üblicherweise zu erwartenden Erträgen (Soll-Erträge) bezahlt werden kann. Ohne Beachtung dieser Grundsätze führt eine Vermögensbesteuerung zu einer schrittweisen Konfiskation, die den Steuerpflichtigen übermäßig belasten und seine Vermögensverhältnisse grundlegend beeinträchtigen würde. Der private Ertragsnutzen des Vermögens darf zwar im Rahmen des Art. 14 II GG für Gemeinwohlzwecke herangezogen werden; es darf aber eine Belastungsobergrenze nicht überschritten werden, die nach Auffassung des *BVerfG* in der Nähe einer hälftigen Teilung zwischen privater und öffentlicher Hand zu sehen ist.[74] 31

Nach dieser Entscheidung bestehen Bedenken, das Vermögen als solches nicht von Art. 14 GG geschützt zu sehen.[75] Es mag sein, daß die Auferlegung einzelner öffentlich-rechtlicher Geldleistungspflichten, insbesondere von Steuern, meist nicht die Erheblichkeitsschwelle des Art. 14 GG überschreitet. Sieht man jedoch das Vermögen als Zusammenfassung einzelner Vermögensgegenstände, denen je für sich Eigentumsschutz zukommt, so zeigen gerade Belastungen des einzelnen mit Geldleistungspflichten nicht zuletzt bei einer kumulativen Bewertung, daß das Vermögen prinzipiell schutzfähiges Eigentum i. S. v. Art. 14 GG sein muß. Verbleibt nämlich dem einzelnen kein nachhaltiger privater Ertragsnutzen aus seinem Vermögen, so kann er auch von seinen grundrechtlich geschützten Einzelpositionen und ihrer freiheitssichernden Wirkung keinen Gebrauch machen. Die im Eigentum angelegte Freiheitssicherung kommt 32

[73] *BVerfGE* 93, 121.
[74] *BVerfGE* 93, 121 (138); dazu *Leisner*, NJW 1995, 2591; *Arndt/Schumacher*, NJW 1995, 2603.
[75] *Arndt/Schumacher*, NJW 1995, 2604.

dann infolge einer übermäßigen wirtschaftlichen Abschöpfung nicht mehr zur Entfaltung.

33 Knüpfen öffentlich-rechtliche Geldleistungspflichten unmittelbar bei einzelnen Rechtspositionen an, so ist Art. 14 GG zu beachten, ohne daß es insoweit auf die Frage der Schutzfähigkeit des Vermögens ankommt. So liegt z. B. in einer steuerlichen Belastung, die bei Grundstücksveräußerungen den Veräußerungsgewinn weitgehend abschöpfen würde, ein Eingriff in das von Art. 14 GG geschützte Grundeigentum nahe.

## IV. Bereichsbezogene Beispiele

### 1. Eigentumsschutz und bauliche Grundstücksnutzung

34 Das Recht zur baulichen Nutzung des Grunds und Boden gehört nach h. M.[76] und in st. Rspr. des *BVerfG*[77] zum Inhalt des durch Art. 14 GG geschützten Grundeigentums. Im Schrifttum wird dem teilweise entgegengehalten, daß dem Eigentümer das bauliche Nutzungsrecht erst durch planerische Maßnahmen eröffnet werde.[78] Diese Auffassung verkennt indessen, daß Art. 14 GG umfassend das Haben und Nutzen der Eigentümerposition schützt.[79] Die Errichtung eines Bauwerkes auf dem Grundstück ist Ausdruck dieser originären Eigentümerbefugnis und nicht erst Ergebnis einer öffentlich-rechtlichen Verleihung.

35 Allerdings ergeben sich Inhalt und Schranken der eigentumsrechtlich geschützten Baufreiheit aus den hierauf bezogenen gesetzlichen Regelungen, insbesondere aus dem BauGB und den Landesbauordnungen. Das Eigentum an Grundstücken wird auch durch rechtsgültige Bebauungspläne näher ausgeformt.[80] Daraus folgt, daß der Eigentümer einen Anspruch auf Erteilung der Baugenehmigung hat, wenn dem Bauvorhaben keine materiell-rechtlichen Hindernisse entgegenstehen.

36 Unter bestimmten Voraussetzungen kann Nachbarschutz unmittelbar aus Art. 14 I GG abgeleitet werden. Der Nachbar kann sich zur Wahrung seiner Eigentümerposition auf Art. 14 I GG berufen, wenn eine Baugenehmigung oder ihre Ausnutzung „die vorgegebene Grundstückssituation" nachhaltig verändern und dadurch den Nachbarn schwer und unerträglich treffen. Selbst wenn in diesem Falle nicht gegen einfachgesetzliche nachbarschützende Vorschriften verstoßen wird, kann sich der Nachbar unmittelbar aus Art. 14 I 1 GG gegen die bauliche Nutzung des

---

[76] *Rengeling*, AöR 105 (1980), 444; *Papier*, in: *Maunz/Dürig*, GG, Art. 14 Rdnr. 59.

[77] *BVerfGE* 35, 263 (276); *BGHZ* 60, 112 (115); *BVerwGE* 48, 271 (273); VGH Mannheim, NVwZ 1994, 797.

[78] *Breuer*, DÖV 1978, 189; *Schulte*, DVBl 1979, 133.

[79] *Papier*, in: *Maunz/Dürig*, GG, Art. 14 Rdnrn. 66 f.

[80] *BVerwG*, DVBl 1991, 819; *BGHZ* 67, 320 (326).

Nachbargrundstückes wehren. Er muß in diesem Falle in seiner eigenen situationsbedingten Grundstücksberechtigung unzumutbar beeinträchtigt sein.[81]

## 2. Eigentumsschutz und eingerichteter und ausgeübter Gewerbebetrieb

Art. 14 I GG erfaßt nach überwiegender Auffassung in der Lit. und der obergerichtlichen Rspr. auch den eingerichteten und ausgeübten Gewerbebetrieb.[82] Die Erstreckung des Eigentumsschutzes auf den eingerichteten und ausgeübten Gewerbebetrieb entspricht zunächst dem prinzipiell sämtliche Vermögensgegenstände erfassenden verfassungsrechtlichen Eigentumsbegriff; so kann der Gewerbebetrieb bis zu einem bestimmten Grade als Zusammenfassung eigenständiger eigentumsrechtlicher Befugnisse aufgefaßt werden. Entscheidend ist aber, daß der eingerichtete und ausgeübte Gewerbebetrieb darüberhinaus ein eigenständiges Konglomerat darstellt, das als solches funktionell dieselbe freiheitssichernde Funktion hat, wie etwa das Grundeigentum oder das Eigentum an Forderungsrechten. Gewerbebetriebe sind nicht nur Betriebe im Sinne der GewO. Vielmehr führt die Ausweitung des verfassungsrechtlichen Eigentumsschutzes auf die gesamte Vermögenssphäre auch zu einem weiten Verständnis des Gewerbebetriebes. Erfaßt wird jede durch Zusammenfügung sachlicher und persönlicher Mittel geschaffene, auf Erwerb gerichtete Unternehmung.[83] Nach dieser wirtschaftlichen Betrachtungsweise sind auch landwirtschaftliche Betriebe,[84] freiberufliche Praxen[85] oder Forstgüter[86] in den Schutzbereich einbezogen. 37

Das eigentliche Problem liegt in diesen Fällen bei der Abgrenzung der Reichweite des Eigentumsschutzes. Dies überrascht deshalb nicht, weil der Gewerbebetrieb über die ihm zugeordneten vermögenswerten 38

[81] *BVerwGE* 32, 173 (178); 50, 282 (286). Im Regelungsbereich drittschützender Normen scheiden nach neuerer Rspr. allerdings inhaltlich gleichgerichtete Abwehransprüche aus Art. 14 I GG aus; BVerwG, DVBl 1997, 62; *Brohm,* Öffentliches Baurecht, 2. Aufl. 1997, § 18 Rdnr. 31; dazu *Erbguth/Stollmann,* JZ 1995, 1147; *Schwerdtfeger,* NVwZ 1982, 5; *Wasmuth*, NVwZ 1988, 322.

[82] Die Erstreckung des Eigentumsschutzes auf den eingerichteten und ausgeübten Gewerbebetrieb entspricht der st. obergerichtlichen Rspr.; vgl. *BGHZ* 111, 349; 81, 21 (33); *BVerwGE* 30, 235, (239); 66, 307 (309). Das *BVerfG* hat eine Festlegung bislang offengelassen. Während *BVerfGE* 1, 264 (277) sich tendenziell für die Einbeziehung des Gewerbebetriebs äußerte, ist *BVerfGE* 51, 193 (221) eher die entgegengesetzte Position zu entnehmen. Es bleibt abzuwarten, ob sich Tendenzen der neueren Rspr. des *BVerfG* in die Richtung der Einbeziehung des Gewerbebetriebs verfestigen, *BVerfGE* 77, 84 (118); dazu Engel AöR 118 (1993), 169 (173).

[83] *Papier*, in: *Maunz/Dürig*, GG, Art. 14 Rdnr. 101;

[84] *BGHZ* 67, 190 (192); 92, 34 (37).

[85] *BGHZ* 81, 21 (33); *BVerwGE* 40, 157 (165).

[86] *BGHZ* 87, 321 (336).

Rechtspositionen hinaus eine eigenständige Qualität hat, die etwa Geschäftsbeziehungen, Marktstellung und den Kundenstamm, um nur einiges zu nennen, umgreift. Eine Abgrenzungslinie ergibt sich entlang der Schutzfunktionen der einschlägigen Grundrechte: Art. 14 I GG schützt das Erworbene, Art. 12 GG dagegen den ungestörten künftigen Erwerb.

39 Die obergerichtliche Rspr.[87] schützt bislang nur den realen Bestand des eingerichteten und ausgeübten Gewebebetriebes. Zum Schutzumfang gehören danach die Betriebsgrundstücke und -räume, die Warenvorräte und die Außenstände; es wird also der gesamte Betrieb als funktionsfähige wirtschaftliche Einheit erfaßt.[88] Allerdings bietet die Eigentumsgarantie keinen Schutz dagegen, daß sich die allgemeinen Rahmenbedingungen für die Tätigkeit des Unternehmens ändern. Vor diesem Hintergrund werden nach überw. Auffassung die geschäftlichen Verbindungen, Beziehungen und der Kundenstamm nicht in den Schutzbereich einbezogen. Geschützt werden sollen nur das Recht auf die Fortsetzung des Betriebs im bisherigen Zuschnitt nach den schon getroffenen betrieblichen Maßnahmen.[89] Bei der Abgrenzung des Schutzumfanges spielt der Gesichtspunkt des eigenen Einsatzes des Betriebsinhabers eine wichtige Rolle. Zum Gewerbebetrieb gehören deshalb jedenfalls solche Elemente, die durch eigenen Kapital- und Arbeitseinsatz des Inhabers erworben worden sind.

40 Da sich der Eigentumsschutz nur auf konkrete subjektive Rechtspositionen bezieht, auf das *Erworbene*, scheiden aus dem Schutzbereich künftige Chancen und bloße Verdienstmöglichkeiten aus. *Wendt*[90] scheint dies relativieren zu wollen, da er auf eine wertende Berücksichtigung von Vertrauenspositionen des Unternehmens abheben will. So dürfe ein gezieltes und vorsätzliches hoheitliches Einwirken auf Gewinnmöglichkeiten nicht aus dem Schutzbereich herausfallen. Vielmehr müsse zunächst sorgfältig festgestellt werden, ob eine konkrete Rechtsposition als Bestand des eingerichteten und ausgeübten Gewerbebetriebes vorliegt. Die Festlegung des Schutzumfanges kann allerdings schwerlich vom Verhalten des Hoheitsträgers abhängen. Stehen deshalb nur künftige Chancen und Verdienstmöglichkeiten in Frage, kann sich der einzelne bei Beeinträchtigun-

---

[87] *BGHZ* 78, 41 (44); *Jarass*, in: *Jarass/Pieroth*, GG, Art. 14 Rdnr. 19.

[88] *Ossenbühl*, S. 161. Der *BGH* (Z) 23, 157 (162) rechnet zum Schutzumfang den gesamten gewerblichen Tätigkeitskreis; dieser sei vor unmittelbaren Störungen zu bewahren. Allerdings folgt aus dem vom *BGH* gezogenen Vergleich mit dem Eigentumsschutz, daß nur solche Gegebenheiten und Vorteile rechtlich geschützt werden, auf deren Fortbestand der Betriebsinhaber vertrauen kann; dazu *Wendt*, in: *Sachs*, GG, Art. 14 Rdnr. 47.

[89] *Jarass*, in: *Jarass/Pieroth*, GG, Art. 14 Rdnr. 19. Ebenso wohl auch *Ossenbühl*, S. 161, der das ungestörte Funktionieren des Betriebsorganismus gesichert wissen will. Differenzierend *Wendt*, in: *Sachs*, GG, Art. 14 Rdnr. 49; wohl auch *Nüßgens/Boujong*, Rdnr. 77.

[90] *Wendt*, in: *Sachs*, GG, Art. 14 Rdnr. 48 f.

gen jedenfalls nach h.M. nicht auf Art. 14 I GG berufen; diese Norm schützt nur das Erworbene, nicht indessen das, was erst noch durch eine künftige gewerbliche Tätigkeit geschaffen werden soll. Die Erweiterung einer Arztpraxis durch Anschaffung eines Computertomographen ist deshalb nicht geschützt worden, weil der Schutz nur auf die Fortsetzung des Betriebes im bisherigen Umfang nach den schon getroffenen betrieblichen Maßnahmen begrenzt ist. Beabsichtigte Betriebserweiterungen werden ebensowenig von der Eigentumsgarantie erfaßt wie Chancen und Erwerbsmöglichkeiten. Dies bedeutet allerdings nicht, daß hoheitliche Eingriffe nicht grundrechtsrelevant wären. Der Schutz ist in diesen Fällen vor allem aus Art. 12 GG abzuleiten. Die Abgrenzung zwischen der Berufsausübungsregelung und dem enteignungsgleichen Eingriff erfolgt nach den Grundsätzen, die der *BGH* in der „Kakao-Entscheidung" aufgestellt hat.[91]

Auch bloße Wettbewerbschancen werden nach der obergerichtlichen Rspr. nicht von Art. 14 I GG erfaßt. So wurde in der Zulassung einer Gebäude-Feuerversicherungsanstalt mit öffentlich-rechtlichem Zwangscharakter zur Mobiliar-Feuerversicherung nicht eine die Eigentumsgarantie berührende Maßnahme gesehen.[92] Ganz generell bietet die Eigentumsgarantie keinen Schutz dagegen, daß sich die allgemeinen Verhältnisse und Gegebenheiten, innerhalb deren der Unternehmer seine Tätigkeit entfaltet, zu seinem Nachteil ändern. Deshalb kann sich ein Gärtnereibetrieb, der den Gießwasserbedarf aus einem Brunnen deckt, nicht auf Art. 14 GG berufen, wenn diese auf Grund der tatsächlichen Gegebenheiten bestehende (bloße) Chance infolge Streusalzaufbringung auf der Straße entfällt. Der Schutz des eingerichteten und ausgeübten Gewerbebetriebes kann nicht weiter reichen als der Schutz, der seinen wirtschaftlichen Grundlagen zukommt. 41

Ebenfalls in diesen Zusammenhang gehören bloße Reflexwirkungen hoheitlicher Maßnahmen, die zwar dem Gewerbebetrieb günstig, aber nur im Interesse der Allgemeinheit ergangen sind. So wurde die Berufung eines Sanatoriums auf Art. 14 GG in einem Fall zurückgewiesen, in dem der beklagte Hoheitsträger einem Dritten rechtswidrig gestattet hatte, den für Kurgebiete geltenden Immissionsrichtwert zu überschreiten. Der BGH hat festgehalten, daß dieser Immissionsrichtwert nur zum Schutz der gesundheitlichen Belange der Besucher des Kurparkgeländes, nicht aber zugunsten des Betreibers des Sanatoriums erlassen worden sei.[93] 42

---

[91] *BGHZ* 111, 349 (356); *BGH*, NJW 1996, 2422; insgesamt dazu *Rinne*, DVBl 1993, 872.

[92] *BVerwGE* 17, 306 (314).

[93] *BGH*, zit. v. *Rinne/Schlick*, NVwZ 1997, 34.

### 3. Eigentumsschutz und Anliegerrecht („Kontakt nach außen")

43 Die Anliegersituation hat beim Eigentumsschutz nach Art 14 I GG immer wieder eine Rolle gespielt.[94] Dies ist auch nicht verwunderlich, hängt doch das Gebrauchmachen von Grundstücken ganz entscheidend davon ab, daß eine Anbindung an das öffentliche Wegenetz besteht.[95] Diese Straßenanbindung des Grundstückes kann in vielfältiger Weise beeinträchtigt werden, z. B. durch vollständiges Abschneiden des Zugangs im Wege der Einziehung einer Straße,[96] durch Baumaßnahmen im Straßenkörper mit der Folge der – zumindest zeitweisen – Erschwerung des Zugangs,[97] durch Gestattung von Sondernutzungen Dritter oder durch die Untersagung bestimmter Maßnahmen wie z. B. einer gewerblichen Nutzung in den Straßenraum hinein.[98] Als Grundsatz gilt, daß bei Grundstücken, die an öffentlichen Straßen liegen, die Verbindung mit dem Wegenetz vom Eigentumsschutz Art. 14 I GG erfaßt wird. Allerdings führt nicht jede Beschränkung oder Erschwerung zu einem Eingriff in das Grundeigentum, vielmehr ist zu berücksichtigen, daß die wegerechtliche Erschließung ihrerseits einer Anpassung an sich wandelnde Umstände unterliegt. Letztlich hat der Grundstückseigentümer durch die wegerechtliche Erschließung einen Vorteil „von außen" erlangt, der gerade aus diesem Grunde nicht statisch verfestigt werden kann.[99]

44 Der *BGH*[100] hat einen Eigentumseingriff in einem Fall bejaht, in dem die Beschneidung des Zugangs zu einer nachhaltigen Nutzbarkeitsänderung des Grundstückes geführt hat. Demgegenüber wurde eine Verkehrswertminderung infolge einer bloß optischen Verschlechterung des Grundstückes nicht als Eigentumseingriff gewertet.[101]

45 In vielfältiger Hinsicht ist dieser sog. „Kontakt nach außen" für Gewerbebetriebe, die an öffentlichen Straßen liegen, von Bedeutung. Dies überrascht nicht, weil dieser Zugang nicht nur unmittelbar für den Betrieb des Gewerbes von existentieller Bedeutung ist, was an den Anliefermöglichkeiten ohne weiteres einsichtig wird, sondern auch deshalb, weil selbstverständlich in den Straßenraum hinein als „öffentliche Lebensader" geworben und damit der Nutzen des Gewerbebetriebes gesteigert werden kann.[102] Diese Nutzungsmöglichkeit des Anliegers wird im

---

[94] *BVerwGE* 32, 222 (225); *BGHZ* 48, 58 (62 f.); *Peine*, JZ 1984, 872.
[95] *BVerwGE* 54, 1 (3); *BGH*, NJW 1979, 1045; *Nüßgens/Boujong*, Rdnrn. 98, 101; *Papier*, in: *Maunz/Dürig*, GG, Art. 14 Rdnr. 101.
[96] *BVerwGE* 32, 222 (225).
[97] *BGHZ* 57, 359 (361 ff.); *BGH*, NJW 1980, 2703.
[98] *BVerwGE* 54, 1 (3).
[99] *BGHZ* 55, 261 (264); *BVerwG*, NJW 1981, 412; 1983, 770.
[100] *BGHZ* 48, 58 (62 f.); *BGH*, NJW 1979, 1043.
[101] *BGH*, NJW 1975, 53.
[102] *Nüßgens/Boujong*, Rdnr. 104.

Grundsatz von Art. 14 I GG gewährleistet,[103] wenngleich auch insoweit zur Feststellung des geschützten Bereiches im Einzelfall eine Abwägung zu erfolgen hat.

Allerdings wird der Anliegergebrauch nicht in seinem unveränderten Fortbestand gewährleistet.[104] Der Anlieger muß auf den Gemeingebrauch Dritter Rücksicht nehmen; einschränkende Maßnahmen, die aus der Notwendigkeit folgen, die Straße als Verkehrsader zu erhalten und entsprechend dem sich wandelnden Bedarf anzupassen, sind deshalb hinzunehmen.[105] Das *BVerwG* hat die Einrichtung einer Fußgängerzone jedenfalls solange unter dem Aspekt des Anliegergebrauchs als unbedenklich angesehen, wie ein uneingeschränkter Liefer- und Anliegerverkehr sichergestellt wird.[106] Der Anlieger muß auch Bauarbeiten als Ausfluß der Sozialbindung des Anliegereigentums grundsätzlich hinnehmen, jedenfalls wenn und soweit diese ordnungsgemäß geplant und durchgeführt sind. Die „Opfergrenze" wird überschritten, wenn sich die Baumaßnahmen nach ihrer Art und Dauer als besonders einschneidend oder gar existenzgefährdend auswirken.[107] Letztlich ist diese Rechtsprechung in der Erkenntnis verankert, daß der Anlieger mit dem Schicksal „seiner Straße" verbunden ist. Davon ausgehend hat der *BGH* bei Straßenbauarbeiten für U-Bahnen eine abgesenkte Opfergrenze angenommen, weil diese verkehrsrechtliche Weiterentwicklung nicht auf die Verkehrsverhältnisse im Anliegerbereich beschränkt ist, sondern weiträumigere Planungsgesichtspunkte verwirklicht. Der *BGH*[108] verlangt bei diesen den örtlichen Bereich überschreitenden Maßnahmen keine Belastungen in der Nähe der Existenzgefährdung. Es soll vielmehr ausreichen, daß die nachteiligen Folgen für den Anlieger nach Dauer, Art, Intensität und Auswirkung so erheblich sind, daß ihm diese ohne Entschädigung nicht zugemutet werden können. 46

## V. Eigentumsbezogene Regelungsbefugnis des Gesetzgebers

Im Hinblick auf das verfassungsrechtlich geschützte Eigentum kann der Gesetzgeber, wie das BVerfG[109] ausgeführt hat, eigentumsrelevante Regelungen in dreifacher Weise erlassen: 47

Der Gesetzgeber kann zunächst im Rahmen des Art. 14 I 2 GG Inhalt und Schranken des Eigentums bestimmen. Mit solchen Regelungen werden generell und abstrakt die Rechte und Pflichten des Eigentümers fest- 48

[103] Zu Lagevorteilen *Ossenbühl*, S. 165; *Ganschezian/Finck*, NJW 1969, 161; grundlegend *Badura*, Eigentumsschutz des Anliegergewerbebetriebes.
[104] *BVerwGE* 30, 235 (238 f.); *BayObLG*, NJW 1975, 693; *Ossenbühl*, S. 165.
[105] *Nüßgens/Boujong*, Rdnr. 101.
[106] *BVerwG*, NJW 1975, 1528.
[107] *BGHZ* 57, 359 (362); *BGH*, NJW 1980, 2703; *Ossenbühl*, S. 166 f.
[108] *BGH*, NJW 1965, 1907; *BGHZ* 57, 359 (362); *Nüßgens/Boujong*, Rdnr. 112.
[109] *BVerfGE* 58, 330; *Kraft*, BayVBl 1994, 97; kritisch *Rozek*, S. 21 ff.

gelegt; sie bestimmen den konkreten „Inhalt" des Eigentums. Der Gesetzgeber gestaltet die Rechtsstellung des Eigentümers. Die Rechtssätze können privatrechtlicher oder öffentlich-rechtlicher Natur sein. Abhängig von der Intensität der Eigentumswirkung kann der Gesetzgeber aber gehalten sein, Ausgleichsleistungen vorzusehen (ausgleichspflichtige Inhaltsbestimmung).

49 Nach Art. 14 III 2 GG hat der Gesetzgeber die Möglichkeit, selbst durch Gesetz einem bestimmten oder bestimmbaren Personenkreis Eigentumsrechte zu entziehen, die aufgrund der allgemein geltenden Gesetze i. S. des Art. 14 I 2 GG rechtmäßig erworben worden waren (Legalenteignung).

50 Schließlich hat der Gesetzgeber ebenfalls nach Art. 14 III 2 GG die Möglichkeit, der Exekutive eine Ermächtigung zu erteilen, Eigentumsrechte administrativ zu entziehen. Die Enteignung aufgrund des ermächtigenden Gesetzes (Administrativenteignung) setzt einen behördlichen Vollzugsakt voraus, der dann seinerseits Ziel von Rechtsbehelfen des Betroffenen gegen den enteignenden Zugriff ist.

51 Diese verschiedenartigen eigentumsrechtlichen Regelungen unterliegen nach dem Grundgesetz unterschiedlichen Zulässigkeitsanforderungen. Inhaltsbestimmung, Legalenteignung und Administrativenteignung sind jeweils eigenständige Rechtsinstitute, die das Grundgesetz deutlich voneinander abgrenzt.[110] Es muß deshalb sorgfältig geprüft werden, ob die besonderen Zulässigkeitsvoraussetzungen für die „Eigentumsregelung" gegeben sind.[111] Entspricht die Regelung den verfassungsrechtlichen Anforderungen, handelt es sich um rechtmäßiges eigentumsbezogenes Staatshandeln.

## § 15. Ausgleichspflichtige Inhalts- und Schrankenbestimmung

**Literatur:** *Alexander*, Aktuelle Fragen des Verkehrslärmschutzes unter besonderer Berücksichtigung der Verkehrslärmschutzverordnung, NVwZ 1991, 318; *Bettermann*, Rechtsnatur und Rechtsgrund der Staatshaftung, DÖV 1954, 299; *Detterbeck*, Salvatorische Entschädigungsklauseln vor dem Hintergrund der Eigentumsdogmatik des BVerfG, DÖV 1994, 273; *Dörr*, Die neuere Rechtsprechung des BVerfG zur Eigentumsgarantie des Art. 14 GG, NJW 1988, 1049; *Heinz/Schmitt*, Vorrang des Primärrechtsschutzes und ausgleichspflichtige Inhaltsbestimmung des Eigentums, NVwZ 1992, 513; *Ipsen*, Enteignung, enteignungsgleicher Eingriff und Staatshaftung, DVBl 1983, 1029; *Kastner*, Entschädigung wegen Straßenverkehrslärms, NJW 1975, 2319; *Kleinlein*, Die ausgleichspflichtige Inhaltsbestimmung – eine Alternative zur Enteignung?, DVBl 1991, 365; *Lege*, Wohin mit den Schwellentheorien?, JZ 1994, 431; *Maurer*, Der enteignende Eingriff und die ausgleichspflichtige Inhaltsbestimmung des Eigentums, DVBl 1991, 781; *Osterloh*, Eigentumsschutz, Sozialbindung und Enteignung bei der Nutzung von Boden und Umwelt, DVBl 1991, 906; *Pietzcker*, Die salvatorische

[110] *BVerfGE* 58, 300 (331 f.); dazu ausf. *Rozek*, S. 21 ff.
[111] *Rozek*, S. 157 f.

Entschädigungsklausel, JuS 1991, 369; *Rozek*, Die Unterscheidung von Eigentumsbindung und Enteignung, 1998; *Rüfner*, Enteignungsbegriff, Junktim und salvatorische Klauseln, in: Festschr. f. Boujong, 1996, S. 643; *Schinck*, Umweltschutz – Eigentum – Enteignung – salvatorische Klauseln, DVBl 1990, 1375; *Schmitt-Kammler*, Der Aufopferungsgedanke, JuS 1995, 473; *Schoch*, Rechtliche Konsequenzen der neuen Eigentumsdogmatik für die Entschädigungsrechtsprechung des BGH, in: Festschr. f. Boujong, 1996, S. 656; *Schulze-Osterloh*, Entschädigungspflichtige Inhalts- und Schrankenbestimmung des Eigentums und Enteignung, NJW 1981, 2537; *Sproll*, Staatshaftungsrecht – Inhaltsbestimmung nach Art. 14 I 2 GG und Aufopferungsentschädigung, JuS 1996, 125; *Wendt*, Eigentum und Gesetzgebung, 1985.

## I. Grundlagen

1 Das *BVerfG*[1] sieht die sog. Inhaltsbestimmung als eine Form der eigentumsrechtlichen Regelungen. Dabei kann es, abhängig von der Intensität des mit der Inhaltsbestimmung verbundenen Eigentumseingriffes, geboten sein, zur Wahrung ihrer Verfassungsmäßigkeit einen Ausgleich zu gewähren. Diese Ausgleichsregelung ist als Kompensation für den Eigentumseingriff Voraussetzung für die Verfassungsmäßigkeit der gesetzlichen Regelung. Die ausgleichspflichtige Inhaltsbestimmung beinhaltet deshalb keine „Haftung für hoheitliches Unrecht". Ihre Darstellung gehört gleichwohl in den Zusammenhang der „Staatshaftung". Denn die Rechtswidrigkeitshaftung des Staates läßt sich nur im Zusammenhang mit den rechtmäßigen Eigentumseingriffen des Staates verstehen. Deshalb wird zu Recht darauf hingewiesen,[2] daß angesichts der fehlenden inhaltlichen Festlegung des Begriffes der „Staatshaftung" eine weite Begriffsbildung in dem Sinne angemessen sei, daß es um die Verantwortlichkeit für hoheitliches Handeln, das Einstehenmüssen für einen bestimmten Handlungserfolg, gehe.[3]

### 1. Begriff

2 Bereits in der „Kleingartenentscheidung" führte das *BVerfG*[4] aus, daß das Grundgesetz unter einer Inhaltsbestimmung i. S. des Art. 14 I 2 GG die generelle und abstrakte Festlegung von Rechten und Pflichten durch den Gesetzgeber verstehe, und zwar im Hinblick auf solche Rechtsgüter, die als Eigentum i. S. des GG anzuerkennen seien. Mit derartigen Bestimmungen schaffe der Gesetzgeber auf der Ebene des objektiven Rechts diejenigen Rechtssätze, die den „Inhalt" des Eigentumsrechts vom Inkrafttreten des Gesetzes an für die Zukunft festlegen.[5]

---

[1] *BVerfGE* 58, 300 (336); dazu *Rozek*, S. 21 f.; *Sproll*, JuS 1996, 125.
[2] *Ossenbühl*, S. 145; *Windthorst/Sproll*, § 1 Rdnr. 4.
[3] Die Staatshaftung auf die „Haftung für hoheitliches Unrecht" begrenzen *Betterman*, DÖV 1954, 299; *Bender*, Rdnr. 1. Zur Begriffsbildung auch oben § 1 Rdnrn. 6 ff.
[4] *BVerfGE* 52, 1 (27).
[5] *BVerfGE* 52, 1 (27); 58, 300 (330); *BVerfG*, NJW 1986, 2189. Dazu den Überblick bei *Rozek*, S. 19 ff.; 30 ff.

3 Teilweise wird unter Hinweis auf den Wortlaut des Art. 14 I 2 GG zwischen Inhalts- und Schrankenbestimmungen unterschieden. So vertritt *Wendt*[6] die Auffassung, daß Inhaltsnormen die Eigentumsrechte und die mit ihnen verbundenen Befugnisse generell und pflichtenneutral festlegen, während Schrankennormen, die sich aus dem so formierten Eigentum ergebenden Bürger-Bürger- und Bürger-Staat-Konflikte zum Regelungsgegenstand haben. Schrankennormen sollen deshalb insbesondere Handlungs-, Unterlassungs- und Duldungspflichten enthalten.

4 Abgesehen davon, daß sich eine derartige Differenzierung allenfalls theoretisch nachvollziehen läßt und sich dafür weder im Wortlaut der Grundrechtsnorm noch in den Intentionen des Verfassungsgebers Anhaltspunkte finden, bestehen grundlegende dogmatische Einwendungen gegen die Vorstellung, daß offenbar zunächst im Wege der Inhaltsbestimmung der Inhalt des Eigentums festgelegt werden soll, auf den sich gewissermaßen nachrangig die Schrankenbestimmungen beziehen, die ihrerseits Eingriffe in das so zunächst gewährleistete Eigentum darstellen.[7] Zu Recht wird deshalb in der Rechtsprechung nicht zwischen Inhalts- und Schrankenbestimmungen differenziert; diese eigentumsbezogenen Regelungen haben insgesamt im grundrechtlich geschützten Bereich eine grundrechtsausfüllende und -gestaltende Funktion.

5 Inhaltsbestimmende Regelungen sind nicht schon deshalb verfassungsmäßig, weil sie als formelles Gesetz ergangen sind. Diese gesetzlichen Regelungen müssen selbstverständlich den formell- und materiell-rechtlichen Anforderungen des Grundgesetzes entsprechen.[8] Dies bedeutet im vorliegenden Kontext vor allem, daß der Gehalt der Eigentumsgarantie gewahrt sein muß; die Bestimmungen müssen u. a. dem Verhältnismäßigkeitsgrundsatz entsprechen. Eine Inhaltsbestimmung, die zu einem die Eigentumsgarantie mißachtenden Eigentumseingriff führt, also den Rahmen der Sozialpflichtigkeit überschreitet, ist verfassungswidrig. Sie bleibt aber trotz ihrer Verfassungswidrigkeit eine inhalts- und schrankenbestimmende Vorschrift gemäß Art. 14 I 2 GG. Sie verändert also durch ihre Verfassungswidrigkeit nicht ihre Rechtsqualität mit der Folge, daß sie nunmehr als enteignender Eingriff i. S. Art. 14 III GG zu bewerten wäre.[9]

### 2. Inhaltsbestimmung und Dogmatik der Eigentumsgarantie

6 Die ausgleichspflichtige Inhaltsbestimmung wurde in ihrer verfassungsrechtlichen Verankerung (Art. 14 I 2 GG) und in ihrer praktischen

---

[6] *Wendt*, in: *Sachs*, GG, Art. 14 Rdnr. 55; vgl. auch *Leisner*, in: HdbStR VI, § 149 Rdnr. 134; *Stein*, Staatsrecht, S. 346 f.

[7] Zu den Bindungen des Gesetzgebers grundlegend *Rozek*, S. 30 ff.

[8] *BVerfGE* 62, 169, (183); *Nüßgens/Boujong*, Rdnr. 130.

[9] *BVerfGE* 34, 139 (146); *BVerfG*, UPR 1999, 347 f., *Rozek*, S. 62 ff.

Bedeutung durch das *BVerfG* in der Pflichtexemplarentscheidung[10] und im Naßauskiesungsbeschluß konkretisiert. Nach der bis dahin vom *BGH* vertretenen „Enteignungsrechtsprechung“[11] war für Entschädigungen bei Eigentumsbeeinträchtigungen zu unterscheiden zwischen inhaltsbestimmenden Regelungen einerseits, die keine Entschädigung vermitteln konnten, und Enteignungen auf der anderen Seite, die mit Entschädigungsansprüchen des Betroffenen verbunden waren. Bei dieser dogmatischen Ausrichtung stand im Mittelpunkt die Abgrenzung zwischen der Inhaltsbestimmung einerseits und der enteignenden Maßnahme andererseits. Gerade mit Blick auf die Frage, ob und unter welchen Voraussetzungen mit einer eigentumsbezogenen Maßnahme eine Entschädigungspflicht zu verbinden ist, hat das *BVerfG* das vormalige vom *BGH* und *BVerwG* vertretene „einstufige Abgrenzungsmodell“ in ein „zweistufiges Abgrenzungsmodell“ verändert.

Da das *BVerfG* die Enteignung nur als zielgerichtete Entziehung des Eigentums versteht,[12] die Enteignung des Art. 14 III GG somit formalisiert ist, muß zunächst auf der „ersten Stufe“ festgestellt werden, ob ein Zugriff auf das Eigentum vorliegt, der zur vollständigen oder teilweisen Entziehung von Eigentumsrechten führt. Liegt ein enteignender Eingriff vor, muß das Enteignungsgesetz, auf das er gestützt wird, entsprechend Art. 14 III GG mit einer Junktim-Klausel verbunden sein. Auf dieser Grundlage kann dann im Einzelfall für die Enteignung Entschädigung gefordert werden.[13] Fehlt die Entschädigungsregelung ist der Eingriff rechtswidrig. 7

Liegt kein Entzug von Eigentumsrechten vor, sondern „lediglich“ eine sonstige Beschränkung, muß dieser Eigentumseingriff („zweite Stufe“ der Prüfung) mit der verfassungsrechtlich verankerten Eigentumsgarantie in Einklang stehen. Dies kann im Einzelfall bedeuten, daß bei entsprechender Intensität des Eingriffs dessen Verfassungskonformität nur dadurch hergestellt werden kann, daß dem Betroffenen im Gesetz selbst ein Ausgleich für die Beeinträchtigung gewährt wird.[14] Dieser Ausgleich muß in erster Linie Vorkehrungen umfassen, die eine unverhältnismäßige Belastung des Eigentümers vermeiden und die Privatnutzigkeit des Eigentums absichern.[14a] Geldbetrages sein. Es kann jede andere kompensierende 8

---

[10] *BVerfGE* 58, 137 ff.

[11] *BGHZ* 6, 270; 7, 296; dazu *Windthorst/Sproll*, § 13 Rdnr. 43; *Heinz/Schmitt*, NVwZ 1992, 513.

[12] *BVerfGE* 79, 174 (191); *VGH München*, BayVBl 1995, 245; dazu *Detterbeck*, DÖV 1994, 274; *Schoch*, in: Festschr. f. Boujong, S. 656; *Ossenbühl*, S. 178.

[13] *BVerfGE* 58, 300 (330); 83, 201 (211). Ein Vorschlag für ein Prüfungsschema findet sich bei *Rozek*, S. 291 ff.

[14] *Schoch*, in: Festschr. f. Boujong, S. 663; *Ehlers*, VVDStRL 51 (1992), 245. Fehlt es an einer derartigen Ausgleichsregelung darf wegen der Entschädigung nicht auf Art. 14 III GG zurückgegriffen werden. Die Inhaltsbestimmung schlägt nicht in eine Enteignung um, *Detterbeck* DÖV 1994, 274.

[14a] *BVerfG*, UPR 1999, 348.

Maßnahme in Betracht kommen, sofern sie die Eigentumsbeeinträchtigung auf ein Niveau reduziert, die sie in Einklang mit der Eigentumsgarantie des Art. 14 I 1 GG bringt. Dies bedeutet, daß der Gesetzgeber z. B. im Rahmen der Inhaltsbestimmung anordnen kann, daß zum Zwecke des „Immissionsausgleichs" Schallschutzmaßnahmen vorzusehen sind oder Begrünungsmaßnahmen. Nur wenn solche Vorkehrungen, zu denen auch Befreiungsvorschriften gehören können, nicht möglich sind oder einen unverhältnismäßigen Aufwand erfordern, kann auch ein finanzieller Ausgleich in Betracht gezogen werden. Der Gesetzgeber muß in allen Fällen aber durch verfahrensrechtliche Vorkehrungen sicherstellen, daß mit dem belastenden Akt auch über einen etwaigen Ausgleich entschieden wird.[14b] Vor diesem Hintergrund sollte begrifflich nicht mehr von entschädigungspflichtiger, sondern von ausgleichspflichtiger Inhaltsbestimmung gesprochen werden.[15]

9 Es stellt sich die Frage nach der Abgrenzung der ausgleichspflichtigen von der ausgleichslos hinzunehmenden Inhaltsbestimmung. Dabei geht es um die Feststellung, wann der Eingriff so nachhaltig ist, daß er nicht ohne Kompensation bleiben darf. Maßgebliches Kriterium ist insoweit der Verhältnismäßigkeitsgrundsatz.[16] Allgemein läßt sich feststellen, daß eine Ausgleichsleistung, die der Gesetzgeber mit der inhaltsbestimmenden Norm verbindet, geeignet sein kann, Bedenken, die unter dem Gesichtspunkt des Verhältnismäßigkeitsgrundsatzes gegen die Verfassungsmäßigkeit der Vorschrift bestehen, auszuräumen. Auf der anderen Seite folgt aber aus dem Verhältnismäßigkeitsgrundsatz auch, daß die Ausgleichsregelung nicht Tür und Tor für eigentumsbeeinträchtigende Regelungen jedweder Art eröffnet. Die Ausgleichsregelung ist nämlich nur ein Element der Verhältnismäßigkeitsbeurteilung. Denkbar ist es deshalb, daß der Bestandsschutz des Eigentums trotz gesetzlich vorgesehenen Ausgleichs nicht hinter die öffentlichen Interessen zurücktritt.[17] Die Bestimmung ist dann trotz Ausgleichsregelung verfassungswidrig. Die Ausgleichsregelung ist also nicht das „Allheilmittel", um die Verfassungsmäßigkeit einer in das Eigentum eingreifenden Inhaltsbestimmung zu retten.

[14b] *BVerfG*, UPR 1999, 348.

[15] *Rüfner*, in: *Erichsen*, Allg. Verwaltungsrecht, § 49 Rdnr. 35 einerseits; *Maurer*, § 26 Rdnr. 32; *Windthorst/Sproll*, § 15 Rdnr. 6; *Schwabe*, JZ 1983, 276 andererseits.

[16] *Schwerdtfeger*, Fallbearbeitung, Rdnr. 555; *Rozek*, S. 77.

[17] *BVerfGE* 84, 361 (368); *BVerfG*, UPR 1999, 347; *Rozek*, S. 266.

## II. Ausgleichspflichtige Inhaltsbestimmung

### 1. Grundsatz

Erstmalig hat das *BVerfG*[18] die Grundsätze zur ausgleichspflichtigen Inhaltsbestimmung in der sog. Pflichtexemplar-Entscheidung ausgeführt. Diese Entscheidung erging einen Tag vor dem Naßauskiesungsbeschluß. Dies zeigt, daß das *BVerfG* ganz bewußt die dogmatische Neuordnung der Enteignungsentschädigung vorgenommen hat, insbesondere die Unterscheidung zwischen der Enteignungsentschädigung nach Art. 14 III GG und der Gewährung etwaiger Ausgleichsleistungen für sonstige Eigentumsbeeinträchtigungen im Rahmen des Art. 14 I 2 GG. 10

Die Pflichtexemplar-Entscheidung setzte sich mit der Verfassungsmäßigkeit des § 9 HessPresseG sowie der darauf gestützten Verordnung über die Abgabe von Druckwerken auseinander. Nach § 9 HessPresseG konnte der zuständige Minister durch Verordnung bestimmen, daß von jedem Druckwerk ein Belegstück kostenlos an die von ihm bestimmte Bibliothek abgeliefert werden muß. In der Verordnung wurde dann geregelt, daß Pflichtexemplare an im einzelnen aufgelistete Bibliotheken unentgeltlich und auf eigene Kosten des Verlegers abzugeben sind. Dagegen wehrte sich ein Verleger, der hochwertige bibliophile Bücher in geringen Auflagen, teilweise versehen mit Originalgraphiken, verlegte. Er machte geltend, daß eine Ablieferungspflicht ohne jede Entschädigung gegen Art. 14 GG verstoße. 11

Das *BVerfG* hat zunächst auf das Spannungsverhältnis zwischen der Anerkennung des Privateigentums in Art. 14 I 1 GG einerseits und dem Sozialgebot des Art. 14 II GG andererseits verwiesen; dieses bestimme die gesetzgeberische Gestaltungsfreiheit. Daran anschließend wird festgehalten, daß Eigentumsbindungen stets verhältnismäßig sein müssen. Sie dürfen gemessen am sozialen Bezug und an der sozialen Bedeutung des Eigentumsobjektes sowie mit Blick auf den gesetzlichen Regelungszweck nicht zu einer übermäßigen Belastung führen und den Eigentümer im vermögensrechtlichen Bereich unzumutbar treffen. Darüber hinaus sei der Gleichheitssatz als allgemeines rechtsstaatliches Prinzip zu beachten. Damit hat das *BVerfG*[19] die Kriterien für die Verpflichtung zur Gewährung einer Ausgleichsleistung festgelegt: 12

„Der Mangel der getroffenen Regelung liegt jedoch darin, daß die allgemeine Ablieferungspflicht bei unterschiedslosem Ausschluß einer Kostenerstattung auch diejenigen Druckwerke erfaßt, die mit großem Aufwand und zugleich nur in kleiner Auflage hergestellt werden.

Es liegt auf der Hand, daß die Pflicht zur unentgeltlichen Abgabe von Belegstücken solcher Druckwerke im Gegensatz zu den Billig- und Massenproduktionen eine ins Gewicht fallende Belastung darstellt. Art. 14 Abs. 2 GG vermag nicht zu rechtfertigen, daß der Verleger eine solche Belastung im Interesse der Allgemeinheit tragen muß. …

Die Abwägung zwischen der Intensität der Belastung und dem Gewicht der zu ihrer Rechtfertigung anzuführenden Gründe ergibt daher, daß bei wertvollen Druckwerken

---

[18] *BVerfGE* 58, 137; *Schwabe*, JZ 1983, 276; *Sproll*, JuS 1996, 126.

[19] *BVerfGE* 58, 137 (149 f.); vgl. schon *BVerfGE* 21, 150 (155); 53, 257 (292). Jetzt auch *BVerfG*, UPR 1999, 347 mit nachhaltiger Betonung des Bestandschutzes.

mit niedriger Auflage eine kostenlose Pflichtablieferung die Grenzen verhältnismäßiger und noch zumutbarer inhaltlicher Festlegung des Eigentums überschreitet. Darüber hinaus widerspricht die beanstandete Regelung dem im Rahmen des Art. 14 Abs. 1 S. 2 GG zu beachtenden Gleichheitssatz."

## 2. Abgrenzung

13 Vor der dogmatischen Neuordnung der Entschädigung für hoheitliche Eigentumseingriffe hatten die Obergerichte, insbesondere der *BGH*, lediglich geprüft, ob eine Maßnahme enteignenden Charakter hat. Für diesen Fall wurde dem Betroffenen eine Entschädigung auf Grund besonderer Rechtsvorschrift oder, sofern eine solche mit Entschädigungsregelung fehlte, unmittelbar gem. Art. 14 III GG zugesprochen. Da Entschädigungsleistungen nunmehr grundsätzlich nur noch aufgrund eines Gesetzes zugesprochen werden dürfen, was angesichts der staatlichen Haushaltspräferenz auch unter diesem verfassungsrechtlichen Aspekt überzeugt,[20] kommt es entscheidend darauf an, ob eine Inhaltsbestimmung wegen der mit ihr verbundenen Eingriffswirkung die Zubilligung einer Ausgleichsleistung fordert.

14 In gewisser Weise wird somit die früher bei der Enteignungsentschädigung zur Feststellung des Enteignungscharakters des Eingriffs vorgenommene Abgrenzung verlagert in die Abgrenzung zwischen der ausgleichspflichtigen Inhaltsbestimmung und den entschädigungslos zulässigen Eigentumsbeschränkungen.[21] Zweifelhaft ist allerdings, ob sich diese nach den Kriterien vollzieht, die früher zur Abgrenzung von Enteignung und Sozialbindung herangezogen wurden.[22] Es ist sicher nicht zu bestreiten, daß diese Kriterien im Rahmen der Verhältnismäßigkeitsbeurteilung auch mit herangezogen werden können. Andererseits darf nicht übersehen werden, daß es jetzt um die verfassungsrechtliche Beurteilung gesetzlicher Regelungen anhand der Eigentumsgewährleistung des Art. 14 I 1 GG (Bestandsschutz) geht.

15 Das *BVerfG* ist denn auch in der Pflichtexemplarentscheidung nicht auf die bis dahin maßgebende „Entschädigungsdogmatik" eingegangen, sondern hat den Ausgangspunkt seiner verfassungsrechtlichen Beurteilung beim Verhältnismäßigkeitsgrundsatz und dem in diesem Rahmen maßgebenden Gleichheitsgrundsatz genommen. Die entscheidende verfassungsrechtlich zu klärende Frage ging dahin, ob eine Eigentumsbeeinträchti-

---

[20] *BVerfG*, UPR 1999, 348; *Schoch*, in: Festschr. f. Boujong, S. 667; *Pietzcker*, JuS 1991, 372; ausdrücklich *BGHZ* 102, 350 (362), in der sog. Waldschadens-Entscheidung.

[21] *Rüfner*, in: Festschr. f. Boujong, S. 644; *Krohn*, DVBl 1986, 747; *Nüßgens/Boujong*, Rdnr. 339; *Bryde*, in: *von Münch/Kunig*, Bd. 1, Art. 14 Rdnr. 63.

[22] So *Nüßgens/Boujong*, Rdnr. 345; *Schoch*, in: Festschr. f. Boujong, S. 665; zurückhaltender *Windthorst/Sproll*, § 15 Rdnr. 8; *Rinne/Schlick*, NVwZ 1997, 35, mit allerdings starker Betonung des Kriteriums der „Situationsbedingtheit."

gung eine Intensität erlangt hat, die es ausschließt, sie dem Bürger ohne einen die Privatnützigkeit des Eigentums sichernden Ausgleich zuzumuten.

Dabei geht es um nichts anderes als um die Herstellung praktischer Konkordanz in dem Sinne, daß eine „verhältnismäßige" Zuordnung von Grundrechten und grundrechtsbegrenzenden Rechtsgütern herbeigeführt wird.[23] Die Beschränkung des Eigentumsgrundrechts muß zunächst geeignet sein, den Schutz des Rechtsgutes zu bewirken, um dessentwillen sie vorgenommen wird. Des weiteren muß die Grundrechtsbegrenzung erforderlich sein, was dann nicht der Fall wäre, wenn ein milderes Mittel zur Verfügung stünde, das ebenso effektiv wäre wie das gewählte. Sie muß schließlich im engeren Sinne verhältnismäßig sein, d. h. in angemessenem Verhältnis zu dem Gewicht und der Bedeutung des Grundrechtes stehen.[24] Sofern sich nach dem Grundsatz der Verhältnismäßigkeit Bedenken gegen den mit der inhaltsbestimmenden Regelung verbundenen Eingriff ergeben, kann der Gesetzgeber im Rahmen von Art. 14 I 2 GG über einen Ausgleich, insbesondere über belastungsmindernde Vorkehrungen, die Verfassungskonformität sicherstellen, allerdings nur dann, wenn dieser Ausgleich seinerseits im Rahmen der Rechtsgüterabwägung geeignet ist, den Eingriff in das Eigentum hinreichend zu kompensieren.[25] 16

Behält man diese Grundsätze im Blick, kann *Rüfner*[26] zugestimmt werden, daß viele Topoi aus den sog. Enteignungstheorien[27] verwertbar bleiben. Allerdings handelt es sich lediglich um Kriterien zur Bestimmung der Zumutbarkeit und der Verhältnismäßigkeit der inhaltsbestimmenden Regelung.[28] Es gibt keine „Theorienlösung", sondern die eingreifende gesetzliche Vorschrift muß jeweils unter Einbeziehung dieser und anderer Kriterien im Rahmen der Interessenabwägung auf ihre Verhältnismäßigkeit hin überprüft werden. 17

## 3. Bedeutung der ausgleichspflichtigen Inhaltsbestimmung

### *a) Beeinträchtigung des Eigentums durch Immissionsbelastungen o. ä.*

Praktische Bedeutung haben derartige Ausgleichsleistungen im Zusammenhang mit Regelungen, die dem Eigentümer Immissionen oder vergleichbare Belastungen zumuten. 18

---

[23] *Hesse*, Verfassungsrecht, § 10 Rdnr. 318.

[24] *Wendt*, AöR 104 (1979), 414; *Schwerdtfeger*, Fallbearbeitung, Rdnr. 556; *Hesse*, Verfassungsrecht, § 10 Rdnr. 318.

[25] *BVerfG*, UPR 1999, 347 f.; *Schulze-Osterloh*, NJW 1981, 2543; *BGHZ* 126, 379; *BVerwGE* 90, 5.

[26] *Rüfner*, in: Festschr. f. Boujong, S. 649 f.

[27] Dazu *Kimminich*, in: BK, Art. 14 Rdnr. 190; *Dörr*, NJW 1988, 1050; *Lege*, JZ 1994, 433.

[28] *Rüfner*, in: Festschr. f. Boujong, S. 649; anders *Ipsen*, DVBl 1983, 1030; *Heinz/Schmitt*, NVwZ 1992, 516.

Eine interessante Bestimmung ist in diesem Zusammenhang § 42 BImSchG. Der Streit um den Gehalt dieser Bestimmung veranschaulicht exemplarisch die nach wie vor auf die frühere Enteignungsentschädigungsrechtsprechung zurückgehenden Unsicherheiten bei der Auslegung von Gesetzesbestimmungen und der Zuerkennung von Ausgleichsleistungen bzw. Entschädigungszahlungen. Nach § 42 BImSchG kann der Eigentümer einer baulichen Anlage bei Überschreiten von durch Rechtsverordnungen festgelegten Immissionsgrenzwerten grundsätzlich eine angemessene Entschädigung in Geld verlangen. Nach § 42 II BImSchG ist die Entschädigung für Schallschutzmaßnahmen an den baulichen Anlagen in Höhe der erbrachten notwendigen Aufwendungen zu leisten, soweit sich Schallschutzmaßnahme im Rahmen der zu erlassenden Rechtsverordnung halten. Nach § 42 II 2 BImSchG bleiben Vorschriften, die weitergehende Entschädigungen gewähren, unberührt.

19 Der *BGH* hat die Entschädigung nach § 42 II BImSchG unter Einschluß des Ausgleichs für Schallschutzmaßnahmen als Enteignungsentschädigung verstanden. Nach Auffassung des *BGH* stellt die Entschädigungsregelung eine Entscheidung des Gesetzgebers i. S. von Art. 14 III 3 GG dar.[29] Diese Entscheidung, bei der allerdings beachtet werden muß, daß der *BGH* noch den weiten Enteignungsbegriff zugrunde gelegt hat, wurde u. a. mit dem Hinweis kritisiert, daß es an einer Enteignungswirkung z. B. durch die Lärmbelastung fehle, vielmehr handele es sich bei § 42 II BImSchG um eine sehr viel weiterreichende Billigkeitsentschädigung, die unterhalb der Enteignungswirkung einsetze.[30] Es liegt bei diesem Verständnis nahe, in den durch Rechtsverordnung bestimmten Grenzwerten nach § 43 I Nr. 1 BImSchG gleichzeitig eine Maßgabe für die nach dem Verhältnismäßigkeitsgrundsatz vom Eigentümer hinzunehmenden Geräuschbelästigungen zu sehen. Die nach § 42 II BImSchG vorgesehene Entschädigung für den passiven Schallschutz ist dann eine Ausgleichsregelung im Rahmen einer gesetzlichen Inhaltsbestimmung des Eigentums.[31]

---

[29] *BGHZ* 64, 220 (229).

[30] *Kastner*, NJW 1975, 2321.

[31] Ungeklärt ist, ob § 42 II BImSchG praktisch anwendbar ist, da auf eine Rechtsverordnung verwiesen wird, die entsprechende Immissionsgrenzwerte festlegen muß sowie Art und Umfang der notwendigen Schallschutzmaßnahmen. Die 16. BImSchV enthält weder die erforderliche Festlegung von Immissionsgrenzwerten, da sie sich ausschließlich auf die Grenzwerte für den Bau und die wesentliche Änderung von öffentlichen Straßen beschränkt, noch die deutlich niedriger festzulegenden Grenzwerte nach § 42 I BImSchG; *Jarass*, BImSchG, § 42 Rdnr. 1, 5; *ders.* DVBl 1995, 594; a. A. *Alexander*, NVwZ 1991, 320 u. wohl i. E. *BVerwG*, NVwZ 1996, 1003. Während das *BVerwG*, DÖV 1989, 225, die Festlegung von Immissionsgrenzwerten voraussetzt, wurde dieses Erfordernis vom *BVerfG* (E 79, 195) offengelassen; dazu auch *Ramsauer*, NuR 1990, 349.

§ 42 BImSchG ordnet den Vorrang passiver Schallschutzvorrichtungen an, regelt indessen nicht die Kompensation von Beeinträchtigungen des Eigentums, die durch passive Schutzmaßnahmen nicht behoben werden können. Insoweit verweist § 42 II 2 BImSchG auf Vorschriften, die weitergehende Entschädigungen gewähren. Da sich das BImSchG auf den Bau oder die wesentliche Änderung öffentlicher Straßen- und Schienenwege bezieht, können zumindest für die „Neufälle" Bedenken hinsichtlich der Verfassungsmäßigkeit der Vorschrift entstehen, wenn nämlich die infolge der Baumaßnahme entstehenden Geräuschbelästigungen nicht durch anderweitige gesetzliche Ausgleichsregelungen aufgefangen werden. Soweit der Bau des Verkehrsweges durch eine Planfeststellung zugelassen wird, ergibt sich ein Ausgleichsanspruch ggf. aus § 74 II 3 VwVfG.[32] Ausgeschlossen erscheint es indessen, daß für weitergehende Entschädigungen auf den enteignenden Eingriff als Anspruchsgrundlage zurückgegriffen werden kann. Denn nach der vom *BVerfG* geforderten gesetzlichen Grundlage für Ausgleichs- und Entschädigungszahlungen, dürfte der enteignende Eingriff jedenfalls für den Neu- und Änderungsbau von Verkehrswegen nicht in Betracht kommen.[33] 20

*b) Planbedingte Eigentumsbeeinträchtigung*

In Fachplanungsgesetzen und generell in § 74 II 3 VwVfG finden sich Ausgleichsansprüche für planbedingte Beeinträchtigungen von Nachbargrundstücken die durch öffentliche Vorhaben entstehen.[34] 21

Im Hinblick auf die Reichweite dieser „Ausgleichsbestimmungen" wurde früher vor allem danach differenziert, ob die Beeinträchtigungen sich unterhalb oder oberhalb der Schwelle der enteignungsrechtlichen Opfergrenze bewegten.[35] Teilweise wurde die Auffassung vertreten, daß die planungsrechtlichen Ausgleichsansprüche lediglich eine Billigkeitsentschädigung gewähren, die unterhalb der enteignungsrechtlichen Beeinträchtigungsschwelle ansetzen. Für enteignende Eingriffe wurde auf die Entschädigung nach den dafür maßgeblichen Grundsätzen der Rechtsprechung verwiesen. Richtigerweise wird man jedoch in diesen Ausgleichsansprüchen Mischtatbestände zu sehen haben, die den gesamten 22

---

[32] *Jarass*, BImSchG, § 42 Rdnr. 12.

[33] Der *BGH* (UPR 1988, 142) gewährt einen Anspruch aus enteignendem Eingriff bei unzumutbaren Lärmbeeinträchtigungen sowohl für alte als auch für neue Straßen dann, wenn das Nachbargrundstück schwer und unerträglich betroffen ist. Für die Anwendung des enteignenden Eingriffes auch *Ossenbühl*, S. 241; *Jarass*, BImSchG, § 42 Rdnr. 15; a. A. *Rüfner*, in: *Erichsen*, Allg. Verwaltungsrecht, § 49 Rdnr. 52, der auf die analoge Anwendung des § 906 II 2 BGB zurückgreift, wenn öffentlich-rechtlich handelnde Unternehmungen Immissionen verursachen; ebenso *Maurer*, § 26 Rdnr. 82.

[34] Dazu *Maurer*, DVBl 1991, 783; *Kastner*, VerwArch 80 (1989), 89 (beachte allerdings die Neuregelung des § 17 FStrG). Ausf. unten § 30 Rdnr. 11.

[35] Dazu *Kastner*, VerwArch 80 (1989), 89; *Wahl*, NVwZ 1990, 440.

Bereich der Eingriffskompensation abdecken. Abhängig von der Intensität des Eingriffs handelt es sich entweder um den verfassungsrechtlich gebotenen Ausgleich des Eigentumseingriffes oder um eine zusätzlich gewährte Leistung, die der Gesetzgeber aus Billigkeitsgründen ohne rechtliche Verpflichtung zumißt.[36]

23 Ebenfalls in diesen Zusammenhang gehört § 8 a V FStrG. Diese Bestimmung knüpft daran an, daß durch Straßenarbeiten für längere Zeit Zufahrten oder Zugänge unterbrochen bzw. erheblich erschwert werden und dadurch die wirtschaftliche Existenz eines anliegenden Betriebes gefährdet wird. In diesem Falle kann der Betriebsinhaber nach der gesetzlichen Regelung eine Ausgleichszahlung verlangen, die so bemessen sein muß, daß bei Anspannung der eigenen Kräfte das Fortbestehen des Betriebes gesichert wird. Da diese Ausgleichsleistung auf die Erhaltung des Betriebes gerichtet ist, dessen Weiterbestehen also sichergestellt werden soll, handelt es sich bei § 8 a V FStrG um eine ausgleichspflichtige Inhaltsbestimmung, nicht dagegen um eine Enteignungsregelung. Eine Enteignungsentschädigung wäre allerding geboten, wenn es um den Ausgleich der Existenzvernichtung ginge.

24 Schließlich enthält auch § 8 a IV FStrG eine Ausgleichsregelung i. S. Art. 14 I 2 GG; dort wird eine angemessene Entschädigung in Geld vorgesehen, wenn auf Dauer die Anbindung an eine Bundesstraße unterbrochen oder erheblich erschwert wird und nicht ein angemessener Ersatz für die Anbindung geschaffen werden kann.[37]

### c) Denkmal- und naturschutzrechtliche Eigentumsbeeinträchtigungen

25 Ein weiterer praktischer Schwerpunkt der ausgleichspflichtigen Inhaltsbestimmungen liegt im Bereich des Denkmal- und Naturschutzes. Es geht dort vor allem um Nutzungsbeschränkungen von Grundstücken und Gebäuden, die aus Gründen des Natur- und Landschaftsschutzes gefordert sind, oder die der Erhaltung eines Kulturdenkmals aus wissenschaftlichen, künstlerischen oder heimatgeschichtlichen Gründen verpflichtet sind. So enthält etwa § 24 BadWürttDSchG eine Regelung, wonach für Maßnahmen, die aufgrund des Denkmalschutzgesetzes ergangen sind und die „enteignende Wirkung" haben, eine angemessene Entschädigung zu leisten ist.

26 Art. 36 BayNatSchG sieht eine Entschädigungspflicht in Geld vor, wenn aufgrund des Naturschutzgesetzes eine Maßnahme getroffen wird,

---

[36] *Ossenbühl*, S. 185 zu § 74 II 3 VwVfG. Demgegenüber *Ule/Laubinger*, Verwaltungsverfahrensrecht, 4. Aufl. 1995, § 41 Rdnr. 34 i. S. einer ausgleichspflichtigen Inhaltsbestimmung unter Hinweis auf *BVerwGE* 77, 295 (297).

[37] Bei diesem Verständnis entsteht der Ausgleichsanspruch nur dann, wenn die Rechtsposition des Anliegers nicht unerheblich beeinträchtigt worden ist; *BGH*, NJW 1979, 3043. Die Ausgleichspflicht entfällt, wenn in einem bestandskräftigen Planfeststellungsbeschluß eine angemessene Ersatzzufahrt vorgesehen ist; *BGHZ* 95, 28 (33).

die eine Enteignung darstellt oder einer solchen gleichkommt, insbesondere, weil sie eine wesentliche Nutzungsbeschränkung darstellt. Der Eigentümer kann dann nach den Vorschriften des Bayerischen Enteignungsgesetzes eine Entschädigung in Geld verlangen.[38]

Die Ausgleichsbestimmungen im Denkmals- und Naturschutzrecht knüpfen meist noch in ihrer Begrifflichkeit und Ausgestaltung an die frühere Rechtsprechung des *BGH* und des *BVerwG* an. Dementsprechend sind gerade aus dem Denkmal- und Naturschutzrecht sog. salvatorische Entschädigungsklauseln bekannt, die „vorsorglich" für den Fall einer „Enteignung" eine allgemeine „Entschädigung" vorsehen.[39] 27

## III. Salvatorische Entschädigungsklauseln

### 1. Begriff und Bedeutung

Zahlreiche inhaltsbestimmende Gesetze enthalten „Entschädigungsklauseln", die ohne nähere Konkretisierung der Voraussetzungen sowie der Art und des Umfangs des Ausgleichs eine Entschädigung in Geld für den Fall vorsehen, daß eine auf der Grundlage des Gesetzes erlassene Maßnahme eine „Enteignung" darstellt. Die Entschädigungsklauseln stellen teils auf die enteignende Wirkung der Maßnahmen ab, teils gewähren sie Entschädigung, ohne daß ein spezifischer Bezug auf den Eigentumsschutz hergestellt wird.[40] Der *BGH*[41] hatte sich mit § 7 S. 1 NWLandschaftsG auseinanderzusetzen, der in der damaligen Fassung dem Betroffenen eine angemessene Entschädigung in Geld zusprach, sofern eine nach diesem Gesetz erlassene Maßnahme „enteignende Wirkung" hat.[42] 28

Diese Klauseln gehen nach ihrer begrifflichen Fassung in der Regel auf die frühere Rechtsprechung des *BGH* zur „Enteignungsentschädigung" zurück; ihr lag bekanntermaßen ein weiter und nur schwer abgrenzbarer Enteignungsbegriff zugrunde. Da in vielen Fällen die enteignende Wirkung der eigentumsbeschränkenden Gesetze nur schwer vorhersehbar 29

---

[38] Zur Nutzungsbeschränkung durch Verordnung bei Anlage eines Zeltplatzes vgl. *BVerwG*, DVBl 1993, 1141. Zwischenzeitlich gehen der *BGH* (*BGHZ* 126, 381) und das *BVerwG* (*BVerwGE* 94, 4) davon aus, daß es sich bei Nutzungsverboten und -beschränkungen im Naturschutzrecht um Inhalts- und Schrankenbestimmungen handelt. Vgl. dazu nunmehr auch *BVerfG*, NJW 1998, 367 zur Beschränkung des Kiesabbaus, dazu krit. *Schönfeld*, NVwZ 1999, 380 ff.

[39] Grundlegend dazu jetzt *BVerfG*, UPR 1999, 347 f.; *Sproll*, JuS 1996, 127; *Maurer*, § 26 Rdnr. 83.

[40] *Rüfner*, in: Festschr. f. Boujong, S. 645; *Kleinlein*, DVBl 1991, 371; *Kröner*, in: Festschr. f. Geiger, S. 448; *Windthorst/Sproll*, § 15 Rdnr. 12; *Rozek*, S. 91 ff.

[41] *BGHZ* 126, 379; 128, 204 (205 f.); 133, 265 (266 f.); dazu *Rozek*, S. 124.

[42] Weitere Beispiele bei *Rüfner*, in: Festschr. f. Boujong, S. 645. Zwischenzeitlich ist § 7 NWLandschaftsG neu gefaßt worden, wobei der Gesetzgeber eine Konkretisierung der Voraussetzungen der Ausgleichsleistung vorgenommen hat; das gesetzgeberische Ergebnis ist allerdings wenig überzeugend.

war, sollte mit diesen salvatorischen Klauseln der verfassungsrechtlichen Verpflichtung nach Art. 14 III 2 GG Rechnung getragen werden; es sollte im Gesetz selbst die Entschädigung für Eigentumseingriffe geregelt werden.[43] Mit der Formalisierung des Enteignungsbegriffes haben die salvatorischen Entschädigungsklauseln im Rahmen des Art. 14 III 2 GG keine Bedeutung mehr, da sie Sachverhalte regeln, die keine Enteignung nach Art. 14 III GG darstellen. Sie betreffen vielmehr Eigentumsbeeinträchtigungen nach Art. 14 I 1 GG, sind also der ausgleichspflichtigen Inhaltsbestimmung zuzuordnen.[44]

## 2. Verfassungsmäßigkeit der salvatorischen Entschädigungsklauseln

30 Den salvatorischen Entschädigungsklauseln wurden vor der Formalisierung des Enteignungsbegriffes verfassungsrechtliche Einwände vor allem unter Hinweis auf Art. 14 III 3 GG entgegengehalten. Es wurde darauf hingewiesen, daß die Blankoformeln die aus Art. 14 III 3 GG resultierenden verfassungsrechtlichen Bindungen unterlaufen würden. Im Sinne der verfassungskonformen Auslegung wurde deshalb bereits seinerzeit vorgeschlagen, die salvatorischen Entschädigungsklauseln nur auf nicht voraussehbare atypische Enteignungstatbestände anzuwenden.[45]

31 Nach der Neubestimmung des Enteignungsbegriffes sind die unter der alten Dogmatik geäußerten Bedenken gegen die Zulässigkeit salvatorischer Klauseln neu zu überprüfen.[45a] Diese Klauseln sind jetzt nämlich ein Annexproblem der ausgleichspflichtigen Inhaltsbestimmung und damit des Art. 14 I 1 GG. Daraus ergeben sich für die Entschädigungsklauseln im Rahmen der Enteignungstatbestände (Art. 14 III GG) und der gesetzlichen Inhaltsbestimmungen (Art. 14 I 1 GG) folgende Konsequenzen:

### a) *Entschädigungsklauseln nach Art. 14 III GG*

32 Enteignungen i. S. des Art. 14 III GG, die durch Gesetz oder aufgrund Gesetzes zugelassen werden, sind als zielgerichtete Entziehung von Eigentumsrechten voraussehbare Tatbestände. Entschädigungsklauseln für Enteignungen haben sich deshalb strikt an den Vorgaben des Art. 14 III 2 GG zu orientieren. Zu Recht hat das *BVerwG* deshalb in der „Serriesteich"-Entscheidung eine verfassungsrechtliche Neubewertung salvatorischer Entschädigungsklauseln vorgenommen und diese für Enteignungen nicht mehr zugelassen.[46]

---

[43] Diese Klauseln wurden zum Teil als Umgehung der Junktimklausel verfassungsrechtlich angegriffen, dazu *Nüßgens/Boujong*, Rdnr. 379 m.w.N.

[44] *Osterloh*, DVBl 1991, 914.

[45] *Ossenbühl*, Staatshaftungsrecht, 1976, S. 139 f.

[45a] Dazu jetzt grundlegend BVerfG, UPR 1999, 347 f.

[46] *BVerwGE* 84, 368; dazu *Schinck*, DVBl 1990, 1375; *Rüfner*, in: Festschr. f. Boujong, S. 645; *Rozek*, S. 109 ff.

*b) Ausgleichsklauseln im Rahmen von Art. 14 I 1 GG*

Bei der verfassungsrechtlichen Bewertung der salvatorischen Ausgleichsregelungen im Rahmen des Art. 14 I 1 GG ist zunächst zu beachten, daß die denkbaren Eingriffswirkungen der inhaltsbestimmenden Gesetze häufig nicht vorhersehbar sind. Inhaltsbestimmende Regelungen können nicht selten zu „Seitenfolgen" führen, die vom Gesetzgeber bei Erlaß der Inhaltsbestimmung und bei der Prüfung, für welche Sachverhaltskonstellationen Ausgleichsregelungen vorzusehen sind, nicht erkennbar sind. Insoweit stellt sich das ursprüngliche Problem des weitgefaßten Enteignungsbegriffes erneut bei der Abgrenzung der Eingriffswirkungen von inhaltsbestimmenden Regelungen, wenn auch mit anderem verfassungsrechtlichen Gehalt.[47] 33

Teilweise wird im Hinblick auf die verfassungsrechtliche Zulässigkeit der salvatorischen Ausgleichsregelungen nach wie vor aus den Voraussetzungen der Junktimklausel heraus argumentiert. Es wird festgehalten, daß die Problemverschiebung in den Rahmen des Art. 14 I 1 GG hinein die Sachproblematik als solche nicht verändert habe. Die salvatorischen Ausgleichsbestimmungen könnten deshalb allenfalls für eine Übergangszeit hingenommen werden.[48] Dieser Auffassung ist entgegenzuhalten, daß sie die Unterscheidung zwischen Enteignung und inhaltsbestimmender Regelung im Bereich der Entschädigungs-/Ausgleichsfolgenregelung nicht hinreichend nachvollzieht. Die Junktimklausel hat nur für die Enteignung Geltung; für die Enteignung müssen im Gesetz selbst die Entschädigungsfolgen geregelt werden. Dies entspricht dem Verständnis, daß die Enteignung den nachhaltigsten Eigentumseingriff darstellt. Die Entschädigungsklausel dient dort funktional gleichzeitig dem Bestandsschutz und gewährleistet die Werterhaltung des Eigentums. Bedenken, die sich gegen salvatorische Entschädigungsregelungen im Rahmen des Art. 14 III GG erheben ließen, sind für die ausgleichspflichtige Inhaltsbestimmung kritisch zu überprüfen.[49] 34

---

[47] *Sproll*, JuS 1996, 127; kritisch zur „Umettikettierung" *Rozek*, S. 117 ff. Vgl. dazu die Hinweise bei *Schwerdtfeger*, S. 23 ff. bereits im Jahre 1983; auch *Götz*, DVBl 1984, 397.

[48] So zunächst auch BVerwGE 84, 361 (367 f.); *Schoch* in: Festschr. f. Boujong, S. 667. Teilweise wird die Auffassung vertreten, daß die salvatorischen Entschädigungsklauseln dem Bestimmtheitsgebot nicht entsprechen, wobei auf die bereits zu Art. 14 III GG vorgetragenen Bedenken Bezug genommen wird; *Krohn*, Rdnr. 9. *Detterbeck* (DVBl 1994, 277) weist neben dem Bestimmtheitsgebot auf die Verpflichtung des Gesetzgebers hin, wesentliche, die Grundrechtswahrnehmung tangierende Maßnahmen im Gesetz selbst zu regeln. Diese Auffassung geht implizit davon aus, daß Voraussetzungen und Inhalt der Ausgleichspflicht über bloße Leerformeln hinaus vom Gesetzgeber nomierbar seien. In diesem Sinne auch *Rozek*, S. 119 ff. Die zwischenzeitlich unternommenen gesetzgeberischen Anstrengungen lassen demgegenüber eher Skepsis angebracht erscheinen.

[49] *Rüfner*, in: *Erichsen*, Allg. Verwaltungsrecht, § 52 Rdnr. 50; *Sproll*, JuS, 1996, 127.

35 Zu beachten bleibt das im Rechtsstaatsprinzip verankerte Bestimmtheitsgebot. Aus diesem lassen sich jedoch für salvatorische Ausgleichsregelungen nicht dieselben Anforderungen ableiten, wie sie sich für Enteignungen aus Art. 14 III 2 GG ergeben. Die salvatorische Ausgleichsregelung signalisiert dem Betroffenen überdies, daß der Gesetzgeber für die Eigentumsbeeinträchtigung eine kompensatorische Ausgleichsleistung für erforderlich hält. Mit Blick auf den Bestimmtheitgrundsatz kommt hinzu, daß in den salvatorischen Ausgleichsbestimmungen vielfach auf die Regelungen der Enteignungsgesetze der Länder verwiesen wird. Schließlich darf nicht übersehen werden, daß ohne die Zulassung weitgefaßter salvatorischer Ausgleichsbestimmungen der Gesetzgeber bei der Abgrenzung der Ausgleichstatbestände vielfach überfordert und zum Erlaß von „Paragraphenungeheuern" gezwungen wäre, die nicht zuletzt die Effizienz der Verwaltungsverfahren tangieren. Salvatorische Ausgleichsbestimmungen stellen sicher, daß die Nichtigkeit des Gesetzes vermieden wird, andererseits dem Betroffenen aber Möglichkeiten eröffnet werden, einen kompensatorischen Ausgleich durchzusetzen. Dieser könnte ohne eine entsprechende Regelung nicht zugesprochen werden, weil eine Nachbesserung durch Zubilligung richterlicher Entschädigung unmittelbar aus Art. 14 III GG jetzt ausgeschlossen ist.[50]

36 Das *BVerfG*[50a] fordert jetzt aber offenbar, daß im Gesetz selbst Vorkehrungen – ausnahmsweise finanzielle Ausgleichszahlungen – geregelt werden, die eine unverhältnismäßige Belastung des Eigentums vermeiden und die Privatnutzigkeit des Eigentums absichern. Dazu sollen dann auch verwaltungsverfahrensrechtliche Vorschriften gehören, die sicherstellen, daß mit dem das Eigentum beschränkenden Akt gleichzeitig über den zu gewährenden Ausgleich entschieden wird. Damit dürften für gesetzlich regelbare Härtefälle die allgemeinen Ausgleichsklauseln nicht mehr im Einklang stehen. Die obergerichtliche Rechtsprechung hat bis dahin die salvatorischen Ausgleichsklauseln anerkannt.[51] Der *BGH*[52] hat in der bereits erwähnten Entscheidung zu § 7 S. 1 NWLandschaftsG festgehalten, daß das im Rahmen des Art. 14 I 2 GG wirkende Abwägungsgebot den Gesetzgeber nicht zwinge, die „Eingriffstatbestände", bei deren Vorliegen die Rechtsfolgen der Kompensation eintreten sollen, jeweils konkret zu beschreiben. Diese Auffassung hat der *BGH* in einer weiteren Entscheidung[53] fortgeführt, in der er festgehalten hat, daß der Landesgesetzgeber nicht aus Art. 14 I 2 GG gehalten sei, jeweils im Einzelfall zu

---

[50] *Rüfner*, in: Festschr. f. Boujong, S. 646; *Osterloh*, DVBl 1991, 907; *Pietzcker*, JuS 1991, 369; *Sproll*, JuS 1996, 127.

[50a] *BVerfG*, UPR 1999, 348. Auf das Bestimmtheitsgebot für ausgleichspflichtige Inhaltsbestimmungen verweisend insb. Detterbeck, DVBl 19994, 277.

[51] *BGHZ* 99, 24 (28); 126, 379 (381); 133, 271 (274 f.); *BVerwG*, DVBl 1993, 1144.

[52] *BGHZ* 126, 379 (383 ff.); dazu *Rinne/Schlick*, NVwZ 1997, 35.

[53] *BGH*, UPR 1995, 191

bestimmen, wie die ausgleichspflichtigen von den ausgleichsfreien Belastungen abzugrenzen seien. Die Entscheidung über die Ausgleichspflicht sei in jedem Fall das Ergebnis eines Abwägungsvorganges. Das Erfordernis der Abwägung ergebe sich aus dem Gesamtzusammenhang, in den die Ausgleichsregelungen eingebettet seien. Diese Rechtsprechung dürfte vor dem Hintergrund der Entscheidung des *BVerfG* nicht mehr aufrecht zu erhalten sein. Allerdings behalten die salvatorischen Ausgleichsklauseln ihre Funktion für unvorhergesehene Seitenfolgen eigentumsbeeinträchtigender Regelungen.

## IV. Ausgleichsanspruch und Rechtsweg

Bleibt noch zu klären, in welchem Rechtsweg der Betroffene gegebenenfalls seinen Ausgleichsanspruch aus einer inhaltsbestimmenden Regelung durchzusetzen hat. **37**

Während das *BVerwG* für Ausgleichsleistungen im Anwendungsbereich des Art. 14 I 2 GG den Verwaltungsrechtsweg für gegeben hält,[54] hat der *BGH* neuerdings die rechtliche Einordnung der Ausgleichspflicht unter dem Gesichtspunkt des zu beschreitenden Rechtsweges problematisiert.[55] Jedenfalls soweit die Ausgleichsansprüche in den sog. salvatorischen Klauseln der Natur-, Landschafts- und Denkmalschutzgesetze verankert sind, handelt es sich nach Auffassung des *BGH* um Aufopferungsansprüche i. S. der §§ 74, 75 Einl. ALR. Auch wenn diese Ansprüche nunmehr vor dem Hintergrund der Rechtsprechung des *BVerfG* als Ausgleichsansprüche im Rahmen des Art. 14 I 1 GG angesiedelt würden, ändere sich an ihrer materiellen Bewertung nichts. Es gehe um den Ausgleich vermögensrechtlicher Nachteile, die der betroffene Eigentümer dadurch erleide, daß die Nutzung seines Eigentums durch Maßnahmen beeinträchtigt werde, die er im Interesse des Allgemeinwohls hinnehmen müsse. Der *BGH* kommt danach zum Ergebnis, daß diese Ausgleichsansprüche im ordentlichen Rechtsweg geltend zu machen seien.

Der *BGH* versucht, nachdem er bereits durch das *BVerfG* in seiner „Entschädigungsrechtsprechung“ entscheidend begrenzt worden ist, offenbar nunmehr die Entscheidungszuständigkeit der ordentlichen Gerichte in einem Regelungsbereich zu sichern, der jedoch, wie das *BVerwG* zu Recht anmerkt, nach seinem Gesamtzusammenhang öffentlich-rechtliche Sreitigkeiten betrifft. Bei den ausgleichspflichtigen Inhaltsbestimmungen ist das „ob“ und „wie“ der Ausgleichsregelung unmittelbar mit der Frage verbunden, ob es sich bei der ermächtigenden Norm überhaupt um eine verfassungsmäßige „Eingriffsregelung“ handelt. Das Kriterium **38**

---

[54] *BVerwG*, DVBl 1993, 1143.
[55] *BGH*, UPR 1995, 191.

der „Aufopferungslage“ besagt für die rechtliche Qualifikation der Bestimmung schon deshalb wenig, weil Aufopferungslagen sich immer dann ergeben, wenn Grundrechtsbeeinträchtigungen auch in anderem Zusammenhang im Allgemeininteresse hinzunehmen sind.[56]

39 Der Hinweis des *BGH*, daß die salvatorischen Ausgleichsklauseln vielfach für den Umfang der Entschädigung auf Enteignungsgesetze verweisen, vermag ebenfalls nicht zu überzeugen. Der Sache nach geht es um die verfassungsrechtliche Harmonisierung einer das Eigentum regelnden Bestimmung insgesamt. Wie gerade die salvatorischen Ausgleichsbestimmungen belegen, spielt in der Praxis vor allem die Frage eine Rolle, „ob“ und nicht „in welchem Umfang“ im Einzelfall der Verhältnismäßigkeitsgrundsatz die Zuerkennung eines Ausgleichs erfordert. Diese öffentlichrechtlich zu beurteilende Frage spricht bei der rechtlichen Einordnung der ausgleichspflichtigen Inhaltsbestimmung dafür, die Verwaltungsgerichtsbarkeit als zuständige Gerichtsbarkeit anzusehen.

40 Dazu kommt, daß der nach dem Verhältnismäßigkeitsgrundsatz geforderte Ausgleich im Rahmen des Art. 14 I 2 GG nur ausnahmsweise zu einem finanziellen Ausgleich führt.

Nach allem bestehen Zweifel an der Auffassung des *BGH*, wonach die Durchsetzung von Ausgleichsleistungen im Zusammenhang mit Inhaltsbestimmungen nach Art. 14 I 2 GG bei der ordentlichen Gerichtsbarkeit durchgesetzt werden müssen.

## § 16. Entschädigung bei Aufopferung und Enteignung

**Literatur:** *Böhmer*, Die rechtsstaatlichen Grundlagen der Abgrenzungsproblematik von Sozialbindung und Enteignung, Der Staat 24 (1985), S. 157; *Detterbeck*, Salvatorische Entschädigungsklauseln vor dem Hintergrund der Eigentumsdogmatik des BVerfG, DÖV 1994, 273; *Dürig*, Zurück zum klassischen Enteignungsbegriff!, JZ 1954, 4; *Eschenbach*, Die Enteignung, Jura 1997, 519; *Ferschl*, Der öffentlich-rechtliche Aufopferungsanspruch, 1995; *Hendler*, Zur landesverfassungsrechtlichen Konzeption der grundgesetzlichen Eigentumsgarantie, DVBl 1983, 873; *Ipsen*, Enteignung, enteignungsgleicher Eingriff und Staatshaftung, DVBl 1983, 1029; *Jellinek*, Gutachten für den 36. DJT, Verhandlungen I 2, 1931, S. 292; *Konow*, Zur Frage der Subsidiarität des Aufopferungsanspruches, DVBl 1968, 205; *Kröner*, Rechtsprechung zur Rückenteignung nach § 102 BauGB, in: Festschr. Boujong, 1996, S. 563; *Kuschmann*, Die Abgrenzung der Enteignung und der Aufopferung von der Amtshaftung in st. Rspr. des BGH, NJW 1966, 574; *Ossenbühl*, Die Struktur des Aufopferungsanspruches, JuS 1970, 276; *ders.*, Abschied vom enteignungsgleichen Eingriff, NJW 1983, 1; *ders.*, Inhaltsbestimmung des Eigentums und Enteignung, JuS 1993, 200; *Papier*, Grundfälle zu Eigentum, Enteignung und enteignungsgleichem Eingriff, JuS 1989, 63; *Reinhardt/Scheuner*, Verfassungsschutz des Eigentums, 1954, S. 1; *Rozek*, Die Unterscheidung von Eigentumsbindung und Enteignung, 1998; *Schack*, Aufopferungsanspruch bei Versagung der Abwehrklage aus § 1004 BGB, JuS 1963, 263; *Carl Schmitt*, Die Auflösung des Eigentumsbegriffes, JW 1929, 495; *Schmitt-Kammler*, Der Aufopferungsgedanke, JuS 1995, 473;

[56] *Schmitt-Kammler*, JuS 1995, 473.

*Schwabe*, Aufopferungsansprüche bei Gurtschäden, NJW 1983, 2370; *ders.*, Die Misere des Enteignungsbegriffes, in: Festschr. Thieme, 1993, S. 251; *Sproll*, Staatshaftungsrecht – Verfassungsrechtliche Eigentumsgarantie und Enteignungsentschädigung JuS 1995, 1080; *Stödter*, Die öffentlich-rechtliche Entschädigung, 1933; *ders.*, Über den Enteignungsbegriff, DÖV 1953, 97, 136; *Weber, W.*, Eigentum und Enteignung, in: Neumann/Nipperdey/Scheuner, Die Grundrechte Bd. 2, 1954, S. 331; *Wolff, Martin*, Reichsverfassung und Eigentum, in: Festg. Kahl, 1923, Teil IV, S. 1.

## I. Grundlagen

Enteignung und Aufopferung haben ihre gemeinsame Entwicklungsgrundlage im allgemeinen Aufopferungsgedanken.[1] Die legislative und judikative Ausprägung der Entschädigung bei Aufopferung und Enteignung läßt sich besser verstehen, wenn man sich vorab die historischen Entwicklungslinien deutlich macht. Dies gilt insbesondere für die Neuausrichtung der rechtlichen Begründung, die der *BGH* nach dem Naßauskiesungsbeschluß des *BVerfG* zur partiellen Aufrechterhaltung seiner „Entschädigungsrechtsprechung" vorgenommen hat. Allgemein steht der Aufopferungsgedanke für den Ausgleich zwischen Gemeinwohl und Individualinteresse auf der Grundlage einer prinzipiellen staatlichen Kompensationsverpflichtung für die hoheitliche Inanspruchnahme individueller Rechtspositionen.[2] 1

### 1. Historische Wurzeln

Das 17. Jahrhundert ist vom sukzessiven Ausbau der Staatsgewalt gekennzeichnet. Bis dahin beruhten die landesherrlichen Hoheitsrechte gegenüber den Untertanen auf besonderen Rechtstiteln; der Landesherr hatte im Streitfall diesen Rechtstitel ebenso zu beweisen, wie der Untertan sein privates Recht.[3] Die rechtliche Begründung des Ausbaus der Landeshoheit zu einer umfassenden Staatsgewalt wurde auf das ius eminens gestützt. Das ius eminens berechtigte den Landesherrn unter bestimmten Voraussetzungen in die wohl erworbenen Rechte der Untertanen (iura quaesita) einzugreifen. Die iura quaesita waren auf naturrechtlicher Grundlage erworbene subjektive Rechte. Als einer dieser Rechtstitel galt das Eigentum. Die Herausbildung und zunehmende Erweiterung des ius eminens im Verlaufe des 17. Jahrhunderts wandelte die rechtstitelabhängige Landeshoheit nach und nach in die umfassende Staatsgewalt, der auch die wohl erworbenen Rechte weichen mußten.[4] Allerdings bildete 2

---

[1] *Papier*, in: *Maunz/Dürig*, GG, Art. 14 Rdnr. 587; *Ossenbühl*, S. 124.
[2] *Ossenbühl*, S. 125; *Maurer*, § 26 Rdnr. 3.
[3] *Stödter*, S. 56.
[4] *Stödter*, S. 56; *Ossenbühl*, S. 125; *Sproll*, JuS 1995, 1081.

sich parallel dazu die Überzeugung heraus, daß dem in seinen Rechten Beeinträchtigten Entschädigung zu leisten ist.

3 Die erstmalige positiv-rechtliche Konfliktlösung brachten die §§ 74, 75 der Einleitung des Allgemeinen Landrechts für die preußischen Staaten (Einl. ALR) von 1794. Diese Bestimmungen hatten folgenden Inhalt:

> § 74:
>
> Einzelne Rechte und Vortheile der Mitglieder des Staats muessen den Rechten und Pflichten zur Befoerderung des gemeinschaftlichen Wohls, wenn zwischen beiden ein wirklicher Widerspruch (Collision) eintritt, nachstehen.
>
> § 75:
>
> Dagegen ist der Staat demjenigen, welcher seine besondern Rechte und Vortheile dem Wohle des gemeinen Wesens aufzuopfern genoethigt wird, zu entschaedigen gehalten.

4 Dieser gesetzliche Aufopferungsanspruch galt zunächst unmittelbar nur in den sieben östlichen Provinzen Preußens. Gewohnheitsrechtlich wurde er dann jedoch auf das gesamte Gebiet Preußens, und in der weiteren Folge auf andere Staaten des Reiches erstreckt.[5]

5 Vor dem Hintergrund drohender, gegen den Staat gerichteter Ansprüche wegen Kriegsschäden kam es zu einem Bericht des preußischen Staatsministeriums, den der König von Preußen unter dem 04.12.1831 als „Kabinettsordre betreffend die genauere Beobachtung der Grenzen zwischen landeshoheitlichen und fiskalischen Rechtsverhältnisssen" veröffentlichte. Mit dieser Kabinettsordre wurde § 75 Einl.ALR „authentisch" interpretiert. Es wurde festgestellt, daß § 75 Einl.ALR nicht Massenentschädigungen betreffe, die durch Kriegseinwirkungen hervorgerufen werden. Entschädigungsleistungen für Beschränkungen subjektiver Rechte durch Gesetze sowie der Ausgleich für Kriegsschäden sollten einer besonderen gesetzlichen Regelung vorbehalten bleiben. Der Aufopferungsanspruch der §§ 75, 76 Einl. ALR wurde somit auf Staatseingriffe im Verwaltungswege beschränkt.[6]

### 2. Verselbständigung der Enteignung im 19. Jahrhundert

6 Die weitere Entwicklung des Enteignungs- und Aufopferungsrechts wurde vor allem durch den verfassungsrechtlichen Wandel und die industrielle und gesellschaftliche Entwicklung beeinflußt.

7 Mit der Herausbildung des bürgerlichen Rechtsstaats im 19. Jahrhundert wurde die naturrechtliche Begründung des Landesherr-/Untertan-Verhältnisses zunehmend von rechtsstaatlichen Prinzipien, insbesondere dem Prinzip der Gesetzmäßigkeit der Verwaltung, abgelöst. Nach dem Gesetzmäßigkeitsgrundsatz darf die Exekutive nur aufgrund eines vom

---

[5] *Maurer*, § 26 Rdnr. 6; *RGZ* 102, 390; 145, 109.

[6] *Ossenbühl*, S. 127; *Pfab*, S. 6 f.

Parlament beschlossenen Gesetzes in Freiheit und Eigentum der Bürger eingreifen.[7] Dieser verfassungsrechtliche Wandel kommt auch in den in der zweiten Hälfte des 19. Jahrhunderts neu erlassenen Landesverfassungen zum Ausdruck, die eine Enteignung nur zum Wohle der Allgemeinheit und gegen Entschädigung zuließen.[8] Man muß diese Entwicklung vor allem auch vor dem Hintergrund des mit der industriellen Entwicklung einhergehenden zunehmenden Geländebedarfs z. B. für den Bau von Eisenbahnen, Landstraßen oder Kanälen sehen. In den nunmehr verabschiedeten Enteignungsgesetzen[9] konkretisierte sich aus dem allgemeinen Aufopferungsanspruch mit der Enteignung ein Rechtsinstitut heraus, das heute noch vielfach als sog. klassische Enteignung bezeichnet wird.[10]

Dieser *klassische Enteignungsbegriff* ist durch folgende Merkmale gekennzeichnet:[11] 8

- Enteignungsobjekt sind ausschließlich Grundstücke oder sonstige dingliche Rechte.
- Der Zugriff auf die Enteignungsobjekte darf nur zum Zwecke des Gemeinwohls erfolgen.
- Der Rechtsentzug erfolgt durch Verwaltungsakt aufgrund eines Gesetzes.
- Die Enteignung führt zu einem Wechsel der Rechtsinhaberschaft (Güterbeschaffung durch Rechtsübertragung!).
- Die Enteignung ist zwingend mit einer Entschädigung verbunden.

Das Institut der Aufopferung blieb neben dem Rechtsinstitut der Enteignung zwar bestehen, war jedoch auf bestimmte Eingriffsgegenstände begrenzt. Die wesentliche praktische Bedeutung hatte es im polizeilichen Notstandsrecht. 9

### 3. Entwicklung unter der Weimarer Reichsverfassung

Art. 153 der Weimarer Reichsverfassung (WRV) regelte den Schutz des Eigentums wie folgt: 10

„Das Eigentum wird von der Verfassung gewährleistet. Sein Inhalt und seine Schranken ergeben sich aus den Gesetzen.

---

[7] *Ossenbühl*, S. 128.

[8] *Sproll*, JuS 1995, 1081; *Pfab*, S. 7.

[9] Das erste Enteignungsgesetz ist das Bayerische Gesetz die Abtretung von Grundeigentum für öffentliche Zwecke betreffend vom 17.11.1837 (GBl S. 109); außerdem beispielhaft Preußisches Gesetz über die Enteignung von Grundeigentum vom 11.6.1874 (GS S. 221); Württembergisches Zwangsenteignungsgesetz vom 20.12.1888 (RegBl S. 446).

[10] *Maurer*, § 26 Rdnr. 7; *Rüfner*, in: *Erichsen*, § 52 Rdnr. 1; kritisch dazu *Scheuner*, in: *Reinhardt/Scheuner*, S. 85; auch *Ossenbühl*, S. 128.

[11] *Ossenbühl*, S. 128; *Windthorst/Sproll*, § 13 Rdnr. 37.

Eine Enteignung kann nur zum Wohle der Allgemeinheit und auf gesetzlicher Grundlage vorgenommen werden. Sie erfolgt gegen angemessene Entschädigung, soweit nicht ein Reichsgesetz etwas anderes bestimmt. Wegen der Höhe der Entschädigung ist im Streitfalle der Rechtsweg bei den ordentlichen Gerichten offenzuhalten, soweit Reichsgesetze nichts anderes bestimmen. Enteignung durch das Reich gegenüber Ländern, Gemeinden und gemeinnützigen Verbänden kann nur gegen Entschädigung erfolgen.

Eigentum verpflichtet. Sein Gebrauch soll zugleich Dienst sein für das gemeine Beste."

11 Die Verfassungsbestimmung legte den Inhalt des Eigentumsbegriffes nicht fest. Vor allem konnte die Entschädigung durch Reichsgesetz beschränkt oder ausgeschlossen werden.

12 Unter der Geltung des Art. 153 WRV wurde der Enteignungsbegriff weiter geöffnet. Der Grund dafür lag vor allem in den sich verändernden gesellschaftlichen und wirtschaftlichen Rahmenbedingungen. Zunehmend wurde erkennbar, daß neben dem Grundeigentum andere private Vermögenspositionen, wie Lohnforderungen, aber auch Beteiligungsbesitz für die existentielle private Absicherung an Bedeutung gewannen. Es galt deshalb, diese Vermögenssphäre gegen den wachsenden staatlichen Zugriff abzusichern.[12]

13 Das *RG*, das keinen Bestandsschutz, wohl aber Vermögensschutz durch Entschädigung gewähren konnte, erweiterte den Enteignungsbegriff in mehrfacher Richtung.[13] Der sog. klassische Enteignungsbegriff wurde zunächst durch Einbeziehung aller vermögenswerten Privatrechte in die Eigentumsgarantie geöffnet. Diese Öffnung des Eigentumsschutzes über die Grundstücksrechte hinaus kann man als „Geburtsstunde" des verfassungsrechtlichen Eigentumsbegriffes des GG sehen.[14]

14 Das Kriterium der Güterbeschaffung wurde als Enteignungsmerkmal aufgegeben. Sämtliche Beeinträchtigungen des Privateigentums wurden als enteignungsrelevante Vorgänge anerkannt. Eine Übertragung des enteigneten Objekts auf einen Begünstigten (Zuordnungswechsel) wurde nicht mehr verlangt. Somit gelangten auch bloße Nutzungsbeschränkungen, wie sie sich z. B. aus einem Veränderungsverbot ergeben konnten, in den verfassungsrechtlichen Eigentumsschutz.[15]

15 Schließlich wurde der klassische Enteignungsbegriff dadurch modifiziert, daß neben der Enteignung durch Einzelakt auch die Enteignung durch Gesetz anerkannt wurde.[16]

---

[12] *Maurer*, § 26 Rdnr. 11.

[13] Die Rechtsprechung des *RG* wurde entscheidend von *Martin Wolff*, Teil IV, S. 1 ff. beeinflußt; kritisch dazu *Carl Schmitt*, JW 1929, 495.

[14] *RGZ* 139, 186.

[15] Vgl. dazu das Nutzungsverbot eines in die Denkmalschutzliste eingetragenen Grundstückes, *RGZ* 116, 268 – *Hamburger Denkmalfall.*

[16] *RGZ* 109, 318; zu dieser Entwicklung vgl. *Rüfner*, in: *Erichsen*, Allg. Verwaltungsrecht § 52 Rdnr. 2.

16 Betrachtet man diese Erweiterung des Enteignungsbegriffes durch das *RG*, so läßt sich feststellen, daß Art. 153 WRV einen ähnlichen Schutz vermittelte, wie dies bei den §§ 74, 75 Einl. ALR vor der preußischen Kabinettsordre von 1831 der Fall war. Der Schutz des Eigentums beschränkte sich allerdings auch unter der WRV auf eine Wertgarantie, da gerichtlicher Rechtsschutz gegen die enteignende Maßnahme selbst unter Art. 153 WRV nicht gewährt wurde.[17]

## 4. Entwicklung der Enteignungsrechtsprechung unter Art. 14 GG

### *a) Anknüpfung an die Grundsätze unter der WRV*

17 Art. 14 GG, der – nur – im Wortlaut im wesentlichen Art. 153 WRV entspricht, erneuerte die Eigentumsgarantie unter dem Grundgesetz. Der *BGH* knüpfte vor diesem Hintergrund mit seiner Enteignungsrechtsprechung unmittelbar an die Rechtsprechung des *RG* an. Dabei wurde nicht nur außer acht gelassen, daß Art. 14 III GG mit der sog. Junktimklausel den Gesetzgeber darauf verpflichtete, vorweg abstrakt generell die Enteignung mit einer Entschädigungsregelung zu verbinden, sondern vor allem auch, daß die Grundrechte eine entscheidende Aufwertung gegenüber dem Regelungskonzept der WRV erfahren hatten.[18] Die Grundrechte entfalteten nunmehr nämlich ihre Schutzrichtung gerade auch gegenüber dem Gesetzgeber selbst. Die Rechtsstellung des Bürgers wurde durch die verfassungsgerichtliche Überprüfung (Verfassungsbeschwerde) noch zusätzlich gestärkt. Andererseits ist aber zu berücksichtigen, daß sich der *BGH* mit seiner Enteignungsrechtsprechung in den einschlägigen Literaturäußerungen abgesichert fühlen und wohl auch Argumente aus der Entstehungsgeschichte des Art. 14 GG für sich in Anspruch nehmen konnte.[19] Eine Rückkehr zum sog. klassischen Enteignungsbegriff lehnte der *BGH* von Anfang an ausdrücklich ab. Der *BGH*[20] führte aus:

18 „Darin liegt zugleich, daß es – entgegen einzelnen Stimmen im Schrifttum – keine Rückkehr mehr geben kann zu dem sog. klassischen Enteignungsbegriff oder zu einzelnen seiner Elemente: zwangsweise entschädigungspflichtige Übereignung von Grundeigentum durch gesetzlich zugelassenen Verwaltungsakt an ein aus öffentlich-rechtlichen Gründen begünstigtes Unternehmen. Die klassische Enteignungssphäre entstammt einer Zeit, in der der Staat praktisch fast nur im Falle einer so gekennzeichneten Übertragung von Grundeigentum zu dem Mittel der Enteignung griff. Inzwischen haben sich die Verhältnisse jedoch grundlegend geändert. Der Staat greift nunmehr in sehr starkem Maße sowohl durch die Gesetzgebung wie durch die Verwaltung enteignend nach allen vermögenswerten Rechten seiner Bürger und gestattet gleichzeitig die Ent-

---

[17] *Böhmer*, Der Staat 24 (1985), 170.
[18] *BGHZ* 6, 270; kritisch dazu schon früh *Dürig*, JZ 1954, 4 lesenswert ! Vgl. auch *Rozek*, S. 6 ff.; *Schoch*, in: Festschr. f. Boujong, S. 663.
[19] *W. Weber*, S. 331, 346; allerdings auch *Dürig*, JZ 1954, 4.
[20] *BGHZ* 6, 270 (282).

eignung unter sehr viel leichteren Bedingungen als früher (Enteignung zum Wohle der Allgemeinheit). Dem kann man mit der klassischen Enteignungslehre keinesweg mehr begegnen."

### b) Die Entwicklung der BGH-Rechtsprechung

19 Der *BGH* sollte in der Ablehnung eines formalisierten Enteignungsbegriffes durch das BVerfG korrigiert werden. Im wesentlichen lassen sich die Phasen der Enteignungsrechtsprechung des *BGH* wie folgt zusammenfassen:

20 *aa)* Der Eigentmsbegriff des *RG* wurde aufgenommen und dadurch erweitert, daß unter bestimmten Voraussetzungen auch öffentlich-rechtliche Rechtspositionen als Objekte der Enteignung anerkannt wurden.

21 *bb)* Der *BGH* sieht in der Enteignung jeden unmittelbaren hoheitlichen Eingriff in eine als „Eigentum" geschützte Rechtsposition, sofern die Grenzen zulässiger Inhaltsbestimmung des Eigentums (Art. 14 I 2 GG) oder der Sozialbindung (Art. 14 II GG) überschritten werden. Eine Enteignung liegt also nicht nur im Rechtsentzug, sondern auch in der Rechtsbeeinträchtigung unter Aufrechterhaltung der Eigentumszuordnung. Dogmatisch sicherte der *BGH* seine Auffassung dadurch ab, daß er die Einzelaktstheorie des *RG* durch die *sog. Sonderopfertheorie* ablöste. Die enteignungsrelevante Belastung des einzelnen wird in einem Sonderopfer gesehen, das andere Eigentümer in dieser Form nicht trifft und deshalb implizit zu einer Ungleichbehandlung führt:[21]

22 „Hat man jedoch einmal erkannt, daß Enteignung dann vorliegt, wenn dem betroffenen einzelnen oder Gruppen ein sie im Vergleich zu anderen ungleich treffendes Sonderopfer zugemutet wird und daß um des Gleichheitssatzes willen zum Ausgleich dieses Opfers die entsprechende Entschädigung geschuldet wird, so würde es gegen die in Art. 14 GG bewußt gewollte umfassende Geltung der Eigentumsgarantie und gegen den Gleichheitssatz verstoßen, wenn man innerhalb des so abgegrenzten Bereichs nun wieder entschädigungspflichtige und entschädigungsfreie Enteignungen zulassen würde, wenn man also den vom Gleichheitssatz einheitlich geforderten, in Gestalt der Entschädigung erfolgenden Ausgleich für das ungleich treffende Opfer teils gewährte, teils aber auch nicht gewährte."

23 *cc)* Eine weitere Ausdehnung des Enteignungsbegriffes wurde dadurch erreicht, daß im Wege eines ersten „Erst-Recht-Schlusses" auch rechtswidrige Eingriffe einbezogen wurden, um auch insoweit eine Entschädigungspflicht begründen zu können (*„enteignungsgleicher Eingriff"*). Dazu führt der *BGH*[22] folgendes aus:

24 „Es ist aber geboten, unrechtmäßige Eingriffe der Staatsgewalt in die Rechtssphäre eines einzelnen dann wie eine Enteignung zu behandeln, wenn sie sich für den Fall ihrer gesetzlichen Zulässigkeit sowohl nach ihrem Inhalt wie nach ihrer Wirkung als eine Enteignung darstellen würden und wenn sie in ihrer tatsächlichen Wirkung dem Be-

---

[21] *BGHZ* 6, 270 (280); auch *BGHZ* 9, 83 (90); 45, 58 (76).
[22] *BGHZ* 6, 270 (290); dazu kritisch *Dürig*, JZ 1955, 523; *Stödter*, S. 46.

troffenen ein besonderes Opfer auferlegt haben. Die Beschränkung des Tatbestandes der Enteignung in Art. 153 WRV und in Art. 14 GG auf rechtmäßige Eingriffe des Staates bedeutet ihrem Sinn nach eine Beschränkung für die Zulässigkeitsvoraussetzungen eines solchen Eingriffes, nicht aber eine Beschränkung für die Zubilligung eines Entschädigungsanspruches. Der entscheidende Grundgedanke für die Zubilligung eines Entschädigungsanspruches ist bei einem unrechtmäßigen Staatseingriff, der in seiner Wirkung für den Betroffenen einer Enteignung gleichsteht, mindestens in dem gleichen Maße gegeben wie bei einer rechtmäßigen, also gesetzlich zulässigen Enteignung."

Der *BGH* hat später auch den enteignungsgleichen Eingriff inhaltlich weiter ausgedehnt. Es wurde von dem fiktiven Vergleich zwischen der rechtswidrig herbeigeführten Enteignungswirkung mit dem rechtmäßigen Enteignungsakt abgesehen und allein in der Rechtswidrigkeit des Eingriffes die eine Entschädigung auslösende Sonderopferlage festgemacht.[23] 25

*dd)* In einem zweiten „Erst-Recht-Schluß" hat der *BGH* dann eine Entschädigung wegen enteignungsgleichen Eingriffs nicht nur für rechtswidrig schuldlose Eingriffe, sondern auch für rechtswidrig schuldhafte Eingriffe, und zwar konkurrierend zu Ansprüchen aus Amtshaftung gewährt.[24] Der *BGH*[25] begründet dies wie folgt: 26

„Haben aber schon die schuldlos durch einen solchen Eingriff Geschädigten einen Anspruch auf Entschädigung nach Enteignungsgrundsätzen, so muß dies erst recht dann gelten, wenn der Eingriff nicht nur rechtswidrig, sondern auch schuldhaft war." 27

*ee)* Schließlich hat der *BGH* seine Entschädigungsrechtsprechung durch den sog. *enteignenden Eingriff* abgerundet. Damit werden Eigentumsbeeinträchtigungen erfaßt, die sich als meist atypische oder unvorhergesehene Nebenfolgen „an sich rechtmäßigen" Verwaltungshandelns in der Eigentumssphäre des Betroffenen nachteilig auswirken. Herausgearbeitet wurde dieser Entschädigungsanspruch vor allem bei Schädigungen von Gewerbebetrieben im Zusammenhang mit Straßenbauarbeiten und U-Bahn-Bauarbeiten.[26] 28

*ff)* Das *BVerfG* hatte schon früh darauf hingewiesen, daß jede Enteignung aufgrund eines Gesetzes, das die Anforderungen der Junktimklausel des Art. 14 III 2 GG nicht erfüllt, rechtswidrig sei.[27] Auf die Junktimklausel nahm der *BGH* indessen bei der Ausgestaltung seines Enteignungsbegriffes und seiner darauf aufbauenden Enteignungsrechtsprechung gerade keine Rücksicht. Lagen die Kriterien einer „Enteignung" vor, die sich materiell im wesentlichen an der Sonderopferlage festmachten, so erkannte 29

---

[23] *BGHZ* 32, 208; kritisch dazu *Maurer*, § 26 Rdnr. 20 f.

[24] *BGHZ* 7, 296 (298); 13, 88 (92); dazu *Klein*, in: *Soergel*, BGB, § 839 Anh. Rdnr. 170.

[25] *BGHZ* 7, 298.

[26] *BGH*, NJW 1965, 1907 – *Buschkrug-Brücke*; *BGHZ* 57, 359 – *Frankfurter U-Bahn-Bau.*

[27] *BVerfGE* 4, 219 (230).

der *BGH* grundsätzlich eine Entschädigung zu, unabhängig davon, ob die enteignende Maßnahme rechtmäßig war oder nicht und unabhängig davon, ob die Entschädigung in einem Enteignungsgesetz vorgesehen war oder nicht.

30 Die wesentliche Schwierigkeit des *BGH* bestand im Rückblick darin, die Enteignungen von den entschädigungslos hinzunehmenden Beschränkungen des Eigentums abzugrenzen. Die Enteignung konnte nämlich nach Auffassung des *BGH* nicht nur in der Überwindung, sondern auch in der bloßen Beschränkung des Eigentums liegen. Diese Abgrenzung leistete der *BGH* auf der Grundlage seiner sog. Sonderopfertheorie, in deren Mittelpunkt der Verstoß gegen den Gleichheitssatz stand. Diese Sonderopfertheorie führte vor allem zu Abgrenzungsproblemen bei den Enteignungswirkungen von Gruppenbelastungen. Der *BGH* hat deshalb das Kriterium der Situationsgebundenheit eingeführt. Die Situationsgebundenheit sollte eine generelle Pflichtigkeit des Eigentums beschreiben. Wird durch die hoheitliche Maßnahme nur diese bereits ohnehin bestehende Pflichtigkeit des Eigentums aktualisiert, fehlte es an einer enteignenden Wirkung.

31 *Beispiel:* Ein mit einem Hinterhaus versehenes Gebäude des vorigen Jahrhunderts wurde im Krieg zerstört. Ende der fünfziger Jahre wollten die Eigentümer das Hinterhaus wieder errichten. Dies wurde von der Bauordnungsbehörde abgelehnt. Der *BGH* lehnte einen Entschädigungsanspruch wegen „Enteignung“ ab, weil nach der objektiv zu beurteilenden Situationsgebundenheit des Grundstückes ein vernünftiger Eigentümer bei wirtschaftlicher Betrachtungsweise die angestrebte Nutzungsart nicht mehr verwirklicht hätte.[28]

### c) *Auffassung des BVerwG*

32 Im Gegensatz zum *BGH* hat das *BVerwG* von Anfang an die Eingriffstiefe als materielles Abgrenzungskriterium für entschädigungspflichtige Eigentumseingriffe herangezogen. Das *BVerwG* stellte auf die Schwere und Tragweite als maßgeblichem Kriterium für die Feststellung der enteignenden Wirkung des Eingriffs ab.[29] Diese *sog. Schweretheorie*, die auf eine materielle Abwägung zwischen den im Einzelfall aufzulösenden widerstreitenden Interessen des einzelnen und der Allgemeinheit setzte, war ebenfalls in starkem Maße auf Wertungen angewiesen.

33 In einer Gesamtbewertung der obergerichtlichen Rechtsprechung muß allerdings festgestellt werden, daß die Sonderopfertheorie des *BGH* und die Schweretheorie des *BVerwG* nicht als Gegensätze verstanden werden dürfen. Der *BGH* hat in der Modifikation der Sonderopfertheorie selbst materielle Gesichtspunkte eingeführt und immer stärker auch die Zumutbarkeit des Eingriffs berücksichtigt.[30]

---

[28] *BGHZ* 48, 193 – *Kölner Hinterhof.*
[29] *BVerwGE* 5, 143 (145).
[30] *BGH*, NJW 1967, 1855; dazu *Papier*, JuS 1989, 633.

Man wird deshalb ohne weiteres feststellen können, daß im Verlauf der Jahre eine „Theorien"konvergenz zwischen *BGH* und *BVerwG* stattfand.[31] So hat auch das BVerwG bei der Anwendung der von ihm entwickelten Schweretheorie erklärt, die Ungleichheit in der Belastung sei ein wichtiges Indiz für die enteignende Wirkung des Eingriffs.[32] 34

*d) Wende der eigentumsrechtlichen Dogmatik*

Die obergerichtliche Enteignungsrechtsprechung wurde entwickelt und ausgebaut, obgleich schon in frühen Entscheidungen des *BVerfG*[33] erkennbar war, daß die verfassungsrechtliche Ausformung der Eigentumsgarantie andere Akzente erfordern könnte. Im sog. Naßauskiesungsbeschluß vom 15.7.1981[34] wurde dann die verfassungsrechtliche Grundkonzeption durch das *BVerfG* ausgearbeitet. 35

*aa)* Das *BVerfG* hat den Begriff der Enteignung erheblich eingeschränkt und formalisiert. Während der *BGH* und das *BVerwG* in jeder ein unzumutbares Sonderopfer begründenden *Eingriffswirkung* eine entschädigungspflichtige „Enteignung" sahen, steht im Mittelpunkt der Konzeption des *BVerfG* der *formale Entzug vermögenswerter Rechtspositionen*. Nicht die Intensität des Eingriffes ist entscheidend, sondern die Form und dessen Zweckrichtung.[35] Das *BVerfG* entwickelt diese Konzeption in enger Bindung an Art. 14 III GG. Unter Hinweis auf die Grundsätze der Gewaltenteilung wird festgehalten, daß der hoheitliche Zugriff auf private Eigentumsrechte einer gesetzlichen Ermächtigungsgrundlage bedarf. In dieser gesetzlichen Ermächtigungsgrundlage muß der Gesetzgeber selbst die Enteignungsvoraussetzungen sowie Art und Ausmaß der Entschädigung festlegen. Diese strikte Bindung des Gesetzgebers korrespondiert mit der Formalisierung des Enteignungsbegriffes, der von der wertend festzustellenden Eingriffswirkung abgekoppelt wird.[36] 36

Mit dieser Entscheidung war der bis dahin vom *BGH* und auch vom *BVerwG* vertretene Grundsatz des *„dulde und liquidiere" obsolet* gewor- 37

[31] *Kimminich*, in: BK, Art. 14 Rdnr. 199. Zur Konvergenz der obergerichtlichen „Theorien" *Papier*, JuS 1989, 633; zu den im Schrifttum vertretenen Abgrenzungstheorien *Ossenbühl*, S. 174 und unten § 17 Rdnrn. 64 ff.

[32] *BVerwGE* 15, 1.

[33] *BVerfGE* 4, 219 (Junktimklausel); *BVerfGE* 24, 367 (400) (Enteignungsbegriff). Dazu auch die Bewertung von *Detterbeck*, DÖV 1994, 273. *Rozek*, S. 12 spricht von „Extratouren des Bundesgerichtshofes".

[34] *BVerfGE* 58, 300 (330 ff.). Dazu die ersten Stellungnahmen der Lit. z. B. *H. Weber*, JuS 1982, 855; *Rupp*, NJW 1982, 1733; *Leisner*, DVBl 1983, 61; *Papier*, NVwZ 1983, 258.

[35] *Schmitt-Kammler*, in: Festschr. f. E. Wolf, 1985, S. 595 ff.

[36] *Schmitt-Kammler*, in: Festschr. f. E. Wolf, 1985, S. 595 formuliert, die Enteignung sei Entzugsakt, die Inhalts- und Schrankenbestimmung dagegen Definitionsakt.

den. Eine Enteignung ist nach Art. 14 III 2 GG nur noch dann zulässig, wenn sie auf ein verfassungsgemäßes Enteignungsgesetz gestützt wird. Dieses setzt vor allem eine Entschädigungsregelung voraus. Sofern der Eigentumsentzug nicht auf ein diese Anforderungen erfüllendes und damit verfassungswidriges Gesetz gestützt wird, muß der Betroffene die Aufhebung des Enteignungsaktes bei den Verwaltungsgerichten durchsetzen. Er darf den Enteignungsakt nicht unanfechtbar werden lassen und sich darauf beschränken, eine Entschädigung einzufordern.

**38** Der Enteignungsbegriff des *BVerfG* ist durch folgende Merkmale gekennzeichnet:

- Gezielter Zugriff auf das Eigentum
- mittels eines Rechtsaktes (Norm- oder Verwaltungsakt)
- der zur vollständigen oder nur teilweisen Entziehung konkreter subjektiver Eigentumsrechte führt
- und auf verfassungsmäßiger gesetzlicher Grundlage beruht, die Art und Ausmaß der Entschädigung festlegt.

**39** Diese Konkretisierung der verfassungsrechtlichen Enteignung geht davon aus, daß die Enteignung nicht nur durch den Voll- oder Teilrechtsentzug gekennzeichnet ist, sondern daß insbesondere auch die weiteren Voraussetzungen des Art. 14 III GG gegeben sein müssen. Es ist umstritten, ob die Rechtmäßigkeit des hoheitlichen Zugriffs konstitutiver Bestandteil der Enteignung ist, diese also durch ihre Rechtmäßigkeit mitdefiniert wird.[37] Dieser Auffassung wird vor allem entgegengehalten, daß sie auf einem Zirkelschluß beruhe. Die Frage, ob die als Enteignung zu qualifizierende Maßnahme rechtmäßig (verfassungsmäßig) sei, könne offenkundig nicht die Rechtmäßigkeit dieser Maßnahme voraussetzen.[38] Es scheint, daß sich diese Auffassung allerdings noch nicht ausreichend von der entschädigungsrechtlichen Sichtweise der früheren *BGH*-Rechtsprechung gelöst hat. Die Neuausrichtung der verfassungsrechtlichen Dogmatik des Eigentumsschutzes durch das *BVerfG* ist vor allem am Bestandsschutz des Eigentums orientiert. Ob ein Eigentumsrecht ganz oder teilweise entzogen werden darf, bestimmt sich ausschließlich nach der Maßgabe des Art. 14 III GG. Nur der rechtmäßige (eingreifende) Entzugsakt, der diese Voraussetzungen erfüllt, insbesondere auf einer mit einer Junktimklausel verbundenen gesetzlichen Ermächtigungsgrundlage ergangen ist, ist verfassungsgemäß. Nur die rechtmäßige Enteignung kann die verfassungsrechtliche Bestandsgarantie des Art. 14 I 1 GG in die

---

[37] In diesem Sinne *Papier*, in: *Maunz/Dürig*, GG, Art. 14 Rdnr. 467; *Steinberg/Lubberger*, S. 132; *Schulte*, Zur Dogmatik des Art. 14 GG, 1979, S. 30 f.; *Sproll*, JuS 1995, 1083.

[38] *Maurer*, § 26 Rdnr. 54; *Rozek*, S. 159 f.; wohl ebenso *Jarass*, in: *Jarass/Pieroth*, GG, Art. 14 Rdnr. 53.

in Art. 14 III GG angelegte Wertgarantie wandeln. Der Eigentümer hat in diesem Falle keine Möglichkeit, die (rechtmäßige) Enteignung abzuwehren. Praktisch ist es zunehmend so, daß sich Eigentümer insbesondere bei attraktiv gelegenen Grundstücken gegen die Enteignung selbst zur Wehr setzen und sich nicht auf eine Entschädigung verweisen lassen wollen. Das Eigentümerinteresse geht in diesen Fällen gar nicht auf die Feststellung, ob ein Entschädigungsanspruch besteht, sondern ob der eingreifende Akt rechtswidrig ist.

Nur die (rechtmäßige) Enteignung ist in der Lage, die in Art. 14 III GG 40
verankerte Enteignungsentschädigung auszulösen. Die Entschädigung der Junktimklausel hat somit eine Doppelfunktion: sie ist zunächst konstitutives Merkmal der Enteignung, also des rechtmäßigen Entzugs eines Eigentumsrechts mit der Folge, daß der hoheitliche Eingriff hinzunehmen ist. Andererseits ist sie Folge des durch die (rechtmäßige) Enteignung bewirkten Wandels der Bestandsgarantie in die Wertgarantie des Eigentums. Daß deshalb bei der Prüfung, ob eine Entschädigung (auf der Ebene des Art. 14 III GG !) zu gewähren ist, die Rechtmäßigkeit der Enteignung festgestellt werden muß, kann nicht als Zirkelschluß gelten. Die Entschädigung nach Art. 14 III GG als Ausfluß der grundgesetzlich verankerten Wertgarantie des Eigentums hat mit einer staatshaftungsrechtlichen Perspektive im Sinne einer staatlichen Rechtswidrigkeitshaftung nichts zu tun.[39] Wie *Papier*[40] zu Recht ausführt, ist in Art. 14 III GG das enteignungsrechtliche Grundprinzip des „dulde und liquidiere" rezipiert worden. Die Integration der Rechtmäßigkeit in den Enteignungsbegriff ist im übrigen auch nicht neu. Aus der bereits erwähnten Kabinettsordre vom 04.12.1831 wurde seinerzeit bereits abgeleitet, daß eine Entschädigung wegen Aufopferung aus den §§ 74, 75 Einl. ALR nur bei rechtmäßigem Handeln des Staates zu leisten sei.[41]

Ob man bei einem vollständigen oder teilweisen Entzug von Eigen- 41
tumsrechten, der die Voraussetzungen des Art. 14 III GG nicht erfüllt, – unbedacht – von einer rechtswidrigen Enteignung spricht, ist zweitrangig.[42] Im Interesse der begrifflichen Klarheit sollte allerdings nur dann der Begriff der Enteignung verwendet werden, wenn der vollständige oder teilweise Entzug einer subjektiven Rechtsposition die Rechtmäßigkeitsvoraussetzungen erfüllt. Der rechtswidrige enteignende Zugriff ist nach der Rechtsprechung des *BVerfG* abzuwehren. Jedenfalls nach Art. 14 III GG entsteht bei (rechtswidrigen) enteignenden Zugriffen keine Entschä-

---

[39] So aber offensichtlich *Rozek*, S. 160.

[40] *Papier*, in: *Maunz/Dürig*, GG, Art. 14 Rdnr. 468.

[41] *Pfab*, S. 7; *Bender*, Rdnr. 29; *W. Jellinek*, Deutsches Verwaltungsrecht, 3. Aufl. 1931, S. 330; *RGZ* 156, 305.

[42] Anders *Rozek*, S. 160, der aus der Verwendung des Begriffs „rechtswidrige Enteignung" in *BVerfGE* 56, 249 (261) folgert, daß die Rechtmäßigkeit kein Begriffsmerkmal der Enteignung sei.

digungspflicht. Ob der Eigentümer im Falle des rechtswidrigen Zugriffes Entschädigung verlangen kann, beurteilt sich danach, ob nach anderen Anspruchsgrundlagen insbesondere nach den Grundsätzen der Aufopferungsentschädigung Ausgleichsleistungen zu gewähren sind. Erfüllt der vollständige oder teilweise Entzug einer konkreten Eigentumsposition nicht die Rechtmäßigkeitsvoraussetzungen, so handelt es sich zunächst einmal um einen rechtswidrigen Grundrechtseingriff.

42 *bb)* Die Enteignung nach Art. 14 III GG ist gegenüber der Inhalts- und Schrankenbestimmung nach Art. 14 I 2 GG abzugrenzen.[43] Auch die Inhaltsbestimmung kann zu Beeinträchtigungen des Eigentums führen. Mit der Inhaltsbestimmung gestaltet der Gesetzgeber durch eine abstrakt-generelle Regelung den Inhalt des Eigentums aus. Die verfassungsmäßige Inhaltsbestimmung verändert und begründet die konkreten subjektiven Eigentumsrechte; diese können gegebenenfalls Gegenstand auch einer Enteignung nach Art. 14 III GG sein.

43 Beachtet der Gesetzgeber beim Erlaß einer inhaltsbestimmenden gesetzlichen Regelung die verfassungsrechtlichen Bindungen nicht, führt dies zur Nichtigkeit der Norm. Darauf gestützte Einzelakte führen zu rechtswidrigen Eingriffen in das Eigentum. Beruht die Verfassungswidrigkeit darauf, daß der Gesetzgeber eine nach dem Verhältnismäßigkeitsgrundsatz erforderliche Ausgleichsregelung für den Eigentumseingriff nicht vorgesehen hat, dürfen die Verwaltungsbehörden und die Gerichte nicht von sich aus eine Entschädigung gewähren.[44] Die das Eigentum beeinträchtigende Gesetzesbestimmung ist, soweit die übermäßige Belastung reicht, verfassungwidrig. Der Eigentümer muß gegen den Vollzugsakt im Rahmen des Primärrechtsschutzes vorgehen. Das *BVerfG*, das sich in der Pflichtexemplarentscheidung mit diesem Sachverhalt zu befassen hatte, hat das Gesetz insgesamt für verfassungswidrig erklärt und dem Betroffenen keine Entschädigung zugesprochen. Bezieht man diese Grundsätze auf die Rechtsprechung des *BGH* zur Aufopferungsentschädigung, so zeigt sich, daß in der Folge des Naßauskiesungsbeschlusses[45] und der Pflichtexemplarentscheidung[46] die These, wonach die Rechtswidrigkeit des Eigentumseingriffs stets die Sonderopferlage begründe, auch für inhaltsbestimmende Regelungen einer Korrektur bedarf.

44 *cc)* Es ergeben sich nach allem sechs Fallgruppen von Eingriffen in das Eigentum, die in ihrer rechtlichen Bewertung, insbesondere was den Primär- und den Sekundärrechtsschutz angeht, jeweils eigenständig zu beurteilen sind:[47]

---

[43] Vgl. dazu ausf. *Rozek*, S. 161 ff. sowie bereits oben § 15 Rdnrn. 6 ff.
[44] *Maurer*, § 26 Rdnr. 81.
[45] *BVerfGE* 58, 300.
[46] *BVerfGE* 58, 137.
[47] *Maurer*, § 26 Rdnr. 29.

- Eingriffe auf der Grundlage eines Gesetzes, das den Voraussetzungen des Art. 14 III GG entspricht (Enteignungen).
- Eingriffe, die auf einem verfassungswidrigen Gesetz beruhen, wobei die Verfassungswidrigkeit gerade auch in der Nichtbeachtung des Art. 14 III GG begründet sein kann.
- Eigentumsentziehende Eingriffe auf der Grundlage verfassungsmäßiger (ausgleichspflichtiger) gesetzlicher Inhalts- und Schrankenbestimmungen.
- Eingriffe auf der Grundlage eines (verfassungswidrigen) inhaltsbestimmenden Gesetzes.
- rechtswidrige, unmittelbar das Eigentum beeinträchtigende Einzelakte (enteignungsgleicher Eingriff).
- Eigentumsbeeinträchtigende Folgewirkungen an sich rechtmäßigen Verwaltungshandelns (enteignender Eingriff).

*e) Anpassung der BGH-Rechtsprechung*

Der *BGH* hat seine Enteignungsrechtsprechung an die verfassungsrechtliche Konzeption des *BVerfG* angepaßt. 45

*aa)* Auch unter Berücksichtigung des formalisierten Enteignungsbegriffs des *BVerfG* sieht der *BGH* nach wie vor einen Anwendungsbereich für die *Rechtsinstitute* des *enteignungsgleichen* und des *enteignenden Eingriffes*. Der Anwendungsbereich der Enteignung wird durch den zielgerichteten formalen Entzug des Eigentumsrechts abgegrenzt. Da der *enteignende Eingriff* ohnehin nur „zufällige Eingriffswirkungen" rechtmäßigen Verwaltungshandelns betrifft, scheidet eine Überschneidung mit der Enteignung von vorneherein aus. Zum *enteignungsgleichen Eingriff*, der grundsäztlich auch zielgerichtete Zugriffe durch Rechtsakte auf das Eigentum erfassen kann, verläuft die Abgrenzung indessen nicht so eindeutig. 46

*bb)* Dogmatisch hat der *BGH* den enteignungsgleichen und den enteignenden Eingriff" nach dem Naßauskiesungsbeschluß nicht mehr in Art 14 III GG verankert, sondern im allgemeinen Aufopferungsgedanken.[48] Diesen Aufopferungsgedanken sieht der *BGH* aufgrund gewohnheitsrechtlicher Geltung des § 75 Einl.ALR in einfachgesetzlichem Recht verankert.[49] Die im Aufopferungsgedanken enthaltenen Grundsätze entsprechen nach der Auffassung des *BGH* allgemeinen Gerechtigkeitsvorstellungen. Eingriffe, die nach diesen Grundsätzen Aufopferungslagen auslösen, sollen deshalb nicht als unzulässige Übergriffe in das der Gesetzgebung vorbehaltene Gebiet angesehen werden können. 47

---

[48] *BGHZ* 91, 20 (26 ff.); 90, 17 (31); 99, 24 (29); *BGH*, DVBl 1984, 391; *Rüfner*, in: Erichsen, § 52 Rdnr. 17; allgemein zum Aufopferungsgedanken *Schmitt-Kammler*, JuS 1995, 473.

[49] *BGHZ* 9, 83; 13, 81 (88); *Ossenbühl*, S. 130.

48 Es scheint so, daß auch das *BVerfG* diese Konzeption des *BGH* akzeptieren könnte. In einer beiläufigen Bemerkung zum „enteigungsgleichen Eingriff“ hat es diesen jedenfalls als Rechtsinstitut des einfachen Rechts bezeichnet, der ergänzend zu den positiv-rechtlich normierten deliktischen Haftungstatbeständen hinzutreten könne.[50]

*f) Zusammenfassende Bewertung*

49 Betrachtet man den Gesamtzusammenhang des Eigentumsschutzes, so ist auf der Grundlage des Naßauskiesungsbeschlusses des *BVerfG* und der sich daran orientierenden Rechtsprechung des *BGH* zur Aufopferungsentschädigung zu differenzieren zwischen der verfassungsrechtlichen Enteignungsentschädigung einerseits und der haftungsrechtlichen Aufopferungsentschädigung andererseits.

50 Der verfassungsrechtlich in Art. 14 GG zugelassene Eigentumszugriff wird auf (rechtmäßige) Enteignungen beschänkt. Dem steht die haftungsrechtliche Aufopferungsentschädigung gegenüber, die nach dem Verständnis des BGH im gewohnheitsrechtlichen Aufopferungsgedanken verwurzelt ist.[51]

51 Berücksichtigt man, daß die Aufopferungsentschädigung des *BGH* nunmehr auf das einfache Gesetzesrecht „herabgeholt“ worden ist, so stellt sich noch drängender die Frage nach der Abgrenzung und Harmonisierung dieser Haftungsansprüche mit anderen auf die Kompensation öffentlich-rechtlicher Unrechtslasten gerichteten Ansprüchen.[52] Insbesondere *Ossenbühl*[53] hat darauf hingewiesen, daß die richterrechtliche Aufopferungsentschädigung auf den Folgenbeseitigungsanspruch hin abzustimmen sei. Die Problematik kompliziert sich noch dadurch, daß der Aufopferungsgedanke in seiner ursprünglichen Form, auf den jetzt der *BGH* zurückgreift, nicht nur dem Eigentumsschutz, sondern auch dem Schutz anderer subjektiver Rechte verpflichtet war.

## 5. Geltungsgrund des allgemeinen Aufopferungsgrundsatzes

*a) Aufopferung als anspruchserzeugender Grundsatz*

52 In der langen Geschichte der staatlichen Unrechtshaftung ist immer wieder auf den allgemeinen Aufopferungsgrundsatz zur Begründung von Entschädigungsansprüchen zurückgegriffen worden.[54] Vor dem Erlaß der

---

[50] *BVerfG*, NJW 1992, 37. Für eine verfassungsrechtliche Verortung (Art. 14 I GG) *Maurer*, § 26 Rdnr. 87.

[51] *Sproll*, JuS 1995, 1083.

[52] Dazu ausf. unten § 18.

[53] *Ossenbühl*, S. 281.

[54] Vgl. dazu *Ossenbühl*, S. 130, wo allerdings zwischen dem „Aufopferungsprinzip“ als Rechtsgrundsatz und dem „Aufopferungsanspruch“ hinsichtlich der Bewältigung von Eingriffen in nicht vermögenswerte Rechtsgüter nicht deutlich unterschieden wird.

§§ 74, 75 Einl.ALR wurde ohnedies auf die Aufopferungslage als anspruchsbegründenden Tatbestand zurückgegriffen. Nunmehr bezieht sich der *BGH* zur Begründung der Aufopferungsentschädigungsansprüche auf diesen Grundsatz. Es stellt sich somit die Frage, ob der allgemeine Aufopferungsgrundsatz unter der Geltung des GG als anspruchserzeugende Rechtsquelle gelten kann.

### *b) Aufopferungsgrundsatz als Gewohnheitsrecht*

Von den Begründungen für die aktuelle Rechtsgeltung des allgemeinen Aufopferungsgrundsatzes erscheint die Auffassung[55] überzeugend, die auf seine gewohnheitsrechtliche Verankerung verweist. Gewohnheitsrecht liegt vor, wenn die gemeinsame Überzeugung der rechtlichen Gebotenheit einer bestimmten Gewährung aufgrund einer langen gleichmäßigen und allgemeinen Übung entstanden ist mit der Folge, daß das Gleichheitsgebot einer Abweichung entgegenstehen würde. Läßt sich eine derartige Gewohnheit in einen verpflichtenden oder berechtigenden Rechtssatz fassen, wird sie zur Rechtsquelle.[56] Zum allgemeinen Aufopferungsgrundsatz liegt nicht nur ein langer Verwaltungs- und Gerichtsgebrauch vor, vielmehr ist der allgemeine Aufopferungsgrundsatz gerade auch in der allgemeinen Rechtsüberzeugung verankert. 53

### *c) Aufopferungsentschädigung des BGH*

Der *BGH* hat bereits in der Impfschadenentscheidung aus dem Jahre 1953[57] auf die gewohnheitsrechtliche Verankerung des allgemeinen Aufopferungsgrundsatzes zurückgegriffen, um die Öffnung von Entschädigungsansprüchen auch bei der Verletzung nicht vermögenswerter Rechte begründen zu können. 54

Der *BGH* führt in dieser Entscheidung aus, daß der in § 75 Einl.ALR normierte Grundsatz der Entschädigungspflicht des Staates nicht gegenständlich beschränkt sei. Er umfasse vielmehr jedes Sonderopfer, das der einzelne an irgendwelchen Rechtsgütern zum Wohle der Allgemeinheit zu erbringen genötigt wird. Die Kabinettsordre vom 04.12.1831 habe daran nichts geändert. Sie habe sich nur auf Eingriffe in das Privateigentum bezogen, Eingriffe in sonstige Rechtsgüter, insbesondere Eingriffe in die körperliche Integrität des einzelnen aber nicht erfaßt. 55

---

[55] Vgl. zu den unterschiedlichen Begründungsansätzen den Überblick bei *Ossenbühl*, S. 130: Rechtsstaatliches Verfassungsprinzip (*v. Mangoldt/Klein*, GG, Art. 14 Anm. VI 3); allgemeiner Rechtsgrundsatz (*RGZ* 102, 390); gewohnheitsrechtliche Geltung (*BGHZ* 9, 83); auf die Verfassungsebene gezogen über Art. 3 GG (*Ossenbühl*, S. 130).

[56] *Wolff/Bachof/Stober*, Verwaltungsrecht I, § 25 Rdnr. 12; *BVerfGE* 28, 30; *BVerwG*, DVBl 1979, 116.

[57] *BGHZ* 9, 83.

56 Nach der Naßauskiesungsentscheidung des *BVerfG* hat der *BGH*, der bis dato seine Aufopferungsansprüche aus enteignungsgleichem und enteignendem Eingriff unmittelbar aus Art. 14 III GG abgeleitet hat, zur Aufrechterhaltung seiner Entschädigungsrechtsprechung auf die gewohnheitsrechtliche Verankerung des allgemeinen Aufopferungsgrundsatzes zurückgegriffen. Der *BGH*[58] führt dazu aus:

57 „Unmittelbar aus Art. 14 Abs. 3 GG könnte allerdings der Entschädigungsanspruch wegen rechtswidrigen Eingriffs in das Eigentum nach dem Beschluß des BVerfG vom 15.07.1981 ... nicht hergeleitet werden. Dies ist aber auch nicht erforderlich. Der Aufopferungsgedanke in seiner richterrechtlich geprägten Ausformung bietet eine hinreichende Anspruchsgrundlage, die dort zum Zuge kommt, wo es sich nicht um Enteignung im Sinne von Art. 14 Abs. 3 GG handelt. ... Auf dieser Grundlage kann auch die Zuständigkeit der ordentlichen Gerichte zur Entscheidung über diese Ansprüche nicht in Zweifel gezogen werden (§ 40 Abs. 2 VwGO)."

58 Der allgemeine Aufopferungsgrundsatz, der in den §§ 74, 75 Einl.ALR erstmals positiv-rechtlich ausgeprägt worden war, besagt, daß für ein vom Staat abverlangtes Sonderopfer eine angemessene Entschädigung gewährt werden muß. Mit diesem Inhalt hat der Aufopferungsgrundsatz den Charakter eines in der ganzen Bundesrepublik geltenden gewohnheitsrechtlichen Satzes.[59] Er kann wohl als verfassungsrechtliches Gewohnheitsrecht angesehen werden. Dafür spricht auch, daß er als Lastenausgleichsregelung spezifisch dem Gleichheitssatz verpflichtet ist.[60]

59 Bei diesem Verständnis ist der allgemeine Aufopferungsgrundsatz grundsätzlich offen für die Einbeziehung weiterer nicht vermögenswerter Rechtsgüter über Leben, Gesundheit und Freiheit hinaus. Angesichts der erheblichen Gefährdungen des Persönlichkeitsrechts, nicht zuletzt im Zusammenhang mit den Möglichkeiten der automatischen Datenverarbeitung, erscheint die Einbeziehung des allgemeinen Persönlichkeitsrechts als sachgerecht.[61] Andererseits hat das *BVerfG*[62] es für verfassungsrechtlich als nicht geboten angesehen, den allgemeinen Aufopferungsanspruch auch auf Eingriffe in Art. 12 I GG auszudehnen. Freilich bedeutet dies nicht, daß eine Ausdehnung des allgemeinen Aufopferungsanspruchs auf andere immaterielle Rechtsgüter verfassungsrechtlich ausgeschlossen wäre.

60 Die Verankerung des allgemeinen Aufopferungsgrundsatzes auf der Ebene des Verfassungsrechts bedeutet nicht, daß die daraus abgeleiteten Ansprüche ebenfalls verfassungsrechtlich verbürgt sind. Es handelt sich insoweit lediglich um nicht geschriebenes Recht des Bundes, also um Ansprüche, die nach Tatbestand und Rechtsfolgen auf der Ebene des einfachen Rechts loziert sind.[63] Die Verankerung des allgemeinen Aufopfe-

---

[58] *BGHZ* 90, 4.
[59] *Wolff/Bachof/Stober*, Verwaltungsrecht I, § 25 Rdnr. 16.
[60] Mit dieser Begründung *Ossenbühl*, S. 130.
[61] *Ossenbühl*, S. 135; *Sproll*, JuS 1995, 1083.
[62] *BVerfG*, NVwZ 1998, 271 f.
[63] *Wolff/Bachof/Stober*, Verwaltungsrecht I, § 25 Rdnr. 16; auch *Ossenbühl*, S. 130.

rungsgrundsatzes im Range des Verfassungsrechts bedeutet allerdings, daß er vom einfachen Gesetzgeber nicht beseitigt oder wesentlich beschränkt werden kann. Auf der anderen Seite bedarf er aber zur inhaltlichen Konkretisierung gerade auch der Ausgestaltung durch den Gesetzgeber oder durch die Rechtsprechung auf einfachgesetzlicher Ebene.[64]

## II. Öffentlich-rechtlicher Aufopferungsanspruch

### 1. Anwendungsbereich

Der öffentlich-rechtliche Aufopferungsanspruch bildet in seinem heutigen Anwendungsbereich die Entschädigungsgrundlage für hoheitliche Eingriffe in immaterielle Rechtsgüter, wie Leben, Gesundheit und Freiheit.[65] Sowohl nach seiner rechtlichen Begründung als auch nach seiner Anspruchsstruktur ist er dem enteignenden und enteignungsgleichen Eingriff vergleichbar. Die Ansprüche unterscheiden sich vor allem hinsichtlich des geschützten Rechtsguts. Nachdem Entschädigungsansprüche für die Verletzung immaterieller Rechtsgüter zwischenzeitlich in breitem Umfang eine gesetzliche Regelung gefunden haben, ist die praktische Bedeutung des öffentlich-rechtlichen Aufopferungsanspruches deutlich zurückgetreten.[66] Der öffentlich-rechtliche Aufopferungsanspruch greift nämlich nur subsidiär, soweit eine gesetzliche Regelung einen Sachverhalt nicht oder nicht abschließend regelt. Zu Recht weist deshalb *Schwabe*[67] darauf hin, daß öffentlich-rechtliche Aufopferungsansprüche heutzutage eine Rarität seien. In der Tat tauchen sie in der Rechtsprechung kaum noch auf; in der Literatur wird vielfach auf alte Beispiele zurückgegriffen.[68] 61

### 2. Anspruchsvoraussetzungen

#### *a) Rechtsgutbeeinträchtigung*

Der öffentlich-rechtliche Aufopferungsanspruch setzt zunächst voraus, daß ein nicht vermögenswertes Recht beeinträchtigt wird.[69] Somit 62

---

[64] *Maurer*, § 27 Rdnr. 1.

[65] *Windthorst/Sproll*, § 16 Rdnr. 69; *BGHZ* 66, 118. Dazu *Schwabe*, NJW 1983, 2370; *Pagenkopf*, NJW 1977, 1519.

[66] *Maurer*, § 27 Rdnr. 6; vgl. den Überblick über die wichtigsten Anwendungsfälle und Entscheidungen zum öffentlich-rechtlichen Aufopferungsanspruch bei *Ossenbühl*, S. 132, insbesondere Impfschäden (*BGHZ* 9, 83); Schadensfolgen aus Zwangsbehandlungen (*BGHZ* 25, 238); Turnunfälle in der Schule (*BGHZ* 46, 327; str.); dazu liegen zwischenzeitlich meist gesetzliche Regelungen vor.

[67] *Schwabe*, NJW 1983, 2370, der zu Recht das bizarre Beispiel des Körperschadens infolge Verstoßes gegen die Gurtpflicht zurückweist.

[68] *Ossenbühl*, S. 132.

[69] *BGHZ* 65, 196 (206).

werden insbesondere Leben, Gesundheit und Freiheit geschützt. Inwieweit darüber hinausgehend andere nicht vermögenswerte Rechtsgüter in den Schutzbereich des öffentlich-rechtlichen Aufopferungsanspruches einbezogen sind, ist nicht geklärt. *Ossenbühl*[70] folgert aus der Formulierung des *BGH*, wonach „insbesondere" Leben, Gesundheit und Freiheit vermögenswerte Rechtsgüter seien, daß der Anspruch offen sei für andere nicht vermögenswerte Rechtsgüter wie Ehre, Name, Geheimsphäre. So soll insbesondere die Einbeziehung des allgemeinen Persönlichkeitsrechtes möglich sein. Der *BGH* ist allerdings bislang über die Rechtsgüter Leben, Gesundheit und Freiheit nicht hinausgegangen; auch das *BVerfG*[71] hält es bislang für verfassungsrechtlich nicht geboten, die in Art. 12 I GG geschützten Rechtsgüter in den Schutzbereich des öffentlich-rechtlichen Aufopferungsanspruches einzubeziehen. Angesichts der verfassungsrechtlichen Verankerung des allgemeinen Aufopferungsgrundsatzes ist der in der Lit. zunehmend vertretenen Auffassung, die eine enge Begrenzung der Rechtsgüter ablehnt, zu folgen. Die erhebliche Gefährdung des allgemeinen Persönlichkeitsrechts durch die moderne Informationstechnologie und die damit potentiell verbundenen erheblichen Schadensrisiken, macht eine unterschiedliche Behandlung zwischen dem Rechtsgut „Gesundheit" und dem Rechtsgut „Allgemeines Persönlichkeitsrecht" schwer verständlich.

### *b) Hoheitlicher Eingriff*

63 Der hoheitliche Eingriff muß nicht gezielt erfolgen. Es reicht aus, wenn durch eine hoheitliche Maßnahme das Rechtsgut unmittelbar beeinträchtigt wird.[72] Aus der Sicht des Betroffenen stellt sich der Eingriff meist als hoheitlicher Zwang dar, der ihm ein bestimmtes Verhalten abfordert.[73] Dabei werden nicht nur rechtliche Maßnahmen erfaßt, sondern gerade auch der faktische psychische Zwang. Auch indirekte Mittel der Verhaltenssteuerung, wie gezielte Aufklärung, Anreize oder das Inaussichtstellen von Nachteilen sind Eingriffe, die von der Rechtsprechung dem öffentlich-rechtlichen Aufopferungsanspruch zugeordnet werden.[74] Mit Blick darauf ist ein Eingriff allerdings zu verneinen, wenn sich der Betroffene freiwillig (z.B. als sog. freiwilliger Polizeihelfer[75]) oder selbstver-

---

[70] *Ossenbühl*, S. 135; ebenso *Detterbeck*, VerwArch 85 (1994) 176; *Schenke*, NJW 1991, 1780; zurückhaltend *Maurer*, § 27 Rdnr. 3.

[71] NVwZ 1998, 271 f.

[72] *Maurer*, § 27 Rdnr. 9.

[73] *Ossenbühl*, S. 135.

[74] *BGHZ* 24, 45; 31, 187.

[75] Der freiwillige Polizeihelfer ist zwischenzeitlich nach polizeirechtlichen Vorschriften oder nach § 2 I Nr. 13 SGB VII gegen Schadensfolgen abgesichert. Diese Bestimmungen gehen selbstverständlich dem öffentlich-rechtlichen Aufopferungsanspruch vor.

schuldet[76] (z. B. als Strafgefangener) in eine schadenstiftende Gefahrensituation begeben hat.

64 *Beispiel*: Der *BGH*[77] hatte sich mit einem Fall zu befassen, in dem ein Untersuchungshäftling vor Erlaß des Gesetzes über die Entschädigung für Strafverfolgungsmaßnahmen von einem Mithäftling schwer verletzt worden war. Der *BGH* führte aus, daß die Verhängung der Untersuchungshaft eine hoheitliche Zwangsmaßnahme darstelle, die einen öffentlich-rechtlichen Aufopferungsanspruch begründen könne. Voraussetzung sei allerdings, daß dem Betroffenen ein Sonderopfer auferlegt worden sei. An einem derartigen Sonderopfer fehle es, wenn die Inhaftierung als Untersuchungs- oder Strafgefangener vom Betroffenen in zurechenbarer Weise veranlaßt worden sei, weil er eine unter Strafe gestellte Handlung begangen habe. Der „schuldige" Gefangene erbringe mit der Hinnahme der Freiheitsentziehung und ihrer sonstigen nachteiligen Folgen im Regelfall kein Sonderopfer. Etwas anderes gelte allerdings dann, wenn der Untersuchungsgefangene später wegen der ihm vorgeworfenen Straftat nicht verurteilt werde. Richtigerweise wird in den „Selbstverschuldensfällen" bereits ein Eingriff zu verneinen sein,[78] weil der Betroffene die Risikolage selbst herbeigeführt hat.[79] Deshalb fehlt es an der Unmittelbarkeit der Rechtsgutbeeinträchtigung; auf die Frage des Sonderopfers kommt es nicht mehr an.

65 Die Freiwilligkeit führt allerdings dann nicht zum Anspruchausschluß, wenn sich der Verletzte in einer Art „Gefahrengemeinschaft" mit dem Adressaten des hoheitlichen Zwangs befindet. Dies kann z. B. der Fall sein, wenn der Erziehungsberechtigte ein Kleinkind zur Pockenschutzimpfung begleitet und sich dabei ansteckt.[80] In diesem Falle wurde der Körperschaden des Begleiters über den öffentlich-rechtlichen Aufopferungsanspruch liquidiert.[81] Daß er das Kind freiwillig begleitet hatte, wurde nicht als anspruchsausschließend angesehen.

### *c) Sonderopfer*

66 Die hoheitliche Maßnahme muß zu einem Sonderopfer geführt haben, d. h. der Betroffene muß im Vergleich zu anderen ungleich stärker belastet werden.[82] In den Fällen, in denen sich die Schädigung in einem Rahmen allgemeiner Zwangssituation realisiert, wie z. B. beim Schulzwang, wird das Sonderopfer erst in der Zusammenschau zwischen dem Eingriffsakt und der Eingriffswirkung festzustellen sein. Beeinträchtigungen, die in solchen allgemeinen Zwangssituationen typischerweise entstehen können, führen nicht zu einem Sonderopfer. Vielmehr wird die Grenze erst dort überschritten, wo die Schäden aus der „Zwangstypik" herausfallen.[83] Deshalb hat der *BGH* ein Sonderopfer bei Turnunfällen in der Schule ver-

---

[76] *BGHZ* 17, 172.
[77] *BGHZ* 60, 302.
[78] *Maurer*, § 27 Rdnr. 10.
[79] *BGHZ* 60, 302.
[80] *BGHZ* 45, 290.
[81] *Ossenbühl*, S. 136.
[82] *BGHZ* 45, 58.
[83] *Ossenbühl*, S. 137; ähnlich *Maurer*, § 27 Rdnr. 13.

neint. Wenn sich ein Schüler im Turnunterricht bei einer Übung verletzt, die sich in ähnlicher Form auch außerhalb des schulischen Rahmens häufig ergibt, realisiert sich nach Auffassung des *BGH* grundsätzlich nur das allgemeine Lebensrisiko mit der Folge, daß es an einer Sonderopferlage fehlt.[84]

67 Ob der Eingriff rechtmäßig oder rechtswidrig ist, ist bedeutungslos. Teilweise wird in Anlehnung an den enteignungsgleichen Eingriff bei rechtswidrigen hoheitlichen Eingriffen in nicht vermögenswerte Rechte auch von einem aufopferungsgleichen Eingriff gesprochen.[85] Der *BGH* hat diese begriffliche Unterscheidung nicht getroffen; wie das bereits erwähnte Beispiel der rechtswidrig angeordneten Untersuchungshaft zeigt, liegt bereits in der Rechtswidrigkeit der Beeinträchtigung grundsätzlich das Sonderopfer.

### 3. Entschädigungsumfang

68 Die Entschädigung geht nur auf den Ersatz des unmittelbar verursachten Vermögensschadens. Dies bedeutet, daß der Betroffene z. B. Pflegekosten, Verdienstausfall oder Arztkosten verlangen kann.[86] Der Entschädigungsanspruch ist ein Ausgleichsanspruch, nicht dagegen ein Schadenersatzanspruch. Die angemessene Entschädigung führt deshalb nicht zwingend zu einem vollen Schadensausgleich. Der *BGH* orientiert sich bei der Bemessung der Entschädigung an den Bestimmungen des Bundesversorgungsgesetzes, die z. B. auch für den Ausgleich von Impfschäden maßgebend sind.

69 Nicht ersetzt werden immaterielle Schäden, insbesondere kann der Betroffene nicht die Zahlung von Schmerzensgeld nach § 847 BGB verlangen.[87]

### 4. Anspruchsverpflichteter

70 Entschädigungspflichtig ist der Begünstigte bzw. der Verwaltungsträger, dessen Aufgaben erledigt worden sind. Bei rechtswidrigem Verwaltungshandeln richtet sich der Anspruch gegen den Verwaltungsträger, dessen Organe den Eingriff vorgenommen haben.

---

[84] *BGHZ* 46, 327; dazu *Ossenbühl*, JuS 1970, 276. Zu beachten ist, daß zwischenzeitlich die Entschädigung derartiger Fälle in § 2 I Nr. 8 SGB VII gesetzlich geregelt ist.

[85] *Mayer/Kopp*, Allgemeines Verwaltungsrecht, 5. Aufl. 1985, § 55 (S. 483 f.).

[86] *Maurer*, § 27 Rdnr. 15.

[87] *BGHZ* 20, 61; 22, 43. Kritisch dazu *Ossenbühl*, S. 139 unter Hinweis auf die parallele Entwicklung der zivilrechtlichen Rechtsprechung betreffend den Ersatz des Nichtvermögensschadens bei der Verletzung des allgemeinen Persönlichkeitsrechts.

### 5. Konkurrenzen

Der öffentlich-rechtliche Aufopferungsanspruch ist ein „Auffangtatbestand". Dies bedeutet, daß er nur dann zur Anwendung kommt, wenn der Sachverhalt nicht bereits eine gesetzliche Regelung gefunden hat. 71

*a) Vorrangige Spezialregelungen*

Spezialvorschriften, die den öffentlich-rechtlichen Aufopferungsanspruch verdrängen, sind z. B. die §§ 51 ff. BSeuchG für Impfschäden, die §§ 1 ff. StrEG für Schäden im Zusammenhang mit Strafverfolgungsmaßnahmen sowie zahlreiche landesgesetzlich geregelte polizeirechtliche Entschädigungsansprüche.[88] 72

*b) Subsidiarität*

Der öffentlich-rechtliche Aufopferungsanspruch ist nur ein „äußerster Rechtsbehelf",[89] der deshalb auch gegenüber solchen Ansprüchen zurücktritt, die keine Konkretisierung des allgemeinen Aufopferungsanspruches darstellen, aber den Schadensfall prinzipiell abdecken. Solche „anderweitig ausreichenden Leistungen" hat der *BGH* etwa in den Leistungen der Sozialversicherung bei Schulunfällen nach § 2 Abs. 1 Nr. 8 SGB VII gesehen.[90] Diese vom *BGH* zu Recht vertretene Subsidiarität wird in der Lit. teilweise mit dem Hinweis kritisiert, daß das anspruchsbegründende Tatbestandsmerkmal des Sonderopfers in eine Konkurrenzregelung umgemünzt werde.[91] Die Subsidiarität des Aufopferungsanspruches wurde vom *BGH* auch im Verhältnis zu privatrechtlichen Ersatzansprüchen bejaht.[92] 73

*c) Amtshaftungsanspruch*

Demgegenüber verdrängt der Amtshaftungsanspruch den öffentlich-rechtlichen Aufopferungsanspruch nicht. Beide Ansprüche können nebeneinander bestehen.[93] Der Grund liegt letztlich darin, daß der Aufopferungsanspruch zur Rechtswidrigkeitshaftung gehört. Die Gleichrangigkeit der Ansprüche hat nicht zuletzt Bedeutung wegen der Verjährung. Während der Amtshaftungsanspruch nämlich nach § 852 BGB in 3 Jahren verjährt, gilt für den öffentlich-rechtlichen Aufopferungsanspruch nach § 195 BGB die dreißigjährige Verjährungsfrist.[94] 74

---

[88] *Ossenbühl*, S. 142.
[89] *BGHZ* 45, 58 (80).
[90] *BGHZ* 45, 58 (80); *BGH*, VersR 1994, 471 (Unfallversicherung); dazu *Ossenbühl*, S. 142.
[91] *Maurer*, § 27 Rdnr. 6.
[92] *BGHZ* 28, 297 (300); dazu *Konow*, DVBl 1968, 205.
[93] *BGHZ* 13, 88; *Kuschmann*, NJW 1966, 574.
[94] *Maurer*, § 27 Rdnr. 6.

### 6. Privatrechtlicher Aufopferungsanspruch

75 Der privatrechtliche Aufopferungsanspruch ist von dem öffentlich-rechtlichen Aufopferungsanspruch strikt zu unterscheiden. Beim privatrechtlichen Aufopferungsanspruch handelt es sich um ein privatrechtliches Haftungsinstitut; der Anspruch greift bei privatrechtlichen Eingriffen. Er gewährt einen Ausgleich dafür, daß es dem Eigentümer aus besonderen Rechtsgründen verwehrt ist, sich auf die Abwehrklage aus § 1004 BGB zu berufen.[95]

*Beispiel*: Bei Sprengungen werden aus einem Kalksteinbruch Steinbrocken auf das Grundstück des benachbarten Eigentümers geschleudert. Dieser muß diese Beeinträchtigung dulden, weil anderenfalls der Steinbruchbetrieb in der Existenz bedroht wäre. Dem Eigentümer steht jedoch ein Ausgleichsanspruch wegen entstandener Schäden nach der privatrechtlichen Aufopferung zu.[96]

## III. Enteignung gem. Art. 14 III GG

### 1. Enteignung und Eigentumsbeschränkungen

76 Eigentumsbeeinträchtigungen sind in unterschiedlichster Form denkbar. Das Eigentum kann vollständig entzogen werden, z. B. um ein Grundstück für den Straßenbau heranzuziehen. Denkbar ist auch, daß zwar kein Rechtsentzug stattfindet, wohl aber die Nutzung des Eigentumssubstrats beschränkt wird. Dies ist z. B. der Fall, wenn denkmalgeschützte Gebäude nur bestimmten Nutzungen zugeführt oder nur in bestimmter Weise baulich verändert werden dürfen. Schließlich können hoheitliche Einwirkungen zu faktischen Nebenfolgen führen, die ebenfalls das Eigentum tangieren. So können Baumaßnahmen zu erheblichen Umsatzeinbußen von Gewerbebetrieben führen. Schließlich können Eigentumsrechte durch rechtswidrige Eingriffe betroffen sein, wie dies z. B. bei den streikähnlichen Aktionen der Fluglotsen im Jahre 1973 der Fall war. Aus den rechtswidrigen Streikmaßnahmen ergaben sich erhebliche wirtschaftliche Nachteile für Fluggesellschaften und Flughafenbetreiber. Auch die rechtswidrige Verzögerung einer Baugenehmigung kann mit nicht unerheblichen Schadensfolgen für den Bauherrn verbunden sein.

77 Diese Beispiele zeigen, daß das Eigentum auf unterschiedlichste Weise beeinträchtigt werden kann. Es geht darum, diese Eingriffe im Hinblick auf die rechtliche Zulässigkeit und im Hinblick auf den Entschädigungsausgleich richtig zu erfassen. Nach der Naßauskiesungsentscheidung des *BVerfG* und der obergerichtlichen Rechtsprechung zur Aufopferungsentschädigung steht ein differenziertes Instrumentarium zur Verfügung,

[95] *Schack*, JuS 1963, 264.
[96] Dazu *BGHZ* 28, 225; *Windthorst/Sproll*, § 13 Rdnr. 75.

das hinsichtlich Anspruchsvoraussetzungen und Entschädigungsfolgen sorgfältig auseinandergehalten werden muß.

## 2. Begriff der Enteignung

### a) Formalisierung des Enteignungsbegriffs und Haftungsfolgen

Das *BVerfG*[97] hat in der Naßauskiesungsentscheidung den Enteignungsbegriff formalisiert und dessen *typisches Merkmal im Entzug einer* nach Art. 14 I 1 GG gewährleisteten *Rechtsposition* gesehen. Das *BVerfG*[98] führt aus: 78

„Der Entzug einer in Art. 14 Abs. 1 S. 1 GG gewährleisteten Rechtsposition, der hiernach den materiellen Gehalt der angegriffenen Regelung ausmachen soll, ist aber das typische Merkmal der Enteignung (*BVerfGE* 52, 1, 27 = NJW 1980, 985). … 79

Die Eigentumsgarantie schützt den konkreten Bestand in der Hand des einzelnen Eigentümers. … Dieser braucht eine Entziehung seiner verfassungsrechtlich geschützten Rechtsstellung nur hinzunehmen, wenn der Eingriff in jeder Hinsicht den in Art. 14 Abs. 3 GG normierten Voraussetzungen entspricht. In einem solchen Fall tritt an die Stelle der Bestandsgarantie eine Wertgarantie, die sich auf Gewährung einer vom Gesetzgeber dem Grunde nach zu bestimmenden Entschädigung richtet. … Dagegen ist die vom Grundgesetz vorgesehene Folge einer verfassungswidrigen „Enteignung" die Aufhebung des Eingriffsaktes."

Der verfassungsrechtliche Enteignungsbegriff ist somit der durch einen gezielten hoheitlichen Rechtsakt bewirkte gänzliche oder teilweise Entzug von Eigentumsrechten im Sinne des Art. 14 I 1 GG zur Erfüllung bestimmter öffentlicher Aufgaben.[99] 80

Aus dem Naßauskiesungsbeschluß ist zu entnehmen, daß die Enteignung den rechtmäßigen Entzug auf verfassungsrechtlich geschützter Eigentumspositionen bezeichnet.[100] Beruht der Entzug eines Eigentumsrechts auf einem verfassungswidrigen Gesetz, das insb. die Voraussetzungen des Art. 14 III GG nicht erfüllt, so handelt es sich nicht um eine Enteignung, sondern um einen rechtswidrigen Hoheitsakt mit enteignenden Wirkungen. Dieser ist nicht geeignet, Entschädigungsansprüche nach Art. 14 III GG – auch nicht analog – zu begründen. Der Betroffene muß sich unmittelbar gegen den Rechtsakt wenden und diesen beseitigen.[101] Zu Recht weist *Papier*[102] darauf hin, daß Art. 14 III GG das enteignungsrechtliche Grundprinzip des „dulde und liquidiere" rezipiert habe. 81

---

[97] *BVerfGE* 58, 300; dazu oben § 16 Rdnrn. 35 ff.

[98] *BVerfGE* 58, 300 (330 f.); auch *BVerfGE* 52, 1 (27).

[99] *BVerfGE* 24, 367 (394); 72, 66 (76); 83, 201 (211); auch *BVerwGE* 77, 295 (297); *BGHZ* 120, 38 (42); *Maurer*, § 26 Rdnr. 41; *Windthorst/Sproll*, § 14 Rdnr. 2.

[100] Str.; *Papier*, in: Maunz/Dürig, Art. 14 Rdnr. 467; *Nüßgens/Boujong*, Rdnr. 335; *Sproll*, JuS 1995, 1083; dazu oben § 16 Rdnr. 39.

[101] Zu den „Beruhensfällen" *BGHZ* 100, 136 (145); *Ossenbühl*, S. 236; abl. *Schenke*, NJW 1988, 862 ff. mit beachtlichen Gründen. Näher unten § 17 Rdnr. 13.

[102] *Papier*, in: *Maunz/Dürig*, Art. 14 Rdnr. 468.

82 Sofern es sich um sonstige rechtswidrige Hoheitsakte mit eigentumsbeeinträchtigenden Wirkungen handelt, kommt grundsätzlich eine Entschädigung wegen enteignungsgleichen Eingriffs in Betracht, sofern dessen Anspruchsvoraussetzungen vorliegen.[103] In diesen Zusammenhang gehören z. B. bewußte unerlaubte Eigentumsverletzungen, sei es ohne gesetzliche Grundlage oder als Folge vorsätzlich rechtswidrigen Gesetzesvollzugs. Dem enteignungsgleichen Eingriff lassen sich auch die Fälle des rechtswidrigen Vollzugs eines Enteignungsgesetzes zuordnen, das für rechtmäßige Maßnahmen eine Entschädigungsregelung enthält. Da schon für den rechtmäßigen Eingriff eine Entschädigung geschuldet wird, muß dies erst recht gelten, wenn der Eingriff unter Verkennung der Grenzen der Ermächtigungsgrundlage rechtswidrig erfolgt.[104]

83 Schließlich führen *rechtswidrige Vollzugsakte* der Verwaltung zu enteignungsgleichen Eingriffen, wenn es sich um Gesetze handelt, die verfassungsrechtlich unbedenklich, insbesondere mit Art. 14 GG vereinbart sind. In diesen Fällen wäre der Eingriffsakt der Verwaltung, sofern er rechtmäßig ergangen wäre, lediglich eine entschädigungslos hinzunehmende Konkretisierung der Sozialbindung des Eigentums. Der rechtswidrige Akt, der in Überschreitung des gesetzlichen Rahmens zu Beeinträchtigungen des Eigentums führt, kann indessen die Sozialbindung nicht konkretisieren. Nach h. M. ist in diesen Fällen Entschädigung zu gewähren, nicht „obwohl", sondern gerade „weil" der Eingriff rechtswidrig ist.[105] Schließlich gehören in den Anwendungsbereich alle hoheitlichen faktischen Eigentumsverletzungen; diese werden vom Naßauskiesungsbeschluß des *BVerfG* nicht tangiert.[106]

### *b) Enteignung und (ausgleichspflichtige) Inhaltsbestimmung*

84 Die Abgrenzung zwischen Enteignung und (ausgleichspflichtiger) Inhaltsbestimmung[107] läßt sich bei allen Schwierigkeiten im Einzelfall nach dem Grundsatz vornehmen, daß Inhaltsbestimmungen die Eigentumsordnung ausgestalten, indem sie bestehende eigentumsrechtliche Positionen verändern. Die Zuordnung der Eigentumsrechte auf den jeweiligen Rechtsinhaber bleibt unberührt. Ein Rechts- und Vermögensverlust im Sinne des vollständigen oder teilweisen Rechtsentzugs tritt nicht ein.[108]

---

[103] Die Sperrwirkung des Grundsatzes der Gesetzmäßigkeit der Entschädigung gem. Art. 14 III 2 GG erfaßt nur Eigentumsverletzungen, die als Enteignungen einzuordnen sind; dazu *Ossenbühl*, S. 228.

[104] *Nüßgens/Boujong*, Rdnr. 413; *Bender*, BauR 1983, 8 f.; dazu § 17 Fn. 21.

[105] *Nüßgens/Boujong*, Rdnr. 414; *Schoch*, Jura 1989, 535; *Ossenbühl* S. 229 f.

[106] *Nüßgens/Boujong*, Rdnr. 418; nicht gehaftet wird für legislatives Unrecht; dazu unten.

[107] Vgl. dazu allgemein oben § 16 Rdnrn. 6 ff.

[108] Besonderheiten gelten bei der gesetzlichen Neuordnung eines Rechtsgebietes; dazu *BVerfGE* 83, 201 (211); näher dazu unten § 16 Rdnrn. 186 ff.

Demgegenüber sind Enteignungen – durch Gesetz oder aufgrund Gesetzes – auf den vollständigen oder teilweisen Entzug von grundrechtlich geschützten Eigentumspositionen gerichtet.[109] Unterschiedliche Auffassungen bestehen darüber, ob ein Rechtsentzug i. S. der Enteignung auch dann vorliegt, wenn die Rechtszuordnung nicht „durchbrochen" wird, das Eigentum (Nutzungs- und Verfügungsmöglichkeit) aber soweit belastet wird, daß es faktisch nicht mehr realisiert werden kann.[110]

Aus den vorgenannten Grundsätzen ergibt sich folgendes: 85

- Die Enteignung betrifft die Entziehung vorhandener konkreter Rechtspositionen durch oder aufgrund Gesetzes; die Inhaltsbestimmung gestaltet Eigentumsrechte aus; das Eigentumsrecht bleibt dem Betroffenen erhalten.[111]
- Aus dem Entziehungsaspekt folgt, daß sich die Enteignung auf bestimmte oder bestimmbare Rechtspositionen bezieht; demgegenüber betrifft die Inhaltsbestimmung die Rechtsgüterkategorie als solche.[112]
- Die Enteignung betrifft zwangsläufig einen bestimmten oder bestimmbaren Adressatenkreis, während die Inhaltsbestimmung prinzipiell die Gesamtheit der Eigentümer erfaßt.[113]
- Die Enteignung ist Instrument zur Erfüllung einer konkreten staatlichen Aufgabe; demgegenüber führt die Inhaltsbestimmung tendenziell zur generellen Verwirklichung des Allgemeinwohls.[114]

### *c) Formen der Eigentumsbeeinträchtigung*

Nach dem Naßauskiesungsbeschluß sind *drei Kategorien* der Eigentumsbeeinträchtigung festzustellen, die auch begrifflich voneinander unterschieden werden müssen: 86

- Die *Enteignung* bezeichnet die in Art. 14 III GG geregelten Sachverhalte. Es handelt sich um einen verfassungsrechtlich geregelten Sonderfall des zulässigen Eigentumseingriffs. Der sich in diesem Rahmen haltende gesetzliche oder gesetzlich abgesicherte Eigentumsentzug ist zwingend mit einer Entschädigung verbunden.
- Die *Inhalts- und Schrankenbestimmung* (Art. 14 I 2 GG) betrifft die Ausgestaltung der Eigentumsordnung. Entsprechend dem Verhältnismäßigkeitsgrundsatz kann der Gesetzgeber gehalten sein, für dadurch

---

[109] *Eschenbach*, Jura 1997, 519; *Rozek*, S. 161 ff. (288) unter Betonung des Kriteriums der Durchbrechung der Eigentumsordnung.

[110] In diesem Sinne *Schwabe*, in: Festschr. f. Thieme, S. 257; jetzt wohl auch *BVerfG*, UPR 1999, 347 f.; den formalen Rechtsentzug voraussetzend *Maurer*, DVBl 1991, 781.

[111] *BVerfGE* 56, 249 (260); beachte allerdings *BVerfGE* 83, 201 (211) für die gesetzliche Neuordnung.

[112] *BVerfGE* 52, 1 (27); 72, 66, (76).

[113] *BVerfGE* 58, 300 (330).

[114] *BVerfGE* 70, 191 (199); dazu auch *Hendler*, DVBl 1983, 873.

entstehende Eigentumsbeeinträchtigungen einen Ausgleich zu gewähren.

- Die *Aufopferungsentschädigung* bezieht sich auf Eigentumsbeeinträchtigungen, die nicht vom Regelungsgehalt der Enteignung (Art. 14 III GG) oder der ausgleichspflichtigen Inhaltsbestimmung (Art. 14 I 2 GG) erfaßt werden. Sie umfaßt die Ansprüche aus enteignungsgleichem oder enteignendem Eingriff.

## 3. Rechtsformen der Enteignung

### *a) Allgemeines*

87 Eine Enteignung darf nur durch oder aufgrund eines förmlichen Gesetzes erfolgen. Das *BVerfG*[115] führt zum Grundsatz der Gesetzmäßigkeit der Enteignung aus:

> „Der Grundsatz der Gesetzmäßigkeit der Enteignung und das Grundrecht des Art. 14 Abs. 1 Satz 1 GG stehen in einem unlösbaren Zusammenhang (*BVerfGE* 38, 175 (184) = NJW 1975, 37). Da die gesetzliche Festlegung der Enteignungszwecke eine verfassungsrechtliche Enteignungsvoraussetzung konkretisiert, verletzt eine von der Verwaltung durchgeführte Enteignung für einen in dem angewendeten Gesetz nicht zugelassenen Enteignungszweck nicht nur den Grundsatz der Gesetzmäßigkeit der Enteignung, sondern zugleich das Grundrecht aus Art. 14 Abs. 1 Satz 1 GG.
>
> Die Befugnis zum Erlaß von enteignungsrechtlichen Gesetzen i. S. des Art. 14 Abs. 3 Satz 3 GG orientiert sich an der im Grundgesetz normierten sachlich-rechlichen Verteilung der Gesetzgebungskompetenz zwischen Bund und Ländern."

88 In der Formulierung des Art. 14 III 1 GG kommen die beiden Rechtsformen der Enteignung zum Ausdruck: die *Legalenteignung* („durch Gesetz") und die *Administrativenteignung* („aufgrund eines Gesetzes"). Obgleich Art. 14 III 1 GG seinem Wortlaut nach die Legalenteignung gleichrangig neben die Administrativenteignung stellt, ergibt sich aus dem System des Grundgesetzes, daß die Legalenteignung nur in Ausnahmefällen zulässig ist, weil sie wegen des Verlustes der instanzgerichtlichen Überprüfungsmöglichkeit zu einer Verkürzung des Rechtsschutzes des Betroffenen führt.[116]

### *b) Legalenteignung („durch Gesetz")*

89 Die Legalenteignung führt zum Entzug des Eigentumsrechts unmittelbar durch das förmliche Enteignungsgesetz. Eine derartige Legalenteignung liegt dem sog. „Hamburger Deichfall" zugrunde.[117] Nach der Flut-

---

[115] *BVerfGE* 56, 249 (261).

[116] *BVerfGE* 45, 297 (333); *BVerfG*, DVBl 1997, 42; dazu kritisch *Papier*, in: *Maunz/Dürig*, GG, Art. 14 Rdnr. 565; *Rozek*, S. 20 f.

[117] *BVerfGE* 24, 367.

katastrophe im Jahre 1962 mußte das Deichsystem dringend neu geordnet und ausgebaut werden. Durch das Hamburger Deichgesetz wurden dazu Deichgrundstücke in öffentliches Eigentum überführt.

Das *BVerfG*[118] führt dazu aus: 90

„Es kann nicht der Auffassung der Stadt H. gefolgt werden, der Gesetzgeber habe die freie Wahl zwischen Administrativ- und Legalenteignung; es handle sich nur um eine rechtstechnische Frage und eine rechtspolitische Entscheidung, die daher nicht justitiabel sei. ... Durch die Zulassung der Legalenteignung wird dieser dem Grundrecht wesensmäßig zugehörige Rechtsschutz entscheidend gemindert. Wählt der Gesetzgeber anstelle der Enteignung durch Verwaltungsakt die Enteignung durch Gesetz, so schließt er damit die nach Art. 19 Abs. 4 GG garantierten Rechtswege zu den zuständigen Gerichten aus, weil die Gesetzgebung nicht zur „öffentlichen Gewalt" im Sinne dieser Verfassungsvorschrift gehört (*BVerfGE* 24, 33 (49) = NJW 68, 1467). Die richterliche Prüfung, ob die Enteignung gegenüber dem einzelnen Grundrechtsträger zulässig ist, ist damit nicht möglich. ... All diese Überlegungen führen zu dem Ergebnis, daß die förmliche Enteignung durch Gesetz nach dem System des Grundgesetzes nur in eng begrenzten Fällen als zulässig angesehen werden kann."

Aus dieser Entscheidung kann man entnehmen, daß immer dann, wenn Raum für eine exekutive Einzelfallentscheidung besteht, diese auch vom Gesetzgeber dazwischengeschaltet werden muß.[119] Eine Legalenteignung ist deshalb ausgeschlossen, wenn der Enteignungszweck durch eine Administrativenteignung nicht weniger gut erreicht werden kann. 91

Die Legalenteignung erfolgt durch ein förmliches Gesetz (Parlamentsgesetz). Das förmliche (Enteignungs-)gesetz ist gleichzeitig auch der Vollzugsakt.[120] 92

### c) *Administrativenteignung („aufgrund eines Gesetzes")*

Die Administrativenteignung als Enteignung durch die Exekutive ist der Regelfall der Enteignung. Sie ist nur auf der Grundlage eines förmlichen Gesetzes entweder des Bundes oder eines Landes zulässig. Der Gesetzgeber muß in diesem förmlichen Gesetz insbes. die Gemeinwohlzwecke festlegen, zu deren Verwirklichung eine Enteignung im Einzelfall zulässig sein soll. Außerdem muß das Gesetz eine Entschädigungsregelung enthalten (Art. 14 III 2 u. 3 GG). 93

Vollzugsakte sind in erster Linie Verwaltungsakte; die Administrativenteignung kann aber auch durch untergesetzliche Rechtsnormen, also durch Rechtsverordnung oder Satzung erfolgen.[121] So können z. B. unmittelbar durch einen Bebauungsplan die zur Errichtung eines öffentlichen Gebäudes erforderlichen Flächen enteignet werden.[122] Die Admini- 94

[118] *BVerfGE* 24, 367 (401).

[119] *Wendt*, in: *Sachs*, GG, Art. 14 Rdnr. 159.

[120] *Kimminich*, in: BK, Art. 14 Rdnr. 353.

[121] *Papier*, in: *Maunz/Dürig*, GG, Art. 14 Rdnr. 473 ff.; *Kimminich*, in: BK, Art. 14 Rdnr. 253; *Nüßgens/Boujong*, Rdnr. 325; *Windthorst/Sproll*, § 14 Rdnr. 15.

[122] Der Regelfall im Bereich der Bauplanung ist allerdings nicht die Planenteignung, sondern die planakzessorische Enteignung. Planakzessorische Enteignungen verwirkli-

strativenteignung darf also nicht auf eine Enteignung durch Verwaltungsakt reduziert werden. Eine andere Frage ist es, ob auch in den Fällen der untergesetzlichen Enteignung die Grundsätze zur Beschränkung der Legalenteignung herangezogen werden können.

### 4. Voraussetzungen der Enteignung

#### *a) Abkehr vom Grundsatz „dulde und liquidiere"*

95 *aa)* Die Enteignung erzeugt Rechtsfolgen in zwei Richtungen:

- Die Enteignung als der rechtmäßige Zugriff auf das verfassungsrechtlich geschützte Eigentum führt zum Teil- oder Vollrechtsentzug.
- Der enteignete Eigentümer erhält auf der Grundlage der gesetzlichen Entschädigungsregelung eine Entschädigung (Wandel der *Bestandsgarantie in* eine *Wertgarantie*).

96 *bb)* Der Betroffene kann sich zunächst selbstverständlich *gegen den rechtswidrigen Zugriff* auf sein Eigentum wehren. Insofern unterscheidet sich die Rechtsposition nicht von der bei sonstigem rechtswidrigen Hoheitshandeln. Er muß in diesem Falle die gegen den enteignenden Akt zur Verfügung stehenden Rechtsbehelfe anwenden. Die Rechtswidrigkeit kann sich aus den unterschiedlichsten Gründen ergeben, wobei jeweils sorgfältig zwischen den verschiedenen Rechtmäßigkeitsebenen zu differenzieren ist. Die Rechtswidrigkeit kann in der fehlenden Entschädigungsregelung im Sinne des Art. 14 III GG oder im Verstoß gegen die Gemeinwohlklausel begründet sein; sie kann sich aus der Überschreitung der rechtlichen Grenzen der Ermächtigungsgrundlage ergeben oder weil der staatliche Zugriff eine unverhältnismäßige Belastung des Eigentümers darstellt.

97 Eine äußerst umstr. Konstellation der Rechtmäßigkeitsbeurteilung ergibt sich für die planakzessorische Enteignung im Bauplanungsrecht.[123] Im Ergebnis erscheint die Auffassung überzeugend, die bei der planak-

---

chen im Enteignungsverfahren die Festsetzungen eines Bebauungsplanes, die ihrerseits den Anforderungen des planungsrechtlichen Erforderlichkeitsgebotes und des Abwägungsgebotes nach § 1 VI BauGB entsprechen müssen; *Battis*, in: *Battis/Krautzberger/Löhr*, BauGB, 6. Aufl. 1998, Vorb. §§ 39–44 Rdnr. 5. Die Festsetzungen im Bebauungsplan bestimmen zunächst nur die zulässige Nutzung der erfaßten Grundstücke. In welchem Umfang die Grundstücke durch Enteignung zur Umsetzung des Bebauungsplans herangezogen werden dürfen, bedarf einer Verhältnismäßigkeitsprüfung der Enteignungsmaßnahme im Einzelfall; *BGHZ* 68, 100 (101). Zu Plangewährleistungsansprüchen unten § 30; *Papier*, in: *Maunz/Dürig*, GG, Art. 14 Rdnr. 480.

[123] Die Problematik der planakzessorischen Enteignung wird in der Boxberg-Entscheidung (*BVerfGE* 74, 264 [285 ff.]) deutlich; dazu *Brugger*, ZfBR 1987, 60; *Battis*, in: *Battis/Krautzberger/Löhr*, BauGB, 6. Aufl. 1998, Vorb. §§ 85–122 Rdnr. 10; § 85 Rdnr. 2.

zessorischen Enteignung die Gemeinwohlkonkretisierung auf drei Stufen beurteilt.[124] Danach besteht die erste Stufe in dem baurechtlichen Rahmen, den der Gesetzgeber in § 85 I Nr. 1 BauGB i.V.m. den Bindungen der Bauleitplanung gesetzt hat. In der zweiten Stufe konkretisiert der rechtmäßige Bebauungsplan diesen gesetzlichen Rahmen auf das konkrete „Planprojekt". Die Festsetzungen des Bebauungsplans müssen insbesondere die planungsrechtliche Erforderlichkeit (§ 1 III BauGB) und das Abwägungsgebot des § 1 VI BauGB beachten. Die dritte Stufe stellt dann das eigentliche Enteignungsverfahren dar. Der konkrete Enteignungsakt muß seinerseits den §§ 87, 88 BauGB entsprechen, insbesondere muß das Übermaßverbot auf der konkret-individuellen Ebene gewahrt sein.[125]

*cc)* Im Gegensatz zur früheren Rspr. steht es allerdings nicht im Ermes- 98
sen des Eigentümers, ob er den Primärrechtsschutz einsetzen will. Er muß sich im Falle der Rechtswidrigkeit vielmehr grundsätzlich gegen die „Enteignung" zur Wehr setzen. Er darf die rechtswidrige Maßnahme nicht hinnehmen und Entschädigung einfordern. Das *BVerfG*[126] hat den bis dato gültigen Grundsatz des „dulde und liquidiere" im Naßauskiesungsbeschluß vor dem Hintergrund eines Enteignungsgesetzes ohne Entschädigungsregelung (Art. 14 III GG) zurückgewiesen und festgehalten:

„Sieht der Bürger in der gegen ihn gerichteten Maßnahme eine Enteignung, so kann 99
er eine Entschädigung nur einklagen, wenn hierfür eine gesetzliche Anspruchsgrundlage vorhanden ist. Fehlt sie, so muß er sich bei den Verwaltungsgerichten um die Aufhebung des Eingriffsaktes bemühen. Er kann aber nicht unter Verzicht auf die Anfechtung eine ihm vom Gesetz nicht zugebilligte Entschädigung beanspruchen; mangels gesetzlicher Grundlage können die Gerichte auch keine Entschädigung zusprechen.

Der Betroffene hat hiernach kein Wahlrecht, ob er sich gegen eine wegen Fehlens der 100
gesetzlichen Entschädigungsregelung rechtswidrige „Enteignung" zur Wehr setzen oder unmittelbar eine Entschädigung verlangen will. Läßt er den Eingriffsakt unanfechtbar werden, so verfällt seine Entschädigungsklage der Abweisung. Wer von den ihm durch das Grundgesetz eingeräumten Möglichkeiten, sein Recht auf Herstellung des verfassungsmäßigen Zustandes zu wahren, keinen Gebrauch macht, kann wegen eines etwaigen, von ihm selbst herbeigeführten Rechtsverlustes nicht anschließend von der öffentlichen Hand Geldersatz verlangen."

Das *BVerfG* formuliert hier den *Vorrang des Primärrechtsschutzes.* 101
Diese Entscheidung ist allerdings in ihrem unmittelbaren Aussagegehalt auf Eingriffe aufgrund von Enteignungsgesetzen ohne Entschädigungsregelung (Art. 14 III GG) beschränkt. Fehlt in einem Enteignungsgesetz die Entschädigungsklausel, so hat der Eigentümer nur die Möglichkeit, sich gegen den Enteignungsakt als solchen zu wenden. Der Grundsatz der Gesetzmäßigkeit der Entschädigung und die Beschränkung des Rechtsschutzes auf den Primärrechtsschutz betreffen nach dieser Entscheidung

---

[124] *BGHZ* 105, 94 (97); *Dolde*, in: Festschr. f. Sendler, 1991, S. 231 ff.
[125] Dazu ausf. *Brohm*, Öffentliches Baurecht, 2. Aufl. 1999, § 25 Rdnr. 19.
[126] *BVerfGE* 58, 300 (324).

also Eigentumsverletzungen, die im Falle ihrer Rechtmäßigkeit als Enteignungen im Sinne des Art. 14 III GG einzuordnen wären.

102 Darüber hinaus ist der Eigentümer mit Ausnahme von einigen Sonderkonstellationen in allen Fällen des rechtswidrigen Eigentumseingriffs, der auf ein verfassungswidriges Gesetz (Enteignungsgesetz; Inhaltsbestimmung) zurückgeht, darauf beschränkt, sich gegen die rechtswidrige Eigentumsbeeinträchtigung zu wenden. Auch in diesen weiteren Fällen des legislativen Unrechts ist eine Entschädigung grundsätzlich ausgeschlossen. Der Betroffene muß sich gegen den rechtswidrigen Akt wenden.

103 Der *BGH* hat aus der zitierten Entscheidung des *BVerfG* zu Art. 14 III GG den Vorrang des Primärrechtsschutzes auch für den enteignungsgleichen Eingriff abgeleitet, ihn dort allerdings an die Voraussetzung geknüpft, daß die Inanspruchnahme des Primärrechtsschutzes dem Eigentümer zumutbar sein muß. Diese Einschränkung läßt sich auch aus dem Naßauskiesungsbeschluß[127] begründen. Dort vertritt das *BVerfG* nämlich die Auffassung, daß es dem Betroffenen nicht unzumutbar sei, festzustellen ob das Enteignungsgesetz mit einer Entschädigungsregelung versehen sei.

104 Das *BVerfG* führt aus:

> „Die Verweisung auf die Anfechtung des Verwaltungsaktes stellt für den Betroffenen keine unzumutbare Belastung dar. Die Entscheidung, diesen Rechtsschutz in Anspruch zu nehmen, ist nicht schwieriger zu treffen als die, eine Entschädigung einzuklagen. Sie setzt lediglich die Feststellung voraus, ob das Gesetz eine Entschädigung vorsieht."

105 Gerade auch mit Blick auf diese Entscheidung läßt sich die Einschränkung des Vorrangs des Primärrechtsschutzes für den enteignungsgleichen Eingriff über die analoge Anwendung des § 254 BGB nachvollziehen.[128]

106 *dd)* Liegt eine Enteignung vor, so kann der Betroffene auf der Grundlage der gesetzlichen Entschädigungsregelung eine Entschädigung für seinen Rechtsverlust einfordern. Entschädigung bedeutet dabei nicht Schadenersatz, sondern Ausgleich für einen Vermögensverlust. Im typischen Entschädigungsrechtsstreit geht es meist um die Frage, welche vermögenswirksamen Folgen auszugleichen sind und wie der Ausgleich der Höhe nach zu bemessen ist.

### *b) Prüfungsraster zur Enteignung*

107 Im folgenden wird ein Überblick über die in einem Enteignungsfall zu prüfenden Merkmale gegeben. Zunächst muß festgestellt werden, ob der

---

[127] *BVerfGE* 58, 300 (324).

[128] *Nüßgens/Boujong*, Rdnr. 432; *Knauber*, NVwZ 1984, 756; *Schwerdtfeger*, JuS 1983, 110.

Schutzbereich des Art. 14 I 1 GG tangiert ist. Diese Feststellung wird in den Enteignungsfällen in aller Regel keine Probleme bereiten, da die Enteignung durch einen Entzug des verfassungsrechtlich geschützten Eigentums gekennzeichnet ist. Ist der Schutzbereich des Art. 14 I 1 GG eröffnet, muß geprüft werden, ob für den Eingriff eine Ermächtigungsgrundlage besteht, ob diese verfassungsgemäß ist, und ob die tatbestandlichen Voraussetzungen der Ermächtigungsnorm erfüllt sind.

Im einzelnen sind folgende *Prüfungsschritte* angezeigt: 108

Liegt ein hoheitlicher Eingriff vor? 109

- Eigentum als Eingriffsobjekt
- zielgerichtete hoheitliche Maßnahme
- vollständiger oder teilweiser Entzug des Eigentums

Ist der enteignende Eingriff von einer formalgesetzlichen Ermächtigungsgrundlage getragen? 110

- Feststellung der formalgesetzlichen Ermächtigungsgrundlage
- vermittelnde Gesetze im materiellen Sinn (z. B. Bebauungsplan)
- hält sich der enteignende Eingriff im Rahmen der gesetzlichen Ermächtigungsgrundlage (Subsumtion)

Ist die formalgesetzliche Ermächtigungsgrundlage verfassungsgemäß? 111

- Formelle Verfassungsmäßigkeit der gesetzlichen Regelung
- Materielle Verfassungsmäßigkeit der gesetzlichen Regelung
  - Gemeinwohlklausel, Art. 14 III 1 GG
  - Junktimklausel, Art. 14 III 2 GG
  - Verhältnismäßigkeit

Ist die Maßnahme im übrigen rechtmäßig? 112

- formelle Enteignungsvoraussetzungen (z. B. Zuständigkeit, Verfahren, Form)
- materiell-rechtliche Voraussetzungen (Verhältnismäßigkeit; Gemeinwohlerfordernis im konkreten Fall)

### *c) Anforderungen an die Ermächtigungsgrundlage*

*aa)* Nach Art. 14 III 2 GG bedarf der enteignende Eingriff einer Ermächtigungsgrundlage in einem formellen Gesetz (bei der Legalenteignung entfällt dieses Erfordernis, weil das Enteignungsgesetz selbst den Enteignungszugriff enthält). Das ermächtigende Gesetz beschränkt zugleich die Befugnis der Exekutive, auf das verfassungsrechtlich geschützte Eigentum zuzugreifen, indem es die Enteignungszwecke festlegt. Der Gesetzgeber ist gehalten, die Gemeinwohlgründe anzugeben, zu deren 113

Verwirklichung die Enteignung eingesetzt werden darf; eine detaillierte gesetzliche Normierung wird allerdings nicht verlangt.[129]

*Beispiel:* § 85 I BauGB legt die Enteignungszwecke fest, zu deren Verwirklichung Grundstücke enteignet werden dürfen. Die einzelne Enteignung ist nach § 87 I BauGB allerdings nur zulässig, wenn sie vom Wohl der Allgemeinheit gefordert wird und der Enteignungszweck auf andere zumutbare Weise nicht erreicht werden kann. Damit sind Enteignungen zum Zwecke der Mehrung des öffentlichen Vermögens z. B. ausgeschlossen (Verbot der fiskalischen Enteignung).[130]

**114** *bb)* Ermächtigungsgrundlagen sind in zahlreichen Fachgesetzen enthalten. Eine „vollständige" Enteignungsregelung enthalten z. B. die §§ 85 ff. BauGB. Häufig verweisen Bundesgesetze hinsichtlich Art und Ausmaß der Entschädigung, aber auch zum Enteignungsverfahren auf die Enteignungsgesetze der Länder.

*Beispiel:* Enteignungen zum Bau von Straßenbahnanlagen nach § 30 S. 3 PBefG, von Bundesfernstraßen nach § 19 V FStrG oder von Bundeswasserstraßen nach § 44 III WaStrG.

**115** In diesen Verweisungsfällen bilden die bundesgesetzliche Enteignungsvorschrift und das entsprechende Landesenteignungsgesetz eine sachlichrechtliche Einheit, die den Anforderungen des Art. 14 III 2 GG insgesamt entspricht.[131]

**116** Die allgemeinen Landesenteignungsgesetze enthalten meist auch eigenständige Ermächtigungsgrundlagen für Enteignungen.[132] Soweit diese Enteignungsgesetze allerdings lediglich die Allgemeinwohlbindung des Art. 14 III 1 GG wiederholen, entsprechen sie nicht den grundgesetzlichen Anforderungen. Der Gesetzgeber ist zwar nicht gehalten, die Enteignungszwecke bis ins einzelne zu regeln; er muß aber zumindest den Rahmen hinreichend bestimmt abstecken. Enteignungsgesetze, die nur auf das „Wohl der Allgemeinheit" abstellen, verstoßen gegen Art. 14 III 1 GG und sind daher verfassungswidrig.[133]

---

[129] *BVerwGE* 87, 241 (246); *BVerfGE* 56, 249 (261); 74, 264 (285).

[130] *BGH*, NJW 1976, 1226; *Schmidbauer*, Enteignung zugunsten Privater, 1989, S. 91 ff.

[131] *BVerfG*, NJW 1984, 1873.

[132] Art. 1 BayEnteignungsgesetz lautet: „Nach diesem Gesetz kann enteignet werden, um Vorhaben zu verwirklichen, die dem Wohl der Allgemeinheit dienen. Unter dieser Voraussetzung kann insbesondere enteignet werden, um ..."

[133] *BVerfGE* 74, 274 (285); *BVerwGE* 87, 241 (246). *Maurer*, § 26 Rdnr. 75 meint, daß die nur beispielhafte Konkretisierung der Enteignungszwecke unter Verwendung des Begriffs „insbesondere" insoweit teilnichtig sei. Enteignet werden dürfe lediglich in den im einzelnen aufgelisteten Fällen. Richtigerweise wird man indessen in dieser Formulierung, die auch im BayEnteignungsgesetz enthalten ist, durch verfassungskonforme Auslegung dahin gelangen, daß der Begriff „insbesondere" grundsätzlich die Enteignungszwecke auf die im einzelnen aufgeführten Beispielsfälle beschränkt. Allerdings ermöglicht er andererseits im Einzelfall eine eng begrenzte Öffnung auf weitere Zwecke, die in der Zusammenschau der Beispiele erschlossen werden müssen.

### d) Hoheitlicher Eingriff (Eingriffstatbestand)

*aa)* Eine Enteignung setzt einen hoheitlichen Zugriff auf durch Art. 14 I 1 GG *geschützte vermögenswerte Rechte* voraus. Maßgeblich für die Abgrenzung des Schutzbereiches ist der verfassungsrechtliche Eigentumsbegriff.[134] 117

*Beispiele*: Dem Eigentumsschutz unterliegen auch vertragliche Nutzungsrechte.[135] Wird ein Pachtrecht im Wege der Enteignung aufgehoben, bemißt sich die Enteignungsentschädigung nach dem Wert des Rechtsverlustes. Dieser wird nach den Vermögensnachteilen ermittelt, die der Pächter erleidet, weil er den Vertrag nicht fortsetzen kann. Der Umfang des eigentumsrechtlich geschützten Pachtrechts bestimmt sich allerdings nicht nach der mutmaßlichen Dauer des Pachtverhältnisses, sondern ausschließlich danach, welche Pachtdauer rechtlich gesichert ist.[136] Die Entschädigung des Pächters für die Aufhebung des Pachtrechts muß von der Entschädigung des Eigentümers für den Zugriff auf das Grundstückseigentum unterschieden werden, sofern die Aufhebung des Pachtrechts zugleich mit dem Eigentumsentzug gekoppelt ist.

*bb)* Die hoheitliche Maßnahme muß zum *vollständigen oder teilweisen Entzug* des Eigentumsrechts führen. Das *BVerfG*[137] führt dazu aus: 118

> „Für die verfassungsrechtliche Würdigung ist von Bedeutung, daß die Vorschrift zugleich in das subjektive Recht der einzelnen Grundstückseigentümer eingreift. Die von der Rechtsumwandlung betroffenen Grundstücke werden auf das Land übertragen und von diesem fortan in der Form des öffentlichen Eigentums verwaltet. Es wird also das bisher individuelle Zuordnungsverhältnis zwischen Rechtsträger und Sache nicht lediglich dem Inhalt nach geändert, sondern schlechthin beseitigt."

In st. Rspr. betont das *BVerfG*, daß das entscheidende Merkmal der Entzug des Eigentums und der dadurch bewirkte Rechts- und Vermögensverlust ist. Der Grundsatz, wonach es auf den vollständigen oder teilweisen Entzug eigentumsrechtlicher Positionen ankommt, bereitet in der Konkretisierung allerdings nicht unbeträchtliche Schwierigkeiten. 119

Unproblematisch sind die Sachverhalte der sog. klassischen Enteignung. In diesen Fällen nimmt der Hoheitsträger Vermögensrechte vollständig in Anspruch, um diese für einen öffentlichen Zweck zu verwenden.[138] Dies ist etwa der Fall, wenn ein Grundstück zum Zwecke des Straßenbaus enteignet wird. 120

Nach Auffassung des *BVerfG* soll auch ein teilweiser Entzug eines Eigentumsrechts hinreichend sein. Soweit ein sachlich abgrenzbarer Teil eines realen Eigentumsobjektes betroffen ist (Grundstücksteil) oder aus dem Eigentumsvollrecht rechtlich selbständige Befugnisse (z. B. das Nutzungsrecht) abgespalten und entzogen werden, gibt es ebenfalls keine 121

---

[134] Zum verfassungsrechtlichen Eigentumsbegriff vgl. oben ausführlich § 14 Rdnrn. 6ff.

[135] *BGH*, DVBl 1980, 283.

[136] *BGH*, NVwZ-RR 1989, 525.

[137] *BVerfGE* 56, 249 (260).

[138] *Schwerdtfeger*, Fallbearbeitung, Rdnr. 549; *Rozek*, S. 202.

Abgrenzungsprobleme.[139] So stellt die Belastung eines Grundstückes mit einer Dienstbarkeit, um ein Leitungslegungsrecht sicherzustellen, eine teilweise Entziehung des Grundstückseigentums dar.[140]

122 Der eigentliche Problemkreis liegt im Bereich der hoheitlich angeordneten „Gebrauchsbeschränkung".[141] In der Literatur wird teilweise unter Hinweis auf die Formalisierung des Enteignungsbegriffes die Enteignung von vornherein nur auf Fälle beschränkt, in denen das vermögenswerte Recht selbst oder zumindest ein rechtlich verselbständigter Teil entzogen wird.[142] Teilweise wird auf der Grundlage einer wirtschaftlichen Betrachtungsweise darauf abgehoben, ob die Nutzungs- und Verfügungsmöglichkeiten durch den hoheitlichen Zugriff soweit beschnitten werden, daß dies zu einer wesentlichen Beeinträchtigung des Vermögenswertes führt.[143] Bedenken bestehen gegen die wirtschaftliche Betrachtungsweise, weil sie im Ergebnis dazu führt, die sog. Schwellentheorien doch wieder in den Enteignungsbegriff zu integrieren. Der formale Bezug auf die rechtlichen Befugnisse des Eigentums ist im Ergebnis vorzuziehen.

123 Eine Ausnahme kann allerdings für den Fall gemacht werden, in dem die Gebrauchsbeschränkung faktisch trotz formal fortbestehenden Eigentumsrechts zur Überwindung sämtlicher mit dem Eigentum typischerweise verbundenen Nutzungs- und Verfügungsbefugnisse führt. Dieser Zugriff, der lediglich formal das rechtliche Zuordnungsverhältnis unberührt läßt, im übrigen aber den Eigentümer jeglicher Befugnisse beraubt, führt weder zu nachhaltigen Abgrenzungsschwierigkeiten noch ließe sich eine unterschiedliche rechtliche Behandlung dieses Sondersachverhaltes im Verhältnis zum rechtlichen Vollentzug einer Eigentumsposition rechtfertigen.[144]

*Beispiel*: Im Zuge eines Großstraßenbaus bleibt eine kleine nicht benötigte Restfläche zurück, die vollständig von Straßen und Auffahrten umschlossen wird. Sie kann weder als landwirtschaftliches Grundstück noch zum Zwecke der Kleingärtnerei oder gar baulichen Nutzung verwendet werden. Gleichwohl weigert sich die zuständige Behörde, eine Enteignung durchzuführen, da man diesen Grundstücksteil zur Verwirklichung des Straßenbauprojektes nicht benötige.[145]

124 *cc)* Die Enteignung setzt, was sich schon unschwer aus dem Erfordernis des Rechtsentzugs ergibt, einen *gezielten (finalen) hoheitlichen Ein-*

---

[139] *Ehlers*, VVDStRL Heft 51 (1992), S. 236 ff.; *Kraft*, BayVBl 1994, 102; *Burgi*, NVwZ 1994, 529; kritisch allerdings *Osterloh*, DVBl 1991, 912.

[140] *BVerfGE* 56, 249 (260); 83, 201 (211 f.); auch *BGHZ* 92, 94 (106); *Windthorst/Sproll*, § 14 Rdnr. 37.

[141] *Windthorst/Sproll*, § 14 Rdnr. 37; *Rozek*, S. 207 ff.

[142] *Maurer*, DVBl 1991, 782; *Wieland*, in: *Dreier*, GG, Bd. I, Art. 14 Rdnr. 71.

[143] *Schack*, NJW 1954, 579; *Eschenbach*, Jura 1997, 520.

[144] *Windthorst/Sproll*, § 14 Rdnr. 37; dafür spricht auch das von *Rozek*, S. 287, 212 in den Mittelpunkt gestellte Kriterium der „Durchbrechung" der objektiven Eigentumsordnung. Offengelassen in *BVerfGE* 79, 192; in diesem Sinne jetzt aber *BVerfG*, UPR 1999, 347.

[145] Der finale Eingriff ist in der „Rundumenteignung" unter Aussparung der Mar-

*griff* voraus. Da der Entzug einer nach Art. 14 I 1 GG gewährleisteten Rechtsposition das typische Merkmal der Enteignung ist, diese also die (partielle) Aufhebung der rechtlichen Zuordnungsverhältnisse bewirkt, ergeht der Eingriff als Rechtsakt und nicht als Realakt. Der Rechtsentzug setzt eine rechtserhebliche und verbindliche Anordnung voraus,[146] wobei diese in den unterschiedlichsten Rechtsformen ergehen kann. Im Falle der Administrativenteignung liegt regelmäßig ein Verwaltungsakt vor. Der Administrativenteignung zugerechnet werden aber auch Enteignungen durch Rechtsverordnung oder Satzung.[147]

Der hoheitliche Zugriff muß bewußt und gewollt auf den Entzug der vermögenswerten Rechtsposition gerichtet sein, darf also nicht nur zufällige Nebenfolge des Verwaltungshandelns sein.[148] Das *BVerfG*[149] hält dazu folgendes fest: **125**

„Von der Funktion der Enteignung her muß der Eingriff in das Eigentum mit dem erklärten Ziel erfolgen, das Objekt für eine konkrete, dem Wohl der Allgemeinheit dienende Aufgabe bereitzustellen. ... nur wenn es zur Erfüllung der öffentlichen Aufgabe unumgänglich erforderlich ist, das Eigentum in die Hand des Staates zu bringen, ist auch die Eigentumszuweisung an die öffentliche Hand vom Gemeinwohl getragen."

Das Erfordernis des Rechtsaktes impliziert, daß der Zugriff *hoheitlich* erfolgt. Die Ausübung vertraglicher Kündigungsrechte oder die Erfüllung schlicht-hoheitlicher Aufgaben in den Formen des Privatrechts scheiden deshalb von vornherein als Eingriffe aus. **126**

*Beispiel*: Ein Hoheitsträger hat das Eigentum an einem vermieteten Grundstück erworben. Dieser übt nun das im Mietvertrag vereinbarte Kündigungsrecht gegenüber dem Mieter aus. Diese Kündigung stellt keine Enteignung des Mieters dar.[150]

Der Eingriff setzt grundsätzlich ein positives Handeln des Hoheitsträgers voraus. Schlichtes Unterlassen als reines Vorenthalten begehrter Rechtspositionen begründet deshalb keine Enteignung.[151] Eine Ausnahme ist für den Fall des sog. qualifizierten Unterlassens zu machen. Ein qualifiziertes Unterlassen liegt vor, wenn das Unterlassen dem positiven Tun gleichgestellt werden kann.[152] Denkbar ist dies etwa bei einer dauer- **127**

---

ginalfläche zu sehen; es handelt sich also nicht um hoheitliches Unterlassen; dazu unten § 16 Rdnr. 127.

[146] *Ossenbühl*, S. 178; sieht man in der vollständigen faktischen Aushöhlung des Eigentums infolge hoheitlicher Maßnahmen eine Enteignung, kann in Ausnahmefällen auch ein Realakt die Anforderungen an einen Eingriff erfüllen, sofern man nicht an die den Realakt legitimierenden Rechtsentscheidungen anknüpft oder mit dem Realakt selbst eine hoheitliche Einzelfallregelung verbindet. Kritisch *Nüßgens/Boujong*, Rdnr. 334.

[147] Zu den Besonderheiten der Administrativenteignung in Form untergesetzlicher Rechtsnormen vgl. oben § 16 Rdnr. 94.

[148] *Nüßgens/Boujong*, Rdnr. 334; *Krohn*, Rdnr. 3; *Hendler*, DVBl 1983, 875.

[149] *BVerfGE* 38, 175 (181).

[150] *BGH*, MDR 1977, 821.

[151] *BGH*, DVBl 1968, 214.

[152] *Papier*, in: *Maunz/Dürig*, GG, Art. 14 Rdnr. 461; sowie der obige Fall der „Rundumenteignung".

haften Nichtbescheidung eines Antrags auf Erteilung einer Baugenehmigung bei offensichtlicher Begründetheit des Antrags.

### *e) Besondere Rechtmäßigkeitsvoraussetzungen*

128 *aa)* Die Enteignung ist nach Art. 14 III 1 GG „*nur zum Wohle der Allgemeinheit* zulässig". Das Gemeinwohlerfordernis ist eine außerordentlich wichtige materiell-rechtliche Grenze des hoheitlichen Zugriffs auf das private Eigentum. Es steht in unmittelbarem Zusammenhang mit dem Bestandsschutz, der durch Art. 14 I 1 GG gewährleistet wird. Der einzelne soll nur bei Vorliegen besonders nachhaltiger Gemeinwohlgründe verpflichtet sein, sein privates Eigentum gegen Entschädigung hinzugeben.[153] Der Rechtsbegriff des Gemeinwohls deckt sich deshalb nicht mit dem des öffentlichen Interesses. Bloße Nützlichkeits- und Zweckmäßigkeitserwägungen staatlicher Stellen können niemals einen Rechtsentzug rechtfertigen. Der schwerwiegende Eingriff der Enteignung ist nur dann gerechtfertigt, wenn er in besonderer Weise dem Gemeinwohl verpflichtet und zur Verwirklichung eines vom Gemeinwohl geforderten Vorhabens notwendig ist.[154] Die Enteignung ist deshalb unzweifelhaft kein Mittel zur Vermehrung des Staatsvermögens; fiskalische Interessen oder das Bestreben der finanziellen Besserstellung anderer öffentlicher Körperschaften legitimieren den enteignenden Zugriff nicht.[155]

129 Das Gemeinwohlerfordernis ist in seiner Reichweite unbestimmt; es erfaßt eine Vielfalt von Sachverhalten. Grundsätzlich wird das Gemeinwohlerfordernis deshalb vom Gesetzgeber im Enteignungsgesetz konkretisiert.[156] Bei der Abgrenzung des Enteignungszweckes ist der Gesetzgeber an die Vorgaben des Art. 14 III GG gebunden. Er darf zwar die Zulässigkeitsvoraussetzungen der Enteignung verschärfen, nicht aber unterhalb der Gemeinwohlgrenze des Art. 14 III 1 GG bleiben.

130 Die Gemeinwohlbindung schließt es allerdings nicht aus, eine Enteignung auch zugunsten Privater durchzuführen.[157] Schon unter der Geltung des sog. klassischen Enteignungsbegriffs war die Enteignung von Grundstücken für private Enteignungsunternehmen zulässig. Entscheidend für die Verwirklichung der Gemeinwohlbindung ist nicht die Person des Begünstigten, sondern ausschließlich der mit der Enteignung verfolgte (Gemeinwohl-)Zweck.[158] Gerade im Bereich der Daseinsvorsorge kann

---

[153] *BVerfGE* 38, 175 (180); *BGHZ* 68, 100 (102); *Nüßgens/Boujong*, Rdnr. 355; auch oben § 16 Rdnr. 125.

[154] *BVerfGE* 56, 249 (278) mit Sondervotum *Böhmer*; jetzt wieder *BVerfG*, NJW 1999, 1176.

[155] *BVerfG*, NJW 1999, 1176; *Papier*, in: *Maunz/Dürig*, GG, Art. 14 Rdnr. 498.

[156] *BVerfGE* 24, 367 (403 f.); *BVerwGE* 19, 171; *Ossenbühl*, S. 204.

[157] *Nüßgens/Boujong*, Rdnr. 356; *Breuer*, DVBl 1981, 974; *Windthorst/Sproll*, § 14 Rdnr. 41.

[158] *BVerwGE* 71, 108 (124 f.); dazu auch *Gramlich*, JZ 1986, 275.

nämlich der Gemeinwohlzweck sowohl in öffentlich-rechtlichen Organisationsformen als auch durch privatwirtschaftlich organisierte Unternehmen verwirklicht werden. Das *BVerfG*[159] hat wiederholt bestätigt, daß eine Enteignung, sofern sie vom Allgemeinwohl gefordert wird, auch dann zulässig ist, wenn sie zugunsten eines Privatunternehmens erfolgt:

„Inwieweit eine Enteignung zugunsten eines privatrechtlich organisierten Unternehmens zulässig ist, bedarf keiner abschließenden Prüfung. Jedenfalls ist sie es dann, wenn einem solchen Unternehmen durch Gesetz oder aufgrund eines Gesetzes die Erfüllung einer dem Gemeinwohl dienenden Aufgabe zugewiesen und zudem sichergestellt ist, daß es zum Nutzen der Allgemeinheit geführt wird. Zwar wird auch in diesem Falle das Zwangsinstrument der Enteignung zugunsten eines Privaten eingesetzt. Entscheidend ist aber, daß das zu einem bestimmten, im öffentlichen Nutzen liegenden Zweck geschieht: Der staatliche Zugriff dient der Erledigung einer dem Staat oder den Gemeinden obliegenden Angelegenheit. Die besondere Zielrichtung des Unternehmens „überlagert“ dessen privatrechtliche Struktur sowie den auf die Erzielung von Gewinn gerichteten Zweck und läßt diese unter dem Blickwinkel des Enteignungsrechts in den Hintergrund treten.“ **131**

Auch wenn der Gemeinwohlnutzen nur mittelbare Folge der Unternehmensbetätigung ist, wird man den Gemeinwohlbezug jedenfalls dann anerkennen, wenn dieser mittelbare Bezug von nachhaltigem Gewicht ist. Diese mittelbare Legitimation kann zum Beispiel bei strukturpolitischen Maßnahmen gegeben sein, die im Interesse der Schaffung von Arbeitsplätzen angeordnet werden.[160] **132**

*bb)* Das Gemeinwohlprinzip nach Art. 14 III 1 GG wird durch den allgemeinen verfassungsrechtlichen *Verhältnismäßigkeitsgrundsatz* ergänzt. **133**

Der Verhältnismäßigkeitsgrundsatz gilt sowohl für das Enteignungsgesetz selbst als auch für den auf dieses gestützten konkreten Enteignungsakt. Die Enteignung muß nach diesem Grundsatz nicht nur einer Gemeinwohlaufgabe verpflichtet sein, sondern sie muß zur Realisierung des Gemeinwohls *geeignet* und *erforderlich* sein. An der Erforderlichkeit würde es fehlen, wenn ein weniger belastendes Mittel als der Vollentzug des Eigentums ausreichen würde, um den angestrebten Gemeinwohlzweck zu verwirklichen. Ein Eingriff wäre deshalb z. B. rechtswidrig, wenn die Verlegung einer Versorgungsleitung auf dem Grundstück auch durch Eintragung einer Dienstbarkeit sichergestellt werden könnte[161] oder wenn ein für bauliche Zwecke erforderliches Grundstück freihändig erworben werden könnte.[162] **134**

Der Eingriff muß schließlich *verhältnismäßig im engeren Sinne* sein. Dies bedeutet, daß die Maßnahme in der Abwägung zwischen den beim Betroffenen zu erwartenden Eingriffsfolgen einerseits und dem durch die **135**

---

[159] *BVerfGE* 66, 248 (257); 74, 264 (284) – *Daimler-Benz-Teststrecke*.

[160] *Papier*, in: *Maunz/Dürig*, GG, Art. 14 Rdnr. 499; *Kimminich*, in: BK, Art. 14 Rdnr. 217.

[161] *BVerwGE* 29, 248 (254).

[162] *Windthorst/Sproll*, § 14 Rdnr. 42.

Enteignung angestrebten Gemeinwohlzweck andererseits nicht außer Verhältnis stehen darf (Übermaßverbot). So dürfte z. B. der Entzug des Grundeigentums zum Zwecke der Ersatzlandbeschaffung rechtswidrig sein, wenn dadurch die Existenz des bäuerlichen Betriebes vernichtet würde.[163]

136 *cc)* Nach Art. 14 III 2 GG muß das Enteignungsgesetz Art und Ausmaß der Entschädigung selbst regeln. Im Enteignungsgesetz werden also die Enteignungsvoraussetzungen mit der Entschädigungsregelung verknüpft (daher Junktimklausel). Das *BVerfG*[164] mißt der *Junktimklausel* die entscheidende verfassungsrechtliche Bedeutung bei:

137 „Art. 14 Abs. 3 Satz 4 GG ist die prozessuale Ergänzung des in Art. 14 Abs. 3 Satz 4 GG normierten Grundsatzes der Gesetzmäßigkeit der Entschädigung. Inhalt und Umfang der vom Betroffenen einklagbaren Entschädigungsansprüche bestimmt das Gesetz ... Das Gericht hat darüber zu befinden, ob dem Enteigneten eine den gesetzlichen Vorschriften entsprechende Entschädigung gewährt worden ist. Hierauf ist die Zuständigkeit der ordentlichen Gerichte beschränkt. Sie können keine Enteignungsentschädigung zusprechen, für die es an einer vom Gesetzgeber geschaffenen Anspruchsgrundlage fehlt. ... Art. 14 Abs. 3 Satz 2 *GG* läßt eine Enteignung nur auf gesetzlicher Grundlage zu, die zugleich Art und Ausmaß der Entschädigung regelt; ein Gesetz, das diesen Anforderungen nicht genügt, ist verfassungswidrig."

138 Ein Enteignungsgesetz, das keine oder eine Entschädigungsregelung enthält, die Art. 14 III 2 GG nicht entspricht, ist verfassungswidrig. Für diesen Fall ist es den Verwaltungsbehörden und Gerichten untersagt, gewissermaßen untergesetzlich „nachzubessern". Sie dürfen nicht, wie dies der Enteignungsrechtsprechung des *BGH* vor der Naßauskiesungsausscheidung entsprach, unmittelbar auf Art. 14 III GG zurückgreifen und aufgrund dieser verfassungsrechtlichen Bestimmung eine Entschädigung zusprechen. Mit dieser Verpflichtung des Gesetzgebers, sich bereits beim Erlaß des Enteignungsgesetzes mit den Entschädigungsfolgen auseinanderzusetzen, wird nicht zuletzt sichergestellt, daß die Haushaltsprärogative des Parlaments gewahrt wird. Im Vordergrund steht indessen die aus der Bestandsgarantie des Eigentums (Art. 14 I 1 GG) fließende grundrechtliche Schutzfunktion. Der Eigentümer ist nicht nur vor entschädigungsfreien Enteignungen geschützt, sondern er kann die Entschädigung aus dem Enteignungsgesetz bzw. den dieses ergänzenden gesetzlichen Bestimmungen entnehmen.[165]

139 Verstößt der Gesetzgeber gegen Art. 14 III 2 GG, ist nicht nur die Entschädigungsregelung verfassungswidrig, sondern das Enteignungsgesetz insgesamt. Dieses nichtige Gesetz darf nicht angewendet werden; es bildet keine Grundlage für Eingriffe in das Eigentum.[166]

---

[163] *Windthorst/Sproll*, § 14 Rdnr. 43.

[164] *BVerfGE* 4, 219 (233); 46, 268 (287).

[165] *Papier*, in: *Maunz/Dürig*, GG, Art. 14 Rdnr. 487; *Windthorst/Sproll*, § 14 Rdnr. 44. Zu beachten ist jedoch, daß die Junktimklausel nur für sog. nachkonstitutionelle Enteignungsgesetze gilt.

[166] *Nüßgens/Boujong*, Rdnr. 374.

Im Zusammenhang mit der Junktimklausel hat unter der alten Geltung des weit gefaßten Enteignungsbegriffes die Frage eine Rolle gespielt, ob sog. salvatorische Entschädigungsklauseln den verfassungsrechtlichen Anforderungen genügen. Solche Klauseln sahen „salvatorisch" (lat. salvere = heilen) eine Entschädigung vor, falls sich eine Maßnahme aufgrund des Gesetzes als Enteignung erweisen sollte. Diese salvatorischen Entschädigungsklauseln standen in unmittelbarem Zusammenhang mit dem weiten Enteignungsbegriff. Danach war im Ergebnis nur die Schwere des Eingriffs im Rechtskreis des Betroffenen maßgebend. Der Gesetzgeber konnte vor allem bei Nutzungsbeschränkungen etwa in Denkmal- oder Naturschutzgesetzen nicht immer vorhersehen, ob gesetzliche Eigentumseingriffe enteignend wirken würden. Um dem Rechnung zu tragen, wurden diese salvatorischen Klauseln erlassen. 140

Seit der Formalisierung des Enteignungsbegriffes hat die Diskussion um die Wirksamkeit der salvatorischen Entschädigungsklauseln in Enteignungsgesetzen an Bedeutung verloren. Der in der Bestandsgarantie des Art. 14 I 1 GG verankerte formalisierte Enteignungsbegriff führt mit den dezidierten verfassungsrechtlichen Vorgaben in Art. 14 III 2, 3 GG dazu, daß salvatorische Entschädigungsklauseln in Enteignungsgesetzen verfassungswidrig sind. Der Gesetzgeber muß sich beim Erlaß eines Enteignungsgesetzes nicht nur über die Voraussetzungen der Enteignung ein klares Bild machen, sondern er muß außerdem im Enteignungsgesetz selbst festlegen, daß und in welchem Umfang diese Eigentumseingriffe zugunsten des Betroffenen entschädigt werden sollen. 141

Die Diskussion um die Wirksamkeit der salvatorischen Klauseln hat sich zwischenzeitlich auf die Ebene des Art. 14 I 2 GG verlagert. Im Rahmen der ausgleichspflichtigen Inhaltsbestimmung nach Art. 14 I 2 GG sprechen nach wie vor die besseren Gründe für deren verfassungsrechtliche Akzeptanz.[167] 142

Die Junktimklausel findet selbstverständlich auch keine Anwendung auf die enteignungsgleichen und enteignenden Eingriffe. Dort werden die Entschädigungsansprüche auf den Sonderopfergedanken gestützt. 143

## 4. Entschädigung

### *a) Allgemeines*

Der Gesetzgeber ist nach Art. 14 III 2 GG gehalten, Art und Ausmaß der Entschädigung zu regeln. Dabei muß nach Art 14 III 3 GG die Entschädigung unter gerechter Abwägung der Interessen der Allgemeinheit und der Beteiligten bestimmt werden. Die Entschädigung kann sich nur 144

---

[167] Vgl. dazu oben § 15 Rdnrn. 28 ff.; *Ossenbühl*, S. 207.

aus dem jeweiligen Enteignungsgesetz ergeben. Nicht Art. 14 III GG ist Anspruchsgrundlage für die Entschädigung, sondern das Enteignungsgesetz. Art. 14 III 2 und 3 GG zeigen, daß sich der Gesetzgeber nicht auf eine formale Entschädigung beschränken darf;[168] vielmehr muß die Enteignungsentschädigung der in Art. 14 III 2 u. 3 GG vorgegebenen Kompensationsfunktion (Wertgarantie) gerecht werden.

**145** Die Entschädigung stellt andererseits keinen Schadenersatz i. S. des BGB dar. Dieser ist grundsätzlich darauf gerichtet, sämtliche Folgen des schädigenden Ereignisses ungeschehen zu machen, insbesondere auch künftige Schadensfolgen auszugleichen. Die Enteignungsentschädigung soll demgegenüber Wertausgleich für den Rechtsverlust sein. Sie soll den Betroffenen in die Lage versetzen, sich eine gleichwertige Sache zu beschaffen.[169] Die Enteignungsentschädigung richtet sich „am Genommenen" aus und nicht an einer gedachten künftigen Entwicklung der Vermögenslage.

*b) Art und Ausmaß der Entschädigung*

**146** *aa)* Die Entschädigung ist *regelmäßig* eine *Entschädigung in Geld*, die in einem einmaligen Betrag geleistet wird (z. B. § 99 I 1 BauGB; § 21 Landbeschaffungsgesetz). Denkbar sind aber auch andere Formen der Entschädigung, wie etwa die Bereitstellung von Ersatzland. Das BauGB knüpft diese Form der Entschädigung grundsätzlich an einen entsprechenden Antrag des Entschädigungsberechtigten.

**147** *bb)* Vor allem unter Hinweis auf Art. 14 III 3 GG, wonach die Entschädigung „unter gerechter Abwägung der Interessen der Allgemeinheit oder der Beteiligten zu bestimmen" ist, wird vertreten, nicht den Verkehrswert des entzogenen Gegenstandes zum Ausgangspunkt der Bemessung der Enteignungsentschädigung zu machen. Teilweise wird darüber hinaus vertreten, einen „Sozialbindungs-" Abzug vorzunehmen. Damit soll der generellen Sozialpflichtigkeit des Eigentums auch auf der Ebene der Entschädigung Rechnung getragen werden.[170]

**148** Diese Auffassungen verkennen jedoch nicht nur, daß die Sozialbindung in aller Regel bereits im Eigentumswert selbst veranschlagt ist, sondern auch, daß die Abwägungsklausel in Art. 14 III 3 GG dem Gesetzgeber grundsätzlich keinen Spielraum einräumen sollte, die Bestandsgarantie des Eigentums auf der Ebene des Wertersatzes auszuhöhlen. Zwar hat das *BVerfG*[171] entschieden, daß der Gesetzgeber je nach den Umständen vollen Ersatz, aber auch eine darunterliegende Entschädigung bestimmen

[168] *Papier*, in: *Maunz/Dürig*, GG, Art. 14 Rdnr. 511; *Kimminich*, in: BK, Art. 14 Rdnr. 298.

[169] *BGHZ* 39, 189 (200); 91, 243 (257).

[170] *Papier*, in: *Maunz/Dürig*, GG, Art. 14 Rdnr. 531.

[171] *BVerfGE* 24, 367 (421).

dürfe. Diese Entscheidung ist allerdings nicht als Absage an den Grundsatz der vollen Marktwertentschädigung zu verstehen.[172] Es wird darin lediglich zum Ausdruck gebracht, daß in begründeten Ausnahmefällen eine unterhalb des vollen Ersatzes liegende Entschädigung vorgesehen werden kann.[173]

Dieses Verständnis von Regel (Vollentschädigung) und Ausnahme (Abschlag für Sonderlagen) entspricht dem Prinzip der Lastengleichheit, wonach der gewissermaßen zufällige Zugriff auf das Eigentum nicht zu Lasten des Betroffenen gehen kann, sondern von der Allgemeinheit, die den Vorteil der Entrechtung hat, mitgetragen werden muß. Die Eigentumsgarantie und der Grundsatz der Lastengleichheit stehen somit Auffassungen entgegen, die die Bemessung der Entschädigung in die Abwägungsbeliebigkeit des Gesetzgebers stellen wollen. Will der Gesetzgeber die verfassungsrechtliche Garantie des Eigentums ernst nehmen, so gilt für die Enteignungsentschädigung der *Grundsatz* der vollen *Entschädigung* auf der *Grundlage des Verkehrswertes* des Eigentumsobjektes.[174] Entschädigt wird danach der Substanzverlust. Maßgebend für die Bemessung ist der *Zeitpunkt der Enteignung*. Wertverbesserungen, die sich hypothetisch in der Zukunft einstellen könnten, bleiben bei der Bemessung der Entschädigung außer Betracht.[175] 149

Teilweise regeln gesetzliche Entschädigungsregelungen auch den Ausgleich weiterer Vermögensnachteile, die dem Betroffenen unmittelbar im Zusammenhang mit der Enteignung entstehen. Gemeint sind z. B. Aufwendungen wegen Unbrauchbarkeit des Inventars, notwendige Kosten für Rechtsberatung oder Privatgutachten oder die auf die Entschädigung entfallende Umsatzsteuer.[176] Ob solche Folgeschäden auch ohne gesetzliche Regelung zwingend auszugleichen sind, erscheint zweifelhaft.[177] Nicht ohne gesetzliche Regelung ersatzfähig sind jedenfalls nur mittelbare Folgeschäden, wie die Kosten für die Wiederbeschaffung eines Ersatzobjektes, also Maklergebühren oder andere vergleichbare Aufwendungen.[178] 150

[172] Im Sinne der „vollen Entschädigung" *RGZ* 112, 192 für Art. 153 II 2 WRV; *BGHZ* 6, 270 (295); 41, 354 (358).

[173] *Ossenbühl*, S. 208 f.; *W. Weber*, in: Festschr. f. Michaelis, 1972, 316, 322; a.A. *Bielenberg*, DVBl 1974, 115.

[174] *Ossenbühl*, S. 209; unklar *Nüßgens/Boujong*, Rdnr. 386, die unter Hinweis auf *BVerfGE* 24, 367 (421) meinen, der Gesetzgeber dürfe je nach den Umständen des Einzelfalls einen unter der Vollentschädigung liegenden Ersatz bestimmen. Vgl. dazu jetzt aber *BVerfG*, UPR 1999, 374; auch BGHZ 132, 63.

[175] *BGHZ* 64, 382; *BGH*, NJW 1992, 1830. Zur Feststellung des Verkehrswertes ist die Wertermittlungsverordnung heranzuziehen.

[176] Vgl. z. B. § 96 BauGB; § 19 Landbeschaffungsgesetz.

[177] *Schmidt-Aßmann*, NJW 1974, 1265 f.; *Steffen*, DVBl 1969, 174. Anerkannt wurden z. B. Kosten der Rechtsberatung (*BGHZ* 61, 240 [248]) sowie die Umsatzsteuer auf die Entschädigung (*BGHZ* 65, 253).

[178] *BGHZ* 41, 354 (359 f.); dazu *Ossenbühl*, S. 210; *Nüßgens/Boujong*, Rdnr. 393.

*c) Begrenzung der Entschädigung*

151 Der Umfang der Entschädigung kann aus verschiedenen Gründen einzugrenzen sein.

So sind bei der Berechnung der Enteignungsentschädigung die Regeln der *Vorteilsausgleichung* anzuwenden, die einen allgemeinen entschädigungsrechtlichen Grundsatz enthalten.[179] Entschädigungsmindernd werden Vorteile berücksichtigt, die durch den Eingriff adäquat verursacht worden sind. Denkbar wäre dies z. B., wenn die Untersagung des Kiesabbaus gleichzeitig mit der Ausweisung des Geländes als Bauland verbunden würde.[180]

152 Schließlich kann auch die Entschädigung durch die *Mitverantwortung des Betroffenen* gemindert sein. Die Berücksichtigung der Mitverantwortung ist Ausprägung des allgemeinen Grundsatzes von Treu und Glauben. Dieses allgemeine Prinzip kommt selbst dann zum Zuge, wenn es an einer positiv-rechtlichen Regelung im Einzelfall fehlt.[181]

*6. Enteignungsverfahren*

153 Die Administrativenteignung erfolgt grundsätzlich in einem förmlichen Enteignungsverfahren. Das Enteignungsverfahren ist teilweise sondergesetzlich geregelt, wie in den §§ 104 ff. BauGB. Im übrigen ist auf die zahlreichen Landesenteignungsgesetze zu verweisen.[182] Die Struktur des Enteignungsverfahrens und seines Zusammenhangs mit den materiellrechtlichen Enteignungsregelungen soll am Beispiel des in den §§ 104 ff. BauGB gesetzlich geregelten Enteignungsverfahrens veranschaulicht werden.

*a) Struktur des Enteignungsverfahrens*

154 Das Enteignungsverfahrens kennt i.d.R. folgende Phasen:[183]

- Verfahrenseinleitung durch Enteignungsantrag
- Enteignungsverfahren im eigentlichen Sinne
- Ausführung des Enteignungsbeschlusses

---

[179] *Nüßgens/Boujong*, Rdnr. 395.
[180] *BGH*, NJW 1974, 278.
[181] *Nüßgens/Boujong*, Rdnr. 396; *Kreft*, WM-Sonderbeilagen 7/1982, 12 und 6/1985, 13 mit Bsp.
[182] Vgl. zu Landesenteignungsgesetzen und zu deren Verfahrensbedeutung *Büchs*, Rdnrn. 1870 ff.
[183] Allgemein dazu *Brohm*, Öffentliches Baurecht, 2. Aufl. 1999, § 25 Rdnr. 19 m. w.Nachw.

*b) Verfahrenseinleitung durch Enteignungsantrag*

Das Enteignungsverfahren wird auf Antrag desjenigen eingeleitet, zu dessen Gunsten die Enteignung erfolgen soll. Antragsbefugt ist daher jede natürliche oder juristische Person des privaten oder öffentlichen Rechts, die die Absicht hat, einen der in § 85 BauGB genannten Enteignungszwecke zu verwirklichen. Meist gehen dem Antrag bereits Versuche einer gütlichen Einigung voraus. Dieses Bemühen um den ernsthaften und freihändigen Erwerb des zu enteignenden Grundstückes ist Rechtmäßigkeitsvoraussetzung der Enteignung (§ 87 II BauGB). Deshalb ist die Enteignungsbehörde gehalten, in jeder Lage des Verfahrens auf eine Einigung hinzuwirken.[184] **155**

§ 110 I BauGB schreibt dieses Hinwirkungsgebot ausdrücklich fest. Die Einigung nach § 110 I BauGB ist jedoch von der privatrechtlichen Einigung der Beteiligten außerhalb des Enteignungsverfahrens sorgfältig zu unterscheiden.[185] Bei der Einigung nach § 110 I BauGB handelt es sich um einen verwaltungsrechtlichen Vertrag. Die Beteiligten schaffen einen Rechtstitel, der einem nicht mehr anfechtbaren Enteignungsbeschluß entspricht (§ 110 III 1 BauGB). Die Einigung nach § 110 I BauGB enthält nicht wie ein privatrechtlicher Grundstückskaufvertrag, die Verpflichtung zur Übertragung des Eigentums; für die Herbeiführung dieser Rechtsänderung ist vielmehr eine hoheitliche Ausführungsanordnung der Enteignungsbehörde (§ 117 BauGB) erforderlich. **156**

Die Beteiligten können auch noch nach der Einleitung des Enteignungsverfahrens eine privatrechtliche Einigung herbeiführen. Dadurch kann sich der Enteignungsantrag erledigen.[186] **157**

Der Enteignungsantrag ist grundsätzlich bei der Enteignungsbehörde zu stellen. Im BauGB ergibt sich die Besonderheit, daß der Antrag bei der Gemeinde einzureichen ist, in deren Gemarkung das zu enteignende Grundstück liegt (§ 105 BauGB). Dieser Regelung liegt die Erwartung zugrunde, daß die Gemeinde wegen ihrer Ortsnähe häufig in der Lage sein wird, bereits im vorbereitenden Verfahren eine Einigung herbeizuführen mit der Folge, daß ein förmliches Enteignungsverfahren vermieden werden kann. Enteignungsbehörde ist jedoch nach § 104 I BauGB die höhere Verwaltungsbehörde. **158**

*c) Vorbereitendes Verfahren*

Nach Abschluß der Einigungsbemühungen wird die mündliche Verhandlung vorbereitet (§ 107 BauGB). § 107 I 1 BauGB ist dem Beschleunigungsgrundsatz verpflichtet. Dieser findet in § 107 I 2 und 3 BauGB sei- **159**

---

184 *BGH*, NJW 1986, 991.
185 *Battis*, in: *Battis/Krautzberger/Löhr*, BauGB, 6. Aufl. 1998, § 110 Rdnr. 3.
186 *BGH*, NJW 1986, 933.

ne Konkretisierung für das vorbereitende Verfahren und verbindet ihn mit der Konzentrationsmaxime.[187] Das vorbereitende Verfahren dient der Vorbereitung des Verhandlungstermins; es wird von der Enteignungsbehörde durchgeführt. Die Enteignungsbehörde hat dazu von Amts wegen den gesamten Sachverhalt, soweit er für das Enteignungsverfahren bedeutsam ist, zu ermitteln und dem Eigentümer, dem Antragsteller und den Behörden, für deren Geschäftsbereich die Enteignung von Bedeutung ist, Gelegenheit zur Äußerung zu geben (§ 107 I BauGB).

*d) Enteignungsverfahren im eigentlichen Sinne*

**160** Die Enteignungsbehörde bestimmt den Termin zur mündlichen Verhandlung (§ 108 I BauGB) verbunden mit der Ladung der Beteiligten. Damit wird das Enteignungsverfahren auch nach außen hin offenkundig. § 108 V 1 BauGB sieht vor, daß die Einleitung des Enteignungsverfahrens unter Bezeichnung des betroffenen Grundstückes und des im Grundbuch als Eigentümer Eingetragenen sowie des ersten Termins der mündlichen Verhandlung in ortsüblicher Weise in der Gemeinde öffentlich bekannt zu machen ist. Mit der Bekanntmachung wird grundsätzlich das Verfügungsverbot (vgl. dazu z. B. Art. 27 BayEG) wirksam. Der Eigentümer darf nur noch mit schriftlicher Genehmigung der Enteignungsbehörde Rechtsänderungen am Enteignungsgegenstand vornehmen.[188]

**161** Die Enteignungsbehörde entscheidet aufgrund der mündlichen Verhandlung über den Enteignungsantrag, die sonstigen Anträge sowie über die erhobenen Einwendungen durch Beschluß (§ 112 I BauGB). Die Entscheidung kann dem Enteignungsantrag und den sonstigen Anträgen ganz oder teilweise stattgeben oder diese ablehnen. Der Enteignungsbeschluß ist ein Verwaltungsakt. Er ist zu begründen und den Beteiligten zuzustellen. Außerdem ist er mit einer Belehrung über Zulässigkeit, Form und Frist des Antrags auf gerichtliche Entscheidung (§ 217 BauGB) zu versehen. Zu beachten ist, daß im Falle eines stattgebenden Beschlusses die durch diesen Verwaltungsakt beschlossenen Rechtsänderungen weder mit seinem Erlaß noch mit seiner Unanfechtbarkeit eintreten, sondern erst an dem in der Ausführungsanordnung festgelegten Tag.

**162** Das BauGB selbst kennt kein gesondertes Entschädigungsfestsetzungsverfahren. Im Enteignungsbeschluß ist deshalb nach § 113 II Nr. 8, 9 BauGB gleichzeitig über die Art und Höhe der Entschädigung und Ausgleichszahlung zu entscheiden. Damit werden im BauGB die beiden wesentlichen Komponenten der Enteignung, nämlich der rechtsgestalten-

---

[187] *Battis*, in: *Battis/Krautzberger/Löhr*, BauGB, 6. Aufl. 1998, § 107 Rdnr. 2 f.

[188] Zum Muster einer Bekanntmachung und Ladung vgl. Anlage 1 der Bek. zum Bayerischen Enteignungsgesetz vom 08.02.1976 (MABl S. 149, 169). Ein Muster eines Enteignungsbeschlusses ist abgedruckt als Anlage 2 der Bek. zum Bayerischen Enteignungsgesetz vom 08.02.1996 (MABl S. 149).

de Ausspruch über den Rechtsübergang und die Festsetzung von Art und Höhe der Entschädigung im Enteignungsbeschluß einheitlich zusammengeführt. Diese Einheitlichkeit des Verfahrens ist aber nicht zwangsläufig geboten, vielmehr kann, wie dies in anderen Verfahrensregelungen der Fall ist, die Entschädigungsfestsetzung von der Entscheidung über den Rechtsübergang getrennt werden.[189]

*e) Ausführung des Enteignungsbeschlusses*

Ist der Enteignungsbeschluß nicht mehr anfechtbar, sei es, daß er unanfechtbar ist (§§ 112, 113 BauGB) oder rechtskräftig im gerichtlichen Verfahren für Baulandsachen über ihn entschieden worden ist (§ 226 BauGB), ordnet auf Antrag eines Beteiligten die Enteignungsbehörde seine Ausführung an, sofern der durch die Enteignung Begünstigte die Geldentschädigung gezahlt oder zulässigerweise unter Verzicht auf das Recht der Rücknahme hinterlegt hat (§ 117 I 2 BauGB). **163**

Durch die Ausführungsanordnung treten erst die Rechtsänderungen ein. Insbesondere ist in der Ausführungsanordnung der Tag festzusetzen, an dem der bisherige Rechtszustand durch den im Enteignungsbeschluß geregelten neuen Rechtszustand ersetzt wird (§ 117 V 1 BauGB). In dringenden Fällen kann allerdings schon vorher eine sog. vorzeitige Besitzeinweisung erfolgen (§ 116 BauGB). **164**

Die Ausführungsanordnung ist im Verhältnis zum Enteignungsbeschluß ein eigenständiger Verwaltungsakt. Die Rechtsänderung und der Besitzübergang werden erst durch sie bewirkt. Die Ausführungsanordnung kann deshalb mit dem Antrag auf gerichtliche Entscheidung angefochten werden (§§ 217 ff. BauGB). Da der Enteignungsbeschluß jedoch unanfechtbar ist, kann mit dem Antrag auf gerichtliche Entscheidung nicht mehr die Prüfung begehrt werden, ob der Enteignungsbeschluß selbst rechtswirksam zustande gekommen ist. Gegenstand der gerichtlichen Überprüfung der Ausführungsanordnung ist ausschließlich deren Rechtmäßigkeit, insbesondere das Vorliegen der Voraussetzungen für den Erlaß einer Ausführungsanordnung.[190] **165**

*f) Entschädigungspflichtiger*

Entschädigungspflichtig ist grundsätzlich der von der Enteignung Begünstigte. Dies kann, da Enteignungen auch zugunsten Privater zulässig sind, auch ein privater Unternehmer sein. Im Bereich der Verwaltungsträger ist derjenige begünstigt, dessen Aufgaben mit dem Eingriff wahrgenommen werden.[191] **166**

---

[189] Vgl. § 24 I PrEntG.

[190] Das Muster einer Ausführungsanordnung ist abgedruckt als Anlage 3 der Bekanntmachung zum Bayerischen Enteignungsgesetz vom 8.2.1976 (MABl S. 149).

[191] *BGHZ* 72, 211 (213); 90, 17 (20).

## 7. Prozessuales und Konkurrenzen

### a) Vorrang des Primärrechtsschutzes und Rechtswegfragen

167 *aa)* Mit dem Naßauskiesungsbeschluß hat das *BVerfG* dem Primärrechtsschutz gegen rechtswidrige enteignende Akte den Vorrang eingeräumt. Sieht der einzelne in der gegen ihn gerichteten Maßnahme eine Enteignung, so kann er eine Entschädigung nur einklagen, wenn im Enteignungsgesetz eine Entschädigungsregelung enthalten ist. Fehlt diese, so handelt es sich um einen rechtswidrigen Eingriff; für diesen Fall muß sich der Betroffene bei den Verwaltungsgerichten um die Aufhebung des Eingriffsaktes bemühen. Er kann gerade nicht unter Verzicht auf die Anfechtung eine ihm vom Gesetz nicht zugebilligte Entschädigung bei den Zivilgerichten geltend machen.[192]

168 Der Betroffene hat also bei dieser Sachverhaltskonstellation kein Wahlrecht mehr, ob er sich gegen eine wegen Fehlens der gesetzlichen Entschädigungsregelung rechtswidrigen „Enteignung" zur Wehr setzen oder unmittelbar eine Entschädigung verlangen will. Läßt er den Eingriffsakt unanfechtbar werden, so verfällt seine Entschädigungsklage der Abweisung. Wer von den ihm durch das Grundgesetz eingeräumten Möglichkeiten, sein Recht auf Herstellung des verfassungsmäßigen Zustandes zu wahren, keinen Gebrauch macht, kann wegen eines von ihm selbst herbeigeführten Rechtsverlustes nicht anschließend von der öffentlichen Hand Geldersatz verlangen.[193]

169 *bb)* Nach Art. 14 III 4 GG steht wegen der Höhe der Entschädigung der Rechtsweg vor den ordentlichen Gerichten offen. Ordentliche Ge-

---

[192] Fraglich ist, ob der Vorrang des Primärrechtsschutzes auch dann gilt, wenn der enteignende Akt aus anderen Gründen als der fehlenden gesetzlichen Entschädigungsregelung rechtswidrig ist. Die fehlende gesetzliche Entschädigungsregelung signalisiert dem Betroffenen eindeutig die Rechtswidrigkeit der Maßnahme. Zweifel hinsichtlich des uneingeschränkten Vorrangs des Primärrechtsschutzes sind jedoch angebracht, wenn sich die Rechtswidrigkeit des Hoheitsaktes aus anderen Gründen ergibt (dazu oben § 16 Rdnrn. 101 ff.). In diesen Fällen wird die Lösung beim Maßstab der Zumutbarkeit zu suchen sein. *Papier* (in: *Maunz/Dürig*, GG, Art. 14 Rdnr. 569) will die Fälle, in denen die Voraussetzungen der Enteignung gegeben sind, es aber an der Rechtmäßigkeit des Eingriffes aus anderen Gründen fehlt, im Rahmen eines „Erst-Recht-Schlusses" unter Anwendung der gesetzlich vorgesehenen Entschädigungsregelung entschädigen. Nach *Papier* handelt es sich in diesem Fall um einen gesetzlich geregelten enteignungsgleichen Eingriff. Zuständig seien dafür die ordentlichen Gerichte. Läßt jedoch das Gesetz selbst rechtswidrige Eigentumseingriffe- auch gegen Entschädigung – zu, ist das Gesetz verfassungswidrig und darf nicht angewendet werden; es handelt sich um Fälle des legislativen Unrechts.

[193] Den Vorrang des Primärschutzes betont das *BVerfG* (UPR 1999, 347 f.) jetzt ausdrücklich auch bei inhaltsbestimmenden Regelungen. Begehrt der Betroffene in einem Fall der fehlenden gesetzlichen Entschädigungsregelung gleichwohl eine Enteignungsentschädigung vor den ordentlichen Gerichten, so ist die Klage nicht als unzulässig, sondern als unbegründet abzuweisen. Mangels gesetzlicher Grundlage dürfen die ordentlichen Gerichte keine Entschädigung zusprechen; *BVerfG* 58, 300.

richte sind die Zivilgerichte. Da es sich dem sachlichen Gehalt nach bei den Enteignungsentschädigungen um öffentlich-rechtliche Streitigkeiten handelt, ist Art. 14 III 4 GG eine besondere Rechtswegzuweisung im Sinne des § 40 I 1 VwGO. Es handelt sich um eine ausschließliche Zuständigkeit der ordentlichen Gerichte kraft Verfassungsrechts.[194]

*b) Konkurrenzen*

Überschneidungen der Enteignungsentschädigung mit den Aufopferungsentschädigungsansprüchen wegen enteignungsgleichen oder enteignenden Eingriffes ergeben sich bei fehlender Entschädigungsregelung nicht. Insbesondere kann der Betroffene nicht die fehlende Rechtmäßigkeit dadurch „überspielen", daß er einen Anspruch aus enteignungsgleichem Eingriff geltend macht. Das *BVerfG* hat entschieden, daß ein derartiges Wahlrecht nicht besteht. 170

## 8. Rückenteignung

*a) Begriff*

Es lassen sich eine Vielzahl von Fallkonstellationen denken, in denen Vermögensrechte, insbesondere Grundstücke, enteignet worden sind, ohne daß die enteigneten Vermögensgegenstände dann tatsächlich für die Enteignungszwecke verwendet werden. Denkbar ist es auch, daß der Enteignungszweck später wegfällt. So kann der geplante Bau einer Straße angesichts haushaltsrechtlicher Restriktionen aufgegeben werden. Es stellt sich die Frage, was mit dem enteigneten Grundstück geschieht, über das die Straße geführt werden sollte. Im Zuge der Reduzierung der ausländischen Stationierungsstreitkräfte in der Bundesrepublik Deutschland sind zahlreiche Truppenstandorte aufgegeben worden. Nicht selten betrifft dies Grundstücke, die auf der Grundlage des Landbeschaffungsgesetzes enteignet worden waren, um den Bau von Militär-Einrichtungen zu ermöglichen. Nach dem Freiwerden dieser Grundstücke, die sich oft in attraktiven Lagen befinden, stellt sich die Frage, ob der ursprüngliche Eigentümer diese Grundstücke (und zu welchen Bedingungen) zurückfordern kann.[195] 171

Das Rechtsproblem, das es zu lösen gilt, wird in der Lit. seit jeher unter dem Begriff der „Rückenteignung" behandelt. Zu Recht weist das *BVerfG*[196] jedoch darauf hin, daß der Begriff der Rückenteignung die juristische Fragestellung nicht zutreffend bezeichnet. In diesen Fällen geht 172

[194] *BVerwG*, NJW 1990, 1929.
[195] Dazu auch *VG München*, NVwZ-RR 1999, 293.
[196] *BVerfGE* 38, 175.

es nämlich nicht um die „Enteignung" eines durch eine frühere Enteignung Begünstigten. Im Mittelpunkt des verfassungsrechtlichen Problems steht vielmehr die Frage, ob der vormals enteignete Grundstückseigentümer einen Anspruch auf Rückübereignung des enteigneten Objektes hat, wenn der Zweck für die hoheitliche Inanspruchnahme entfallen ist.

### b) Rückenteignungsanspruch

173 Rückenteignungsregelungen finden sich in zahlreichen Gesetzen. Zu verweisen ist nur auf die §§ 102, 103 BauGB, § 57 Landbeschaffungsgesetz oder die verschiedenen Landesenteignungsgesetze, wie z. B. Art. 16, 17 BayEG oder §§ 45, 46 RhPf. EntG. Allerdings sind diese Bestimmungen, was die Rückübertragungsvoraussetzungen anbelangt, durchaus uneinheitlich.

174 Fehlen ausdrückliche gesetzliche Regelungen, stellt sich die Frage, ob sich der Anspruch auf Rückenteignung unmittelbar aus der grundgesetzlichen Eigentumsgewährleistung ableiten läßt.

175 Das *BVerwG*[197] vertrat zunächst die Auffassung, daß ein allgemeiner Anspruch auf Rückenteignung sich weder aus Art. 14 I GG noch aus anderen Vorschriften herleiten lasse. Dem ist das *BVerfG*[198] für Fälle entgegengetreten, in denen der Enteignungszweck von Anfang an nicht erreicht wurde, weil die öffentliche Aufgabe, für die die Enteignung durchgeführt wurde, nie zur Ausführung kam. In der Entscheidung wird auf den engen Zusammenhang zwischen Art. 14 III GG und der Eigentumsgarantie des Art. 14 I 1 GG verwiesen. Mit dem Wegfall des Enteignungszweckes setzte sich die Bestandsgarantie nach Art. 14 I 1 GG grundsätzlich wieder durch. Art. 14 III GG lege für den Gesetzgeber und die Verwaltung verbindlich fest, wann und unter welchen Voraussetzungen der Bürger einen zwangsweisen Zugriff der öffentlichen Hand auf die durch die Eigentumsgarantie geschützten Güter hinnehmen müsse. Das *BVerfG*[199] führt in dieser Entscheidung aus:

176 „Die Enteignungsermächtigung aus Art. 14 Abs. 3 GG steht in einem komplementären Verhältnis zur Eigentumsgarantie des Art. 14 Abs. 1 Satz 1 GG. Diese sichert den konkreten Bestand in der Hand des einzelnen Eigentümers. Der Bürger muß aber unter den Voraussetzungen des Art. 14 Abs. 3 GG – und nur unter diesen Voraussetzungen – den Zugriff des Staates auf sein Eigentum dulden. Wird die öffentliche Aufgabe, der die Enteignung dienen soll, nicht ausgeführt oder das enteignete Grundstück hierzu nicht benötigt, so entfällt die aus Art. 14 Abs. 3 Satz 1 GG herzuleitende Legitimation für den Zugriff auf das Privateigentum und der Rechtsgrund für den Eigentumserwerb durch die öffentliche Hand. Damit entfaltet die Garantie des Art. 14 Abs. 1 Satz 1 GG wieder ihre Schutzfunktion."

---

[197] *BVerwGE* 28, 184; in diesem Sinne nach wie vor *Büchs*, Rdnr. 2018.
[198] *BVerfGE* 38, 175 (179).
[199] *BVerfGE* 38, 179.

Das *BVerfG* hatte sich in dieser Entscheidung lediglich mit der Fallkonstellation auseinanderzusetzen, daß das Grundstück zu keinem Zeitpunkt für die Ausführung des Enteignungszweckes herangezogen worden ist. Denkbar ist es aber auch, daß das enteignete Vermögensobjekt tatsächlich über einen gewissen Zeitraum hinweg für den Enteignungszweck verwendet worden ist. Dies ist bei den aufgegebenen Truppenstandorten z. B. der Fall. Ob auch in diesem Falle des nicht von vornherein verfehlten Enteignungszweckes, sondern gewissermaßen dessen nachträglicher Erledigung ein Rückenteignungsanspruch unmittelbar unter Rückgriff auf die Eigentumsgarantie zu begründen ist, blieb in dieser Entscheidung offen. Betrachtet man jedoch den engen Zusammenhang, den das *BVerfG* zwischen der Bestandsgarantie einerseits und der Zweckbindung der Enteignung andererseits herstellt, so lassen sich gute Gründe dafür finden, auch im Falle des nachträglichen Wegfalls des Enteignungszweckes dem Betroffenen grundsätzlich einen Rückenteignungsanspruch einzuräumen. 177

§ 57 Landbeschaffungsgesetz enthält in diesem Sinne ausdrücklich folgende gesetzliche Regelung: 178

„Der enteignete frühere Eigentümer kann verlangen, daß das nach den Vorschriften dieses Gesetzes enteignete Grundstück zu seinen Gunsten wieder enteignet wird (Rückenteignung), wenn das Grundstück nicht mehr für Aufgaben im Sinne des § 1 benötigt wird oder mit der Ausführung des Vorhabens, dessentwegen das Grundstück enteignet wurde, nicht binnen zweier Jahre, nachdem der Enteignungsbeschluß unanfechtbar geworden ist, begonnen wurde."

Man wird in den Fällen der Zweckerledigung allerdings dem Gesetzgeber die Befugnis einräumen müssen, daß er die Voraussetzungen der Rückenteignung gesetzlich ausgestalten darf, insbesondere etwa durch Einziehung einer zeitlichen Befristung.[200] Derartige zeitliche Grenzen kennt etwa § 57 Landbeschaffungsgesetz, wonach der Anspruch längstens binnen 30 Jahren nach Unanfechtbarkeit des Enteignungsbeschlusses geltend gemacht werden muß. Auf der anderen Seite bestehen durchaus verfassungsrechtliche Bedenken gegen einen generellen gesetzlichen Ausschluß des Rückenteignungsanspruches bei nachträglichem Wegfall des Enteignungszweckes, da nicht zuletzt die Rechtsordnung insgesamt die Rückabwicklung bzw. Anpassung von Schuldverhältnissen bei nachträglicher Veränderung der sachlichen Grundlagen kennt. Um so mehr muß dies gelten, nachdem das *BVerfG* im Naßauskiesungsbeschluß die Bestandsgarantie des Eigentums zum Leitbild eigentumsbezogener Regelungen gemacht hat. Nur ausnahmsweise unter den Voraussetzungen des § 14 III GG kann sich die Bestandsgarantie in eine Wertgarantie verändern. 179

---

[200] In diesem Sinne wohl *OLG Köln*, NJW 1996, 2799 (2801); zur Auswechslung des Enteignungszwecks *VG München*, NVwZ-RR 1999, 293.

Im Hinblick auf die zeitliche Dimension ist andererseits zu berücksichtigen, daß sich die Bindung zwischen Eigentümer und seinem enteigneten Vermögensobjekt in der Zeit „verflüchtigt". Es liegt daher nahe, in einer Gesamtbewertung, insbesondere unter Berücksichtigung der allgemeinen Verjährungsregelungen, ohne eine gesetzliche Ausgestaltung des Rückenteignungsanspruches jedenfalls einen solchen nach Ablauf von 30 Jahren seit Bestandskraft des Enteignungsbeschlusses auszuschließen.[201]

### c) *Rückenteignungsentschädigung*

180 Ist ein Rückenteignungsanspruch dem Grundsatz nach gegeben, stellt sich die Frage nach den Modalitäten der „Rückabwicklung" insbesondere danach, ob und gegebenenfalls in welcher Höhe der frühere Eigentümer eine Rückenteignungsentschädigung an den Enteignungsbegünstigten zu bezahlen hat. Es liegt auf der Hand, daß die Bemessung der Rückenteignungsentschädigung im Einzelfall dazu führen kann, daß der Rückenteignungsanspruch ins Leere geht, weil sich der Anspruchsinhaber nicht in der Lage sieht, die Rückenteignungsentschädigung zu bezahlen. Auf diesen Gesichtspunkt hatte der ursprüngliche Eigentümer in dem vom *OLG Köln*[202] entschiedenen Rückenteignungsfall hingewiesen.

*Beispiel*: Das *OLG Köln* hatte sich damit zu befassen, daß im Jahre 1962 auf der Grundlage des Landbeschaffungsgesetzes ein durch die Besatzungsmächte im Jahr 1949 beschlagnahmtes Grundstück auf den Bund übertragen wurde. Anstelle eines Enteignungsbeschlusses wurde die Eigentumsübertragung auf der Grundlage einer Einigung im Enteignungsverfahren durchgeführt. Dem enteigneten Eigentümer wurde eine dem damaligen Verkehrswert entsprechende Entschädigung von DM 352.160,00 gewährt. Im Rückenteignungsbeschluß vom 16.7.1993 entsprach die Bezirksregierung zwar dem Rückenteignungsantrag, setzte indessen die Rückenteignungsentschädigung auf DM 4.200.000,00 fest, was dem aktuellen Verkehrswert des Grundstückes entsprach. Der ursprüngliche Eigentümer wollte demgegenüber nur eine „Rückenteignungsentschädigung" im Umfang seiner ursprünglichen Entschädigung bezahlen.

181 Betrachtet man zunächst die gesetzlichen Entschädigungsregelungen, so ergibt sich kein einheitliches Bild. Allerdings wird bei der Rückenteignung von Grundstücken die Rückenteignungsentschädigung häufig nach dem der ersten Enteignung zugrunde gelegten Verkehrswert bemessen. § 103 S. 1 BauGB verankert dies z. B. in dem Grundsatz, daß die Entschädigung für den Rechtsverlust zu erfolgen hat. Der Antragsteller muß deshalb nach dieser Bestimmung dem Rückenteignungsverpflichteten nur die Entschädigung für den Rechtsverlust gewähren, die er selbst bei der Enteignung seines Grundstückes erhalten hat. Ein etwaiger Wertzuwachs

---

[201] Zu den Voraussetzungen des Rückenteignungsanspruches auch *Nüßgens/Boujong*, Rdnr. 370; zur Rückenteignung nach § 102 BauGB *Battis*, in: *Battis/Krautzberger/Löhr*, BauGB, 6. Aufl. 1998, § 102 Rdnr. 1; grundsätzlich *v. Mutius*, VerwArch 66 (1975), 283.

[202] *OLG Köln*, NJW 1996, 2799; *OLG Hamm*, NVwZ-RR 1997, 205.

steht nicht dem Rückenteignungsverpflichteten, sondern dem ursprünglichen Eigentümer zu. Diese gesetzliche Regelung konkretisiert die in Art. 14 I 1 GG verankerte Bestandsgarantie auf der Ebene der Rückenteignungsentschädigung.[203] Letztlich sollen nur solche Werterhöhungen ausgeglichen werden, die durch Aufwendungen des Rückenteignungsverpflichteten veranlaßt worden sind.[204] Eine ähnliche Regelung sieht Art. 17 BayEG vor. Danach darf die dem Eigentümer zu gewährende Entschädigung den bei der ersten Enteignung zugrunde gelegten Verkehrswert des Grundstückes nicht übersteigen, jedoch seien Aufwendungen zu berücksichtigen, die zu einer Werterhöhung des Grundstückes geführt haben.

In dem vorgenannten Fall kommt das *OLG Köln* für die Rückenteig- **182**
nungsentschädigung im Rahmen des Landbeschaffungsgesetzes zum Ergebnis, daß diese nach dem Verkehrswert zu bemessen sei, den das Grundstück zum Zeitpunkt der Rückenteignung aufweise. Es bestehen aus mehreren Gründen Bedenken gegen diese Auffassung.

§ 57 IV LBG verweist für die Rückenteignung pauschal auf die Vor- **183**
schriften der §§ 17 bis 24, 28, 29, 31 bis 37 und 44 bis 55 LBG. Die Vorschriften über die Enteignungsentschädigung und über das Enteignungs- und Entschädigungsverfahren werden sinngemäß auf die Rückenteignung für anwendbar erklärt. Das *OLG Köln* leitet aus den §§ 17 III und 18 I LBG seine Rechtsauffassung ab, weil die sinngemäße Anwendung dieser Bestimmungen bedeute, daß es für die Bemessung der Rückenteignungsentschädigung auf die Verkehrswertbemessung im Zeitpunkt der Rückenteignung ankomme. § 17 III LBG sei für die Rückenteignung so zu lesen, daß der dort erwähnte „Enteignungsbeschluß" der „Rückenteignungsbeschluß" sei. Damit verkennt das *OLG Köln* indessen, daß es bei der Rückenteignung nicht um eine erneute Enteignung geht, sondern um die „Rückabwicklung" einer „erledigten" Enteignung. Die Rückenteignung ist gerade keine neuerliche Enteignung, sondern führt entsprechend der Bestandsgarantie des Art. 14 I GG zur Wiederherstellung der Eigentumszuordnung, wie sie vor dem Enteignungsakt bestand.

Wenig überzeugend ist der Hinweis des *OLG Köln* auf § 43 III 1 Nr. 2 **184**
und § 2 Nr. 2 Bundesleistungsgesetz. Die zeitliche Parallelität des Landbeschaffungsgesetzes und des Bundesleistungsgesetzes vermag kaum Hinweise für die Auslegung des § 57 LBG zu vermitteln, weil das Bundesleistungsgesetz andere Sachverhalte regelt. § 43 III 3 Bundesleistungsgesetz sieht zwar vor, daß bei der Bemessung der Entschädigung eine in der Zwischenzeit eingetretene Veränderung des Wertes der Sache zu berücksichtigen ist. Betrachtet man allerdings den Bezugssachverhalt genauer, so

[203] *BGHZ* 76, 365 (370); *Battis*, in: *Battis/Krautzberger/Löhr*, BauGB, 6. Aufl. 1998, 103 Rdnr. 2.

[204] *Schmidt-Aßmann*, in: *Ernst/Zinkahn/Bielenberg*, BauGB, Stand: 1.9.1998, § 103 Rdnr. 4.

zeigt sich, daß sich diese Bestimmung auf die Rückübertragung beweglicher Sachen bezieht, die im Verlauf ihres Gebrauches in der Regel Werteinbußen erleiden. In einem solchen Fall soll nicht die volle Entschädigung zurückgezahlt werden, vielmehr ist die Wertverschlechterung bei der zu zahlenden „Rückenteignungsentschädigung“ zu veranschlagen. Diese Vorschrift wirkt materiell also zugunsten des Rückenteignungsberechtigten.

185 Nach allem scheint Art. 14 I GG für die Bemessung der Rückenteignungsentschädigung dem Gesetzgeber zwar einen gewissen Spielraum zu lassen, wobei allerdings vom Grundsatz der Rückabwicklung auszugehen ist. Bei der Bemessung der Rückenteignungsentschädigung können Wertsteigerungen aufgrund von Aufwendungen des „Enteignungseigentümers“ berücksichtigt werden. Wohl aber bestehen erhebliche Bedenken dagegen, dem „Enteignungseigentümer“ die Vorteile einer Wertsteigerung zu sichern, auf die er selbst keinerlei Einfluß hatte.

### 9. Gesetzliche Umformung von Eigentumsrechten

#### *a) Problemaufriß*

186 Das Eigentum ist keine statische Größe, sondern es unterliegt in seinem Bestand und in seinen Grenzen der Ausgestaltung durch den Gesetzgeber. Dabei ist der Gesetzgeber nicht gehindert, einmal getroffene eigentumsrechtliche Konzeptionen entsprechend den allgemein-gesellschaftlichen und wirtschaftlichen Entwicklungen für die Zukunft zu ändern. Es liegt auf der Hand, daß derartige *Reformgesetze* in vielfältiger Form auf bestehende Eigentumsrechte begrenzend oder gar beseitigend einwirken können.[205]

187 So hatte sich das *BVerfG*[206] mit der gesetzlichen Aufhebung eines bergrechtlich begründeten Vorkaufsrechts, das in Nordrhein-Westfalen auf der Grundlage des allgemeinen Berggesetzes für die preußischen Staaten vom 24.06.1865 fortgalt, auseinanderzusetzen. Der Bundesgesetzgeber wollte mit der Neuregelung des Bergrechts der Rechtszersplitterung in einer Vielzahl von teilweise aus dem vorigen Jahrhundert stammenden Gesetzen und Verordnungen der Länder entgegenwirken und eine Vereinheitlichung und Neuordnung des gesamten Bergrechts durchsetzen.

---

[205] Dazu *Schoch*, Jura 1989, 121; *Bryde*, in: *v. Münch/Kunig*, GG, Bd. 1, Art. 14 Rdnr. 58.

[206] *BVerfGE* 83, 201 ff.

### *b) Reformgesetze als inhaltsbestimmende Regelungen*

188 Die Frage geht dahin, nach welchen verfassungsrechtlichen Grundsätzen gesetzliche Regelungen zu beurteilen sind, die für die Zukunft den Inhalt des Eigentums neu ausgestalten, dadurch aber gleichzeitig bis dahin begründete konkrete Eigentumsrechte entziehen.[207] Angesichts der vom *BVerfG* vorgenommenen Unterscheidung von Inhalts- und Schrankenbestimmungen, Legalenteignungen und Administrativenteignungen geht es um die Klärung, wie der Konflikt eines generell-abstrakten Reformgesetzes mit dem darin angelegten individuellen Rechtsentzug aufgelöst werden kann.[208]

189 Das *BVerfG*[209] vertrat zunächst die Auffassung, daß eine derartige zukunftsgerichtete Regelung (gleichzeitig auch) eine Legalenteignung darstellen könne. So führt das *BVerfG*[210] aus:

> „Wenn hiernach die Verfassung Regelungen über den Inhalt und die Schranken des Eigentums eindeutig von der Enteignung durch Gesetz abgrenzt, schließt dies nicht aus, daß durch den Erlaß neuer, für die Zukunft geltender Vorschriften im Sinne des Art. 14 Abs. 1 Satz 2 GG subjektive Rechte entzogen oder gemindert werden, die der einzelne aufgrund des alten Rechts erworben hatte … in dieser Einwirkung neuer, objektiv-rechtlicher Vorschriften auf individuelle Rechtspositionen kann eine Enteignung durch Gesetz liegen, die dann zulässig ist, wenn die Voraussetzungen des Art. 14 Abs. 3 GG gegeben sind. …“

190 In der Lit. wurde aufgrund dieser – auch in anderen Entscheidungen wiederholten – Formulierung angenommen, daß die gesetzliche Umformung von Eigentumsrechten gewissermaßen einen Doppelcharakter habe.[211]

191 Die Lösung des Problems hat von der Zielrichtung der Reformgesetze, der grundlegenden Umgestaltung eines Rechtsbereichs, auszugehen. Werden in diesem Zusammenhang auch Eigentumsrechte entzogen, können diese in der Zukunft in dieser Form unter der Geltung der gesetzlichen Neuregelung generell nicht mehr zur Entstehung gelangen. Dadurch unterscheiden sich Reformgesetze u. a. von Legalenteignungen, die ohne Einwirkung auf die generell geltende Eigentumsordnung (nur) bestimmte Eigentumsrechte unmittelbar durch Gesetz für einen Gemeinwohlzweck entziehen. Dieser quantitativ begrenzte Entzug von Eigentumsrechten führt zu einer Ungleichbehandlung im Eigentumsbestand gegenüber anderen qualitativ gleich berechtigten Eigentümern; eine derartige Ungleichbehandlung ist bei der generellen Neuordnung des Eigentums für die Zukunft aber gerade ausgeschlossen. Gleichwohl darf nicht

---

[207] *Rozek*, S. 150.
[208] Rozek, S. 37; *Rüfner*, JZ 1983, 755; *Aschke*, Übergangsregelungen als verfassungsrechtliches Problem, 1987, S. 371 ff.
[209] *BVerfGE* 52, 1, (28); 58, 300, (331 f.).
[210] *BVerfGE* 52, 1 (28).
[211] Dazu *Rozek*, S. 151; *Ossenbühl*, S. 183; *Osterloh*, JuS 1991, 1058 Nr. 5.

übersehen werden, daß die „Alteigentümer" reale Rechtsverluste erleiden. Dem muß im Rahmen des Reformgesetzes ggfls. durch kompensatorische Leistungen oder durch sonstige Übergangsregelungen Rechnung getragen werden. Eine Enteignung stellt eine derartige gesetzliche Neuordnung indessen nicht dar.

192 Dies hat das *BVerfG*[212] nunmehr ausdrücklich festgestellt, indem es derartige Reformgesetze als gesetzliche Inhaltsbestimmungen einordnet:

> „Die gesetzliche Beseitigung eines nach Art. 14 Abs. 1 Satz 1 GG geschützten Rechts ist nicht in jedem Falle eine (Legal-)enteignung. Das Vorliegen einer Enteignung hängt allerdings nicht davon ab, daß es sich um einen Güterbeschaffungsvorgang handelt. Ihr entscheidendes Merkmal ist der Entzug des Eigentums und der dadurch bewirkte Rechts- und Vermögensverlust, nicht aber die Übertragung des entzogenen Objektes. ... Art. 14 Abs. 3 GG ist jedoch dann nicht unmittelbar anwendbar, wenn der Gesetzgeber im Zuge der generellen Neugestaltung eines Rechtsgebietes bestehende Rechte abschafft, für die es im neuen Recht keine Entsprechung gibt."

193 Da der Gesetzgeber bei den Reformgesetzen mit der „Vergangenheit bricht", handelt es sich bei der Reformgesetzgebung nicht um ein Enteignungsproblem, sondern um ein Übergangsproblem.[213] Die Grundsätze über die gesetzlichen Inhalts- und Schrankenbestimmungen enthalten flexiblen Lösungsansätze.[214] Eigentumsbeeinträchtigungen, die nicht mit einem Entzug von Altrechten verbunden sind, wären nach der Neubestimmung des Enteignungsbegriffes durch das *BVerfG* ohnehin nicht mehr an Art. 14 III GG zu messen. Dies kommt verschiedentlich nicht hinreichend klar zum Ausdruck, wenn teilweise im Zusammenhang mit Reformgesetzen und der Frage nach der Anwendung des Art. 14 III GG auch von Beschränkungen erworbener Eigentumsrechte gesprochen wird.

194 Im Ergebnis sind deshalb Reformgesetze, die mit einem Teil- bzw. Vollentzug der Eigentumsrechte verbunden sind, an Art. 14 I 1 GG zu messen. Es handelt sich um Inhalts- und Schrankenbestimmungen des Eigentums, für deren verfassungsrechtliche Beurteilung dem Verhältnismäßigkeitsgrundsatz eine entscheidende Bedeutung zukommt. Der Gesetzgeber muß bei der Ausgestaltung des Reformgesetzes beachten, ob mit den gesetzlichen Regelungen in erworbene Eigentumsrechte eingegriffen wird. Der Verhältnismäßigkeitsgrundsatz kann es in diesem Fall gebieten, Übergangsfristen oder auch Kompensationen für den Rechtsverlust im Wege einer Ausgleichsregelung vorzusehen.[215]

---

[212] *BVerfGE* 83, 201 (211); dazu *Rozek*, S. 153 ff.

[213] So zutreffend *Kraft*, BayVBl 1994, 101; *Rozek*, S. 155 f.; dazu ebenfalls *Ossenbühl*, JuS 1993, 200.

[214] *Burgi*, NVwZ 1994, 528; *Steinberg/Lubberger*, S. 161.

[215] In diesem Sinne *Ossenbühl* S. 183.

# § 17. Aufopferungsentschädigung

**Literatur:** *Bender*, Zur staatshaftungsrechtlichen Problematik der Waldschäden, VerwArch 77 (1986), 335; *Böhmer*, Probleme der Dogmatik und Systematik der Eigentumsbestimmungen des GG, in: Eigentum – Sozialbindung – Enteignung, Beilage I/1984, in: AgrarR Heft 4/1/1984, S. 34; *ders.*, Grundfragen der verfassungsrechtlichen Gewährleistung des Eigentums in der Rechtsprechung des BVerfG, NJW 1988, 2561; *Detterbeck*, Staatshaftung bei normativem Unrecht JA 1991, 7; *Jaschinski*, Der Fortbestand des Anspruchs aus enteignendem Eingriff, 1997; *Kastner*, Die Eigentumsgarantie in der (fern-)straßenrechtlichen Planung, VerwArch 80 (1989), 74; *Knauber*, Die jüngere Entschädigungsrechtsprechung des BGH nach dem Naßauskiesungsbeschluß des BVerfG, NVwZ 1984, 753; *Krohn*, Die neuere Rechtsprechung des BGH zur verfassungsrechtlichen Eigentumsgarantie nach der „Naßauskiesungsentscheidung" des BVerfG, WM 1984, 825; *Lege*, Enteignung als Güterbeschaffungsvorgang, NJW 1993, 2565; *Leisner*, Sozialbindung des Eigentums nach privatem und öffentlichem Recht, NJW 1975, 233; *Maurer*, Der enteignende Eingriff und die ausgleichspflichtige Inhaltsbestimmung des Eigentums, DVBl 1991, 781; *Menger/Erichsen*, Höchstrichterliche Rechtsprechung zum Verwaltungsrecht, VerwArch 59 (1968), 366; *Ossenbühl*, Abschied vom enteignungsgleichen Eingriff, NJW 1983, 1; *Osterloh*, Eigentumsschutz, Sozialbindung und Enteignung bei der Nutzung von Boden und Umwelt, DVBl 1991, 906; *Papier*, Enteignungsgleicher und enteignender Eingriff nach der Naßauskiesungsentscheidung, JuS 1985, 184; *Prior*, Ersatzansprüche im Zusammenhang mit der Erteilung, Versagung und Verzögerung von Baugenehmigungen, BauR 1987, 157; *Rinne/Schlinck*, Die Rechtsprechung des BGH zu öffentlich-rechtlichen Ersatzleistungen, NVwZ 1997, 34; *Scherzberg*, Die Subsidiarität des „enteignungsgleichen Eingriffs", DVBl 1991, 84; *Schmitt-Kammler*, Die Enteignungsentschädigung und staatliche Unrechtshaftung, Festschr. f. Ernst Wolf, 1985, S. 595; *Schoch*, Rechtliche Konsequenzen der neuen Eigentumsdogmatik für die Entschädigungsrechtsprechung des BGH, Festschr. f. Boujong 1996, S. 655; *ders.*, Die Haftungsinstitute des enteignungsgleichen und enteignenden Eingriffs im System des Staatshaftungsrechts, Jura 1989, 525; *ders.*, Folgenbeseitigung und Wiedergutmachung, VerwArch 79 (1988), 1; *Schwabe*, Enteignungsentschädigung und Nichtaufhebung eines Verbots – nochmals BGHZ 56, 40, JuS 1974, 26; *Schwerdtfeger*, Die dogmatische Struktur der Eigentumsgarantie, 1983; *ders.*, Eigentumsgarantie, Inhaltsbestimmung und Enteignung, JuS 1993, 104.

## I. Allgemeines

### 1. Begriff und rechtliche Grundlagen

Nach dem Naßauskiesungsbeschluß des *BVerfG* sind an der Fortgeltung der öffentlich-rechtlichen Haftungsinstitute des enteignungsgleichen und enteignenden Eingriffes Zweifel entstanden, obgleich das *BVerfG* diese Haftungsinstitute in seiner Entscheidung mit keinem Wort erwähnt hat.[1] 1

Die kritischen Stimmen bezogen sich vor allem auf folgende Ausführungen des *BVerfG*.[2] 2

„Sieht der Bürger in der gegen in gerichteten Maßnahme eine Enteignung, so kann er eine Entschädigung nur einklagen, wenn hierfür eine gesetzliche Anspruchsgrundlage

[1] *Scholz*, NVwZ 1982, 347; *Baur*, NJW 1982, 1734; *Ossenbühl*, S. 222.
[2] *BVerfGE* 58, 300 (324).

vorhanden ist. Fehlt sie, so muß er sich bei den Verwaltungsgerichten um die Aufhebung des Eingriffsaktes bemühen. Er kann aber nicht unter Verzicht auf die Anfechtung eine ihm vom Gesetz nicht zugebilligte Entschädigung beanspruchen; mangels gesetzlicher Grundlage können die Gerichte auch keine Entschädigung zusprechen."

3 Dieser Auffassung wurde sehr bald mit dem Hinweis widersprochen, daß der Naßauskiesungsbeschluß eine rechtliche Bewertung des enteignungsgleichen Eingriffes nicht enthalte; es gehe deshalb darum, das Haftungsinstitut an den Festlegungen des *BVerfG* auszurichten.[3]

4 Der *BGH* hat in der Folge denn auch an den von ihm entwickelten Haftungsinstituten festgehalten. Im Urteil vom 26.01.1984[4] hat er zunächst den enteignungsgleichen Eingriff als ungeschriebenes Haftungsinstitut des öffentlichen Rechts bestätigt:

„Die Entscheidung des BVerfG zur Naßauskiesung ... betrifft nur die „Enteignung" im engeren Sinne; sie gibt daher keinen Anlaß, das Rechtsinstitut des enteignungsgleichen Eingriffes aufzugeben, wie in neuerem Schrifttum auch überwiegend anerkannt wird. ... Unmittelbar aus Art. 14 Abs. 3 GG könnte allerdings der Entschädigungsanspruch wegen rechtswidrigen Eingriffes in das Eigentum nach dem Beschluß des BVerfG vom 15.07.1981 ... nicht hergeleitet werden. Dies ist aber auch nicht erforderlich. Der Aufopferungsgedanke in seiner richterrechtlich geprägten Ausformung bietet eine hinreichende Anspruchsgrundlage, die dort zum Zuge kommt, wo es sich nicht um eine Enteignung im Sinne von Art. 14 Abs. 3 GG handelt."

5 Im Urteil vom 29.03.1984[5] wurde schließlich auch der Anspruch wegen enteignenden Eingriffs als ungeschriebenes Haftungsinstitut des öffentlichen Rechts bestätigt.

„Für den Fortbestand der Rechtsfigur des enteignenden Eingriffes besteht nach wie vor ein unabweisbares Bedürfnis. Der Entschädigungsanspruch aus enteignendem Eingriff ist das öffentlich-rechtliche Gegenstück zum zivilrechtlichen Ausgleichsanspruch unter Nachbarn nach § 906 Abs. 2 Satz 2 BGB. ... Die Haftungsfigur des enteignenden Eingriffes (dieser Begriff hat sich eingebürgert) findet – ebenso wie die des enteignungsgleichen Eingriffes ... – im allgemeinen Aufopferungsgrundsatz der §§ 74, 75 Einl. ALR ... in seiner richterrechtlichen Ausprägung seine Grundlage ..."

6 Der *BGH* hat also beide öffentlich-rechtlichen Haftungsinstitute von Art. 14 GG abgekoppelt und sie im allgemeinen Aufopferungsgedanken als gewohnheitsrechtlich anerkannte Haftungsinstitute des einfachen Rechts abgesichert.[6] Angesichts der Verankerung beider Haftungsansprüche im „Aufopferungsgedanken" werden sie hier als Aufopferungsentschädigungsansprüche bezeichnet.

---

[3] *Böhmer*, *AgrarR* Heft 4/1/1984, S. 34; *Papier*, JuS 1985, 185; *Ossenbühl*, S. 223; näher zur historischen Entwicklung oben § 16 Rdnrn. 17 ff.

[4] *BGHZ* 90, 17; vgl. auch BGHZ 132, 181; 134, 30.

[5] *BGHZ* 91, 20 = JZ 1984, 741 m. Anm. *Ossenbühl*.

[6] *Krohn*, WM 1984, 825; *Aust/Jacobs*, S. 88 ff.; *Scherzberg*, DVBl 1991, 84; abw. *Schwerdtfeger*, S. 26 ff., der diese Haftungsinstitute in Art. 14 I 2 GG verankert sieht. Zusammenfassend zur Entwicklung der eigentumsrechtlichen Entschädigung *Schoch*, in: Festschr.f. Boujong, S. 655.

## 2. Abgrenzung

Den Haftungsansprüchen aus enteignungsgleichem und enteignendem Eingriff ist auch der öffentlich-rechtliche Aufopferungsanspruch zuzuordnen.[7] Während sich die Ansprüche aus enteignungsgleichem und enteignendem Eingriff auf Beeinträchtigungen verfassungsrechtlich geschützter Eigentumspositionen beziehen, sanktioniert der öffentlich-rechtliche Aufopferungsanspruch vor allem Eingriffe in die durch Art. 2 II GG geschützten Rechtsgüter. 7

Den somit nach dem verletzten Rechtsgut abzugrenzenden Ansprüchen ist andererseits gemeinsam, daß nur Ersatz von Vermögensschäden, nicht dagegen von immateriellen Schäden, verlangt werden kann.[8] 8

# II. Enteignungsgleicher Eingriff – Entschädigungsanspruch wegen rechtswidrigen Eigentumseingriffs

## 1. Institut der staatlichen Unrechtshaftung

Der Anspruch aus enteignungsgleichem Eingriff ist ein Institut der staatlichen Unrechtshaftung. Er ist auf die Entschädigung rechtswidriger hoheitlicher Eingriffe in das Eigentum gerichtet.[9] Dieses Haftungsinstitut ist als Richterrecht entwickelt worden. Es soll die Haftungslücke schließen, die für rechtswidrig-schuldlose Eingriffe bestand. Diese können über den Amtshaftungsanspruch nach § 839 BGB, Art. 34 GG, der Verschulden voraussetzt, nicht erfaßt werden.[10] 9

## 2. Fallgruppen zur Einschränkung des Anwendungsbereichs

### a) Bedeutung des Naßauskiesungsbeschlusses

Der Anspruch aus enteignungsgleichem Eingriff hatte sich auf der Grundlage des weiten Enteignungsbegriffes zu einem entschädigungsrechtlichen Gesamthaftungstatbestand bei rechtswidrigen hoheitlichen Eigentumseingriffen entwickelt.[11] Der Naßauskiesungsbeschluß hat zwar nicht zum Wegfall des Anspruchs aus enteignungsgleichem Eingriff geführt, wohl aber wurde sein Anwendungsbereich deutlich eingeschränkt. Nach dieser Entscheidung lassen sich Fallgruppen zusammenfassen, die 10

---

[7] Zu den Anspruchsvoraussetzungen vgl. oben § 16 Rdnrn. 61 ff.
[8] *BGHZ* 20, 61; 45, 77; für den Ersatz von Nichtvermögensschäden auf der Grundlage des aufopferungsgleichen Eingriffes nunmehr *Ossenbühl*, S. 141.
[9] *Lege*, NJW 1993, 2565; *Klein*, in: *Soergel*, BGB, § 839 Anh. Rdnr. 170.
[10] *Aust/Jacobs*, S. 88 f.; *Windthorst/Sproll*, § 16 Rdnr. 12; *Ossenbühl*, S. 216 ff.
[11] *Klein*, in: *Soergel*, BGB, § 839 Anh. Rdnr. 172; *Rozek*, S. 71.

zwar zu rechtswidrigen Eigentumseingriffen beim Betroffenen führen, jedoch nicht mehr eine Entschädigung wegen enteignungsgleichen Eingriffs auslösen.[12]

*b) Enteignungsgesetz ohne Entschädigungsregelung*

11 Ansprüche aus enteignungsgleichem Eingriff scheiden aus, wenn Eingriffe, die einen Teil- oder Vollrechtsentzug darstellen, auf eine gesetzliche Grundlage ohne Entschädigungsregelung gestützt werden (Verstoß gegen Junktimklausel).[13] Solche „enteignenden Zugriffe" sind rechtswidrig. Die ordentlichen Gerichte dürfen in diesen Fällen nicht unter Umgehung des Art. 14 III 2 GG dennoch eine Entschädigung zusprechen. Für die Enteignung gilt nach dem Naßauskiesungsbeschluß der Grundsatz der Gesetzmäßigkeit der Entschädigung uneingeschränkt.[14] Das ohne Entschädigungsklausel ergangene Enteignungsgesetz ist wegen Verstoßes gegen Art. 14 III GG nichtig; die darauf gestützte hoheitliche Maßnahme ist rechtswidrig.

12 Bereits wiederholt wurde darauf hingewiesen, daß der Grundsatz des „dulde und liquidiere" im Falle der entschädigungslosen Enteignungsgesetze nicht mehr gilt. Der Betroffene muß sich gegen den enteignenden Zugriff wenden und diesen abwehren.[15] Der *Vorrang des Primärrechtsschutzes* ist letztlich der Überlegung verhaftet, daß es dem Gesetzgeber genuin obliegt, in eigentumsbeschränkenden Gesetzen zu entscheiden, ob eine Entschädigung zu leisten ist. Dies gilt erst recht für Enteignungsge-

[12] *Papier*, in: *Maunz/Dürig*, GG, Art. 14 Rdnr. 637; *Bryde*, in: *v. Münch/Kunig*, GG, Bd. 1, Art. 14 Rdnr. 102.

[13] *Papier*, in: *Maunz/Dürig*, GG, Art. 14 Rdnr. 637; *Schmitt-Kammler*, in: Festschr. f. Wolf, S. 603 ff.; *Ossenbühl*, S. 227; dazu bereits oben § 16 Rdnrn. 98 ff.

[14] *Nüßgens/Boujong*, Rdnr. 432; *Klein*, in: *Soergel*, BGB, § 839 Anh. Rdnr. 174; *BVerfGE* 58, 312; *Rozek*, S. 72.

[15] *Scherzberg*, DVBl 1991, 86; *BGHZ* 100, 145 ff. In diesem Zusammenhang ist auch auf die ausgleichspflichtigen Inhaltsbestimmungen zu verweisen. In diesen Gesetzen geht es nicht um Enteignungen, sondern um Eigentumsbeeinträchtigungen in sonstiger Weise. Verstoßen diese Gesetze gegen den Verhältnismäßigkeitsgrundsatz, weil z. B. erforderliche Kompensationen für die Eigentumsbeeinträchtigungen nicht vorgesehen sind, so sind auch diese Gesetze nichtig; darauf gestützte Einzelmaßnahmen sind rechtswidrig. Auch in diesen Fällen scheidet eine Zubilligung von Entschädigungsleistungen durch Richterspruch nach h. M. aus. Es handelt sich um legislatives Unrecht. Dazu *Ossenbühl*, S. 230 ff., der aber in atypischen, vom Gesetzgeber nicht vorhersehbaren Enteignungen im formal-technischen Sinne Ansprüche aus enteignendem Eingriff zusprechen will. Bei diesen Eingriffen soll es sich um verfassungsmäßige Inhaltsbestimmungen handeln. Solche Fallkonstellationen sind allerdings schwer denkbar, wie auch das von *Ossenbühl* zitierte Bsp. zeigt. Dies betrifft keine „echte" Enteignung, sondern eine sonstige Eigentumsbeeinträchtigung. Allerdings kann man der Auffassung von *Ossenbühl* folgen, soweit es sich um unvorhersehbare (untypisierbare) Beeinträchtigungsfolgen von Inhaltsbestimmungen handelt. Auch in diesen Fällen ist jedoch grundsätzlich der Vorrang des Primärrechtsschutzes zu beachten (Subsidiarität der Entschädigung).

setze, für die diese Verpflichtung in Art. 14 III GG in der Verfassung selbst festgeschrieben ist.

### *c) Sonstige Fälle legislativen Unrechts*

Der Rückgriff auf das Haftungsinstitut des enteignungsgleichen Eingriffes ist – über die Sonderkonstellation des Verstoßes gegen die Junktimklausel hinaus – generell bei Eigentumsbeeinträchtigungen, die auf verfassungswidrige Gesetze zurückgehen, ausgeschlossen (*legislatives Unrecht*). Dies gilt sowohl in den Fällen, in denen sich die Verfassungswidrigkeit aus sonstigen Verstößen gegen Art. 14 III GG herleitet, wie z. B. bei der Verfehlung des Gemeinwohlzwecks, als auch bei anderen die Verfassungswidrigkeit des ermächtigenden Gesetzes begründenden Rechtsverstößen. Der *BGH*[16] hat grundsätzlich eine Haftung des Staates für legislatives Unrecht aus dem Haftungsinstitut des enteignungsgleichen Eingriffes abgelehnt. *Rüfner*[17] weist zwar kritisch darauf hin, daß der *BGH* damit dem Gesetzgeber das finanzielle Risiko verfassungswidriger Gesetze abgenommen und dieses dem Bürger aufgebürdet habe. Gleichwohl wird man der Entscheidung des *BGH* zustimmen müssen, da die Verfassungsbindung des Gesetzgebers und der Gerichte nicht dadurch aufgelöst werden darf, daß man die Verfassungswidrigkeit gewissermaßen durch die Zuerkennung einer kompensatorischen Entschädigung faktisch „legalisiert".[18] Die Argumente des *BGH*, wonach eine haftungsrechtliche Sanktion für legislatives Unrecht zu unabsehbaren Belastungen der Staatsfinanzen führen könne und es außerdem der Gestaltungsentscheidung des Gesetzgebers überlassen bleiben müsse, wie ein etwaiges Entschädigungsproblem bei legislativem Unrecht zu lösen sei, sind jedenfalls dann überzeugend, wenn man von dieser Beschränkung Individual- und Maßnahmegesetze ausnimmt, die gerade durch ihren Einzelfallcharakter gekennzeichnet sind.[19] Im Ergebnis muß sich der Betroffene in den Fällen legislativen Unrechts somit gegen die rechtswidrige 13

---

[16] *BGHZ* 100, 136. In einer Entscheidung aus dem Jahre 1971 (*BGHZ* 56, 42) war der *BGH* zunächst davon ausgegangen, daß ein enteignungsgleicher Eingriff auch bei Beeinträchtigungen auf Grund verfassungswidriger förmlicher Gesetze in Betracht kommen könnte. Diese Auffassung wurde in der zitierten Kleingartenentscheidung aufgegeben, sodann in der Waldschadenentscheidung (*BGHZ* 102, 358 ff.) und in der Investitionshilfegesetz-Entscheidung (*BGH*, NJW 1989, 101) bestätigt.

[17] *Rüfner*, in: *Erichsen*, Allg. Verwaltungsrecht, § 52 Rdnr. 56; anders auch *Lege*, NJW 1990, 864, 872.

[18] *Klein*, in: *Soergel*, BGB, § 839 Anh. Rdnr. 175.

[19] *Ossenbühl*, S. 233 f.; des weiteren sind auch die Fälle der verspäteten oder fehlerhaften Umsetzung von Richtlinien des Europäischen Gemeinschaftsrechts entschädigungspflichtig. Grundlage ist der vom *EuGH* im Wege der Rechtsschöpfung entwickelte gemeinschaftsrechtliche Staatshaftungsanspruch; dazu *Ossenbühl*, S. 237. Dagegen scheidet der enteignungsgleiche Eingriff als Haftungsgrundlage bei judikativem Unrecht aus. Dies folgt letztlich aus dem Richterprivileg nach § 839 II BGB, das sich auch

Maßnahme wehren; dieses Erfordernis verhindert auch, daß verfassungswidrige Gesetze angewendet und somit letztlich der Beurteilung des *BVerfG* entzogen werden.[20] Diese Einschränkung gilt sowohl in den Fällen, in denen das verfassungswidrige Gesetz unmittelbar zu einer Eigentumsbeeinträchtigung führt („Unmittelbarkeitsfall") als auch dann, wenn das Gesetz vollzugsbedürftig ist, die Schädigung also erst durch einen Vollzugsakt herbeigeführt wird („Beruhensfall").

### 3. Systematisierung des Anwendungsbereichs

#### *a) Rechtswidriger Vollzug verfassungsgemäßer förmlicher Gesetze*

14 Der enteignungsgleiche Eingriff hat ein bedeutsames Anwendungsfeld bei Eigentumsbeeinträchtigungen durch den rechtswidrigen Vollzug verfassungsgemäßer Gesetze. In diesen Fällen ist das förmliche Gesetz, auf das die eigentumsbeeinträchtigende Maßnahme der Exekutive gestützt wird, zwar verfassungsgemäß; die Verwaltung wendet das Gesetz jedoch rechtswidrig an. Es werden z. B. die Tatbestandsvoraussetzungen der Ermächtigungsgrundlage verkannt oder fehlerhafte Ermessenserwägungen angestellt.[21] Ein Beispiel dafür ist die Verzögerung der Erteilung einer beantragten Baugenehmigung.[22]

15 Der *BGH*[23] hat zur rechtswidrigen Vorenthaltung einer Bauerlaubnis folgendes entschieden:

---

gegenüber dem Anspruch aus enteignungsgleichem Eingriff durchsetzt, *BGHZ* 50, 14; *Menger/Erichsen*, VerwArch 59 (1968), 386. Diese Grundsätze bedürfen indessen in ihrer stringenten Konsequenz der Überprüfung zumindest de lege ferenda. Vgl. i. ü. § 10 Rdnrn. 36 ff.

[20] *Klein*, in: *Soergel*, BGB, § 839 Anh. Rdnr. 174; *Detterbeck*, DÖV 1994, 275; *Schoch*, Jura 1989, 535; *Pietzcker*, JuS 1991, 872; im Ergebnis auch *Maurer*, § 26 Rdnr. 91.

[21] *Papier*, JuS 1985, 186; *Nüßgens/Boujoung*, Rdnr. 414; *Ossenbühl*, S. 229. Unterschiedliche Auffassungen bestehen zum rechtswidrigen Vollzug eines verfassungsgemäßen Enteignungsgesetzes. Dies betrifft die Fälle der fehlgeschlagenen Enteignung (dazu oben § 16 Rdnr. 82). Rückt man in diesen Fällen die ausdrückliche Regelung des Art. 14 III GG in den Vordergrund und folgert man daraus, daß für die Frage der Entschädigung der Rechtswidrigkeitsgrund unerheblich ist, so kommt man auch in diesen Fällen des rechtswidrigen Vollzugs des verfassungsmäßigen Enteignungsgesetzes dazu, daß das Wahlrecht des Betroffenen ausgeschlossen ist (*Schoch*, Jura 1989, 535; *Böhmer*, NJW 1988, 2564; *Schwerdtfeger*, JuS 1983, 110). Man wird jedenfalls Art. 14 III GG nicht unmittelbar anwenden können (*Rozek*, S. 73). Andererseits folgt aus einem Wertungsvergleich mit anderen rechtswidrigen Eigentumsbeeinträchtigungen auf der Grundlage verfassungsgemäßer Ermächtigungsnormen, daß auch die vorliegende Fallkonstellation einer Entschädigung wegen enteignungsgleichen Eingriffs geöffnet sein muß. Dafür spricht auch, daß im Falle der Rechtmäßigkeit der Enteignung die Entschädigung unmittelbar im Ermächtigungsgesetz geregelt ist (*Papier*, in: *Maunz/Dürig*, GG, Art. 14 Rdnr. 721; *Bryde*, in: *v. Münch/Kunig*, GG, Bd. 1, Art. 14 Rdnr. 105; *Lege*, NJW 1990, 872). Allerdings gilt der Vorrang des Primärrechtsschutzes (*Rozek*, S. 73).

[22] *Nüßgens/Boujong*, Rdnr. 437.

[23] *BGH*, NJW 1984, 1172; *Klein*, in: *Soergel*, BGB, § 839 Anh. Rdnr. 178.

„Unberührt bleibt in jedem Fall der Anspruch auf Entschädigung wegen derjenigen Nachteile, die durch die Anfechtung nicht hätten vermieden werden können, z. B. der Nachteile, die dem Ast. schon durch die Verzögerung der beantragten Baugenehmigung um die Dauer des durch die rechtswidrige Ablehnung notwendig gewordenen Widerspruchs- und evtl. Verwaltungsverfahrens entstehen."

Hierher gehören weiter die Fälle des Versagens technischer Einrichtungen, sofern es sich um Gesetzesvollzug handelt. So hat der *BGH*[24] zu Ampelanlagen ausgeführt, daß es sich bei der Abgabe von Lichtzeichen um Allgemeinverfügungen handle,[25] die im konkret zu entscheidenden Fall auf eine landesrechtliche ordnungsrechtliche Bestimmung (Gesetzesvollzug) gestützt werden konnten. Die Abgabe einander widersprechender Lichtzeichen sei rechtswidrig und könne einen Anspruch wegen enteignungsgleichen Eingriffes begründen. 16

Lediglich ein Unterfall des rechtswidrigen Vollzugs sind die Fälle, in denen ein mit einer Entschädigungsregelung versehenes und auch im übrigen verfassungsgemäßes Enteignungsgesetz von der Verwaltung rechtswidrig angewendet wird, weil etwa gegen das Gebot der Verhältnismäßigkeit verstoßen wird. So ist z. B. ein auf die §§ 85 ff. BauGB gestützter enteignender Eingriff rechtswidrig, wenn der Enteignungszweck auch auf andere zumutbare Weise als durch den Entzug des Eigentumsrechts erreicht werden kann (§ 87 I BauGB).[26] In diesen Fällen liegt eine fehlgeschlagene „Enteignung" vor, die eine Entschädigungspflicht nicht „wegen", sondern „trotz" der Rechtswidrigkeit des eigentumsverletzenden Eingriffsaktes begründet.[27] 17

In allen Fällen des rechtswidrigen Gesetzesvollzugs ist jedoch der Grundsatz des *Vorrangs des Primärrechtsschutzes* zu beachten. Der Anspruch aus enteignungsgleichem Eingriff steht nämlich unter dem Vorbehalt der Unmöglichkeit oder Unzumutbarkeit der (primär anzustrebenden) Abwehr des rechtswidrigen Eigentumseingriffes selbst.[28] *Primär* muß der Betroffene von den ihm zumutbaren Rechtsbehelfen Gebrauch machen, um den rechtswidrigen Eingriff zu beseitigen. Die sekundäre Entschädigungspflicht greift nur, wenn der Primärrechtsschutz nicht zum Tragen kommt, oder die Eigentumsbeeinträchtigungen damit nicht vollständig beseitigt werden können. 18

---

[24] *BGHZ* 99, 249 zum „feindlichen Grün"; außerhalb des Gesetzesvollzugs kann ein enteignungsgleicher Eingriff unter dem Gesichtspunkt rechtswidrigen faktischen Hoheitshandelns in Betracht kommen.

[25] *Sproll*, Allgemeines Verwaltungsrecht I, 1997, § 8 Rdnr. 77 ff.

[26] *Papier*, JuS 1985, 186; *Schmitt-Kammler*, in: Festschr. f. Wolf, S. 602; *Klein*, in: *Soergel*, BGB, § 839 Anh. Rdnr. 178.

[27] *Ossenbühl*, S. 229; dazu bereits oben Fn. 21.

[28] *Ossenbühl*, S. 229; *Scherzberg*, DVBl 1991, 90; *Klein*, in: *Soergel*, BGB, § 839 Anh. Rdnr. 176.

*b) Rechtswidriges schlichtes Verwaltungshandeln*

19 Eigentumsverletzungen können auch durch faktisches Hoheitshandeln verursacht werden. Rechtswidrige Realakte führen in aller Regel von vorneherein nicht zum Entzug rechtlich fixierter subjektiver Rechtspositionen, sondern manifestieren sich in der Schmälerung des Eigentumssubstrats.[29] Höchstrichterlich entschiedene Beispielsfälle dafür sind unbefugte Kiesentnahmen aus Privatgrundstücken,[30] die Herbeiführung von Überschwemmungsschäden infolge fehlenden Hochwasserschutzes,[31] oder eigentumsschädigende Folgen von Artillerieschießübungen.[32]

20 In all diesen Fällen ist der Anspruch aus enteignungsgleichem Eingriff allerdings nur dann gegeben, wenn die Eigentumsbeeinträchtigung gerade aus der Rechtswidrigkeit der schädigenden Maßnahme folgt. Hat die Verwaltung demgegenüber rechtmäßig gehandelt und führt lediglich die Eigentumsbeeinträchtigung zu unzumutbaren Folgen, scheidet der enteignungsgleiche Eingriff aus; es kann aber ein Anspruch aus enteignendem Eingriff in Betracht kommen.[33] Die Rechtswidrigkeit des Realaktes ist somit maßgebliches Abgrenzungskriterium zwischen diesen beiden Haftungsinstituten.

*c) Normatives Unrecht*

21 Normatives Unrecht betrifft Rechtsbeeinträchtigungen durch rechtswidrige untergesetzliche Normen, also durch Rechtsverordnungen oder Satzungen.[34]

22 In aller Regel fehlt es in diesen Fällen an einer drittbezogenen Amtspflicht mit der Folge, daß Amtshaftungsansprüche nicht gegeben sind. Es bleibt dann nur der Rückgriff auf den Anspruch wegen enteignungsgleichen Eingriffs. Allerdings darf sich die Rechtswidrigkeit der untergesetzlichen Norm nicht aus der Nichtigkeit der formell-gesetzlichen Ermächtigungsnorm herleiten; in diesem Fall handelt es sich nämlich um legislatives Unrecht. Der Rechtswidrigkeitsfehler muß der untergesetzlichen Norm selbst anhaften.[35] Eine *Haftung* für *normatives Unrecht* wurde vom *BGH* z. B. im Zusammenhang mit rechtswidrigen Veränderungssperren nach § 14 BauGB angenommen. Fehlen die materiell-rechtlichen Voraussetzungen für den Erlaß einer Veränderungssperre, weil etwa ein Aufstellungsbe-

---

[29] *Ossenbühl*, NJW 1983, 3; *Nüßgens/Boujong*, Rdnr. 418.
[30] *BGH*, NJW 1984, 1878.
[31] *BGH*, JZ 1994, 784 m. Anm. *Ossenbühl.*
[32] *BGHZ* 37, 44.
[33] *BGHZ* 57, 359; 91, 20; *Steinberg/Lubberger*, S. 228.
[34] *Maurer*, § 26 Rdnr. 91; *Ossenbühl*, S. 235. Abhängig von ihrer rechtlichen Einordnung können auch Verwaltungsvorschriften dem normativen Unrecht zugeordnet werden, *Windthorst/Sproll*, § 16 Rdnr. 14.
[35] *BGH*, DVBl 1993, 718.

schluß der Gemeinde für einen Bebauungsplan fehlt, kann sich die Veränderungssperre nicht mehr auf die inhaltsbestimmende gesetzliche Grundlage des § 14 BauGB stützen. Die Grenzen der entschädigungslos hinzunehmenden Sozialbindung werden überschritten.[36]

Selbstverständlich begründen Vollzugsakte, die auf einer rechtswidrigen untergesetzlichen Norm beruhen, ebenfalls enteignungsgleiche Eingriffe.[37] Demgegenüber scheidet ein derartiger Anspruch aus, wenn der die Eigentumsbeeinträchtigung begründende Vollzugsakt auf einem verfassungswidrigen förmlichen Gesetz beruht („Beruhensfälle“); dem steht es gleich, wenn der Vollzugsakt auf einer untergesetzlichen Norm beruht, die deshalb rechtswidrig ist, weil sie ihrerseits auf einem verfassungswidrigen förmlichen Gesetz beruht. **23**

## 4. Anspruchsvoraussetzungen

### *a) Überblick*

Der enteignungsgleiche Eingriff erfaßt rechtswidrig schuldlose und rechtswidrig schuldhafte Maßnahmen von Hoheitsträgern, die zu Eigentumsbeeinträchtigungen führen. Folge des Naßauskiesungsbeschlusses des *BVerfG* ist es jedoch, daß der Anwendungsbereich erheblich eingeschränkt worden ist.[38] Gegenüber der früheren Rechtslage hat sich also nicht nur die rechtliche Begründung des enteignungsgleichen Eingriffes geändert. **24**

Der Tatbestand des enteignungsgleichen Eingriffes ist durch vier positive und zwei negative *Tatbestandsmerkmale* gekennzeichnet: **25**

- Vermögenswerte Rechtsposition i. S. des Art. 14 I GG als Eingriffsobjekt
- Hoheitliche Maßnahme als Eingriffshandlung

---

[36] *BGHZ* 58, 128 f. (Veränderungssperre ergeht durch Satzung !); *Nüßgens/Boujong*, Rdnr. 162; *BGHZ* 73, 182. Nach § 18 BauGB tritt eine Entschädigungspflicht ein, wenn die Veränderungssperre länger als 4 Jahre dauert. Man wird diese Regelung als ausgleichspflichtige Inhaltsbestimmung zu bewerten haben. § 18 BauGB schließt im übrigen nicht aus, daß eine Sperre schon früher rechtswidrig werden kann. Der *BGH* (*BGHZ* 57, 362) gewährt einen Anspruch wegen enteignungsgleichen Eingriffs z. B. dann, wenn sich die Planung aus sachwidrigen Gründen nicht unerheblich verzögert hat.

[37] *BGHZ* 100, 145; *Rüfner*, in: *Erichsen*, Allg. Verwaltungsrecht, § 49 Rdnr. 62. Differenzierend hinsichtlich der Haftungsbegründung bei normativem Unrecht *Ossenbühl*, S. 235, der darauf hinweist, daß insbesondere auch Rechtsverordnungen zu erheblichen finanziellen Folgewirkungen für die Staatsfinanzen führen können. Als Beispiel dafür kann die Verpackungsverordnung 1991 angeführt werden, deren Verfassungskonformität mit beachtlichen Gründen angezweifelt wird; dazu *Scholz/Aulehner*, BB 1993, 2254 m. w. N. *Detterbeck* weist auf die Möglichkeit der Haftungseingrenzung des enteignungsgleichen Eingriffs bei normativem Unrecht über das Tatbestandsmerkmal des „Sonderopfers“ hin (JA 1991, 9).

[38] *Nüßgens/Boujong*, Rdnr. 432; dazu oben § 16 Rdnrn. 35 ff.

- Unmittelbarkeit der Eingriffswirkung
- Sonderopfer
- Subsidiarität zu Primärrechtsschutz (§ 254 BGB analog)
- Keine Haftung für legislatives Unrecht.

*b) Eingriffsobjekt*

26 Erste Anspruchsvoraussetzung ist die Beeinträchtigung einer von Art. 14 I 1 GG erfaßten Rechtsposition. Maßgebend für die Schutzgutabgrenzung ist also auch beim enteignungsgleichen Eingriff der verfassungsrechtliche Eigentumsbegriff.[39] Ein praktisch wichtiges Anwendungsfeld ist der eingerichtete und ausgeübte Gewerbebetrieb. Zu beachten ist dabei, daß künftige Chancen und bloße Erwerbsaussichten nicht geschützt werden. Eine rechtswidrige Versagung der Erlaubnis zum Betrieb einer Gaststätte führt deshalb grundsätzlich nicht zu Entschädigungsansprüchen aus enteignungsgleichem Eingriff, wohl aber können, sofern Verschulden vorliegt, Amtshaftungsansprüche in Betracht kommen.[40] Ein weiteres wichtiges Anwendungsfeld sind hoheitliche Maßnahmen bei der Regelung der baulichen Nutzung von Grundstücken und bei Grundstücksverkehrsgeschäften. So hat der *BGH*[41] für die rechtswidrige Versagung einer Teilungsgenehmigung festgestellt, daß die Befugnis, das Grundstück zu Bebauungszwecken zu veräußern, Inhalt des Eigentums sei; sie stehe gleichwertig neben der Befugnis, das Grundstück selbst zu bebauen. Die rechtswidrige Versagung der Teilungsgenehmigung beeinträchtige den Eigentümer in seiner durch Art. 14 GG geschützten Freiheit, sein Grundstück nach eigenen Vorstellungen zu nutzen, mit der Folge, daß die Verhinderung oder Verzögerung der Teilveräußerung einen Anspruch aus enteignungsgleichem Eingriff begründen könne.

*c) Hoheitlicher Eingriff*

27 Eingriffshandlungen können alle hoheitlichen Maßnahmen sein, die Eigentumsbeeinträchtigungen bewirken können.[42] Als Eingriffshandlungen kommen zunächst Rechtsakte in Betracht, etwa in der Form von untergesetzlichen Regelungen[43] oder von Verwaltungsakten.[44] Auch Verwal-

---

[39] *BGHZ* 78, 44; 84, 232; 94, 375; dazu ausf. oben § 14 Rdnrn. 6 ff.

[40] *Nüßgens/Boujong*, Rdnr. 422; dazu auch *Maurer*, JZ 1996, 1124.

[41] *BGH*, DÖV 1997, 464.

[42] *Maurer*, § 26 Rdnr. 90; *Rüfner*, in: *Erichsen*, Allg. Verwaltungsrecht, § 52 Rdnr. 59; *Ossenbühl*, S. 253.

[43] Förmliche Gesetze scheiden grundsätzlich als Eingriffsakt unter dem Gesichtspunkt des legislativen Unrechts aus; allerdings sind Sonderkonstellationen denkbar (dazu oben § 17 Rdnrn. 11 ff.). Deshalb wird die Problematik unter dem negativen Merkmal des Haftungsausschlusses bei legislativem Unrecht geprüft.

[44] *BGHZ* 86, 358 (Baugenehmigung verletzt nachbarschützende Vorschriften); *BGH*, NJW 1965, 1912 (Untersagung von Dachreklame); dazu umfänglich *Prior*, BauR 1987, 157 für Baugenehmigungen; auch *Erbguth/Stollmann*, JZ 1995, 1141.

tungsvorschriften können eingreifende Maßnahmen sein.[45] Praktisch bedeutsam sind Eingriffe durch schlichtes Hoheitshandeln (Realakte).[46] Als Beispiel dafür gilt der vom *BGH*[47] entschiedene Fall, in dem bei Straßenbauarbeiten infolge unsachgemäßer Bauleistung der Prüfschacht verstopft wurde. Durch den dadurch ausgelösten Rückstau der Hausabwässer wurden bei den Hauseigentümern erhebliche Schäden an Gegenständen verursacht, die im Keller aufbewahrt worden waren.

Umstritten ist, ob *Eingriffe* auch durch *Unterlassen* bewirkt werden 28
können. Der *BGH* vertritt bislang die Auffassung, daß das „schlichte" Unterlassen dem positiven Verwaltungshandeln grundsätzlich nicht gleichgestellt werden könne. Mit dem Unterlassen einer hoheitlichen Maßnahme werde nämlich nicht ein bereits vorhandener Wert entzogen, sondern lediglich etwas ohnedies bislang nicht Gewährtes nicht zuerkannt.[48] Etwas anderes soll allerdings in den Unterlassensfällen gelten, die ihrer Wirkung nach wie ein in den Rechtskreis des Betroffenen eingreifendes positives Handeln einzuordnen sind.[49] Ein derartiges qualifiziertes Unterlassen wurde vom *BGH* bei der rechtswidrigen Ablehnung einer Bauerlaubnis angenommen, weil sich diese Maßnahme nicht nur auf der Ebene des Nichtgewährens bewege, sondern sich im Widerspruch zu der verfassungsrechtlichen Garantie des Grundeigentums bewege, das auch die Baufreiheit mitumfasse.[50]

In der Literatur[51] ist diese Rechtsprechung des *BGH* auf Kritik ge- 29
stoßen. Es wird darauf hingewiesen, daß die Unterscheidung zwischen qualifiziertem und schlichtem Unterlassen nicht plausibel sei, vielmehr sei ebenso, wie im Zivil- und Strafrecht, an die Rechtspflicht der Behörde zum Handeln anzuknüpfen.[52] Nach *Ossenbühl* gibt es keinen vernünftigen Grund, die säumige Bearbeitung von Baugesuchen entschädigungsrechtlich anders zu bewerten als die rechtswidrige Verweigerung einer Bauerlaubnis.[53]

Es bestehen jedoch Bedenken, die Grundsätze der Rechtspflicht zum 30
Handeln, die vor allem in strafrechtlichen Zusammenhängen entwickelt worden sind, allgemein auf den enteignungsgleichen Eingriff zu übertra-

---

45 *BGHZ* 91, 243. In der Regel wird die fehlende Außenwirkung allerdings keine Eingriffswirkung in subjektiv-öffentliche Rechte erzeugen, so daß daran der Eingriff scheitern dürfte.

46 Vergleiche dazu oben § 17 Rdnr. 19.

47 *BGH*, WM 1973, 390.

48 *BGHZ* 92, 34.

49 *BGH*, DVBl 1969, 209; *BGHZ* 120, 124 (132).

50 *BGH*, DVBl 1971, 464; *BGHZ* 93, 87; 125, 258. Dazu auch *Papier*, in: *Maunz/Dürig*, GG, Art. 14 Rdnr. 610 f.

51 *Ossenbühl*, S. 255.

52 *Ossenbühl*, S. 256.

53 *Ossenbühl*, S. 257.

gen.[54] Verweigert die Behörde ein ihr rechtlich gebotenes Handeln durch eindeutige Entscheidung, liegt nach allen Auffassungen ein dem positiven Handeln gleichzustellendes Unterlassen vor. Im übrigen wird man jeweils nach der Rechtswirkung im Einzelfall über die Gleichstellung des Unterlassens mit dem positiven Verwaltungshandeln zu entscheiden haben.[55]

### *d) Unmittelbarkeit der Eingriffswirkung*

31 Der *BGH* setzte für den enteignungsgleichen Eingriff zunächst voraus, daß sich der Eingriff gezielt gegen eine verfassungsrechtlich geschützte Eigentumsposition richtet.[56] Die Finalität des Eingriffes, die ein Element des klassischen Enteignungsbegriffes war, wurde dann vom BGH erstmals im Schützenpanzerfall aufgegeben.[57] Damit war der *BGH* in der Lage, grundsätzlich auch Zufallschäden aus hoheitlichen Maßnahmen zu erfassen.[58] Mit dem Verzicht auf die Finalität des Eingriffes bestand allerdings die Gefahr, daß sich der enteignungsgleiche Eingriff zu einer unabsehbaren öffentlich-rechtlichen Gefährdungshaftung ausweiten könnte. Der *BGH* hat vor diesem Hintergrund das Merkmal der Unmittelbarkeit eingeführt. Dieses Merkmal ermöglicht es, eine Haftungsbegrenzung herbeizuführen.[59] Mit dem Unmittelbarkeitskriterium wird der unmittelbare Zusammenhang zwischen Eingriff und Beeinträchtigung zur Haftungsvoraussetzung gemacht. Es sollen solche Eingriffsfolgen ausgeschieden werden, die erst durch weitere Umstände herbeigeführt werden. Ausreichend ist also insbesondere nicht die Adäquanz der Verursachung. So hat der *BGH*[60] eine Haftung der Kommune für Wasserschäden am privaten Eigentum abgelehnt, die infolge eines Rohrbruches im öffentlichen Leitungssystem eingetreten sind.

32 Insgesamt hat das Unmittelbarkriterium inzwischen aber eine schwer überschaubare Kasuistik erzeugt.[61] Letztlich geht es um eine wertende Eingrenzung der Haftungszurechnung auf den Hoheitsträger. Es zeich-

---

[54] *Maurer*, § 26 Rdnr. 92; *Windthorst/Sproll*, § 16 Rdnr. 20 f.

[55] So wäre selbstverständlich ein rechtswidriges Unterlassen als „Eingriff" zu werten, wenn eine bereits bestehende Eigentumsbeeinträchtigung aufrechterhalten oder vertieft würde; *Schwabe*, JuS 1974, 26; *BGHZ* 111, 349 (352).

[56] So z.B. *BGHZ* 23, 235; *Rüfner*, in: *Erichsen*, Allg. Verwaltungsrecht, § 52 Rdnr. 59.

[57] *BGH*, NJW 1964, 105; distanzierend schon vorher in *BGHZ* 28, 310 (313); 37, 44 (47).

[58] Dazu insbesondere *BGHZ* 28, 310; 37, 44 (47), *Rüfner*, in: *Erichsen*, Allg. Verwaltungsrecht, § 52 Rdnr. 59.

[59] *Maurer*, § 56 Rdnr. 93; *Windthorst/Sproll*, § 16 Rdnr. 24; *Klein*, in: *Soergel*, BGB, § 839 Anh. Rdnr. 188.

[60] *BGHZ* 55, 229 (231).

[61] *BGHZ* 64, 220; 92, 34 (41); *BGH*, NJW 1996, 135. Verneint wurde das Unmittelbarkeitskriterium bei Beschädigung eines sichergestellten PKWs durch randalierende Dritte (*BGHZ* 100, 335) und wohl auch bei Waldschäden (*BGHZ* 102, 350).

net sich in der neueren Rechtsprechung ab, daß über dieses Kriterium eine Haftungsabgrenzung nach Risikosphären vorgenommen wird.[62] Danach führen Auswirkungen zu einem Haftungsanspruch, die für die konkrete Betätigung des Hoheitsträgers typisch sind und aus der Eigenart der hoheitlichen Maßnahme folgen.[63] Hat der *BGH* unter Berufung auf die fehlende Unmittelbarkeit zunächst Schäden, die durch Versagen einer Verkehrsampel verursacht worden sind, aus dem Anwendungsbereich des enteignungsgleichen Eingriffes ausgeschieden, sieht er zwischenzeitlich den einzelnen Ampelbefehl grundsätzlich als Verwaltungsakt und rechnet diesem den Schaden unmittelbar als Verwirklichung des typischen Anordnungsrisikos zu.[64] Bei der inhaltlichen Anreicherung des Unmittelbarkeitskriteriums um die Risikotypizität geht es um die Feststellung einer „natürlichen Einheit" von Maßnahme und Folge.[65]

*e) Sonderopfer als Rechtswidrigkeitsfolge*

Der enteignungsgleiche Eingriff setzt des weiteren ein die Grenzen der Sozialbindung überschreitendes Sonderopfer voraus. Dieses Sonderopfer wird allein bei der Rechtswidrigkeit festgemacht, da durch die Rechtswidrigkeit des Eingriffs dem Betroffenen ein Opfer zugemutet wird, das anderen schon deshalb nicht auferlegt wird, weil ein gesetzmäßiges Handeln des Hoheitsträgers diesen Eingriff von vorneherein ausgeschlossen hätte.[66] Es bedarf also in diesen Fällen keiner Abwägung nach den alten „Enteignungstheorien"; die Rechtswidrigkeit des Eingriffs begründet bereits das Sonderopfer. 33

Allerdings ist zu beachten, daß formell-rechtswidriges Verwaltungshandeln allein für die Begründung des Sonderopfers nicht ausreicht, wenn die Beeinträchtigung des Eigentums gleichwohl materiell rechtmäßig bleibt.[67] Für die Begründung des Sonderopfers bedeutungslos ist die Schuldhaftigkeit des Hoheitshandelns. Kommt zur Rechtswidrigkeit des Eingriffes außerdem schuldhaftes Verwaltungshandeln hinzu, besteht neben dem enteignungsgleichen Eingriff grundsätzlich auch ein Amtshaftungsanspruch nach § 839 BGB, Art. 34 GG, soweit dessen weitere Anspruchsvoraussetzungen gegeben sind.[68] 34

---

62 *Klein,* in: *Soergel*, BGB, § 839 Anh. Rdnr. 188; *BGH*, JZ 1994, 785.

63 *BGHZ* 92, 34 (41); 100, 335 (337); ausführlich *Steinberg/Lubberger*, S. 362 ff.

64 *BGHZ* 99, 249; dazu oben § 17 Rdnr. 16 f.

65 *BayObLGE* 78, 81; *BayObLG*, NVwZ-RR 1990, 284 für einen Fall, in dem ein zu enger Brückendurchlaß Ursache für eine Grundstücksüberschwemmung war. Zur Waldschadensproblematik *Bender*, VerwArch 77 (1986), 362 ff.

66 *Klein,* in: *Soergel*, BGB, § 839 Anh. Rdnr. 190; *BGHZ* 32, 208 (210); 78, 41 (43). *Schoch*, Jura 1989, 535.

67 *BGHZ* 58, 124 (127 f.); 78, 41 (44); *BGH*, NJW 1991, 1168; dazu auch *Detterbeck*, JA 1990, 9; *Scherzberg*, DVBl 1991, 91.

68 *BGHZ* 13, 93; *OLG* Stuttgart, NJW 1990, 2694, das darauf hinweist, daß bei Vor-

### g) Vorrang des Primärrechtsschutzes (§ 254 BGB analog)

35 Voraussetzung des enteignungsgleichen Eingriffes ist des weiteren, daß der Schaden nicht auf andere Weise abgewendet werden kann. Das negative Tatbestandsmerkmal[69] des Vorrangs des primären Rechtsschutzes wurde bereits im Naßauskiesungsbeschluß des *BVerfG*[70] angelegt. Dort hat das *BVerfG* allerdings zu Art. 14 III GG festgehalten, daß derjenige, der von den ihm vom GG eingeräumten Möglichkeiten, rechtmäßige Zustände herzustellen, keinen Gebrauch macht, nicht wegen des von ihm selbst herbeigeführten Rechtsverlustes vom Hoheitsträger kompensatorischen Geldersatz verlangen kann.[71] Die Subsidiarität des enteignungsgleichen Eingriffes wurzelt letztlich im Gedanken, daß die Eigentumsgarantie des GG nicht primär eine Wertgarantie darstellt, sondern in erster Linie den Bestand des Eigentums in der Hand des einzelnen absichert.[72] Der von einem rechtswidrigen Eingriff Betroffene hat somit nicht die freie Wahl, ob er den Eingriff mit dem dafür vorgesehenen Rechtsmittel abwehren oder ihn hinnehmen und statt dessen eine Entschädigung verlangen will. Er ist grundsätzlich gehalten, im Wege des Primärrechtsschutzes den Eingriff abzuwehren.

36 Von diesem Vorrangprinzip sollen nach einer abzulehnenden Auffassung nicht nur die Rechtsbehelfsmöglichkeiten gegenüber dem eingreifenden Akt selbst, sondern auch der Folgenbeseitigungsanspruch erfaßt werden, der auf die Wiederherstellung des ursprünglichen Zustandes gerichtet ist.[73] Der enteignungsgleiche Eingriff kommt nach dieser Auffassung nur dann in Betracht, wenn eine Restitution nicht möglich ist oder ausgleichsfähige Schäden trotz Restitution bestehen bleiben. Da auch der Folgenbeseitigungsanspruch jedoch grundsätzlich auf den Ausgleich bereits realisierter Unrechtslasten gerichtet ist, sollte er nicht als Instrument des Primärrechtsschutzes verstanden werden. Beide Ansprüche bestehen deshalb nebeneinander.[74]

37 Ausgehend von der Festlegung des *BVerfG* zum Vorrang der Bestandsgarantie hat der *BGH*[75] das Prinzip des Vorrangs des Primärrechtsschutzes auf eine analoge Anwendung von § 254 BGB gestützt. In der Lit. wird die Subsidiarität des enteignungsgleichen Eingriffs teilweise auf

---

liegen eines Amtshaftungsanspruches in der Praxis die zusätzliche Prüfung des enteignungsgleichen Eingriffes dahingestellt bleiben kann, weil dieser Anspruch nicht zu weitergehenden Haftungsfolgen führt. Vgl. oben § 11 Rdnr. 33.

[69] *Nüßgens/Boujong*, Rdnr. 435; *Ossenbühl*, S. 260; *Maurer*, § 26 Rdnr. 95.

[70] *BVerfGE* 58, 300. Zu den Zusammenhängen näher oben § 16 Rdnrn. 98 ff.; 167 f.

[71] *BVerfGE* 58, 322.

[72] *Scherzberg*, DVBl 1991, 90; *Böhmer*, NJW 1988, 2564.

[73] *Klein*, in: *Soergel*, BGB, § 839 Anh. Rdnr. 227; *Schoch*, VerwArch 79 (1988), 62 f.; *Ossenbühl*, S. 267; anders und zutreffend allerdings S. 333.

[74] Dazu ausf. unten § 18 Rdnr. 8.

[75] *BGHZ* 90, 17 (31); 92, 34 (50). Ebenso *Papier*, in: *Maunz/Dürig*, GG, Art. 14 Rdnr. 639 ff.; *Knauber*, NVwZ 1984, 759.

§ 839 III BGB zurückgeführt.[76] Es wird darauf hingewiesen, daß das Unterlassen von Abwehransprüchen keine Frage eines „Verschuldens gegen sich selbst" sei. Man wird die Herleitung des Subsidiaritätsprinzips aus dem Gedanken des § 254 BGB vorzuziehen haben, da dies im Einzelfall zu sachgerechten Lösungen führt. Der so verstandene Vorrang des Primärrechtsschutzes führt zum Verlust des Entschädigungsanspruches, wenn der Betroffene von den ihm von der Rechtsordnung zur Verfügung stehenden Rechtsbehelfen oder Maßnahmen des Primärrechtsschutzes in *zumutbarer Weise keinen Gebrauch* macht, so daß ihm sein Unterlassen als „Verschulden in eigener Angelegenheit" angerechnet werden kann.[77] Nachteile, die er infolge seiner Nachlässigkeit hätte vermeiden können, aber nicht vermieden hat, können in diesem Fall nicht über den enteignungsgleichen Eingriff liquidiert werden.

Das Kriterium der Zumutbarkeit führt in Einzelfällen zu schwierigen **38**
Abgrenzungsfragen. In der Tendenz der Rspr. des *BGH* läßt sich feststellen, daß ein zunehmend strengerer Maßstab an die Obliegenheiten des Betroffenen angelegt wird.[78]

Zur Abgrenzung der Prüfungs- und Anfechtungsobliegenheiten des **39**
Betroffenen lassen sich folgende Grundsätze zusammenfassen:[79]

- Zunächst können all die Fälle ausgeschieden werden, in denen eine Abwehr des Eingriffs und der damit verbundenen Vermögenseinbußen von vorneherein nicht möglich ist.[80] Dazu rechnen z. B. Verzögerungsschäden bei rechtswidrig vorenthaltener Bau- oder Gewerbeerlaubnis.[81] Des weiteren scheiden zwangsläufig all die Fälle der unmittelbaren Schadensverursachung aus. Dazu gehören etwa plötzlich eintretende Unfallschäden im Falle des „feindlichen Grüns" bei Straßenampelversagen[82] oder der Fall der Eigentumsverletzungen durch Schießübungen bei Manövern.[83]
- Der Adressat eines Verwaltungsaktes muß grundsätzlich prüfen, ob das Vorgehen der Behörde rechtmäßig ist oder nicht. Ergeben sich aus der Prüfung begründete Zweifel an der Rechtmäßigkeit des Eingriffes oder hätte diese – nicht vorgenommene – Prüfung zu einem solchen Ergebnis geführt, so ist es dem Betroffenen grundsätzlich zuzumuten, Rechtsbehelfe gegen die hoheitliche Maßnahme zu ergreifen.[84]

---

[76] *Klein,* in: *Soergel,* BGB, § 839 Anh. Rdnr. 193; *Böhmer,* NJW 1988, 2564.
[77] *Ossenbühl,* S. 261.
[78] Dazu v. a. *BGHZ* 110, 12 für einen Fall, in dem der Betroffene das verwaltungsgerichtliche Verfahren für erledigt erklärt hat. Zustimmend *Krohn,* VersR 1991, 1085.
[79] *Windthorst/Sproll,* § 16 Rdnr. 28.
[80] *Ossenbühl,* S. 261; *Nüßgens/Boujong,* Rdnr. 433.
[81] *Ossenbühl,* NJW 1983, 1; *BGH,* NJW 1984, 1172.
[82] *BGHZ* 99, 249; *Schwabe,* DVBl 1981, 389.
[83] *Klein,* in: Soergel, BGB, § 839 Anh. Rdnr. 197; *Ossenbühl,* S. 261.
[84] *BGHZ* 90, 17 (32).

- Ansonsten ist über die Zumutbarkeit des Primärrechtsschutzes jeweils im Einzelfall zu entscheiden. Dabei kann das Kostenrisiko in die Zumutbarkeitsabwägung einbezogen werden.[85] Auch hat der *BGH*[86] entschieden, daß nicht alle theoretisch denkbaren Rechtsbehelfsmöglichkeiten ausgeschöpft werden müssen. Der Betroffene hatte im Normenkontrollverfahren die Nichtigkeitsfeststellung des Bebauungsplanes erreicht. Der *BGH* vertrat die Auffassung, daß der Eigentümer nicht auch noch die auf den Bebauungsplan gestützte Baugenehmigung anfechten muß.

40 Zu beachten ist in all diesen Fällen, daß die Darlegungs- und Beweislast für die tatsächlichen Voraussetzungen einer Mitverantwortung des Betroffenen grundsätzlich den in Anspruch genommenen Hoheitsträger trifft.[87]

### 5. Entschädigung

#### *a) Umfang der Entschädigung*

41 Sind die tatbestandlichen Voraussetzungen des enteignungsgleichen Eingriffs gegeben, ist also insbesondere dem Betroffenen ein Angriff gegen den eingreifenden Akt im Wege des Primärrechtsschutzes nicht zumutbar, kann der Betroffene Entschädigung für die Eigentumsbeeinträchtigung verlangen.

42 Bei der Festlegung des Umfangs und der Höhe der Entschädigung orientiert sich die Rechtsprechung an den Grundsätzen zur Enteignungsentschädigung nach Art. 14 III 3 GG. Somit spiegelt sich auch in der Rechtsfolge letztlich wider, daß der enteignungsgleiche Eingriff in Anlehnung an Art. 14 III GG entwickelt worden ist.[88] Die Entschädigung ist deshalb Ausgleich für die auferlegte Vermögenseinbuße.[89] Es sind nur die Nachteile an der Eigentumssubstanz zu entschädigen, die das Maß dessen übersteigen, was dem Betroffenen durch rechtmäßiges hoheitliches Handeln hätte auferlegt werden können.[90]

43 Insbesondere muß auch bei der Rechtsfolge des enteignungsgleichen Eingriffs beachtet werden, daß sich die Enteignungsentschädigung von einem Schadenersatzanspruch unterscheidet. Während beim Schadenersatz der Geschädigte grundsätzlich so gestellt werden soll, als wäre der

---

[85] *BGHZ* 92, 34 (50).
[86] *BGHZ* 92, 34 (50); dazu *Nüßgens/Boujong*, Rdnr. 439.
[87] *Windthorst/Sproll*, § 16 Rdnr. 30; *Nüßgens/Boujong*, Rdnr. 442.
[88] *Papier*, in: *Maunz/Dürig*, GG, Art. 14. Rdnr. 625; *Maurer*, § 26 Rdnr. 100.
[89] *BGHZ* 6, 270; *BGH*, NJW 1975, 1880, 1881. Im übrigen kann auf die Ausführungen zur Enteignungsentschädigung oben § 16 Rdnrn. 144 ff. verwiesen werden.
[90] *BGHZ* 92, 50; *Nüßgens/Boujong*, Rdnr. 416; *Detterbeck*, JA 1990, 9 (zum Sonderopfer).

schädigende Eingriff nicht vorgenommen worden, ist die Entschädigung im Sinne des Lastenausgleichs als Kompensation für ein dem Betroffenen abverlangtes Sonderopfer zu bemessen.[91] Vor diesem Hintergrund können in bestimmten Grenzen auch Folgeschäden zu erstatten sein, nämlich dann, wenn es sich um Nachteile handelt, die in der Person des Betroffenen zu der Substanzeinbuße als erzwungene und unmittelbare Folge des Eigentumseingriffs noch hinzukommen.[92] Gemeint sind z. B. Beispiel Aufwendungen, die der Betroffene nur deshalb zu erbringen hat, weil er dem hoheitlichen Eingriff ausgesetzt war, also Rechtsberatungs- und Gutachterkosten sowie bei Beeinträchtigungen des Gewerbebetriebes auch Kosten der Betriebsverlagerung oder die Anlaufkosten des verlegten Betriebes.

Auch bei der Bemessung der Entschädigung ist das *mitwirkende Verschulden* des Betroffenen zu berücksichtigen. Das mitwirkende Verschulden kann sich auf die Schadensabwendung und Schadensminderung (§ 254 II BGB) wie auch auf die Schadensentstehung selbst (§ 254 I BGB) beziehen.[93] **44**

Schließlich sind bei der Bemessung der Entschädigung die Grundsätze der *Vorteilsausgleichung* anzuwenden.[94] **45**

*b) Verjährung*

Der Entschädigungsanspruch aus enteignungsgleichem Eingriff verjährt in 30 Jahren, sofern keine abweichenden gesetzlichen Sonderregelungen bestehen (§ 195 BGB).[95] Sofern derartige Sonderregelungen kürzere Verjährungsfristen vorsehen, sind diese maßgeblich; es ist in diesen Fällen also unzulässig, auf den enteignungsgleichen Eingriff mit seiner 30jährigen Verjährungsfrist zurückzugreifen. **46**

*c) Passiv- und Aktivlegitimation*

*aa)* Die Rechtsprechung hält denjenigen für entschädigungspflichtig, der durch den Eingriff unmittelbar begünstigt worden ist (*Passivlegitimation*). Nicht der eingreifende Hoheitsträger, sondern der „Nutznießer" des Eingriffs ist der Anspruchsverpflichtete.[96] Begünstigt ist dabei entweder derjenige Hoheitsträger, dessen Aufgaben im Zusammenhang mit der rechtswidrigen hoheitlichen Maßnahme wahrgenommen worden sind oder dem die Vorteile des Eingriffs zugeflossen sind.[97] Beide haften ku- **47**

---

91 *Ossenbühl*, S. 265.
92 *Nüßgens/Boujong*, Rdnr. 393; *Ossenbühl*, S. 266.
93 *Ossenbühl*, S. 266; *BGHZ* 56, 57; *BGH*, DVBl 1971, 457.
94 *BGHZ* 54, 10.
95 *BGHZ* 72, 273 (275); 99, 249 (255); *Nüßgens/Boujong*, Rdnr. 399; *Prior*, BauR 1987, 157.
96 *BGHZ* 76, 387 (396); 87, 66 (80); *BGH*, JZ 1997, 557 m. Anm. *Ossenbühl*.
97 *Ossenbühl*, S. 263.

mulativ. Der *BGH* läßt deshalb Bauaufsichtsbehörde und Gemeinde als Gesamtschuldner haften, wenn bei der Versagung einer Baugenehmigung die ablehnende Entscheidung auf eigenen Erwägungen der Bauaufsichtsbehörde und der Versagung des gemeindlichen Einvernehmens beruht.[98]

In der *Lit.* wird demgegenüber zunehmend die Auffassung vertreten, daß passivlegitimiert grundsätzlich derjenige Hoheitsträger sein soll, dessen Organe den Eingriff vorgenommen haben.[99] Zu beachten ist auf jeden Fall, daß beim enteignungsgleichen Eingriff nur ein Hoheitsträger begünstigt und damit passiv legitimiert sein kann. Demgegenüber ist es bei der Enteignung nach Art. 14 III GG denkbar, daß auch Private begünstigt und deshalb entschädigungspflichtig sein können.

48 *bb)* Anspruchsberechtigt (*Aktivlegitimation*) sind diejenigen, die durch den rechtswidrigen Eingriff beeinträchtigt sind. Angesichts der einfachgesetzlichen Ausprägung des enteignungsgleichen Eingriffs kommen als Entschädigungsberechtigte auch ausländische juristische Personen sowie juristische Personen des öffentlichen Rechts in Betracht.[100]

## 6. Konkurrenzen und Rechtsweg

### *a) Konkurrenzen*

49 Für das Verhältnis zwischen dem enteignungsgleichen Eingriff und anderen Ansprüchen, die auf „Eingriffskompensation" gerichtet sind, ist die Funktion des enteignungsgleichen Eingriffs, nämlich Haftungslücken zu schließen, wichtig.[101]

50 Dem enteignungsgleichen Eingriff gehen spezialgesetzliche Anspruchsgrundlagen vor, die Entschädigungen für rechtswidrige Maßnahmen vorsehen. Insbesondere im Polizei- und Ordnungsrecht finden sich eine Reihe von Bestimmungen, die als Ausprägung des enteignungsgleichen Eingriffs verstanden werden können.[102]. Es ist jeweils sorgfältig zu prüfen, ob hinsichtlich der Entschädigungshöhe die Sondergesetze auch tatsächlich eine abschließende Regelung treffen, oder ob sie lediglich eine Mindestentschädigung vorsehen mit der Folge, daß über den enteig-

---

98 *BGH*, DÖV 1997, 466; *Klein*, in: *Soergel*, BGB, § 839 Anh. Rdnr. 199.

99 *Maurer*, § 26 Rdnr. 101; *Ossenbühl*, S. 263 unter Hinweis auf das Beurteilungsrisiko für den Betroffenen. *Steinberg/Lubberger*, S. 372 f.; *Klein*, in: *Soergel*, BGB, § 839 Anh. Rdnr. 199.

100 *Ossenbühl*, S. 264; *BGHZ* 76, 375; *OLG* Köln, NVwZ 1994, 411.

101 *Windthorst/Sproll*, § 16 Rdnr. 34; näher zu den Konkurrenzen auch § 18 Rdnrn. 6 ff.

102 So räumt z. B. Art. 70 BayPAG dem zu Unrecht in Anspruch genommenen Nichtstörer einen Entschädigungsanspruch ein, soweit der Schaden durch die polizeiliche Maßnahme entstanden ist und der Geschädigte nicht von anderen Ersatz verlangen kann.

nungsgleichen Eingriff gegebenenfalls weitergehende Entschädigungsforderungen geltend gemacht werden können.[103]

Der Anspruch aus enteignungsgleichem Eingriff und der Amtshaftungsanspruch bestehen nebeneinander. Dies hat nicht nur Bedeutung wegen der unterschiedlichen Rechtsfolge, sondern kann auch im Hinblick auf die Verjährung entscheidend sein. Während der Amtshaftungsanspruch nämlich in 3 Jahren verjährt, unterliegt der enteignungsgleiche Eingriff der 30jährigen Verjährung.[104] 51

*b) Rechtsweg*

Für Entschädigungsansprüche aus enteignungsgleichem Eingriff sind die Zivilgerichte zuständig (§ 40 II 1 1. Alt. VwGO).[105] Allerdings ist zu beachten, daß nach der Neuregelung des § 17 II GVG diese Ansprüche auch in die Sachkompetenz anderer Gerichte fallen können, wenn zu diesen der Rechtsweg nach anderen Klagegründen eröffnet ist.[106] 52

## III. Enteignender Eingriff – Anspruch wegen rechtmäßiger Eigentumseingriffe

### 1. Anwendungsbereich

Der enteignende Eingriff betrifft Sachverhalte, in denen das Eigentum durch atypische und unvorhergesehene Nebenfolgen eines rechtmäßigen Verwaltungshandelns so stark beeinträchtigt wird, daß eine entschädigungslose Hinnahme dem Eigentümer nicht mehr zumutbar ist.[107] Der enteignende Eingriff unterscheidet sich somit vom enteignungsgleichen Eingriff durch die Rechtmäßigkeit des Hoheitshandelns. Typische Beispiele bilden etwa Bauarbeiten an Straßen und Verkehrseinrichtungen, die zu Verkehrsbehinderungen und damit zu Umsatzeinbußen der auf die Laufkundschaft angewiesenen Anliegerbetriebe führen.[108] Ebenfalls dem enteignenden Eingriff zuzuordnen sind öffentlich-rechtliche Immissionen, wie z. B. Fluglärm aus Militärflugzeugen, die zu Wertminderungen von Bauland führen.[109] 53

---

[103] *Kreft*, WM-Sonderbeilage 7/1982, 9; *Nüßgens/Boujong*, Rdnr. 447.

[104] *BGHZ* 13, 93; *Windthorst/Sproll,* § 16 Rdnr. 36.

[105] *BGHZ* 90, 17 (31); *Papier*, NVwZ 1983, 260 f.

[106] Neufassung durch das 4. VwGO ÄndG v. 17.12.1990 (BGBl I, S. 2809); *Ossenbühl*, S. 268. Zur Bedeutung der Neuregelung *Kissel*, NJW 1991, 950.

[107] *BGHZ* 91, 20 (26); *BGH*, NJW 1992, 3232; *Nüßgens/Boujong*, Rdnr. 449; *Papier*, Jura 1981, 67; *Sproll*, JuS 1996, 130; *Klein,* in: *Soergel*, BGB, § 839 Anh. Rdnr. 153. Zu beachten ist allerdings, daß die Unvorhergesehenheit der Nebenfolge keine Anspruchsvoraussetzung ist; *BGH*, NJW 1986, 2423 (2424).

[108] *Maurer*, DVBl 1991, 782; *Nüßgens/Boujong*, Rdnr. 449.

[109] *BGHZ* 59, 378; 129, 124; *BGH*, NJW 1993, 1700; *Rinne/Schlick*, NVwZ 1997, 36.

54 Das spezifische Unrecht, das die Entschädigung auslöst, folgt beim enteignenden Eingriff also nicht aus dem hoheitlichen Verhalten selbst, das für sich genommen rechtmäßig ist. Die Unrechtshaftung geht vielmehr zurück auf den „weiterwirkenden" Erfolg der rechtmäßigen hoheitlichen Handlung, die zu unzumutbaren Beeinträchtigungen führt. Gehaftet wird im Ergebnis also für den rechtswidrigen „Erfolg". Bei diesem Verständnis ist auch der enteignende Eingriff als Haftungstatbestand dem Staatshaftungsrecht zuzurechnen.[110]

55 Der enteignende Eingriff wurde im Zusammenhang mit Straßenbau- und U-Bahn-Baumaßnahmen entwickelt. In der „Buschkrugbrücken-Entscheidung" führt der *BGH*[111] aus:

> „Die Verkehrsbeschränkungen und Behinderungen bleiben nur dann in den entschädigungslos hinzunehmenden Grenzen, wenn sie nach Art und Dauer nicht über das hinausgehen, was bei ordnungsmäßiger Durchführung der Arbeiten mit möglichen und zumutbaren Mitteln sachlicher und persönlicher Art notwendig ist. Bei einer nicht unerheblichen Überschreitung dieser Grenzen besteht ein Anspruch auf Entschädigung wegen enteignungsgleichen (rechtswidrigen) Eingriffs. Trotz Einhaltung dieser Grenzen muß die Behörde unter Umständen eine Entschädigung wegen (rechtmäßigen) enteignenden Eingriffs leisten, wenn ihr Vorgehen den Wesenskern eines geschützten Rechtsgutes angetastet hat."

56 Nach dem Naßauskiesungsbeschluß wurde in der *Lit.* verschiedentlich die Auffassung vertreten, daß das Haftungsinstitut des enteignenden Eingriffs, soweit es sich um vorhersehbare und deshalb auch abwehrbare Eigentumsbeeinträchtigungen handelt, in der neuen Rechtsfigur der ausgleichspflichtigen Inhaltsbestimmung aufgegangen sei.[112] Nach dieser Auffassung könnten dem enteignenden Eingriff allenfalls noch „evident entschädigungsbedürftige Extremfälle" unvorhersehbarer Zufallsfolgen zugeordnet werden.[113] Damit würde der Eigentumsschutz von der Entschädigungsebene unvertretbar in den Primärrechtsschutz vorverlagert. Sofern nämlich das Hoheitshandeln in vorhersehbarer Weise zu Eigentumsbeeinträchtigungen führt, müßte der Betroffene sich generell gegen dieses Hoheitshandeln wenden. Im Falle der Verfassungswidrigkeit des ermächtigenden Gesetzes, etwa wegen fehlender Ausgleichsregelung, käme zudem das Verbot der Entschädigung für legislatives Unrecht zum Tragen.

57 Der enteignende Eingriff behält jedenfalls für hoheitliche Realakte weiterhin Bedeutung. Eine Einschränkung in diesem Bereich unter Hinweis auf die prinzipiell erforderliche formell-gesetzliche Legitimationsgrundlage wäre nicht nur gekünstelt, sondern es würde dabei unberücksichtigt

---

[110] *Ossenbühl*, S. 272; *Klein*, in: *Soergel*, BGB, § 839 Anh. Rdnr. 153; *Aust/Jacobs*, S. 71 f.

[111] *BGH*, NJW 1965, 1908.

[112] In diesem Sinne kritisch *Rüfner*, in: *Erichsen*, Allg. Verwaltungsrecht, § 49 Rdnr. 77; *Osterloh*, DVBl 1991, 913; *Heinz/Schmitt*, NVwZ 1992, 513.

[113] So *Osterloh*, DVBl 1991, 913; krit. dazu allgemein *Ossenbühl*, S. 271.

bleiben, daß der strikte Gesetzesvorbehalt für das schlichte Verwaltungshandeln im Bereich der Daseinsvorsorge nach h. M. nicht gilt.[114]

Ein weiterer Einwand ergibt sich gegen die restriktive Auffassung dar- **58**
aus, daß letztlich dem Betroffenen die Entscheidung darüber aufgebürdet wird, ob die eigentumsbeeinträchtigende Wirkung des Hoheitsaktes vorhersehbar war oder nicht. Trägt man diesem Aspekt beim Vorrang des Primärrechtsschutzes dadurch Rechnung, daß man es in Zweifelsfällen dem Bürger zumutet, die eingreifende Maßnahme selbst anzugreifen, so führt diese Auffassung zu einer von der Sache her nicht gebotenen Komplizierung des Rechtsschutzes des Betroffenen. Der *BGH* selbst hat sich denn auch in seiner ersten einschlägigen Entscheidung für den Fortbestand der Rechtsfigur des enteignenden Eingriffs ausgesprochen. In dieser Entscheidung ging es um übermäßige Geruchsbelästigungen, die von einer schlicht hoheitlich betriebenen Kläranlage einer Gemeinde auf Nachbargrundstücke ausgingen. Der *BGH* sieht die Rechtsgrundlage für den enteignenden Eingriff im allgemeinen Aufopferungsgrundsatz. Hiernach ist der enteignende Eingriff ein Haftungsinstitut des einfachen Rechts.[115]

## 2. Anspruchsvoraussetzungen

### *a) Überblick*

Der enteignende Eingriff setzt voraus, daß **59**

- durch eine hoheitliche Maßnahme
- unmittelbar
- eine geschützte Rechtsposition des Eigentümers
- beeinträchtigt wird.

Die Anspruchsstruktur entspricht somit im Grundsatz derjenigen des **60**
enteignungsgleichen Eingriffs. Die nachfolgenden Ausführungen *beschränken* sich deshalb *auf die Tatbestandsmerkmale*, die wegen der Eigenart des enteignenden Eingriffs *besondere Überlegungen* erfordern; im übrigen wird auf die Darlegungen zu den Anspruchsvoraussetzungen des enteignungsgleichen Eingriffs verwiesen.

---

[114] Kritisch dazu *Ossenbühl*, S. 271 f.; der offenbar von einer eher zunehmenden praktischen Bedeutung dieses Haftungsinstituts ausgeht. Zur Bedeutung des Gesetzesvorbehalts bei schlichtem Verwaltungshandeln *Sproll*, Allgemeines Verwaltungsrecht II, 1998, § 15 Rdnr. 11.

[115] *BGHZ* 91, 26; *Ossenbühl*, NJW 1983, 1; *Papier*, in: *Maunz/Dürig*, GG, Art. 14 Rdnr. 632.

*b) Hoheitlicher Eingriff*

61 Es muß auch beim enteignenden Eingriff ein hoheitliches Handeln vorliegen. Ein Eingriff durch Unterlassen kommt beim enteignenden Eingriff nicht in Betracht, weil ein Nichthandeln bei bestehender Handlungspflicht rechtswidrig wäre. Diese Sachverhalte werden allenfalls vom enteignungsgleichen Eingriff erfaßt.[116]

62 Eingriffe in diesem Sinne sind vor allem hoheitliche *Realakte*. Sie sind das *Hauptanwendungsfeld* des *enteignenden Eingriffs*. Die Rechtsprechung hat diesem Haftungsinstitut etwa Straßenbauarbeiten zugeordnet, die wegen damit verbundener Zugangsbehinderungen bei Gewerbebetrieben zu Umsatzrückgängen geführt haben. Auch Überschwemmungsschäden, die infolge einer Seedeicherhöhung verursacht worden sind, gehören hierher.[117] Eine weitere Fallgruppe betrifft hoheitlich veranlaßte Immissionen. Der *BGH* hat die Folgen von Geräuschimmissionen durch Düsenflugzeuge auf einem Militärflugplatz[118] ebenso dem enteignenden Eingriff zugeordnet, wie eine kommunale Hausmülldeponie, die Krähen anlockte, welche die benachbarten Äcker eines Landwirtes beschädigten.[119] Schließlich werden auch Verkehrsimmissionen erfaßt, wenn dadurch ein benachbartes Grundstück in einem Maße beeinträchtigt wird, was nach § 906 BGB nicht ohne Ausgleich hingenommen werden müßte.[120]

63 Auch wenn das Haftungsinstitut des enteignenden Eingriffes vor allem untypische Folgewirkungen von Realakten erfaßt, sind grundsätzlich auch Beeinträchtigungen durch Rechtsakte denkbar.[121]

*c) Sonderopfer*

64 Der Eigentumseingriff muß zu einer Beeinträchtigung des Eigentums geführt haben. Dieses Sonderopfer folgt beim enteignungsgleichen Eingriff allein aus der Rechtswidrigkeit der Maßnahme. Beim enteignenden Eingriff muß demgegenüber das Sonderopfer jeweils besonders begründet werden.[122] Zur Feststellung, ob die „Zumutbarkeitsgrenze" über-

[116] *Klein,* in: *Soergel*, BGB, § 839 Anh. Rdnr. 158.

[117] *BGHZ* 80, 111; 117, 240.

[118] *BGHZ* 59, 378; 122, 76; 129, 124.

[119] *BGH*, NJW 1980, 770; zu weiteren Beispielen *Ossenbühl*, S. 274.

[120] *BGHZ* 64, 220; *Ossenbühl*, S. 275. Das *BVerwG* (NJW 1989, 1291) scheint insoweit auf einen öffentlich-rechtlichen Nachbarausgleichsanspruch zurückgreifen zu wollen; dazu unten Rdnr. 71. Zu beachten ist, daß die Verkehrsimmissionen ihren hoheitlichen Charakter daraus beziehen, daß die öffentliche Straße von einem Hoheitsträger für den konkreten öffentlichen Verkehr gewidmet worden ist. Damit wird den Anliegern gleichzeitig eine Duldungspflicht auferlegt.

[121] *Windthorst/Sproll*, § 16 Rdnr. 42 mit Beispiel.

[122] *Ossenbühl*, S. 276; *Klein,* in: *Soergel*, BGB, § 839 Anh. Rdnr. 160; *Maurer*, § 26 Rdnr. 112.

schritten wird, also die Entschädigungswürdigkeit des Sachverhalts gegeben ist, können auch die sog. Schwellentheorien und die dort entwickelten Kriterien herangezogen werden.[123]

Der *BGH*[124] hat die Entschädigungsschwelle in einer Belastung des einzelnen gesehen, die anderen Eigentümern in dieser Form nicht zugemutet wird und deshalb zu einer Ungleichbehandlung führt. Der *BGH* hat die Sonderopfertheorie durch Einführung des Kriteriums der Situationsgebundenheit modifiziert.[125] Danach müssen Beeinträchtigungen hingenommen werden, die „situationsgebunden" sind, die sich also lediglich als Konkretisierung der immanenten Beschränkung der Rechte des Eigentümers wegen der besonderen Lage oder der besonderen Situation des Grundstückes darstellen. **65**

Das *BVerwG*[126] hat in st. Rspr. auf die Schwere und Tragweite der Eigentumsbeeinträchtigung abgehoben. **66**

Darüber hinaus werden in der *Lit.* weitere „Abgrenzungstheorien" entwickelt. *Stödter*[127] vertritt die sog. *Zumutbarkeitstheorie.* Maßgebend für die Zumutbarkeitsgrenze sollen Schwere und Tragweite sowie Intensität des hoheitlichen Eingriffs sein. Die *Privatnützigkeitstheorie*[128] geht von der grundsätzlichen Privatnützigkeit des Eigentums aus. Sofern diese aus Gründen des Allgemeinwohls im Einzelfall ausgehöhlt wird, soll Entschädigung geleistet werden. Zu Recht wird darauf hingewiesen, daß diese allgemeinen Formeln bei der Abgrenzung des enteignenden Eingriffs der Konkretisierung jeweils im Einzelfall bedürfen, und zwar ausgerichtet an den Besonderheiten des Sachbereichs und der Maßnahmenart.[129] **67**

Für die nachbarrechtlichen Immissionsfälle greift der *BGH* auf § 906 BGB zurück. Dem liegt die Überlegung zugrunde, daß einem Grundstückseigentümer durch den öffentlich-rechtlichen Nachbarn nicht mehr an Immissionen zugemutet werden darf als durch einen zivilen Nachbarn. Deshalb werden für die Feststellung der Opfergrenze die Kriterien herangezogen, die im Rahmen des § 906 II BGB entwickelt worden sind. Der *BGH* bezeichnet den Entschädigungsanspruch aus enteignendem Eingriff in diesen Fällen als das öffentlich-rechtliche Gegenstück zum zivilrechtlichen Ausgleichsanspruch unter Nachbarn nach § 906 II 2 BGB.[130] Er stellt darauf ab, ob die Folgen des Eingriffs für den Anlieger **68**

---

[123] *Ossenbühl,* S. 277; *Windthorst/Sproll,* § 16 Rdnr. 44.

[124] *BGHZ* 6, 270 (279); 60, 126 (130); 80, 111 (114).

[125] *BGHZ* 87, 66 (71); *Papier,* in: *Maunz/Dürig,* GG, Art. 14 Rdnr. 324.

[126] *BVerwGE* 5, 143 (145); 61, 295 (303).

[127] *Stödter,* DÖV 1953, 97; 136.

[128] *Reinhardt,* in: *Reinhardt/Scheuner,* Verfassungsschutz des Eigentums, 1994, S. 1 ff.; dazu *Nüßgens/Boujong,* Rdnr. 343.

[129] *Ossenbühl,* S. 277. *Klein,* in: *Soergel,* BGB, § 839 Anh. Rdnr. 162 weist darauf hin, daß es näherliege, die Parallele zu § 906 II 2 BGB zu ziehen und die dort ermittelten Zumutbarkeitskriterien nutzbar zu machen.

[130] *BGHZ* 57, 359; 91, 20 (26).

nach Dauer, Art, Intensität und Auswirkung so erheblich sind, daß ihm eine entschädigungslose Hinnahme nicht mehr zuzumuten ist.[131]

69 Vor allem im Zusammenhang mit öffentlich-rechtlichen Immissionen gibt es eine Vielzahl ungeklärter Fragen, die sich insbesondere aus gesetzlichen Regelungen ergeben, welche ebenfalls den Ausgleich von Immissionsfolgen zum Gegenstand haben. So ist das Verhältnis des Ersatzanspruches nach § 42 BImSchG zu dem enteignenden Eingriff ungeklärt. § 42 II BImSchG sieht Entschädigungen für Schallschutzmaßnahmen in Höhe der erbrachten notwendigen Aufwendungen vor.[132] Es fragt sich, ob damit die Immissionsfolgen abschließend geregelt sind. Eine Lösung läßt sich im prinzipiellen Vorrang des § 42 II BImSchG gegenüber dem enteignenden Eingriff finden. Nur dort, wo Schallschutzmaßnahmen nicht zu zumutbaren Verhältnissen für den Betroffenen führen, bleibt eine weitergehende Kompensation im Wege des enteignenden Eingriffs möglich. Dafür spricht nicht zuletzt § 42 II 2 BImSchG.[133]

70 Abgrenzungsnotwendigkeiten ergeben sich auch zu § 74 II 3 VwVfG. Nach § 74 II 2 VwVfG muß der Planfeststellungsbeschluß Vorkehrungen oder die Errichtung und Erhaltung von Anlagen vorsehen, die zum Wohle der Allgemeinheit oder zur Vermeidung nachteiliger Wirkungen (nicht nur von Immissionen) auf Rechte anderer erforderlich sind. Sind solche Vorkehrungen oder Anlagen untunlich oder mit dem Vorhaben nicht vereinbar, so hat der Betroffene nach § 74 II 3 VwVfG Anspruch auf eine angemessene Entschädigung in Geld.[134] Sieht man in dieser Bestimmung einen Entschädigungsanspruch eigener Art,[135] der letztlich eine Entschädigung aus Billigkeitsgründen beinhaltet, so erscheint es zutreffend, den enteignenden Eingriff von diesem Ausgleichsanspruch als umfaßt anzusehen.[136] Allerdings wird man dann für die Sachverhalte, die einen enteignenden Eingriff darstellen, zwingend einen Ausgleichsanspruch nach § 74 II 3 VwVfG anzuerkennen haben.[137]

---

[131] Dazu *Ossenbühl*, S. 277, der allerdings darauf hinweist, daß Nachbarkonflikte im öffentlichen Recht grundsätzlich planungsrechtlich zu lösen seien, der Ausgangspunkt des *BGH* deshalb jedenfalls in diesem Zusammenhang problematisch sei. Kritisch auch *Leisner*, NJW 1975, 233; *Schwerdtfeger*, Rdnr. 293.

[132] *Ossenbühl*, S. 275; *Klein*, in: *Soergel*, BGB, § 839 Anh. Rdnr. 165; *Windthorst/Sproll*, § 16 Rdnr. 52; ausf. oben auch § 15 Rdnrn. 18 ff.

[133] So *Klein*, in: *Soergel*, BGB, § 839 Anh. Rdnr. 165; dazu auch *BGH*, NJW 1995, 1826.

[134] Vergleichbare Vorschriften finden sich in den §§ 36 BBahnG; 10 I, VII LuftVG oder § 41 III, V FlurBG.

[135] *Kastner*, VerwArch 80 (1989), 74.

[136] *BVerwGE* 77, 295; *Papier*, JZ 1986, 548.

[137] Unklar ist auch, was gilt, wenn im Planfeststellungsverfahren bestandskräftig über Schutzmaßnahmen entschieden worden ist. Teilweise wird angenommen, daß in diesem Fall gleichwohl Aufopferungsentschädigungsansprüche bestehen (*Papier*, JZ 1986, 183; wohl auch *BVerwG*, DVBl 1987, 906). Der *BGH* hat in einem Urteil vom 21.1.1999 (DB 1999, XII) entschieden, daß der Anlieger einer Straße, die auf der

Faßt man schließlich den gegenwärtigen Stand der Rechtsprechung des *BVerwG* zum Entschädigungsausgleich bei Immissionsbeeinträchtigungen zusammen, so scheinen sich eigenständige Grundsätze für einen öffentlich-rechtlichen Ausgleichsanspruch im Nachbarschaftsverhältnis herauszubilden. Das *BVerwG* erkennt auf der Grundlage einer Rechtsanalogie (§ 906 II 2 BGB, § 74 II 3 VwVfG, § 42 II BImSchG, § 17 IV BFStrG a. F.) dem belästigten Nachbarn einen Anspruch auf Geldausgleich für Maßnahmen des passiven Lärmschutzes (z. B. Schallwände) zu.[138] 71

Sondergesetzliche Anspruchsgrundlagen sehen, wie ausgeführt, teilweise weitergehende Billigkeitsentschädigungen vor. Diese sollen dem öffentlich-rechtlichen Nachbarschaftsausgleichsanspruch vorgehen. Fehlen sondergesetzliche Anspruchsgrundlagen und lassen sich die Immissionsbeeinträchtigungen durch Schutzmaßnahmen des Nachbarschaftsausgleichsanspruchs nicht beseitigen, so soll unter dem Gesichtspunkt des enteignenden Eingriffs ein weitergehender Entschädigungsanspruch in Betracht zu ziehen sein.[139] Vorläufig bestehen allerdings Zweifel, ob dieser dogmatische Ansatz des *BVerwG* zu substantiell anderen Ergebnissen führt als der vom *BGH* vertretene Ausgangspunkt bei § 906 II 2 BGB; die Notwendigkeit zur Einführung dieser Anspruchsbegründung erscheint eher zweifelhaft. 72

### 3. Entschädigung

Für die Höhe der Entschädigung bei enteignendem Eingriff gelten die allgemeinen Entschädigungsgrundsätze.[140] Allerdings ist zu beachten, daß bei Immissionen der Entschädigungsanspruch grundsätzlich auf einen Geldausgleich begrenzt ist, der es ermöglicht, die erforderlichen Schutzeinrichtungen einzurichten. 73

Auch der Anspruch wegen enteignenden Eingriffs verjährt in 30 Jahren (§ 195 BGB).[141] 74

---

Grundlage eines bestandskräftigen Planfeststellungsbeschlusses errichtet oder ausgebaut worden ist, nicht unter dem Gesichtspunkt des enteignenden Eingriffs einen Geldausgleich für im Planfeststellungsbeschluß nicht vorgesehene Schallschutzeinrichtungen verlangen kann (teilweise Abweichung von *BGHZ* 97, 117); insg. zur Problematik *Berkemann*, DVBl 1986, 771.

[138] *BVerwGE* 79, 262; *BVerwG*, NJW 1989, 1291; kritisch dazu Sproll, JuS 1996, 318.

[139] *Ossenbühl*, S. 283.

[140] Vgl. dazu oben.

[141] *A. A. Roth*, in: *Staudinger*, BGB, 13. Aufl. 1996, § 906 Rdnr. 244, der lediglich von einer Verjährungsfrist von 3 Jahren ausgeht. Der Bezug auf § 852 BGB entspricht indessen nicht der rechtlichen Verankerung des enteignenden Anspruchs im Aufopferungsgedanken.

## 4. Anspruchsbeschränkung und -ausschluß

### *a) Anspruchsbeschränkung nach dem Rechtsgedanken des § 254 BGB*

75 Da sich der Anspruch aus enteignendem Eingriff auf rechtmäßiges Hoheitshandeln bezieht und lediglich den daraus sich ergebenden rechtswidrigen „Erfolg" sanktioniert, scheiden Rechtsbehelfe des Eigentümers gegen die schadensbegründenden hoheitlichen Maßnahmen aus. Rechtsbehelfe des Primärrechtsschutzes sind gegen rechtmäßige hoheitliche Maßnahmen nicht gegeben.

76 Allerdings ist der Eigentümer verpflichtet, bei der Schadensentstehung und/oder Schadensentwicklung schadensbegrenzend tätig zu werden. Eine Einschränkung des Anspruchs aus dem Rechtsgedanken des § 254 BGB kommt deshalb in Betracht, wenn es der Eigentümer unterläßt, den Schaden durch ihm zumutbare Handlungen einzugrenzen.

### *b) Anspruchsausschluß bei legislativem Handeln*

77 Fraglich ist, ob Ansprüche aus enteignendem Eingriff ausgeschlossen sind, wenn die Beeinträchtigungen auf formelle Gesetze zurückzuführen sind. Da der enteignende Eingriff nur Folgen rechtmäßigen Hoheitshandelns betrifft, ist dies zunächst eine Frage der Auslegung des Gesetzes, insbesondere etwaiger Regelungen über Ausgleichsleistungen. Fehlen Ausgleichsleistungen bei vorhersehbaren Beeinträchtigungen hängt die Sperrwirkung der Grundsätze zum legislativen Unrecht davon ab, inwieweit man den Gesetzgeber verpflichtet sieht, derartige Regelungen zu treffen. Ob Ansprüche aus enteignendem Eingriff bestehen, wenn ein Gesetz im Einzelfall zu Eigentumseinbußen führt, die Ausnahmecharakter haben und nur unter besonderen Umständen entstehen, hat der *BGH* ausdrücklich offengelassen.[142] Die Frage ist grundsätzlich zu bejahen.[143]

## 5. Konkurrenzen und Rechtsweg

### *a) Konkurrenzen*

78 Vor allem im Hinblick auf Immissionsfolgen stellen sich schwierige Konkurrenzfragen, weil in spezialgesetzlichen Regelungen teilweise eigenständige Anspruchsgrundlagen vorgesehen sind.[144]

79 Es ist jeweils im Einzelfall zu prüfen, ob die spezialgesetzlichen Grundlagen eine abschließende Regelung in dem Sinn enthalten, daß wei-

---

[142] *BGHZ* 102, 350 (361).
[143] Vgl. zu der gesamten Problematik oben § 17 Rdnrn. 56 ff.
[144] Vgl. dazu ausführlich oben § 17 Rdnrn. 69 ff.

tergehende Ansprüche auf Entschädigung aus enteignendem Eingriff ausgeschlossen sein sollen.

*b) Rechtsweg*

Der Anspruch aus enteignendem Eingriff ist nach § 40 II 1 1. Alt. VwGO im Zivilrechtsweg geltend zu machen.[145] Für konkurrierende öffentlich-rechtliche Abwehr- und Entschädigungsansprüche ist durch § 17 II 1 GVG eine Entspannung der Rechtswegproblematik entstanden. 80

## § 18. Anspruchskonkurrenzen und strukturelle Anspruchsintegration

**Literatur:** s. §§ 12, 18 und Fußn. 18.

### I. Anspruchskonkurrenzen

Die Ansprüche auf Abwehr und Beseitigung öffentlich-rechtlicher Unrechtslasten sowie der Aufopferungsentschädigung stellen unterschiedliche Rechtsfolgen zur Verfügung, um die durch Hoheitshandeln verursachten Rechtseinbußen der Betroffenen zu bewältigen. Diesen Ansprüchen ist vor allem gemeinsam, daß sie an einer öffentlich-rechtlichen Unrechtslast anknüpfen, auf der anderen Seite ein Verschulden des Hoheitsträgers nicht vorausgesetzt wird. Es geht im folgenden darum, diese Ansprüche „in sich abzustimmen", aber auch gegenüber anderen, an öffentlich-rechtlichen Unrechtslagen anknüpfenden Ausgleichs- bzw. Schadenersatzansprüchen abzugrenzen. 1

#### 1. Erstattungsanspruch

Ziel des öffentlich-rechtlichen Erstattungsanspruchs ist die Rückgängigmachung einer ohne Rechtsgrund erfolgten Vermögensverschiebung. Teilweise wird er als Unterfall des Folgenbeseitigungsanspruchs angesehen.[1] Richtigerweise wird man jedoch den öffentlich-rechtlichen Erstattungsanspruch vom Folgenbeseitigungsanspruch strikt zu unterscheiden haben. Der öffentlich-rechtliche Erstattungsanspruch ist ein eigenständiges öffentlich-rechtliches Rechtsinstitut, das letztlich auf den verfassungsrechtlichen Grundsatz der Gesetzmäßigkeit zurückzuführen ist; dazu gehört es auch, daß im Widerspruch zur Rechtsordnung stehende 2

---

[145] *BGHZ* 90, 28; a. A. *Schwerdtfeger*, JuS 1983, 110.

[1] *Rösslein*, S. 39 f.

Vermögensverschiebungen rückgängig gemacht werden.[2] Dies schließt es nicht aus, daß beide Ansprüche im Einzelfall zu gleichen Rechtsfolgen führen können. Der öffentlich-rechtliche Erstattungsanspruch unterscheidet sich jedoch zunächst nach den Anspruchsvoraussetzungen, weil er insb. nicht voraussetzt, daß die Vermögensverschiebung auf hoheitlichem Handeln beruht. So können über den öffentlich-rechtlichen Erstattungsanspruch auch irrtümliche Leistungen des Betroffenen an den Hoheitsträger rückgängig gemacht werden. Auch auf der Rechtsfolgenseite kann der öffentlich-rechtliche Erstattungsanspruch weitergehend sein, weil er auch die Herausgabe von Nutzungen, ebenso wie eine Verzinsung erfaßt.[3] Schließlich sind öffentlich-rechtliche Erstattungsansprüche – anders als Folgenbeseitigungsansprüche – auch im Staat-Bürger-Verhältnis möglich.

## 2. Amtshaftungsanspruch

3 Im Ausgangspunkt knüpfen die Ansprüche auf Abwehr und Beseitigung wie auch der Amtshaftungsanspruch an hoheitlich veranlaßten Unrechtlasten an. Der Amtshaftungsanspruch setzt jedoch nicht nur Verschulden voraus, sondern er führt auf der Rechtsfolgenseite zu vollem Schadenersatz. Beide Ansprüche bestehen grundsätzlich nebeneinander. Die Folgenbeseitigungsklage ist kein „Rechtsmittel" im Sinne des § 839 III BGB. Vorausgesetzt wird im Rahmen des § 839 III BGB, daß die Einlegung des Rechtsmittels zur Abwehr der Schadensentstehung dient und nicht lediglich zur Wiedergutmachung des bereits entstandenen Schadens. Dafür gilt § 839 I 2 BGB.[4] Zum Teil wird als „Rechtsmittel" eine (vorbeugende) Unterlassungsklage in Betracht gezogen.[5] Dem wird richtigerweise entgegenzuhalten sein, daß gegen eine noch nicht begangene Amtspflichtverletzung ein „Rechtsmittel" nicht eingelegt werden kann.[6]

4 Bei der Klärung des Verhältnisses zwischen den Ansprüchen auf Abwehr und Beseitigung öffentlich-rechtlicher Unrechtslasten und den Amtshaftungsansprüchen darf nicht übersehen werden, daß der Amtshaftungsanspruch grundsätzlich nur einen Anspruch auf Schadenersatz in

[2] *BVerwGE* 71, 85 (89); *BVerwG*, NJW 1999, 1202; *Obermaier*, JuS 1963, 114; *Ossenbühl*, S. 331; ausf. unten § 23 Rdnr. 3. Zu den Unterschieden zum allgemeinen Folgenbeseitigungsanspruch eingehend *v. Franckenstein*, Parallelen und Unterschiede des öffentlich-rechtlichen Beseitigungsanspruches im Vergleich zum allgemeinen öffentlich-rechtlichen Erstattungsanspruch, 1998.

[3] *Rüfner*, in: *Erichsen*, Allg. Verwaltungsrecht, § 30 Rdnr. 19; dazu unten § 25 Rdnrn. 3 ff.

[4] *BGH*, NJW 1958, 1533; *Vinke*, in: *Soergel*, BGB, § 839 Rdnr. 232; *Ossenbühl*, S. 332 u. Fußn. 36; ausf. § 10 Rdnrn. 51; 58.

[5] *Ossenbühl*, S. 332 (Fußn. 36).

[6] *BGH*, VersR 1982, 953.

Geld gewährt, ein Anspruch auf Naturalrestitution dagegen ausgeschlossen ist, wenn die Naturalrestitution nur durch hoheitliches Handeln bewirkt werden kann.[7] Eine auf § 839 BGB gestützte Widerrufsklage wegen ehrkränkender oder rufschädigender Behauptungen wird deshalb nur ausnahmsweise dann begründet sein, wenn die Behauptung so sehr Ausdruck der persönlichen Meinung des Amtsträgers ist, daß sie sich als unvertretbar persönliche Leistung des Beamten darstellt.[8]

Eine andere Frage ist es, ob die Widerrufsklage gegen ehrkränkende Behauptungen ein „Rechtsmittel" nach § 839 III BGB sein kann. *Ossenbühl*[9] erkennt der Widerrufsklage grundsätzlich Vorrang zu. Dies soll nur dann nicht gelten, wenn ein bereits nicht mehr behebbarer Schaden eingetreten ist, der durch den Widerruf nicht mehr abgewendet werden kann. In diesem Fall soll der Amtshaftungsanspruch gegeben sein.[10] Diese Konstellation läßt sich nur für immaterielle Schäden denken. Die Auffassung von der Vorrangigkeit der Widerrufsklage bei § 839 III BGB begegnet aber auch dort erheblichen (praktischen) Bedenken, da dem Betroffenen nicht nur das Wertungsrisiko auferlegt wird, sondern angesichts der langen Dauer bis zur rechtskräftigen gerichtlichen Entscheidung sich doch meist eine Amtshaftungsklage anschließen wird. 5

### 3. Aufopferungsentschädigung

Die Ansprüche auf Aufopferungsentschädigung sind ebenso wie die Ansprüche auf Bewältigung öffentlich-rechtlicher Unrechtslasten Institute der verschuldensunabhängigen Staatsunrechtshaftung. Beide Ansprüche müssen deshalb in eine sinnvolle Abstimmung gebracht werden.[11] 6

Die Aufopferungsansprüche greifen bei Eigentumsverletzungen (Aufopferungsentschädigung) sowie bei Eingriffen in Freiheit, Leben und körperliche Unversehrtheit (allgemeiner Aufopferungsanspruch). Der Folgenbeseitigungsanspruch betrifft dagegen Eingriffe in jede geschützte Rechtsposition. Die Rechtsfolge der Aufopferungsansprüche ist auf Entschädigung in Geld gerichtet, die des Folgenbeseitigungsanspruchs auf die Wiederherstellung des „status quo ante". Allerdings kann auch der Folgenbeseitigungsanspruch in besonderen Konstellationen einen Anspruch auf eine Geldleistung (allerdings auch insoweit inhaltlich begrenzt) begründen.[12] 7

---

[7] *BGH*, NJW 1994, 3164.

[8] *BGHZ* 34, 99 (107); a. A. *Frotscher*, JuS 1978, 505.

[9] *Ossenbühl*, S. 118; da der Widerruf indessen als Folgenbeseitigung verstanden werden kann, besteht ein Widerspruch zu der von *Ossenbühl* dazu vertretenen Auffassung (vgl. oben Fn. 4).

[10] *Ossenbühl*, S. 118 unter Hinweis auf *BGH*, NJW 1986, 1924.

[11] *Papier*, in: *Maunz/Dürig*, GG, Art. 14 Rdnr. 639.

[12] *BVerwGE* 69, 366 (371).

8 Grundsätzlich bestehen beide Ansprüche nebeneinander. Sofern bei ein- und demselben „Schadensfall" der allgemeine Folgenbeseitigungsanspruch neben einem Kompensationsanspruch aus enteignungsgleichem Eingriff in Betracht kommt, wird dem Betroffenen teilweise ein Wahlrecht zwischen Wiederherstellung und Entschädigung eingeräumt.[13] Sieht man jedoch den Folgenbeseitigungsanspruch wegen seines Restitutionszwecks als Institut des Primärrechtsschutzes, so ist der Betroffene zunächst darauf verwiesen, die Restitution durchzusetzen.[14] Nur wo die Restitution nicht möglich ist oder wo ausgleichsfähige Schäden trotz Restitution bestehen bleiben, ist nach diesem Verständnis der Weg in die Aufopferungsentschädigung eröffnet. Da auch der Folgenbeseitigungsanspruch grundsätzlich auf den Ausgleich geschehenen Unrechts im Wege der Restitution gerichtet ist, bestehen jedoch Bedenken, gegen dessen Zuordnung zum Primärrechtsschutz.[15] Etwas anderes kann für die vorbeugende Unterlassungsklage gelten, da diese bereits den Eintritt der Rechtsbeeinträchtigung ausschließen soll. Hat der Betroffene die vorbeugende Unterlassungsklage nicht genutzt, obgleich ihm dieses zumutbar war, kann dies bei der Aufopferungsentschädigung im Rahmen des § 254 BGB zu berücksichtigen sein.[16]

## II. Prozessuales

9 Die im Anspruch auf Bewältigung öffentlich-rechtlicher Unrechtslasten verankerten Ansprüche auf Unterlassung und Folgenbeseitigung sind vor den Verwaltungsgerichten geltend zu machen (§ 40 II 1 VwGO).

## III. Integration der Unrechtshaftungsansprüche

### 1. Reformvorstellungen des Staatshaftungsgesetzes

10 Das vom *BVerfG* durch Urteil vom 19.10.1982 für nichtig erklärte Staatshaftungsgesetz,[17] enthielt in § 1 I folgende Haftungsgrundnorm:

---

[13] *Ossenbühl*, S. 333.

[14] *Klein*, in: *Soergel*, BGB, § 839 Anh. Rdnr. 227.

[15] *Ossenbühl*, S. 333; *Rüfner*, in: *Erichsen*, Allg. Verwaltungsrecht, § 50 Rdnr. 29; dazu oben § 17 Rdnr. 36.

[16] Diese Auffassung führt nicht zu einem Wertungswiderspruch zu § 839 III BGB, bei dem die vorbeugende Unterlassungsklage nicht als „Rechtsmittel" anzusehen ist; ohnedies liegt in dieser Sachverhaltskonstellation regelmäßig bereits keine Amtspflichtsverletzung vor; vgl. oben § 10 Rdnr. 58. § 839 III BGB führt i. ü. zum Anspruchsausschluß insgesamt, enthält also lediglich die Alternative des „Entweder-Oder"; demgegenüber führt die Berücksichtigung der vorbeugenden Unterlassungsklage im Rahmen des § 254 BGB dazu, daß die Umstände des Einzelfalles variabel berücksichtigt werden können; dazu auch *Windthorst/Sproll*, § 12 Rdnr. 18.

[17] *BVerfGE* 61, 149.

„Verletzt die öffentliche Gewalt eine Pflicht des öffentlichen Rechts, die ihr einem anderen gegenüber obliegt, so haftet ihr Träger dem anderen für den daraus entstehenden Schaden nach diesem Gesetz."

Der Schadensausgleich erfolgte durch Geldersatz (§ 2 StHG) oder im Wege der Folgenbeseitigung (§ 3 StHG). Bei einem rechtswidrigen Grundrechtseingriff sollte nach § 2 II StHG die verschuldensunabhängige Haftung greifen; allerdings waren nur unmittelbare Schäden ersatzfähig. Damit wurde auf der Tatbestandsseite der Rechtsgüterschutz (abweichend von der Aufopferungsentschädigung) auf sämtliche Grundrechtseingriffe ausgeweitet und auf der Rechtsfolgenseite die Kompensation über den Ersatz des bloßen Substanzverlustes hinaus eröffnet.[18] 11

Das *Staatshaftungsgesetz* verfolgte u. a. das Anliegen, die unterschiedlichen *Ansprüche* zur Bewältigung öffentlich-rechtlicher Unrechtslasten zu *integrieren* und in sich abzustimmen. Dies wird auch an der einheitlichen Haftungsgrundnorm des § 1 I StHG deutlich. Es stellt sich die Frage, ob insbesondere nach der dogmatischen Neuorientierung der Rspr. des *BGH* zur Aufopferungsentschädigung eine derartige Angleichung nicht bereits jetzt zumindest in Teilbereichen in vorsichtiger Weiterentwicklung der Rechtsprechungsgrundsätze erreicht werden kann. Die Ausführungen zu den Anspruchskonkurrenzen legen dies nahe, da auch die Abkoppelung der Sachkompetenz des *BVerwG* von der Zulässigkeit des Rechtsweges (§ 17 II GVG) diese Entwicklung entscheidend fördern kann.[19] 12

## 2. Ausgangsbefund

Wie die Ausführungen zur Aufopferungsentschädigung, zum allgemeinen Folgenbeseitigungsanspruch sowie zum öffentlich-rechtlichen Unterlassungsanspruch gezeigt haben, sind diese Ansprüche darauf gerichtet, hoheitlich veranlaßte Unrechtslasten zu bewältigen. Mit dem öffentlich-rechtlichen Unterlassungsanspruch kann der Betroffene bevorstehende Beeinträchtigungen unterbinden. Der allgemeine Folgenbeseitigungsanspruch knüpft an reale Unrechtsfolgen hoheitlichen Handelns an. Der Betroffene kann die Wiederherstellung des „status quo ante" durchsetzen. Die Aufopferungsentschädigung ist demgegenüber auf einen Geldausgleich gerichtet. Als Kompensation für die rechtswidrige Inanspruchnahme, insbesondere des Eigentums, aber auch von Leben, Gesundheit und Freiheit, kann der Betroffene eine Entschädigung in Geld nach den Grundsätzen der Aufopferungsentschädigung verlangen. 13

---

[18] Vgl. dazu *Maurer*, § 30 Rdnr. 15; 24. Zum StHG *Rüfner*, AöR 106 (1981), 548; *Schwerdtfeger*, JuS 1982, 1; *Bonk*, DVBl 1981, 801.

[19] *Ossenbühl*, S. 334.

14 Betrachtet man diese Ansprüche in ihrem inhaltlichen und strukturellen Zusammenhang, so zeigt sich, daß ein „System" von Ansprüchen zur Verfügung steht, das in unterschiedlicher zeitlicher Stufung an hoheitlich verursachten Unrechtslasten anknüpft und das darauf gerichtet ist, dem Betroffenen eine – abhängig von der Unrechtslage – angemessene Bewältigungsmöglichkeit zu eröffnen.

15 Ausgehend von einem Vergleich der „Haftungssachverhalte" und dem daraus abzuleitenden „Kompensationsbedarf" soll im folgenden der Frage nachgegangen werden, ob bereits „de lega lata" eine Entwicklung hin zu einem integrierten Anspruch auf Bewältigung öffentlich-rechtlicher Unrechtslasten möglich sein könnte, der auf der Tatbestandsseite vor allem durch eine öffentlich-rechtliche Unrechtslast, auf der Rechtsfolgenseite durch ein am Verhältnismäßigkeitsgrundsatz gestuftes Rechtsfolgensystem gekennzeichnet ist.

### 3. Äußerungen in Literatur und Rechtsprechung

#### *a) Grundrechtlicher Schutzanspruch*

16 *Ossenbühl* sieht im Unterlassungsanspruch, im Folgenbeseitigungsanspruch, im Immissionsabwehranspruch und im Widerrufsanspruch Varianten eines „umfassenden Schutzanspruches", der in seinem Grundtatbestand und in seiner Haftungsgrundlage alle Anspruchsvarianten in sich vereinen soll. Der Schutzanspruch wird als Reaktionsanspruch auf grundrechtliche Statusverletzungen verstanden.[20] Dieser Schutzanspruch ist, wie der Anspruch aus enteignungsgleichem Eingriff, ein Reaktionsanspruch auf hoheitliches Unrecht. Den Unterschied zwischen beiden Ansprüchen sieht *Ossenbühl* vor allem auf der Rechtsfolgenseite. Während der enteignungsgleiche Eingriff hoheitlichen Rechtsverletzungen einen Entschädigungsanspruch entgegensetze, werde mit dem grundrechtlichen Schutzanspruch der Rechtsschutz vorverlagert. Der Betroffene könne nicht nur Beseitigung des Unrechts und Herstellung des früheren Zustandes verlangen, sondern auch gegen drohendes zukünftiges Unrecht auf Unterlassung klagen.[21]

17 Mit Blick auf Entwicklungen hin zu einem Folgenersatzanspruch hält es *Ossenbühl* für denkbar, daß sich der Folgenbeseitigungsanspruch als Folgenersatzanspruch in den Anwendungsbereich des enteignungsgleichen Eingriffs hinein entwickeln und diesen partiell verdrängen könnte. Er weist darauf hin, daß das *BVerwG* mit der Kreation des auf Geldersatz gerichteten „Ausgleichsanspruchs als Teil des Anspruchs auf Folgenbeseitigung" die Tür geöffnet habe.[22]

[20] *Ossenbühl*, S. 291 f.
[21] *Ossenbühl*, S. 333.
[22] *Ossenbühl*, S. 334; *Sproll*, JuS, 1996, 318 ff.

*b) Einheitlichkeit der Unrechtslastenabwehr*

18 Auch *Maurer*[23] sieht zumindest im Folgenbeseitigungsanspruch und im öffentlich-rechtlichen Unterlassungsanspruch einen einheitlichen Anspruch. Nach dieser Auffassung wandelt sich der öffentlich-rechtliche Unterlassungsanspruch mit dem Eintritt der realen Unrechtslast in einen Folgenbeseitigungsanspruch, der nun auf die Wiederherstellung des status quo ante gerichtet ist. Der Folgenbeseitigungsanspruch seinerseits steht in engem Zusammenhang mit den grundrechtlichen Abwehr- und Entschädigungsansprüchen. Ein freies Wahlrecht des Betroffenen im Hinblick auf den einzelnen Anspruch soll deshalb ausgeschlossen sein.

*c) Position der Rechtsprechung*

19 Die Rechtsprechung neigt bislang dazu, sich zur rechtlichen Verankerung der „unterschiedlichen Ansprüche" nicht festzulegen. Allerdings betont das *BVerwG*,[24] daß es keinen ernsthaften Zweifeln unterliege, daß Grundsätze des materiellen Rechtsstaates, zu denen die Grundrechte gehören, bei rechtswidrigem Handeln eine Sanktion verlangten, die sich nicht nur in der Zahlung einer Entschädigung erschöpfen dürfe. Ein Anspruch auf Folgenbeseitigung sei nach unumstrittenem Stand der Rechtsprechung anerkannt. Interessant an diesen Ausführungen ist, daß das *BVerwG* den Folgenbeseitigungsanspruch offenbar als *eine* denkbare „Sanktion" neben mehreren versteht, die dem Betroffenen gegen hoheitlich veranlaßte Unrechtslasten zur Verfügung stehen.

## 4. Ansätze zur Anspruchsintegration

*a) Vereinheitlichung des Rechtsgüterschutzes*

20 Angesichts der Rechtsprechung des *BVerfG*, die zur Abkoppelung der Enteignung von Ansprüchen im Zusammenhang mit der Verursachung von Unrechtslasten geführt hat, und angesichts der daraus gezogenen Konsequenzen durch den *BGH* wie auch durch das *BVerwG*, die jetzt Entschädigungsansprüche in dem gewohnheitsrechtlich verankerten Aufopferungsgedanken dogmatisch absichern, scheinen zunächst mit Blick auf die schutzfähigen Rechtsgüter Entwicklungen zu einer Anspruchsvereinheitlichung denkbar. Mit der schärferen Konturierung der verfassungsrechtlichen Ebene einerseits, die für die dogmatische Konzeption der Enteignung maßgebend ist, und der einfachgesetzlichen, im wesentlichen auf Rechtsprechungsgrundsätzen aufbauenden verschuldensunab-

---

[23] *Maurer*, § 29 Rdnr. 1.
[24] *BVerwGE* 82, 24; dazu *Sproll*, JuS 1996, 319.

hängigen Unrechtshaftung andererseits sind bereits jetzt Entwicklungen in diese Richtung angestoßen.

21 Mit der rechtlichen Verankerung der öffentlich-rechtlichen Folgenbeseitigungs- und Unterlassungsansprüche in den Grundrechten werden nicht nur Eigentumsverletzungen sondern prinzipiell alle grundrechtlich geschützten Positionen in den Schutzbereich einbezogen. Deshalb kommt jeder hoheitliche Eingriff in ein grundrechtlich geschütztes Rechtsgut als anspruchsbegründender Akt in Betracht.

22 Auch die rechtliche Verankerung der Aufopferungsentschädigung im gewohnheitsrechtlichen Aufopferungsgedanken kann die Entwicklung zu einer Öffnung dieser Ansprüche auf weitere Rechtsgüter fördern. Die historische Wurzel der öffentlich-rechtlichen Aufopferung ist ohnedies nicht von einem engen Rechtsgüterschutz geprägt. Der allgemeine öffentlich-rechtliche Aufopferungsanspruch dient deshalb seit jeher dem Schutz der in Art. 2 II GG geschützten Rechtsgüter Leib, Leben, Freiheit und körperliche Unversehrtheit. Die Anspruchsstrukturen des Aufopferungsentschädigungsanspruchs (Art. 14 GG) und des allgemeinen öffentlich-rechtlichen Aufopferungsanspruchs (Art. 2 II GG) sind identisch. Die Ausdifferenzierung in zwei Ansprüche mit der Ausrichtung auf den Eigentumsschutz einerseits und den Schutz persönlicher Rechtsgüter andererseits ging letztendlich auf die Rechtsprechung des *BGH* zurück, eine Rechtswidrigkeitshaftung für Eigentumseingriffe in Abstimmung mit Art. 14 III GG herbeizuführen. Die zwischenzeitlich vollzogene Wendung der obergerichtlichen Eigentumsentschädigungsrechtsprechung mit deren rechtlicher Verankerung im allgemeinen Aufopferungsgedanken macht diese Differenzierung fragwürdig.

### *b) Öffentlich-rechtliche Unrechtslast als Haftungsgrund*

23 Im Zentrum sämtlicher Ansprüche steht die öffentlich- rechtliche Unrechtslast. Die Unrechtslast ist Ziel und Grund für die Haftungsansprüche. Sie sollen den Eintritt von Rechtsnachteilen verhindern und eingetretene Rechtsnachteile ausgleichen. Maßgebend ist dabei nicht die Rechtswidrigkeit des Eingriffes, sondern der durch einen hoheitlichen Eingriff verursachte rechtswidrige Zustand.

### *c) Verhältnismäßigkeit der Haftungsfolgen*

24 Die Rechtsfolgen, die den verschiedenen Ansprüchen zugeordnet sind, lassen sich als ein am Verhältnismäßigkeitsgrundsatz orientiertes abgestuftes Schutzsystem verstehen. Eine Anspruchsintegration, die letztlich auf den Grundrechtsschutz zurückgeführt wird, macht eine derartige im Verhältnismäßigkeitsgrundsatz verankerte rechtliche Begründung der Kompensation nachvollziehbar. Die Wahrung des status negativus setzt

nämlich nicht eine undifferenzierte Entschädigung voraus, vielmehr ist in umgekehrter Anwendung des Verhältnismäßigkeitsgrundsatzes jeweils abhängig von der verursachten Unrechtslast gerade zu entscheiden, in welchem Umfang eine Kompensation zu gewähren ist. Der Verhältnismäßigkeitsgrundsatz führt somit nicht nur zu einer Begrenzung des Eingriffs, sondern auch zu einem auf der Rechtsfolgenseite differenzierten Kompensationssystem. Damit werden auch geldliche Ausgleichsansprüche verständlich, die die Rechtsprechung bereits jetzt im Zusammenhang mit dem Folgenbeseitigungsanspruch dem Betroffenen gewährt. Im Ergebnis handelt es sich um nichts anderes als um am Verhältnismäßigkeitsgrundsatz orientierte Abstufungen der für angemessen gehaltenen Rechtsfolge.

*d) Mitverantwortlichkeit bei der Unrechtsabwendung*

Geht man von einer Stufung der Rechtsfolge, orientiert am Verhältnismäßigkeitsgrundsatz, aus, so bedeutet dies auch, daß sich der Betroffene, soweit ihm dies möglich und zumutbar ist, zunächst gegen den hoheitlichen Eingriff selbst wenden muß. Kommt er dieser Verpflichtung nicht nach, so kann der Anspruch auf Kompensation im Extremfall ganz ausgeschlossen sein. Gerade angesichts fehlender allgemeiner gesetzlicher Regelungen zur Rechtswidrigkeitshaftung des Staates obliegt es dem einzelnen um so mehr, selbst alles zu tun, um dem Eintritt von Unrechtslasten entgegenzuwirken. 25

*e) Ausblick*

Die weitere Entwicklung hin zu einem einheitlichen Anspruch auf Bewältigung öffentlich-rechtlicher Unrechtslasten, wird – angesichts der Untätigkeit des Gesetzgebers – von der Rechtsprechung zu leisten sein. Die vorsichtige Weiterentwicklung wird sich vorrangig an Übergängen zwischen den verschiedenen Ansprüchen vollziehen. Immerhin zeigt eine Analyse der einfachgesetzlichen „Sanktionsansprüche" gegen öffentlich-rechtliche Unrechtslasten bereits jetzt, daß die historisch bedingte Ausdifferenzierung unterschiedlicher Sanktionsansprüche spätestens nach dem Naßauskiesungsbeschluß des *BVerfG* ihren spezifischen Legitimationsgrund verloren hat. Nachdem die Rechtsprechung zur Existenz des Folgenbeseitigungsanspruchs vor allem von der Rechtsfolge her argumentiert, insbesondere die dogmatische Verankerung offenläßt, scheint auch unter diesem Aspekt die sukzessive Anspruchsintegration sachgerecht. Daß sich die Gerichte mit einer vorsichtigen Weiterentwicklung der Rechtswidrigkeitshaftung des Staates in Widerspruch zum Gewaltenteilungsgrundsatz setzen könnten, ist nicht erkennbar. Das System der Unrechtshaftung mit seinen unterschiedlichen Anspruchsbegründungen ist bereits in der Vergangenheit im wesentlichen von der Rechtsprechung 26 herausgebildet worden. Eine stärkere Integration dieser Ansprüche würde eher dem Erfordernis nach rechtsstaatlicher Transparenz Rechnung tragen, denn Anlaß zu Befürchtungen geben, daß sich die Gerichte Zuständigkeiten anmaßen könnten, die vom verfassungsrechtlichen Gewaltenteilungsgrundsatz nicht abgedeckt wären.

# 6. Teil. Schadensersatzansprüche aus öffentlich-rechtlichen Schuldverhältnissen

**Literatur:** *Bamberger*, Grundfälle zum Recht der Geschäftsführung ohne Auftrag im Öffentlichen Recht, JuS 1998, 706; *Blas*, Geschäftsführung ohne Auftrag im öffentlichen Recht, Diss. Passau 1991; *dies.*, Der Aufwendungsersatzanspruch aus öffentlich-rechtlicher GoA, JA 1989, 514; *dies.*, Die öffentlich-rechtliche Geschäftsführung ohne Auftrag eines Hoheitsträgers und eines Bürgers für einen Träger öffentlicher Gewalt, BayVBl 1989, 648; *Büllesbach*, Die öffentlich-rechtliche Verwahrung, 1994; *Ehlers*, Rechtsverhältnisse in der Leistungsverwaltung, DVBl 1986, 912; *Einem, v.*, Geschäftsführung ohne Auftrag im Sozialrecht, NWVBl 1992, 384; *Engelhardt*, Neue Rechtsprechung des BGH zur öffentlichrechtlichen Entschädigung, NVwZ 1989, 1026; *Fleischfresser*, Der Erstattungsanspruch eines Privaten gegen einen öffentlichen Rechtsträger aus Geschäftsführung ohne Auftrag – ein Scheinproblem?, VR 1988, 305; *Frotscher*, Die Haftung der Gemeinden für ihre öffentlichen Einrichtungen, Die Gemeinde 1975, 137; *Gries/Willebrand*, Entstehung der auf Leistung oder Nutzung gerichteten verwaltungsrechtlichen Schuldverhältnisse, JuS 1990, 103; *dies.*, Beendigung der auf Leistung oder Nutzung gerichteten verwaltungsrechtlichen Schuldverhältnisse, JuS 1990, 193; *Gusy*, Die Anwendung der Geschäftsführung ohne Auftrag im öffentlichen Recht, JA 1979, 69; *Habermehl*, Die Geschäftsführung ohne Auftrag im Öffentlichen Recht, Jura 1987, 199; *Hill*, Rechtsverhältnisse in der Leistungsverwaltung, NJW 1986, 2602; *Hoepffner*, Die Geschäftsführung ohne Auftrag in der Verwaltung, Diss. Würzburg 1972; *Jäckle*, Die Haftung der öffentlichen Verwaltung aus culpa in contrahendo im Licht der oberinstanzlichen Rechtsprechung, NJW 1990, 2520; *Janson*, Verwaltungsrechtliches Schuldverhältnis, Verwaltungsverfahrensgesetz und Reform der Staatshaftung, DÖV 1979, 696; *Littbarski*, Die Haftung aus culpa in contrahendo im öffentlichen Recht, JuS 1979, 537; *Keller*, Vorvertragliche Schuldverhältnisse im Verwaltungsrecht, 1997; *Knapp*, Geschäftsführung ohne Auftrag bei Beteiligung von Trägern öffentlicher Verwaltung, 1999; *Krause*, Rechtsverhältnisse in der Leistungsverwaltung, VVDStRL Bd. 45 (1987), S. 212; *Löwer*, Rechtsverhältnisse in der Leistungsverwaltung, NJW 1986, 793; *Maurer*, Polizei und Geschäftsführung ohne Auftrag – BayObLGZ 1968, 200, JuS 1970, 561; *ders.*, Erstattung der Kosten für die Verwahrung eines Kraftfahrzeugs durch die Polizei – VGH Mannheim, BaWüVPr 1978, 150, JuS 1981, 809; *ders.*, Schadensersatzansprüche des Lehrers gegen den Schulträger – OLG Köln, NVwZ 1994, 618, JuS 1994, 1015; *Menger*, Zu den Voraussetzungen des Aufwendungsersatzanspruchs eines privaten Geschäftsführers aus öffentlich-rechtlicher Geschäftsführung ohne Auftrag, VerwArch Bd. 69 (1978), S. 397; *Nedden*, Die Geschäftsführung ohne Auftrag im Öffentlichen Recht, 1994; *Oldiges*, Kostenerstattung einer Gemeinde für polizeiliche Gefahrenabwehr – OVG Münster, NJW 1986, 2526, JuS 1989, 616; *Quaritsch*, Die öffentlich-rechtliche Verwahrung, in: *Lüder* (Hrsg.), Staat und Verwaltung, 1997, S. 169; *Schoch*, Geschäftsführung ohne Auftrag im Öffentlichen Recht, Jura 1994, 241; *Seibert*, Beschränkung der Amtshaftung durch gemeindliche Satzung?, DÖV 1986, 957; *Stelkens*, Schadensersatzansprüche des Staates gegenüber Privaten, DVBl 1998, 300; *Stürner*, Die Haftung der Gemeinde für verunreinigtes Wasser – BGHZ 59, 303, JuS 1973, 749; *Thiemann*, Grundfragen der Staats- und Benutzerhaftung in öffentlich-rechtlichen Benutzungsverhältnissen, VerwArch Bd. 65 (1974), S. 381; *Windthorst*, Staatshaftungsrecht – Das öffentlichrechtliche Schuldverhältnis, JuS 1996, 605.

## § 19. Grundlagen

### I. Vergleich mit dem Zivilrecht

1 Begibt sich die öffentliche Hand auf die Ebene des Privatrechts, bedient sie sich – ebenso wie die Bürger und die anderen Privatrechtssubjekte – der geläufigen privatrechtlichen Handlungsformen. Insbesondere schließt sie privatrechtliche Verträge ab und geht privatrechtliche Schuldverhältnisse ein. Ihre grundsätzliche Berechtigung hierzu ist weithin anerkannt (sog. Formenwahlfreiheit der Verwaltung).[1] Jedenfalls aus der Rechtspraxis ist privatrechtliches Handeln der Verwaltung nicht mehr wegzudenken.

2 Als privatrechtliche Handlungsform kommt vor allem der Vertrag in Betracht. Zahlreiche praktische Anwendungsfälle finden sich auf den Gebieten der Daseinsvorsorge und Leistungsverwaltung, wie z. B. die Verkehrs-, Wasser-, Gas- und Stromversorgung oder die Vergabe von Subventionen. Privatrechtliche Dienst- und Arbeitsverträge werden mit den Angestellten und Arbeitern des öffentlichen Dienstes geschlossen. In all diesen Fällen unterliegt die Verwaltung den spezifischen privatrechtlichen Regeln einschließlich des Haftungsrechts.[2] Eine Haftung des Staates nach Maßgabe der öffentlich-rechtlichen Haftungsinstitute ist grundsätzlich ausgeschlossen, weil sie öffentlich-rechtliches Handeln voraussetzen.[3]

3 Schuldrechtliche oder zumindest schuldrechtsähnliche Beziehungen zwischen der Verwaltung und den Bürgern, aber auch im Verhältnis verschiedener Verwaltungsrechtsträger zueinander, gibt es auch auf dem Gebiet des öffentlichen Rechts. Zu nennen ist hier zunächst der (teilweise) gesetzlich geregelte öffentlich-rechtliche Vertrag, §§ 54 ff. VwVfG. Auch die öffentlich-rechtliche Verwahrung ist dem öffentlichen Recht nicht fremd, wie ihre Erwähnung in den verschiedenen Sicherheits- und Polizeigesetzen der Länder zeigt.[4]

4 Dem Grunde nach anerkannt sind weitere öffentlich-rechtliche Schuldverhältnisse,[5] die ihrem Wesen nach den privatrechtlichen (und auch den gesetzlich genannten öffentlich-rechtlichen) Schuldverhältnissen gleichen.[6] Anerkannt sind etwa die öffentlich-rechtliche Geschäfts-

---

[1] Siehe nur *Maurer*, § 3 Rdnrn. 6 ff.; *Sproll*, Allgemeines Verwaltungsrecht I, 1997, § 1 Rdnrn. 45 ff., 58 ff., § 3 Rdnrn. 1 ff.

[2] Daß zusätzliche spezifisch öffentlich-rechtliche Bindungen bestehen, jedenfalls unter bestimmten Voraussetzungen, z. B. eine unmittelbare oder mittelbare Grundrechtsbindung (vgl. dazu *Sproll*, Allgemeines Verwaltungsrecht I, 1997, § 3 Rdnrn. 30 ff.), ändert hieran nichts.

[3] Insoweit kritisch *Ossenbühl*, S. 28.

[4] Siehe z. B. Art. 26 BayPAG, § 41 HSOG, § 44 NWPolG.

[5] Dazu unten § 21.

[6] Ob die (auch im übrigen sehr umstrittene) Rechtswegbestimmung des § 40 II 1 VwGO neben den öffentlich-rechtlichen Verträgen von der Existenz weiterer öffent-

führung ohne Auftrag (GoA) oder die in der Praxis zahlreichen öffentlich-rechtlichen Benutzungs- und Leistungsverhältnisse (z. B. Lieferung von Wasser, Gas oder Fernwärme; Benutzung der kommunalen Abwasserkanalisation oder eines städtischen Schlachthofes). Derartige öffentlich-rechtliche Schuldverhältnisse sind im Gesetz entweder überhaupt nicht geregelt (wie die öffentlich-rechtliche GoA) oder nur zum Teil oder nur im kommunalen Satzungsrecht (Benutzungs- und Leistungsverhältnisse).

Die spezifisch öffentlich-rechtlichen Haftungsinstitute wie vor allem der Amtshaftungstatbestand, die Enteignung, der enteignungsgleiche und enteignende Eingriff sowie der Folgenbeseitigungsanspruch gelangen auch im Rahmen der öffentlich-rechtlichen Sonderverbindungen und Schuldverhältnisse zur Anwendung. Diese Haftungsinstitute wurden aber in Teilbereichen als unzureichend erachtet. Hingewiesen sei nur auf das Erfordernis der Verletzung einer drittgerichteten Amtspflicht beim Amtshaftungstatbestand oder auf das Erfordernis eines Eigentumseingriffs beim enteignungsgleichen und enteignenden Eingriff. Die bereits erwähnte nur unzureichende spezialgesetzliche Regelung der öffentlich-rechtlichen Schuldverhältnisse kommt hinzu. 5

Deshalb und wegen der vielfach offenkundigen Nähe der einzelnen öffentlich-rechtlichen Schuldverhältnisse zu ihren privatrechtlichen Pendants wird auf die *privatrechtlichen* Regeln zurückgegriffen. Dies gilt namentlich für das Haftungsrecht. Und in der Tat, es erschiene nicht gerechtfertigt, wenn der Staat im Falle der Inanspruchnahme des Privatrechts nicht nur deliktisch nach den §§ 823 ff. BGB, sondern auch nach Maßgabe der bürgerlich-rechtlichen Vorschriften des Schuldrechts haften würde, im Falle der Inanspruchnahme des öffentlichen Rechts trotz vergleichbarer Interessenlage der Beteiligten aber nur nach Maßgabe der allgemeinen öffentlich-rechtlichen Haftungsinstitute.[7] 6

Für die verwaltungsrechtlichen Verträge ordnet § 62 S. 2 VwVfG die ergänzende und entsprechende Geltung der Vorschriften des Bürgerlichen Gesetzbuches ausdrücklich an. Für die anderen öffentlich-rechtlichen Schuldverhältnisse gilt nichts anderes. 7

## II. Rechtsgrundlage

Zu beachten ist, daß es im Rahmen öffentlich-rechtlicher Schuldverhältnisse auch um Schadensersatzansprüche des Staates gegen den Bürger 8

---

lich-rechtlicher Schuldverhältnisse ausgeht, dafür *Windthorst/Sproll*, § 3 Rdnr. 6, kann dahingestellt bleiben. Werden sie anerkannt, sind sie vom Wortlaut dieser Bestimmung jedenfalls erfaßt; überaus str. ist freilich die Rechtsfolge, d. h., ob für Schadensersatzansprüche der Verwaltungs- oder der ordentliche Rechtsweg eröffnet ist, dazu unten § 22.

[7] *Maurer*, § 28 Rdnr. 2.

gehen kann. Diese vertragsähnlichen Schadensersatzansprüche treten neben etwaige *deliktische* Schadensersatzansprüche des Staates gegen den Bürger unmittelbar aus oder entsprechend §§ 823 ff. BGB.[8]

9 Allerdings stellt sich die Auferlegung von Schadensersatzpflichten als Eingriff in die persönliche Rechtsstellung des betroffenen Bürgers dar. Derartige Rechtseingriffe sind nach dem aus dem Rechtsstaatsprinzip (Art. 20 III GG) folgenden Grundsatz vom *Vorbehalt des Gesetzes* i.V.m. der *Wesentlichkeitstheorie* nur rechtmäßig, wenn eine ausreichende formell-gesetzliche Ermächtigungsgrundlage existiert.[9]

10 Soweit spezielle formelle Ermächtigungsgrundlagen, wie sie etwa die §§ 46 I BRRG, 78 I BBG darstellen (Schadensersatzpflicht des Beamten gegenüber seinem Dienstherrn), fehlen, kommt nur eine entsprechende Anwendung bürgerlich-rechtlicher Vorschriften und allgemein anerkannter Rechtsgrundsätze (z. B. §§ 677 ff. BGB, p.V.V., c.i.c.) in Betracht. Auch an Gewohnheitsrecht ist zu denken.[10]

11 Das *BVerwG* hat unlängst analog herangezogene Regelungen des bürgerlichen Rechts über das Auftragsverhältnis (§§ 662 ff. BGB) und die positive Forderungsverletzung für eine Begründung der persönlichen Haftung eines Mitglieds des studentischen Sprecherrats gegenüber der Hochschule nicht als ausreichend erachtet.[11] Dieser Entscheidung kann freilich nicht entnommen werden, daß öffentlich-rechtliche Schadensersatzansprüche gegen den Bürger grundsätzlich nicht mehr aus einer analogen Anwendung bürgerlich-rechtlicher Vorschriften und sonstiger allgemeiner Rechtsgrundsätze gewonnen werden dürften.[12] Die Voraussetzungen einer Analogie lagen nur im konkreten Fall nicht vor.[13] Die gegenteilige Auffassung müßte konsequenterweise auch allgemeine öffentlich-rechtliche Erstattungsansprüche[14] des Staates gegen den Bürger ablehnen. Auch hier existiert keine unmittelbar einschlägige formell-gesetzliche Ermächtigungsgrundlage.

12 Das Problem der Ermächtigungsgrundlage stellt sich erneut, wenn es um die Durchsetzung des Schadensersatzanspruchs gegen den Bürger geht. Hier ist umstritten, ob der Staat seinen Anspruch durch Erlaß eines Verwaltungsakts geltend machen darf oder ob er auf die gerichtliche Geltendmachung beschränkt ist.[15]

---

[8] Dazu *Ehlers*, Verwaltung in Privatrechtsform, 1984, S. 512 f.; *U. Stelkens*, DVBl 1998, 300 ff.

[9] *BVerwGE* 101, 51 (54).

[10] Dazu zuletzt *Witthohn*, Gewohnheitsrecht als Eingriffsermächtigung, 1997.

[11] *BVerwGE* 101, 51 ff.

[12] So aber *Schwabe*, DVBl 1997, 352 f.; *Konzak*, NVwZ 1997, 872 f.; zutreffend *U. Stelkens*, DVBl 1998, 303 ff. Zum Analogieverbot bei hoheitlichen Eingriffen vgl. *BVerfG* (Kammer), NJW 1996, 3146.

[13] *U. Stelkens*, DVBl 1998, 304.

[14] Dazu §§ 23 ff.

[15] Dazu beim öffentlich-rechtlichen Erstattungsanspruch, § 27 Rdnrn. 6 ff.

## III. Terminologie

13 Die Terminologie ist alles andere als einheitlich. Neben dem Begriff des öffentlich-rechtlichen Schuldverhältnisses sind auch die z. T. ähnlich klingenden Begriffe öffentlich-rechtliche Sonderverbindung, verwaltungsrechtliche Sonderverbindung, verwaltungsrechtliches Schuldverhältnis und quasi-vertragliches Rechtsverhältnis gebräuchlich. Teils versteht man hierunter etwas anderes als unter dem öffentlich-rechtlichen Schuldverhältnis, teils meint man inhaltlich dasselbe.

14 Das öffentlich-rechtliche Schuldverhältnis im hier verstandenen Sinne ist mit den oben genannten anderen Begriffen nicht deckungsgleich. Kennzeichnend sind zwei Kriterien. Zum einen das Merkmal „öffentlich-rechtlich", zum anderen das Merkmal „Schuldverhältnis".

## IV. Begriff

### 1. Öffentlich-rechtlich

15 Das Merkmal öffentlich-rechtlich grenzt gegenüber den privatrechtlichen Rechts- und Schuldverhältnissen ab. Handelt die öffentliche Hand privatrechtlich, scheiden Ersatz- oder Ausgleichsansprüche nach Maßgabe der bereits behandelten und der noch zu behandelnden öffentlich-rechtlichen Staatshaftungsinstitute aus. Diese setzen *öffentlich-rechtliches Handeln* voraus.[16] Handelt die öffentliche Hand privatrechtlich, bestimmt sich ihre Haftung grundsätzlich nach Maßgabe der einschlägigen Vorschriften und Grundsätze des Privatrechts (insbesondere §§ 280 ff., 320 ff., 459 ff., 633 ff. BGB, p.V.V., c.i.c., §§ 823 ff. BGB).

16 Das Merkmal „öffentlich-rechtlich" ist inhaltlich weiter als der häufig synonym verwendete Begriff „verwaltungsrechtlich". Als öffentlich-rechtlich (nicht aber auch als verwaltungsrechtlich) sind auch verfassungsrechtliche Rechts- und Schuldverhältnisse zu qualifizieren.[17] Diskutiert wurde in letzter Zeit, ob nach einer verfassungsgerichtlichen Ungültigerklärung von Parlamentswahlen Schadensersatzansprüche wegen Verletzung eines verfassungsrechtlichen Schuldverhältnisses bestehen können.[18] In aller Regel geht es aber um verwaltungsrechtliche Schuldverhältnisse – freilich nicht im eben genannten Fall einer ungültigen Parlamentswahl –, so daß *insoweit* dem Merkmal „öffentlich-rechtlich" kein allzu großer Aussagewert zukommt.

---

[16] Anders möglicherweise nur beim gemeinschaftsrechtlichen Staatshaftungsanspruch, dazu § 6 Rdnrn. 59 f.
[17] *Windthorst*, JuS 1996, 605.
[18] Vgl. *Koenig*, DÖV 1994, 286 ff.

17 Öffentlich-rechtlich und nicht privatrechtlich ist das Schuldverhältnis, wenn die Rechtsbeziehungen, die zwischen den Beteiligten bestehen, primär von Vorschriften des öffentlichen Rechts bestimmt sind. So verhält es sich z.B. bei den Beamtenverhältnissen, für die die beamtenrechtlichen Vorschriften maßgeblich sind, oder bei Leistungs- und Benutzungsverhältnissen zwischen einer Gemeinde und ihren Bürgern, wenn diese Rechtsverhältnisse durch öffentlich-rechtliche Satzungen ausgestaltet sind.

18 Z.T. wird auch auf die Rechtsnatur desjenigen Aktes abgestellt, durch den das in Rede stehende Rechtsverhältnis begründet wird.[19] Danach wird das Rechtsverhältnis als öffentlich-rechtlich qualifiziert, wenn der Akt, durch den es begründet wird, öffentlich-rechtlich ist (z.B. Beamtenverhältnis, weil es durch Verwaltungsakt begründet wird).

19 Hier ist allerdings Vorsicht geboten. Nach der vor allem im Kommunalrecht geläufigen Zweistufentheorie erfolgt die Zulassung zu öffentlichen Einrichtungen stets durch Verwaltungsakt, das Benutzungsverhältnis (Schuldverhältnis) *kann* dagegen gleichwohl privatrechtlich ausgestaltet sein. Deshalb darf vom öffentlich-rechtlichen Zulassungsakt nicht auf die Rechtsnatur des Benutzungsverhältnisses geschlossen werden. Gleiches gilt für privatrechtsgestaltende Verwaltungsakte.[20] Sie begründen, ändern oder beenden privatrechtliche Rechtsverhältnisse.

20 Schwierigkeiten bestehen auch, wenn es sich um einen Realakt handelt, der das Rechtsverhältnis begründet (z.B. Inbesitznahme und Verwahrung von Sachen). Der Realakt ist für sich genommen rechtlich neutral. Hier muß wie bereits oben vorgeschlagen auf die das Rechtsverhältnis prägenden Rechtsnormen abgestellt werden.

### 2. Schuldverhältnis

21 Der Begriff des Schuldverhältnisses wurde zum einen in bewußter Anlehnung an § 241 BGB gewählt. In dieser Vorschrift ist ebenfalls vom Schuldverhältnis die Rede. Zum anderen wird der Begriff des Schuldverhältnisses den in der Praxis anerkannten Fallgruppen öffentlich-rechtlicher Tatbestände gerecht, in denen Schadensersatzansprüche entsprechend den Regeln über privatrechtliche Schuldverhältnisse zuerkannt werden.

22 Die Voraussetzungen, unter denen ein (öffentlich-rechtliches) Schuldverhältnis anzunehmen ist, sind umstritten.[21] Der *BGH* hat sich in *BGHZ*

---

[19] *Windthorst/Sproll*, § 3 Rdnr. 2; *Windthorst*, JuS 1996, 606.

[20] Dazu mit Beispielen *Kopp*, VwVfG, 6. Aufl. 1996, § 35 Rdnr. 20; *Wolff/Bachof/Stober*, Verwaltungsrecht I, § 46 Rdnr. 5.

[21] Vgl. dazu die Übersicht bei *Papier*, Die Forderungsverletzung im öffentlichen Recht, 1970, S. 58 ff.

21, 214 (218) folgendermaßen geäußert und hat hierauf in allen späteren einschlägigen Entscheidungen verwiesen:

„Die Rechtsprechung hat zwar seit langem die sinngemäße Anwendung des vertraglichen Schuldrechts als Ausdruck allgemeiner Rechtsgedanken auch auf öffentlich-rechtliche Verhältnisse da bejaht, wo ein besonders enges Verhältnis des einzelnen zum Staat oder zur Verwaltung begründet worden ist und mangels ausdrücklicher gesetzlicher Regelung ein Bedürfnis zu einer angemessenen Verteilung der Verantwortung innerhalb des öffentlichen Rechts vorliegt (vgl hierzu Forsthoff, Verwaltungsrecht, 3. Aufl 327/328)."

Ob es sich bei dieser Definition um eine Leerformel handelt, wie dem 23
*BGH* vorgeworfen wird,[22] mag dahinstehen. Auch die in der Literatur vorgeschlagenen Begriffsbestimmungen sind alles andere als konturenscharf. Im Ergebnis bleibt nichts anderes übrig, als sich mit einigen wenigen weitgefaßten und vor allem deshalb weithin anerkannten Kriterien zu begnügen; im übrigen ist auf die in der Rechtsprechung und in der Literatur geläufigen Fallgruppen abzustellen.

Das öffentlich-rechtliche Schuldverhältnis kann in Anlehnung an den 24
im bürgerlichen Recht geläufigen *weiten* Begriff des Schuldverhältnisses[23] wie folgt definiert werden: Ein öffentlich-rechtliches Schuldverhältnis ist eine Rechtsbeziehung, die primär von öffentlich-rechtlichen Rechtsnormen geprägt ist, zwischen mindestens zwei Personen (in der Regel zwischen dem Staat oder einem Verwaltungsrechtsträger auf der einen Seite und einem Bürger oder einem Privatrechtssubjekt auf der anderen Seite),[24] kraft deren die eine (Gläubiger) von der anderen (Schuldner) eine Leistung (Hauptleistung) zu fordern berechtigt ist und aus der weitere Nebenpflichten wie z. B. Verhaltens- und Sorgfaltspflichten und Nebenrechte wie etwa Gestaltungsrechte hervorgehen.[25] Charakteristisch für das öffentlich-rechtliche Schuldverhältnis sind damit die zwischen den Beteiligten bestehenden Haupt- und Nebenleistungspflichten.

*Beispiel*: Die Stadt S betreibt einen Schlachthof, dessen Benutzung durch Satzung öffentlich-rechtlich geregelt ist. Metzger M läßt im Schlachthof Bullen schlachten. Aufgrund des zwischen S und M bestehenden Benutzungsverhältnisses ist S zur Schlachtung der Bullen verpflichtet, M zur Zahlung eines Entgeltes (Hauptleistungspflichten). Außerdem ist S verpflichtet, den Schlachthof und seine Benutzung so zu organisieren, daß Rechtsgüter des M nicht gefährdet werden, daß also z. B. M beim Antransport der Bullen im Schlachthof keinen Schaden erleidet (Nebenpflicht).[26]

---

[22] So etwa *Ossenbühl*, S. 354; *Windthorst*, JuS 1996, 605; kritisch auch *Maurer*, § 28 Rdnr. 3.

[23] Dazu und auch zur Unterscheidung zwischen dem Schuldverhältnis i. e. S. und i. w. S. *Palandt/Heinrichs*, Einl. v. § 241 Rdnrn. 1 f.; *Vollkommer*, in: *Jauernig*, BGB, 8. Aufl. 1997, § 241 Anm. 1a.

[24] Freilich gibt es auch öffentlich-rechtliche Schuldverhältnisse zwischen verschiedenen Trägern öffentlichen Rechts, z. B. zwischen Land und Gemeinde.

[25] Vgl. *Henke*, JA 1989, 186.

[26] Vgl. zum Fall *BGHZ* 61, 7; NJW 1974, 1816; *Windthorst/Sproll*, § 4 Rdnrn. 2 ff.

25 Das vom *BGH* geforderte „besonders enge Verhältnis des einzelnen zum Staat oder zur Verwaltung“[27] (*Näheverhältnis*) ist als konstitutives Element des öffentlich-rechtlichen Schuldverhältnisses zwar weithin anerkannt. Unklar und umstritten ist freilich, wann ein solches Näheverhältnis anzunehmen ist.

26 Einvernehmen besteht darüber, daß das *allgemeine* Staat-Bürger-Verhältnis kein öffentlich-rechtliches Schuldverhältnis ist. Auch der Antrag auf Erlaß oder der Erlaß eines Verwaltungsaktes begründen nicht zwingend ein öffentlich-rechtliches Schuldverhältnis. Schließlich ist darauf hinzuweisen, daß Amtshaftungsansprüche nach § 839 BGB, Art. 34 GG den Verstoß gegen eine *drittgerichtete* Amtspflicht[28] voraussetzen. Auch diese Drittbezogenheit der Amtspflicht erfordert eine individualisierbare Rechtsbeziehung zwischen Staat und Bürger.[29] Diese individualisierbare Rechtsbeziehung kann zwar Inhalt eines öffentlich-rechtlichen Schuldverhältnisses sein, sie muß es aber nicht.

## § 20. Normative Ausgestaltung

### I. Die allgemeinen Haftungsvorschriften

#### 1. Grundsatz

1 Maßgeblich für die Beurteilung öffentlich-rechtlicher Schuldverhältnisse, auch in haftungsrechtlicher Hinsicht, ist in erster Linie das öffentliche Recht. Verstößt z. B. ein Bundesbeamter gegen die ihm obliegenden Pflichten und schädigt dadurch seinen Dienstherrn, haftet der Beamte nach § 78 BBG. Zivilrechtliche Vorschriften gelangen nur dann analog oder ihrem Rechtsgedanken nach zur Anwendung, wenn und soweit keine öffentlich-rechtlichen Regelungen bestehen. Das vom *BGH* genannte Bedürfnis[1] für eine schuldrecht(sähn)liche Haftung des Staates (z. T. wird auch von einem sachlichen Grund gesprochen) ist keine Anspruchsvoraussetzung.[2] Entscheidend ist vielmehr das ebenfalls vom *BGH*[3] genannte Fehlen einer ausdrücklichen öffentlich-rechtlichen Regelung.[4]

2 Im genannten Beispielsfall aus dem Beamtenrecht könnte § 254 BGB ergänzend herangezogen werden. Hält das öffentliche Recht für den zu

[27] *BGHZ* 21, 214 (218).
[28] Dazu § 9 Rdnrn. 94 ff.
[29] *Ossenbühl*, S. 105, 338.
[1] *BGHZ* 21, 214 (218).
[2] Ebenso *Ossenbühl*, S. 354.
[3] *BGHZ* 21, 214 (218).
[4] Vgl. *Hendler*, Allgemeines Verwaltungsrecht, 2. Aufl. 1998, Rdnr. 881.

entscheidenden Fall überhaupt keine Vorschriften bereit, etwa im Falle einer Geschäftsführung ohne Auftrag (GoA),[5] ist auf den gesamten zivilrechtlichen Regelungskomplex zurückzugreifen. Auf die öffentlich-rechtliche GoA sind deshalb die §§ 677 ff. BGB analog oder ihrem Rechtsgedanken nach anwendbar. Aber auch dann müssen öffentlich-rechtliche Besonderheiten beachtet werden. So kann sich ein Hoheitsträger im Falle eines öffentlich-rechtlichen Verwahrungsverhältnisses nicht auf § 690 BGB berufen.[6] Eine Einstandspflicht eines im allgemeinen nachlässigen Hoheitsträgers nur für diejenige (dann u.U. vergleichsweise geringe) Sorgfalt, welche er in eigenen Angelegenheiten anzuwenden pflegt (diligentia quam in suis), wäre mit den spezifisch öffentlich-rechtlichen (auch rechtsstaatlichen) Bindungen, denen jeder Hoheitsträger im Interesse einer funktionierenden Verwaltung unterliegt, nicht vereinbar.

Unabhängig von den verschiedenen *besonderen* öffentlich- und auch 3
privatrechtlichen Vorschriften, die für das jeweilige öffentlich-rechtliche Schuldverhältnis gelten, gibt es eine Reihe von *allgemeinen* zivilrechtlichen Haftungsvorschriften und Rechtsinstituten, die auf alle öffentlich-rechtlichen Schuldverhältnisse anwendbar sind, soweit keine öffentlich-rechtlichen Besonderheiten entgegenstehen.

## 2. Übersicht

Grundsätzlich auf alle öffentlich-rechtlichen Schuldverhältnisse anwendbar sind die folgenden zivilrechtlichen Vorschriften und Rechtsinstitute:

– *§§ 275 ff. BGB (Haftung bei Leistungsstörungen):*

Anerkannt ist die entsprechende Anwendung von § 278 BGB (Ver- 4
schulden des Erfüllungsgehilfen). Die Zulässigkeit einer entsprechenden Anwendung von § 284 BGB (Voraussetzungen des Verzugs) ist dagegen umstritten.[7] Gleiches gilt für § 288 BGB,[8] während die entsprechende Geltung von § 291 BGB (Prozeßzinsen) anerkannt ist.[9] Einhellig anerkannt ist schließlich die entsprechende Anwendbarkeit von § 282 BGB: Der Gläubiger trägt die objektive Beweislast[10] für den objektiven Pflicht-

[5] Dazu unten § 21 Rdnrn. 31 ff.

[6] *BGHZ* 4, 192 (194); *Windthorst/Sproll*, § 3 Rdnr. 17; *Ossenbühl*, S. 341.

[7] Dazu *Ossenbühl*, S. 355 f.

[8] Dazu *Ossenbühl*, S. 356 mit Fußn. 6.

[9] Fordert ein Bürger von der Behörde eine Geldleistung, die durch Verwaltungsakt festzusetzen ist, wird die in § 291 BGB genannte Rechtshängigkeit durch die Erhebung einer Verpflichtungsklage bewirkt, *BVerwG*, NJW 1999, 1201. Die Fälligkeit eines solchen Leistungsanspruchs bestimmt sich nach dem Zeitpunkt, in dem der Bürger einen Anspruch auf Erlaß des Verwaltungsakts hat, *BVerwG*, NJW 1973, 1855.

[10] Zur objektiven Beweislast im Verwaltungsprozeß *Schmitt Glaeser*, Verwaltungsprozeßrecht, 14. Aufl. 1997, Rdnrn. 543 f. m.w.Nw.

verstoß des Schuldners, für den Schadenseintritt und für die Kausalität zwischen Pflichtverstoß und Schaden. Der Schuldner trägt dagegen die objektive Beweislast, wenn er sich darauf beruft, er oder die Hilfsperson, deren er sich bedient habe, treffe am Pflichtverstoß kein Verschulden.

– *Positive Vertrags- oder Forderungsverletzung (p. V. V.):*

5 Die entsprechende Anwendbarkeit der Grundsätze dieses Rechtsinstituts ist unbestritten. *Beispiele*: Lieferung verunreinigten Wassers im Rahmen eines öffentlich-rechtlichen Leistungsverhältnisses,[11] Verletzung der öffentlich-rechtlichen Verkehrssicherungspflicht im Rahmen eines öffentlich-rechtlichen Benutzungsverhältnisses.[12]

– *Culpa in contrahendo (c.i.c.):*

6 Die entsprechende Anwendung dieses Rechtsinstituts auf Verhandlungen zwischen Staat und Bürger, die zum Abschluß einer öffentlich-rechtlichen Vereinbarung führen sollen, ist in der Rechtsprechung anerkannt.[13] Danach sind Schadensersatzansprüche aus c.i.c. denkbar, wenn die angestrebte öffentlich-rechtliche Vereinbarung aufgrund schuldhaft vorwerfbaren Verhaltens eines Beteiligten nicht oder nicht wirksam getroffen worden ist oder wenn die Vereinbarung einen anderen Inhalt hat, als es bei einem ordnungsgemäßen Verlauf der Verhandlungen der Fall gewesen wäre.[14]

– *§ 254 BGB:*

7 Die entsprechende Anwendung von § 254 BGB (Mitverschulden) ist anerkannt.

– *§§ 249 ff. BGB:*

8 Anerkannt ist auch die entsprechende Geltung der Vorschriften der §§ 249 ff. BGB zur Naturalrestitution und zum Schadensersatz in Geld.

– *§ 195 BGB:*

9 Soweit keine spezifisch öffentlich-rechtlichen Vorschriften entgegenstehen, verjähren Schadensersatzansprüche aus öffentlich-rechtlichen Schuldverhältnissen analog § 195 BGB nach 30 Jahren.

---

[11] *BGHZ* 59, 303 ff.; 17, 191 ff.

[12] *BGH,* NJW 1974, 1816; dazu – und zu einem weiteren, vom *VGH Mannheim,* NVwZ-RR 1992, 656 entschiedenen Fall – *Windthorst/Sproll,* § 4 Rdnrn. 2 ff., 17 ff.; zur p.V.V. eines vertragsähnlichen öffentlich-rechtlichen Kanalbenutzungsverhältnisses *OVG Münster,* NWVBl 1996, 489 f.

[13] *BVerwG,* DÖV 1974, 133 f.; *BGHZ* 71, 386 (392); 76, 343 (348); *OVG Münster,* DÖV 1971, 276; DVBl 1972, 614; dazu umfassend *Keller,* Vorvertragliche Schuldverhältnisse im Verwaltungsrecht, 1997.

[14] Zu den verschiedenen Fallgruppen *Ossenbühl,* S. 357; *Jäckle,* NJW 1990, 2520 ff.

## II. Vergleich mit der Amtshaftung

Die Verletzung von Pflichten eines öffentlich-rechtlichen Schuldverhältnisses ist in der Regel zugleich eine Amtspflichtverletzung; die Umkehrung gilt allerdings nicht (vor allem weil eine drittgerichtete Amtspflicht nicht stets auch das ein öffentlich-rechtliches Schuldverhältnis konstituierende Näheverhältnis zwischen Staat und Bürger begründet). 10

Schadensersatzansprüche aus Amtspflichtverletzung gem. § 839 BGB, Art. 34 GG und aus Verletzung eines öffentlich-rechtlichen Schuldverhältnisses können nebeneinander geltend gemacht werden. Das Verweisungsprivileg des § 839 I 2 BGB gilt insoweit nicht. Amtshaftungsansprüche entfallen also nicht deshalb, weil auch Schadensersatzansprüche wegen der Verletzung eines öffentlich-rechtlichen Schuldverhältnisses bestehen.[15] 11

Gerade wegen der entsprechenden Anwendung verschiedener bürgerlich-rechtlicher Vorschriften auf das öffentlich-rechtliche Schuldverhältnis unterscheidet sich die schuldrechtliche Haftung von der Amtshaftung z. T. ganz erheblich. Die wesentlichen Unterschiede lassen sich in folgender Übersicht darstellen. 12

| Kriterium | Haftung aus öffentlich-rechtlichem Schuldverhältnis | Amtshaftung, § 839 BGB, Art. 34 GG |
|---|---|---|
| 1. Haftung für Organe und verfassungsmäßig berufene Vertreter | §§ 31, 89 BGB analog, *BVerwGE* 25, 138 (146); str., n. a. A. § 278 BGB analog, *Palandt-Heinrichs*, § 89 Rdnr. 2 | Volle Haftung für alle Personen („jemand"), deren Verhalten als öffentlich-rechtlich zu qualifizieren ist |
| 2. Haftung für sonstige Hilfspersonen | Volle Haftung für schuldhaftes Verhalten von Erfüllungsgehilfen und Hilfspersonen – auch für Privatunternehmen, deren sich der Staat zur Erfüllung öffentlicher Aufgaben bedient (§ 278 BGB analog) | Wie oben<br>Problem: Einschaltung von Privatpersonen zum Zwecke der Erfüllung öffentlicher Aufgaben[16] |
| 3. Beweislast für Verschulden des Schuldners (Beklagten) | Schuldner (Beklagter) nach § 282 BGB analog, wenn Gläubiger (Kläger) die Pflichtverletzung des Schuldners (Beklagten), den Schaden und die Kausalität der Pflichtverletzung für den Schaden dargelegt und ggf. bewiesen hat | Gläubiger (Kläger) |

[15] Das gilt freilich auch im Verhältnis zu anderen öffentlich-rechtlichen Ansprüchen. Der Staat wird insoweit als Haftungseinheit behandelt.

[16] Dazu im einzelnen § 9 Rdnrn. 13 ff.

| | | |
|---|---|---|
| 4. Subsidiarität der Haftung | – | § 839 I 2 BGB |
| 5. Mitverschulden des Geschädigten | § 254 BGB analog | § 839 III BGB, § 254 BGB (soweit § 839 III BGB nicht einschlägig ist) |
| 6. Verjährung | § 195 BGB analog (30 Jahre) | § 852 BGB (3 Jahre) |
| 7. Anspruchsinhalt | Naturalrestitution mit der Möglichkeit des Geldersatzes, §§ 249 ff. BGB analog; kein Schmerzensgeld | Nur Geldersatz, aber auch Schmerzensgeld gem. § 847 BGB |

## § 21. Anerkannte Fallgruppen öffentlich-rechtlicher Schuldverhältnisse

1 Öffentlich-rechtliche Schuldverhältnisse können durch öffentlich-rechtliche Verträge gem. §§ 54 ff. VwVfG begründet werden. Hierbei handelt es sich um ein durch das öffentliche Recht ausdrücklich geregeltes öffentlich-rechtliches Schuldverhältnis. Im folgenden wird nur auf die im öffentlichen Recht nicht besonders oder nur bruchstückhaft geregelten Fallgruppen eingegangen.

### I. Öffentlich-rechtliche Verwahrung

2 Ein öffentlich-rechtliches Verwahrungsverhältnis besteht, wenn ein Hoheitsträger eine bewegliche Sache eines Privaten oder eines anderen Hoheitsträgers kraft öffentlichen Rechts in Besitz genommen hat. Gleiches gilt bei Inbesitznahme beweglicher Sachen des Staates durch Private kraft öffentlichen Rechts (z. B. Aufbewahrung der Grundausstattung durch Reservisten gem. § 24 VI 1 Nr. 4 WPflG).[1]

3 Die öffentlich-rechtliche Verwahrung kann durch Verwaltungsakt, Realakt (tatsächliches Ansichnehmen) oder durch öffentlich-rechtlichen Vertrag begründet werden. Im zuletzt genannten Fall gelten freilich die §§ 54 ff. VwVfG sowie gem. § 62 S. 2 VwVfG ergänzend die §§ 688 ff. BGB in entsprechender Anwendung.

*Beispielsfälle*:
- Beschlagnahme von Sachen im Strafverfahren (*BGHZ* 1, 369).
- Polizeiliche Sicherstellung und Verwahrung von Sachen (geregelt in den Polizei- und Sicherheitsgesetzen der Länder, z. B. Art. 25, 26 Bay-

[1] Vgl. dazu *Quaritsch*, S. 173 ff.; nach *Büllesbach*, S. 96 ff., ist zwischen vier verschiedenen Verwahrungskategorien zu unterscheiden.

PAG, §§ 40, 41 HSOG, §§ 43, 44 NWPolG): Die einschlägigen Vorschriften des Polizei- und Sicherheitsrechts enthalten nur eine bruchstückhafte Regelung.
- Entgegennahme abgegebener Fundsachen durch die Polizei (*BGH* NJW 1990, 1230).

Zu beachten ist, daß nicht jede behördliche Inbesitznahme von Sachen ein öffentlich-rechtliches Verwahrungsverhältnis begründet. Voraussetzung ist, daß der Berechtigte von eigenen Obhuts- und Sicherungsobliegenheiten ausgeschlossen wurde und daß die entsprechenden Fürsorgepflichten dem Hoheitsträger obliegen.[2] 4

Auf die öffentlich-rechtlichen Verwahrungsverhältnisse sind die §§ 688 ff. BGB entsprechend anwendbar.[3] Häufig geht es um Fälle, in denen die verwahrte Sache zerstört oder beschädigt wurde oder aus anderen Gründen nicht mehr herausgegeben werden kann. Hier sind vor allem die §§ 275, 280 BGB (bei nicht synallagmatischen Verwahrungsverhältnissen, was die Regel ist), §§ 323, 325 BGB (bei synallagmatischen Verwahrungsverhältnissen), die Grundsätze der p.V.V. sowie vor allem § 282 BGB entsprechend anwendbar. 5

Wegen der besonderen Stellung und Rechtsbindung der öffentlichen Hand kann sich diese nicht auf § 690 BGB (diligentia quam in suis) berufen. Umgekehrt scheidet wegen der Besonderheiten der öffentlich-rechtlichen Verwahrung eine Berufung des Bürgers auf § 695 BGB (jederzeitiges Rückforderungsrecht des Hinterlegers) aus, wenn die Sache von einem Hoheitsträger beschlagnahmt worden ist. 6

Bei *Rechtswegfragen* ist § 40 II 1, 2. Var. VwGO zu beachten. Er bestimmt, daß für alle vermögensrechtliche Ansprüche aus öffentlich-rechtlicher Verwahrung (Herausgabe der verwahrten Sache, Schadensersatz) der ordentliche Rechtsweg gegeben ist. Dies gilt aber nur für Ansprüche eines Privatrechtssubjekts gegen die öffentliche Hand. Für Ansprüche eines Verwaltungsrechtsträgers ist dagegen der Verwaltungsrechtsweg eröffnet.[4] 7

---

[2] Vgl. dazu *BGH,* NJW 1988, 1258 (Ablegen von Mänteln vor dem Klassenraum anläßlich einer Elternversammlung auf Ersuchen des Schulleiters); *OLG Köln,* NVwZ 1994, 618; *Maurer,* JuS 1994, 1015 ff.

[3] Für einen weitgehenden Ausschluß einer analogen Anwendung der §§ 688 ff. BGB und für eine prinzipielle analoge Anwendung der §§ 29 IV, 31 I, III–V BGSG und der entsprechenden landespolizeilichen Vorschriften *Büllesbach,* S. 119 ff., 129 ff., 136 ff. Daß sich diese Auffassung durchsetzen wird, ist kaum zu erwarten.

[4] A. A. *Quaritsch,* S. 178 f.: ebenfalls Zivilrechtsweg; dazu näher § 22.

## II. Öffentlich-rechtliche Benutzungs- und Leistungsverhältnisse

8 Ein öffentlich-rechtliches Benutzungs- und Leistungsverhältnis zwischen der öffentlichen Hand und einem Privatrechtssubjekt (Rechtsbeziehungen zwischen Verwaltungsrechtsträgern können vernachlässigt werden) besteht dann, wenn die Nutzung einer öffentlichen Einrichtung und/oder die Inanspruchnahme von Leistungen der öffentlichen Hand öffentlich-rechtlich geregelt ist. Dies kann durch Verwaltungsakt, öffentlich-rechtlichen Vertrag oder Satzung geschehen.

Folgende Fälle sind in Rechtsprechung und Literatur anerkannt:

- Kommunale öffentliche Einrichtungen mit Anschluß- und Benutzungszwang (z. B. kommunale Kanalisation, *BGHZ* 54, 299; NJW 1984, 615 ff.; *VGH Mannheim*, NVwZ-RR 1992, 656; 1991, 325; oder Wasserversorgung, *BGHZ* 59, 303; 17, 191; *VGH Mannheim*, VBlBW 1982, 369).
- Nutzung sonstiger kommunaler öffentlicher Einrichtungen mit oder ohne Benutzungszwang (z. B. städtischer Schlachthof, *BGHZ* 61, 7; NJW 1974, 1816).

9 Zu beachten ist, daß ein öffentlich-rechtliches Schuldverhältnis in Form eines öffentlich-rechtlichen Benutzungs- und Leistungsverhältnisses nur dann angenommen werden darf, wenn das *Benutzungs- und Leistungsverhältnis öffentlich-rechtlich* ausgestaltet ist. Dies ist deshalb wichtig, weil die öffentliche Hand das Benutzungs- und Leistungsverhältnis auch *privatrechtlich* ausgestalten kann. Selbst bei kommunalen öffentlichen Einrichtungen mit öffentlich-rechtlich angeordnetem Anschluß- und Benutzungszwang kann das Benutzungsverhältnis privatrechtlich ausgestaltet sein.[5]

10 Sicheres Anzeichen für eine öffentlich-rechtliche Ausgestaltung des Benutzungs- und Leistungsverhältnisses ist, wenn die Benutzung und die Leistungsgewährung durch Satzung geregelt sind und wenn Gebühren erhoben werden. In derartigen Fällen wird auch kein öffentlich-rechtlicher Vertrag geschlossen. Vielmehr handelt es sich dann um ein vertragsähnliches öffentlich-rechtliches Benutzungs- und Leistungsverhältnis, also um ein öffentlich-rechtliches Schuldverhältnis.

11 Bei den hier genannten öffentlich-rechtlichen Benutzungs- und Leistungsverhältnissen geht es häufig um die entsprechende Anwendung der Grundsätze der p.V.V. i.V.m. §§ 278, 282 BGB.

[5] *BGH*, MDR 1984, 558; *VGH Kassel*, ESVGH 25, 59 (72); *Schmidt/Kneip*, Hessische Gemeindeordnung, 1995, § 19 HGO Rdnr. 5; *Birkenfeld-Pfeiffer*, Kommunalrecht, 2. Aufl. 1998, Rdnr. 96.

*Beispiele*:

- Lieferung verunreinigten Leitungswassers durch die Gemeinde, wodurch dem Abnehmer ein Schaden entsteht (*BGHZ* 59, 303; 17, 191).
- Tiere des Schlachthofbenutzers oder der Benutzer selbst erleiden im Schlachthof einen Schaden, weil die betreibende Gemeinde ihre öffentlich-rechtlich geregelte Verkehrssicherungspflicht verletzt hat (*BGHZ* 61, 7; NJW 1974, 1816).
- Rückstauschäden aufgrund nicht ordnungsgemäßer Anlage der städtischen Kanalisation (*BGHZ* 54, 299; DVBl 1992, 368; DVBl 1978, 108).
- Unzulässige Einleitung schadstoffhaltigen Wassers in die städtische Kanalisation durch einen Bürger, wodurch in der städtischen Kläranlage der Klärschlamm verunreinigt wird und der Stadt ein Schaden entsteht (*VGH Mannheim*, NVwZ-RR 1992, 656; beachte: hier ging es um einen Schadensersatzanspruch der öffentlichen Hand gegen einen Bürger).

Ein Standardproblem ist die Frage der Zulässigkeit *eines Ausschlusses* 12
*oder einer Beschränkung der Haftung* der öffentlichen Hand. Hier geht es in aller Regel um *satzungsmäßige* Haftungsausschlüsse oder Haftungsbeschränkungen. § 276 II BGB, dessen entsprechende Anwendung in Betracht kommt, läßt eine (freilich nur vertragliche) Haftungsbeschränkung mit Ausnahme der Haftung für Vorsatz zu. Die in Rechtsprechung und Literatur ganz überwiegende Auffassung bejaht die Zulässigkeit einer Haftungsbeschränkung durch öffentlich-rechtliche Satzung unter folgenden Voraussetzungen:[6]

1. Die Haftung darf nicht für *Vorsatz und grobe Fahrlässigkeit* ausgeschlossen werden. Hinsichtlich der Unzulässigkeit des Haftungsausschlusses für grobe Fahrlässigkeit (was nach § 276 II BGB zulässig wäre) kann die Parallele zu § 11 Nr. 7 AGBG gezogen werden, wonach durch Allgemeine Geschäftsbedingungen die Haftung für grobe Fahrlässigkeit nicht ausgeschlossen werden darf.
2. Die Haftungsbeschränkung muß durch *sachliche Gründe gerechtfertigt* sein.
3. Die Haftungsbeschränkung muß den Grundsätzen der Erforderlichkeit und Verhältnismäßigkeit entsprechen.
4. Die Haftungsbeschränkung darf nicht im Widerspruch stehen zu den allgemeinen fürsorgerischen Aufgaben der Verwaltung (dieser Aspekt kann auch bei den Punkten 2 und/oder 3 berücksichtigt werden).

   Auch bei der Prüfung der Punkte 2–4 können Parallelen zum AGB-Gesetz gezogen werden.

---

[6] Dazu grundlegend *BGHZ* 61, 7 (12); *Maurer*, § 28 Rdnr. 7; *Windthorst/Sproll*, § 4 Rdnrn. 14 f.; *Ossenbühl*, S. 358 ff.; *Heintzen*, NVwZ 1992, 857 ff.

13 Zu beachten ist, daß sich die satzungsmäßige Haftungsbeschränkung auf die schuldrechtliche Haftung beschränkt. Die parallel bestehende Amtshaftung kann allein durch Satzung nicht beschränkt werden.[7] Die nach Art. 34 S. 1 GG „grundsätzlich" bestehende und auf den Staat übergeleitete Amtshaftung kann nur durch ein formelles Gesetz oder aufgrund eines besonderen formellen Gesetzes (das zum Erlaß von Rechtsverordnungen oder Satzungen ermächtigt) ausgeschlossen oder beschränkt werden. Die etwa in den verschiedenen Gemeindeordnungen enthaltenen *allgemeinen Satzungsermächtigungen* sind insoweit keine ausreichenden formell-gesetzlichen Ermächtigungsgrundlagen.

## III. Beamtenverhältnis und sonstige personenbezogene Sonderverbindungen

### 1. Beamtenverhältnis

#### *a) Rechtsdogmatische Grundlagen*

14 Nahezu einhellig anerkannt ist, daß das *Beamtenverhältnis* ein öffentlich-rechtliches Schuldverhältnis ist.[8] Zwischen dem Beamten und seinem Dienstherrn besteht eine ganze Vielzahl allgemeiner und besonderer Rechte und Pflichten, die in den beamtenrechtlichen Vorschriften des Bundes und der Länder ausgestaltet und konkretisiert sind. Werden diese relativen Rechte und Pflichten verletzt, besteht ein unmittelbar aus dem Beamtenverhältnis folgender Schadensersatzanspruch.

15 Die Schadensersatzpflicht des Beamten gegenüber seinem Dienstherrn ist in den §§ 46 I BRRG, 78 I BBG und in den verschiedenen Beamtengesetzen der Länder ausdrücklich bestimmt – allerdings nur für vorsätzliche oder grob fahrlässige Pflichtverletzungen. Aus verschiedenen Gründen hat das *BVerwG*[9] aber auch dem einzelnen Beamten Schadensersatzansprüche, die unmittelbar aus dem Beamtenverhältnis folgen und zusätzlich neben etwaigen Amtshaftungsansprüchen aus § 839 BGB, Art. 34 GG stehen, eingeräumt. Zur Begründung wurden vor allem folgende Aspekte angeführt:

---

[7] *BGHZ* 61, 7 (14); NJW 1984, 617; *Maurer*, § 25 Rdnr. 39; *Steinberg/Lubberger*, S. 310 f.; *Windthorst*, JuS 1995, 993; *Rozek*, BayVBl 1989, 761 (762); a. A. *VGH München*, DVBl 1985, 903 f.; differenzierend *Reiter*, BayVBl 1990, 771 ff.

[8] Grundlegend *BVerwGE* 13, 17 ff.; *BGHZ* 43, 178 (184) unter Aufgabe der gegenteiligen Auffassung in *BGHZ* 29, 310 (312 f.); *Maurer*, § 28 Rdnr. 3; *Ossenbühl*, S. 347 ff.; *Windthorst*, JuS 1996, 608; z. T. a. A. *Wolff/Bachof/Stober*, Verwaltungsrecht I, § 55 Rdnr. 4.

[9] *BVerwGE* 13, 17 ff.

– Haftungsrechtliche Gleichbehandlung der Beamten und der sonstigen Angehörigen des öffentlichen Dienstes, für die die zivilrechtlichen schuldrechtlichen Vorschriften unmittelbar gelten.
– Haftungsrechtliche Gleichstellung der *unmittelbaren* Beamtenhaftung gegenüber seinem Dienstherrn (vgl. §§ 46 I BRRG, 78 I BBG) und der Dienstherrenhaftung gegenüber dem Beamten, die im Falle der bloßen Amtshaftung nur eine übergeleitete Haftung ist.
– Beweislasterwägungen (Stichwort: § 282 BGB).

Bei einer entsprechenden Anwendung zivilrechtlicher Vorschriften auf **16**
das Beamtenverhältnis ist allerdings größte Vorsicht geboten. Soweit eine abschließende Regelung im Beamtenrecht besteht, ist ein Rückgriff auf das Zivilrecht unzulässig.[10] Schadensersatzansprüche des Beamten gegen seinen Dienstherrn, der seine ihm den Beamten gegenüber obliegenden Pflichten verletzt, sind im Beamtenrecht allerdings nicht geregelt. Da sie andererseits nicht ausdrücklich ausgeschlossen sind, ist ein Rückgriff auf Vorschriften und Grundsätze des Zivilrechts möglich.

*Fallbeispiele:* Rechtswidrige Entlassung von Beamten; Verstoß gegen die Pflicht, nur nach Eignung, Befähigung und fachlicher Leistung zu befördern; Verweigerung der Akteneinsicht; Verletzung von Beratungspflichten; Beschädigung oder Verlust von Sachen des Beamten, die er seinem Dienstherrn zur Verwahrung gegeben hat.

Früher hat das *BVerwG* generell auf die in den §§ 48 BRRG, 79 BBG **17**
und den entsprechenden landesrechtlichen Bestimmungen genannte *allgemeine beamtenrechtliche Fürsorgepflicht* abgestellt. Seit *BVerwGE* 80, 123 (124 f.) differenziert es. Soweit die Pflicht, gegen die verstoßen wurde, in besonderen beamtenrechtlichen Vorschriften normiert ist, greift das *BVerwG* nicht mehr auf das Rechtsinstitut der Verletzung der Fürsorgepflicht zurück. Statt dessen spricht es von einem Schadensersatzanspruch „wegen der schuldhaften Verletzung einer eigenen, in einem öffentlich-rechtlichen Dienstverhältnis wurzelnden (quasi-vertraglichen) Verbindlichkeit".[11] Konkret ging es um einen Verstoß gegen die in § 7 LBG NW normierte Pflicht des Dienstherrn, Beförderungen (nur) nach Eignung, Befähigung und fachlicher Leistung vorzunehmen.

Das heißt freilich nicht, daß der Rückgriff auf die allgemeine beamten- **18**
rechtliche Fürsorgepflicht ausgeschlossen ist.[12] Dies ist vielmehr nur bei der Verletzung „spezifischer Pflichten des Dienstherrn gegenüber dem

[10] *Battis*, Bundesbeamtengesetz, 2. Aufl. 1997, § 2 Rdnr. 16; *Schnellenbach*, Beamtenrecht in der Praxis, 3. Aufl. 1994, Rdnr. 244, jeweils mit Beispielen; siehe auch *Ossenbühl*, S. 348.
[11] *BVerwGE* 80, 123 (125).
[12] So aber offenbar *Maurer*, § 28 Rdnr. 3.

Beamten"[13] der Fall. Soweit es um Pflichten geht, die im Beamtenrecht nicht speziell geregelt sind – wie etwa die Pflicht des Dienstherrn zur sorgfältigen Verwahrung von Sachen des Beamten, die er notwendig und im üblichen Dienst einbringt und notwendigerweise dort beläßt –, ist nach wie vor auf die allgemeine Fürsorgepflicht des Dienstherrn abzustellen.[14]

19 Auf das Ergebnis dürfte sich die Unterscheidung zwischen der allgemeinen beamtenrechtlichen Fürsorgepflicht und den besonderen quasivertraglichen Verbindlichkeiten indes kaum auswirken. Auch wenn nur auf die bundesrechtlich in den §§ 48 BRRG, 79 BBG normierte allgemeine beamtenrechtliche Fürsorgepflicht abgestellt wird, sind etwaige spezielle beamtenrechtliche Regelungen mitzuberücksichtigen.

*Fallbeispiel*:

Wird ein Bundesbeamter gegen seinen Willen und unter Verstoß gegen die §§ 42 ff. BBG vorzeitig in den Ruhestand versetzt, bedeutet es keinen Unterschied, ob ein Schadensersatzanspruch auf die Verletzung einer quasi-vertraglichen Verbindlichkeit, die aus den §§ 42 ff. BBG folgt, gestützt wird oder ob auf die Verletzung der allgemeinen beamtenrechtlichen Fürsorgepflicht aus § 79 BBG i.V.m. den §§ 42 ff. BBG abgestellt wird.

### *b) Anspruchsprüfung*

20 Konstruktiv stellt sich die Anspruchsprüfung folgendermaßen dar:

21 *1. Beispiel.* Verletzung einer *speziellen quasi-vertraglichen Verbindlichkeit*, hier Beförderung eines Konkurrenten unter Verstoß gegen die in § 7 LBG NW festgelegten Auslesekriterien (Eignung, Befähigung und fachliche Leistung):[15]

*(1)* Verstoß gegen das in § 7 LBG geregelte Prinzip der Bestenauslese, d.h. Verstoß gegen § 7 LBG.

*(2)* Schuldhaftes Verhalten der Organe oder Gehilfen des Dienstherrn bezüglich des Pflichtverstoßes.[16]

*(a)* Unter den Begriff des Organs fallen alle Personen, denen bedeutsame wesensmäßige Funktionen zur selbständigen Erfüllung zu-

[13] *Ossenbühl*, S. 349.

[14] So *BVerwGE* 94, 163 (163 f.) im genannten Beispielsfall; zuletzt *BVerwG*, NVwZ 1998, 400; zu weiteren Pflichten des Dienstherrn, die aus seiner allgemeinen Fürsorgepflicht folgen, *Schnellenbach*, Beamtenrecht in der Praxis, 3. Aufl. 1994, Rdnrn. 238 ff.

[15] Vgl. *Scheerbarth/Höffken/Bauschke/Schmidt*, Beamtenrecht, 6. Aufl. 1992, S. 501.

[16] Verschulden ist nur hinsichtlich der Pflichtverletzung, nicht auch hinsichtlich des Kausalverlaufes und des Schadenseintritts erforderlich (vgl. *Vollkommer*, in: *Jauernig*, BGB, 8. Aufl. 1997, § 276 Anm. 3c, zur insoweit vergleichbaren p.V.V.); hier besteht Übereinstimmung mit dem Amtshaftungstatbestand des § 839 BGB, Art. 34 GG.

gewiesen sind und die den Dienstherrn bzw. den Verwaltungsträger auf diese Weise repräsentieren.[17] Dies können sowohl Beamte als auch Angestellte sein.
Das Verhalten wird dem Dienstherrn bzw. dem Verwaltungsträger entsprechend den §§ 89, 31 BGB zugerechnet.[18]

*(b)* Unter den Begriff der Hilfspersonen fallen alle anderen Personen (Beamte, Angestellte, Arbeiter, Sonstige), die für den Dienstherrn bzw. den Verwaltungsträger tätig werden. Ihr Verhalten wird dem Dienstherrn entsprechend § 278 BGB zugerechnet.
Im Ergebnis bedeutet es freilich keinen Unterschied, ob auf die §§ 89, 31 BGB oder ob auf § 278 BGB abgestellt wird.

*(3)* Schaden.

*(4)* Kausalität zwischen Pflichtverletzung und Schaden (Adäquanztheorie).

Entsprechend anwendbar sind auch die §§ 254, 282 BGB.

Im Ergebnis werden damit die Grundsätze der p.V.V. auf das Beamtenverhältnis übertragen.[19] Es steht nichts entgegen, im genannten Beispielsfall einen Schadensersatzanspruch aus p.V.V. analog i.V. mit § 7 LBG NW zu prüfen.

*2. Beispiel.* Verletzung der *allgemeinen beamtenrechtlichen Fürsorgepflicht*, hier Beschädigung einer Sache, die der Beamte in den Dienst eingebracht hat:[20] **22**

*(1)* Verstoß gegen § 79 BBG.[21]
Früher hat das *BVerwG* nicht auf § 79 BBG bzw. die gleichlautenden landesrechtlichen Bestimmungen unmittelbar abgestellt, sondern auf die in den §§ 276, 278, 618 III BGB zum Ausdruck gelangten allgemeinen Rechtsgrundsätze.[22] Nunmehr spricht es von „Schadensersatz wegen Verletzung der Schutzpflicht aus § 85 LBG".[23] Erwähnenswert

---

[17] *Palandt/Heinrichs*, § 89 Rdnr. 4.

[18] A.A. *Palandt/Heinrichs*, § 89 Rdnrn. 1 f., wonach die §§ 89, 31 BGB nur für Handeln im *privaten Rechtsverkehr* gelten sollen, während bei schuldrechtsähnlichen öffentlich-rechtlichen Sonderverbindungen § 278 BGB entsprechend gelten soll; ohne diese Differenzierung zwischen öffentlich-rechtlichem und privatrechtlichem Handeln dagegen *BVerwGE* 25, 138 (146), wo auch bei schuldrechtsähnlichen öffentlich-rechtlichen Sonderverbindungen sowohl auf §§ 89, 31 BGB als auch auf § 278 BGB abgestellt wird. Im Ergebnis bedeutet diese Unterscheidung freilich keinen Unterschied.

[19] So auch *Scheerbarth/Höffken/Bauschke/Schmidt*, Beamtenrecht, 6. Aufl. 1992, S. 298, 500.

[20] *BVerwGE* 94, 163 ff.; vgl. zum Aufbau auch *Scheerbarth/Höffken/Bauschke/Schmidt*, a.a.O., S. 499 f.

[21] In *BVerwGE* 14, 163 ff. war § 85 LBG NW einschlägig.

[22] *BVerwGE* 13, 17 (20, 22); siehe auch *Maurer*, § 28 Rdnr. 3.

[23] *BVerwGE* 94, 163 (166); dafür auch *Battis*, Bundesbeamtengesetz, 2. Aufl. 1997, § 79 Rdnr. 15.

ist außerdem, daß das *BVerwG* bereits früher im Zusammenhang mit der allgemeinen beamtenrechtlichen Fürsorgepflicht von „einer eigenen, in einem öffentlich-rechtlichen Dienstverhältnis wurzelnden (quasi-vertraglichen) Verbindlichkeit" gesprochen hat.[24]

*(2)* Schuldhaftes Verhalten der Organe oder Gehilfen des Dienstherrn bezüglich des Pflichtverstoßes.

*(3)* Schaden.

*(4)* Kausalität zwischen Pflichtverstoß und Schaden (Adäquanztheorie).

Auch hier steht wiederum nichts entgegen, einen Schadensersatzanspruch aus p.V.V. analog i.V. mit § 79 BBG zu prüfen.

23 Anders als der Amtshaftungsanspruch ist der Anspruch aus Verletzung von Pflichten, die aus dem Beamtenrechtsverhältnis folgen, nicht nur auf Geldersatz, sondern auch auf Naturalrestitution gerichtet, z.B. auf Widerruf von Äußerungen des Dienstherrn.[25] Die §§ 249 ff. BGB gelten entsprechend.

## 2. Sonstige personenbezogene Sonderverbindungen

24 Außer dem Beamtenverhältnis gibt es noch eine ganze Reihe anderer personenbezogener öffentlich-rechtlicher Sonderverbindungen. Auch sie zeichnen sich durch ein weitverzweigtes Beziehungsgeflecht zwischen Staat und Bürger aus. Zu nennen sind vor allem das Zivildienst-, Wehrdienst-, Schul- und Strafgefangenenverhältnis.

25 Auch in diesen Rechtsverhältnissen obliegen dem Staat gegenüber den beteiligten Bürgern allgemeine Fürsorgepflichten und spezifische Pflichten, die – wie im Beamtenrecht – entweder gesetzlich ausdrücklich geregelt oder Korrelat zu besonderen Pflichten des Bürgers gegenüber dem Staat sind (früher sprach man von den besonderen Gewaltverhältnissen, die Terminologie ist aber auch heute noch gebräuchlich). Es spricht deshalb nichts dagegen, auch diese öffentlich-rechtlichen Sonderverbindungen (auch) als öffentlich-rechtliche Schuldverhältnisse zu begreifen.

26 Die Rechtsprechung hat bislang allerdings nur das *Zivildienstverhältnis* und das *Wehrdienstverhältnis* als öffentlich-rechtliche Schuldverhältnisse anerkannt, auf die die zivilrechtlichen Vorschriften und Rechtsgrundsätze entsprechend anwendbar sind. Hier ging es jeweils um die Verletzung allgemeiner Fürsorgepflichten.

27 Etwas anderes soll dagegen beim Strafgefangenen- und beim Schulverhältnis gelten. Ansprüche aus Verletzung von Fürsorgepflichten im Strafgefangenenverhältnis hat der *BGH* mit der Begründung abgelehnt, die

---

[24] *BVerwGE* 25, 138 (146).

[25] *Battis*, Bundesbeamtengesetz, 2. Aufl. 1997, § 79 Rdnr. 15; vgl. *OVG Koblenz*, NJW 1987, 1660 f.; *VGH Mannheim*, ZBR 1977, 165; *VGH Kassel*, ZBR 1974, 261.

Pflicht des Staates zur Fürsorge gegenüber dem Strafgefangenen sei eine bloße Nebenpflicht; außerdem fehle ein sachlicher Grund dafür, neben dem Amtshaftungsanspruch einen weiteren schuldrechtlichen Schadensersatzanspruch zu gewähren.[26] Unter Verweis auf diese Entscheidung hat der *BGH* auch für das Schulverhältnis Ansprüche aus Verletzung von Fürsorgepflichten abgelehnt.[27]

Diese restriktive Rechtsprechung ist abzulehnen.[28] Zum einen kann auch die Verletzung bloßer Nebenpflichten Schadensersatzansprüche wegen Verletzung öffentlich-rechtlicher Schuldverhältnisse begründen. Die verletzte (Fürsorge-)Pflicht muß keine Hauptpflicht sein, sie kann auch eine bloße Nebenpflicht sein.[29] Zum anderen ist die Verletzung einer Fürsorgepflicht seit *BVerwGE* 80, 123 keine zwingende Voraussetzung mehr für die Zuerkennung von Schadensersatzansprüchen aus öffentlich-rechtlichen Schuldverhältnissen. Abzustellen ist primär auf sonstige spezifische öffentlich-rechtliche Pflichten des Staates, die sich als quasi-vertragliche Verbindlichkeiten darstellen. Schließlich steht der vom *BGH* genannte fehlende sachliche Grund für die Zuerkennung schuldrechtlicher Schadensersatzansprüche[30] nicht der Annahme eines öffentlich-rechtlichen Schuldverhältnisses entgegen, sondern schließt nur einen entsprechenden Anspruch im konkreten Fall aus. 28

Im Ausgangspunkt zuzustimmen ist deshalb einer weiteren Entscheidung des *BGH* zum Schulverhältnis. In ihr wurde das Verhältnis zwischen Schüler und Schule als ein einem Schuldverhältnis ähnliches Rechtsverhältnis bezeichnet, und die §§ 254, 278 BGB wurden entsprechend anspruchsmindernd angewendet.[31] Allerdings wirkte sich die Qualifizierung des Schulverhältnisses als schuldrechtsähnliches Rechtsverhältnis in dieser Entscheidung damit zu Ungunsten des Schülers aus. Freilich müßte es sich von selbst verstehen, daß die dogmatische Einordnung eines Rechtsverhältnisses nicht von ihren Auswirkungen gerade im konkreten Einzelfall abhängen darf. Deshalb muß das Schulverhältnis auch dann als schuldrechtsähnliches Rechtsverhältnis qualifiziert werden, wenn sich hieraus Vorteile für den Schüler ergeben. 29

Auch das Verhältnis zwischen Student und Universität bzw. deren Rechtsträger kann als personenbezogene öffentlich-rechtliche Sonderverbindung und damit als öffentlich-rechtliches Schuldverhältnis begriffen 30

---

[26] *BGHZ* 21, 214 (220 f.).

[27] *BGH,* NJW 1963, 1828 f.; ebenso *BGH,* DVBl 1964, 584; siehe demgegenüber aber auch *BGH,* DVBl 1964, 813 f.

[28] Ablehnend auch *Palandt/Heinrichs,* § 276 Rdnr. 130; *Ossenbühl,* S. 351 f.; *Windthorst,* JuS 1996, 608.

[29] Vgl. *Ossenbühl,* S. 352; vgl. auch *BVerwGE* 94, 163 (164), wo es um die Pflicht des Dienstherrn ging, Sachen, die der Beamte im Dienst einbringt, keinen Schaden zuzufügen; hier handelt es sich um eine bloße Nebenpflicht.

[30] *BGHZ* 21, 214 (220 f.); *BGH,* NJW 1963, 1829.

[31] *BGH,* DVBl 1964, 814.

werden (Hochschulverhältnis). Ob im Falle der Verletzung von Pflichten, die in dieser Sonderverbindung bestehen, auch *schuldrechtliche* Schadensersatzansprüche bestehen, ist eine andere Frage. Das *BVerwG* hat einen Schadensersatzanspruch der Hochschule bzw. ihres Rechtsträgers gegen ein Mitglied des Sprecherrates mangels ausreichender gesetzlicher Ermächtigungsgrundlage verneint.[32]

## IV. Öffentlich-rechtliche Geschäftsführung ohne Auftrag (GoA)

### 1. Funktion und Begriff der öffentlich-rechtlichen GoA

31 Die bürgerlich-rechtlichen Vorschriften der §§ 677 ff. BGB über die GoA sind auch im Verhältnis zwischen Staat und Bürger *unmittelbar* anwendbar, wenn sich die Beteiligten wie Private gegenüberstehen. In diesem Fall handelt es sich um privatrechtliche GoA. In Rechtsprechung und Lehre ist aber auch das Rechtsinstitut der öffentlich-rechtlichen GoA dem Grunde nach anerkannt. Die §§ 677 ff. BGB sind dann entsprechend anwendbar.[33]

32 Sowohl der privatrechtlichen als auch der öffentlich-rechtlichen GoA liegt die in § 677 BGB beschriebene Konstellation zugrunde: Jemand (der Geschäftsführer) besorgt für einen anderen (den Geschäftsherrn) ein Geschäft, ohne von ihm beauftragt oder ihm gegenüber sonst dazu berechtigt zu sein.

33 Allein die bloße Tatsache einer GoA begründet ein gesetzliches Schuldverhältnis zwischen Geschäftsführer und Geschäftsherrn.[34] Die (im Falle der öffentlich-rechtlichen GoA entsprechend anwendbaren) §§ 677 ff. BGB erfüllen eine doppelte Funktion:[35] Zum einen regeln sie, unter welchen Voraussetzungen die GoA zulässig (berechtigt, § 683 BGB) oder unzulässig (unberechtigt, § 678 BGB) ist. Zum anderen bestimmen die §§ 677 ff. BGB die Rechtsfolgen der GoA (vor allem Ausgleichs- und Ersatzansprüche der Beteiligten).

34 Nicht unumstritten ist die Unterscheidung zwischen privatrechtlicher und öffentlich-rechtlicher GoA. Die Abgrenzung ist vor allem für die Rechtswegbestimmung bedeutsam.[36] Auf die Zulässigkeit der GoA wirkt sie sich dagegen nicht aus.[37] Sind dem Handeln des Staates öffentlich-

---

[32] *BVerwGE* 101, 51 (54 f.); dazu bereits oben § 19 Rdnr. 11.

[33] *BVerwGE* 80, 170 (172 f.). Davon zu unterscheiden ist die unten (Rdnrn. 47 ff.) behandelte Frage, unter welchen Voraussetzungen und in welchem Ausmaß die §§ 677 ff. BGB entsprechend angewendet werden dürfen.

[34] *Palandt/Thomas*, Einf. v. § 677 Rdnr. 2.

[35] Dazu *Schoch*, Jura 1994, 242.

[36] Dazu unten § 22.

[37] A. A. *Schoch*, Jura 1994, 247.

rechtliche Grenzen gesetzt, wird es nicht dadurch rechtmäßig, daß man es als privatrechtlich qualifiziert.[38] Entsprechendes gilt für die Frage, ob dem Handelnden Ersatzansprüche zustehen.

Zur Unterscheidung zwischen privatrechtlicher und öffentlich-rechtlicher GoA werden im wesentlichen drei Auffassungen vertreten. **35**

*(1)* Eine vor allem früher vertretene Auffassung stellt auf die Rechtsnatur der Geschäfts*führung* ab: Handelt der Geschäftsführer öffentlich-rechtlich, wird öffentlich-rechtliche GoA angenommen.[39]

*(2)* Nach heute überwiegender Auffassung ist entscheidend, welche Rechtsnatur das Geschäft gehabt hätte, wenn es der Geschäftsherr selbst geführt hätte.[40] Öffentlich-rechtliche GoA ist danach dann anzunehmen, wenn die Geschäftsführung des Geschäfts*herrn* (also sein Handeln), hätte er sie selbst vorgenommen, öffentlich-rechtlicher Natur wäre.[41]
Andere verstehen diese Definition allerdings dahingehend, daß es gerade nicht auf die Rechtsnatur der fiktiven Handlung des Geschäftsherrn ankomme, sondern auf die Rechtsnatur der Handlungs*pflicht* des Geschäftsherrn.[42]

*(3)* Nach einer dritten Auffassung ist weder die Rechtsnatur des Handelns des Geschäftsführers noch die des fiktiven Handelns des Geschäftsherrn maßgeblich. Entscheidend soll der Handlungszusam-

---

[38] *Maurer*, § 28 Rdnr. 12 a.E.

[39] *BVerwG*, DVBl 1956, 376; *OVG Lüneburg* OVGE 11, 307 (312); *Hamann*, NJW 1955, 482; neuerdings *Bamberger*, JuS 1998, 707.

[40] *BVerwG*, DÖV 1973, 491; *OVG Lüneburg*, Die Gemeinde (Schl.-H.) 1990, 260; *Ehlers*, in: *Schoch/Schmidt-Aßmann/Pietzner*, VwGO, § 40 Rdnrn. 385 f.; *Gusy*, JA 1979, 70.

[41] *Windthorst/Sproll*, § 5 Rdnr. 2 (2. Beispiel); diese Konsequenzen ziehen auch *Maurer*, § 28 Rdnr. 12 a.E.; *Ossenbühl*, S. 343 f.; ausdrücklich gegen diese Konsequenz *Bamberger*, JuS 1998, 706; *v. Einem*, NWVBl 1992, 385 mit Fußn. 11; unklar *Erichsen*, in: *Erichsen*, Allg. Verwaltungsrecht, § 29 Rdnr. 16; auf die Rechtsnatur der fiktiven Handlung des Geschäftsherrn stellt auch häufig der *BGH* ab, *BGHZ* 65, 354 (357); 63, 167 (169 f.); 40, 28 (31) – anders aber nunmehr *BGH*, NJW 1990, 1604 (Maßgeblichkeit des Rechtsverhältnisses zwischen Geschäftsherrn und Geschäftsführer). Der dem *BGH* häufig entgegengesetzte Einwand, er qualifiziere die Geschäftsführung eines öffentlich-rechtlich handelnden Geschäftsführers zugleich als auch privatrechtlich, wenn bei der rechtlichen Einordnung der GoA auf die Rechtsnatur der fiktiven Handlung des Geschäftsherrn abgestellt werde – so der Vorwurf von *Ehlers*, in: Schoch/Schmidt-Aßmann/Pietzner, VwGO, § 40 Rdnr. 385; *Schoch*, Jura 1994, 247 –, ist nicht berechtigt: Der *BGH* sagt gerade nicht, daß die konkrete Maßnahme des Geschäftsführers privatrechtlicher Natur sei, weil sie es wäre, wenn sie vom Geschäftsherrn ergriffen worden wäre. Der *BGH* geht nämlich davon aus, daß der Geschäftsführer durch eine öffentlich-rechtliche Handlung sowohl ein öffentlich-rechtliches eigenes Geschäft als auch ein privatrechtliches fremdes Geschäft (des Geschäftsherrn) besorgen könne. Daß der Geschäftsherr sowohl öffentlich-rechtlich als auch privatrechtlich handele, behauptet der *BGH* gerade nicht.

[42] *v. Einem*, NWVBl 1992, 385; *Blas*, JA 1989, 515.

menhang sein.[43] Unklar ist freilich, was mit „Handlungszusammenhang“ gemeint ist. Teils wird auf das Rechtsverhältnis zwischen Geschäftsherrn und Geschäftsführer abgestellt.[44] Nach anderer Auffassung soll die Rechtsnatur der Handlungsberechtigung oder Handlungspflicht des Geschäftsherrn maßgeblich sein.[45] Nach einer weiteren Ansicht soll auch auf die Rechtsnatur der Befugnis des Geschäftsführers (der Behörde) abgestellt werden.[46] Das Meinungsbild ist insgesamt sehr unscharf.

36 Die folgenden *vier Fallvarianten* sollen die Abgrenzungsschwierigkeiten und auch die Anschlußproblematik verdeutlichen:

*(1)* Ein Hoheitsträger handelt für einen anderen Hoheitsträger.

*Beispiel*: Die Polizei löscht einen brennenden städtischen Papierkorb. Der Verwaltungsträger der Polizei, nämlich das Land, verlangt von der Stadt die Erstattung der durch die Löschung entstandenen Kosten.[47]

*(2)* Ein Hoheitsträger handelt für einen Bürger.

*Beispiel*: Die Polizei läßt ein verunglücktes Kfz durch ein privates Abschleppunternehmen bergen und abtransportieren. Das Land verlangt als Rechtsträger der Polizei vom Halter des Kfz Ersatz desjenigen Geldbetrages, den das Land dem Abschleppunternehmen schuldet.

*(3)* Ein Bürger handelt für einen Hoheitsträger.

*Beispiel*: Firma F betreibt auf einem Ufergrundstück ein Tanklager. Der das Ufergrundstück sichernde Deich ist brüchig geworden, es droht eine Überschwemmung des Ufergrundstückes. Gefährdet ist nicht nur das Tanklager, sondern auch das Flußwasser (Ölverunreinigungen). Nachdem F die Bundeswasserstraßenverwaltung wiederholt vergeblich aufgefordert hatte, den Deich abzusichern, läßt F den Deich auf eigene Kosten

---

[43] *Hendler*, Allgemeines Verwaltungsrecht, 2. Aufl. 1998, Rdnr. 895; *Schoch*, Jura 1994, 247 (r. Sp.); *Oldiges*, JuS 1989, 620.

[44] *BSG*, NJW 1991, 2373; *BGH*, NJW 1990, 1604; *VG Köln*, NVwZ 1993, 806; *Hendler*, Allgemeines Verwaltungsrecht, 2. Aufl. 1998, Rdnr. 896; *Habermehl*, Jura 1987, 201 (l. Sp.).

[45] *Schoch*, Jura 1994, 247; *v. Einem*, NWVBl 1992, 385; *Habermehl*, Jura 1987, 201 (r. Sp.); *Blas*, JA 1989, 515; widersprüchlich *Gusy*, JA 1979, 69 f.: Einerseits wird auf die Rechtsnatur der Berechtigung oder Verpflichtung des Geschäftsherrn abgestellt (S. 69), andererseits auf den Charakter der Tätigkeit, wenn sie vom Geschäftsherrn ausgeführt worden wäre (S. 70); hierbei wird nicht berücksichtigt, daß Private die ihnen obliegenden öffentlich-rechtlichen Verpflichtungen in aller Regel durch privatrechtliches Handeln erfüllen.

[46] *Oldiges*, JuS 1989, 620 Fußn. 46.

[47] *OVG Münster*, NJW 1986, 2526; weitere Beispiele, auch zu den folgenden Fallvarianten, bei *Bamberger*, JuS 1998, 706 ff.; *Schoch*, Jura 1994, 242 ff.; *Habermehl*, Jura 1987, 199 ff.

ausbessern. F verlangt von der Bundesrepublik Deutschland Kostenerstattung.[48]

*(4)* Ein Bürger handelt für einen anderen Bürger.

*Beispiel*: Grundstückseigentümer E weigert sich, seiner in der Gemeindesatzung geregelten Räumpflicht nachzukommen und den vor seinem Grundstück liegenden Gehweg von Eis und Schnee zu befreien. Rentner R (Nachbar des E) hatte wiederholt auf die hierdurch ihm und anderen Passanten drohenden Gesundheitsgefahren hingewiesen. Schließlich beauftragt R ein Privatunternehmen mit der Räumung des Gehweges und verlangt von E Kostenerstattung.

Im *Fall (1)* kommt nach sämtlichen Auffassungen nur öffentlich-recht- **37**
liche GoA in Betracht. Das Löschen des Papierkorbes wird maßgeblich von öffentlich-rechtlichen Vorschriften bestimmt und ist schlichthoheitliches Handeln. Auch das Rechtsverhältnis zwischen den Beteiligten ist öffentlich-rechtlicher Natur.

Im *Fall (2)* kommt sowohl öffentlich-rechtliche als auch privatrechtli- **38**
che GoA in Betracht. Selbst wenn man auf das Handeln der Polizei abstellt, sind beide Möglichkeiten vertretbar: Für die Annahme einer privatrechtlichen GoA spricht, daß die Polizei ein fiskalisches Hilfsgeschäft getätigt hat (mit dem Abschleppunternehmen wurde ein Werkvertrag abgeschlossen), um die ihr obliegende Aufgabe zu erfüllen. Für eine öffentlich-rechtliche GoA kann ins Feld geführt werden, daß die Polizei im Bereich der Eingriffsverwaltung tätig geworden ist und das Abschleppunternehmen mit der Wahrnehmung von Aufgaben betraut hat, die zur Eingriffsverwaltung zählen.[49] Stellt man dagegen auf die Rechtsnatur der fiktiven Handlung des Geschäftsherrn ab, kommt nur eine privatrechtliche GoA in Betracht. Denn Private können – sieht man von den Ausnahmefällen des Beliehenen und Verwaltungshelfers ab – nur privatrechtlich handeln. Bei dieser Sichtweise kann Handeln eines Hoheitsträgers für einen Privaten grundsätzlich nur privatrechtliche GoA sein.[50] Soll die Rechtsnatur der Handlungspflicht des Geschäftsherrn entscheiden, spricht alles für eine öffentlich-rechtliche GoA (öffentlich-rechtliche Handlungspflichten des Kfz-Halters aus der StVO). Zu einer öffentlich-rechtlichen GoA gelangt man auch, wenn das Rechtsverhältnis zwischen Geschäftsherrn und Geschäftsführer entscheidet (Auffassung 3).

---

[48] *BVerwGE* 80, 170 ff. (Leitentscheidung).

[49] Das Problem der rechtlichen Qualifizierung dieser und ähnlicher Sachverhalte stellt sich vor allem auch im Bereich der Amtshaftung, dazu *BGHZ* 121, 161 ff. und oben § 9 Rdnrn. 13 ff.

[50] Diese Konsequenz wird gesehen (und auch teils gezogen) von *Hendler*, Allgemeines Verwaltungsrecht, 2. Aufl. 1998, Rdnr. 894; *Ossenbühl*, S. 343; *Oldiges*, JuS 1989, 620.

39 Im *Fall (3)* kommt nach Auffassung (1) nur eine privatrechtliche GoA in Betracht; Firma F hat privatrechtlich gehandelt. Geht man von der Auffassung (2) aus, bestehen wiederum die oben beschriebenen Schwierigkeiten: Das Ausbessern des Deiches ist zwar eine Aufgabe der öffentlichen Verwaltung.[51] Die Aufgabenerfüllung kann aber auf der Grundlage privatrechtlicher Tätigkeit erfolgen. Bei Zugrundelegung von Auffassung (3) wäre wiederum der Gesamtzusammenhang der Sicherungsmaßnahmen mit dem öffentlichen Recht, sofern diese von der Bundeswasserstraßenverwaltung vorgenommen worden wären, entscheidend.

40 Handeln eines Privaten *(Fall 4)* wird – wenn es in diesem Zusammenhang überhaupt erwähnt wird – zumeist von vornherein aus dem Bereich der öffentlich-rechtlichen GoA ausgenommen.[52] So unproblematisch ist dies indes nicht. Denn zum einen ist die „primäre Handlungspflicht"[53] des Geschäftsherrn nicht eben selten öffentlich-rechtlicher Natur *(Fall 4)*. Zum anderen sind auch Ausnahmefälle denkbar, in denen das Handeln Privater, ohne daß sie Beliehene oder Verwaltungshelfer sind, dem öffentlichen Recht zuzuordnen ist.[54] Freilich ist das Innenverhältnis zwischen den Privaten auch dann privatrechtlicher Natur, wenn der Geschäftsführer öffentlich-rechtliche Pflichten des Geschäftsherrn erfüllt und das Außenverhältnis zwischen Staat und Geschäftsherrn vom öffentlichen Recht geprägt ist.[55]

41 Die Beispielsfälle zu den vier möglichen Fallvarianten haben gezeigt, daß eine klare und eindeutige Abgrenzung zwischen öffentlich-rechtlicher und privatrechtlicher GoA gar nicht möglich ist. Bisweilen kann die Abgrenzung offenbleiben. Wenn nur nach einem Aufwendungsersatzanspruch des Handelnden gefragt ist, bedeutet es keinen Unterschied, ob ein Fall privatrechtlicher GoA mit der Konsequenz der unmittelbaren Anwendbarkeit der §§ 677 ff. BGB vorliegt oder ob es um öffentlich-rechtliche GoA mit der Konsequenz einer entsprechenden Anwendbarkeit dieser Vorschriften geht. Vor allem aber sind spezifische öffentlich-rechtliche Bindungen und Restriktionen, die einen Aufwendungsersatzanspruch ausschließen können, selbst dann zu beachten, wenn im übrigen die Voraussetzungen einer privatrechtlichen GoA gegeben sein sollten.

---

[51] *BVerwGE* 80, 170 (172).

[52] *Hendler*, Allgemeines Verwaltungsrecht, 2. Aufl. 1998, Rdnr. 895; *Schoch*, Jura 1994, S. 247 m.w.Nw.

[53] *Ehlers*, in: *Schoch/Schmidt-Aßmann/Pietzner*, VwGO, § 40 Rdnr. 386.

[54] Dazu *Ehlers*, a.a.O., Rdnrn. 294, 443; *Kopp/Schenke*, VwGO, § 40 Rdnrn. 9, 14; vgl. auch *BVerwGE* 37, 243 ff.: öffentlich-rechtliche Streitigkeit zwischen Privaten.

[55] *Schoch*, Jura 1994, 247; *v. Einem*, NWVBl 1992, 385; im Ergebnis auch *Wolff/Bachof/Stober*, Verwaltungsrecht I, § 55 Rdnr. 17; für die Möglichkeit öffentlich-rechtlicher GoA dagegen *Hoepffner*, S. 166 f.; *H. H. Klein*, DVBl 1968, 170.

Nicht selten muß die Abgrenzungsfrage aber vorab entschieden werden. So verhält es sich etwa in Fallbearbeitungen, in denen die Erfolgsaussichten von Klagen, die auf Aufwendungsersatz gerichtet sind, zu prüfen sind. Hier hängt der Rechtsweg von der Rechtsnatur des geltend gemachten Anspruchs ab. 42

Maßgeblich für die Rechtsnatur eines Anspruchs ist die Natur des Rechtsverhältnisses, aus dem er hergeleitet wird.[56] In diesem Zusammenhang kommen vor allem zwei Kriterien in Betracht, die diese Formel handhabbar machen. 43

Ist Geschäftsführer ein Träger öffentlicher Gewalt, kann auf die Rechtsnatur seiner Handlung abgestellt werden. Hat er kraft öffentlich-rechtlicher Befugnis in der Rechtsform des öffentlichen Rechts gehandelt, ist auch das Rechtsverhältnis zwischen Geschäftsführer und Geschäftsherrn öffentlich-rechtlich.[57] Es liegt dann öffentlich-rechtliche GoA vor. 44

Von öffentlich-rechtlicher GoA ist zum anderen auszugehen, wenn eine öffentlich-rechtliche Pflicht des Geschäftsherrn erfüllt wird. Dieses Kriterium ist vor allem dann entscheidend, wenn ein Privater für einen Träger öffentlicher Gewalt handelt. 45

Ist ein Träger öffentlicher Gewalt beteiligt, wird privatrechtliche GoA in der Regel ausscheiden. Etwas anderes gilt allerdings, wenn ein Geschäft geführt wird, das nicht unmittelbar der Erfüllung öffentlicher Aufgaben dient (Bereich der fiskalischen Hilfsgeschäfte = Bedarfsdeckungsgeschäfte und Bereich der erwebswirtschaftlichen Tätigkeit der öffentlichen Hand). 46

## 2. Anwendungsbereich der GoA

### *a) Vorrang von Spezialvorschriften*

Die §§ 677 ff. BGB sind nach allgemeiner Auffassung dann nicht anwendbar, wenn spezielle Vorschriften eine abschließende Regelung treffen. Das gilt sowohl im Verhältnis eines Trägers öffentlicher Gewalt zu einem Privaten (und umgekehrt) als auch im Verhältnis zweier Träger öffentlicher Gewalt zueinander. Spezialvorschriften in diesem Sinne sind etwa § 121 BSHG, § 43 II SGB I, § 102 ff. SGB X, § 8 VwVfG.[58] Speziell im Verhältnis zweier Träger öffentlicher Gewalt zueinander kommen GoA ausschließende vorrangige Finanzausgleichsregelungen in Betracht.[59] 47

---

[56] *BVerwGE* 87, 115 (119); *Kopp/Schenke*, VwGO, § 40 Rdnr. 6 zur Einordnung von Rechtsstreitigkeiten m. w. Nachw.

[57] Vgl. *Oldiges*, JuS 1989, 620 Fußn. 46; vgl. dazu auch *Ehlers*, in: *Schoch/Schmidt-Aßmann/Pietzner*, VwGO, § 40 Rdnr. 289.

[58] Dazu auch *Habermehl*, Jura 1987, 201.

[59] Dazu *VGH Kassel*, NVwZ 1987, 823 f.; siehe aber auch *VGH München*, DÖV 1997, 76.

Umgekehrt gibt es aber auch öffentlich-rechtliche Bestimmungen, die hinsichtlich der Aufwendungsersatzansprüche ausdrücklich auf die bürgerlich-rechtlichen GoA-Vorschriften verweisen.[60]

*b) Bereichsspezifische Besonderheiten*

48 *aa)* Handelt *ein Träger öffentlicher Gewalt für einen anderen Träger öffentlicher Gewalt*, ist eine entsprechende Anwendung der §§ 677 ff. BGB aus folgenden Gründen im Regelfall ausgeschlossen:[61] Das Handeln von Trägern öffentlicher Gewalt ist gesetzesdeterminiert. Die Befugnis zur Wahrnehmung der öffentlichen Aufgaben ist gesetzlich geregelt. Die Gesetze begründen die Kompetenzen der verschiedenen Träger öffentlicher Gewalt und grenzen deren Kompetenzbereiche zugleich voneinander ab.

49 Diese Zuständigkeitsverteilung wird durch eine Reihe von Rechtsinstituten ergänzt, die in Ausnahme-, Not- und Eilfällen das Handeln in eigentlich fremden Kompetenzbereichen zulassen. Zu nennen sind insbesondere das Recht und ggf. auch die Pflicht zum Selbsteintritt, zur Ersatzvornahme sowie zur Amts- und Vollzugshilfe. Aber auch in diesen Fällen handelt der betroffene Träger öffentlicher Gewalt auf gesetzlicher Grundlage und damit in Ausübung eigener Kompetenz.[62]

50 Ließe man nun *zusätzlich* eine Berufung auf die §§ 677 ff. BGB zu, bedeutete dies eine vom Gesetzgeber nicht gewollte Durchbrechung dieser spezialgesetzlichen Kompetenzordnung.[63] Denn die Annahme berechtigter GoA löst nicht nur Aufwendungsersatzansprüche aus, sondern legitimiert die Geschäftsführung und wirkt dadurch kompetenzbegründend. Eine entsprechende Anwendung der §§ 677 ff. BGB ist *damit nur in gesetzlich nicht geregelten* echten Notfällen zulässig.[64]

51 Handelt ein Träger öffentlicher Gewalt aufgrund gesetzlich ausdrücklich zugewiesener Kompetenz, kommt ein Kosten- und Aufwendungsersatzanspruch nur in Betracht, wenn er ebenfalls spezialgesetzlich vorgesehen ist. Ansonsten gilt der Grundsatz, daß derjenige Verwaltungsträger die Kosten trägt, die ihm in Wahrnehmung seiner Aufgaben entstanden sind (Entstehungsprinzip).[65] Dieser Grundsatz ist in Art. 104a I GG für das Bund-Länder-Verhältnis ausdrücklich normiert. Sein Rechtsgedanke

---

[60] Z. B. §§ 43 BWPolG, 42 II NWOBG.

[61] Dazu insbesondere *Nedden*, S. 130 ff.; *Bamberger*, JuS 1998, 707 f.; *Schoch*, Jura 1994, 243; vgl. auch *Wolff/Bachof/Stober*, Verwaltungsrecht I, § 55 Rdnrn. 11 ff.

[62] Vgl. *Hendler*, Allgemeines Verwaltungsrecht, 2. Aufl. 1998, Rdnr. 907.

[63] *Lorenz*, JZ 1992, 463.

[64] *Bamberger*, JuS 1998, 708; vgl. *Schoch*, Jura 1994, 244; *Habermehl*, Jura 1987, 203; *Gusy*, JA 1979, 70; zwischen Eingriffs- und schlicht-hoheitlicher Verwaltung differenzierend *Blas*, BayVBl 1989, 649.

[65] *Schoch*, Jura 1994, 243 f.; *Oldiges*, JuS 1989, 623.

kann aber auch auf das Verhältnis anderer Träger öffentlicher Gewalt Anwendung finden.

Die Auffassung, wonach diese Vorschrift davon ausgehe, daß nicht der handelnde, sondern der „an sich zuständige Verwaltungsträger" mit den Kosten zu belasten sei,[66] ist abzulehnen.[67] Hat ein Verwaltungsträger aufgrund gesetzlicher Kompetenz gehandelt, ist er der „an sich zuständige Verwaltungsträger".[68] Steht ihm nicht aufgrund besonderer Vorschriften oder spezifisch öffentlich-rechtlicher Rechtsinstitute ein Aufwendungsersatz- oder Kostenerstattungsanspruch zu, ist für die Rechtsfigur des auch fremden Geschäfts in entsprechender Anwendung der §§ 677 ff. BGB kein Raum. Im *Fall (1)* handelte die Polizei aufgrund gesetzlich zugewiesener Kompetenz. Die Voraussetzungen für eine entsprechende Anwendung der §§ 677 ff. BGB sind deshalb nicht erfüllt.[69] 52

Hat ein Träger öffentlicher Gewalt unter *Mißachtung* der bestehenden Kompetenzordnung gehandelt, stehen ihm erst recht keine Ansprüche aus GoA zu. Kompetenzwidriges Verhalten darf durch die Zuerkennung von Aufwendungsersatzansprüchen analog §§ 683, 670 BGB nicht quasilegitimiert werden. Etwas anderes gilt nur in den bereits oben genannten echten Notfällen. 53

*bb)* Auch im *Verhältnis der öffentlichen Gewalt zu Privatrechtssubjekten* ist der Rekurs auf die §§ 677 ff. BGB häufig ausgeschlossen.[70] Handelt ein Träger öffentlicher Gewalt aufgrund gesetzlicher Ermächtigung, ist er dem begünstigten Privatrechtssubjekt gegenüber „sonst berechtigt" i.S.v. § 677 BGB.[71] Fehlt die erforderliche Ermächtigungsgrundlage, vermögen auch die §§ 677 ff. BGB das Handeln nicht zu legitimieren.[72] Das gilt vor allem für den Bereich der Eingriffsverwaltung. Die §§ 677 ff. BGB, insbesondere § 679 BGB, bilden keine (hinreichend bestimmte) Eingriffsermächtigung im Staat-Bürger-Verhältnis.[73] Die Zuerkennung von Aufwendungsersatzansprüchen analog §§ 683, 670 ff. BGB würde außerdem die in speziellen Gesetzen geregelte Kostenverteilung unterlaufen. Sehen die einschlägigen gesetzlichen Bestimmungen, namentlich des Polizeikosten- und Verwaltungsvollstreckungsrechts keine Aufwendungsersatz- oder Kostenerstattungsansprüche der öffentlichen Hand vor, darf diese 54

[66] *BVerwG*, NJW 1986, 2524; *Erichsen*, in: *Erichsen*, Allg. Verwaltungsrecht, § 29 Rdnr. 13.

[67] *Schoch*, Jura 1994, 243 f.

[68] Zutreffend *OVG Münster*, DVBl 1986, 784.

[69] So im Originalfall *OVG Münster*, DVBl 1986, 784.

[70] Noch rigider *Nedden*, S. 147 ff.

[71] *Maurer*, § 28 Rdnr. 11; *Wolff/Bachof/Stober*, Verwaltungsrecht I, § 55 Rdnr. 14; *Bamberger*, JuS 1998, 708; *Schoch*, Jura 1994, 245; *Habermehl*, Jura 1987, 204.

[72] *Erichsen*, in: *Erichsen*, Allg. Verwaltungsrecht, § 29 Rdnr. 14.

[73] *Maurer*, § 28 Rdnr. 11; *Wolff/Bachof/Stober*, Verwaltungsrecht I, § 55 Rdnr. 12; *Bamberger*, JuS 1998, 709; *Schoch*, Jura 1994, 244.

Entscheidung des Gesetzgebers nicht durch einen Rückgriff auf die §§ 677 ff. BGB konterkariert werden. Die gegenteilige Auffassung des *BGH*[74] ist abzulehnen. Im *Beispielsfall (2)* ist eine entsprechende Anwendung der §§ 677 ff. BGB daher ausgeschlossen.

55 Möglich ist eine entsprechende Anwendung der §§ 677 ff. BGB dagegen im Bereich der gesetzlich nicht determinierten Verwaltung,[75] und zwar unabhängig davon, ob sie öffentlich-rechtlich oder privatrechtlich handelt.[76] Sind zum einen die Handlungsvoraussetzungen gesetzlich nicht normiert – also weder im formellen noch im Verordnungs- oder Satzungsrecht – und bestehen zum anderen keine Vorschriften, die die Kostenverteilung regeln, spricht nichts gegen eine entsprechende Anwendung der GoA-Vorschriften.

56 *cc)* Eine entsprechende Anwendung der GoA-Vorschriften im *Bürger-Staat-Verhältnis* ist nur in Ausnahmefällen zulässig. Verantwortlich hierfür ist vor allem folgender Grund: Die Träger öffentlicher Gewalt erfüllen ihre Aufgaben nach Maßgabe gesetzlicher Kompetenzregelungen. Diese begründen und begrenzen die Kompetenzen der einzelnen Hoheitsträger. Steht ihnen ein Entscheidungsspielraum zu, befinden sie darüber, ob und wie sie tätig werden. Im übrigen sind sie es, denen die Wahrnehmung bestimmter Aufgaben obliegt.

57 Mit dieser spezialgesetzlichen Aufgabenverteilung und Aufgabenzuweisung wäre es grundsätzlich unvereinbar, wenn Private ohne Beauftragung der an sich zuständigen Stelle oder ohne besondere Berechtigung Aufgaben von Hoheitsträgern erfüllen dürften und hierfür auch noch Ersatz ihrer Aufwendungen und Kosten verlangen könnten.[77] Hat der Private ein Eigeninteresse an der Vornahme einer eigentlich dem Staat obliegenden Handlung, ist er auf die Inanspruchnahme der ihm zustehenden Rechtsschutzmöglichkeiten angewiesen. Hierzu rechnet insbesondere der vorläufige Rechtsschutz (§§ 80, 80a, 123 VwGO).[78] Private Selbsthilfe ist prinzipiell unzulässig.

58 Der Anwendungsbereich der §§ 677 ff. BGB ist deshalb nur in echten Nothilfe- und Dringlichkeitsfällen eröffnet.[79] Die Voraussetzungen hierfür sind nur dann erfüllt, wenn eine unmittelbare Gefahr für Leben, Ge-

---

[74] *BGHZ* 40, 28 ff.; 65, 354 ff.; 65, 384 ff.

[75] *Maurer*, § 28 Rdnr. 11; vgl. auch *Windthorst/Sproll*, § 5 Rdnr. 5.

[76] GoA auch dann ablehnend *Ehlers*, in: *Schoch/Schmidt-Aßmann/Pietzner*, VwGO, § 40 Rdnr. 289.

[77] *OVG Lüneburg*, Die Gemeinde (Schl.-H.) 1990, 261; *Erichsen*, in: *Erichsen*, Allg. Verwaltungsrecht, § 29 Rdnr. 15; *Windthorst/Sproll*, § 5 Rdnr. 6; *Bamberger*, JuS 1998, 710; *Schoch*, Jura 1994, 246.

[78] *BVerwGE* 80, 170 (175); *Erichsen*, in: *Erichsen*, Allg. Verwaltungsrecht, § 29 Rdnr. 15; *Schoch*, Jura 1994, 246.

[79] *Maurer*, § 28 Rdnr. 11; *Erichsen*, in: *Erichsen*, Allg. Verwaltungsrecht, § 29 Rdnr. 15; *Windthorst/Sproll*, § 5 Rdnr. 6; *Nedden*, S. 139 ff.

sundheit oder Vermögenswerte droht und die Inanspruchnahme des zuständigen Hoheitsträgers einschließlich des oben genannten Rechtsschutzes nicht möglich oder nicht zumutbar ist, weil etwa ein nicht wiedergutzumachender Schaden droht.[80] Im *Fall (3)* – unmittelbar bevorstehender Deichbruch – waren diese Voraussetzungen erfüllt.

**3. Anspruchsprüfung**

Bei der Prüfung, ob im Verhältnis Staat-Bürger (und umgekehrt) oder im Verhältnis zweier Träger öffentlicher Gewalt zueinander Aufwendungsersatzansprüche aus GoA bestehen, bietet sich folgender Aufbau an:[81] 59

*a) Zulässigkeit der unmittelbaren oder entsprechenden Anwendung der §§ 677 ff. BGB*

Zunächst ist zu prüfen, ob öffentlich-rechtliche Besonderheiten die unmittelbare und entsprechende Anwendung der §§ 677 ff. BGB ausschließen. Dies ist aus den oben (sub. 2.) genannten Gründen in der Regel der Fall. Die umstrittene Unterscheidung zwischen privatrechtlicher und öffentlich-rechtlicher GoA erübrigt sich dann, weil beide Erscheinungsformen ausgeschlossen sind.[82] 60

*b) Unterscheidung zwischen privatrechtlicher und öffentlich-rechtlicher GoA*

Im Falle privatrechtlicher GoA sind die §§ 677 ff. BGB unmittelbar anwendbar, im Falle öffentlich-rechtlicher GoA entsprechend. Abgesehen von der Rechtswegfrage, die sich hier aber noch nicht stellt,[83] hat die Unterscheidung keine weiteren Auswirkungen.

*c) Voraussetzungen eines Anspruchs nach (entsprechend) §§ 683 S. 1, 670 BGB*

*aa)* Der Geschäftsführer muß ein *fremdes Geschäft* führen. Hier ist ggf. auf die im Zivilrecht geläufige Unterscheidung zwischen *objektiv fremden*, *subjektiv fremden* und *auch fremden* Geschäften einzugehen.[84] 62

---

[80] Dazu *VGH München*, VerwRspr. 24 (1973), 546.

[81] Dazu anhand eines Beispielsfalles ausführlich *Windthorst/Sproll*, § 5 Rdnrn. 8 ff.; *Hendler*, Allgemeines Verwaltungsrecht, 2. Aufl. 1998, Rdnrn. 897 ff.; *Schoch*, Jura 1994, 247 ff.

[82] Siehe den Klausurhinweis von *Hendler*, Allgemeines Verwaltungsrecht, 2. Aufl. 1998, Rdnr. 899.

[83] Dazu unten § 22.

[84] Dazu und zu den öffentlich-rechtlichen Besonderheiten *Windthorst/Sproll*, § 5 Rdnrn. 14 ff.; *Hendler*, Allgemeines Verwaltungsrecht, 2. Aufl. 1998, Rdnrn. 900 ff.

63 *bb)* Der Geschäftsführer muß den Willen haben, für einen anderen zu handeln (*Fremdgeschäftsführungswille*). Die Auffassung des *BGH*, der Fremdgeschäftsführungswille eines Trägers öffentlicher Gewalt, der in Erfüllung einer ihm obliegenden Aufgabe sowohl ein eigenes als auch ein fremdes Geschäft erfülle – etwa Beseitigung der von einer Privatperson verursachten Straßenverunreinigung –, könne vermutet werden,[85] ist abzulehnen. Vielmehr spricht die Vermutung dafür, daß der Verwaltungsträger ausschließlich zur Erfüllung seiner ihm gesetzlich übertragenen Pflicht tätig wird.[86] Folgt man der hier vertretenen Auffassung, ist in den hier in Rede stehenden Fällen aber schon die unmittelbare und auch entsprechende Anwendung der §§ 677 ff. BGB von vornherein ausgeschlossen, so daß sich diese Frage gar nicht mehr stellt.

64 *cc)* Der Geschäftsführer muß *ohne Auftrag oder sonstige Berechtigung* handeln (§ 677 BGB). D. h., er darf im Verhältnis zum Geschäftsherrn nicht rechtsgeschäftlich, nicht gesetzlich oder in sonstiger Weise – etwa aufgrund Zustimmung des Geschäftsherrn – zur Geschäftsführung berechtigt sein. Lehnt man eine (entsprechende) Anwendung der §§ 677 ff. BGB nicht schon aus grundsätzlichen Erwägungen ab, scheitert die Annahme von GoA häufig an dieser Voraussetzung: Handelt ein Träger öffentlicher Gewalt aufgrund gesetzlicher Kompetenzen, ist er zur Geschäftsführung berechtigt.

65 *dd)* Aufwendungsersatzansprüche nach (oder entsprechend) §§ 683, 670 BGB bestehen nur im Falle *berechtigter GoA*. Dies setzt voraus, daß die *Übernahme der Geschäftsführung*

*(1)* dem Interesse des Geschäftsherrn und
*(2)* dem wirklichen oder mutmaßlichen Willen des Geschäftsherrn entspricht, § 683 S. 1 BGB (analog). Unter den Voraussetzungen des § 675 BGB (entsprechend) ist ein entgegenstehender Wille des Geschäftsherrn unbeachtlich, § 683 S. 2 BGB (analog).

66 Zu beachten sind aber folgende öffentlich-rechtliche Besonderheiten: Träger öffentlicher Gewalt erfüllen ihre Aufgaben im *öffentlichen Interesse*. Führt ein Privater ein Geschäft für einen Träger öffentlicher Gewalt, muß auch die Übernahme der Geschäftsführung im *öffentlichen Interesse* liegen. Das ist aber in der Regel nicht der Fall. Denn grundsätzlich besteht kein öffentliches Interesse daran, daß Private dadurch in die gesetzliche Kompetenzordnung eingreifen und behördliche Entscheidungsspielräume verkürzen, daß sie Aufgaben der öffentlichen Gewalt erfüllen. Nach der hier vertretenen Auffassung schließt dieser Gesichtspunkt aber

---

[85] *BGHZ* 65, 354 (357).
[86] *Hendler*, Allgemeines Verwaltungsrecht, 2. Aufl. 1998, Rdnr. 906; *Schoch*, Jura 1994, 248.

grundsätzlich schon die (entsprechende) Anwendung der §§ 677ff. BGB aus.[87] Die gegenteilige Auffassung müßte eigentlich *unberechtigte* GoA mit der Konsequenz der (entsprechenden) Anwendung von § 684 BGB annehmen.

Etwas anderes gilt nur in den schon oben genannten echten Not- und Dringlichkeitsfällen. In derartigen Fällen liegt auch die Übernahme der Geschäftsführung im wirklichen oder mutmaßlichen Willen des Geschäftsherrn. Ein etwa entgegenstehender Wille ist gem. §§ 683 S. 2, 679 BGB (entsprechend) unbeachtlich. 67

*d) Inhalt und Umfang des Aufwendungsersatzanspruchs (§ 670 BGB)*

Der Anspruch ist auf Geld gerichtet. Zu ersetzen sind die tatsächlichen Aufwendungen des Geschäftsführers unabhängig davon, was der Geschäftsherr durch die fremde Geschäftsführung tatsächlich erlangt oder erspart hat. Hat der Geschäftsführer eigene Geldmittel eingesetzt, ist der aufgewendete Betrag gem. (entsprechend) § 256 BGB zu verzinsen. Hat der Geschäftsführer ein Darlehen aufgenommen, sind die Darlehenszinsen Bestandteil seiner Aufwendungen, deren Ersatz gem. (entsprechend) §§ 683, 670 BGB verlangt werden kann.[88] 68

## § 22. Rechtswegfragen

Die Frage, in welchem Rechtsweg (Ersatz-)Ansprüche aus *öffentlich-rechtlichen Schuldverhältnissen* geltend zu machen sind, ist z. T. sehr umstritten. Auszugehen ist zunächst von folgenden Grundsätzen, aber bereits hier ist nicht alles unstreitig: 1

*(1)* Für sämtliche Klagen eines *Verwaltungsträgers* gegen einen Privaten ist der Verwaltungsrechtsweg eröffnet.[1] Gleiches gilt auch für Klagen eines Verwaltungsträgers gegen einen anderen Verwaltungsträger.[2]

*(2)* Vermögensrechtliche Ansprüche *Privater* aus öffentlich-rechtlicher *Verwahrung* sind gem. § 40 II 1, 2. Var. VwGO vor den ordentlichen Gerichten geltend zu machen. Dies gilt sowohl für den Anspruch auf Herausgabe der verwahrten Sache[3] als auch für Schadensersatzansprüche.

---

[87] Oben Rdnrn. 56ff.

[88] *BVerwGE* 80, 170 (176).

[1] Siehe nur *Ehlers*, in: *Schoch/Schmidt-Aßmann/Pietzner*, VwGO, § 40 Rdnrn. 520f.; *Ossenbühl*, S. 360.

[2] A.A. *Ehlers*, a.a.O., § 40 Rdnr. 521. Wie hier, jedenfalls für Ansprüche aus öffentlich-rechtlicher Verwahrung, *Büllesbach*, S. 14.

[3] *Eyermann/Rennert*, VwGO, § 40 Rdnr. 123; *Redeker/v. Oertzen*, VwGO, § 40 Rdnr. 44; *Kopp/Schenke*, VwGO, § 40 Rdnr. 64; *Büllesbach*, S. 14f.; a. A. *Ehlers*, in:

*(3)* Für sämtliche Klagen aus dem Beamtenverhältnis ist gem. §§ 126 BRRG, 40 II 2 VwGO der Verwaltungsrechtsweg eröffnet. Gleiches gilt nach §§ 32 WPflG, 59 SoldG[4] für das Wehrdienstverhältnis und nach § 78 II ZDG i.V. mit § 32 WPflG für das Ersatzdienstverhältnis.[5]

*(4)* Abgesehen von den Ansprüchen aus öffentlich-rechtlicher Verwahrung – dazu oben (2) – sind sämtliche Erfüllungsansprüche aus öffentlich-rechtlichen Schuldverhältnissen im Verwaltungsrechtsweg geltend zu machen.[6]

Hierzu zählen im einzelnen:

- Erfüllungsansprüche aus öffentlich-rechtlichen Verträgen
- Ansprüche auf Zulassung zu öffentlichen Einrichtungen und auf Benutzung öffentlicher Einrichtungen und Ansprüche auf Erbringung öffentlich-rechtlicher Leistungen (öffentlich-rechtliche Benutzungs- und Leistungsverhältnisse)
- Aufwendungsersatzansprüche aus *öffentlich-rechtlicher* GoA[7] (Aufwendungsersatzansprüche aus *privatrechtlicher* GoA sind dagegen vor den Zivilgerichten geltend zu machen)
  Alle diese Erfüllungsansprüche betreffen öffentlich-rechtliche Streitigkeiten i.S.v. § 40 I VwGO; in Betracht kommen daher abdrängende gesetzliche Sonderzuweisungen.[8]

2 Heftig umstritten ist die Frage, in welchem Rechtsweg Schadensersatzansprüche des Bürgers gegen den Staat aus öffentlich-rechtlichen Schuldverhältnissen geltend zu machen sind. Ausgeklammert werden im folgenden Ansprüche aus öffentlich-rechtlicher Verwahrung – dazu oben (2) – und Ansprüche aus dem Beamten-, Wehrdienst- und Ersatzdienstverhältnis – dazu oben (3). Vorzugswürdig ist folgende Rechtswegverteilung:

*(1)* Schadensersatzansprüche wegen Verletzung *öffentlich-rechtlicher Verträge* (Nichterfüllung, Verzug, p.V.V.) sind im Verwaltungsrechtsweg geltend zu machen. Der Wortlaut von § 40 II 1, 3. Var. VwGO ist insoweit eindeutig. Hierzu gehören auch Ansprüche aus c.i.c. (Verschulden bei der Anbahnung oder beim Abschluß öffentlich-rechtlicher Verträge, und zwar auch dann, wenn kein Vertrag zustande kam).[9]

---

*Schoch/Schmidt-Aßmann/Pietzner*, VwGO, § 40 Rdnrn. 521, 538. Konkurrierende Folgenbeseitigungsansprüche sind dagegen im Verwaltungsrechtsweg geltend zu machen.

[4] Bei § 59 I SoldG ist die Möglichkeit einer anderweitigen gesetzlichen Zuweisung zu beachten, dazu *BVerwGE* 86, 166 (167): truppendienstliche Streitigkeit.

[5] *Kopp/Schenke*, VwGO, § 40 Rdnr. 74.

[6] *Ossenbühl*, S. 361.

[7] Zweifelnd *Bamberger*, JuS 1988, 711.

[8] Dazu etwa *BGH*, NJW 1990, 1604.

[9] *BVerwG*, DÖV 1974, 133; sowie die h.L., siehe nur *Eyermann/Rennert*, VwGO, § 40 Rdnr. 121; *Redeker/v. Oertzen*, VwGO, § 40 Rdnr. 15a; *Kopp/Schenke*, VwGO, § 40

Geht es um Schadensersatzansprüche aus Verletzung eines öffentlich-rechtlichen *Verwahrungs*vertrages, ist dagegen nach § 40 II 1, 2. Var. VwGO der Zivilrechtsweg eröffnet.[10]

*(2)* Für sämtliche Schadensersatzansprüche aus *öffentlich-rechtlichen Schuldverhältnissen* (außer bei öffentlich-rechtlichen Verträgen und Beamten-, Wehrdienst- und Ersatzdienstverhältnissen) ist nach dem insoweit eindeutigen Wortlaut von § 40 II 1, 3. Var. VwGO der Zivilrechtsweg eröffnet.[11] Dies betrifft etwa Ansprüche wegen Nicht- oder Schlechterfüllung (p.V.V.) von Pflichten aus einem Benutzungs- oder Leistungsverhältnis oder einer öffentlich-rechtlichen GoA; eingeschlossen sind auch Ansprüche aus c.i.c.

Die gegenteilige Auffassung, wonach für Schadensersatzansprüche aus öffentlich-rechtlichen Schuldverhältnissen wegen ihres vertragsähnlichen Charakters ebenso wie für Ansprüche aus öffentlich-rechtlichen Verträgen der Verwaltungsrechtsweg eröffnet sei,[12] ist abzulehnen. Gleiches gilt für eine dritte Auffassung, die differenzierend auf den Sachzusammenhang im jeweiligen Einzelfall abstellt.[13] Gegen die beiden zuletzt genannten Auffassungen spricht der eindeutige Wortlaut von § 40 II 1, 3. Var. VwGO, wonach für alle Schadensersatzansprüche, die nicht auf öffentlich-rechtlichem Vertrag beruhen, der ordentliche Rechtsweg eröffnet ist.

---

Rdnr. 72; für Zivilrechtsweg *BGH,* NJW 1986, 1110; *Ehlers,* in: *Schoch/Schmidt-Aßmann/Pietzner,* VwGO, § 40 Rdnr. 545 (m.w.Nw. pro et contra) mit dem Argument, Ansprüche aus c.i.c. beruhten nicht auf einem (öffentlich-rechtlichen) Vertrag, sondern auf einem gesetzlichen Schuldverhältnis.

[10] *Ehlers,* a.a.O., § 40 Rdnr. 536.

[11] *BGHZ* 59, 305; NJW 1984, 617; NVwZ 1983, 571; DVBl 1978, 109; *OLG Düsseldorf,* NVwZ-RR 1994, 627; *VGH Mannheim,* DVBl 1981, 266; *Ehlers,* in: *Schoch/Schmidt-Aßmann/Pietzner,* VwGO, § 40 Rdnr. 543; *Maurer,* § 20 Rdnr. 9; *Hendler,* Allgemeines Verwaltungsrecht, 2. Aufl. 1998, Rdnrn. 884, 916; *Windthorst/Sproll,* § 4 Rdnr. 16, § 5 Rdnr. 36.

[12] *Eyermann/Rennert,* VwGO, § 40 Rdnr. 121; *Redeker/v. Oertzen,* VwGO, § 40 Rdnr. 16; *Kopp/Schenke,* VwGO, § 40 Rdnr. 72.

[13] Vgl. etwa *BVerwGE* 37, 231 (238); 27, 131 (132); *OVG Hamburg,* NVwZ-RR 1995, 369 f.

# 7. Teil. Öffentlich-rechtlicher Erstattungsanspruch

**Literatur:** *Bethge*, Urteilsanmerkung, NJW 1978, 1801; *Franckenstein, Frhr. von und zu*, Parallelen und Unterschiede des öffentlichrechtlichen Folgenbeseitigungsanspruches im Vergleich zum allgemeinen öffentlichrechtlichen Erstattungsanspruch, 1998; *Frohn*, Zivilistische oder öffentlich-rechtliche Rückabwicklung fehlgeschlagener Sozialleistungsbeziehungen, BayVBl 1992, 7; *Götz*, Die Rückforderung von Subventionen, NVwZ 1984, 480; *Hänlein*, Wohngeld für den Erben? Zur Rückforderung nach dem Tode weitergezahlter Sozialleistungen – BVerwGE 84, 274, JuS 1992, 559; *Heubel*, Rückforderung zuvielgezahlter Bezüge und Wegfall der Bereicherung im öffentlichen Dienst, VR 1989, 360; *Lorenz*, Verbindungslinien zwischen öffentlichrechtlichem Erstattungsanspruch und zivilrechtlichem Bereicherungsausgleich, in: Festschrift f. Lerche, 1993, S. 929; *Maurer*, Urteilsanmerkung, JZ 1990, 863; *Morlok*, Erstattung als Rechtmäßigkeitsrestitution, DV Bd. 25 (1992), S. 371; *v. Mutius*, Rückforderung überbezahlter Beamtenbezüge – zu Voraussetzung und Umfang des öffentlich-rechtlichen Erstattungsanspruchs, VerwArch Bd. 71 (1980), S. 413; *Nöll*, Die Rückforderung fehlgeschlagener Subventionen, 1987; *Schoch*, Der öffentlichrechtliche Erstattungsanspruch, Jura 1994, 82; *Schön*, Bereicherungszinsen der öffentlichen Hand, NJW 1993, 3289; *Wallerath*, Das System der öffentlich-rechtlichen Erstattungsansprüche, DÖV 1972, 221; *Weber*, Beitragsrückgewähr nach irrtümlich angenommener Mitgliedschaft in Zwangsverbänden – OVG Hamburg, MDR 1968, 1036, JuS 1970, 169; *ders.*, Der öffentlichrechtliche Erstattungsanspruch, JuS 1986, 29; *Windthorst*, Staatshaftungsrecht – Der öffentlichrechtliche Erstattungsanspruch, JuS 1996, 894; *Wollschläger*, Geschäftsführung ohne Auftrag im öffentlichen Recht und Erstattungsanspruch, 1977.

## § 23. Begriff und Rechtsgrundlage

1 Der öffentlich-rechtliche Erstattungsanspruch ist die Parallele zum zivilrechtlichen Bereicherungsanspruch.[1] Er ist auf den *Ausgleich ungerechtfertigter Vermögensverschiebungen* im öffentlichen Recht gerichtet. Sein Anwendungsbereich erstreckt sich auf das Bürger-Staat-Verhältnis, das Staat-Bürger-Verhältnis und auf das Verhältnis von Trägern öffentlicher Gewalt zueinander.

2 Die Parallele zu den §§ 812 ff. BGB ist offensichtlich. Gleichwohl ist der öffentlich-rechtliche Erstattungsanspruch ein *eigenständiges Institut des öffentlichen Rechts.*[2] Z. T. ist er spezialgesetzlich geregelt. An erster Stelle ist § 49a VwVfG zu nennen.[3] Nach Abs. 1 dieser Vorschrift (und den inhaltsgleichen Bestimmungen der Landesverwaltungsverfahrensgesetze)

---

[1] *OVG Münster*, DÖV 1971, 350.

[2] *BVerwGE* 71, 85 (88).

[3] § 44a II BHO, der die Rückerstattung von Subventionen regelte, wurde durch § 49a VwVfG (siehe auch § 49 III VwVfG) abgelöst und durch Gesetz vom 2.5.1996 (BGBl I, S. 656) aufgehoben. Näher zu § 49a VwVfG unten § 26 Rdnrn. 3 ff.

sind erbrachte Leistungen zu erstatten, soweit ein Verwaltungsakt mit Wirkung für die Vergangenheit zurückgenommen oder widerrufen worden oder infolge Eintritts einer auflösenden Bedingung unwirksam geworden ist. Weitere spezialgesetzliche Regelungen finden sich z. B. in den §§ 37 II AO (Erstattung zu Unrecht gezahlter Steuern), 50 SGB X (Erstattung zu Unrecht erhaltener Sozialleistungen), 12 II 1 BBesG (Rückforderung zuviel gezahlter Bezüge). Diese gesetzlich geregelten Erstattungsansprüche sind *spezielle öffentlich-rechtliche Erstattungsansprüche*. Sie verdrängen den allgemeinen öffentlich-rechtlichen Erstattungsanspruch.[4]

Fehlt eine derartige gesetzliche Regelung, kommt *der allgemeine öffentlich-rechtliche Erstattungsanspruch* in Betracht. Er beruht auf dem Grundsatz der Gesetzmäßigkeit der Verwaltung, der die Rückgängigmachung von Vermögensverschiebungen verlangt, die mit dem Recht nicht (mehr) übereinstimmen.[5] Geht es um einen Anspruch des Bürgers gegen den Staat, kann – wie beim Folgenbeseitigungsanspruch – auch auf die Grundrechte, und zwar vor allem auf Art. 2 I GG abgestellt werden.[6] Der allgemeine öffentlich-rechtliche Erstattungsanspruch ist ein allgemeiner Grundsatz des Verwaltungsrechts.[7] Z. T. wird auch von Gewohnheitsrecht gesprochen.[8] Eine analoge Anwendung der §§ 812 ff. BGB wird deshalb ganz überwiegend abgelehnt.[9] 3

Letztlich kann die Frage der zutreffenden Rechtsgrundlage offenbleiben. Jedenfalls praktische Konsequenzen sind mit ihrer Beantwortung nicht verbunden.[10] Denn Analogie zu den §§ 812 ff. BGB bedeutet nur eine sinngemäße Geltung dieser Vorschriften. Den öffentlich-rechtlichen Besonderheiten wäre durch eine nur eingeschränkte Anwendung der bürgerlich-rechtlichen Vorschriften Rechnung zu tragen. Unzulässig wäre vor allem eine unreflektierte schematische Anwendung von § 818 III BGB.[11] 4

---

[4] Dazu unten § 26 Rdnrn. 1 ff.

[5] Vgl. *BVerwGE* 71, 85 (89); NJW 1999, 1202; *Peine*, Allgemeines Verwaltungsrecht, 4. Aufl. 1998, Rdnr. 375.

[6] *Mayer/Kopp*, Allgemeines Verwaltungsrecht, 5. Aufl. 1985, § 58 II (S. 504).

[7] *BVerwGE* 48, 279 (286); *BSGE* 61, 19 (21); *Maurer*, § 28 Rdnr. 21.

[8] *Ossenbühl*, S. 423; *Achterberg*, Allgemeines Verwaltungsrecht, 2. Aufl. 1986, § 25 Rdnr. 24; *Mayer/Kopp*, Allgemeines Verwaltungsrecht, 5. Aufl. 1985, § 58 II (S. 504); *Windthorst*, JuS 1996, 895; *Schoch*, Jura 1994, 84 f.; vgl. auch *BVerwGE* 25, 72 (76).

[9] *BVerwGE* 71, 85 (90); *OVG Münster*, NJW 1992, 2245; *Windthorst/Sproll*, § 17 Rdnr. 12; *Ossenbühl*, S. 423; *Schoch*, Jura 1994, 84; *Morlok*, DV 25 (1992), 373 f.; für eine analoge Anwendung der §§ 812 ff. Teile der älteren Rspr., *OVG Münster*, DÖV 1967, 272; *OVG Lüneburg*, NJW 1953, 839 f.; in diese Richtung neuerdings wieder *VGH München*, BayVBl 1991, 114; ausdrücklich *Hufen*, Verwaltungsprozeßrecht, 3. Aufl. 1998, § 28 Rdnr. 6; siehe auch § 25 Rdnr. 1 mit Fußn. 1.

[10] Ebenso *Maurer*, § 28 Rdnr. 28; *Peine*, Allgemeines Verwaltungsrecht, 4. Aufl. 1998, Rdnr. 376; *Schoch*, Jura 1994, 85; a. A. *Erichsen*, in: *Erichsen*, Allg. Verwaltungsrecht, § 29 Rdnr. 26; *Windthorst/Sproll*, § 17 Rdnr. 11; *Ossenbühl*, S. 423.

[11] Dazu unten § 25 Rdnrn. 10 ff.

## § 24. Anspruchsvoraussetzungen

### I. Vermögensverschiebung

1 Ebenso wie ein Bereicherungsanspruch nach § 812 BGB setzt auch der öffentlich-rechtliche Erstattungsanspruch eine Vermögensverschiebung zwischen Anspruchsteller und Anspruchsgegner voraus. Beim Anspruchsteller muß eine Verschlechterung der Vermögenslage eingetreten sein (Entreicherung), die zur Verbesserung der Vermögenslage des Anspruchsgegners geführt hat (Bereicherung).

Im bürgerlichen Recht bereitet der Bereicherungsausgleich in *Dreipersonenverhältnissen* bisweilen erhebliche Schwierigkeiten.

*Beispiel*: Bank B und Darlehensnehmer N schließen einen Darlehensvertrag ab. B zahlt die Darlehenssumme auf Weisung von N an den Dritten D aus. N schuldet dem D einen entsprechenden Betrag.

2 In diesem Fall und in ähnlichen anderen Dreipersonenverhältnissen ist umstritten, zwischen welchen Personen der Vermögensausgleich stattfindet, wenn der Darlehensvertrag zwischen B und N (Deckungsverhältnis) nichtig ist oder wenn das Valutaverhältnis zwischen N und D fehlerhaft ist.[1] Die zur Problemlösung herangezogenen, aber umstrittenen Kriterien wie das Erfordernis der Unmittelbarkeit der Vermögensverschiebung oder der Einheitlichkeit des Bereicherungsvorgangs werden im öffentlichen Recht soweit ersichtlich nicht näher diskutiert.[2] Zwar hat die Rechtsprechung gelegentlich ex pressis verbis gesagt, die Vermögensverschiebung müsse *unmittelbar* zwischen Anspruchsteller und Anspruchsgegner stattgefunden haben.[3] Praktische Bedeutung kam dem Unmittelbarkeitserfordernis bislang jedoch kaum zu.[4]

3 Konstellationen, wie die oben beschriebenen, sind aber auch im öffentlichen Recht möglich, so etwa im Zusammenhang mit der Vergabe von Subventionen. Gerade hier können zusätzliche Komplikationen auftreten. So kann der subventionsvergebende Staat Banken einschalten; vor allem aber bestehen rechtskonstruktive Schwierigkeiten, wenn die Behörde über die Subventionsgewährung durch Verwaltungsakt (Bewilligungsbescheid) entscheidet und zur Abwicklung der Subvention ein privatrechtli-

---

[1] Vgl. dazu *Palandt/Thomas*, § 812 Rdnr. 35, 49 ff.

[2] Anders neuerdings *Franckenstein*, S. 70 ff., 112 ff.

[3] *BVerwGE* 48, 279 (286); NJW 1993, 2884 f.; *VGH Kassel*, NJW 1991, 512; *OVG Münster*, DÖV 1971, 350; *VGH München*, BayVBl 1971, 67; *BSGE* 38, 46.

[4] So auch der Befund von *Windthorst/Sproll*, § 18 Rdnr. 6; *Ossenbühl*, S. 430 f.; *Schoch*, Jura 1994, 86; gegen eine Übernahme des Unmittelbarkeitskriteriums in das öffentliche Recht *Windthorst*, JuS 1996, 897. Auf das Unmittelbarkeitskriterium abstellend dagegen *BVerwG*, NJW 1993, 2884 f.; für die Beachtlichkeit der Unmittelbarkeit der Vermögensverschiebung ausdrücklich *Franckenstein*, S. 70 ff.

cher Darlehensvertrag zwischen der Behörde und dem Subventionsempfänger (oder gar zwischen der Bank und dem Subventionsempfänger) geschlossen wird. Hier können verschiedene, z.T. aber miteinander zusammenhängende Probleme auftreten:

(1) Wie wirkt sich die Nichtigkeit oder Aufhebung des Bewilligungsbescheides aus? Schwierigkeiten bestehen bereits im Zweipersonenverhältnis.[5] Sie potenzieren sich in Mehrpersonenverhältnissen.
(2) Wie sind Vermögensverschiebungen in Mehrpersonenverhältnissen auszugleichen?
(3) Nach welchem Recht bestimmen sich die verschiedenen denkbaren Ausgleichsansprüche? Wegen der Gemengelage von öffentlichem und bürgerlichem Recht und der verschiedenen rechtlichen Beziehungen in Mehrpersonenverhältnissen kommen sowohl öffentlich-rechtliche Erstattungsansprüche als auch bürgerlich-rechtliche Bereicherungsansprüche in Betracht.

Eine Beantwortung der gestellten Fragen ist an dieser Stelle nicht möglich. Hier soll es genügen, darauf hinzuweisen, daß die im bürgerlichen Bereicherungsrecht bekannten Problemfälle auch im öffentlichen Recht denkbar sind, und das sogar in verschärfter Form. 4

Nahezu einhellig anerkannt ist, daß als Gegenstand der Vermögensverschiebung nicht nur Geld, sondern auch andere Vermögenswerte wie z.B. ein Grundstück, eine Forderung oder eine ersparte Aufwendung in Betracht kommen.[6] 5

Die Vermögensverschiebung kann – wie im Regelfall – durch *Leistung*, aber auch auf *sonstige Weise*[7] erfolgen. Leistung ist jede bewußte und zweckgerichtete Mehrung fremden Vermögens. 6

*Beispiele*:
- Auszahlung eines verlorenen Zuschusses aufgrund nichtigen Verwaltungsakts.
- Übereignung eines Grundstücks durch einen Bürger an eine Gemeinde aufgrund eines nichtigen öffentlich-rechtlichen Vertrages.[8]
- Zahlung eines Bürgers an eine Gemeinde aufgrund eines für sofort vollziehbar erklärten Bescheides, der später im Wege der Anfechtungsklage aufgehoben wurde.[9]

Erfolgt die Mehrung des fremden Vermögens nicht bewußt und zweckgerichtet, handelt es sich um eine Vermögensverschiebung auf sonstige Weise. 7

---

[5] Dazu *Maurer*, § 17 Rdnr. 19; allgemein zum Subventionsverhältnis *Frotscher*, Wirtschaftsverfassungs- und Wirtschaftsverwaltungsrecht, 3. Aufl. 1999, Rdnrn. 403 ff.
[6] *BVerwGE* 80, 170 (177); *Windthorst/Sproll*, § 18 Rdnr. 3.
[7] Ausdrücklich *BVerwGE* 71, 85 (87); *Windthorst/Sproll*, § 18 Rdnr. 6; *Ossenbühl*, S. 428 f.
[8] Vgl. *BVerwG*, NJW 1980, 2538.
[9] Vgl. *Bethge/Detterbeck*, Jura 1991, 553 f.

*Beispiele*:
- Unbefugte Kiesentnahme durch einen Hoheitsträger von einem Privatgrundstück zum Zweck des Straßenbaus.[10] Hier handelt es sich um einen Fall von Eingriffskondiktion.[11]
- Ausbesserung eines schadhaften Dammes durch den Privateigentümer eines benachbarten Grundstücks, nachdem der unterhaltspflichtige Träger öffentlicher Gewalt untätig geblieben war.[12]
- Zahlung von Wohngeld seitens der Wohngeldbehörde auf das Konto des nach Erlaß des Wohngeldbescheides verstorbenen Wohngeldberechtigten.[13] Zwischen der Behörde und dem begünstigten Alleinerben des verstorbenen Wohngeldberechtigten bestand kein Leistungsverhältnis.[14] Die Behörde hat das Wohngeld nicht in der irrigen Meinung gezahlt, sie sei dem Erben gegenüber zur Wohngeldzahlung verpflichtet. Vielmehr erfolgte die Wohngeldzahlung in Unkenntnis des Todes des Wohngeldberechtigten und damit in der irrigen Annahme, eine diesem gegenüber bestehende Leistungspflicht zu erfüllen. Im Verhältnis der Behörde zum Erben handelt es sich deshalb um einen Fall von *Nichtleistungskondiktion*.

8 Die Abgrenzung von Leistungs- und Nichtleistungskondiktion ist streng zu unterscheiden von der Frage, ob ein *öffentlich-rechtlicher* Erstattungsanspruch oder ein *bürgerlich-rechtlicher* Bereicherungsanspruch besteht.[15] Gerade diese beiden Fragen werden in der Rechtsprechung bisweilen vermengt. Hier wird – zumal in Verkennung der Reichweite des öffentlich-rechtlichen Erstattungsanspruchs – argumentiert, maßgeblich für einen öffentlich-rechtlichen Erstattungsanspruch sei ein tatsächliches oder vermeintliches öffentlich-rechtliches Leistungsverhältnis zwischen Be- und Entreichertem.[16] Fehle ein solches öffentlich-rechtliches Leistungsverhältnis, komme nur ein bürgerlich-rechtlicher Bereicherungsanspruch in Betracht. Die Möglichkeit einer öffentlich-rechtlichen Nichtleistungskondiktion wird in diesem Zusammenhang gar nicht in Erwägung gezogen.

## II. Öffentlich-rechtliche Rechtsbeziehungen

9 Ein öffentlich-rechtlicher Erstattungsanspruch setzt voraus, daß zwischen Anspruchsteller und Anspruchsgegner eine öffentlich-rechtliche Rechtsbeziehung besteht. Im Falle einer zivilrechtlichen Rechtsbeziehung kommt ein bürgerlich-rechtlicher Bereicherungsanspruch nach §§ 812 ff. BGB in Betracht. Einfach sind die Fälle, in denen die Vermö-

---

[10] Vgl. *BGH*, NJW 1984, 1878.

[11] Der öffentlich-rechtliche Erstattungsanspruch erfaßt auch Fälle der Eingriffskondiktion, so auch *BVerwGE* 87, 169 (172); a. A. *Windthorst*, JuS 1996, 896; dazu auch unten § 26 Rdnr. 11.

[12] Vgl. *BVerwGE* 80, 170 (177): Anspruch auf Erstattung der tatsächlich ersparten Aufwendungen (Verwendungskondiktion).

[13] Vgl. *BVerwGE* 84, 274 ff.

[14] So zutreffend *BVerwGE* 84, 274 (278).

[15] *Ossenbühl*, S. 428; *Schoch*, Jura 1994, 86.

[16] *BVerwGE* 84, 274 (276); *VG Minden*, NVwZ 1985, 679 f.

gensverschiebung zwischen den Beteiligten unmittelbar auf öffentlich-rechtlicher Grundlage erfolgte.

*Beispiele*:
- Auszahlung von Geld an den Adressaten eines Bewilligungsbescheides, der nichtig war oder später aufgehoben wurde.
- Erbringung einer Leistung, die in einem nichtigen öffentlich-rechtlichen Vertrag vereinbart war.

In derartigen Fällen kann von der öffentlich-rechtlichen Natur des später weggefallenen (aufgehobener Bewilligungsbescheid) oder vermeintlichen Rechtsgrundes (nichtiger öffentlich-rechtlicher Vertrag) auf die öffentlich-rechtliche Rechtsnatur des zwischen den Beteiligten bestehenden Rechtsverhältnisses geschlossen werden.[17] Ebenso verhält es sich, wenn eine Leistung in der irrigen Annahme erbracht wird, dem Leistungsempfänger hierzu aufgrund öffentlich-rechtlicher Bestimmungen oder öffentlich-rechtlicher Grundlage verpflichtet zu sein.[18] 10

Dies bedeutet andererseits aber nicht, daß die Annahme einer öffentlich-rechtlichen Beziehung immer dann ausscheidet, wenn mit der Vermögensverschiebung gegenüber dem Bereicherten kein öffentlich-rechtlicher Zweck verfolgt wird. So verhält es sich in den umstrittenen Fällen *fehlgeleiteter Leistungen*: 11

Der Dienstherr überweist Dienstbezüge irrtümlich auf das Konto der Ehefrau des anspruchsberechtigten Beamten. Oder: Nach dem Tode des ursprünglich Berechtigten werden auf dessen Konto ohne entsprechende Rechtspflicht Dienstbezüge, Renten oder Beihilfen weiterbezahlt, die Zahlungen kommen den Erben zugute. Hier erfolgte die Vermögensverschiebung ebenfalls aufgrund einer vermeintlich bestehenden öffentlich-rechtlichen Verpflichtung, aber eben nicht im Verhältnis zum Bereicherten.

In derartigen Fällen auf den vermeintlichen Rechtsgrund oder auf den Leistungszweck abzustellen,[19] hilft nicht weiter. Denn der Leistende ging von einem vermeintlichen Rechtsgrund im Verhältnis zum Bereicherten gerade nicht aus und verfolgte ihm gegenüber auch keinerlei Leistungszweck. Allein mit dieser Erwägung darf das Rechtsverhältnis zwischen Leistendem und Bereichertem aber noch nicht als zivilrechtlich qualifiziert werden. Denn auch ein zivilrechtlicher Leistungszweck wurde dem 12

---

[17] Ebenso *Windthorst/Sproll*, § 17 Rdnrn. 8 f. Soweit in diesem Zusammenhang auf die actus-contrarius-Theorie abgestellt wird, so etwa *Schoch*, Jura 1994, 87, was zutreffend ist, sei an die hier freilich nicht unmittelbar einschlägige bundesverwaltungsgerichtliche Rechtsprechung erinnert, wonach von der öffentlich-rechtlichen Rechtsnatur einer geforderten Handlung nicht auf die Rechtsnatur des geltend gemachten Anspruchs geschlossen werden dürfe, *BVerwGE* 87, 115 (119).

[18] Insoweit zutreffend *BVerwGE* 84, 274 (278); gegen die Maßgeblichkeit der subjektiven Vorstellungen des Leistenden *Windthorst/Sproll*, § 18 Rdnr. 7; *Windthorst*, JuS 1996, 897.

[19] *Windthorst/Sproll*, § 18 Rdnr. 9; *Erichsen*, in: *Erichsen*, Allg. Verwaltungsrecht, § 29 Rdnr. 27; *Ossenbühl*, S. 342; *Wallerath*, Allgemeines Verwaltungsrecht, 4. Aufl. 1992, S. 407.

Bereicherten gegenüber nicht verfolgt. Entscheidend ist vielmehr, nach welchem Recht sich die Maßnahme, auf der die Vermögensverschiebung beruht, beurteilt.[20] Erfolgte die vermögensverschiebende Maßnahme auf der Grundlage öffentlichen Rechts, handelt es sich um eine *öffentlich-rechtliche Vermögensverschiebung*. Da sowohl bürgerlich-rechtlicher Bereicherungsanspruch als auch öffentlich-rechtlicher Erstattungsanspruch auf die Rückgängigmachung von (rechtsgrundlosen) Vermögensverschiebungen gerichtet sind, teilt der jeweilige Anspruch als actus contrarius die Rechtsnatur der Vermögensverschiebung.[21]

**13** Im oben genannten Wohngeldfall[22] sowie in den anderen Fällen fehlgeleiteter Leistungen („Erbenfälle")[23] erfolgten die Zahlungen in Anwendung öffentlich-rechtlicher Vorschriften und stellten damit öffentlich-rechtliche Vermögensverschiebungen dar. Ein Ausgleich dieser Vermögensverschiebungen kann deshalb nur im Wege des öffentlich-rechtlichen Erstattungsanspruchs verlangt werden.[24]

---

[20] So *Hendler*, Allgemeines Verwaltungsrecht, 2. Aufl. 1998, Rdnr. 935; *Schoch*, Jura 1994, 87; *Maurer*, JZ 1990, 864.

[21] *Schoch*, Jura 1994, 87. Dieser Auffassung könnten die Rspr. des *BGH* und die h.L. im Privatrecht entgegengehalten werden. Danach können behördliche Maßnahmen und Handlungen eine Doppelnatur haben: Öffentlich-rechtliche Natur im Verhältnis zu den Adressaten, privatrechtliche Natur im Verhältnis zu den faktisch betroffenen Dritten, so GmS-OGB *BGHZ* 102, 280 ff.; *BGHZ* 121, 126 (128 f.); 82, 375 ff.; 67, 81 ff.; 66, 229 ff.; *Hefermehl*, in: *Baumbach/Hefermehl*, Wettbewerbsrecht, UWG-Kommentar, 7. Aufl. 1993, § 1 Rdnr. 930; *Harms*, BB, Beil. 17, 1986, 3 ff.; *Mestmäcker*, NJW 1969, 3 f. Auf dieser Linie bewegt sich auch die bundesverwaltungsgerichtliche Rspr., wonach eine Maßnahme gegenüber dem Adressaten ein VA sein kann, gegenüber den nicht unmittelbar Betroffenen mangels Außenwirkung dagegen nur ein Verwaltungsinternum ist, *BVerwGE* 74, 124 (126); oder: aufsichtsbehördliche Genehmigung einer Satzung im Verhältnis zur betroffenen Gemeinde VA – *BVerwGE* 90, 88 (90); 75, 142 (146); 16, 83 ff. –, gegenüber den Bürgern aber Akt der untergesetzlichen Rechtsetzung, *VGH München*, BayVBl 1985, 84; zustimmend *Pietzcker*, in: *Schoch/Schmidt-Aßmann/Pietzner*, VwGO, § 42 I Rdnrn. 64, 72. Die Auffassung von der möglichen Doppelnatur behördlicher Maßnahmen und Handlungen ist jedoch abzulehnen. Das gilt sowohl für die zuletzt genannten Fälle – ablehnend auch *Hufen*, Verwaltungsprozeßrecht, 3. Aufl. 1998, § 14 Rdnr. 40; *Schenke*, Verwaltungsprozeßrecht, 6. Aufl. 1998, Rdnrn. 208 f., 502 d – und erst recht für die vom *BGH* entschiedenen Fälle – dazu ausführlich m.w.Nw. und ablehnend *Ehlers*, in: *Schoch/Schmidt-Aßmann/Pietzner*, VwGO, § 40 Rdnrn. 286 ff. Ein und dieselbe Maßnahme kann nicht gleichzeitig ein öffentlich-rechtlicher und ein privatrechtlicher Akt sein. Entscheidend für seine Rechtsnatur ist die Ausrichtung, nicht die Folge- und Fernwirkung, *Ehlers*, a. a. O.

[22] Rdnr. 7; *BVerwGE* 84, 274 ff.

[23] Rdnr. 11; *BGHZ* 73, 202 ff.; 71, 180 ff.; *OLG Koblenz*, NVwZ 1989, 93; *OLG Frankfurt*, NVwZ 1989, 797; *BSGE* 61, 11 ff.

[24] *Hendler*, Allgemeines Verwaltungsrecht, 2. Aufl. 1998, Rdnr. 935; *Schoch*, Jura 1994, 897; *Frohn*, BayVBl 1992, 7 ff.; *Hänlein*, JuS 1992, 562; *Maurer*, JZ 1990, 863 ff.; *Bethge*, NJW 1978, 1801 f.; zutreffend auch *BVerwG*, NVwZ 1991, 168; a. A. die in Fußn. 23 genannte Rspr.

## III. Ohne Rechtsgrund

14 Der öffentlich-rechtliche Erstattungsanspruch setzt eine *rechtsgrundlose* Vermögensverschiebung voraus. Gleichgültig ist es, ob ein Rechtsgrund von Anfang an gefehlt hat oder ob er zunächst bestanden hat und erst später weggefallen ist, etwa im Wege der behördlichen oder gerichtlichen Aufhebung. Die Vermögensverschiebung darf nicht durch einen *bestehenden Rechtsgrund legitimiert* sein. Erstattungsansprüche können durch mehrere Rechtsgründe ausgeschlossen sein.

### 1. Verwaltungsakt

15 Für Vermögensverschiebung aufgrund eines Verwaltungsaktes besteht ein Rechtsgrund, wenn der Verwaltungsakt *wirksam* ist. Auf die Frage seiner Rechtmäßigkeit oder Rechtswidrigkeit kommt es in diesem Zusammenhang nicht an. Auch rechtswidrige Verwaltungsakte sind wirksam; nur nichtige Verwaltungsakte (§ 44 VwVfG) sind unwirksam, § 43 III VwVfG. Solange ein wirksamer Verwaltungsakt die Vermögensverschiebung deckt, ist der Rückgriff auf die materielle Rechtslage, d. h. auf Gesetze und sonstiges Recht, verwehrt. Das gilt auch für nur *feststellende* Verwaltungsakte, die einen schon aufgrund Gesetzes bestehenden Anspruch auf eine bestimmte Leistung nur noch feststellen.[25] Hier muß aber unterschieden werden.

16 Entspricht die Vermögensverschiebung nicht der Gesetzeslage, ist ein Erstattungsanspruch dennoch ausgeschlossen, wenn der feststellende Verwaltungsakt wirksam ist. Materiell-rechtlich handelt es sich dann aber in Wahrheit um einen konstitutiven Verwaltungsakt, weil er einen von Gesetzes wegen nicht bestehenden Leistungsanspruch begründet hat.

17 Ist der feststellende Verwaltungsakt dagegen unwirksam, etwa weil er nichtig ist oder von der Behörde aufgehoben wurde, ist ein Erstattungsanspruch gleichwohl ausgeschlossen, wenn die Vermögensverschiebung auch ohne Erlaß eines feststellenden Verwaltungsakts hätte erfolgen können und ein gesetzlicher Anspruch auf die Leistung besteht. Denn in diesem Fall ist die Vermögensverschiebung unmittelbar durch das Gesetz gerechtfertigt. Aber selbst wenn das Gesetz den Erlaß eines Verwaltungsakts vorschreibt, kann ein Erstattungsanspruch trotz anfänglichen Fehlens oder späteren Wegfalls des Verwaltungsakts ausgeschlossen sein: Nämlich dann, wenn feststeht, daß die Behörde einen entsprechenden Verwaltungsakt erlassen muß. In derartigen Fällen stünde der Geltendmachung des öffentlich-rechtlichen Erstattungsanspruchs der Einwand

---

[25] *Windthorst/Sproll*, § 18 Rdnrn. 17 ff.

der unzulässigen Rechtsausübung entgegen. Der Grundsatz des dolo agit, qui petit, quod statim redditurus est, gilt auch im öffentlichen Recht.

18 Von den feststellenden Verwaltungsakten zu unterscheiden sind bloße Hinweise auf die Rechtslage oder Bestätigungen der Rechtslage. Sie sind keine Verwaltungsakte. Selbst wenn derartige Bestätigungen Voraussetzung für eine Leistungsgewährung sind, bilden nicht sie, sondern das materielle Gesetzesrecht den Rechtsgrund für entsprechende Vermögensverfügungen. Denn bloße Hinweise und Bestätigungen enthalten keine *verbindliche* Regelung oder Feststellung. Eben darum sind sie keine Verwaltungsakte. Derartige Hinweise oder Bestätigungen vermögen deshalb vom materiellen Recht nicht gedeckte Vermögensverschiebungen nicht zu rechtfertigen und stehen einem Erstattungsanspruch nicht entgegen.[26]

19 Eine nur *zweckwidrige Mittelverwendung* bedeutet nicht, daß für die Vermögensverschiebung (insoweit) kein Rechtsgrund besteht. Beruht die Vermögensverschiebung auf einem wirksamen Verwaltungsakt, bildet er auch dann den Rechtsgrund für das Behaltendürfen der Leistung, wenn diese nicht für den im Verwaltungsakt bestimmten Zweck verwendet wird.[27] Auch im Falle zweckwidriger Mittelverwendung entsteht ein Erstattungsanspruch erst dann, wenn der Bewilligungsbescheid aufgehoben worden ist.[28] Ansonsten hätte es der Einfügung des neuen § 49 III VwVfG[29] nicht bedurft.

20 Nach alldem entsteht der öffentlich-rechtliche Erstattungsanspruch erst dann, wenn der die Vermögensverschiebung rechtfertigende Verwaltungsakt aufgehoben worden ist. Allerdings ist in der behördlichen Geltendmachung des Erstattungsanspruchs zugleich die konkludente Aufhebung des rechtfertigenden Verwaltungsakts zu sehen.[30] Ebenso schließt das Erstattungsverlangen eines Bürgers auch die Forderung nach Aufhebung des Verwaltungsakts ein. Ist der Verwaltungsakt aber bereits bestandskräftig, kann sich die Behörde grundsätzlich auf die Unanfechtbarkeit des Verwaltungsakts berufen und die Rückerstattung der durch ihn gerechtfertigten Leistung ablehnen. In diesem Fall hat der Bürger nur noch die Möglichkeit, die Aufhebung des Verwaltungsakts im Wege der Rücknahme oder des Widerrufs nach §§ 48 f. VwVfG oder im Wege des Wiederaufgreifens des Verfahrens nach § 51 VwVfG zu erreichen.

---

[26] *BVerwGE* 89, 345 (351 f.).
[27] *Windthorst*, JuS 1996, 898; *Ehlers*, DVBl 1986, 920.
[28] *BVerwG*, DVBl 1983, 812; *Weides*, JuS 1985, 371 f.; *Jarass*, DVBl 1984, 855 f.
[29] Gesetz zur Änderung verwaltungsverfahrensrechtlicher Vorschriften vom 2.5.1996, BGBl I, S. 656.
[30] *BVerwG*, NVwZ 1984, 518.

## 2. Öffentlich-rechtlicher Vertrag

Ist die Vermögensverschiebung aufgrund eines öffentlich-rechtlichen Vertrages erfolgt, ist zu beachten, daß nicht jede Rechtswidrigkeit des Vertrages auch seine Nichtigkeit bedingt. Ist keiner der in § 59 VwVfG genannten Nichtigkeitsgründe gegeben, ist der öffentlich-rechtliche Vertrag trotz Rechtswidrigkeit wirksam und bildet den Rechtsgrund für die Vermögensverschiebung. 21

## 3. Realakt

Beruht die Vermögensverschiebung weder auf einem Verwaltungsakt noch auf einem öffentlich-rechtlichen Vertrag – etwa bei Geldauszahlungen ohne ausdrücklichen oder konkludenten Verwaltungsakt, Kiesentnahme von einem Privatgrundstück durch einen Hoheitsträger zum Zwecke des Straßenbaus oder Durchführung von Erhaltungsmaßnahmen an einem brüchigen Damm durch einen Privaten anstelle des untätig bleibenden Hoheitsträgers –, ist ausschließlich auf das materielle Recht abzustellen. Rechtfertigt es die Vermögensverschiebung, besteht kein öffentlich-rechtlicher Erstattungsanspruch. 22

In diesem Zusammenhang ist zu beachten, daß die berechtigte öffentlich-rechtliche GoA einen Rechtsgrund für die Vermögensverschiebung darstellt und damit einen öffentlich-rechtlichen Erstattungsanspruch ausschließt.[31] Der Geschäftsführer hat dann einen Aufwendungsersatzanspruch entsprechend §§ 683 S. 1, 670 BGB. Sind dagegen die Voraussetzungen für eine entsprechende Anwendung entweder von vornherein nicht erfüllt[32] oder handelt es sich um einen Fall unberechtigter öffentlich-rechtlicher GoA, kommt ein öffentlich-rechtlicher Erstattungsanspruch in Betracht.[33] Dieser unterscheidet sich im Falle unberechtigter öffentlich-rechtlicher GoA freilich nicht vom Bereicherungsanspruch, der dann entsprechend §§ 684 S. 1, 818 ff. BGB besteht. 23

---

[31] *Windthorst/Sproll*, § 5 Rdnr. 42; *Ossenbühl*, S. 425; *Bamberger*, JuS 1998, 711; dazu auch *Blas*, JA 1989, 517 f.; unten § 26 Rdnr. 12.

[32] Dazu oben § 21 Rdnrn. 47 ff.

[33] *BVerwGE* 80, 170 (177).

## § 25. Erstattungsumfang

### I. Herausgabe des erlangten Vermögensvorteils

1 Auch wenn die §§ 812 ff. BGB nicht entsprechend anwendbar sind, kann doch auf die Rechtsgedanken dieser Vorschriften abgestellt werden, soweit öffentlich-rechtliche Besonderheiten nicht entgegenstehen. Die Grundsätze von § 812 I, II BGB gelten auch für den öffentlich-rechtlichen Erstattungsanspruch.[1] Danach muß der Bereicherte prinzipiell alle durch die Vermögensverschiebung erlangten Vermögensvorteile herausgeben.

#### 1. Das tatsächlich Erlangte

2 Soweit der Vermögensgegenstand noch vorhanden ist, muß er in natura herausgegeben werden.

#### 2. Nutzungen und Verzinsung

3 Herauszugeben sind auch die *tatsächlich* gezogenen Nutzungen (vgl. § 818 I, 1. Var. BGB).[2] Das betrifft vor allem Zinsen aus einem rechtsgrundlos erlangten Geldbetrag.[3] Richtet sich der öffentlich-rechtliche Erstattungsanspruch gegen eine Behörde, ist nach bundesverwaltungsgerichtlicher Rechtsprechung allerdings grundsätzlich davon auszugehen, daß die Behörde aus dem erlangten Geldbetrag keinen Zinsgewinn gezogen hat. § 818 I BGB sei zwar auch in dieser Konstellation entsprechend anzuwenden. Aber der Staat lege öffentlich-rechtlich erlangte Einnahmen in der Regel nicht gewinnbringend an, sondern verfüge über die ihm zur Verfügung stehenden Mittel im Interesse der Allgemeinheit.[4]

4 Für nicht gezogene Nutzungen, also insbesondere nicht erzielte Zinsen, ist grundsätzlich kein Ersatz zu leisten. Etwas anderes gilt nur, wenn eine Verzinsungspflicht gesetzlich bestimmt ist und der Erstattungsanspruch hierauf erstreckt wird, wie es vor allem in § 49a III 1, IV VwVfG geschehen ist, oder wenn auf die bürgerlich-rechtlichen Vorschriften über

---

[1] *BVerwG*, NJW 1999, 1202 (zum Staat-Bürger-Verhältnis); *Windthorst/Sproll*, § 19 Rdnr. 4; zu § 818 I BGB auch *Ossenbühl*, S. 432; *Schoch*, Jura 1994, 88; vgl. auch § 49a II VwVfG.

[2] *BVerwGE* 71, 85 (93); 71, 48 (55); NJW 1999, 1202; NJW 1992, 705; NJW 1992, 330; NJW 1973, 1854. Zu den tatsächlich gezogenen Nutzungen zählen nach *Schön*, NJW 1993, 3292, auch *ersparte* Kreditzinsen der öffentlichen Hand; a. A. *BVerwG*, NJW 1973, 2122 f.; NJW 1973, 1854 f.

[3] Dazu umfassend *Schön*, NJW 1993, 3289 ff.

[4] *BVerwG*, NJW 1973, 1854; zu einem Ausnahmefall *BVerwG*, NJW 1999, 1201 ff.

die ungerechtfertigte Bereicherung ausdrücklich verwiesen wurde (etwa in §§ 53 II BRRG, 87 II BBG).[5] Nur im zuletzt genannten Fall sind nicht gezogene Zinsen ab *Rechtshängigkeit* oder bei *Bösgläubigkeit* entsprechend den §§ 819 I, 818 IV, 292, 990, 987 II BGB zu erstatten. Im übrigen existiert im öffentlich-rechtlichen Erstattungsrecht kein Grundsatz, wonach Erstattungsbeträge zu verzinsen sind.[6] Das gilt auch für bösgläubige Bereicherte.[7]

Ab Rechtshängigkeit des Erstattungsanspruchs kann der Gläubiger Prozeßzinsen in Höhe von 4 % entsprechend §§ 291, 288 I BGB geltend machen.[8] Ein darüber hinausgehender Erstattungsanspruch nach dem Rechtsgedanken der §§ 818 IV, 987 II BGB besteht nicht. Ohne ausdrücklichen Verweis darf auch nicht auf § 288 I BGB (Verzugszinsen) zurückgegriffen werden.[9] 5

### 3. Surrogate

Herauszugeben ist auch das, was der Bereicherte aufgrund eines erlangten Rechts oder als Ersatz für die Zerstörung, Beschädigung oder Entziehung des erlangten Gegenstandes erhalten hat, also die Surrogate (vgl. § 818 I, 2. Var. BGB). Hierunter fällt z. B. dasjenige, was der Bereicherte durch den Einzug der rechtsgrundlos erlangten Forderung erhalten hat (§ 818 I: „auf Grund eines erlangten Rechtes"), oder die Versicherungssumme oder Schadensersatzleistung im Falle der Beschädigung oder Zerstörung des rechtsgrundlos erlangten Gegenstandes.[10] 6

Nicht herauszugeben sind dagegen die *rechtsgeschäftlichen* Surrogate, also das, was der Bereicherte durch Rechtsgeschäft anstelle des ursprünglich Erlangten erworben hat;[11] gleiches gilt für rechtsgeschäftliche Sekundäransprüche des Bereicherten.[12] Kann das ursprünglich Erlangte infolge Verkaufs oder Tauschs nicht mehr herausgegeben werden, ist Wertersatz zu leisten.[13] 7

---

[5] Vgl. *BVerwGE* 71, 48 (54 f.), zu Art. 48 II 5, 6 BayVwVfG a.F.

[6] *BVerwGE* 71, 48 (53); 48, 133 (136).

[7] Vgl. *BVerwGE* 71, 85 (88 f.); offengelassen von *BVerwGE* 48, 133 (137).

[8] *BVerwGE* 99, 53 (54); 71, 85 (93); DVBl 1990, 871; NJW 1999, 1201; NJW 1973, 1854 f.

[9] *BVerwG*, NJW 1999, 1201; *Windthorst*, JuS 1996, 898.

[10] Dazu *Palandt/Thomas*, § 818 Rdnrn. 14 f.

[11] *Windthorst/Sproll*, § 19 Rdnr. 9; ebenso zum bürgerlichen Recht *Palandt/Thomas*, § 818 Rdnr. 14.

[12] *BVerwG*, NJW 1992, 329.

[13] Zwar handelt es sich im oben genannten Fall der Forderungseinziehung ebenfalls um ein Rechtsgeschäft. Hier wird allerdings auf den Rechtsgedanken von § 818 I BGB abgestellt, wonach auch das „auf Grund eines erlangten Rechtes" Erhaltene herauszugeben ist. Anders verhält es sich bei Verkauf oder Tausch der erlangten Sache: Der Bereicherte hat die Gegenleistung nicht „auf Grund eines erlangten Rechtes" erhalten.

### 4. Wertersatz

8 Kann der Vermögensgegenstand nicht oder nicht mehr herausgegeben werden und ist an seine Stelle auch kein Surrogat i.S.v. § 818 I, 2. Var. BGB getreten, ist nach dem Rechtsgedanken von § 818 II BGB Wertersatz zu leisten.[14]

*Beispiele:*
- Ein Träger öffentlicher Gewalt entnimmt von einem Privatgrundstück Kies zum Zwecke des Straßenbaus. Nach Fertigstellung der Straße kann der Kies nicht mehr herausgegeben werden.
- Ein Privater repariert anstelle der hierzu verpflichteten öffentlichen Hand einen schadhaften Damm. Sind die Tatbestandsvoraussetzungen des öffentlich-rechtlichen Erstattungsanspruchs erfüllt, muß die öffentliche Hand den Wert der Aufwendungen erstatten, die sie ansonsten selbst zu tragen gehabt hätte (ersparte Aufwendungen).[15]
- Herausgabe des ursprünglich unbebauten Grundstückes ist nicht mehr möglich (eigentlich nicht zumutbar). Zu ersetzen ist der Wert des Grundstücks.[16]

9 Der oben genannte zweite Beispielsfall zeigt, daß im Falle der sog. Verwendungskondiktion nur der Wert derjenigen Zuwendungen, die für den Bereicherungsschuldner von Interesse sind, zu erstatten ist.[17] In sog. Fällen aufgedrängter Bereicherung hat der Leistungsempfänger zwar etwas erlangt, es ist für ihn aber ohne Wert. Dieser Aspekt ist aber erst beim Umfang der Erstattungspflicht und nicht schon vorher zu berücksichtigen.[18] Denn eine Vermögensverschiebung hat auch im Falle einer aufgedrängten (d. h. subjektiv wertlosen) Bereicherung stattgefunden.

## II. Ausschluß des Erstattungsanspruchs – insbesondere: Wegfall der Bereicherung

### 1. Die prinzipielle Unanwendbarkeit der Grundsätze der §§ 818 III, 818 IV, 819 BGB

10 § 818 III BGB schließt die Verpflichtung zur Herausgabe oder zum Wertersatz aus, soweit die Bereicherung weggefallen ist. Die Berufung auf den Wegfall der Bereicherung ist nach §§ 818 IV, 819 BGB vor allem im Falle der Rechtshängigkeit oder der Bösgläubigkeit des Bereicherungsschuldners ausgeschlossen. *Auf den öffentlich-rechtlichen Erstattungsan-*

---

[14] Dazu *Windthorst/Sproll*, § 19 Rdnr. 7.

[15] Vgl. *BVerwGE* 80, 170 (177); dazu weiterführend *Ossenbühl*, S. 431.

[16] Vgl. *BGH*, WM 1987, 1533; NJW 1981, 2687; *Palandt/Thomas*, § 818 Rdnr. 17.

[17] So auch *OVG Münster*, DÖV 1971, 350 f. (Einbau von Trenn- und Zwischenwänden in ein städtisches Gebäude durch einen Privaten, ohne daß die Stadt hiervon einen Vorteil hat); *Windthorst/Sproll*, § 19 Rdnr. 7; *Ossenbühl*, S. 431.

[18] *Windthorst/Sproll*, § 18 Rdnr. 3

*spruch sind die §§ 818 III, 818 IV, 819 BGB aber weder entsprechend noch ihrem Rechtsgedanken nach anwendbar.*[19]

Der eigentliche Grund dafür liegt darin, daß zwischen Zivil- und öffentlichem Recht im Hinblick auf den Entreicherungseinwand ein grundlegender Unterschied besteht. Hoheitsträger sind an den Grundsatz der Gesetzmäßigkeit der Verwaltung, Art. 20 III GG, gebunden. Dieses Prinzip verlangt von einem Träger öffentlicher Gewalt, solche Vermögensverschiebungen rückgängig zu machen, für die es keinen rechtlichen Grund (mehr) gibt und die deshalb mit der bestehenden Rechtslage nicht (mehr) übereinstimmen. 11

Art. 20 III GG verpflichtet die öffentliche Gewalt, rechtsgrundlos erlangte Vermögenswerte zurückzugeben und rechtsgrundlos erbrachte Leistungen zurückzufordern. Unvereinbar mit rechtsstaatlichen Grundsätzen wäre es, wenn die öffentliche Gewalt sich auf den Wegfall ihrer Bereicherung berufen könnte. 12

Auf der anderen Seite werden die Bürger und sonstigen Privatrechtssubjekte durch die Grundrechte sowie das aus ihnen und dem Rechtsstaatsprinzip folgende Verhältnismäßigkeitsprinzip vor übermäßigen und unzumutbaren staatlichen Zugriffen und Belastungen geschützt. Unzumutbar und unverhältnismäßig wäre es aber, wenn man dem Bürger jedweden Einwand des Bereicherungswegfalls gegenüber öffentlich-rechtlichen Erstattungsansprüchen verwehren würde. Zur Auflösung dieses spezifisch öffentlich-rechtlichen Interessenkonflikts sind die §§ 818 III, 818 IV, 819 BGB aber nicht geeignet. Ihr Zweck besteht darin, einen Ausgleich widerstreitender Interessen Privater, die nicht an Grundrechte und Verfassungsprinzipien gebunden sind, zu schaffen. 13

## 2. Die Geltung des Vertrauensschutzprinzips

Die grundsätzliche Unanwendbarkeit der Grundsätze der §§ 818 III, 818 IV, 819 BGB bedeutet jedoch nicht, daß im öffentlichen Recht der Entreicherungseinwand ausgeschlossen wäre. Einige öffentlich-rechtliche Vorschriften enthalten Rechtsfolgenverweise auf die §§ 812 ff. BGB und damit auch auf die §§ 818 ff. BGB, z. T. aber in modifizierter Form. Zu nennen sind etwa die §§ 12 II BBesG, 53 II BRRG, 87 II BBG, 52 II BeamtVG und vor allem § 49a II VwVfG. Soweit keine ausdrücklichen gesetzlichen Regelungen bestehen, gelangt der aus den Grundrechten und 14

[19] Grundlegend *BVerwGE* 71, 85 (88 ff.); bereits früher *BVerwGE* 25, 72 (81 f.); ebenso *OVG Münster*, NJW 1992, 2245; *VGH Kassel*, NJW 1991, 511; *Ossenbühl*, S. 432 f.; *Windthorst*, JuS 1996, 899; *Lorenz*, in: Festschr. f. Lerche, 1993, S. 947 f.; *H. Weber*, JuS 1986, 34 f.; eine entsprechende Anwendung von § 818 III BGB nicht ausschließend *Maurer*, § 28 Rdnr. 25.

dem Rechtsstaatsprinzip folgende *Grundsatz des Vertrauensschutzes*[20] zur Anwendung. Dies hat folgende Konsequenzen:

15 Ein *Träger öffentlicher Gewalt* kann sich auf den Wegfall der Bereicherung nicht berufen.[21] Das gilt auch im Verhältnis verschiedener Verwaltungsträger zueinander.

16 Bei öffentlich-rechtlichen Erstattungsansprüchen *gegen Bürger und sonstige Privatrechtssubjekte* ist zu unterscheiden. Spezialgesetzliche Regelungen wie die oben genannten beamtenrechtlichen haben stets Vorrang. Im übrigen sind bei Vermögensverschiebungen aufgrund von Verwaltungsakten die §§ 48, 49, 49a VwVfG sowie die inhaltsgleichen landesrechtlichen Bestimmungen zu beachten. In diesem Zusammenhang gilt folgendes:

17 Wirksame Verwaltungsakte schließen einen Erstattungsanspruch aus, auch wenn sie rechtswidrig sind. Ein Erstattungsanspruch setzt damit voraus, daß die Behörde den Verwaltungsakt aufhebt. Aber bereits der Aufhebung des Verwaltungsakts sind durch den Grundsatz des Vertrauensschutzes Grenzen gesetzt. Nach § 48 II VwVfG ist die Rücknahme der in dieser Bestimmung genannten Verwaltungsakte ausgeschlossen, soweit schutzwürdiges Vertrauen des Bürgers entgegensteht. Nach § 48 II 2 VwVfG ist auch ein etwaiger Verbrauch der Leistung (Wegfall der Bereicherung) zu berücksichtigen. Aber selbst wenn die erhaltene Leistung noch vorhanden ist, kann die Rücknahme des Verwaltungsakts ausgeschlossen sein.

18 Nach § 48 III VwVfG steht dem Bürger im Falle der Rücknahme sonstiger Verwaltungsakte ein Ausgleichsanspruch zu, wenn er sich auf schutzwürdiges Vertrauen berufen kann; wirtschaftlich gesehen mindert sich der Rückerstattungsanspruch der öffentlichen Hand um diesen Betrag. Ebenso verhält es sich gem. § 49 VI 1 VwVfG bei einem Widerruf von Verwaltungsakten nach § 49 II Nr. 3–5 VwVfG. Im übrigen ist etwaiges schutzwürdiges Vertrauen des Bürgers im Rahmen der behördlichen Ermessensentscheidung über die Aufhebung des Verwaltungsakts zu berücksichtigen.

19 Schließt der Verbrauch der Leistung nicht schon die Aufhebung des Verwaltungsakts aus, ist er nach § 49a II VwVfG spätestens beim Erstat-

---

[20] Vgl. *Sachs*, in: *Sachs*, GG, Art. 20 Rdnr. 131; *Kisker*, VVDStRL 32 (1974), 149 ff.; *Püttner*, VVDStRL 32 (1974), 200 ff.; *W. Schmidt*, JuS 1973, 529 ff.; *Ossenbühl*, DÖV 1972, 25 ff.

[21] Das gilt selbst dann, wenn der Verwaltungsträger privatrechtlich handelt, aber unmittelbar öffentliche Aufgaben erfüllt. In diesem Fall gelangen die §§ 812 ff. BGB zwar unmittelbar zur Anwendung. Gleichwohl sind die spezifisch öffentlich-rechtlichen Bindungen zu beachten (Verwaltungsprivatrecht, dazu *Sproll*, Allgemeines Verwaltungsrecht I, 1997, § 3 Rdnrn. 23 ff.). Selbst bei fiskalischen Hilfsgeschäften und rein erwerbswirtschaftlicher Tätigkeit (dazu *Sproll*, a. a. O., § 1 Rdnrn. 60 ff.) dürfte der Entreicherungseinwand ausgeschlossen sein.

tungsanspruch zu berücksichtigen. Nach § 49a II 1 VwVfG i.V.m. § 818 III BGB entsprechend kann sich der Bürger auf den Wegfall der Bereicherung berufen. Im Unterschied zu § 819 I BGB, der den Entreicherungseinwand nur für den Fall positiver Kenntnis des fehlenden Rechtsgrundes ausschließt, schneidet § 49a II 2 VwVfG den Entreicherungseinwand bereits für den Fall *grob fahrlässiger Unkenntnis* derjenigen Gründe, die zur Aufhebung des Verwaltungsakts geführt haben, ab. Insoweit ist § 49a II VwVfG für den Bürger ungünstiger als § 819 I BGB.

Innerhalb ihres Anwendungsbereichs enthalten die §§ 48–49a VwVfG **20** eine spezialgesetzliche Regelung hinsichtlich des Vertrauensschutzes des Bürgers und des Bereicherungswegfalles: Ausschluß der Aufhebung des Verwaltungsakts, Ausgleichsanspruch des Bürgers oder Ausschluß des Erstattungsanspruchs der öffentlichen Hand. Hier gilt es zu beachten, daß es nicht nur um den Bereicherungswegfall geht, sondern um den übergeordneten Aspekt des Vertrauensschutzes. Der Wegfall der Bereicherung ist nur ein Umstand, der im Rahmen der Vertrauensabwägung berücksichtigt wird.

Aber auch dann, wenn die §§ 48–49a VwVfG nicht anwendbar sind, **21** können ihre Grundgedanken nutzbar gemacht werden. Dies gilt u. a., wenn der Verwaltungsakt von Anfang an nichtig war oder wenn die Vermögensverschiebung aufgrund eines *nichtigen* öffentlich-rechtlichen Vertrages oder durch rechtswidriges schlicht-hoheitliches Handeln erfolgte.[22] Danach entfällt die Erstattungspflicht des Bürgers, soweit sein Vertrauen auf das Behaltendürfen der Leistung höher zu bewerten ist als das öffentliche Interesse der Verwaltung am Ausgleich der rechtsgrundlosen Vermögensverschiebung.[23]

Die entscheidenden Kriterien für diese Abwägung lassen sich den §§ 48 **22** II 1–3, 49a II VwVfG entnehmen.[24] Danach gilt folgendes:

(1) Zunächst muß der Bürger auf den Fortbestand der Vermögensverschiebung (das Behaltendürfen) tatsächlich vertraut haben. Dies ist z. B. dann nicht der Fall, wenn er erklärt hatte, daß ihm ein Betrag, der eine bestimmte Summe überschreite, nicht zustehe.
(2) Hat der Bürger auf den Fortbestand der Vermögensverschiebung vertraut, muß sein Vertrauen schutzwürdig sein. Schutzwürdiges Vertrauen des Bürgers darf nicht angenommen werden, wenn er
   – die Vermögensverschiebung durch arglistige Täuschung, Drohung oder Bestechung erwirkt hat (vgl. § 48 II 3 Nr. 1 VwVfG) oder

---

[22] Ist der Vertrag rechtswirksam oder das schlicht-hoheitliche Handeln rechtmäßig, ist die Vermögensverschiebung nicht rechtsgrundlos, es besteht dann schon deshalb kein Erstattungsanspruch.

[23] Vgl. *BVerwGE* 89, 345 (353); 71, 85 (90); *Windthorst/Sproll*, § 19 Rdnrn. 25 ff.; *Ossenbühl*, S. 433 ff.; *Windthorst*, JuS 1996, 899; kritisch *Maurer*, § 28 Rdnr. 28.

[24] *Windthorst*, JuS 1996, 899.

- die Vermögensverschiebung durch Angaben erwirkt hat, die in wesentlicher Beziehung unrichtig oder unvollständig waren (vgl. § 48 II 3 Nr. 2 VwVfG), oder
- die Rechtsgrundlosigkeit der Vermögensverschiebung kannte oder infolge grober Fahrlässigkeit nicht kannte (vgl. §§ 48 II 3 Nr. 3, 49a II 2 VwVfG).

  Sind die Voraussetzungen einer dieser Fallgruppen erfüllt, wobei der zuletzt genannten die größte praktische Relevanz zukommt, muß der Bürger den Vermögensgegenstand herausgeben bzw. Wertersatz leisten, und zwar ohne Rücksicht darauf, ob er Vermögensdispositionen getroffen hat oder ob seine Bereicherung weggefallen ist.

(3) Liegt keine der unter (2) genannten Fallgruppen vor, ist das Vertrauen des Bürgers nicht nur in der Regel (vgl. § 48 II 2 VwVfG), sondern immer schutzwürdig, soweit er die erhaltene Leistung verbraucht hat (Wegfall der Bereicherung, vgl. § 49a II 1 i.V.m. § 818 III BGB entsprechend; der in § 49a II 2 VwVfG normierte Grundsatz wurde bereits bei der oben unter (2) genannten dritten Fallgruppe berücksichtigt). Darüber hinaus kann das Vertrauen auch dann schutzwürdig sein, wenn das rechtsgrundlos Erlangte zwar noch vorhanden ist, der Bürger aber im Vertrauen auf das Behaltendürfen Vermögensdispositionen getroffen hat, die er nicht mehr oder nur unter unzumutbaren Nachteilen rückgängig machen kann (vgl. § 48 II 2 VwVfG).[25] Hier kommt es aber auf die Umstände des Einzelfalles an. Wurde etwa der Gegenstand verkauft und ist es für den Bürger unzumutbar, den Vertrag aufzulösen, ist es nicht gerechtfertigt, dem Bürger den Verkaufserlös zu belassen. Vielmehr erstreckt sich die Erstattungspflicht des Bürgers dann auf den Verkaufserlös (abzüglich etwaiger Unkosten) unter Begrenzung auf den Wert des verkauften Gegenstandes (falls ein höherer Verkaufspreis erzielt wurde). Ist der Bürger etwa im Vertrauen auf das Behaltendürfen des Vermögensgegenstandes Verbindlichkeiten eingegangen, ist es nicht gerechtfertigt, ihn allein deshalb von der Pflicht zur Rückgabe des Vermögensgegenstandes freizustellen. Vielmehr kommt hier eine Rückgabepflicht unter Ausgleich desjenigen Vermögensnachteils, der durch das Eingehen der Verbindlichkeit entstanden ist, in Betracht (vgl. § 48 III VwVfG).

(4) Soweit das Vertrauen des Bürgers nach Maßgabe der unter (1), (2) und (3) genannten Kriterien schutzwürdig ist, überwiegt es das öffentliche Interesse der Verwaltung am Ausgleich der Vermögensverschiebung. Hat der Bürger dagegen keine Vermögensdispositionen i.S.v. (3) getroffen, sind Fälle, in denen sein Vertrauen dennoch schutzwürdig

---

[25] *Windthorst/Sproll*, § 19 Rdnr. 20. Enger insoweit *BVerwGE* 71, 85 (90), wonach über das rechtsgrundlos Erlangte verfügt worden sein muß.

sein könnte und die Erstattungspflicht ausgeschlossen wäre, kaum vorstellbar.

### 3. Sonstige Ausschlußgründe

Öffentlich-rechtliche Erstattungsansprüche können auch nach dem im gesamten öffentlichen Recht geltenden Grundsatz von Treu und Glauben ausgeschlossen sein. Dies ist insoweit der Fall, als das Erstattungsverlangen den Wertvorstellungen aller billig und gerecht Denkenden widerspricht.[26] So wurde der dem Grunde nach bestehende Erstattungsanspruch der damaligen Deutschen Bundespostbank um die Hälfte gekürzt, weil sie sich bei der Vermögensverschiebung derart fehlsam verhalten hatte, daß von einer Amtspflichtverletzung auszugehen war.[27] 23

Der Rechtsgedanke von § 814 BGB (Ausschluß des Bereicherungsanspruchs bei Leistung trotz Kenntnis der Nichtschuld) findet aufgrund der im öffentlichen Recht anders gearteten Interessenlage allerdings keine Anwendung.[28] Gleiches gilt für den Rechtsgedanken von § 817 BGB (Verstoß gegen Gesetz oder gute Sitten).[29] 24

## III. Rückforderung gemeinschaftsrechtswidriger Leistungen

Besondere Probleme, bedingt durch das Ineinandergreifen von nationalem deutschen und europäischem Gemeinschaftsrecht, treten auf, wenn Vermögensverschiebungen gemeinschaftsrechtlichen Bestimmungen widersprechen. Hier kommen vor allem Verstöße gegen Art. 87, 88 (früher Art. 92, 93) EGV in Betracht. 25

Art. 87 I (Art. 92 I) EGV untersagt staatliche oder aus staatlichen Mitteln gewährte Beihilfen an Privatunternehmen, wenn dadurch der Wettbewerb verfälscht wird oder verfälscht werden kann und der Handel zwischen den Mitgliedstaaten beeinträchtigt wird, außer es liegt ein Ausnahmefall nach Art. 87 II, III (Art. 92 II, III) EGV vor. Der Begriff der Beihilfe umfaßt jede Art von Vergünstigung (Vermögensverschiebung), für die keine Gegenleistung erbracht wird.[30] Hierunter fallen Geld- und Sachleistungen sowie auch Verschonungen wie etwa Steuer- und Abgabenerleichterungen, Sondertarife, Befreiungen von Sozialleistungen, Darlehen unter marktüblichen Zinssätzen oder Investitionszulagen. 26

[26] *Windthorst*, JuS 1996, 899; *Schoch*, Jura 1994, 89.

[27] Vgl. *OVG Münster*, NJW 1992, 2245; zu einem anderen Fall vgl. *OVG Münster*, NVwZ-RR 1993, 263 f.; *OVG Bremen*, NVwZ 1990, 1195 ff.

[28] *OVG Koblenz*, NVwZ 1992, 798; *VGH Kassel*, NJW 1991, 512; *Windthorst*, JuS 1996, 899; *Schoch*, Jura 1994, 89; *Lorenz*, in: Festschr. f. Lerche, 1993, S. 938.

[29] *Franckenstein*, S. 131.

[30] Dazu *Koenig/Haratsch*, Rdnrn. 543 ff.

27 Verstoßen entsprechende Beihilfebescheide deutscher Behörden gegen Art. 87 (Art. 92) EGV, sind sie (materiell) rechtswidrig und, wenn keine Spezialvorschriften existieren, nach § 48 VwVfG aufzuheben. Dabei sind gemeinschaftsrechtlich bedingte Besonderheiten zu beachten, die eine modifizierte Handhabung der Rücknahmebeschränkungen des § 48 VwVfG (Ermessen, Vertrauensschutz, Frist) gebieten. Auf diese speziell bei der Anwendung der §§ 48, 49a VwVfG zu beachtenden Modifikationen kann an dieser Stelle nicht eingegangen werden.[31]

28 Allerdings spielen die genannten europarechtlichen Implikationen auch im Rahmen des allgemeinen öffentlich-rechtlichen Erstattungsanspruchs eine Rolle. Das gemeinschaftsrechtlich bedingte Gebot der Beihilfenrückforderung ist nämlich nicht auf den Anwendungsbereich der §§ 48, 49a VwVfG beschränkt. So verhält es sich etwa, wenn die Beihilfen durch nichtige Verwaltungsakte, aufgrund nichtiger öffentlich-rechtlicher Verträge oder in sonstiger Weise gewährt wurden.

29 Für entsprechende allgemeine öffentlich-rechtliche Erstattungsansprüche des deutschen Verwaltungsträgers gegen den Beihilfeempfänger gelten im Hinblick auf das Vertrauensschutzprinzip folgende Besonderheiten:

(1) Selbst wenn der Beihilfeempfänger Vermögensdispositionen i.S.v. § 48 II 2 VwVfG getroffen hat, ist sein Vertrauen grundsätzlich nicht schutzwürdig.[32] Das gesteigerte öffentliche Interesse gerade an der Durchsetzung des Gemeinschaftsrechts überwiegt in aller Regel das Vertrauensinteresse des Begünstigten. Dieser darf auf die Ordnungsmäßigkeit der Subvention grundsätzlich nur dann vertrauen, wenn sie unter Einhaltung des in Art. 88 III (Art. 93 III) EGV vorgesehenen Verfahrens gewährt wurde.[33] Nach dieser Bestimmung dürfen die nationalen Behörden Beihilfen nur vergeben, wenn ihre Zulässigkeit von der Kommission festgestellt worden ist (Notifizierungsverfahren). Dem Beihilfeempfänger ist es aber regelmäßig möglich und zumutbar, sich zu vergewissern, daß dieses Verfahren eingehalten wurde.[34] Dies

---

[31] Vgl. dazu *EuGH*, EuZW 1998, 603 ff.; EuZW 1997, 276 ff.; NVwZ 1990, 1161 ff.; *BVerwGE* 92, 81 ff.; 106, 328 ff.; NVwZ 1995, 7006 ff.; *Maurer*, § 11 Rdnrn. 38a ff.; *Battis*, Allgemeines Verwaltungsrecht, 2. Aufl. 1997, S. 217 ff.; *Sinnaeve*, Die Rückforderung gemeinschaftsrechtswidriger nationaler Beihilfen, 1997; *Beckmann*, Die Rückforderung gemeinschaftsrechtswidriger staatlicher Beihilfen, 1996; *T. Richter*, Rückforderung staatlicher Beihilfen nach §§ 48, 49 VwVfG bei Verstoß gegen Art. 92 ff. EGV, 1995; *ders.*, DÖV 1995, 846 ff.; *Kamann/Selmayr*, JuS 1998, 148 ff.; *v. Danwitz*, NWVBl 1998, 207, 252 ff.; *Kahl*, JA 1996, 857 ff.; *Pache*, NVwZ 1994, 318 ff.; *Kokott*, DVBl 1993, 1235 ff.; *Triantafyllou*, NVwZ 1992, 436 ff.; *Magiera*, in: Festschr. f. Börner, 1992, S. 213 ff. Scharfe Kritik an der Rspr. des *EuGH* übt *Scholz*, DÖV 1998, 261 ff.

[32] *BVerwGE* 92, 81 (86); 106, 328 (336); NVwZ 1995, 706.

[33] *EuGH*, EuZW 1997, 277 Rdnr. 25 m. Anm. *Hoenike* (= *EuGH*, JZ 1997, 722 m. Anm. *Classen* = *EuGH*, DVBl 1997, 951); *BVerwGE* 106, 328 (336).

[34] So zuletzt *EuGH*, EuZW 1997, 277 Rdnr. 25; *BVerwGE* 106, 328 (336).

gilt jedenfalls für Gewerbetreibende und sonstige im Wirtschaftsleben erfahrene Personen. Nur solchen werden in aller Regel Beihilfen gewährt.

(2) Die Beihilfe muß zurückgefordert werden, wenn eine entsprechende bestandskräftige Entscheidung der Kommission nach Art. 88 II (Art. 93 II) EGV vorliegt und das Vertrauen des Beihilfeempfängers nicht schutzwürdig ist;[35] und nach dem oben zu (1) Gesagten ist es in der Regel nicht schutzwürdig.

(3) Ist das Vertrauen des Beihilfeempfängers nicht schutzwürdig – siehe oben (1) –, kann er sich auf den Wegfall der Bereicherung nicht berufen.[36] Auch auf Vermögensdispositionen, die ansonsten die Rückerstattungspflicht mindern oder ganz wegfallen lassen, kann er sich nicht berufen.

(4) Hat der Begünstigte wegen der Nichteinhaltung des in Art. 88 III (Art. 93 III) EGV vorgesehenen Verfahrens kein schutzwürdiges Vertrauen in die Ordnungsmäßigkeit der Beihilfe, ist die für die Rückforderung zuständige nationale Behörde selbst dann verpflichtet, die Beihilfe zurückzufordern, wenn sie für deren Rechtswidrigkeit in einem solchen Maße verantwortlich ist, daß die Rückforderung dem Begünstigten gegenüber als Verstoß gegen Treu und Glauben erscheint.[37] Voraussetzung für diese Rückforderungspflicht ist eine bestandskräftige Entscheidung der Kommission nach Art. 88 II (Art. 93 II) EGV, daß die Subvention mit dem Gemeinsamen Markt unvereinbar und deshalb zurückzufordern ist.[38]

(5) Umstritten ist, was für bloße Verstöße gegen Art. 88 III (Art. 93 III) EGV gilt. Nach dieser Bestimmung dürfen die nationalen Behörden Beihilfen erst dann vergeben, wenn ihre Zulässigkeit von der Kommission festgestellt worden ist (Notifizierungsverfahren). Beihilfen, die zwar (materiell) nicht gegen Art. 87 (Art. 92) EGV verstoßen, aber ohne die nach Art. 88 III (Art. 93 III) EGV erforderliche Feststellung ergangen sind, sind nur *formell* rechtswidrig. Auch hier soll nach freilich bestrittener Auffassung des *BVerwG* und *EuGH* grundsätzlich eine behördliche Rücknahmepflicht bestehen.[39]

---

[35] So *BVerwGE* 92, 81 (87) zur Rücknahme des Beihilfebescheides nach § 48 I 1 VwVfG, wonach die Rücknahme selbst bei fehlendem schutzwürdigen Interesse des Begünstigten im Ermessen der Behörde liegt; *EuGH*, EuZW 1997, 277 f. Rdnrn. 25, 34, 36.

[36] *EuGH*, EuZW 1997, 276 Leitsatz 3, 279 Rdnrn. 49, 50; *BVerwGE* 106, 328 (336); zu den Voraussetzungen einer EG-rechtlich zulässigen Berücksichtigung des Entreicherungseinwandes *EuGH*, EuZW 1998, 603 ff.

[37] *EuGH*, EuZW 1997, 278 Tz. 41, 42; *BVerwGE* 106, 328 (336).

[38] *EuGH*, EuZW 1997, 276 Leitsatz 3.

[39] *BVerwGE* 92, 81 (86); *EuGH*, NVwZ 1990, 1161; vgl. zum Ganzen auch *Maurer*, § 11 Rdnrn. 38a ff. m.w.Nw.

# § 26. Konkurrenzen

## I. Vorrang spezieller Erstattungsansprüche

### 1. Allgemeines

1 Spezialgesetzlich geregelte öffentlich-rechtliche Erstattungsansprüche verdrängen den allgemeinen öffentlich-rechtlichen Erstattungsanspruch. Dies gilt vor allem auch dann, wenn der Anwendungsbereich eines spezialgesetzlichen Erstattungsanspruchs eröffnet ist, aber seine Tatbestandsvoraussetzungen nicht erfüllt sind. In diesem Fall steht dem Anspruchsteller kein spezieller Erstattungsanspruch zu. Auch ein allgemeiner Erstattungsanspruch ist dann abzulehnen, und zwar ohne weitere Sachprüfung.

2 Andererseits ist der Rückgriff auf den allgemeinen öffentlich-rechtlichen Erstattungsanspruch insoweit geboten, wie die spezialgesetzliche Anspruchsgrundlage keine abschließende Regelung trifft. So regeln etwa die §§ 87 II BBG, 12 II BBesG nur die Rückforderung zuviel gezahlter Bezüge gegenüber dem Beamten. Erstattungsansprüche des Beamten gegen seinen Dienstherrn regeln sie dagegen nicht. Insoweit kommt der allgemeine öffentlich-rechtliche Erstattungsanspruch zum Zuge.

### 2. § 49a VwVfG

3 Eine spezialgesetzliche Ausformung des allgemeinen öffentlich-rechtlichen Erstattungsanspruchs ist der in § 49a I 1 VwVfG und in den inhaltsgleichen landesrechtlichen Vorschriften normierte Erstattungsanspruch. Im Anwendungsbereich von § 49a VwVfG und der entsprechenden inhaltsgleichen landesrechtlichen Vorschriften ist auf den ungeschriebenen allgemeinen öffentlich-rechtlichen Erstattungsanspruch nicht mehr zurückzugreifen.

4 § 49a VwVfG gilt zum einen, wenn leistungsgewährende Verwaltungsakte nach den §§ 48 f. VwVfG mit Wirkung für die Vergangenheit zurückgenommen oder widerrufen worden sind oder infolge Eintritts einer auflösenden Bedingung unwirksam geworden sind, § 49a I 1 VwVfG. Zum anderen gilt § 49a VwVfG aber auch, wenn Spezialvorschriften die Aufhebung von leistungsgewährenden Verwaltungsakten mit Wirkung für die Vergangenheit vorsehen, aber keine spezielle Erstattungsregelung treffen, und das VwVfG gem. §§ 1, 2 VwVfG im übrigen anwendbar ist.[1]

---

[1] Vgl. *Ramsauer*, Nachtrag zu *Kopp*, VwVfG, 6. Aufl. 1996, § 49a Rdnr. 42.

§ 49a VwVfG gilt aber nicht für Erstattungsansprüche des Bürgers gegen die Verwaltung.[2] Dies folgt aus § 49a II, III VwVfG. Diese Bestimmungen passen nicht für Rückerstattungsansprüche des Bürgers; der Staat kann sich insbesondere nicht auf den Wegfall der Bereicherung (§ 49a II VwVfG) berufen. Soweit der Erstattungsanspruch des Bürgers nicht anderweitig spezialgesetzlich geregelt ist, kommt der allgemeine öffentlich-rechtliche Erstattungsanspruch zum Zuge. 5

## II. Verhältnis zum Folgenbeseitigungsanspruch

Umstritten ist insbesondere das Verhältnis des allgemeinen öffentlich-rechtlichen Erstattungsanspruchs zum Folgenbeseitigungsanspruch. Zum Teil wird der Erstattungsanspruch lediglich als Unterfall des Folgenbeseitigungsanspruchs bezeichnet. Der Erstattungsanspruch sei nichts anderes als ein auf die Rückzahlung von Geld gerichteter Folgenbeseitigungsanspruch.[3] Idealkonkurrenz beider Ansprüche ist nach dieser Konzeption ausgeschlossen. 6

Diese Auffassung ist abzulehnen. Erstattungs- und Folgenbeseitigungsansprüche sind zwei selbständige Rechtsinstitute,[4] deren dogmatische Grundlagen nicht deckungsgleich sind. Vor allem aber unterscheiden sich beide Ansprüche in Tatbestandsvoraussetzung und Rechtsfolge. Verlangt man als Tatbestandsvoraussetzung eines Folgenbeseitigungsanspruchs öffentlich-rechtliches *Handeln*, scheidet bloßes Unterlassen der öffentlichen Hand als Anknüpfungspunkt aus.[5] D. h., ein Folgenbeseitigungsanspruch käme nicht in Betracht, wenn ein Bürger Vermögensverschiebungen zugunsten der öffentlichen Hand vornimmt, ohne daß diese aktiv mitwirkt. (*Beispiel*: Ein Bürger überweist auf das Konto seiner Gemeinde versehentlich mehr, als er nach dem gegen ihn ergangenen Abgabenbescheid schuldet). 7

---

[2] *BVerwG*, NJW 1999, 1201 („§ 49a VwVfG ... regelt nur Erstattungsansprüche nach Aufhebung begünstigender Leistungsverwaltungsakte."); *Obermayer/Schäfer*, VwVfG, 3. Aufl. 1999, § 49a Rdnr. 2; *Erichsen*, in: *Erichsen* (Hrsg.), Allg. Verwaltungsrecht, § 29 Rdnr. 21 mit Fußn. 103; *Sachs*, in: *Stelkens/Bonk/Sachs*, VwVfG, § 49a Rdnrn. 12f.; *Huber*, Allgemeines Verwaltungsrecht, 2. Aufl. 1997, S. 206; hiervon geht auch die Begründung des Regierungsentwurfs aus, BT-Drs. 13/1534, S. 6; a. A. *Baumeister*, NVwZ 1997, 23.

[3] *Kopp*, VwGO, 10. Aufl. 1994, § 113 Rdnr. 38 a.E. (anders nunmehr *Kopp/Schenke*, VwGO, § 113 Rdnr. 82); *Morlok*, DV 25 (1992), 386 ff. m.w.Nw. in Fußn. 75, unter Ersetzung der „Rechtsgrundlosigkeit" durch „Rechtswidrigkeit".

[4] *Kopp/Schenke*, VwGO, § 113 Rdnr. 82; *Dagtoglou*, BK, Art. 34 Rdnr. 67; *Windthorst/Sproll*, § 12 Rdnrn. 3 ff.; *Ossenbühl*, S. 331 f.; *Franckenstein*, S. 49, 141 ff.; *Söhn*, Steuerrechtliche Folgenbeseitigung durch Erstattung, 1973, S. 4 ff.; *Bachof*, Die verwaltungsgerichtliche Klage auf Vornahme einer Amtshandlung, 2. Aufl. 1968, S. XV; *Windthorst*, JuS 1996, 896.

[5] *Maurer*, § 29 Rdnr. 9; ablehnend auch Ossenbühl, S. 310 ff.; a. A. – aber differenzierend – *Windthorst/Sproll*, § 11 Rdnr. 8; auch das *BVerwG* spricht von einem Tun oder Unterlassen, *BVerwGE* 69, 366 (371); dazu näher § 12 Rdnrn. 30 f.

8 Der öffentlich-rechtliche Erstattungsanspruch ist auf die Rückgängigmachung rechtsgrundloser *Vermögens*verschiebungen gerichtet, der Folgenbeseitigungsanspruch dagegen auf die Rückgängigmachung rechtswidriger Folgen hoheitlichen Handelns. Ein Widerruf rechtswidriger Tatsachenbehauptungen eines Hoheitsträgers kann deshalb nur im Wege des Folgenbeseitigungsanspruchs geltend gemacht werden.

9 Ein wesentlicher Unterschied besteht auch darin, daß ein Folgenbeseitigungsanspruch grundsätzlich ausscheidet, wenn die Wiederherstellung des ursprünglichen oder eines gleichwertigen Zustandes nicht mehr möglich ist (kein Folgenentschädigungsanspruch).[6] Der Erstattungsanspruch ist dagegen auf Wertersatz gerichtet, wenn die Herausgabe des in Rede stehenden Vermögensgegenstandes nicht mehr möglich ist.

10 Schließlich stehen einem Träger öffentlicher Gewalt keine Folgenbeseitigungsansprüche gegen Bürger zu. Auch das ist ein entscheidender Unterschied zum öffentlich-rechtlichen Erstattungsanspruch, der sich auch gegen einen Bürger richten kann.[7] Jedenfalls insoweit kann der Erstattungsanspruch kein Unterfall des Folgenbeseitigungsanspruchs sein.

11 In vielen Fällen werden beide Ansprüche zum selben Ziel führen. Aber auch dann besteht Idealkonkurrenz. Dies gilt auch für Vermögensverschiebungen aufgrund hoheitlichen Rechtseingriffs.[8] Für die Anerkennung einer öffentlich-rechtlichen Eingriffskondiktion besteht jedenfalls dann ein Bedürfnis, wenn die Herausgabe des Vermögensgegenstandes nicht mehr möglich ist. Fällen etwa Arbeiter des öffentlichen Dienstes zum Zwecke des Brückenbaus ohne Zustimmung des Eigentümers Bäume und verarbeiten diese, scheidet ein Folgenbeseitigungsanspruch aus.[9] Besteht zwischen der öffentlichen Hand und dem Eigentümer eine öffentlich-rechtliche Rechtsbeziehung, kommt ein auf Wertersatz gerichteter öffentlich-rechtlicher Erstattungsanspruch in Betracht. Zu denken ist auch an einen Entschädigungsanspruch aus enteignungsgleichem Eingriff.

## III. Verhältnis zur öffentlich-rechtlichen Geschäftsführung ohne Auftrag

12 Überschneidungen bestehen auch zwischen dem allgemeinen öffentlich-rechtlichen Erstattungsanspruch und Aufwendungsersatzansprüchen des Geschäftsführers analog §§ 683, 670 BGB im Falle berechtigter

---

[6] Dazu näher § 12 Rdnrn. 44–51.

[7] Ebenso *Franckenstein*, S. 49.

[8] A. A. *Windthorst*, JuS 1996, 896.

[9] Bei der Verarbeitung *vertretbarer Sachen* – so wenn im „Kies-Fall" (*BGH*, NJW 1984, 1878) der zum Zwecke des Straßenbaus widerrechtlich entnommene Kies verarbeitet wird – scheidet ein FBA dagegen nicht schon deshalb aus. Da er ggf. auf die Wiederherstellung eines gleichwertigen Zustandes gerichtet ist, kann der FBA durch die Lieferung von Kies aus der entsprechenden Gattung erfüllt werden; siehe auch § 12 Rdnr. 52.

öffentlich-rechtlicher GoA sowie Bereicherungsansprüchen des Geschäftsführers analog §§ 684 S. 1, 812 ff. BGB im Falle unberechtigter öffentlich-rechtlicher GoA. Voraussetzung ist freilich, daß die Vorschriften der §§ 677 ff. BGB überhaupt entsprechend anwendbar sind. Das ist nach der hier vertretenen Auffassung in der Regel nicht der Fall.[10] Ansonsten gilt folgendes:

Die berechtigte öffentlich-rechtliche GoA begründet ein Schuldverhältnis, das die Vermögensverschiebung legitimiert (Rechtsgrund). Ein öffentlich-rechtlicher Erstattungsanspruch scheidet deshalb aus.[11] Im Falle unberechtigter öffentlich-rechtlicher GoA besteht zum öffentlich-rechtlichen Erstattungsanspruch Idealkonkurrenz.[12]

## IV. Verhältnis zum Amtshaftungsanspruch

Zwischen öffentlich-rechtlichem Erstattungsanspruch und Amtshaf- 13
tungsanspruch besteht kein Spezialitätsverhältnis, sie schließen sich nicht zwingend gegenseitig aus. Beruht die rechtsgrundlose Vermögensverschiebung auf einer Amtspflichtverletzung, kann Idealkonkurrenz zwischen Erstattungs- und Amtshaftungsanspruch bestehen.[13] Derartige Fallgestaltungen sind vor allem im Bereich der Eingriffskondiktion möglich.

*Beispiel:* Die Behörde verbraucht rechtsgrundlos und amtspflichtwidrig fremde Sachen. Hier sind sowohl Erstattungs- als auch Amtshaftungsanspruch auf Geldersatz gerichtet.

In diesem Zusammenhang ist zu beachten, daß ein Amtshaftungsan- 14
spruch aufgrund der besonderen Konstruktion des Haftungstatbestandes grundsätzlich nur auf den Ersatz von Geld gerichtet ist.[14] Naturalrestitution ist zwar nicht zwingend,[15] aber in aller Regel ausgeschlossen. Wird deshalb Naturalrestitution, die im konkreten Fall nicht in der Rückgabe von Geld besteht, verlangt, kommt – wenn die übrigen Voraussetzungen hierfür erfüllt sind – grundsätzlich nur ein Erstattungsanspruch in Betracht.

---

[10] Oben § 21 Rdnrn. 47 ff.

[11] *Windthorst/Sproll*, § 5 Rdnr. 42; *Erichsen*, in: *Erichsen*, Allg. Verwaltungsrecht, § 29 Rdnr. 11 m.w.Nw.; *Ossenbühl*, S. 425; *Bamberger*, JuS 1998, 711; a. A. *Windthorst*, JuS 1996, 896.

[12] *Windthorst/Sproll*, § 5 Rdnr. 43; siehe aber auch *Windthorst*, JuS 1996, 896.

[13] Ebenso *Dagtoglou*, in: BK, Art. 34 Rdnr. 67.

[14] Oben § 11 Rdnr. 10.

[15] Vgl. *Papier*, in: *Maunz/Dürig*, GG, Art. 34 Rdnr. 210; *Ossenbühl*, S. 110 f.; Bender, Staatshaftungsrecht, 3. Aufl. 1981, Rdnr. 105; dazu auch *Dagtoglou*, in: BK, Art. 34 Rdnrn. 218 ff; oben § 11 Rdnr. 10.

## § 27. Durchsetzung des Anspruchs

### I. Erstattungsansprüche Privater

1 Macht ein Privater einen öffentlich-rechtlichen Erstattungsanspruch verwaltungsgerichtlich geltend, muß unterschieden werden. Beruht die Vermögensverschiebung auf einem wirksamen Verwaltungsakt, muß zunächst der Verwaltungsakt beseitigt werden, da er, solange er besteht, den Rechtsgrund für die Vermögensverschiebung bildet.

2 Ist der Verwaltungsakt rechtswidrig und noch nicht bestandskräftig, kann er im Wege der Anfechtungsklage angegriffen werden. Zugleich, also im Anfechtungsprozeß, kann entsprechend § 113 I 2 VwGO Antrag auf Anordnung der Rückgängigmachung der Vermögensverschiebung gestellt werden. Diese Vorschrift gilt unmittelbar nur für den Vollzugsfolgenbeseitigungsanspruch. Wegen der nahezu identischen Sach- und Interessenlage gilt § 113 I 2 VwGO aber auch für öffentlich-rechtliche Erstattungsansprüche, die zunächst die Aufhebung eines Verwaltungsakts voraussetzen, entsprechend.[1] Die Frage, ob es sich um eine privilegierte Klagenhäufung – Anfechtungsklage plus allgemeine Leistungsklage[2] – oder nur um eine Klage – Anfechtungsklage plus Annexantrag[3] – handelt, kann offenbleiben.

3 Ist der Verwaltungsakt bereits bestandskräftig, kommt ein Anspruch auf ermessensfehlerfreie Entscheidung über die Rücknahme oder den Widerruf des Verwaltungsakts nach §§ 48 f. VwVfG in Betracht; im Falle der Ermessensreduzierung auf Null besteht ein strikter Aufhebungsanspruch. Entsprechende Ansprüche sind im Wege der *Verpflichtungsklage* (ggf. mit Bescheidungsantrag, vgl. § 113 V 2 VwGO) geltend zu machen. Nach Aufhebung des Verwaltungsakts besteht ein öffentlich-rechtlicher Erstattungsanspruch. Er ist im Wege der Verpflichtungs- oder allgemeinen Leistungsklage geltend zu machen (dazu gleich im folgenden). Wenn ein strikter Anspruch auf Aufhebung des Verwaltungsakts besteht, kommt auch eine analoge Anwendung von § 113 I 2 VwGO in Betracht:[4] Verpflichtungsklage, gerichtet auf Verurteilung des Beklagten zur Aufhe-

---

[1] *Gerhardt*, in: *Schoch/Schmidt-Aßmann/Pietzner*, VwGO, § 113 Rdnr. 58; *Kopp/Schenke*, VwGO, § 113 Rdnr. 82; *Windthorst/Sproll*, § 20 Rdnr. 9; vgl. *BVerwG*, NJW 1991, 651.

[2] *VGH Mannheim*, NVwZ-RR 1991, 334, 336; *Gerhardt*, a. a. O.; *Detterbeck*, Streitgegenstand und Entscheidungswirkungen im Öffentlichen Recht, 1995, S. 282 m.w.Nw. in Fußn. 597; *Windthorst/Sproll*, § 20 Rdnr. 9.

[3] *Redeker/v. Oertzen*, VwGO, § 113 Rdnrn. 18, 21; *Kopp/Schenke*, VwGO, § 113 Rdnr. 93.

[4] Vgl. dazu auch *Detterbeck*, Streitgegenstand und Entscheidungswirkungen im Öffentlichen Recht, 1995, S. 284 zum Folgenbeseitigungsanspruch; ablehnend *Gerhardt*, in: *Schoch/Schmidt-Aßmann/Pietzner*, VwGO, § 113 Rdnr. 61.

bung des Verwaltungsakts, plus Klage (bzw. Annexantrag), gerichtet auf Verurteilung des Beklagten zur Rückgängigmachung der Vermögensverschiebung.

4 Schließlich kommen im Falle eines bestandskräftigen Verwaltungsakts auch ein Anspruch auf Wiederaufgreifen des Verfahrens nach § 51 VwVfG und ein Anspruch auf Aufhebung des Verwaltungsakts in Betracht. Beide Ansprüche sind im Wege der Verpflichtungsklage geltend zu machen.[5] Der öffentlich-rechtliche Erstattungsanspruch müßte wiederum durch eine zusätzliche Verpflichtungs- oder allgemeine Leistungsklage oder per Annexantrag (§ 113 I 2 VwGO analog) durchgesetzt werden.

5 Beruht die Vermögensverschiebung nicht auf einem wirksamen Verwaltungsakt, muß der öffentlich-rechtliche Erstattungsanspruch entweder im Wege der Verpflichtungs- oder der allgemeinen Leistungsklage geltend gemacht werden. Die Verpflichtungsklage ist statthaft, wenn die Rückgängigmachung der Vermögensverschiebung den Erlaß eines Verwaltungsakts voraussetzt.[6] Er kann auch in der behördlichen Entscheidung über die Rückgängigmachung – z. B. die Rückzahlung von Geld – bestehen. Legt man das Schwergewicht auf das tatsächliche behördliche Handeln, das die Vermögensverschiebung unmittelbar rückgängig macht, ist die allgemeine Leistungsklage statthaft.

## II. Erstattungsansprüche von Trägern öffentlicher Gewalt

6 Geht es um öffentlich-rechtliche Erstattungsansprüche im Verhältnis von Trägern öffentlicher Gewalt zu Privatrechtssubjekten, kommen zwei Möglichkeiten der Anspruchsdurchsetzung in Betracht: Geltendmachung des Erstattungsanspruchs durch Verwaltungsakt (Leistungsbescheid) oder Erhebung einer allgemeinen Leistungsklage.

### 1. Erlaß eines Leistungsbescheides

7 Der Erlaß eines Leistungsbescheides ist nur dann rechtmäßig, wenn dem Träger öffentlicher Gewalt die Befugnis zusteht, seinen Anspruch gerade durch Verwaltungsakt geltend zu machen. Hier geht es wohlgemerkt nicht um die Frage, ob der Erstattungsanspruch besteht, sondern nur um die sog. Verwaltungsakt-Befugnis (VA-Befugnis). Ein Leistungsbescheid ist ein belastender Verwaltungsakt. Sein Erlaß rechnet zum Bereich der Eingriffsverwaltung und bedarf deshalb nach dem aus dem

---

[5] Dazu *Detterbeck*, Streitgegenstand und Entscheidungswirkungen im Öffentlichen Recht, 1995, S. 193 f., 197 f.; *ders.*, Wiederaufgreifen des Verfahrens, in: LdR, 94. Lfrg. 1998, 9/2190; *Erichsen/Ebber*, Jura 1997, 424 ff.

[6] A. A. (nur allgemeine Leistungsklage) *Windthorst/Sproll*, § 20 Rdnr. 5.

Rechtsstaatsprinzip folgenden Grundsatz vom Vorbehalt des Gesetzes einer formell-gesetzlichen Grundlage.

§ 49a I 2 VwVfG und die inhaltsgleichen landesrechtlichen Bestimmungen räumen eine solche VA-Befugnis ausdrücklich ein. Ist das VwVfG dagegen nicht anwendbar, vgl. §§ 1, 2 VwVfG, oder darf auf § 49a I 2 VwVfG aus sonstigen Gründen nicht zurückgegriffen werden, weil etwa die Voraussetzungen von § 49a I 1 VwVfG nicht erfüllt sind, und existiert keine andere Vorschrift, die eine VA-Befugnis einräumt, sind die Auffassungen geteilt:

8 Das *BVerwG* geht in ständiger Rechtsprechung von der VA-Befugnis der öffentlichen Hand auch ohne ausdrückliche gesetzliche Ermächtigung aus, wenn das Rechtsverhältnis zwischen ihr und dem Bürger ein subordinationsrechtliches Gepräge aufweist.[7] So soll es etwa beim Beamtenverhältnis sein. Insbesondere dann, wenn die Leistung durch Verwaltungsakt gewährt worden sei, dürfe sie auch durch Verwaltungsakt zurückgefordert werden (sog. Kehrseitentheorie).

9 Diese Rechtsprechung wird von großen Teilen der Literatur unter Hinweis auf den verfassungsrechtlichen Grundsatz vom Vorbehalt des Gesetzes, wonach belastende Verwaltungsakte einer besonderen formellen gesetzlichen Grundlage bedürfen, abgelehnt.[8] Die öffentliche Hand wird deshalb auf die Möglichkeit der Erhebung einer allgemeinen Leistungsklage verwiesen.

10 Vorzugswürdig ist folgende Differenzierung: Steht dem Träger öffentlicher Gewalt die geschriebene oder ungeschriebene Befugnis zur Aufhebung des Verwaltungsakts, auf dessen Grundlage die Vermögensverschiebung erfolgt ist, zu, dann schließt diese VA-Befugnis auch die VA-Befugnis zum Erlaß eines Leistungsbescheides ein.[9] Denn die eigentliche Belastung des Bürgers besteht in der Aufhebung des Verwaltungsakts, der den Rechtsgrund der Vermögensverschiebung bildet.[10] In allen anderen Fällen, insbesondere bei der Rückabwicklung öffentlich-rechtlicher Verträge oder bei der Rückgängigmachung von Vermögensverschiebungen aufgrund schlicht-hoheitlichen Handelns, ist die öffentliche Hand auf die Erhebung einer allgemeinen Leistungsklage angewiesen.[11]

---

[7] *BVerwGE* 71, 354 (357); 40, 237 (238 f.); 30, 77 (79); 28, 1 ff.; 27, 245 (247); 25, 72 (76); 18, 283 (285 f.); NVwZ 1984, 36; ebenso *VGH Mannheim*, NVwZ 1990, 388; 1989, 893; *OVG Koblenz*, NVwZ 1989, 894; zustimmend *Windthorst/Sproll*, § 20 Rdnrn. 14 ff.; allgemein auch *Maurer*, § 10 Rdnr. 5.

[8] *Erichsen*, in: *Erichsen*, Allg. Verwaltungsrecht, § 29 Rdnr. 31 (vgl. auch § 15 Rdnr. 4); *Wolff/Bachof/Stober*, Verwaltungsrecht I, § 30 Rdnr. 19, § 55 Rdnr. 26; *Windthorst*, JuS 1996, 900; *Osterloh*, JuS 1983, 284 f.; ablehnend auch *OVG Lüneburg*, NVwZ 1989, 880 f.; *VGH München*, NVwZ 1983, 550 f.; DVBl 1977, 108 f.; BayVBl 1975, 590 f.; vgl. auch *BVerwGE* 72, 265 ff.

[9] So zuletzt *BVerwG*, DVBl 1999, 537 f.

[10] *BVerwG*, DVBl 1978, 213.

[11] Vgl. *Ossenbühl*, S. 436 f.; *Schoch*, Jura 1994, 89 f.; siehe auch *Maurer*, § 28 Rdnr. 29.

### 2. Erhebung einer allgemeinen Leistungsklage

Hat die öffentliche Hand die Möglichkeit, ihren Erstattungsanspruch durch Leistungsbescheid geltend zu machen, besteht für die Erhebung einer allgemeinen Leistungsklage kein Rechtsschutzbedürfnis. Etwas anderes gilt nur dann, wenn der Anspruchsgegner zu erkennen gibt, daß er einen Leistungsbescheid anfechten werde.[12] In diesem Fall würde der Erlaß eines Leistungsbescheides einen nachfolgenden Verwaltungsrechtsstreit nur hinauszögern. 11

Richtet sich der öffentlich-rechtliche Erstattungsanspruch gegen einen anderen Hoheitsträger, kommt nur die Erhebung einer allgemeinen Leistungsklage in Betracht.[13]

### 3. Erstattungsverfahren nach dem Erstattungsgesetz (ErstG)

Das Erstattungsgesetz des Bundes vom 18.4.1937 i.d.F. vom 24.1.1951 (Sartorius I Nr. 215) ist ein bloßes Verfahrensgesetz.[14] Haftet ein Beamter, Angestellter oder Arbeiter im Dienste des Bundes oder bundesunmittelbarer Körperschaften, Anstalten oder Stiftungen des öffentlichen Rechts oder ein Soldat für einen Fehlbestand am öffentlichen Vermögen, ist gegen ihn ein (besonderes) Erstattungsverfahren nach dem ErstG durchzuführen. Es dient lediglich der vereinfachten Durchsetzung von Schadensersatz- und Ausgleichsansprüchen des Dienstherrn. Das ErstG enthält aber keine Anspruchsgrundlagen für die entsprechenden materiell-rechtlichen Ansprüche. Sie folgen aus anderen Vorschriften, wie etwa den Beamtengesetzen oder dem Soldatengesetz. 12

## III. Verjährung

Die Verjährung besonderer öffentlich-rechtlicher Erstattungsansprüche ist z. T. spezialgesetzlich geregelt, so etwa im Falle des § 50 IV SGB X. Für den allgemeinen öffentlich-rechtlichen Erstattungsanspruch sowie auch bei Fehlen einer spezialgesetzlichen Regelung für besondere öffentlich-rechtliche Erstattungsansprüche gelten die Vorschriften des BGB entsprechend. Danach gilt grundsätzlich die 30jährige Frist des § 195 BGB.[15] Für *wiederkehrende* Leistungen – etwa Besoldungs- und 13

---

[12] *BVerwGE* 24, 225 (227); ähnlich *BVerwGE* 25, 280 (285 f.); 19, 243 (245); *Schenke*, Fälle zum Beamtenrecht, 2. Aufl. 1990, S. 39 f.; *Windthorst*, JuS 1996, 900.

[13] *VGH München*, BayVBl 1993, 374; *Windthorst/Sproll*, § 20 Rdnr. 19; *Ossenbühl*, S. 437; *Schoch*, Jura 1994, 89.

[14] Dazu näher *Maurer*, § 28 Rdnr. 30.

[15] *OVG Lüneburg*, DÖV 1988, 520; *Windthorst/Sproll*, § 19 Rdnr. 31; *Ossenbühl*, S. 435; *Schoch*, Jura 1994, 90.

Versorgungsansprüche im Beamtenrecht[16] – gilt die kurze Vierjahresfrist des § 197 BGB. § 197 BGB gilt aber auch entsprechend für Schadensersatzansprüche, die an die Stelle der ursprünglichen Erfüllungsansprüche treten,[17] und für öffentlich-rechtliche Erstattungsansprüche, die auf Rückerstattung solcher Leistungen gerichtet sind, für die § 197 BGB (entsprechend) gilt.

**14** Wurde der Erstattungsanspruch durch Verwaltungsakt (Leistungsbescheid) festgestellt, gilt ab Bestandskraft des Verwaltungsakts analog § 218 I BGB eine neue 30jährige Frist,[18] und zwar auch dann, wenn der Erstattungsanspruch vor der bestandskräftigen Feststellung einer kürzeren Verjährungsfrist unterlag.

---

[16] Nicht alle beamtenrechtlichen Ansprüche verjähren in vier Jahren, sondern nur die Ansprüche auf wiederkehrende Leistungen, *BVerwG*, NJW 1997, 1321 f.

[17] So *BVerwG*, NJW 1997, 1322.

[18] *Ossenbühl*, S. 435; *Weber*, JuS 1986, 35; vgl. auch *BVerwG*, ZBR 1975, 323; siehe auch § 53 II VwVfG.

# 8. Teil. Plangewährleistung

**Literatur:** *Birk*, Tendenzen des Planungsschadensrechtes, NVwZ 1984, 1; *Brohm*, Plangewährleistungsrechte, Jura 1986, 617; *Egerer*, Der Plangewährleistungsanspruch, 1971; *Fronhöfer*, Schadensersatz- und Entschädigungsansprüche bei Planänderungen von Gemeinden, BayVBl 1991, 193; *Hoppe*, Planung, in: *Isensee/Kirchhof* (Hrsg.), Handbuch des Staatsrechts, Bd. III, 1988, § 71; *ders.*, Der Grundsatz der Planerhaltung als Struktur und Abwägungsprinzip, DVBl 1996, 12; *Hufnagel*, Gewährleistung bei Änderung raumordnerischer Planung, BayVBl 1980, 166; *Korbmacher*, Plangewährleistung und Vertrauensschutz, WiVw 1979, 37; *Krohn*, Das Planungsschadensrecht im Spannungsfeld zwischen Inhaltsbestimmung des Eigentums und Enteignung, in: Festschr. f. Schlichter, 1995, S. 439; *Oldiges*, Grundlagen eines Plangewährleistungsrechts, 1970; *Roellecke*, Ein Rechtsbegriff der Planung, DÖV 1994, 1024; *Schenke*, Gewährleistung bei Änderung staatlicher Wirtschaftsplanung, AöR Bd. 101 (1976), S. 337; *Schwerdtfeger, A.*, Vertrauensschutz und Plangewährleistung im Subventionsrecht, 1993; *Thiele*, Zur Problematik des Plangewährleistungsanspruchs, DÖV 1980, 109.

## § 28. Plan und Planänderung

Ein wichtiges und in der Praxis häufig anzutreffendes Handlungsinstrument der öffentlichen Hand ist der Plan. Verschiedentlich wird Planung als „vorausschauendes Setzen von Zielen und gedankliches Vorwegnehmen der zu ihrer Verwirklichung erforderlichen Verhaltensweisen" definiert.[1] Der Plan ist dann das Produkt dieser Tätigkeit.[2] Eine rechtlich selbständige Handlungsform ist er jedoch nicht. Vielmehr handelt es sich nur um einen Oberbegriff für ganz unterschiedliche rechtliche Erscheinungsformen. Es muß deshalb versucht werden, den einzelnen in Rede stehenden Plan einer der geläufigen Handlungsformen zuzuordnen. 1

*Beispiele*:

Der *Haushaltsplan* (Art. 110 I GG) wird durch das Haushaltsgesetz (= formelles Bundesgesetz) festgestellt, Art. 110 II 1 GG. Der Haushaltsplan wird dadurch zu einem formellen Bundesgesetz.

*Regionale Raumordnungsprogramme* in Mecklenburg-Vorpommern sind als Rechtsverordnungen zu qualifizieren, § 9 V MeVoLPlanG.

*Bebauungspläne* sind gem. § 10 I BauGB gemeindliche Satzungen.

Bestimmten Vorhaben – z. B. Bau einer Straße – muß ein *Planfeststellungsverfahren* vorausgehen, §§ 72 ff. VwVfG. Die Feststellung des entsprechenden Planes nach § 74 I 1 VwVfG erfolgt durch Verwaltungsakt (Planfeststellungsbeschluß).

---

[1] *Wolff/Bachof/Stober*, Verwaltungsrecht I, § 56 Rdnr. 6; ebenso *Maurer*, § 16 Rdnr. 14.

[2] *Maurer*, § 16 Rdnr. 14.

Schließlich sind Pläne auch in Form vertraglicher Vereinbarungen (Verwaltungsverträge) und verwaltungsinterner Rechtsakte wie Verwaltungsvorschriften[3] und sogar in Form schlichten Verwaltungshandelns[4] möglich.

2 Sinn und Zweck eines jeden Planes ist es, künftiges Verhalten des Staates und/oder der Bürger zu bestimmen, zu steuern und zu beeinflussen. Das freilich gilt für alle anderen generell-abstrakten Regelungen und die meisten sonstigen staatlichen Akte auch. Kennzeichnend jedenfalls für viele Pläne ist jedoch ein besonderes Maß an Zukunftsorientierung. Planungsgrundlage sind häufig Prognosen, Erwartungen und nicht exakt meßbare Daten, denen naturgemäß das Risiko der Instabilität anhaftet. Erweisen sich Erwartungen und Prognosen, die der Planung zugrundegelegt wurden, als unzutreffend, besteht ein Bedürfnis nach Planergänzung oder Planänderung.

3 Diesem vom öffentlichen Interesse getragenen Bedürfnis nach dynamischer Planänderung und Planfortschreibung steht nicht eben selten das Interesse einzelner Bürger und sonstiger Rechtssubjekte am Fortbestand des ursprünglichen Planes gegenüber. So verhält es sich insbesondere, wenn im Vertrauen auf den Planfortbestand Aufwendungen getätigt und Dispositionen getroffen wurden, die sich im Falle einer Planänderung als nutzlos erweisen und nicht oder nur unter Inkaufnahme rechtlicher oder wirtschaftlicher Nachteile korrigiert werden können. Ebenso wie im Falle der Rücknahme und des Widerrufs von Verwaltungsakten ein Interessenausgleich zwischen dem aufhebenden Staat und dem auf den Fortbestand des Verwaltungsakts vertrauenden Bürger stattfindet, muß auch im Falle der Planänderung eine Interessenabwägung zwischen dem planändernden Staat und dem auf den Planfortbestand vertrauenden Bürger erfolgen. Dieses Gebot beruht auf dem grundgesetzlichen Rechtsstaatsprinzip, zu dessen Essentialia auch der Grundsatz der Rechtssicherheit und der Schutz des Vetrauens auf die Beständigkeit staatlicher Regelungen gehören.[5] Grundlage des Vertrauensschutzes sind aber auch die Grundrechte. Greift eine Planänderung in den Schutzbereich von Grundrechten ein, ist sie nur zulässig, wenn die auch für sonstige Grundrechtseingriffe geltenden Rechtmäßigkeitsvoraussetzungen erfüllt sind.

4 Ausgehend von der Steuerungs- und Eingriffsintensität unterscheidet man zwischen drei Plantypen:[6]

5 *Indikative (informative) Pläne* enthalten lediglich Daten und Prognosen, aber keine verbindlichen Vorgaben. Sie informieren über Datenerhebungen, Entwicklungstendenzen und Prognosen (Beispiele: Orientie-

---

[3] *Wolff/Bachof/Stober*, Verwaltungsrecht I, § 56 Rdnrn. 19f.; *Ossenbühl*, S. 386; *Mayer/Kopp*, Allgemeines Verwaltungsrecht, 5. Aufl. 1985, § 26 III 2 (S. 283).

[4] *Wolff/Bachof/Stober*, Verwaltungsrecht I, § 56 Rdn. 21.

[5] *Sachs*, in: *Sachs*, GG, Art 20 Rdnr. 131 m.w.Nw.

[6] Dazu etwa *Maurer*, § 16 Rdnrn. 15 ff.; *Ossenbühl*, S. 382 f.; *Mayer/Kopp*, Allgemeines Verwaltungsrecht, 5. Aufl. 1985, § 26 III 3 (S. 282 f.).

rungsdaten gem. § 3 StWG, fünfjähriger Finanzplan gem. § 9 StWG, Jahreswirtschaftsbericht der Bundesregierung gem. § 2 StWG).

Eben weil die indikativen Pläne nur informieren, aber nicht verhaltenslenkend oder gar rechtsverbindlich sind, kommen Ansprüche auf Planfortbestand oder auf Entschädigung im Falle einer Planänderung nicht in Betracht. Gleiches gilt, wenn sich die im Plan enthaltenen Daten oder Prognosen als unzutreffend erweisen. So scheiden etwa Amtshaftungsansprüche mangels Verletzung drittgerichteter Amtspflichten aus; Ansprüche aus enteignungsgleichem Eingriff scheitern am Erfordernis des Eigentumseingriffs.

*Imperative Pläne* sind für ihre Adressaten rechtsverbindlich (Beispiele: 6
Bebauungspläne gem. §§ 8 ff. BauGB, Umlegungspläne gem. §§ 66, 72 BauGB). Aufgrund der Rechtsverbindlichkeit dieser Pläne können sich die Adressaten gegen rechtswidrige Änderungen gerichtlich wehren. Soweit die einschlägigen Gesetze keine Entschädigungsregelungen enthalten, können Planänderungen Ersatzansprüche nach Maßgabe der geläufigen Haftungsinstitute auslösen.

*Influenzierende Pläne* beschränken sich im Unterschied zu den indika- 7
tiven Plänen nicht darauf, nur Informationen zur Verfügung zu stellen oder Prognosen abzugeben. Anders als bei imperativen Plänen werden die verfolgten Ziele – z. B. Abbau von Arbeitslosigkeit oder Erreichung eines bestimmten Schadstoffausstoßes pro PKW – nicht verbindlich vorgegeben und durch Befehl oder Zwang durchgesetzt. Vielmehr wird versucht, die Zielvorgaben durch freiwilliges Verhalten der Planadressaten zu erreichen. Dieses Verhalten wird vom Plangeber dadurch beeinflußt oder gesteuert, daß er Anreize bietet. So werden etwa Steuervergünstigungen oder Subventionen in Aussicht gestellt oder – durch entsprechende gesetzliche Regelungen – *rechtsverbindlich* versprochen. Umgekehrt können auch Belastungen für ein planwidriges Verhalten in Aussicht gestellt oder angeordnet werden.

Vor allem der Plantypus der influenzierenden Pläne ist umstritten. 8
Zwar scheidet in aller Regel ein Anspruch auf Planfortbestand aus. In Betracht kommen aber Ersatzansprüche derjenigen Planadressaten, die sich plangerecht verhalten haben und entsprechende Aufwendungen getätigt und Dispositionen getroffen haben, sich in ihrem Vertrauen auf den Planfortbestand aber durch nicht erwartete Planänderungen getäuscht sehen.

Hier zeigt sich zugleich, daß es einen homogenen Plangewährlei- 9
stungsanspruch nicht gibt.[7] Vielmehr handelt es sich um einen bloßen Oberbegriff (Begriffshülse), der völlig unterschiedliche Anspruchstypen beschreibt. Dementsprechend existiert auch kein gesetzlich normierter allgemeiner Plangewährleistungsanspruch. Gesetzlich geregelt sind nur

[7] *Ossenbühl*, S. 383.

einzelne Anspruchsvarianten, wie insbesondere Entschädigungsansprüche (z. B. §§ 39, 42 BauGB, § 14 III HLPG). Soweit keine derartigen spezialgesetzlichen Regelungen bestehen, muß auf die geläufigen allgemeinen Haftungsinstitute zurückgegriffen werden.

## § 29. Plangewährleistungsansprüche

1 Der Plangewährleistungsanspruch i. e. S. ist nicht auf Kompensation für Planaufhebungen oder Planänderungen gerichtet. Vielmehr geht es um Planfortbestand und Planbefolgung.[1] Ausgleichs- und Entschädigungsansprüche sind dagegen auf Kompensation von Nachteilen aufgrund von Planänderungen gerichtet und gerade nicht auf die „Gewährleistung" des ursprünglichen Plans. Gleichwohl werden ganz überwiegend auch die Ausgleichs- und Entschädigungsansprüche als Erscheinungsformen des Plangewährleistungsanspruchs qualifiziert. Korrekterweise müßte man dann vom Plangewährleistungsanspruch i.w.S. sprechen. Materiell-rechtliche Weichenstellungen erfolgen durch die z. T. unterschiedliche Terminologie jedoch nicht.

### I. Anspruch auf Planfortbestand

2 Ein Anspruch auf Planfortbestand richtet sich gegen die Aufhebung oder Änderung des Planes. Im Kern setzt ein solcher Anspruch voraus, daß das Vertrauen des einzelnen auf den Planfortbestand das öffentliche Interesse an der Planaufhebung oder Planänderung überwiegt. Subsumtionsfähig und justitiabel ist dieser Grundsatz allerdings nur schwer. Dazu ist er viel zu pauschal und verallgemeinernd formuliert. Nachprüfbar und verifizierbar wird er aber dann, wenn auf die Rechtsform des Planes abgestellt wird. Die Anerkennung schutzwürdigen Vertrauens der Planadressaten und Planbetroffenen hängt nicht zuletzt von der jeweiligen Handlungsform des Plangebers ab. Hiervon gehen – freilich nicht unmittelbar auf den Plan als solchen bezogen – sowohl der Gesetzgeber als auch die Rechtsprechung aus.

#### 1. Verwaltungsakte

3 Ist der Plan in Form eines Verwaltungsaktes ergangen und findet das VwVfG oder ein LVwVfG Anwendung, sind die §§ 48, 49, 50 VwVfG bzw. das inhaltsgleiche Landesrecht zu beachten. Sind die Aufhebungsvor-

[1] Vgl. *Maurer*, § 28 Rdnr. 35.

aussetzungen dieser Vorschriften nicht erfüllt,[2] besteht ein Anspruch auf Planfortbestand.

## 2. Verwaltungsverträge

Ist der Plan in die Form eines Verwaltungsvertrages eingebunden und ist das VwVfG anwendbar, kann der Plan nur aufgehoben oder geändert werden, wenn die Voraussetzungen einer Vertragskündigung oder Vertragsanpassung nach § 60 VwVfG erfüllt sind. 4

## 3. Gesetze

Ist der Plan in Gestalt eines formellen Gesetzes oder einer Rechtsverordnung oder Satzung ergangen, sind die vor allem vom BVerfG entwickelten Grundsätze über die echte und unechte Rückwirkung zu beachten.[3] 5

*Echte Rückwirkung* ist anzunehmen, wenn ein Gesetz zum Nachteil der Betroffenen in einen in der Vergangenheit liegenden, bereits abgeschlossenen Tatbestand eingreift. Derartige Gesetze sind prinzipiell unzulässig. Im Bereich der Planung sind sie jedoch kaum vorstellbar. Denn Planung ist ihrem Wesen nach zukunftsorientiert und wird deshalb in aller Regel in bereits abgeschlossene Tatbestände nicht eingreifen.[4] 6

Gesetze mit unechter Rückwirkung sind dagegen auch im Bereich der Planung durchaus vorstellbar. *Unechte Rückwirkung* ist anzunehmen, wenn ein Gesetz auf bereits begonnene, aber noch nicht abgeschlossene Tatbestände zum Nachteil der Betroffenen einwirkt. So verhält es sich etwa, wenn bestimmte wirtschaftliche Vorhaben für einen begrenzten Zeitraum vom Staat gefördert werden, dann aber der Förderzeitraum im Wege einer Gesetzesänderung verkürzt wird.[5] Hierdurch wird auf die bereits begonnenen, auf den ursprünglichen Förderzeitraum abgestimmten Vorhaben nachteilig eingewirkt. 7

Gesetze mit unechter Rückwirkung sind grundsätzlich zulässig. Rechtswidrig sind sie nur, wenn die nachteilig Betroffenen schutzwürdiges Vertrauen auf die Beibehaltung der ursprünglichen Regelung entwickelt haben und wenn dieses Vertrauen das öffentliche Interesse an der 8

---

[2] Dazu etwa *Sproll*, Allgemeines Verwaltungsrecht II, 1998, § 12 Rdnrn. 23 ff., 56 ff.; *Maurer*, § 11 Rdnrn. 28 ff., 39 ff., 67 ff.

[3] Dazu zuletzt *BVerfGE* 98, 17 (39); 97, 67 (78 ff.); 95, 64 (86 f.); ausführlich *Maurer*, in: *Isensee/Kirchhof* (Hrsg.), Handbuch des Staatsrechts III, 1988, § 60 Rdnrn. 10 ff.; *Brüning*, NJW 1998, 1525 ff.; *Arndt/Schumacher*, NJW 1998, 1538 f.; *Sachs*, in: *Sachs*, GG, Art. 20 Rdnrn. 132 ff.

[4] *Maurer*, § 16 Rdnr. 30.

[5] So in *BVerfGE* 30, 392 ff. („Berlinhilfe-Fall"); siehe auch *BVerfGE* 97, 67 (81 ff.).

Aufhebung oder Änderung des Gesetzes überwiegt. Unter diesen, allerdings nur ausnahmsweise anzuerkennenden Voraussetzungen besteht ein Anspruch auf Planfortbestand.

9 Zu beachten ist auch folgendes: Ist die gesetzliche Aufhebung oder Änderung bestehender gesetzlicher Pläne rechtswidrig, ist sie grundsätzlich unwirksam. Denn rechtswidrige Gesetze sind prinzipiell nichtig.[6] Kommt dem ursprünglichen gesetzlichen Plan Außenwirkung zu – dies ist insbesondere im Falle gesetzlich festgestellter Haushaltspläne nicht der Fall[7] –, ist er nach wie vor Grundlage entsprechender Ansprüche, die auch gerichtlich durchsetzbar sind.

### 4. Verwaltungsvorschriften

10 Im Ergebnis nichts anderes gilt für Pläne, die in Gestalt von Verwaltungsvorschriften ergangen sind.

*Beispiel:*[8] Im gesetzlich festgestellten Landeshaushaltsplan für das Jahr 1998 sind wie in den vorangegangenen Jahren „Zuweisungen und Zuschüsse zur Förderung von Sozialstationen" ausgewiesen. In einer bereits seit 1992 existierenden Verwaltungsvorschrift sind die einzelnen Voraussetzungen für die Zuschußgewährung sowie die Zuschußbeträge genannt. A betreibt mehrere Sozialstationen und erhielt in den Jahren 1993–1997 Zuschüsse entsprechend den Vorgaben der Verwaltungsvorschrift. Im Dezember 1997 beantragte er die Gewährung eines Zuschusses für die Förderung von Sozialstationen für das Jahr 1998 nach Maßgabe der genannten Verwaltungsvorschrift. Im Vertrauen auf die Beibehaltung der bisherigen Vergabepraxis traf A noch vor Erlaß eines Zuschußbescheides für das Jahr 1998 kostenverursachende Dispositionen zur personellen Ausstattung und zur Weiterführung seiner Sozialstationen im bisherigen Umfang. Durch Verfügung des zuständigen Ministers wurde die Verwaltungsvorschrift am 30.4.1998 rückwirkend zum 1.1.1998 geändert, die Zuschüsse wurden halbiert. Grund für diese Änderung war, daß die Personalkosten, zu denen bislang die Zuschüsse gewährt wurden, zunehmend durch Leistungen der Krankenkassen gedeckt wurden. Dies wiederum hätte bei einer Zuschußgewährung im bisherigen Umfang in vielen Fällen zu einer Überversorgung der Sozialstationen geführt. A, bei dem keine Überversorgung eingetreten wäre, klagt auf Gewährung eines Zuschusses in bisheriger Höhe, da ihm nur ein Zuschuß nach Maßgabe der geänderten Verwaltungsvorschrift gewährt wurde.

11 Durch Gesetz festgestellte Haushaltspläne sind nur Gesetze im formellen, nicht aber auch im materiellen Sinn. Sie richten sich nur an die Verwaltung und begründen keine Ansprüche der Bürger. Gleiches gilt insoweit auch für Verwaltungsvorschriften. Auch ihnen kommt keine Außenwirkung zu.[9] Allerdings vermögen Verwaltungsvorschriften über

---

[6] Etwas anderes gilt nach freilich angreifbarer bundesverfassungsgerichtlicher Rspr. unter bestimmten Voraussetzungen für verfahrensfehlerhaft zustandegekommene Gesetze (*BVerfGE* 34, 9/25) und Rechtsverordnungen (*BVerfGE* 91, 148/175 f.).

[7] Zuletzt *BVerwGE* 104, 220 (222).

[8] Eng angelehnt an *BVerwGE* 104, 220 ff.

[9] Dazu *Ossenbühl*, in: *Isensee/Kirchhof* (Hrsg.), Handbuch des Staatsrechts III, 1988, § 65; *Detterbeck*, LdR, 94. Lfrg. 1998, 9/2030, Verwaltungsvorschrift.

die transformierende Wirkkraft des Gleichheitssatzes (Art. 3 I GG) i.V.m. dem im grundgesetzlichen Rechtsstaatsprinzip (Art. 20 III, 28 I 1 GG) verankerten Grundsatz des Vertrauensschutzes mittelbar anspruchsbegründende Außenwirkung im Verhältnis zwischen Verwaltung und Bürger zu erzeugen.[10] Existieren gesetzesvertretende, gesetzeskonkretisierende oder wie im genannten Beispielsfall ermessenslenkende Verwaltungsvorschriften, die den behördlichen Entscheidungsspielraum reduzieren oder gar eliminieren, und hat die Behörde bereits nach Maßgabe dieser Verwaltungsvorschriften entschieden, hat der Bürger einen aus Art. 3 I GG folgenden Anspruch auf Gleichbehandlung. Gleiches gilt auch für das erste Mal, wenn also die Verwaltungsvorschrift in der Vergangenheit noch nicht angewendet wurde. Auch hier steht dem Bürger ein aus Art. 3 I GG abgeleiteter Anspruch auf richtlinienkonformes Verhalten zu, allerdings mit Blick auf die zukünftigen nach Maßgabe der Verwaltungsvorschrift zu entscheidenden Fälle.[11]

Bereits der Gleichheitssatz des Art. 3 I GG verbietet eine nicht auf **12** sachlichen Gründen beruhende Änderung der bisherigen Verwaltungspraxis. D. h., im Anwendungsbereich von Art. 3 I GG ist eine Änderung eines durch Verwaltungsvorschrift festgelegten Planes nur aus willkürfreien, sachlichen Gründen zulässig.[12] Eine Änderung der bisherigen Verwaltungspraxis, durch die nachteilig auf abgeschlossene Tatbestände eingewirkt wird (echte Rückwirkung), wäre prinzipiell auch dann willkürlich und damit rechtswidrig, wenn sie auf sachlichen Gründen beruhte. Umgekehrt wäre eine auf sachlichen Gründen beruhende Änderung der Verwaltungspraxis, durch die nachteilig auf begonnene, aber noch nicht abgeschlossene Tatbestände eingewirkt wird (unechte Rückwirkung), prinzipiell rechtmäßig. Insoweit vermittelt der Gleichheitssatz des Art. 3 I GG den nämlichen Bestandsschutz wie der aus dem Rechtsstaatsprinzip folgende Grundsatz des Vertrauensschutzes. Selbst wenn man die vom *BVerwG* geäußerte Auffassung, eine Verwaltungsvorschrift, in der sich die Verwaltung in der einen oder anderen Richtung gebunden habe, könne Grundlage des Vertrauens sein, die Verwaltung werde entsprechend verfahren,[13] ablehnt, ändert sich an dem durch Art. 3 I GG im Ergebnis vermittelten Vertrauensschutz nichts.

---

[10] *BVerwGE* 104, 220 (223); 35, 159 (161); 34, 278 (280 f.); gegen die Heranziehung des Grundsatzes des Vertrauensschutzes *Maurer*, § 24 Rdnr. 24; *ders.*, in: *Isensee/Kirchhof* (Hrsg.), Handbuch des Staatsrechts III, 1988, § 60 Rdnrn. 94 f.; für unmittelbare Außenwirkung unter bestimmten Voraussetzungen *Ossenbühl*, in: *Isensee/Kirchhof* (Hrsg.), Handbuch des Staatsrechts III, 1988, § 65 Rdnrn. 49 f.

[11] Sog. antizipierte Verwaltungspraxis, *BVerwG*, DVBl 1982, 197; DÖV 1982, 76; DÖV 1971, 748.

[12] *BVerwGE* 104, 220 (223).

[13] *BVerwGE* 104, 220 (227). In dieser Urteilspassage geht es zwar um die Frage, ob das Vertrauen, eine Verwaltungsvorschrift werde nur durch veröffentlichte Erlasse geändert, schutzwürdig sei. Die Aussage des *BVerwG*, eine Verwaltungsvorschrift, die

13 Übertragen auf den oben genannten Beispielsfall bedeutet dies folgendes: Damit, daß eine Verwaltungspraxis und die sie lenkenden Verwaltungsvorschriften aus sachgerechten Gründen geändert werden, müssen die Bürger stets rechnen.[14] Insoweit gilt nichts anderes als im Falle der Aufhebung oder Änderung von Gesetzen.[15] Die Erwägung, die Zuschüsse zu halbieren, um eine Überversorgung der Sozialstationen zu vermeiden, ist ersichtlich sachgerecht. Die Möglichkeit einer entsprechenden Kürzung der Zuschüsse mußte sich den mit den Gegebenheiten vertrauten Betreibern sogar aufdrängen.

14 Auch die rückwirkende Änderung der Verwaltungsvorschrift, die dazu führt, daß die neue Verwaltungspraxis in bestimmten Fällen Rückwirkung erzeugt, ist gerechtfertigt. Echte Rückwirkung ist im Beispielsfall nicht gegeben. Zwar hat A für das Jahr 1998 Dispositionen getroffen, die nur unter Inkaufnahme wirtschaftlicher Verluste rückgängig gemacht werden können. Hierbei handelt es sich aber um keinen abgeschlossenen Tatbestand.[16] Der hier maßgebliche Tatbestand besteht nicht nur aus den von A getätigten Dispositionen und Aufwendungen. Zum Tatbestand gehört auch die Zuschußbewilligung. Eben hieran fehlt es. A hat im Vertrauen auf eine Zuschußgewährung im bisherigen Umfang einen Sachverhalt begonnen. Dieses Vertrauen des A ist aber trotz entsprechender Vertrauensbetätigung jedenfalls deshalb nicht schutzwürdig, weil A die Entwicklung, die zur Änderung der Verwaltungsvorschrift geführt hatte, nicht unbekannt geblieben sein konnte. Ein Anspruch auf Planfortbestand, der sich in diesem Zusammenhang allerdings nicht auf die Aufrechterhaltung bestimmter Verwaltungsvorschriften, sondern auf die Beibehaltung einer bestimmten Verwaltungspraxis (im Verhältnis zum Anspruchsteller) richtet, besteht deshalb – ebenso wie bei Plänen in Gestalt von Gesetzen – nur in Ausnahmefällen.

## 5. Schlichtes Verwaltungshandeln

15 Als Pläne in Gestalt schlichten Verwaltungshandelns kommen vor allem die nur indikativen (informativen) Pläne wie der bereits oben genann-

---

eine bestimmte Form und Bekanntgabe von Änderungen vorschreibe, könne Grundlage entsprechenden Vertrauens sein, ist jedoch verallgemeinerungsfähig; so auch die allgemeingehaltene Äußerung des *BVerwGE* 104, 220 (223 sub 2.).

[14] *BVerwGE* 104, 220 (226f.).

[15] Die Parallele wird umso augenscheinlicher, als das *BVerwG* prüft, ob die in Rede stehende Verwaltungsvorschrift *formell und materiell wirksam* geändert worden ist, *BVerwGE* 104, 220 (223). Ist dies nicht der Fall, ist die Änderung der Verwaltungsvorschrift und damit der Verwaltungspraxis rechtswidrig. Ein von der bisherigen Verwaltungspraxis abweichendes Verhalten verstößt dann gegen Art. 3 I GG.

[16] Ebenso, aber mit anderer Begründung *BVerwGE* 104, 220 (228).

te[17] fünfjährige Finanzplan gem. § 9 StWG oder der Jahreswirtschaftsbericht der Bundesregierung gem. § 3 StWG in Betracht.[18] Gerade wegen ihres nur indikativen (informativen) Charakters sind Ansprüche auf Planfortbestand ausgeschlossen. Daß eine Änderung aufgrund neuer Entwicklungen oder Einsichten zulässig sein muß, versteht sich von selbst.

Soweit man tatsächliches Verwaltungshandeln überhaupt als Plan charakterisieren kann – in Betracht kommt vor allem die ständige Verwaltungspraxis, die von keinen Verwaltungsvorschriften gelenkt wird –, gelten die obigen Ausführungen zu den Plänen in Form von Verwaltungsvorschriften entsprechend. Eine Änderung der Verwaltungspraxis ist am Maßstab von Art. 3 I GG zu messen.[19] **16**

## II. Anspruch auf Planbefolgung

Der Planbefolgungsanspruch richtet sich gegen einen Träger öffentlicher Gewalt. Er zielt ab auf den Vollzug, die Beachtung und die Abwehr sowie die Beseitigung planwidrigen Verhaltens Dritter. Einen allgemeinen Planbefolgungsanspruch gibt es ebensowenig wie einen allgemeinen Anspruch auf Planfortbestand oder einen allgemeinen Gesetzesvollzugsanspruch. **17**

Auch hier kommt es wieder entscheidend auf die Rechtsnatur und den Inhalt des einzelnen Planes an. Bei lediglich indikativen (informativen) Plänen scheidet ein Befolgungsanspruch naturgemäß aus. Anders verhält es sich bei den influenzierenden und imperativen Plänen. Hier muß zwischen objektivem und subjektivem Recht sowie zwischen Innen- und Außenrecht unterschieden werden. Soweit der in Rede stehende Plan einen verbindlichen Inhalt hat, was z. B. bei Verwaltungsvorschriften die Regel ist, handelt es sich um objektives Recht und muß von seinen Adressaten beachtet und befolgt werden (etwa bei Subventionsrichtlinien). Ein Planbefolgungsanspruch gegen die öffentliche Gewalt besteht aber nur dann, wenn der Plan zugleich ein subjektives öffentliches Recht des Bürgers enthält oder in Verbindung mit einem anderweitigen subjektiven öffentlichen Recht mittelbar anspruchsbegründend wirkt (z. B. Subventionsrichtlinie i. V .m. Art. 3 I GG). Die Ausführungen zum Anspruch auf Planfortbestand sind *insoweit* übertragbar. **18**

Um Planbefolgungsansprüche geht es häufig im Baurecht; freilich wird nicht immer diese Terminologie gewählt. Zum einen kann zwischen Bürger und Verwaltung streitig sein, ob letztere im Verhältnis zum Bürger **19**

---

[17] § 28 Rdnr. 5.

[18] *Wolff/Bachof/Stober*, Verwaltungsrecht I, § 56 Rdnr. 21.

[19] Vgl. auch *Maurer*, in: *Isensee/Kirchhof* (Hrsg.), Handbuch des Staatsrechts III, 1988, § 60 Rdnr. 99.

verpflichtet ist, die Vorgaben eines Bebauungsplanes umzusetzen, und etwa Grünflächen oder Spielplätze schaffen muß. Zum anderen wird im Rahmen sog. öffentlich-rechtlicher Nachbarklagen nicht eben selten darum gestritten, ob der Kläger einen Anspruch gegen die Verwaltung hat, daß diese nicht zu seinem Nachteil Vorhaben eines Nachbarn genehmigt, die von den Festsetzungen eines Bebauungsplanes abweichen, und ggf. gegen bauplanungsrechtlich unzulässige Vorhaben des Nachbarn einschreitet. Die Problematik ist indes spezifisch bau(planungs)rechtlicher Natur.

## § 30. Planausgleichs- und Planentschädigungsansprüche

1 Bei den im folgenden zu behandelnden Planausgleichs- und Planentschädigungsansprüchen geht es nicht um Ansprüche auf Erhaltung und Wiederherstellung des status quo oder um Ansprüche aus dem Plan. In Rede stehen vielmehr Sekundäransprüche auf Ausgleich von planungsbedingten Nachteilen. Diese Sekundäransprüche sind von den Primäransprüchen, die auf die Beseitigung oder auch auf die Aufstellung bestehender Pläne gerichtet sind, zu unterscheiden. Zweifelhaft ist die Einordnung von Planergänzungsansprüchen. Sie sind dann dem Bereich der Sekundäransprüche zuzuordnen, wenn sie dem Ausgleich unzumutbarer Härten, die durch bestehende Pläne oder (beabsichtigte) Planänderungen hervorgerufen werden, dienen.

### I. Ansprüche wegen Planaufstellung und Planaufrechterhaltung

2 Ansprüche wegen Planaufstellung sind z. T. spezialgesetzlich geregelt. So räumen etwa die §§ 40, 41 BauGB Entschädigungsansprüche für Beeinträchtigungen des Eigentümers durch bestimmte planerische Festsetzungen, Bindungen oder sonstige Belastungen ein. Fehlen derartige sondergesetzliche Bestimmungen, ist auf die geläufigen allgemeinen Haftungsinstitute abzustellen. Eine eigenständige allgemeine Anspruchsgrundlage für Planschäden gibt es nicht.

3 Zunächst gilt es folgendes festzuhalten: Ersatzansprüche für die Aufstellung oder Aufrechterhaltung indikativer (informativer) Pläne bestehen nicht, selbst wenn sie rechtswidrig sind. Entweder fehlt es an der Verletzung drittgerichteter Amtspflichten oder am Erfordernis des unmittelbaren Rechtseingriffs. Ersatzansprüche kommen nur bei imperativen und influenzierenden Plänen in Betracht.

4 Geht es um Beeinträchtigungen und Schäden, die entweder unmittelbar auf Plänen in Gesetzesform oder deren Vollzug beruhen, steht legislatives Unrecht in Rede. Schadensersatz- oder Entschädigungsansprüche

scheiden, folgt man der Rechtsprechung des *BGH*, grundsätzlich aus. Amtshaftungsansprüche scheitern am Tatbestandsmerkmal der Verletzung einer drittgerichteten Amtspflicht[1] oder – beim Einzelvollzug – am Verschuldenserfordernis.[2] Entschädigungsansprüche aus enteignungsgleichem Eingriff lägen außerhalb des Rahmens dieses nur richterrechtlich geprägten Haftungsinstituts.[3] Gleiches gilt für Ansprüche aus enteignendem Eingriff, jedenfalls wenn es um massenhaft auftretende Schäden geht.[4]

Zu differenzieren ist dagegen bei Schäden und Beeinträchtigungen, die durch Pläne in Verordnungs- und Satzungsform verursacht worden sind. Vor allem bei Bebauungsplänen, die in Form von Satzungen erlassen werden (§ 10 BauGB), kann zwischen Schädiger und Geschädigtem ein Näheverhältnis bestehen, das die Annahme drittgerichteter Amtspflichten rechtfertigt.[5] Auch Entschädigungsansprüche aus enteignungsgleichem und enteignendem Eingriff sind nicht per se ausgeschlossen.[6] 5

Bei Ersatzansprüchen für Pläne in Form von Innenrecht (vor allem Verwaltungsvorschriften) ist zu unterscheiden. Unmittelbar durch Innenrecht verursachte Schädigungen von Rechtssubjekten des Außenrechtskreises sind ausgeschlossen. In Betracht kommen aber Ansprüche für den Vollzug von Innenrecht. 6

Einen Sonderfall des Unterlassens stellt die Aufrechterhaltung von Plänen dar, deren Vorgaben sich erst im Laufe der Zeit als unzutreffend erwiesen haben. Die Pläne sind also rechtswidrig geworden. Soweit es um den Vollzug derartiger Pläne geht, treten keine Besonderheiten im Vergleich zum Vollzug von Plänen, die von Anfang an rechtswidrig waren, auf. Gleiches gilt im Ergebnis für Schäden, die unmittelbar durch rechtswidrig gewordene Pläne verursacht werden. Ersatzansprüche allein mit dem Hinweis auf den prinzipiellen Haftungsausschluß für Unterlassen abzulehnen, wäre nicht gerechtfertigt. Auch wenn der Plangeber über verschiedene Möglichkeiten einer rechtskonformen Planänderung verfügt, steht dennoch fest, daß die Aufrechterhaltung des bestehenden Planes rechtswidrig ist. Insoweit besteht kein Unterschied zum Erlaß eines rechtswidrigen Planes. 7

---

[1] Dazu § 9 Rndr. 152.

[2] *Dagtoglou,* in: BK, Art. 34 Rdnr. 438; *Detterbeck,* JA 1991, 11; *Boujong,* in: Festschr. f. Geiger, 1989, S. 443; *Schenke,* NJW 1988, 863; vgl. auch *BGHZ* 102, 350 (368); kritisch und differenzierend *Baumeister/Ruthig,* JZ 1999, 122 f.

[3] § 17 Rndr. 13.

[4] BGHZ 102, 350 (361 f.).

[5] § 17 Rndr. 154.

[6] § 17 Rndrn. 21 ff.

## II. Ansprüche wegen Planänderung

8 Auch hier ist zunächst an spezialgesetzlich geregelte Ersatzansprüche zu denken, wie sie etwa die §§ 39, 42 BauGB vorsehen. Auch im übrigen bestehen keine konzeptionellen Unterschiede zur Fallgruppe der Planaufstellung und Planaufrechterhaltung. Allerdings rückt bei der Änderung bestehender Pläne der Grundsatz des Vertrauensschutzes in den Vordergrund. Hier geht es häufig um Fälle, in denen im Vertrauen auf den Planfortbestand Dispositionen getroffen oder Aufwendungen getätigt wurden, die sich nunmehr, bedingt durch die Planänderung, als nutzlos erweisen.

9 Ist die Planänderung rechtswidrig, weil sie gegen den Grundsatz des Vertrauensschutzes (oder gegen andere Grundsätze oder Rechtspositionen) verstößt, kommt zunächst ein Anspruch auf Planfortbestand und Befolgung des ursprünglichen Planes in Betracht (§ 29). Sekundäre Ersatzansprüche setzen in der Regel voraus, daß primärer Rechtsschutz den Schaden nicht abwehren konnte oder nicht hätte abwehren können (§ 839 III BGB, allgemeiner Grundsatz des Vorranges des Primärrechtsschutzes). D. h., der Betroffene muß sich zunächst mit den zur Verfügung stehenden Rechtsbehelfen gegen die Planänderung wehren und versuchen, auf diese Art und Weise seinen Anspruch auf Planfortbestand durchzusetzen. Nur soweit dieser primäre Rechtsschutz unzureichend ist, kommen sekundäre Ersatzansprüche in Betracht.

10 Schließlich ist auch an Entschädigungsansprüche aus enteignendem Eingriff und an Aufopferungsansprüche zu denken, wenn die Planänderung zwar rechtmäßig ist, bei einzelnen Betroffenen aber unzumutbare Belastungen verursacht.

## III. Ansprüche auf Ausgleichsleistungen

11 Ähnlich wie bei den ausgleichspflichtigen Inhalts- und Schrankenbestimmungen im Anwendungsbereich von Art. 14 I 2, II GG, deren Verfassungsmäßigkeit die Gewährung eines sog. Verhältnismäßigkeitsausgleichs voraussetzt,[7] sind auch Planungsakte denkbar, die nur dann rechtmäßig sind, wenn die mit ihnen verbundenen Belastungen durch Ausgleichsleistungen kompensiert werden.

12 Dieses Erfordernis der Gewährung von Ausgleichsleistungen ist nicht nur bei Planänderungen oder Planaufhebungen, sondern ebenso bei Planaufstellungen vorstellbar. Derartige Ausgleichsleistungen sind in § 74 II 2, 3 VwVfG ausdrücklich vorgesehen. Auf die in § 74 II 3 VwVfG genannte Entschädigung in Geld besteht ein Anspruch. Gleiches gilt – ohne daß dies ausdrücklich gesagt ist – für die in § 74 II 2 VwVfG genannten Schutzvorkehrungen.[8]

---

[7] Dazu oben § 15.

[8] *Kopp*, VwVfG, 6. Aufl. 1996, § 74 Rdnr. 34.

13 Fehlen spezialgesetzliche Regelungen dieser Art, läßt sich das Erfordernis von Auslgeichsleistungen folgendermaßen begründen: Sowohl Planaufstellungen als auch Planänderungen oder Planaufhebungen können für einzelne Betroffene mit unzumutbaren Belastungen und Nachteilen verbunden sein. Die entsprechenden Pläne oder Planungsakte sind dann unverhältnismäßig und rechtswidrig.[9] Ausgleichsleistungen können die Belastungen abfedern und kompensieren und auf ein verhältnismäßiges Maß reduzieren.

Als Ausgleichsleistung in diesem Sinne kommt nicht nur die Zahlung von Geld (Entschädigung) in Betracht. Zu denken ist auch an die Schaffung von Ausnahme- und Übergangsregelungen.

14 Ein Anspruch auf derartige Ausgleichsleistungen besteht allerdings nur dann, wenn sie gesetzlich oder anderweitig – etwa vertraglich – in anspruchsbegründender Form vorgesehen sind.[10] Ist dies nicht der Fall, ist der fragliche Plan unverhältnismäßig und damit rechtswidrig.

---

[9] Ebenso wie bei unverhältnismäßigen Inhalts- und Schrankenbestimmungen, die nur insoweit verfassungswidrig sind, wie sie die Betroffenen unzumutbar belasten – *BVerfGE* 58, 137 (137: Entscheidungsformel, 152) –, ist auch im Falle unverhältnismäßig belastender Pläne (bloße) Teilrechtswidrigkeit bzw. Teilnichtigkeit möglich.

[10] Vgl. *Maurer*, § 16 Rdnr. 34.

# Sachverzeichnis

Die **fettgedruckten Zahlen** bezeichnen die Paragraphen, die magergedruckten Zahlen die Randnummern.